SEGELN IN KÜSTENGEWÄSSERN

Tafel 1
Ein Treffen des Royal Cruising Clubs.

ERIC C. HISCOCK

SEGELN IN KÜSTENGEWÄSSERN

DIE KUNST DES FAHRTENSEGELNS

Übertragen von
Wolfgang Rittmeister

Vierte, ergänzte und für deutsche Verhältnisse überarbeitete Auflage

VERLAG DELIUS, KLASING & CO
BIELEFELD UND BERLIN

Titel der englischen Originalausgabe: CRUISING UNDER SAIL
Die neue, erweiterte und überarbeitete englische Ausgabe erschien 1965
Translated into German from CRUISING UNDER SAIL originally
published by the Oxford University Press in English in 1950

Mit 250 Fotografien des Verfassers und
80 Zeichnungen

ISBN 3-7688-0052-0
Alle Rechte für die deutsche Ausgabe liegen beim Verlag
Delius, Klasing & Co. Bielefeld/Berlin · Printed in Germany 1972
Druck: Verlagsdruckerei Heinrich Delp KG, 8532 Bad Windsheim

ROGER A. P. PINCKNEY

dem ehemaligen Kommodore des Royal Cruising Clubs
gewidmet
der mich und viele andere Segelkameraden gelehrt hat
unbeschwerten Herzens zu segeln.

VORWORT ZUR ZWEITEN AUFLAGE

In den fünfzehn Jahren, die seit dem ersten Erscheinen dieses Buches verstrichen sind, haben sich die Kreuzeryachten und ihre Ausrüstung in vieler Hinsicht weiter entwickelt und verbessert. Neue Baustoffe sind in den Vordergrund gerückt, und elektronische Hilfsmittel unterstützen zunehmend den Navigator in seinem Aufgabenbereich. Fraglos war das Buch für eine Überarbeitung reif. Als ich mich aber an die Aufgabe machte, erkannte ich bald, daß die Erkenntnisse, die ich in den dazwischenliegenden Jahren gewonnen hatte, viele meiner Ansichten und Folgerungen als überholt erscheinen ließen, wenngleich natürlich grundsätzliche Fragen der Seemannschaft hiervon unberührt blieben. Es erwies sich daher als notwendig, den größten Teil des Buches neu zu schreiben und gleichzeitig sechsunddreißig alte Fotos durch neue Bilder zu ersetzen. Auch einige Zeichnungen im Text wurden ausgetauscht und ihre Zahl erhöht.

Yarmouth, I. W.   E. C. H.
Dezember 1964

AUS DEM VORWORT ZUR ERSTEN AUFLAGE

Fahrtensegeln ist eine der schönsten Sportarten, die es gibt. Wer sich ihm verschreibt, setzt sein Wissen und Können nicht um Ehre oder Gewinn gegen einen menschlichen Gegner, sondern gegen die See in allen ihren Launen ein. Seine Unternehmungen und Wagnisse erregen daher in der Öffentlichkeit nur geringe oder gar keine Aufmerksamkeit. Es ist ihm auch lieber so, denn er ist sich bewußt, daß nur diejenigen Menschen, die wie er die See achten und lieben, die Gründe verstehen können, die ihn immer wieder auf die See hinaustreiben: Die Gefahr, die jedes Unternehmen würzt; die Befriedigung, den Wind und die Gezeiten zu seinem Vorteil auszunützen; das Selbstvertrauen, das mit jedem guten Landfall nach rauher Fahrt, mit jeder erfolgreich gelösten navigatorischen Aufgabe wächst; das Gefühl vollbrachter Leistung, eine fremde Küste oder einen unbekannten Hafen unter Segel erreicht zu haben; und der niemals versiegende Reiz, eine seetüchtige Yacht mit ihrem stehenden und laufenden Gut zu handhaben und zu pflegen. Das Fahrtensegeln lehrt seine Anhänger, dem eigenen Urteil und Können zu vertrauen. Es ist eine der wenigen lebenswerten Beschäftigungen, der sich heute unabhängig denkende Männer und Frauen noch hingeben können. Denn es gibt keine Beschränkungen, keine vorgeschriebenen Organisationsformen. Die See ist offen und frei für alle, die es danach drängt, auf ihr zu segeln, und dafür ein geeignetes Fahrzeug besitzen. Die Kosten betragen nicht mehr, als jeder einzelne dafür anzulegen bereit ist. Denn eine ältere, billige Yacht kann sich — solange sie nur gesund ist — für das Fahrtensegeln genauso gut eignen wie eine teure Yacht moderner Bauart, mag sie auch nicht so handig und reizvoll zu segeln sein. Desgleichen kann eine kleine Yacht, obgleich sie weniger bequem ist, genauso seetüchtig sein wie eine große.

Es gibt viele verschiedene Formen dieser sportlichen Betätigung. Der eine hat seine Freude an kurzen Tagesreisen in Küstennähe und zieht es vor, jede Nacht vor Anker zu liegen; er genießt mit Frau und Familie den Frieden stiller Buchten und die Abwechslung eines Lebens an Bord seines schwimmenden Heims. Den anderen, dem mehr Zeit zur Verfügung steht, befriedigen nur lange Reisen über die offene See. Er nimmt das Wetter, wie es kommt, und bügelt seine Yacht Tag und Nacht, bis eine fremde Küste vor ihm aufsteigt. Für die von Jahr zu Jahr stetig wachsende Zahl von Anhängern des Segelsports liegt die Wahrheit wahrscheinlich zwischen diesen beiden Extremen. Wie dem auch sein mag, die grundsätzlichen Voraussetzungen für jede Art der Fahrtensegelei sind die gleichen. Einer der Reize dieses Sports besteht gerade darin, daß selbst der bescheidenste Binnensegler sich in mancher Hinsicht die gleichen Kenntnisse und Erfahrungen zu eigen machen muß, die auch ausreichen würden, sein Fahrzeug (Seetüchtigkeit und gute Ausrüstung vorausgesetzt) über den Ozean zu bringen.

In der Vergangenheit sind mehrere ausgezeichnete Bücher geschrieben worden, die der Einführung in die Fahrtensegelei dienen. Wenn ich trotzdem ein weiteres Buch über das gleiche Thema schreibe, geschieht es in der Überzeugung, daß veränderte Verhältnisse und moderne Erkenntnisse eine Nachbehandlung vieler Probleme notwendig gemacht haben, die von Generationen von Yachtseglern als gegeben hingenommen worden sind. Diese

Arbeit stellt daher nicht allein eine Zusammenfassung früher veröffentlichten Materials dar, sondern hat sich zum Ziel gesetzt, dem Fahrtensegler neben den wertvollsten Erfahrungen der Vergangenheit auch das neuzeitlichste Wissen über alle Fragen zugänglich zu machen, die für ihn von Interesse und Wert sein können — und das alles in einem Buch, das nicht so umfangreich werden durfte, als daß es nicht Platz hätte auf dem Bücherbord jeder Yacht.

Ich habe in diesem Buch alle Fragen so erschöpfend behandelt, wie meine eigenen Kenntnisse es mir erlaubten. Besonderen Wert habe ich auf die praktischen Arbeiten an der Takelage und auf Seemannschaft gelegt. Wo immer es möglich war, habe ich versucht, jede Einzelheit mit Hilfe eigener Fotos klarer zu machen und interessanter zu gestalten. Über zahlreiche von mir erwähnten Punkte gibt es einander widersprechende Ansichten, aber wo ich eine eigene Meinung zum Ausdruck gebracht habe, stützt sie sich auf meine eigenen Erfahrungen auf See. In den vergangenen Jahren sind Beschläge und andere Ausrüstungsgegenstände an und unter Deck weiter entwickelt und verbessert worden, wodurch Seetüchtigkeit, Bequemlichkeit der Handhabung und Leistungen alter sowie neuer Yachten gewachsen sind. Ich habe mich in meiner Beschreibung nur auf das beschränkt, was sich auf See praktisch bewährt hat und dessen Kosten sich in vernünftigen Grenzen halten.

Ein umfangreiches Sachregister, das auch die Fotos berücksichtigt, soll das leichtere Auffinden allen behandelten Materials ermöglichen. Ein spezielles Fachwörterverzeichnis wurde mit den notwendigen Erläuterungen zusammengestellt, da es für den schon erfahrenen Leser zu ermüdend wäre, den Definitionen jedes nautischen Ausdrucks im Text folgen zu müssen. Der Neuling sollte sich in allen Zweifelsfragen dieses Verzeichnisses bedienen.

Ich benutze diese Gelegenheit, um meinen Freunden Mr. Roger Pinckney, Mr. Rupert Simpson und Mr. Bevil Warington Smyth, die den größeren Teil des Manuskriptes gelesen und korrigiert haben, meinen Dank auszusprechen. Beide standen mir mit unschätzbarer Kritik und Beratung zur Seite.

Dezember 1949   E. C. H.

VORWORT DES ÜBERSETZERS
ZUR ERSTEN AUFLAGE

Eric C. Hiscock, zur Zeit mit seiner Frau Susan und seiner Yacht „Wanderer III" auf zweiter Weltumsegelung unterwegs, ist auch bei den deutschen Seglern bekanntgeworden, seit sein Buch „Voyaging under Sail" unter dem Titel „Segeln über sieben Meere" vor sechs Jahren in deutscher Übersetzung erschien. Es fand einen überraschend großen Leserkreis, denn es gibt wohl nur wenige Segler, die sich so eingehend mit der ihnen eigenen Welt des Fahrtensegelns und den dafür notwendigen Voraussetzungen beschäftigt haben wie Eric Hiscock, und die außerdem wie er die Gabe besitzen, ihre Erfahrungen niederzulegen und mit Fotos und Zeichnungen zu versehen, die das geschriebene Wort so sinnfällig ergänzen.

Es kann daher nicht verwundern, daß der Verlag schon bald aus seinem Leserkreis zahlreiche Anfragen nach der Übersetzung eines anderen Buches des gleichen Verfassers erhielt, das seinem „Voyaging under Sail" vorausgegangen war und eigentlich die Grundlage für diese spätere Veröffentlichung geliefert hatte. Der Titel jenes ersten Buches lautet „Cruising under Sail" und behandelt alle Fragen des Fahrtensegelns in Küstennähe und in heimischen Gewässern. Die erste Auflage erschien 1950; der Text muß also während der ersten Nachkriegsjahre geschrieben worden sein.

Wenn sich der Verlag nun zur Herausgabe dieser deutschen Übersetzung entschloß, obwohl manche Angaben die damals in Europa noch herrschende Materialknappheit verraten und die Behandlung von Entwicklungen der letzten Jahre verständlicherweise fehlt, so deswegen, weil fast alle grundlegenden Dinge der Seemannschaft und der Schiffsführung unverändert und abseits jeder technischen Entwicklung auch heute noch maßgebend sind. Mancher Fahrtensegler wird ohnehin nicht alle Neuerungen und Verbesserungen sofort an seinem Boot anbringen können. Zwar freut auch er sich, wie jeder Segler, über gute Etmale und schnelle Reisen, aber er segelt ja nicht auf Biegen oder Brechen, sondern möchte ungebunden und frei Ruhe und Erholung auf dem Wasser finden.

So hat fast alles was Hiscock in dem vorliegenden Buch behandelt, für die Mehrzahl unserer Fahrtensegler auch heute noch Gültigkeit. Und was nicht mehr anwendbar ist, darf zum mindesten historisches Interesse beanspruchen und verdient darum, festgehalten zu werden. Wer beschreibt uns heute noch eingehend - um nur ein Beispiel zu nennen -, wie man die Wanten mit Jungfern und Taljereeps an Stelle von Spannschrauben ansetzt?

Darum glauben wir, daß dieses Buch den deutschen Fahrtenseglern viele Anregungen und Hinweise zu geben vermag und hoffen, daß es ebenso großes Interesse finden wird, wie „Segeln über sieben Meere", und daß es dem jungen ebenso wie dem erfahrenen Segler helfen möge, seine Fragen zu beantworten.

Hamburg, August 1962   *Wolfgang Rittmeister*

VORWORT DES ÜBERSETZERS
ZUR ZWEITEN AUFLAGE

Seit dieses Handbuch des Fahrtensegelns 1950 zum ersten Mal in England erschien, sind sechzehn Jahre vergangen. Erst vor vier Jahren erschien es in deutscher Übersetzung.

Zwischen 1950 und 1965 hat der Verfasser Eric Hiscock zusammen mit seiner Frau viele und weite Reisen unternommen und zweimal die Welt umsegelt: von 1952 bis 1955 und wieder von 1959 bis 1962; der Bericht über die zweite Reise erschien 1964 in deutscher Übersetzung unter dem Titel *Zu fernen Küsten*.

Es liegt nahe, daß der Verfasser den Wunsch hatte, den auf diesen Fahrten gesammelten Erfahrungsschatz in einer überarbeiteten Neuauflage zu verwerten, die 1965 in England erschien und bereits heute den deutschen Lesern vorgelegt werden kann.

Der Übersetzer sah die Notwendigkeit ein, sich ein zweites Mal den Mühen einer Übertragung zu unterziehen, aber er gesteht, daß er nur ungern von einigen Ausführungen der ersten Auflage Abschied nahm, die für ihn, so veraltet sie waren, doch einen gewissen historischen Reiz besaßen.

Ein praktisches Handbuch muß aber den Entwicklungen Rechnung tragen, und so wünscht der Übersetzer dieser Neubearbeitung eine ebenso aufnahmebereite Leserschaft, wie sie die erste, inzwischen vergriffene Auflage gefunden hat.

Hamburg, im Juni 1966   *Wolfgang Rittmeister*

DANKSAGUNGEN

Ich möchte diese Gelegenheit benutzen, um meiner Frau Susan meinen Dank abzustatten für die Zeichnungen, die sie so sauber nach meinen groben Skizzen anfertigte. Dank schulde ich ferner meinen Freunden Major Richard Gatehouse, A.M.I.E.E. (von Brookes & Gatehouse, Ltd.), der meine Ausführungen über Radiogeräte und Echolote überprüfte. Dr. John Ives, dem eigentlichen Verfasser des Beitrags über Erste Hilfe, und Mr. Bunty King (von Cranfield & Carter, Ltd.), der das Kapitel über Arbeitssegel korrigierte. Danken möchte ich ferner Mr. M. G. Duff, A.R.I.N.A., (von M. G. Duff & Partners, Ltd.) für seine wertvollen Informationen über den Einfluß galvanischer Ströme und Mr. R. W. Hickling (von The Navigators & General Insurance Co., Ltd.) für Überprüfung des Abschnitts über Versicherungen. Außerdem schulde ich Dank den folgenden Konstrukteuren, die mir liebenswürdigerweise gestatteten, Pläne der von ihnen entworfenen Yachten im Kapitel 10 wiederzugeben: Messrs. Robert Clark, Ltd., Messrs. Laurent Giles & Partners, Ltd., Mr. Maurice Griffiths, G. M., A. M. R. I. N. A., Mr. Nigel Warrington Smyth, O. B. E. und Mr. Rodney Warrington Smyth, A. R. I. N. A. Auch Mr. John Tew bin ich dankbar für die Zeichnungen, die auf den Seiten 26 und 27 erscheinen, nicht weniger allen Seglerfreunden, die mir geholfen haben und mir trotz aller Unbequemlichkeiten, die ich ihnen bereitete, ermöglichten, ihre Yachten und das dazugehörige Gerät zu fotografieren.

INHALT

1. Teil

DIE YACHT UND IHR GESCHIRR

2. Teil

SEEMANNSCHAFT UND NAVIGATION

3. Teil

VERSCHIEDENES

ANHANG

VERZEICHNIS DER FOTOTAFELN

LISTE DER ABBILDUNGEN

19

DIE YACHT UND IHR GESCHIRR

1

RUMPFFORM

*Begriffsbestimmungen — Tonnage — Linienführung — Stabilität
Flacher Tiefgang — Mehrrumpffahrzeuge — Bug- und Heckformen, Trimmlage — Geschwindigkeit — Größe*

Es ist nicht unbedingt erforderlich, daß der Neuling im Fahrtensegel-
sport viel von Yachtkonstruktion versteht. Der Entwurf von Yachten
ist eine spezialisierte und komplizierte Wissenschaft, die ein hohes Maß
von Können, genaue Beobachtung von Details, ein Gefühl für Proportionen, mathematische Kenntnisse und ein künstlerisches Auge verlangt.
Trotzdem sollte er sich aber gewisse Kenntnisse über Rumpfformen an-
eignen und verstehen lernen, was die verschiedenen Linien eines Risses
bedeuten, um in der Lage zu sein, verschiedene Yachten miteinander vergleichen und um beurteilen zu können, welcher Typ seinen Zwecken am
besten entspricht, worin die Vor- und Nachteile der verschiedenen Typen
bestehen, worauf er beim Kauf einer Yacht achten und wovor er sich
hüten muß. Dabei wird er die Beobachtung machen, daß das Studium von
Rumpfformen im Hinblick auf ihr Verhalten auf See eine höchst an-
regende Beschäftigung darstellt, denn es gibt so viele Umstände zu berücksichtigen, die sich alle wieder gegenseitig beeinflussen, ohne daß man
eigentlich je zu einem Ende gelangt. Zunächst einmal heißt es für ihn,
einige der gebräuchlichsten Begriffe kennenzulernen.

Begriffsbestimmungen (Abb. 1)

Länge über alles (L. ü. a.) ist die größte Länge über Deck, in gerader
Linie vom Bug zum Heck gemessen.

Länge zwischen den Loten (Perpendikeln): wird an Deck zwischen Vorderkante Vorsteven und Achterkante Rudersteven (an dem das Ruder aufgehängt ist) gemessen und erfaßt daher nicht den Überhang eines Yacht-
oder Kanuhecks. Die Länge zwischen den Loten liefert einen der zur
Berechnung der Themse-Vermessung benötigten Faktoren.

Konstruktionswasserlinie (C. W. L.) ist die Linie, bis zu welcher ein

Yachtkörper bei der vom Konstrukteur geplanten Trimmlage im Wasser schwimmt. Die C. W. L. wird nicht um den Rumpf der Yacht herum gemessen, sondern entlang ihrer Mittellinie längsschiffs zwischen den beiden Punkten an denen Vordersteven und Heck die Wasserfläche berühren.

Breite (B) ist die größte Breite zwischen den Außenkanten der Planken, an der breitesten Stelle des Bootskörpers gemessen.

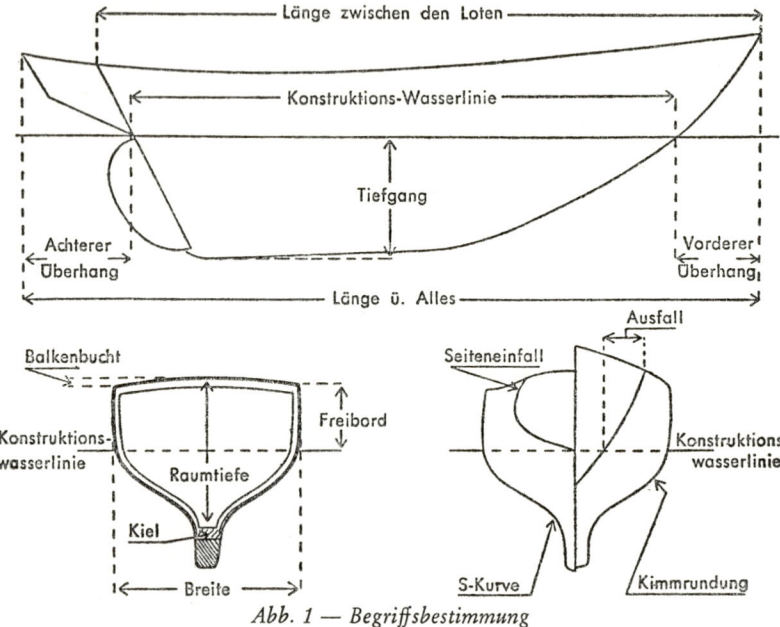

Abb. 1 — Begriffsbestimmung

Raumtiefe (RT) ist ein Innenmaß, das mittschiffs von Unterkante Deck bis Oberkante Kiel genommen wird.

Tiefgang (T) ist die für den Schiffskörper benötigte Wassertiefe, um zu schwimmen.

Überhänge sind die über Wasser befindlichen Teile des Schiffskörpers, die am Bug und Heck über die Konstruktionswasserlinie hinausragen.

Seitenausfall ist die seitlich über Wasser ausladende Kurve der Bordwand, derzufolge der Rumpf an Deck breiter ist als in der Konstruktionswasserlinie an derselben Stelle.

Seiteneinfall ist das Gegenteil von Seitenausfall, nämlich die über der Wasserlinie nach innen gerichtete Kurve, derzufolge die Breite an Deck geringer ist als in der Konstruktionswasserlinie oder irgendeines anderen Punktes der Bordwand an der betreffenden Stelle.

Balkenbucht ist die Krümmung der Decksbalken querschiffs, so daß das Wasser abfließen kann anstatt stehenzubleiben.

22

Mit Freibord bezeichnet man die Höhe von der Wasserlinie bis zur Deckskante.

Sprung ist die Kurve, in der die Deckslinie oder Reling von vorn nach achtern verläuft und bei der das Freibord einer Yacht an Bug und Heck höher ist als mittschiffs.

Negativer Sprung ist der Kurvenverlauf eines Decks oder der Reling von vorn nach achtern, bei welchem ein Schiffskörper mittschiffs ein höheres Freibord hat als am Bug und Heck.

Tonnage. Das Wort „ton" leitet sich von „tun" ab, einem im Weinhandel benutzten Faß. Die Größe eines Schiffes wurde früher nach der Anzahl von „tuns" bezeichnet, die sich in seinem Lagerraum unterbringen ließen. Heutzutage gibt es drei verschiedene Arten von Tonnage, die für den Yachtsegler in Frage kommen. Die in Großbritannien am weitesten verbreitete Tonnagebezeichnung wurde im 19. Jahrhundert von Mitgliedern des Royal Thames Yacht Club eingeführt, um das Handicap von Rennyachten zu berechnen. Sie wird als Themse-Vermessung (Thames Measurement = T. M.) bezeichnet. Der Berechnung von T. M. werden lediglich die größte Breite und die Länge zwischen den Loten zugrunde gelegt; der Tiefgang bleibt ohne Einfluß, so daß ein Floß von 25 Fuß Länge und 7 Fuß Breite die gleiche Themse-Vermessung (T. M.) ergeben würde wie eine tiefgehende Kielyacht der gleichen Abmessungen, aber mit einem Tiefgang von vielleicht 7 Fuß — nämlich eben unter 5 Tonnen. Auf den ersten Blick erscheint daher diese Vermessungsweise absurd. Wenn sie aber auf den Größenvergleich von Yachten ähnlichen Typs angewandt wird, bewährt sich diese Formel ganz gut. Jedenfalls haben sich keine der von Zeit zu Zeit vorgebrachten Verbesserungsvorschläge durchsetzen können.

Die Formel, die der Errechnung von T. M. (Thames Measurement) zugrunde liegt, lautet:

$$\frac{(\textit{Länge zwischen den Loten} - \textit{Breite}) \times \textit{Breite} \times \textit{1/2 Breite (alles in Fuß)}}{94}$$

Die Nettoregistertonnage ergibt sich aus der Berechnung des Rauminhalts in Kubikfuß dividiert durch 100, vermindert um die Mannschafts-, Maschinen- und Vorratsräume, das Kartenhaus usw. Der von den Vermessern des Board of Trade (Handelsministerium) schließlich errechnete Wert wird auf dem Hauptdecksbalken neben der Baunummer eingeschnitzt und entspricht der Tonnage, nach der Leuchtfeuer- und Hafenabgaben erhoben werden.

Da jeder schwimmende Gegenstand genauso viel Wasser verdrängt wie er selber wiegt, entspricht die Wasserverdrängung einer Yacht ihrem tatsächlichen Gewicht. Wahrscheinlich braucht ein Eigner diesen Wert nur für den Fall eines Land- oder Seetransportes zu wissen. Der Konstrukteur hat das Gewicht errechnet, und wahrscheinlich findet sich dieser Wert auf der Konstruktionszeichnung entweder in Tonnen oder — bei einer kleinen Yacht — in Pfund (ein lb = 0,453 kg) vermerkt. Sollte diese Angabe aus irgendwelchen Gründen in den Unterlagen einer Yacht fehlen, so läßt sie sich annähernd wie folgt errechnen: man multipliziere die Länge in der Wasserlinie mit der größten Breite in der Wasserlinie, dem mittleren Tiefgang (alles in Fuß) und dem Völligkeitsgrad und dividiere das Resultat durch 35 (eine Tonne = 35 Kubikfuß Wasser). Der Völligkeitsgrad der Verdrängung, nämlich der Unterschied zwischen dem Wasservolumen eines Wasserblocks in den angegebenen Abmessungen und dem von der Yacht in Wirklichkeit verdrängten Wasservolumen richtet sich natürlich nach dem Yachttyp und kann sich zwischen 0,25 bei einer schlanken Rennyacht mit zusammengezogenem Unterwasserschiff und 0,45 bei einer Kreuzeryacht schweren Typs mit einem geraden, langen Kiel bewegen. Die durchschnittliche, gut konstruierte kleine Kreuzeryacht ohne irgendwelche Extreme dürfte einen Völligkeitskoeffizienten von 0,35 aufweisen. Natürlich muß man sich darüber klar sein, daß diese Art der Gewichtsberechnung nur annähernde Werte ergeben kann, da ihre Genauigkeit von der Wahl des richtigen Koeffizienten abhängt.

Linienrisse

Lotsenboote und Fischkutter, die früher in großer Anzahl und mit Erfolg zu Yachten umgebaut worden sind, und selbst einige Yachten älterer Jahrgänge, wurden vor dem Bau nicht auf Papier entworfen. Der zukünftige Schiffseigner gab vielmehr dem Schiffsbauer seiner Wahl seine Wünsche und diejenigen Punkte bekannt, in denen das Fahrzeug sich von anderen gleicher Gattung unterscheiden sollte. Darauf stellte der Schiffsbauer ein Modell zur Begutachtung durch den Eigner her und nahm, je nach dessen Wünschen, vorn oder achtern etwas Holz weg oder verfeinerte die Umrisse so lange, bis das Modell alle Forderungen berücksichtigte und dem Eigner gefiel. Dann wurden die genauen Maße vorsichtig von dem Modell abgenommen, so daß die Längs- und Querrisse mit Kreide in voller Größe auf den Schnürboden übertragen werden konnten. Auf diese Weise ließen sich die verschiedenen Bauhölzer, welche die Größe und Formgebung eines Schiffes bestimmen, passend zurechtschneiden. Vielleicht war diese Methode ein wenig grob; trotzdem sind viele schöne Schiffe so entstanden. Allerdings kam es häufig vor, daß der Innenballast verlagert werden mußte, um nach dem Stapellauf die gewünschte Trimmlage herzustellen.

Heute ist durchweg der zeichnerische Entwurf von Yachten an die Stelle der Modellbaumethode getreten, obgleich manchmal Schleppversuche in Tanks angestellt werden. Die Berechnungen haben einen solchen Grad von Genauigkeit erreicht, daß manche moderne Yacht mit ihrem Gesamtballast im Kiel ohne Gefahr einer Fehlrechnung entworfen wird. Aufgrund genauer, den Zeichnungen entnommener Maße stellt der Konstrukteur Aufmaßtabellen her, anhand derer der Schiffbauer die Zeichnungen in voller Größe auf den Schnürboden übertragen kann.

Es ist zur Gewohnheit geworden, die Pläne einer Yacht mit dem Bug nach rechts zu zeichnen, so daß die Darstellung die Steuerbordseite zeigt. Im allgemeinen bestehen die Risse aus drei getrennten Zeichnungen: dem Längsriß, dem Wasserlinienriß und dem Spantenriß, wobei der Spantenriß manchmal, wie in der Zeichnung auf Seite 243 in den Längsriß hineingezeichnet wird.

Abb. 2 zeigt die Linienrisse einer von John Tew, A. R. I. N. A., entworfenen 6-Tonnen-Kreuzeryacht. Der Spantenriß steht rechts, der Längsriß oben und der Wasserlinienriß unten. Um dem Neuling das Verständnis dafür zu erleichtern, was jede der drei Zeichnungen bedeutet, hat Tew liebenswürdigerweise eine perspektivische Zeichnung (Abb. 3) hergestellt, die zeigt, wie die Yacht aussehen würde, wenn alle in den drei Rissen enthaltenen Linien auf den Rumpf projiziert würden, und zwar aus einem schrägen Blickwinkel von unten nach achtern. Abb. 2 und Abb. 3 sind zum besseren Verständnis der Linien zusammen zu betrachten.

Die mit 1—11 bezeichneten Linien stellen die Querschnitte der Yacht im Winkel von 90 Grad zur Ebene der C.W.L. (Konstruktionswasserlinie) dar. Sie werden im Spantenriß in ihrer wirklichen Gestalt wiedergegeben, indem die Querschnitte 1—6 auf der rechten, 7—11 auf der linken Seite erscheinen, so daß man auf den ersten Blick die Formgebung jedes Querschnitts erkennen kann. Mit ein wenig Übung lernt man, die Querschnitte halbgeschlossenen Auges annähernd in Perspektive zu sehen; vom Bug nach mittschiffs verändert die Yacht allmählich ihre Form, und wird größer und größer, ebenso wie auf der linken Seite der Spiegel anwächst, bis er kurz vor mittschiffs eine Form erreicht, die sich mit dem Hauptspant auf der gegenüberliegenden Seite so gut wie deckt.

Der Längsriß zeigt nicht nur die Umrisse oder die Seitenansicht der Yacht, sondern auch ihre Formgebung in sechs Längsschnitten, die in gleichem Abstand voneinander die Ebene der Konstruktionswasserlinie im Winkel von 90 Grad schneiden. Diese mit B 1 bis B 6 bezeichneten Längsschnitte werden Vertikalschnitte genannt. Sie bezeichnen die Richtung, in der das Wasser unter der Yacht abfließen muß, wenn diese sich in Fahrt befindet. Sie müssen daher in sanften Kurven ohne scharfe Krümmungen verlaufen; je gerader sie unterhalb der Konstruktionswasserlinie von mittschiffs nach achtern sind, um so leichter kann das Wasser abfließen und um so schneller wird die Yacht laufen.

25

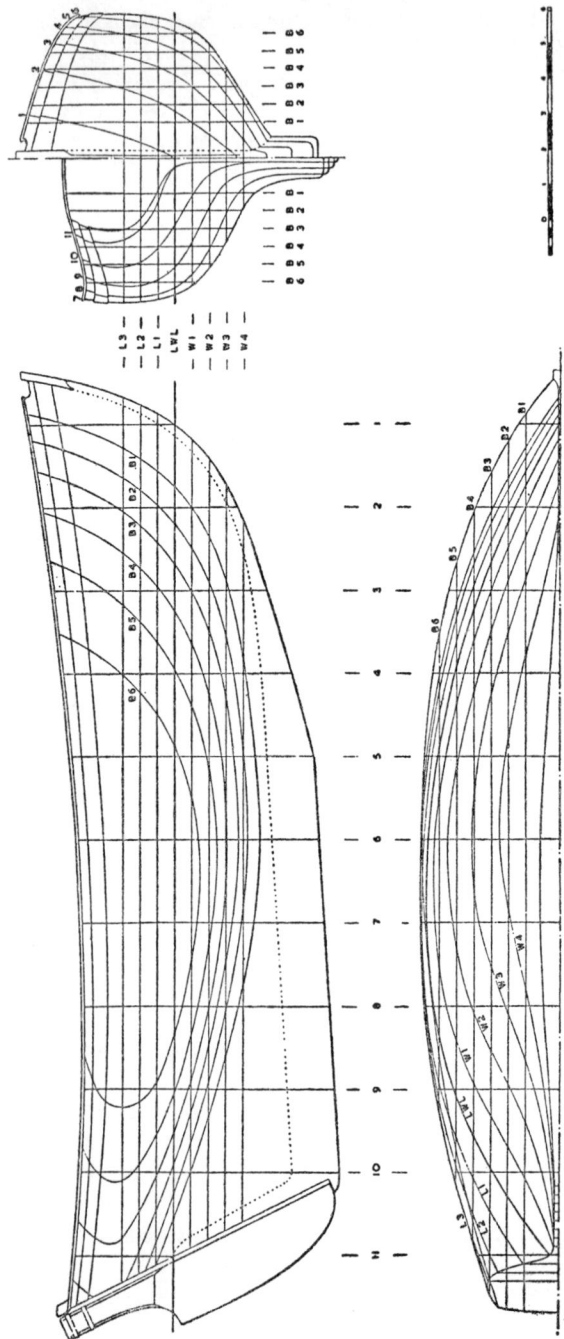

*Abb. 2 — Linienriß einer 6-Tonnen-Kreuzeryacht
nach einem Entwurf von John Tew*
Oben: Längsriß; unten: Wasserlinienriß; rechts: Spantenriß

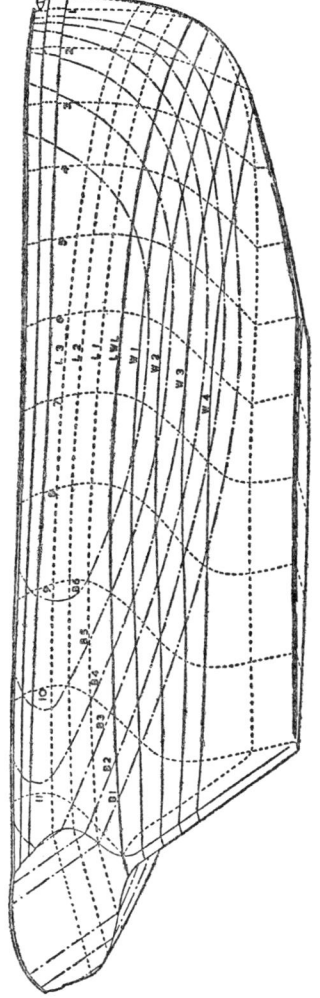

Abb. 3 — Perspektivische Zeichnung der obigen Yacht

1—11: Querschnitte. *L1—L3:* Waagerechte Schnitte. *W1—W4:* Wasserlinienschnitte. *B1—B6:* Längs- oder Vertikalschnitte. *L.W.L.:* Konstruktions-Wasserlinie (Ladelinie)

27

Die dritte Zeichnung, der Wasserlinienriß, zeigt den Schnitt in der Konstruktionswasserlinie und drei weitere Schnitte in gleichmäßigen Abständen parallel zu und über der Konstruktionswasserlinie. Es ergeben sich die sogenannten Oberwasserlinien, die in unserer Zeichnung mit L 1 bis L 3 gekennzeichnet sind. Außerdem zeigt die Zeichnung vier weitere Schnitte in gleichem Abstand voneinander unterhalb der und parallel zu der Konstruktionswasserlinie, W 1 bis W 4, nämlich die Unterwasserlinien. Diese Linien zeigen die Richtung an, in welcher das Wasser bei einer in Fahrt befindlichen Yacht um die Bordwände herumfließen muß. Infolgedessen sollten diese Kurven, genau wie die Linien der Vertikalschnitte, sanft und ohne scharfe Krümmungen oder plötzliche Ein- und Ausbuchtungen verlaufen und bei dem Normaltyp einer Kreuzeryacht in ihrem Verlauf von vorn nach achtern den Eindruck ausgewogener Harmonie erwecken. Die Erfahrung hat aber gezeigt, daß eine breite, flachgehende Yacht vorne feiner geschnittene Wasserlinien benötigt als achtern, wenn man lebhaftes Stampfen vermeiden will, obgleich sie dadurch schwerer zu steuern sein wird.

Diese drei getrennten Risse sind erforderlich, um die Formgebung einer Yacht in drei Dimensionen aufzuzeigen. In jeder Zeichnung erscheint nur ein Satz von Linien in Kurvenform, während sich die beiden anderen Liniensätze als gerade Linien projizieren. Um sich daher eine klare Vorstellung von einer Yacht zu verschaffen, muß man alle drei Zeichnungen studieren und miteinander vergleichen. Es ist unnötig hinzuzufügen, daß jede Änderung eines Kurvensatzes zwangsläufig die Kurven der anderen Zeichnungen beeinflußt.

Senten sind Längsschnitte durch die Yacht in einem gleichbleibenden Winkel zur Mittschiffslinie und gewöhnlich so angelegt, daß sie die Außenhautbeplankung in einem Winkel von etwa 90 Grad schneiden. Um die Abb. 2 und 3 einfacher und leichter verständlich zu machen, sind dort die Senten weggelassen worden; normalerweise würden sie auf der unteren Seite des Wasserlinienrisses erscheinen wie auf Seite 238. Die Lage der Senten und der Winkel, den jede mit der Mittschiffslinie bildet, sind aus dem Spantenriß zu ersehen, erscheinen aber nicht im Längsriß. Kurven gerader und geneigter Flächen und/oder eine metazentrische Analyse, die beide die Beurteilung erleichtern, ob eine Yacht gut ausbalanciert ist, werden ebenfalls von einigen Konstrukteuren in ihren Zeichnungen dargestellt.

Da die Linienführung einer Yacht ausschließlich von der Formgebung ihrer Spanten und deren Abstand voneinander bestimmt wird, könnte man einwenden, daß weitere Angaben überflüssig sind. Die anderen Zeichnungen verschaffen aber dem Konstrukteur eine höchst notwendige Kontrolle; ohne sie wäre es unmöglich, das Aussehen einer Yacht zu beurteilen.

Viele Erkenntnisse über die Formgebung von Yachten mit Bezug auf den Verwendungszweck, für den sie entworfen wurden, lassen sich auch aus dem Studium der Risse gewinnen, die zusammen mit den Kommentaren der Konstrukteure, Herausgeber und Schriftsteller in den Yachtzeitschriften und Segelbüchern veröffentlicht werden. Beim Betrachten der Pläne, die von den Reißbrettern unserer führenden Schiffsbauingenieure stammen, kann man feststellen, daß alle Linien sanft und fließend verlaufen; da gibt es keine ungeschickten Übergänge, keine unerwarteten Aus- und Einbuchtungen, Senkungen oder Verflachungen. Leider hat die Mehrzahl der bekanntesten englischen und amerikanischen Konstrukteure die Lust verloren, die Pläne ihrer Schöpfungen zur Veröffentlichung freizugeben, weil sie nicht Gefahr laufen wollen, ihre Pläne von skrupellosen Leuten kopieren zu lassen, die sich das Entwurfshonorar sparen möchten. Werden übrigens veröffentlichte Pläne auf diese Weise nachgeahmt, so führt ein Nachbau nur selten zum Erfolg. Die in Büchern und Zeitschriften abgedruckten Pläne sind zu klein, um so weit vergrößert zu werden, daß sich Messungen für die praktische Ausführung ohne eine durchgehende Überarbeitung aller Linien abnehmen lassen.

Der Leser, der diesen Abschnitt studiert hat und die Bedeutung der Zeichnungen versteht, sei auf Kapitel 10 verwiesen, wo er die Entwürfe mehrerer Kreuzeryachten findet.

Stabilität

Der Winddruck auf Segel, Takelage und Bordwände versucht, eine Yacht zum Kentern zu bringen; um sich mehr oder minder aufrecht zu halten, muß sie sich auf ihren Ballast und ihre Anfangsstabilität verlassen.

Ballast ist zusätzliches Gewicht in Form von Eisen- oder Bleibarren, die tief unten im Rumpf verstaut werden, oder Gewicht, das in Form eines Ballastkiels gegossen unter dem Kiel verbolzt wird. Je tiefer der Ballast verstaut wird, um so größer ist seine aufrichtende Kraft. Dies ist einer der Gründe, warum Blei trotz seiner höheren Kosten für Ballastkiele bevorzugt wird, denn bei gleichem Gewicht beansprucht Blei weniger Platz, und sein Gewichtsschwerpunkt kann daher tiefer gelegt werden, ohne den Tiefgang selbst zu vergrößern. Blei besitzt außerdem den Vorzug, nicht zu rosten, und es kostet kaum Mühe, Teile von ihm abzunehmen, wenn erforderlich. Dafür besitzt es nicht die Härte und Stärke von Eisen und kann bei Auflaufen einer Yacht auf steinigen Grund leichter Schaden erleiden. Die moderne Bauweise zieht den gesamten Ballast im Kiel zusammen; bei einer Kreuzeryacht empfiehlt es sich aber, einen Teil des Ballastes innen zu fahren, um ihn nach Einnahme von Wasser und Proviant für eine lange Reise verlagern zu können und so die richtige Trimmlage zu erreichen.

Anfangsstabilität hat nichts mit Ballast zu tun; sie hängt vielmehr von der Spantenform und dem Verhältnis von Länge zur Breite ab. Je breiter eine Yacht im Verhältnis zu ihrer Länge ist, um so besser ihre Anfangsstabilität. Eine Yacht geringen Tiefgangs benötigt eine größere Breite als eine Yacht gleicher Länge, aber größeren Tiefgangs, und von zwei Yachten gleichen Typs, aber verschiedener Größe, muß die kleinere im Verhältnis breiter sein. Aus diesem Grunde läßt sich der Maßstab einer großen Yacht auch nicht ohne weiteres auf eine kleine Yacht übertragen und umgekehrt. Genaue Verhältniszahlen sind schwer anzugeben, aber die Breite einer 10-Tonnen-Kreuzeryacht sollte wohl etwa $1/3$ ihrer Länge in der Wasserlinie betragen. Bei einer kleineren Yacht kann sich die Notwendigkeit ergeben, das Breitenverhältnis bis auf $1 : 2^{1}/_{2}$ zu erhöhen.

Eine Yacht mit schwacher, wenig ausgeprägter Spantenform, die in ihrem Verlauf ohne ausgesprochene Kimmrundung von der Konstruktionswasserlinie zur Bilge abfällt, wird sich als rank oder empfindlich erweisen, d. h. sie krängt unter dem Winddruck zu schnell über. Dagegen wird eine vollspantige Yacht mit einer kräftigen Kimmrundung steif sein, d. h. sie wird dem Winddruck besser widerstehen. Man ist geneigt, die Stabilität einer Yacht nach der Form des Hauptspants zu beurteilen, das sich am besten erkennen läßt; man darf aber nicht vergessen, daß alle Spantenquerschnitte die Stabilität beeinflussen. Von zwei Yachten gleicher Größe mit einander ähnlichem Hauptspant ist diejenige steifer, deren Enden voller geformt sind, deren Breite weiter nach vorn und achtern reicht und die infolgedessen gerundetere Wasserlinien aufweist. Der Querschnitt allergrößter Steifheit ist ein Rechteck, wie ihn die Themse-Sprietsegel-Barge besitzt, und es ist schon ein bedeutender Winddruck erforderlich, um ein solches Fahrzeug weit überzukrängen. Überschreitet es aber einmal einen bestimmten Krängungswinkel, so verliert es plötzlich und ohne Übergang seine ganze Stabilität und kentert. Das kann bei einer Yacht mit Ballast nicht geschehen, denn je größer ihr Krängungswinkel wird, um so stärker wirkt der Ballast als aufrichtendes Moment, und um so geringer wird der Winddruck auf ihren Segeln. Nur unter außergewöhnlichen Umständen kann es vorkommen, daß eine mit Ballast versehene Yacht kentert, und auch dann wird sie sich, vorausgesetzt, daß der Innenballast nicht übergegangen ist, wieder aufrichten, was eine Yacht ohne Ballast, die nur von ihrer Anfangsstabilität abhängt, nicht tun kann.

Auf langen Reisen in starker Schräglage segeln zu müssen, ist für die Besatzung anstrengend und von schlechtem Einfluß auf ihr Durchhaltevermögen. Wenn eine Yacht sich bei starkem auflandigem Wind von einer Leeküste freisegeln muß, hängt ihre Sicherheit davon ab, daß sie genügend Zeug tragen kann. Ausreichende Stabilität ist daher eine dringende Forderung für Kreuzeryachten und eine Frage, die aufmerksame Beachtung durch den Konstrukteur verdient. Es ist nämlich auch möglich, eine Yacht zu steif zu machen; dann sind ihre Bewegungen heftig, und Besatzung und Takelage werden gleich hart beansprucht.

Wasserverdrängung

Die heutzutage vorherrschende Tendenz begünstigt ein leichteres Deplacement bei gegebener Wasserlinienlänge, und mehr wissenschaftliche Methoden haben diese Entwicklung unterstützt, indem sie das Gewicht der zum Bau benutzten Materialien verringern.

Die Leichtdeplacement-Yacht hat natürlich geringeren Widerstand zu überwinden und erfordert daher weniger Segelfläche; auch ist die Beanspruchung ihrer Takelage geringer, da sie ihre Höchstgeschwindigkeit rascher erreicht. Es wird oft behauptet, daß sie naß segele. Was aber eine gut konstruierte Yacht naß macht, ist allein ihre Geschwindigkeit durchs Wasser. Werden ihre Segel genügend gerefft, um nicht schneller zu segeln als eine Yacht schwereren Deplacements, müßte sie bei ausreichendem Freibord genauso trocken segeln. Die Yacht größerer Wasserverdrängung hat aber bei gleicher Länge in der Wasserlinie im allgemeinen mehr Platz unter Deck (außer, wenn sie ihren gesamten Ballast innen fährt) und kann daher Proviant und Wasser für eine lange Reise unterbringen, ohne merklich unter ihrer Konstruktionswasserlinie zu liegen. Die Leistung mancher Leichtdeplacement-Yachten leidet dagegen durch die Beladung mit der notwendigen Reiseausrüstung, die ihr Freibord entsprechend verringert. Die Schwerdeplacement-Yacht kann ferner robuster gebaut werden. Sie wird daher im allgemeinen widerstandsfähiger sein und eine längere Lebensdauer besitzen, obgleich das nicht immer der Fall zu sein braucht, da die Stärke der Yacht weitgehend von ihren Verbänden und der Sorgfalt abhängt, mit der sie gebaut worden ist. Ob ihre Bewegungen im Seegang angenehmer sind oder nicht, ist nicht so sehr eine Frage ihrer Wasserverdrängung als der Rumpfform und der Ballastverteilung.

Flacher Tiefgang

Es kommt vor, daß ein Eigner seine Yacht in einem kleinen Fluß oder in einem Hafen geringer Wassertiefe halten muß oder gezwungen ist, seine meisten Segelfahrten in untiefenreichen Gewässern wie der Themsemündung, dem Wash oder dem Solway Firth zu unternehmen. Diese Voraussetzungen erfüllt am besten eine flachgehende Kreuzeryacht. Ist sie von einem Konstrukteur entworfen worden, der sich auf diesen Typ versteht, kann sie genauso sicher und seetüchtig sein wie eine tiefgehende Yacht. Nur hoch am Wind wird sie weniger gut segeln, da ihr seitlicher

Widerstand im Wasser geringer ist; sie wird daher eine größere Abtrift haben. Um die zwangsläufige Abtrift einer flachgehenden Yacht zu vermindern, kann man sie mit einem Mittelschwert ausstatten, das sich beim Segeln durch einen Schlitz im Kiel herunterfieren und im seichten Wasser oder bei Gefahr des Auflaufens hochholen läßt. Eine andere Möglichkeit ist, die Yacht mit doppelten Kimmkielen zu versehen.

Den überkommenen Vorstellungen in diesem Lande entsprach das Mittelschwert in Form eines Kielschwertes, das der Yacht durch sein Gewicht zusätzliche Stabilität verlieh. Das Schwert wurde daher aus Eisen angefertigt und trug manchmal sogar einen Bleiwulst an der Unterkante. Heruntergefiert bedeutete ein schweres Kielschwert dieser Art eine starke Beanspruchung der Yachtverbände und bildete die Ursache vieler Leckstellen. Auch verbog es sich leicht, so daß es nicht mehr in den Schwertkasten hochgeholt werden konnte, und überhaupt ließ es sich nur mit Hilfe starker Taljen handhaben.

Die flachgehende Kreuzeryacht muß in ihrer Rumpfform genügend Anfangsstabilität besitzen und an ihrem Kiel genug Ballast fahren, um nicht kentern zu können. Das Schwert darf nicht mehr bedeuten als eine Vorrichtung zur Erhöhung des Lateralwiderstandes und damit eine Unterstützung der Yacht beim Kreuzen zur Vermeidung übermäßiger Abtrift. Das Schwert sollte daher aus Holz und nur mit so viel Metall in Form eines Bandbeschlages oder einer beschwerten Unterkante versehen sein, daß es nach Loswerfen der Talje von selbst durch den Kielschlitz nach unten fällt. Einzelheiten über die Anordnung von Schwertern sind auf Seite 51 ff. nachzulesen.

Wichtig ist, daß ein Schwertkreuzer so viel festen, unter dem Boden hervorragenden Kiel besitzt, daß ein gewisser Widerstand im Wasser auch dann noch gewährleistet ist, wenn es zu flach wird, um das Schwert noch zu benutzen. Sonst wird die Yacht vor lauter Abtrift manövrierunfähig.

Kimmkiele haben bei flachgehenden Yachten dem Mittelschwert drei Vorzüge voraus: Sie sind einfacher und daher billiger zu bauen, sie kommen nicht mit der Inneneinrichtung der Yacht in Konflikt und ermöglichen ihr beim Trockenfallen, aufrecht stehen zu bleiben (Tafel 41).

Tafel 2
A. Der mäßig gerundete Vorsteven einer der von der Berthon Boat Company entworfenen und gebauten Gauntlet-Yachten. B. Ein typischer Laurent-Giles-Vorsteven mit betontem Überhang. C. Kurze Überhänge und ein ausgesprochener Sprung charakterisieren diesen 4-Tonner. D. Die scharfen Linien eines Klipperstevens; dahinter der weit ausladende Vorsteven einer Rennyacht. E. Links: Yachtheck; rechts: Kanuheck. F. Abgeschnittenes Heck, das mit einem gefälligen Spiegel und oben einfallenden Bordwänden abschließt. G. Wohlproportioniertes Plattgattheck. H. Typisches Norwegerheck.

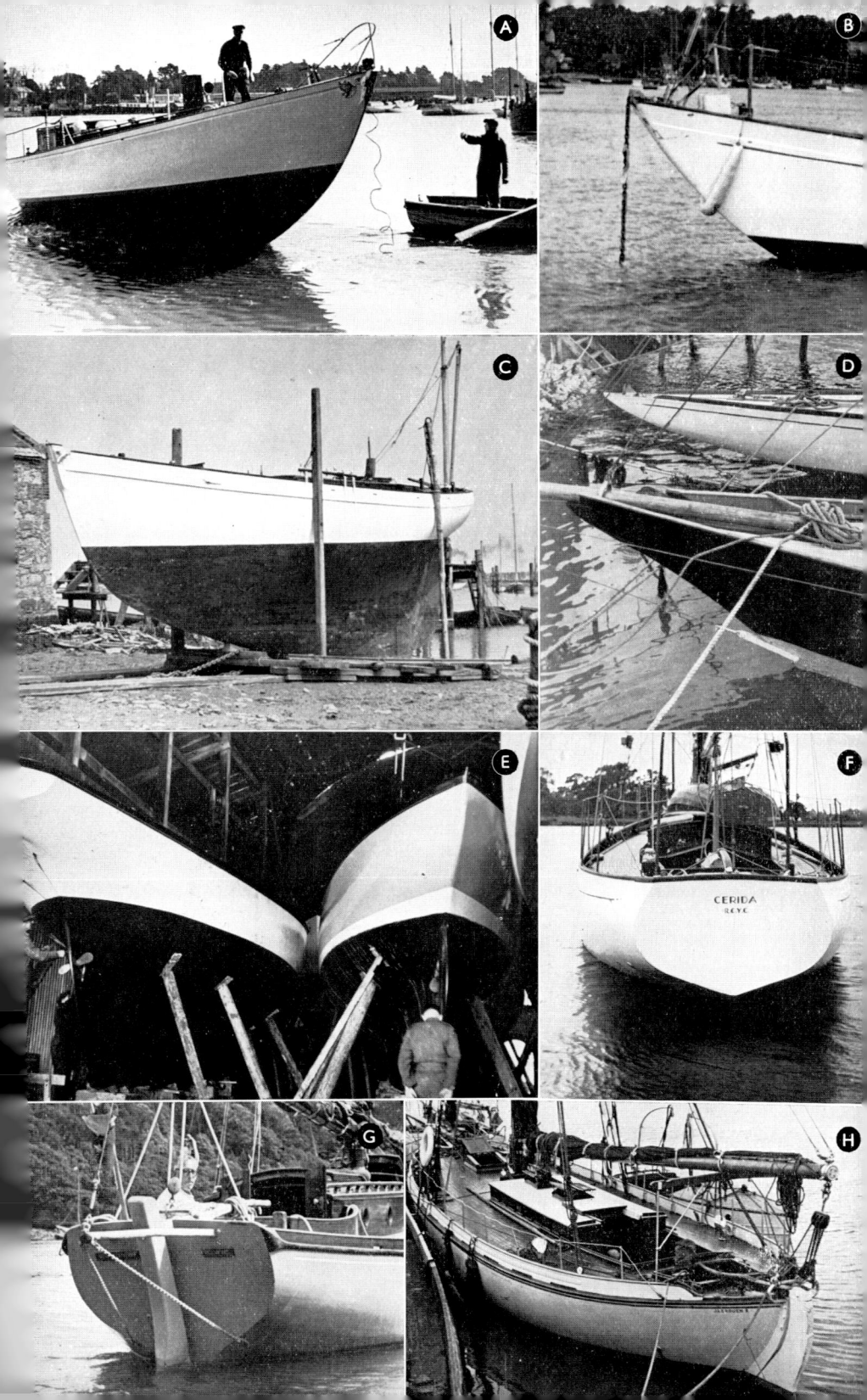

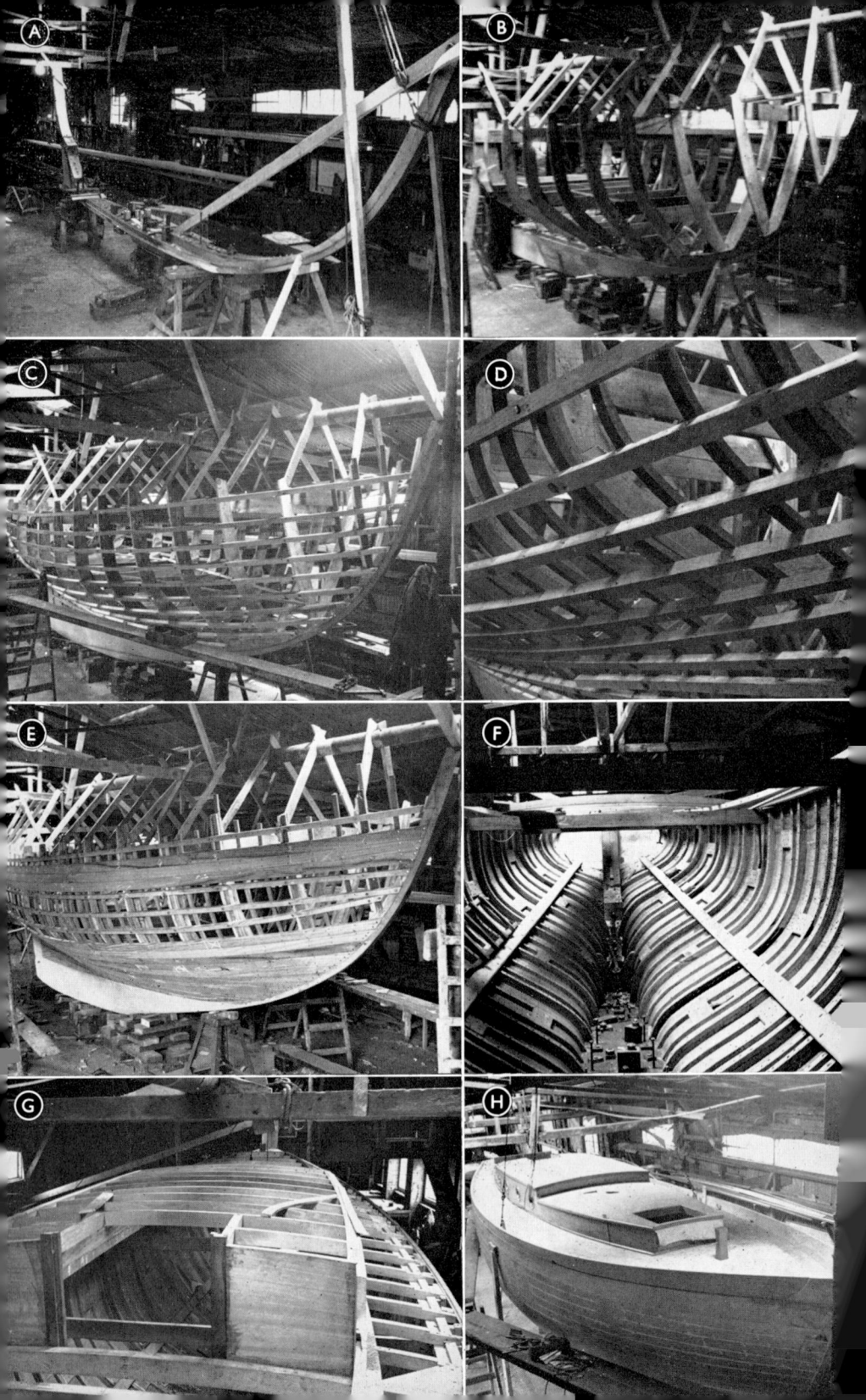

Solche Kiele stehen gewöhnlich in einem Winkel von etwa 20 Grad zur Senkrechten. Wenn die Yacht also überliegt, gerät der Leekiel mehr oder weniger in eine senkrechte Lage und leistet infolgedessen einen größeren Lateralwiderstand als ein fester Kiel oder ein Schwert, während der Luvkiel in demselben Maße an Wirksamkeit verliert wie der Krängungswinkel zunimmt. Verlaufen die Kimmkiele nicht parallel zur Kiellinie sondern sind nach vorn um zwei oder drei Grad einwärts gerichtet, wächst die laterale Widerstandskraft des Leekiels. Versuche haben allerdings erwiesen, daß Überlegungen dieser Art mehr theoretischen als praktischen Wert besitzen und der Vorteil mehr als aufgehoben wird durch den unerwünschten Sogeffekt, der bei jeder Segelstellung entstehen kann. Die Anordnung von Kimmkielen wird eingehender auf S. 53 behandelt.

Zwischen Kimmkielern und Doppelkielyachten muß unterschieden werden. Ein Kimmkieler ist ein normaler, flachgehender Yachttyp mit Ballastkiel in der Mitte und Holzflossen oder Stahlplatten in Höhe der Kimmrundung auf beiden Seiten. Dagegen trägt die Doppelkielyacht mittschiffs keinen Kiel, sondern ist nur mit zwei großen Flossen ausgerüstet, die allen Ballast tragen und auf denen die Yacht steht, wenn sie auf Grund geraten ist. Ihr Ruder kann in der Mittschiffslinie an einer längsschiffs gerichteten Hacke aufgehängt werden oder die Yacht kann zwei miteinander verbundene Ruder, eines an jedem Kimmkiel, führen. In England war der Hon. R. A. Balfour, der heutige Lord Riverdale, der Schöpfer dieses Fahrzeugtyps. 1923 baute er seine erste *Bluebird*, der noch viele Yachten gleichen Namens folgten. Ein Foto der jüngsten *Bluebird*, in welcher er eine Reise nach Westindien unternahm, findet sich auf Tafel 34, gegenüber S. 208.

Es gibt einige kleine Yachten, die den englischen Besanewern (Thames barges) mit ihren fast flachen Böden und vertikalen Bordwänden nachgebaut worden sind. Seitenschwerter, an jeder Seite um einen Zapfen drehbar aufgehängt, ersetzen das Mittelschwert und lassen die Inneneinrichtung unbehindert. Die echte, große, mit einer Sprietbesegelung versehene

---

Tafel 3
Verschiedene Bauabschnitte einer Holzyacht. *A.* Das Rückgrat — Kiel, Vor- und Achtersteven — sind zusammengefügt. *B.* Der Ballastkiel ist angesetzt, und die zehn Mallen sind, jeder an seinem Platz, aufgestellt. *C.* Senten sind vorübergehend außen an den Mallen befestigt, und das Einpassen der dampfgebogenen Spanten in den Sentenverlauf ist vom Bug ausgehend in Angriff genommen. *D.* Alle Spanten stehen jetzt an ihrem Platz, jeder dritte Spant verdoppelt. *E.* Die Aufplankung erfolgt von oben und von unten und tritt an die Stelle der Senten. *F.* Nach beendigter Aufplankung werden die Mallen entfernt und die Stringer angebracht. *G.* Die Sülls des Kajütaufbaus und die Decksbalken nach dem Einbau. *H.* Das Deck ist verlegt und das Schanzkleid angebracht.

Handelsbarge von 21 bis 24 Meter Länge war für ihre Aufgaben ein ausgezeichneter Schiffstyp; dagegen ist die kleine, ihr nachgebaute Barge-yacht nicht befriedigend und es sind heutzutage nur noch wenige von ihnen übriggeblieben.

Die Barge ist natürlich ein knickspantgebautes Fahrzeug; die moderne Knickspantyacht besitzt dagegen keinen rechteckigen Querschnitt. Sie zeigt eine Aufkimmung des Schiffsbodens (aufwärts gerichtete Schräge der Bodenbeplankung vom Kiel zum Kimmknick) und einen gewissen Ausfall der Bordwände, so daß sie häufig nicht als Knickspanter, sondern als V-Spanter bezeichnet wird. Allgemein herrscht die Ansicht vor, daß ein solches Fahrzeug für den Amateurschiffsbauer leichter zu bauen sei, obgleich das Zurichten der beiden Sponungen im Knick (den Nuten, in die Seiten- und Bodenplanken eingepaßt werden müssen) ein schwieriges Unter-fangen bedeutet, denn der Winkel der Sponungen ändert sich der ganzen Länge nach. Manchmal ist es möglich, in Yachten dieses Typs geräumigere Unterkünfte unterzubringen oder ihnen zum mindesten einen breiteren Kajütsfußboden zu geben, aber ihr Verhalten unter Segel bleibt aus-schließlich von der Formgebung des Rumpfes abhängig. Hat die Yacht vorn einen zu flachen Boden, hämmert das Vorschiff in die entgegenlau-fende See; ist dagegen die Aufkimmung zu steil, wird sie rank. Folglich ist der Winkel, den die Bodenbeplankung mit der Bordwand am Knick macht, von ausschlaggebender Bedeutung.

Es gibt noch einen anderen Fahrzeugtyp, richtiger gesagt, eine Anzahl von Typen, die sich zum Segeln in flachen Gewässern eignen, nämlich die Holländer. Diesen anziehenden Schiffen mit ihrem völligen Bug, großer Breite und behaglichem Sprung begegnet man in großer Anzahl an allen Küsten der englischen Inseln. Alle haben sie einen Flachboden und fah-ren Seitenschwerter, aber sie unterscheiden sich sonst genausosehr von-einander wie es unsere eigenen heimischen Fischerboote taten. Die größe-ren unter ihnen eignen sich vorzüglich als schwimmendes Heim, aber an der Kreuz leisten sie wenig, so daß die meisten von ihnen mit starken Hilfsmaschinen ausgerüstet sind.

Mehrrumpffahrzeuge

Fahrzeuge mit mehr als einem Rumpf sind im Indischen Ozean und im Pazifik seit vielen hundert Jahren heimisch gewesen. Das Wort catama-ran, das sich vom tamilischen *katta-maran* ableitet und soviel bedeutet wie „zusammengebundener Baum" war ein Sammelbegriff für alle Arten solcher Eingeborenenschiffe. In englischsprachigen Ländern wird das Wort aber heutzutage ausschließlich auf solche Schiffe angewandt, die aus zwei parallelen Rümpfen gleicher Größe und Form zusammengesetzt sind (Tafel 9, gegenüber S. 81). Dagegen wird ein Fahrzeug, das auf jeder Seite des Hauptrumpfes einen Schwimmkörper hat, als Trimaran bezeichnet. Der Hauptzweck solcher Konstruktionen ist die Erzielung einer großen Stabilität bei einem Minimum an Gewicht und infolgedessen eine Steigerung der Geschwindigkeit bei einer gegebenen Segelfläche. Die auf S. 40 angeführte Geschwindigkeits/Längenformel findet auf diese Art Fahrzeuge, in denen unter günstigen Verhältnissen Geschwindigkeiten von über 20 Knoten bei einer Wasserlinienlänge von unter 20 Fuß (= ca. 6 m) erreicht worden sind, keine Anwendung.

Zwar sind in Katamaranen und Trimaranen eine Reihe von Ozeanreisen erfolgreich durchgeführt worden, ohne daß aber diese Tatsache unbedingt ihre Eignung für Langfahrten beweist, denn im Vergleich mit Yachten konventioneller Bauart haben Mehrrumpffahrzeuge gewisse Nachteile.

So muß der Fahrtensegler zum Beispiel der Möglichkeit zu kentern die ernsteste Beachtung schenken. Es kann bei einem starken Windstoß vorkommen, daß sich der Luvrumpf eines Katamarans aus dem Wasser hebt; tut er das über einen bestimmten Punkt hinaus, kann das Fahrzeug mit einem Schlag alle Stabilität verlieren und umschlagen. Um zu verhindern, daß der Katamaran sich völlig auf den Kopf stellt, befestigt man gewöhnlich einen Schwimmkörper am Masttopp. Trotzdem ist es für eine Besatzung so gut wie unmöglich, einen Kreuzerkatamaran allein und ohne Hilfe von außen wieder aufzurichten. Ein Trimaran kann nicht kentern; dagegen unterliegen sein Mast und seine Takelage, da er nur wenige Grade überliegen kann, einer beträchtlichen Beanspruchung, die sich im Seegang bei beiden Schiffstypen, Katamaranen sowohl wie Trimaranen, steigert. Dieses Problem sollte sich zwar durch gesunde Konstruktionsprinzipien, die Verwendung erstklassiger Materialien und gute handwerkliche Arbeit lösen lassen, aber trotzdem haben sich oft strukturelle Fehler ergeben. Bei frischer Brise, halbem Wind oder Wind eben vorlicher als dwars sind Katamarane und Trimarane schneller als konventionelle Yachten; ihr Beschleunigungsvermögen ist bemerkenswert und es ist großer Sport, sie zu segeln. Da ihre Geschwindigkeit aber von ihrer geringen Wasserverdrängung abhängt, kann die Belastung mit all den Ausrüstungs- und Proviantmengen, die man durchweg bei Langfahrten für notwendig hält, die Leistung verderben und die Seetüchtigkeit vermindern. Die Kreuzeigenschaften eines gut durchkonstruierten Kats sind wohl bei frischen bis mittleren Winden mit denen der meisten anderen Segelfahrzeuge vergleichbar, aber bei leichten Winden ist der Kat infolge des niedrigen Verhältnisses zwischen Segelfläche und benetzter Oberfläche langsam. Der Trimaran mit seiner größeren benetzten Oberfläche zeigt windwärts noch schlechtere Eigenschaften und ist unter Umständen sogar schwer durch den Wind zu bringen.

Diese beiden Fahrzeugtypen mit mehr als einem Rumpf bieten den Yachtkonstrukteuren eine seltene Gelegenheit zur weiteren Entwicklung. Angesichts der Verbesserungen, die sich zweifellos mit der Zeit ergeben, werden sie vielleicht eines Tages zu den beliebtesten Tourenyachten zählen.

Bug- und Heckformen, Trimmlage

Für eine Kreuzeryacht sind Überhänge vorn und achtern wünschenswerte Konstruktionsmerkmale. Sie bedeuten nicht nur eine Auftriebsreserve, die beim Kreuzen gegen den Seegang verhindert, daß die Yacht zu tief einsetzt oder vor dem Wind überlaufen wird, sondern Überhänge verlängern auch beim Überliegen die Wasserlinie und lassen das Wasser um so leichter am Rumpf vorbeiströmen.

Der steile, gerade Vorsteven ist heutzutage nur noch selten zu sehen. Gewöhnlich, aber nicht immer, ist er scharf geschnitten und mit einem rechtwinkligen, tiefen Stevenfuß verbunden, so daß sich ein gerader, langer Kiel ergibt. Einem Bug dieser Art fehlt der Reserveauftrieb; er setzt daher tief in die See ein, verleiht dafür aber einer Yacht weiche Bewegungen. Der tiefe Vorsteven und lange Kiel erzeugen einen beträchtlichen seitlichen Widerstand, sobald die Yacht ihren Kurs ändert, sie reagiert daher nur langsam auf Ruder und anstatt auf engem Raum zu wenden, muß sie einen weiten Bogen beschreiben. Dagegen wird sie gewöhnlich gut beigedreht liegen und stetiger vor Anker reiten.

Der Klipper- oder Schonerbug wird durch einen Steven mit nach vorn ausladender, geschwungener Linie gekennzeichnet (Tafel 2 D). Für seegehende Segelschiffe von 15 Tonnen aufwärts war der Klippersteven die schönste Bugform. Bei kleinen Fahrzeugen bewährt er sich aber nicht, denn die Wasserlinien sind so schlank, daß die Yacht beim Einsetzen in eine See durch den Ausfall der Bordwände über Wasser mit einem Ruck abgestoppt wird und das Wasser nach beiden Seiten wegschleudert. Die so vergeudete Energie verlangsamt die Fahrt voraus.

Der Löffelbug mit seinen U-förmigen Querschnitten und einem meist langen Überhang (Tafel 2 D) gilt allgemein als unzweckmäßig für eine Kreuzeryacht, da der abgeflachte Teil des U dazu neigt, hart auf die Seen zu hämmern, und bei schwerem Wetter sogar Schaden erleiden kann. Die bewährte moderne Bugform hat einen mäßigen Überhang mit einer schwungvollen Kurve zum Steven hinauf und einem sanft gerundeten Stevenknie (Tafel 2 A und B); die Über- und Unterwasserlinien laufen dort in schönen, sanften Kurven aus, und die Spantformen sind von gerundeter V-Form. Diese Art Bug ist nicht scharf genug, um tief einzusetzen, aber auch nicht so flach, daß er hämmert.

Es gibt vier Heckformen: Plattgatt, Spitzgatt, Yacht- und Kanuheck.

Von diesen ist das Plattgattheck (Tafel 2 G) am einfachsten zu bauen und daher billiger als die anderen. Erhalten die Bordwände achtern ein wenig Seiteneinfall und das Heck eine gewisse Neigung, wirkt das Plattgatt ganz gefällig und zeigt einen kleinen Überhang. Es wird häufig behauptet, daß ein Plattgattheck die überholende See zum Brechen bringt. Dazu ist zu sagen, daß dies bei jedem Fahrzeug geschehen kann, das bei schwerem Wetter zu hart gepreßt wird, einerlei wie das Heck beschaffen ist. Wahrscheinlich ist ein wohlproportioniertes Plattgatt genauso seetüchtig wie jedes andere Heck, wenn auch nicht die beste Form, um Geschwindigkeiten zu erzielen, da die Überwasserlinien zu abrupt enden, anstatt in sanfter Krümmung natürlich auszulaufen. Der Unterteil des Plattgatthecks sollte die Form eines breiten V anstatt eines flachbodigen U zeigen, mit der Spitze auf oder eben über der Wasserlinie, so daß kein Teil von ihm ins Wasser taucht und Sog erzeugt. Etwas Sog erzeugt allerdings, wie man zugeben muß, fast jedes Plattgatt, wenn sich die Yacht überliegend in voller Fahrt befindet, weil die bei der Fahrt durchs Wasser entstehende Leeheckwelle dann weit über die Konstruktionswasserlinie hinaufspült.

Das scharfe Spitzgattheck wird oft für am seetüchtigsten gehalten, weil die Rettungsboote so gebaut sind. Bei diesen hat man aber diese Bauform gewählt, weil ein Spitzheck weniger leicht Beschädigungen ausgesetzt ist als andere Heckformen und weil Rettungsboote manchmal in brechender See Heck voraus manövrieren müssen. Wenn das Spitzgatt keine einigermaßen völlige Form besitzt wie das Norwegerheck (Tafel 2 H), fehlt es ihm leicht an Auftriebskraft. Beide, Plattgatt und Spitzgatt, haben vor anderen Hecktypen den einen Vorzug gemeinsam, daß sich das Ruder leicht inspizieren und zu Reparaturzwecken entfernen läßt.

Beim Yachtheck (Tafel 2 E, lks.) überragen die Planken den Achtersteven oberhalb der Wasserlinie und enden in einem flachen oder gekrümmten Heckstück, so daß das Deck eine beträchtliche Breite behält, wenn es sich auch nach achtern zu verjüngt. Abgeschnittene Yachthecks sind ähnlich, wenn auch nicht so lang; sie laufen in einem Spiegel aus, der ein gutes Stück über Wasser liegt (Tafel 2 F).

Bei dem Kanuheck (Tafel 2 E, rechts) erstrecken sich die Planken, wie beim Yachtheck, oberhalb der Konstruktionswasserlinie über den Achtersteven hinaus. Anstatt aber mit einem Yachtspiegel zu enden, laufen sie auf dem abgerundeten Spiegelholz zusammen, so daß das Heck in einer Spitze endigt. Ein wohlproportioniertes, gut ausgezogenes Kanuheck mit leicht geformten U-förmigen Spanten ist für eine Yacht eine gute Heckform, die weiche Bewegungen im Seegang gewährleistet und sehr gefällig aussehen kann.

Krängt eine Yacht mit einem zu dicken oder plumpen Kanuheck über, wird die Rundung der eingetauchten Seite zu scharf, und das Wasser kann nicht mehr leicht und schlank daran entlangfließen; solche Yachten werden wahrscheinlich nicht besonders schnell sein.

Yacht- und Kanuheck haben beide den Nachteil, daß der Ruderschaft dort, wo er von der Wasserlinie zum Deck durchläuft, von einem wasserdichten Koker umgeben sein muß. Es ist daher umständlich, das Ruder für Inspektions- oder Reparaturzwecke zu entfernen.

Dem Fall des Ruderstevens (dem Winkel, den dieser mit der Vertikale bildet) muß der Konstrukteur ebenfalls sorgsame Beachtung schenken. Lange war die Ansicht verbreitet, daß eine Yacht, die stetig auf dem Ruder liegen und fähig sein soll, sich selbst zu steuern, einen langen, geraden Kiel haben, und der Rudersteven, um den Kiel so lang wie möglich zu machen, senkrecht stehen müsse. Wenn man sich aber die Leistungen einiger moderner Yachten mit verhältnismäßig kurzen Kielen ansieht, kommt man doch zu dem Schluß, daß ein langer Kiel wohl nicht unbedingt erforderlich ist. Tatsächlich zeigen heute die meisten Rudersteven einen Fall, um die benetzte Oberfläche zu verkleinern. Wenn man aber den Fall zu stark macht, kann die Yacht unter Umständen schwer zu steuern sein, denn ein Teil der Ruderwirkung geht dadurch verloren, daß das Heck heruntergedrückt anstatt seitwärts gedreht wird. Außerdem zeigt das Ruder dann eine Neigung aufzuschwimmen, was man allerdings ausgleichen kann, indem man es aus Greenheart baut und seine Achterkante mit einem Stück Blei beschwert.

Man bezeichnet eine Yacht als gut ausbalanciert, wenn sie bei glattem Wasser ihre Trimmlage bei jedem Krängungswinkel bewahrt. Im Anfang dieses Jahrhunderts war es Mode, Yachten mit scharfem Bug und schwerem Achterschiff zu bauen und sie durch die entsprechende Verteilung von Innenballast, stilliegend oder aufrecht segelnd, dazu zu bringen, auf der Konstruktionswasserlinie zu schwimmen. Sobald sich aber Yachten dieses Typs überlegten, zeigte das Heck die Tendenz, sich zu heben, und der Bug die Tendenz, sich zu senken. Erhöhte Luvgierigkeit war die Folge und es bedurfte starken Ruderlegens, um zu verhindern, daß die Yachten in den Wind schossen. Um dem Rudergänger seine Aufgabe zu erleichtern, wurden die meisten dieser Fahrzeuge mit langen Klüverbäumen und großen Vorsegeln ausgerüstet; trotzdem kam es vor, daß große, schlecht ausbalancierte Yachten bei starkem Wind vollkommen aus dem Ruder liefen. Gelegentlich läßt sich die Trimmlage einer unausbalancierten Yacht ganz wesentlich dadurch verbessern, daß man einen Teil des vorn verstauten Ballastes entfernt, so daß sich das Vorschiff ein wenig heben kann, ohne daß sich die Schwimmlinie des Achterschiffs verändert. Gefährdet diese Maßnahme aber die Stabilität, muß man den ganzen Ballast behalten und nur weiter nach achtern stauen.

Heutzutage beschäftigt sich der Konstrukteur am Zeichenbrett sehr ernsthaft mit allen Fragen der Trimmlage. Er achtet darauf, daß die unter Wasser befindlichen Flächen von je zwei beliebigen, in gleichem Abstand vom Hauptspant gelegenen Spantabschnitten einander gleich sind, einerlei, ob die Yacht auf geradem Kiel schwimmt oder überkrängt. Sie kann daher in glattem Wasser ihre Trimmlage nicht ändern. Die Form des Rumpfes ist von viel größerem Einfluß auf die Luv- oder Leegierigkeit einer Yacht als die Form der Segel oder ihre Verteilung. Eine gut ausbalancierte Yacht läßt sich sogar mit jedem beliebigen Segel gegen den Wind bringen.

Dank der Publizität, die Admiral Turner und der verstorbene T. Harrison Butler dieser Frage durch ihre Veröffentlichungen in den Yachtzeitschriften verschafften, haben wir alle gelernt, die Wichtigkeit der Trimmlage von Yachten zu erkennen. Als Ergebnis besitzen wir heute Fahrzeuge, die sich leichter manövrieren lassen und nicht mehr jene steilen Heckwellen nachschleppen, die die unzertrennlichen Begleiter ihrer Vorgänger mit dem scharfen Bug und schwerem Achterschiff waren. Heute ist es möglich, Yachten von so vollkommener Trimmlage zu konstruieren, daß sie weder lee- noch luvgierig sind. Allerdings ist es ratsam, diesen Grad der Perfektion zu vermeiden, sonst hat man leicht ein totes Gefühl am Ruder. Aus Gründen der Sicherheit und Annehmlichkeit ist es für alle Yachten besser, ein gewisses Maß an Luvgierigkeit zu behalten.

Yachten ohne große Überhänge vorn und achtern, mit wenig oder gar keinem Seitenausfall der Bordwände im Vorschiff und mit feingeschnittenem Achterschiff verlangen eine Menge Freibord, um Auftriebsreserven am Bug und Heck zu gewährleisten, wenn sie gegen eine schwere See angehen oder vor ihr ablaufen müssen. Um übermäßigen Windwiderstand zu vermeiden, erhalten solche Yachten gewöhnlich einen starken Sprung. In den letzten Jahren haben sich unsere Augen aber auch an Yachten ohne Sprung oder sogar mit negativem Sprung gewöhnt, obgleich ihre Beliebtheit nachzulassen scheint.

Die meisten Fahrtensegler schätzen einen kräftigen, lebhaften Sprung und betrachten ihn für jedes Fahrzeug als wünschenswert, einerlei für welchen Zweck es bestimmt ist.

Geschwindigkeit

Eine Yacht, die sich vorwärts bewegt, muß das Wasser wegschieben, das ihr Rumpf verdrängt. Bei langsamer Fahrt geschieht es auf sanfte Weise; sie teilt das Wasser gemächlich mit dem Steven und läßt es sachte an den Bordwänden und unter dem Schiffsboden entlang und, ohne viel Unruhe zu erregen, am Heck wieder zusammenfließen. Wenn sich die Geschwindigkeit aber vergrößert, muß das Wasser schneller verdrängt werden und es bilden sich Wellen, deren Charakter sich nach der Rumpfform der Yacht richtet. Sind ihre Linien schlank und langgestreckt, verursachen sie weniger große Störungen als wenn sie kurz sind und in scharfer Krümmung verlaufen, und bei der Wellenbildung wird weniger Kraft verschwendet. Daraus folgt, daß eine Yacht, je länger sie ist, um so schneller segeln muß. Früher oder später erreicht aber jede Yacht eine Geschwindigkeit, die sich unter Segel nicht mehr steigern läßt; der Wind wird zu stark oder die Segelfläche zu groß und sie beginnt, Reling, Leedeck und Wanten durch das Wasser zu schleifen. Dieser zusätzliche Widerstand hemmt die Fahrt, die unbeholfene Form ihres hartgepreßten, weit übergekrängten Rumpfes erzeugt steilere Wellen, und erst, wenn die Segel genügend gerefft worden sind, um die Reling wieder aus dem Wasser zu bringen, kann sie ihre Höchstgeschwindigkeit zurückgewinnen. Obgleich ranke Yachten gelegentlich ihre Reling schon vor Erreichung der Höchstgeschwindigkeit unter Wasser tauchen, entwickeln doch die weitaus meisten Kreuzeryachten ihre beste Geschwindigkeit mit der Reling eben über dem Wasser.

Die höchsten Geschwindigkeiten werden gewöhnlich bei halbem oder raumem Wind erzielt, und da eine Yacht dabei unter einem Krängungswinkel segelt, erzeugt sie auf beiden Seiten unterschiedliche Wellenformationen. Auf der Luvseite entstehen zwei Wellengruppen, die Bugwelle und die etwas größere Heckwelle, die durch ein tiefes Wellental voneinander getrennt sind. In der Leeseite wird die von Gischt gekrönte Leebugwelle aufgeworfen, mittschiffs bildet sich eine zweite und kleinere (bei manchen Yachten so klein, daß sie kaum zu erkennen ist), und schließlich folgt die Leeheckwelle. Achteraus bildet sich eine Reihe nachfolgender Wellen, alle in gleichem Abstand voneinander. Größe und Aussehen aller von einer Yacht aufgeworfener Wellen hängen von ihrer Rumpfform ab. Besitzt sie zum Beispiel bei schlanker Heckform einen glatten Wasserablauf, so sind die Bugwellen die größten, während bei einem schweren Achterschiff die Heck- und Kielwasserwellen die größeren sind.

Da die Geschwindigkeit in einem bestimmten Verhältnis zur Länge in der Wasserlinie steht, läßt sich die zu erwartende Geschwindigkeit einer Yacht rechnerisch bestimmen. Die Formel lautet für eine Kreuzeryacht guten Typs mit harmonisch verlaufender Linienführung wie folgt:

Geschwindigkeit in Knoten $= \sqrt{\text{(C.W. L. in Fuß)}} \times 1{,}4$

Wenn die Konstruktionswasserlinie 35 Fuß beträgt, beläuft sich die Höchstgeschwindigkeit also auf 7 Knoten. Natürlich muß der Multiplikator eine gewisse Berichtigung je nach dem Typ der Yacht erfahren. Bei einer dicken, kurzen Kreuzeryacht mit mehr gerundeter als schlanker Linienführung kann diese Zahl bis auf 1,25 sinken, bei einer großen und schlanken Rennyacht bis auf 1,5 steigen.

In der Geschwindigkeit von Yachten kann man sich außerordentlich täuschen. Wenn sie mit oder fast mit Höchstgeschwindigkeit laufen, gewinnt man, infolge der Nähe zur Wasseroberfläche und verführt durch das Rauschen der Bugwelle, leicht den Eindruck höherer Geschwindigkeit, und dann ist eine Kontrolle durch das Patentlog, das Speedometer oder das Ablaufen einer markierten Strecke recht aufschlußreich ... und oft enttäuschend.

Gewisse schlanke Yachten mit flachem Boden und sehr geringer Wasserverdrängung können für kurze Augenblicke durch Gleiten ihre theoretische Höchstgeschwindigkeit beträchtlich übersteigen. Um dahin zu gelangen, müssen sie sich buchstäblich aus dem Wasser erheben und über die Wasseroberfläche dahingleiten; dadurch vermindert sich ihre Wasserverdrängung, während gleichzeitig die Wirkung des Segeldrucks wächst. Renndingis kommen bei starkem Wind häufig ins Gleiten; es ist aber auch schon größeren Fahrzeugen gelungen, diesen Zustand für kurze Augenblicke zu erreichen, wenn eine überholende See dabei mithalf. Der Durchschnittstyp einer Kreuzeryacht gerät jedoch nicht ins Gleiten, obgleich sie gelegentlich den Eindruck erwecken mag, es zu tun, wenn sie nämlich vor starkem Wind bei hoher Geschwindigkeit auf einem brechenden Wellenkamm reitend mitgerissen wird.

Größe

Mit einigen wenigen, bemerkenswerten Ausnahmen ist eine Yacht von etwa 4 Tonnen T. M. das kleinste Fahrzeug, in dem man ausgedehnte Langfahrten unternehmen kann. Obgleich sogar noch kleinere Yachten gute Seeschiffe abgeben können, sind sie darum noch lange keine idealen Kreuzeryachten. Im Seegang sind ihre Bewegungen heftig und ermüdend, ihre Einrichtung ist zwangsläufig beengt und bei schlechtem Wetter und Gegenwind kann man nicht erwarten, so gut voranzukommen wie man möchte. Trotzdem sollte man dem Neuling im Fahrtensegeln raten, erst seine Erfahrungen mit einer kleinen Yacht zu sammeln, bevor er die Verantwortung für eine große Yacht übernimmt. Bei einem kleinen Fahrzeug ist die Wahrscheinlichkeit geringer, in wirklich schwierige Situationen zu geraten, und er lernt gleichzeitig, alle Instandsetzungs- und Unterhaltungsarbeiten selbst vorzunehmen. Dadurch spart er Unkosten und lernt von Anfang an aus praktischer Erfahrung, wie die Arbeit gemacht werden muß.

Sobald ein Segler einmal gelernt hat, mit einer kleinen Yacht unter allen Verhältnissen fertigzuwerden und zu manövrieren, steht sein

Wunsch fast immer nach einem größeren Schiff. Seine Größe hängt ab von der Zahl der Seglerfreunde, die er mitnehmen möchte, von seinen Ansprüchen an Bequemlichkeit, von dem Geld, das ihm zum Kauf und zur Bestreitung der Unterhaltskosten zur Verfügung steht und schließlich auch von dem Charakter der Reisen, die er plant. Alles das sind persönliche Fragen, die nur er allein beantworten kann, aber er soll sich ruhig klarmachen, daß eine Yacht keineswegs groß zu sein braucht, um Reisen über die offene See zu machen. Wohl wachsen Schnelligkeit, Seetüchtigkeit und Bequemlichkeit mit der Größe; trotzdem haben schon Yachten von weniger als 10 Tonnen Ozeane überquert und lange Kreuzfahrten erfolgreich unternommen. Die wenigsten Menschen haben jedoch Zeit und Neigung, die sieben Meere zu durchsegeln, und für die Küstensegelei bietet die kleinere Yacht den Vorteil, Flüsse und Häfen anlaufen zu können, die größeren Fahrzeugen versperrt bleiben, und gerade die kleineren Plätze bieten die lockendsten Ziele. Es gilt auch noch eine weitere Frage zu überlegen: Eine Yacht, die zu ihrer Bedienung eine mehrköpfige Besatzung benötigt, kann leicht in einem Hafen festgehalten werden, weil ein Mitglied der Mannschaft im letzten Augenblick verhindert ist; dann ist es oft gar nicht so einfach, kurzfristig einen tüchtigen Ersatzmann zu finden. In einer solchen Situation läßt sich aber eine Yacht unter 10 Tonnen ohne große Schwierigkeiten immer noch einhand segeln, wenn sie nur zweckmäßig getakelt ist. Schon daraus ist zu sehen, daß es viel besser ist, eine kleine Yacht zu besitzen als eine, die zu groß ist.

2

KONSTRUKTION

Kiel, Vor- und Achtersteven — Spanten und Stringer — Balkweger,
Decksbalken und Schlingen — Plattgatt und Yachtheck — Schwert und
Schwertkasten — Kimmkiele — Außenhaut und Decksplanken —
Nietung und galvanische Einflüsse — Holz für den Yachtbau —
Holzfäulnis — Metallkonstruktion — Glasfaserverstärktes
Polyesterharz — Anwuchs und Wurmfraß

Der Bau von Yachten ist ein Handwerk, das große Geschicklichkeit voraussetzt. Viele Segler würden nur zu gern ihre Schiffe selbst bauen, wie aus dem großen Interesse für alle Entwürfe hervorgeht, die ganz besonders die Einfachheit der Konstruktion in den Vordergrund stellen. Aber nur wenige haben die Zeit und die Möglichkeit zur Verwirklichung eines solchen Vorhabens, selbst wenn sie die notwendige Geschicklichkeit in der Bearbeitung von Holz besitzen. Infolgedessen sollen hier lediglich allgemeine Konstruktionsfragen behandelt werden, um dem Durchschnittsleser die Funktionen begreiflich zu machen, denen die verschiedenen Teile einer Yacht dienen, und ihm einige Kenntnisse von den Baustoffen zu vermitteln, die sich im allgemeinen dafür eignen. Diese Kenntnisse werden ihm außerdem von Nutzen sein, wenn er einmal eine Yacht aus zweiter Hand kaufen sollte.

Die Festigkeit einer Yacht und ihre Lebensdauer hängen in erster Linie von der Güte und Art des Materials ab, aus dem sie gebaut ist; ferner von den Baumethoden und der handwerklichen Kunst, die dabei zur Anwendung gekommen sind. Masse allein braucht noch lange nicht Stärke zu bedeuten, und bei der heutigen Tendenz zum Leichtdeplacement ist es gut, dies zu wissen; denn wenn eine Yacht leicht werden soll, müssen sich alle Abmessungen (Breite und Stärke der beim Bau benötigten Einzelteile) in vernünftigen Grenzen halten.

Außer dem Entwurf, den Aufmaßtabellen, dem Einrichtungs- und Segelplan beliefern die meisten Yachtkonstrukteure den Eigner mit einer Baubeschreibung und einem Satz von Konstruktionsplänen. Diese bestehen aus dem Längsriß, dem Decksplan, einem oder mehreren Halbquerschnitten und gelegentlich auch Detailzeichnungen großen Maß-

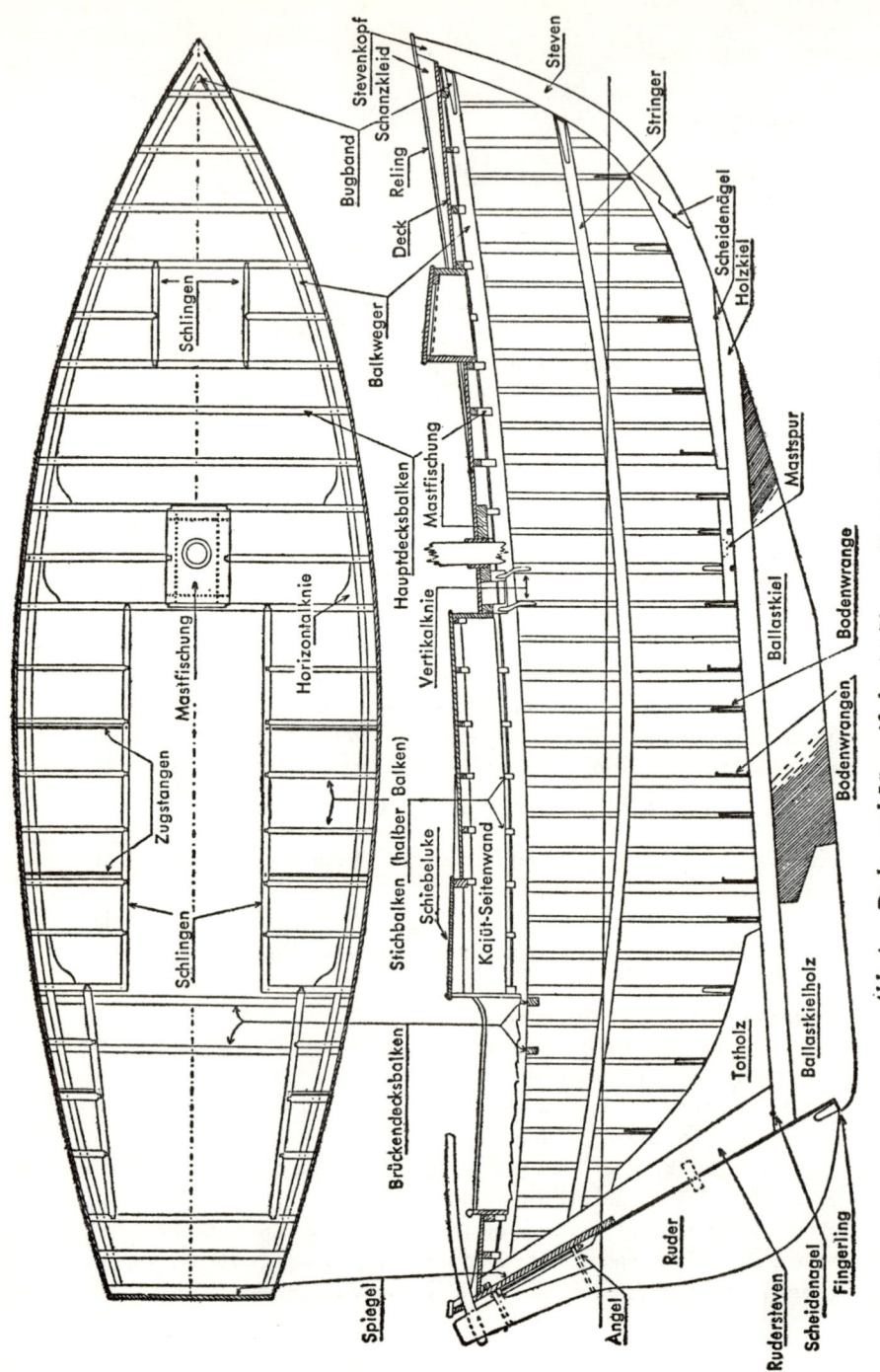

Abb. 4 — Decks- und Längsriß des 4,5-Tonnen-Kutters Wanderer II

Schlingen

Zugstangen

Mastfischung

Schlingen

Horizontalknie

Spiegel

Brückendecksbalken

Stichbalken (halber Balken)

Schiebeluke

Kajüt-Seitenwand

Vertikalknie

Hauptdecksbalken

Mastfischung

Balkweger

Deck

Reling

Schanzkleid

Stevenkopf

Bugband

Steven

Stringer

Scheidenägel

Holzkiel

Mastspur

Ballastkiel

Bodenwrange

Bodenwrangen

Ballastkielholz

Totholz

Ruder

Angel

Rudersteven

Scheidenagel

Fingerling

Fingerling

stabs bei besonders ungewöhnlichen oder schwierigen Einbauten. Die Materialstärken werden auf den Konstruktionsplänen und/oder in der Baubeschreibung vermerkt. Bei sehr kleinen Yachten werden die Konstruktionseinzelheiten manchmal in den Einrichtungsplänen vermerkt, um Zeichenarbeit zu sparen.

Yachten können aus Holz, Kunststoff (S. 61 u. 66), Stahl oder Leichtmetall (S. 64) gebaut werden. Obgleich der Kunststoffbau rasch an Beliebt-

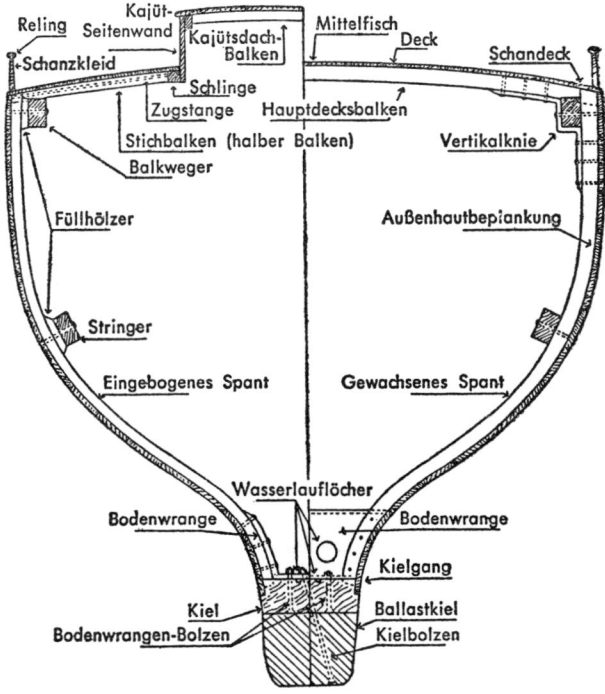

Abb. 5 — Querschnitt mit Konstruktionsdetails und ihren Bezeichnungen

heit gewinnt, ist Holz, jedenfalls in England, immer noch das am meisten verwendete Material und wird es wohl auch noch lange Zeit bleiben *). Daher wollen wir uns hier auch zunächst mit dem Holzbau beschäftigen. Abb. 4 und 5 sind Wiedergaben von Konstruktionszeichnungen für eine Holzyacht von 4,5 Tonnen mit orthodoxer Kimmrundung. Anstatt der Materialstärken, die ausgelassen worden sind, finden sich die Namen der verschiedenen Konstruktionsteile vermerkt. Tafel 3 zeigt eine Holzyacht in ihren verschiedenen Baustadien.

---

*) Inzwischen ist Holz in England wie überall als Baumaterial nur noch wenig anzutreffen.

Kiel, Vor- und Achtersteven

Das Rückgrat einer Yacht besteht aus dem Kiel (nicht zu verwechseln mit dem Ballastkiel, einem aus Eisen oder Blei bestehenden Ansatzstück, das von unten mit dem Hauptkiel verbolzt wird), dem Vorsteven und dem Achter- oder Rudersteven. Diese drei Bauteile sind miteinander verzapft, verlascht und verbolzt, wobei der Rudersteven eine zusätzliche Verstärkung durch das sogenannte Totholz findet. Um zu verhindern, daß Wasser entlang der Verbindungsstellen einsickert, bedient man sich der folgenden Methode: man bohrt ein kleines Loch quer durch jede Laschung und treibt einen strammsitzenden Holzpflock, bekannt als Scheidenagel, Dödel oder Wasserpflock hinein. Leider ist es nicht immer möglich, ein geeignetes Stück Holz für den Steven zu finden, bei dem die Faser günstig durch das ganze Holz verläuft; in solchen Fällen muß der Steven aus zwei oder mehr Einzelstücken zusammengesetzt werden. Die Laschungen müssen dann mit einer eingebauten Hacke versehen sein, um der nach oben gerichteten Zugkraft zu widerstehen. Ein als Innensteven bezeichnetes Verstärkungsstück kann von innen dagegen angebracht werden.

Vor- und Achtersteven tragen beide auf jeder Seite eingeschnittene Nuten, die Sponung, passend zugerichtete Auskehlungen, in welche die Plankenenden genau hineinpassen. Der Kiel ist ebenfalls mit einer Sponung versehen, um die Kanten der Kielplanken, der untersten Außenhautplanken, aufzunehmen.

Der Ballastkiel erstreckt sich selten über die ganze Länge des Holzkiels. Der achtern übrigbleibende Raum wird mit einem Stück Holz, dem sog. falschen Kiel ausgefüllt, an welchem der untere Fingerling des Ruders angreift.

Spanten und Stringer

Da eine gewisse Unsicherheit über die korrekte Bezeichnung der Spanten einer Yacht besteht, folgen wir hier dem Beispiel zahlreicher Schiffszimmerleute und gebrauchen den Ausdruck „Gewachsene Spanten", um anzuzeigen, daß die Spantform zurechtgesägt wurde, und die Bezeichnung „Eingebogene Spanten" für alle Spanten, die auf ihre Form zurechtgebogen worden sind. Der Bauprozeß ändert sich ein wenig, je nach der zur Verwendung kommenden Spantenart. Wenn die Spanten gesägt werden sollen, muß für jedes Spant eine Formschablone vom Schnürboden abgenommen werden; sollen sie aber eingebogen werden, so müssen eine Reihe von Mallen, gewöhnlich eine Malle für jeden im Spantenriß erscheinenden Querschnitt angefertigt werden. Jedes Spant stellt den vollständigen Querschnitt einer Yacht dar, und die Mallen werden vorübergehend, jede an dem ihr zugehörigen Platz, auf dem Kiel errichtet. Provisorische Senten, lange, dünne, biegsame Latten aus Holz werden daraufhin außen rund um die Mallen befestigt, und die vorher in Dampf biegsam gemachten Spanten werden über die Sentenlatten, die den Linienverlauf kontrollieren, in ihre Form gebogen. In einem späteren Stadium des Bauprozesses treten dann die Außenhautplanken an Stelle der Sentenlatten.

In früherer Zeit, als gutes Eichenholz leicht zu beschaffen war und sich noch niemand über das Verhältnis von Ballast zur Wasserverdrängung den Kopf zerbrach, war es im Yachtbau üblich, ausschließlich gewachsene Spanten zu verwenden. Dazu wurde Eichenholz ausgesucht, dessen Maserung annähernd in der gewünschten Richtung verlief, um die höchste Festigkeit zu erreichen. Solche Spanten werden oft als gewachsene Spanten bezeichnet, obgleich sie natürlich mit der Säge zurechtgeschnitten werden müssen. Für ein großes Schiff bedeutete es aber eine Seltenheit, ein passend gebogenes Stück Bauholz in der notwendigen Größe zu finden. Infolgedessen wurden die Spanten hier aus verschiedenen Stücken zusammengefügt; sie werden dann als Auflanger bezeichnet. Dies waren seitlich miteinander verbundene Doppelspanten, in der Weise angeordnet, daß sich die Nahtstellen gut überlappten und die Maserung in beiden Spanten gleichmäßig verlief. Eichenspanten von reichlicher Materialstärke sind sehr fest und bewahren ohne viel weiteres Zutun die Formgebung eines Schiffes; dafür sind sie aber schwer und unförmig. Die Knappheit an Eichenholz hat heute zu einer fast ausschließlichen Verwendung von dampfgeformten Spanten geführt, obgleich immer noch einige Yachten gebaut werden, die beide Methoden der Spantenherstellung kombinieren. Die gewachsenen Spanten stehen dann in größeren Abständen mit zwei oder mehr eingebogenen Spanten dazwischen.

Im Bau großer Yachten werden häufig Stahlspanten verwendet. Sie bewähren sich gut, sofern sie galvanisiert oder gut unter Farbe gehalten werden, obgleich die Befestigungen infolge der Gefahr galvanischer Wirkungen manche Frage aufwerfen. Die Verwendung von Stahlspanten darf nicht mit Kompositbau verwechselt werden, bei dem das gesamte Gerippe des Schiffes, Kiel, Spanten, Decksbalken, Balkweger, kurz — alles außer der tatsächlichen Beplankung und der Decksplanken aus Metall besteht.

Die Spanten sind in den Kiel eingelassen und mit ihm verbolzt. Mechanisch können aber solche Verbindungen nicht fest genug sein, um der Hebelwirkung des Ballastkiels oder den Beanspruchungen durch Seegang gewachsen zu sein. Infolgedessen sind sie durch Bodenwrangen mit dem Kiel und dem Gegenspant verbunden. Am besten werden Bodenwrangen aus Eichenholz angefertigt (s. S. 60); diese können aber nicht verwendet werden, wenn Wasser- und Brennstofftanks in der Bilge ihren Platz finden sollen. Schmiedeeiserne Knie für die Bodenwrangen gewachsener und Stahlbleche für die Bodenwrangen eingebogener Spanten (Abb. 5) sind heute, wenn keine Tanks vorhanden sind, allgemein gebräuchlich geworden. Sie müssen zahlreich genug, von ausreichender Stärke und zuverlässig befestigt sein; andernfalls fängt das Fahrzeug an, im Seegang zu arbeiten und an den Kielplankennähten zu lecken. Da die Bodenwrangen den Abfluß des Bilgewassers zum Pumpensumpf behindern, müssen Wasserablauflöcher ausreichender Größe durch die Bodenwrangen selbst gebohrt oder Laufrinnen in die Oberfläche des Kiels unter ihnen eingeschnitten werden. Einerlei, wie vorsichtig und sauber die Besatzung arbeitet, es werden sich immer eine Menge Staubflocken oder Unrat in der Bilge ansammeln und mit der Zeit die Löcher verstopfen. Eine einfache Methode, die Löcher sauber zu halten, ist die Einführung einer dünnen Messingkette mit einem Ring oder Knebel an beiden Enden, die von Zeit zu Zeit nach vorn oder achtern gezogen wird.

Um zusammen mit den Spanten die Formgebung der Yacht zu bewahren, werden Stringer — hölzerne Längsverbände, die vom Vorsteven bis zum Heck durchlaufen — von innen angebracht und mit jedem Spant verbunden. Sie bilden so zusammen mit der Außenhaut eine starke Längsversteifung. Wenn ausschließlich gewachsene Spanten verwendet werden, verzichtet man mitunter auf Stringer, obgleich es üblich ist, je einen Stringer auf jeder Seite in Höhe der Kimmrundung anzubringen. Eingebogene Spanten von leichter Materialstärke erfordern mehr Stringer und manchmal werden an jeder Seite bis zu drei Stück angebracht. Bei einer Kombination von gewachsenen und eingebogenen Spanten ist es wichtig, darauf zu achten, daß alle eingebogenen Spanten durch Füllhölzer auf die gleiche Ebene wie die gewachsenen Spanten gebracht werden, so daß die Stringer an jedem Spant befestigt werden können.

Balkweger, Decksbalken und Schlingen

Die Balkweger sind auch eine Art von Stringer; sie werden jedoch hoch oben gegen den Kopf der gewachsenen oder eingebogenen Spanten von innen befestigt. Außerdem dienen sie als Auflage für die Enden der Decksbalken, mit denen sie gewöhnlich verzapft werden. Zwischen Balk-

---

Tafel 4
Ein vorbildliches schwimmendes Heim. Die Messe der *Alano*, eines 12-Tonnen-Kutters, auf der Fred und Joan Georgeson eine Reihe von Jahren lebten und weite Fahrten unternahmen, ist mit Erinnerungsstücken von ihren Reisen geschmückt. Der Kajütsaufbau ist in Höhe des Mastes durch Stahlträger verstärkt. (Siehe Risse auf S. 226 ff.)

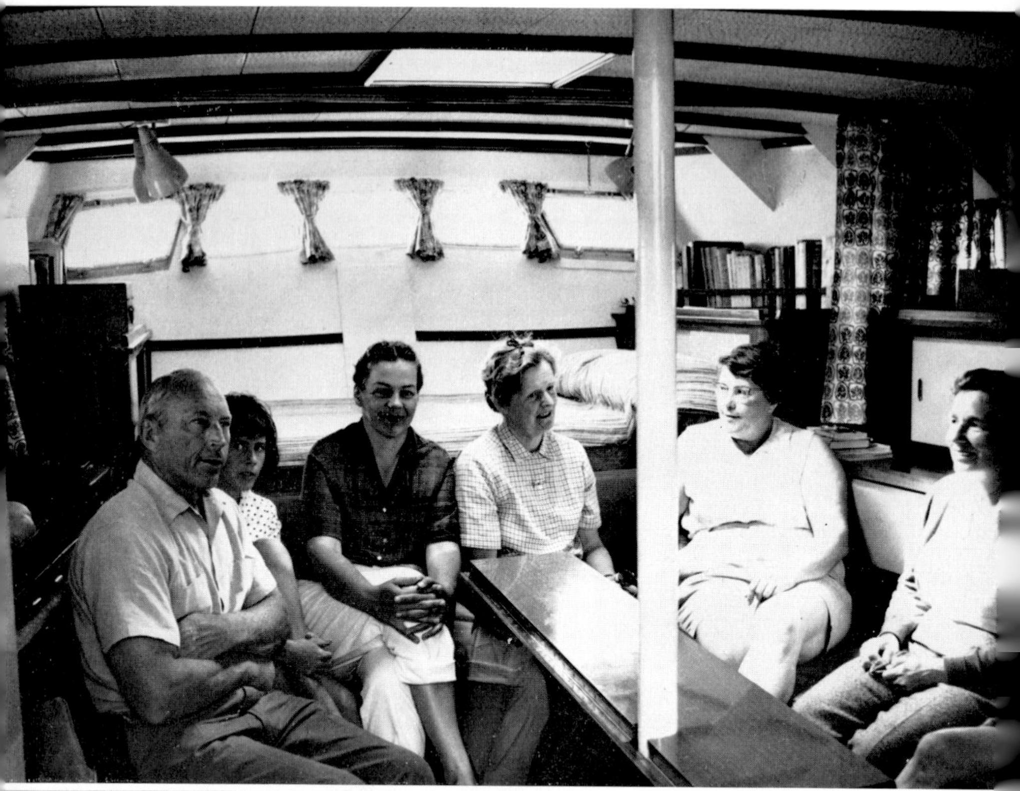

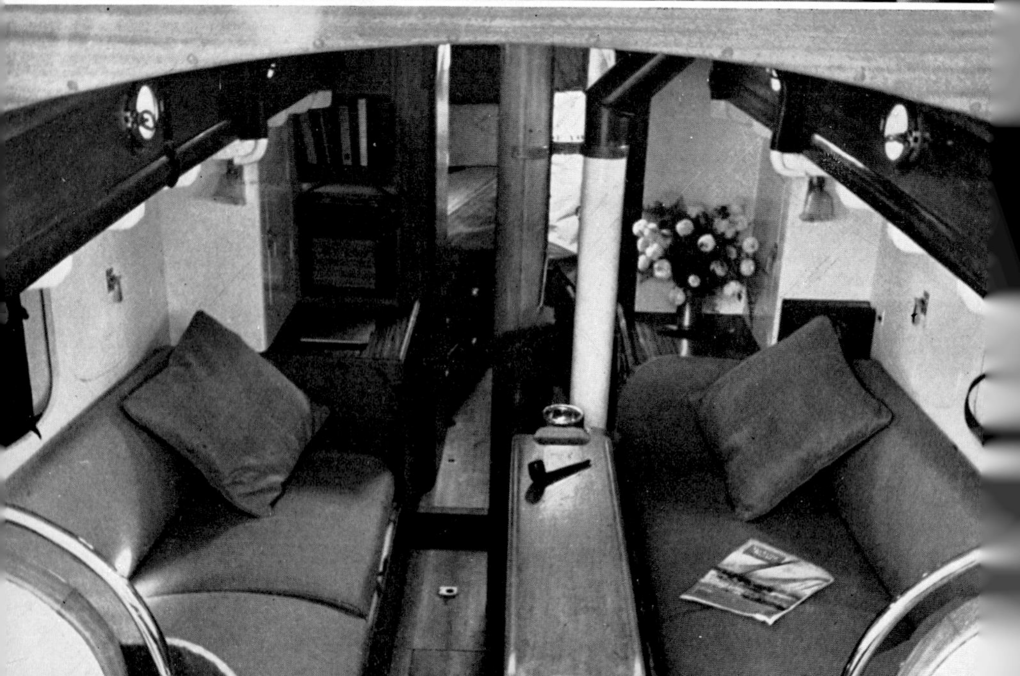

weger und Schandeckel läßt man aus Gründen der Ventilation am besten
ein wenig Luft.

Zur Verstärkung der Verbände zwischen Balkweger und Decksbalken,
vor allem in der Nachbarschaft des Mastes, werden Horizontal- und
Hängeknie aus Eiche oder Holz angebracht. Am vorderen Ende eines jeden Paares von Stringern und Balkwegern wird gewöhnlich ein Bugband
vorgesehen, dessen Aufgabe es ist, diese beiden Längsversteifungen untereinander und gleichzeitig mit dem Steven zu verbinden. Die Decksbalken
spielen eine wichtige Rolle im Zusammenhalt einer Yacht, denn sie wirken als Streben und verhindern, daß die Spantenköpfe durch den Druck
der Außenbeplankung nach innen gedrückt werden. Bei der Mehrzahl
der Yachten können jedoch Decksbalken nicht durchlaufend in der vollen
Breite eingepaßt werden, weil ein erhöhtes Kajütsdach zur Erlangung
der Stehhöhe unter Deck und ein Cockpit zur Unterbringung und
zum Schutz des Rudergängers erforderlich sind. Die Seiten solcher Auf-
und Einbauten erhalten Balkenschlingen, längsgerichtete Bauteile zum
Abfangen halber Decksbalken, mit denen sie verzapft und auf denen die
senkrechten Süllborde errichtet werden. Zwischen Schlingen und Balkweger können Metallanker verwendet werden, um zu verhindern, daß sie
arbeiten oder sich öffnen. Gute Handwerksarbeit und gesundes Material
können viel dazu beitragen, die solcher Konstruktion innewohnende
Schwäche auszugleichen. Aber selbst dann kommt es nicht selten vor, daß
Yachten mit einem langgestreckten Kajütsaufbau ihre Form verändern,
mit der Folge, daß die Kajütstüren entweder klemmen oder zu viel Luft
haben. Die Einrichtung eines Brückendecks zwischen Cockpit und Kajüte ist eine vorzügliche Sache, denn seine durchgehenden Decksbalken
(die sich übrigens, wenn man die Höhe des Brückendecks ein wenig beschränken möchte, unter den in Abb. 4 dargestellten Balkwegern aufhängen lassen anstatt sie auf denselben zu lagern) halten die Yacht an ihrer
schwächsten Stelle zusammen. Decksbalken kombiniert mit Spantteilen
aus Winkeleisen finden durchweg bei der Konstruktion von Kajütsaufbau-
bauten Verwendung, vor allem dann, wenn der Mast durch das Kajütsdach anstatt durch das Deck führt. Soll der Mast auf dem Kajütsdach
stehen, halte ich diese Bauweise zusammen mit einer Trägerstütze, die

---

Tafel 5
Oben: Mit einer Länge in der Wasserlinie von 12,95 m ist Commander Irving
Johnsons dritte *Yankee* groß genug, um die Annehmlichkeiten einer höchst behaglichen großen Achterkajüte zu bieten. Durch ihre großen Heckfenster kann
man dem quirlenden Kielwasser nachblicken. (Siehe auch Tafel 46 oben.) Links
sitzt Irving, ganz rechts seine Frau Electa. *Unten:* Obgleich viel kleiner, vermittelt die Messe der *Maid of York,* eines von Laurent Giles entworfenen 8-Ton-
ners, einen schönen Eindruck von Platz und Bequemlichkeit; die Kombüse
befindet sich achtern (Tafel 5), und im Vorschiff ist eine feste Koje vorgesehen.

49

den Druck nach unten aufnimmt, für dringend erforderlich. Um Stehhöhe unter Verzicht auf einen Kajütsaufbau zu erhalten, kann man mittschiffs auch die Bordwände hochziehen, wie bei der *Lone Gull II*, S. 234 ff. Das entspricht nicht jedermanns Geschmack, hat aber manches für sich. Bei dieser Bauart entfallen die ärgerlichen Leckstellen, die sich immer wieder an den Schlingen eines Kajütsaufbaus bilden; unter Deck entsteht ein luftiger Raum, und die Auftriebskraft erhält Reserven für den Fall, daß die Yacht in einer schweren Bö heruntergedrückt wird. Da alle Decksbalken durchlaufen, ist diese Bauart strukturell stark.

Das Deck bedarf in Höhe des Mastes einer Sonderverstärkung, gewöhnlich in Form von festen Unterlagen aus Eiche, sogenannten Mastfischungen, die unter Deck fest angebracht und mit Horizontalknien versteift werden und in die das Loch für den Mast geschnitten wird. Manchmal, vor allem bei den in den USA gebauten großen Yachten, sieht man auch eine Diagonalversteifung des Decks in der Nähe der Mastfischungen vor. Eine Mastspur aus Hartholz wird auf Oberkante Kiel oder Bodenwrangen befestigt; sie muß eine ausreichende Länge besitzen, um den nach unten gerichteten Druck zu verteilen. Bei der modernen Takelung und den großen Vorsegeln ist dieser Druck bedeutend.

Der Druck, den die Außenhaut auf die Spanten ausübt, wenn jede Planke eingezogen wird, ist ebenfalls beträchtlich. Obgleich die Spanten während des Baus vom Schuppendach aus abgestrebt werden, geschieht es nicht selten, daß die unter dem größten Druck stehenden Mittelspanten etwas ein- und hochgedrückt werden, wenn man die Decksbalken einpaßt. Das ist einer der Gründe, warum eine ursprünglich mit gefälligem Sprung konstruierte Yacht manchmal enttäuschend flach ausfällt.

Plattgatt und Yachtheck

Der Plattgattspiegel wird unmittelbar mit dem Rudersteven verbolzt und üblicherweise aus verschiedenen horizontalen Stücken aufgebaut. Eine Sponung zur Aufnahme der Planken ist nicht erforderlich, da die Enden der Außenplanken gewöhnlich auf der Außenkante des Spiegels befestigt werden. Die Plankenenden sind dann allerdings verletzbar; hölzerne Stoßkissen, sogenannte blinde Hecktaschen, werden daher an den oberen Ecken des Spiegels befestigt, wo sie wirksamen Schutz vor Beschädigungen bieten (Tafel 29). Wenn der Spiegel querschiffs gerundet sein soll, muß er aus sehr schmalen senkrechten oder aus im Dampf gebogenen horizontalen Planken, die an einem richtigen Spant befestigt sind, geformt werden. Dies ist aber eine kostspielige Bauweise.

Der Hecksbalken eines Yachthecks (Abb. 6), an dem die Spanten befestigt werden, wird oft verdoppelt, so daß die beiden, als Gillungshölzer bezeichneten Bauteile, auf jeder Seite des Ruderkokers verlaufen und an den Seiten des Achterstevens und des Totholzes befestigt werden können. Liegt die Pinne über der Decksebene, braucht der Ruderkoker nur aus einem Metallrohr zu bestehen, mit Flanschen an beiden Enden, die, wie

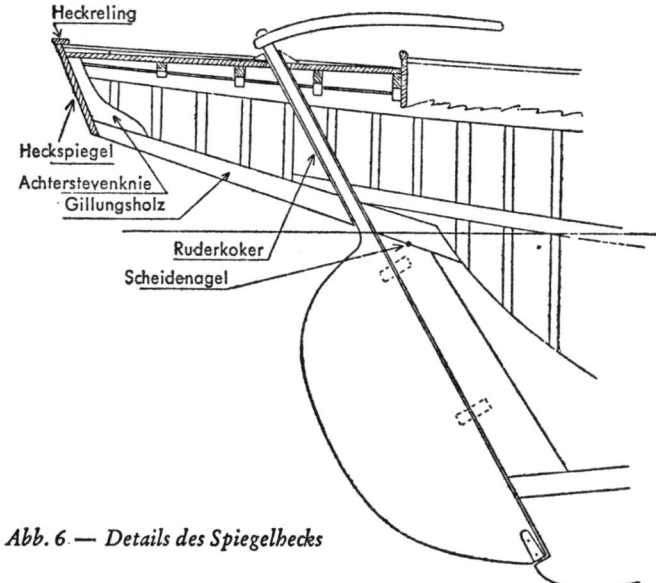

Heckreling

Heckspiegel
Achterstevenknie
Gillungsholz
Ruderkoker
Scheidenagel

Abb. 6. — *Details des Spiegelhecks*

in der Abbildung, für einen wasserdichten Sitz in Außen- und Decks- beplankung sorgen. Wenn es sich aber um eine Pinne von der Art handelt, die unterhalb der Decksebene liegt, oder um ein unter Deck eingebautes Rudergeschirr, muß der Koker natürlich mit einer wasserdichten Stopf- buchse versehen sein, durch die der Ruderschaft hindurchgeht.

Schwert und Schwertkasten

Das Schwert einer flachgehenden Yacht kann aus Eichen- oder Teak- holzplanken zusammengesetzt oder aus kunstharzverleimten Sperrholz- platten herausgeschnitten werden. Ein an der Unterkante angebrachter Metallbeschlag schützt es nicht nur gegen Reibungsbeschädigung, sondern beschleunigt auch noch das Fallen, wenn die Schwerttalje gefiert wird. Form und Anbringung des Schwertes müssen derart sein, daß bei voll- ständig heruntergefiertem Schwert noch genügend Fläche im Kasten ver- bleibt, um den lateralen Beanspruchungen standzuhalten. Der Schlitz muß etwa 12 mm weiter sein als das Schwert dick ist, damit dieses sich frei bewegen kann.

51

Der Schwertkasten muß stabil gebaut und zuverlässig befestigt sein; alle Verbindungsstellen müssen vom Inneren der Yacht aus kalfatert werden können. Ein Teil des über der Wasserlinie liegenden Kastens ist zu Kontrollzwecken abnehmbar einzurichten, damit man an das Hebegeschirr herankommen kann. Eine Metallatte muß neben dem Schwert eingeführt werden können, um dieses freizumachen, wenn es infolge Verschmutzung oder kleiner Steine im Schlitz klemmen sollte.

Abb. 7 zeigt ein L-förmiges Schwert, dessen Einbau die Einrichtung nicht stört. Der Schwertkasten liegt, mit Ausnahme eines kleinen Stückes

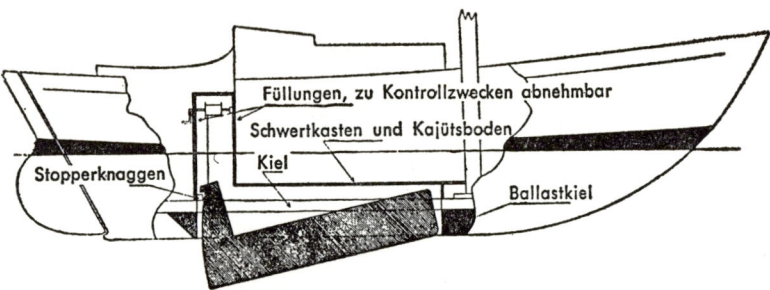

Abb. 7 — Mittelschwert in einem Schwertkasten unterhalb des Kajüt-Bodens mit Hebegeschirr und abnehmbaren Füllungen zu Kontrollzwecken

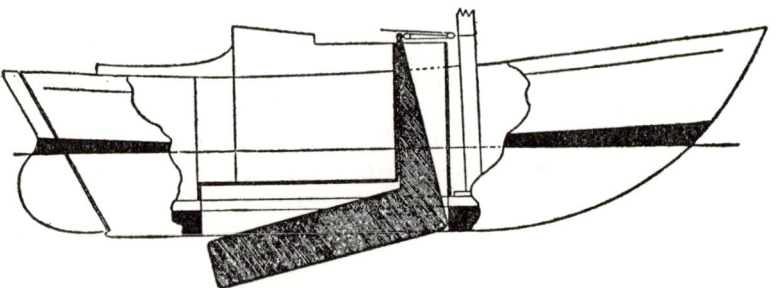

Abb. 8 — Ein anderer Vorschlag für den Einbau eines Schwertes

an seinem achteren Ende, das unter dem Brückendeck verschwindet, unterhalb des Kajütsfußbodens. Das Schwert wird mit einer vom Cockpit aus bedienten kleinen Winsch an einem Drahtseil oder einer Kette hochgeholt oder gefiert. Ein solches Schwert, oder vielmehr jedes Schwert, bei dem die Hebevorrichtung achtern angreift, muß stets mit einem Stopper versehen werden, um zu verhindern, daß es bei Bruch der Hebevorrichtung nach unten durchfällt. Der Nachteil solcher Schwerter in einer kleinen Yacht ist, daß das Achterende des Schwertkastens unter Umständen den Einbau eines Hilfsmotors erschwert oder unmöglich macht.

Abb. 8 zeigt eine andere Möglichkeit für den Einbau eines L-förmigen Schwertes. Das vordere Ende des Schwertkastens erhebt sich bis zum Kajütsdach, die oberste Ecke des Schwertes ragt durch einen Schlitz heraus und wird dort mit Hilfe einer kleinen Talje bedient. Bei dichtgeholter Talje ist das Schwert oben; wird die Talje aufgefiert, senkt es sich herab. In einer kleinen Yacht behindert aber der Oberteil des Schwertkastens die Einrichtung und kann es unter Umständen sogar erforderlich machen, den Mast weiter nach vorn zu rücken als gut ist. Wenn dagegen der Drehpunkt des Schwertes vor dem Mast zu liegen kommt (wobei der Mast auf den dann besonders zu verstärkenden Schwertkasten oder auf Deck gestellt wird), würde der Lateralschwerpunkt der Yacht bei heruntergelassenem Schwert unter Umständen viel zu weit vorn liegen und die Yacht wahrscheinlich stark luvgierig machen. Darum ist die in Abb. 7 dargestellte Anordnung die bessere.

Kimmkiele

Die Lage der Kimmkiele zu bestimmen, ist Angelegenheit des Konstrukteurs. Da aber gelegentlich auch der Amateurschiffsbauer mit ihnen zu experimentieren wünscht, ist es vielleicht angebracht, an dieser Stelle etwas über ihre richtige Plazierung querschiffs zu sagen. Bringt man sie zu nahe neben dem Hauptkiel an, werden sie zu flach und nähern sich zu sehr der senkrechten Lage, um noch wirksam die Abtrift vermindern zu können, und wenn eine Yacht breitseits an einer steil abfallenden Stelle auf Grund gerät, gewähren sie ihr unter Umständen keine ausreichende Abstützung. Werden die Kimmkiele dagegen zu weit außen angebracht, müssen sie schon extrem tief reichen, um beim Auflaufen noch von Nutzen zu sein; außerdem laufen sie Gefahr, sich an Hindernissen wie Hafenmolen und Kaiwänden zu beschädigen. Abb. 41, S. 234 zeigt die richtige Plazierung und läßt erkennen, daß sie um 5 bis 7 cm unter dem größten Tiefgang der Yacht bleiben müssen, damit der eigentliche Mittelkiel die Hauptlast trägt, wenn die Yacht auf hartem oder unebenem Grund aufläuft. Trotzdem gibt es Umstände, unter denen die Kimmkiele großen Beanspruchungen ausgesetzt werden; so kann der Leekiel bei flotter Fahrt einen Felsen streifen oder die Yacht kann Grund berühren, gerade wenn sie rollend überholt. Auf eine zuverlässige Verankerung der Kimmkiele muß daher besonderer Wert gelegt werden, und die Bolzen, die sie mit dem Rumpf verbinden, müssen durch schwere Stringer geführt werden, um die Belastung so weit wie möglich längsschiffs zu verteilen. Es kann sich auch als zweckmäßig erweisen, den Unterteil jedes Kimmkiels getrennt aus einem Stück Holz anzufertigen, das mit weniger und leichteren Bolzen befestigt ist und so zuerst nachgibt.

Es gibt zwei Arten der Außenbeplankung: Klinker und Karveel. Die Kanten der karveelgelegten Planken stoßen gegeneinander, so daß die Außenhaut eine glatte Fläche bildet; die Kante jeder klinkergelegten Planke überlappt die Kante der nächsten Planke darunter wie ein Scheunendach. Abgesehen von einigen kleinen Fahrzeugtypen meist skandinavischer Herkunft wie den Volksbooten (Tafel 49, unten) sind Yachten durchweg karveel gebaut. Es kommt nicht häufig vor, daß man alle Planken in voller Länge erhält. Stöße bedeuten aber keineswegs schwache Stellen, solange sie dergestalt gegeneinander versetzt werden, daß die Stöße benachbarter Planken nicht übereinander liegen (Tafel 3 F). Alle Planken sind sowohl an ihren Enden befestigt als auch mit jedem einzelnen Spant verbunden.

Die Kanten karveelgelegter Planken sind so zugeschnitten, daß sie einander nur an der Innenseite berühren; zwischen ihnen bleibt ein V-förmiger Spalt mit der Öffnung des V nach außen bestehen. Um die Nähte wasserdicht zu machen, werden mehrere Kardeele Kalfatbaumwolle mit Hilfe eines Kalfateisens in die Öffnung hineingetrieben. Dieses Werkzeug ist nicht unähnlich einem Meißel, nur viel breiter und mit leicht konvexer Schneide. Anstatt aber scharf zu sein, ist die Schneide stumpf oder besitzt eine kleine Rille, um die Baumwolle hineinzudrücken, ohne sie zu beschädigen. Die Schläge auf das Kalfateisen erfolgen mit einem hölzernen Kalfathammer. Kalfatern ist eine Kunst; denn wenn die Baumwolle nicht ganz hineingetrieben worden ist, lecken die Nähte. Wird aber zu viel

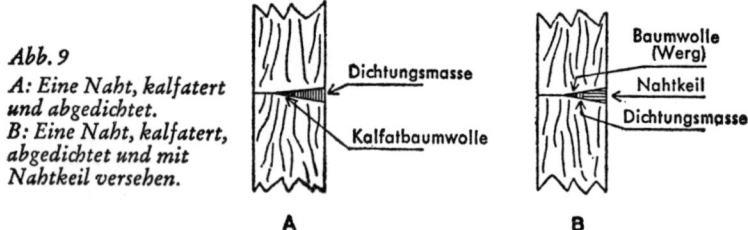

Abb. 9
A: Eine Naht, kalfatert und abgedichtet.
B: Eine Naht, kalfatert, abgedichtet und mit Nahtkeil versehen.

Dichtungsmasse
Kalfatbaumwolle
Baumwolle (Werg)
Nahtkeil
Dichtungsmasse

A   B

Kraft dabei verwandt, beschädigt das Kalfateisen die Kanten der Planken und stößt die Baumwolle nach innen hindurch. Nach dem Kalfatern wird die V-förmige Öffnung mit einer Dichtungsmasse geschlossen, die gewöhnlich aus roter oder weißer Bleimennige, Schlemmkreide und Leinölfirnis zusammengesetzt ist (Abb. 9 A). An einwärts gewölbten Stellen wie in der Nähe der Kielplanken, ist es schon vorgekommen, daß die Planken sich an ihrer äußeren Kante schließen und die Öffnung des V nach innen weist. Solche Nähte wasserdicht zu machen, ist eine fast unmögliche Aufgabe. Wenn nicht sämtliche Nähte wirklich gut kalfatert sind, kann die Festigkeit des ganzen Fahrzeuges ernsthaft in Frage gestellt werden.

Gelegentlich werden die Plankennähte, vor allem die oberen Gänge der Bordwände, mit keilförmigen Nahthölzern geschlossen. Das Kalfatern findet in der üblichen Weise statt; man braucht aber nur wenig Dichtungsmasse, da der übrigbleibende Raum in der Naht mit zugerichteten Nahtkeilen aus Holz ausgefüllt wird. Diese werden eingeleimt und die überstehenden Kanten abgehobelt (Abb. 9 B). Da diese Methode aber recht kostspielig ist, findet sie nur bei Luxusyachten Anwendung. Nur wenige Yachten haben dichtschließende Planken, d. h. so geschnittene Planken, daß sie vollkommen aufeinanderpassen. In solchen Fällen erübrigen sich Kalfatern, Kitten und die Verwendung von Nahthölzern. Ist aber eine so aufgeplankte Yacht nicht gerade aus Teakholz gebaut, öffnen sich ihre Nähte mit Bestimmtheit, wenn sie längere Zeit auf Land gestanden hat. Dann muß Schmierseife in die Nähte gepreßt werden, bevor sie wieder zu Wasser kommt.

Bei einigen modernen Yachten werden die Kanten der Planken miteinander verleimt. Das ergibt eine sehr feste und leckfreie Außenhaut, vergleichbar der mit eingeleimten Nahtkeilen verarbeiteten Beplankung. Temperaturschwankungen rufen jedoch beträchtliche Spannungen hervor, und darum ist diese Konstruktion wahrscheinlich ungeeignet für tropische Verhältnisse, obgleich sie sich im Mittelmeer bewährt haben soll.

Streifenbeplankung ist auch eine Karveelbeplankung mit vielen, sehr schmalen Streifen, bei der jede Kante mit der angrenzenden Kante verleimt und vernagelt ist. Diese Bauweise wird von Amateur-Bootsbauern geschätzt, weil dabei die Notwendigkeit entfällt, die Planken im Dampf zu biegen, sie mit Schraubzwingen festzuhalten und später zu kalfatern, und die Arbeit im übrigen wenig Erfahrung voraussetzt. Dafür sind die Materialkosten wesentlich höher. Die doppelte Diagonalbeplankung, die aus zwei Schichten sehr dünner und gewöhnlich sehr kurzer Planken besteht, die im Winkel zueinander verlegt werden, ist ebenfalls bei Amateur-Bootsbauern, besonders in Neuseeland, sehr beliebt.

Der über eine kupferne Unterlegscheibe genietete Kupfernagel ist die auf Yachten gebräuchlichste Befestigungsart, um Außenplanken und Spanten miteinander zu verbinden, während die Plankenenden häufig mit Schrauben festgehalten werden. Eine neuartige Befestigungsart bildet der Schraubnagel, der nicht genietet zu werden braucht und daher Arbeit erspart. Seine ringförmigen Gebilde unten sollen die gleiche Haltekraft besitzen wie Schrauben. Sie sind in Monelmetall erhältlich, das außerordentlich korrosionsbeständig ist.

Die Decksplanke mittschiffs wird als Fischplanke bezeichnet, und die am weitesten außen gelegenen Planken, die den Schergang bedecken, heißen Schandeck. Die übrigen Decksplanken werden parallel zur Fischplanke verlegt (die einfachste und billigste Methode), oder die Planken können auch in gebogener Form parallel zum Schandeck liegen, was reizvoll aussieht, strukturell aber keine Vorteile bietet. Bei einem Naturdeck besteht gewöhnlich der Wunsch, die Köpfe der Deckbefestigungen zu verbergen. Dies läßt sich bewerkstelligen, indem man Nägel durch die Seiten jeder Planke in die Decksbalken treibt (verborgene Befestigung). Da hierbei aber nur die eine Seite der Planke nach unten festgehalten wird, muß die andere Seite mit der nächsten Planke durch eine doppelendige Befestigung, einen sog. Dübel, verbunden werden (Abb. 10 A). Die einfachere und zuverlässigere Methode besteht darin, die Decksplanken durch versenkte Schrauben an den Decksbalken zu befestigen und die Schraubenköpfe mit Holzpflöcken zu verdecken (Abb. 10 B).

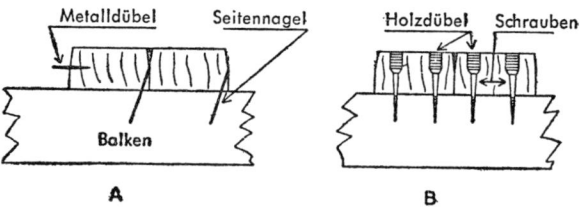

Abb. 10 — Befestigungen des Decks
A: Verborgen. B: Schrauben mit Holzdübeln.

Decksplanken werden in der üblichen Weise kalfatert. Wenn aber verborgene Befestigungen verwendet werden sollen, müssen die Plankenkanten mehr in Form eines Y als eines V zugeschnitten werden, damit die Seitenbefestigungen in den Schwanz des Y geschlagen werden können und so außerhalb der Reichweite des Kalfateisens bleiben. Wenn das Deck Natur bleiben soll, wird zum Dichten der Nähte der traditionelle Marineglue anstelle von Kitt verwendet. Glue wird heiß vergossen, wobei sich ein alter Kessel oder eine ausgediente Teekanne als ein zweckmäßigeres Werkzeug erweist als der orthodoxe Gießlöffel, da der Glue im Kessel seine Hitze länger bewahrt und sicherer zu handhaben ist. Sobald er sich gesetzt hat und erkaltet ist, kann das aus den Nähten herausgelaufene Zuviel an Glue abgekratzt werden. Guter Decksglue wird sich, vorausgesetzt, daß er nicht überhitzt und dadurch brüchig geworden ist, niemals ganz erhärten. Er wird immer eine gewisse Elastizität bewahren und sich mit den Planken ausdehnen oder zusammenziehen. Es gibt jedoch neuere, nicht härtende Dichtungsmassen, die nicht heiß gemacht werden müssen.

Angesichts der Beanspruchungen, denen ein Deck unterliegt, und angesichts des Verschleißes durch Sonne, Wind, Regen und Sprühwasser ist ein Naturholzdeck, außer wenn es aus Teak ist, für eine Kreuzeryacht nicht gerade zweckmäßig. Es mag schön aussehen und sich unter nackten Füßen angenehm anfühlen, aber es kostet viel Arbeit, sein schmuckes Aussehen zu bewahren. Ein gemaltes, mit Farbe geschütztes Deck hat eine längere Lebensdauer und bleibt dichter.

Bei einem kleinen Seekreuzer muß das Gewicht des Decks, also seine Dicke und die Stärke seiner Decksbalken, niedriggehalten werden, da sonst die Fähigkeit, Segel zu tragen, ungünstig beeinflußt wird. Ein zu leichtes Deck federt, wenn man es betritt, und leckt infolgedessen, so daß zusätzliche Vorkehrungen gegen Undichtheit getroffen werden müssen. Eine weit verbreitete Methode ist, das Deck mit straff gespannter

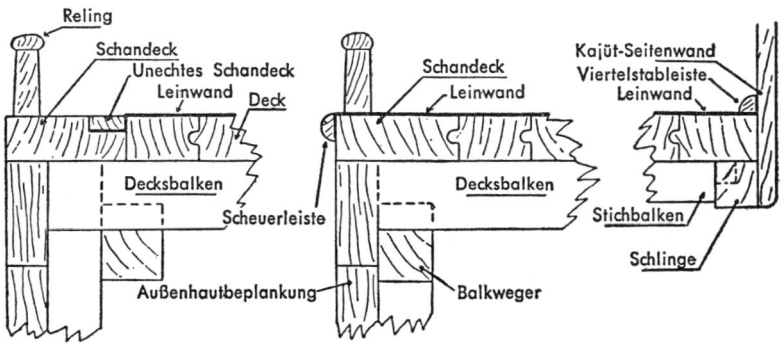

Abb. 11 — Beziehen eines Decks mit Leinwand

Leinwand zu überziehen und diese mit einem Anstrich zu versehen. Manche Schiffsbauer verlegen die Leinwand auf dem Untergrund eines dicken Farb- oder Lackanstrichs; andere verzichten auf Klebstoffe. Die Leinwand wird an den Seiten aller Decksaufbauten wie des Kajütsdachs und der Setzborde des Cockpits hochgeschlagen und der Aufschlag wird — wie in Abb. 11, rechts gezeigt — mit einer viertelrunden hölzernen Decksleiste oder Stäbung, in Bleiweiß, Kitt oder Selastic gelagert, abgedeckt. Am Decksrand kann die Leinwand aber nicht in gleicher Weise an der Innenseite des Schanzkleides hochgeschlagen werden, da die Speigatten für den Abfluß des Wassers freibleiben müssen. Eine Methode ist, die Leinwand an der Seite über die Bordwand herunterzuschlagen, bevor das Schanzkleid aufgesetzt wird, und mit einer halbrunden Leiste abzudecken wie in Abb. 11, Mitte, dargestellt. An so exponierter Stelle kann die Leiste aber leicht beschädigt werden, wenn die Yacht längsseits eines anderen Fahrzeugs oder direkt am Kai liegt. Wenn die Leinwand dann einmal erneuert werden soll, muß beides, Schanzkleid und Leiste, abgenommen werden. Zweckmäßiger ist es daher, eine flache Aussparung im Schandeck vorzusehen, in welcher die Leinwand befestigt wird, um dann von einem falschen Schandeck, einem genau eingepaßten und festgeschraubten Stück Hartholz, bedeckt zu werden (Abb. 11 links). Wenn dieses in Bleiweiß gebettet wird, kann kein Wasser darunter stehenbleiben. Es bildet kein Hindernis und läßt sich leicht entfernen, wenn das Deck neu bezogen werden muß.

Leinwanddecks haben verschiedene Nachteile. Wenn nicht dauernd unter Farbe gehalten, nutzen sie sich sehr schnell ab, während die Farbe bei häufigem Anstrich Gefahr läuft, hier und da zu dick zu werden und abzublättern. Da man vorsichtshalber weder mit Lötlampe, Ziehklinge noch Farbentferner arbeiten darf, bleibt nichts anderes übrig, als die lose Farbe sorgfältig mit dem Messer zu entfernen und die schadhaften Stellen zu übermalen. Leckt das Deck, ist es so gut wie unmöglich, die Leckstelle aufzufinden, denn das Wasser kann einen Meter weit sickern, bevor es durchtropft. Schließlich besteht noch die Gefahr, daß sich unter der Leinwand Fäulnisherde entwickeln; allerdings gelten Decks aus rotem Zedernholz in dieser Beziehung als sicher und besitzen außerdem den Vorzug großer Leichtigkeit.

Es gibt verschiedene Decksbeläge, die an Lebensdauer und Dichtigkeit angeblich den Leinwanddecks überlegen sind. Im Zeitpunkt der Niederschrift dieser Zeilen sind sie aber noch nicht lange genug im allgemeinen Gebrauch gewesen, um diese Behauptung erhärten zu können. Glasfaserverstärkte Kunststoffe lassen sich als Decksbelag verwenden, d. h. das Deck wird mit einer Polyesterharz-Komposition (von International Paints, Ltd., vertrieben) gestrichen und, solange noch klebrig, mit einer Glasfasermatte bedeckt, und diese wird wiederum mit Harz beschichtet, dem harter Sand beigemischt worden ist, um eine rutschfeste Oberfläche zu erhalten. Diese Materialien dürfen nicht bei Temperaturen unter 10 Grad Celsius verarbeitet werden. Trakmark der Dunlop Co. und Nautolex sind solche mit PVC beschichtete Leinwandmaterialien. Deck und Tücher werden beide mit einer Speziallösung gestrichen und, sobald sie abgetrocknet sind, aufeinandergelegt. Temperaturfragen spielen dabei keine Rolle. Cascover ist ein Nylonbelag von Leicester, Lovell & Company, der gewöhnlich von den Technikern der Firma selbst angebracht wird; die Einhaltung einer Temperatur von 16 Grad Celsius während der Arbeit ist eine wesentliche Voraussetzung.

Ein leichtes, starkes und wasserdichtes Deck läßt sich für ein kleines Fahrzeug aus einer Lage Marine-Sperrholz herstellen. Da aber die einzelnen Laminierungsschichten sehr dünn sind, wird das Deck häufig durch eine Lage dünner Teakholzplanken vor dem Verschleiß geschützt.

Befestigungen und galvanische Einflüsse
Wenn zwei Stücke ungleichartigen Metalls (z. B. Kupfer und Eisen),
nahe beieinanderliegend oder sich berührend, von Salzwasser bedeckt
werden, entsteht elektrischer Strom, der das unedlere Metall zerfrißt.
Alkali bildet sich um das edlere Metall, während sich unter bestimmten
Voraussetzungen Säure um das andere bildet. Säure und Alkali sind beide
schädlich für das anliegende Holz, aber Alkali ist am gefährlichsten und
kann chemische Zersetzung des Holzes zur Folge haben. Die üblichen
Symptome sind die Zerstörung der Farbe und Packungen über und um
eine Befestigung und eine örtliche Erweichung des Holzes. Alle Hölzer
können befallen werden, aber Spruce, Teak, Iroko und Pitchpine bieten
guten Widerstand, während Englische Eiche, Ulme, afrikanisches und
Honduras-Mahagoni anfällig sind.

Eine andere weit verbreitete Ursache der Korrosion ist die Erdung der
elektrischen Leitungen auf einer Yacht. Dies soll man mit Hilfe einer
durchgehenden Verwendung des Doppelleitungssystems und einer ständi-
gen Kontrolle, daß sich die Isolierungen aller Drähte und Beschläge in
tadellosem Zustand befinden, zu vermeiden suchen.

Bei der idealen Yacht müßten alle Metallbeschläge und Befestigungen
aus einem und demselben Material bestehen, aber außer beim Stahlbau —
und auch da können Schwierigkeiten entstehen — oder beim glasfaserverstärkten Kunststoffbau läßt sich dieses Prinzip in der Praxis nicht
durchführen. Von den beim Yachtbau verwendeten Metallen rangiert
Kupfer an elektrischem Spannungsgehalt oben auf der Liste und wird,
da es kaum korrosionsanfällig ist und sich besonders zum Nieten auf
Klinkscheiben eignet, weitgehend für die Befestigung der Planken an den
Spanten benutzt. Dagegen ist Kupfer nicht kräftig oder unbiegsam genug,
um daraus Bodenwrangen, Kielbolzen, Schraubbefestigungen von Plankenenden und manche Dinge mehr herzustellen, für die daher andere
Metalle herangezogen werden müssen. Allerdings entsteht dadurch sofort
die Gefahr, daß sich galvanische Elemente bilden.

Die Wahl der für Befestigungen am besten geeigneten Metalle und die
Methoden, wie man sie am vorteilhaftesten einsetzt, sind Fragen, in deren
Beantwortung sich die Experten nicht immer einig sind. Obgleich man
sich mit diesem ganzen Gebiet sehr eingehend befaßt hat, bleibt immer
noch viel zu erforschen übrig. Wer sich eine Yacht bauen läßt, muß sich,
wenn er sich nicht selbst gründlich mit der Materie beschäftigt hat, auf
das Wissen seines Konstrukteurs oder Schiffsbauers verlassen. Trotzdem
mögen ihn die nachfolgenden Anmerkungen interessieren.

Alle Eisen- und Stahlbeschläge müssen, mit der einen, weiter unten erwähnten Ausnahme, verzinkt werden, und zwar in einem heißen Zinkbad
feuerverzinkt, ein Prozeß, der den denkbar besten Schutz gegen Rost ver-

spricht. Daneben kommt Kadmierung in Frage. Messingbefestigungen dürfen niemals verwendet werden, denn von Seewasser bedeckt, unterliegen sie einem als Dezinkifikation bezeichneten Selbstzerstörungsprozeß. Sie zersetzen sich unter Beibehaltung ihrer normalen Größe, aber unter Verlust jeder Festigkeit. Monelmetall, das innerlich und äußerlich in hohem Maße korrosionsbeständig ist, eine große physikalische Festigkeit besitzt und auch unter Beanspruchung nicht brüchig wird, ist das ideale Material für Bolzen und Schrauben, dafür aber recht kostspielig. Viel billiger ist Silikon-Bronze; obgleich weniger dauerhaft als Monelmetall, ist es doch recht widerstandsfähig gegen den durch Dezinkifikation hervorgerufenen Zerstörungsprozeß.

Die meisten galvanischen Störungen kommen bei den Befestigungen der eisernen Bodenwrangen und bei den Kielbolzen vor. Bodenwrangen aus Eiche mit Bronzebefestigungen sind ideal, können aber, wenn Brennstoff- und Wassertanks in die Bilge eingebaut werden sollen, keine durchgehende Verwendung finden. Die beste Lösung ist in diesem Fall, die Bodenwrangen aus Bronze anzufertigen. Das ist jedoch sehr kostspielig, da für jede Bodenwrange erst eine Form hergestellt werden muß. Das übliche Verfahren ist daher, schmiedeeiserne Bodenwrangen mit den Spanten durch Kupfernieten und mit dem Holzkiel durch Kupferbolzen zu verbinden. Dann müssen die Befestigungen durch ein Spezial-Isolierungsfutter vom Eisen, und die eisernen Bodenwrangen durch Gummiringe von den kupfernen Plankenbefestigungen elektrisch isoliert werden.

Man sollte denken, daß sich ein Eisenkiel unbedenklich mit Stahlbolzen befestigen ließe, aber leider besteht eine aktive galvanische Verbindung zwischen der Oberfläche Kiel und dem Teil des Bolzens, der im Holzkiel steckt. Korrosionserscheinungen treten gewöhnlich nur in diesem Teil des Bolzens auf und verbreiten sich oft rasch. Diesem Prozeß kann man nicht durch Verzinkung des Bolzens entgehen; im Gegenteil, die Korrosion würde sich dadurch noch beschleunigen. Die Wirkung kann aber durch Isolierung der Eisenkieloberfläche von der Holzkielunterseite durch eine Packung verhindert werden sowie durch Fernhaltung des Wassers von den Bolzenköpfen an der Unterseite des Kiels durch wasserdichten Mastix und Pflöcke aus Weichholz. Allerdings kann dieser Schutz leicht durch Grundberührungen beschädigt werden. Bei einem Bleikiel sind solche Vorsichtsmaßnahmen nicht erforderlich, vorausgesetzt, daß die Bolzen aus Bronze, Aluminiumbronze, Rotguß oder einer Kupfer-Nickel-Legierung bestehen. Die Kosten dafür dürften allerdings übermäßig hoch sein.

Unabhängig davon, aus welchem Material seine Yacht gebaut ist und mit welcher Sorgfalt alle Isolierungen vorgenommen sein mögen, wird der vorsichtige Eigner von Zeit zu Zeit einen Bolzen herausschlagen und ihn Torsions- und Biegeprüfungen unterziehen, um seinen Zustand zu ermitteln. Läßt dieser zu wünschen übrig, tut er gut daran, alle Bolzen zu erneuern. Um die Zersetzung eines unedlen Metalls durch ein edleres zu verhüten, kann man Anoden einbauen. In seiner mehr entwickelten Form bedeutet das ein Stück neutralen Metalls, durch welches ein geeigneter elektrischer Strom geleitet wird. Auf Yachten haben wir es aber meistens mit Anoden eines geringen Spannungsgehaltes zu tun, die nahe an oder in elektrischem Kontakt mit den am meisten gefährdeten Metallteilen angebracht werden. Solche Anoden werden Opferplatten genannt, da sie sich an Stelle der Beschläge, die sie schützen sollen, zersetzen. Sobald es nötig ist, können sie erneuert werden. Zink, und zwar nicht das handelsübliche, das schnell durch die Bildung einer neutralen Substanz an seiner Oberfläche wirkungslos wird, sondern eine speziell für diesen Zweck geschaffene Zinklegierung stellt den gebräuchlichsten Anodentyp dar. Auch Legierungen aus Aluminium und Magnesium werden verwendet; letzteres eignet sich aber nicht für alle Yachten.

Holz für den Yachtbau

Englische Eiche ist ein hartes, schweres, feinfaseriges Holz, das Befestigungen besser hält als irgendein anderes Holz; seine natürlich gekrümmten Äste machen es besonders geeignet für den Bau von Steven, Spanten, Knien usw.; es ist das in England am meisten verwendete Holz, um das Spantenwerk eines Schiffes herzustellen. In früheren Zeiten war Eiche ebenfalls ein sehr beliebter Baustoff für Kiele und Bodenbeplankung, aber es ist inzwischen zu schwer geworden, Eichenholz in genügenden Längen für diese Zwecke zu finden. Es ist sehr haltbar, hat aber die Neigung, sich zu werfen, wenn es nicht sorgfältig abgelagert wird. Für Verwendung im Schiffbau muß es im Herbst zu seiner saftärmsten Zeit gefällt werden.

Englische Ulme hält ebenfalls die Befestigungen zuverlässig. Da es in langen und breiten Bohlen und Brettern erhältlich ist, wird Ulme am häufigsten für Kiel und Kielgang verarbeitet. Es eignet sich nicht für Verwendung im Süßwasser oder an solchen Stellen, die abwechselnd naß und trocken werden, da es dann leicht fault.

Amerikanische oder Kanadische Steinulme ist hellfarbig mit engen, geraden Fasern. Sie wird im Yachtbau hauptsächlich für dampfgebogene Spanten, Salings und Relingsleisten benutzt. Bleibt dieses Holz der Witterung ausgesetzt, so muß es entweder gut durch Lack geschützt oder regelmäßig mit Salzwasser gescheuert werden; sonst wird es bald schwarz.

Teak (tectona granchis) kommt aus Burma, Siam und Indien. Im allgemeinen gilt Burma- oder Rangoonteak als das beste Holz für den Schiffbau. Wenn Gewicht und Kosten keine Rolle spielen, ist es auch im

Yachtbau die begehrteste aller Holzsorten, außer an den Stellen, an denen gewachsenes Knieholz benötigt wird. Es enthält ein natürliches Öl, das es fast unempfindlich gegen Fäule und außerordentlich widerstandsfähig gegen Korrosion bei Berührung mit Eisen macht, während es gleichzeitig im gemäßigten Klima nur selten von Wurmfraß befallen wird. Da extreme Hitze und Feuchtigkeit ihm wenig anhaben können, erweist sich Teak als die beste Holzart für Decksplanken, Cockpit und andere der Witterung ausgesetzte Bauteile. Selbst nach jahrelanger Vernachlässigung und Beanspruchung durch Wind und Wetter lassen sich mit Hilfe der Ziehklinge schnell wieder saubere, frische Flächen herstellen. Beim Schneiden oder Bohren muß man allerdings vorsichtig vorgehen, um Splittern zu vermeiden.

Mahagoni. Unter den verschiedenen Sorten ist Honduras das beste Mahagoniholz. Es findet auf Yachten häufig die gleiche Verwendung wie Teak, ist aber weder gleich hart noch gleich widerstandsfähig und kann leicht durch unsachgemäße Bearbeitung mit der Ziehklinge Schaden erleiden. Bei Eisenbefestigungen besteht Gefahr der Fäulnisbildung.

Iroko kommt aus dem tropischen Afrika und wird manchmal als afrikanisches Teakholz bezeichnet, ist aber weder *tectona granchis* noch verwandt damit. Es handelt sich um ein hartes, dauerhaftes Holz von etwa dem gleichen Gewicht wie Teak, 41 lbs per Kubikfuß, aber wesentlich billiger.

Andere, meist afrikanische Hölzer, die in den letzten Jahren an Bedeutung gewonnen haben und sich für Beplankung eignen, sind Agba (Goldkiefer), Afrormosia (das sehr haltbar, aber mit 44 lbs auch sehr schwer ist), Makoré und Sapeli (aus dem auch gutes Sperrholz hergestellt wird).

Pitchpine (Pechtanne), insbesondere die langnadlige Art, ist ein sehr haltbares und so robustes, hartes Holz, daß es nicht leicht durch Stoß oder Schlag beschädigt werden kann. Einstmals war es das beliebteste Holz für die Beplankung einer Yacht über und unter der Wasserlinie und wurde wegen seiner Zähigkeit und Stärke auch für Balkweger und Stringer benutzt. Es war lange Zeit knapp, ist jetzt aber wieder zu beschaffen.

Lärche gehört zu den stärksten und zähesten Weichhölzern und ist recht haltbar. Es liefert ein gutes Material für die Beplankung, vorausgesetzt, daß man es in der erforderlichen Qualität erhält. Ebensogut eignet es sich für die Herstellung von Balkwegern, Stringern und Schlingen. In England hat Lärche bis zu einem gewissen Grade Pitchpine verdrängt.

Oregon Pine, Columbian Pine und *Douglas Fichte* sind alle drei fast gleichwertig. Obgleich diese Hölzer manchmal für die Herstellung von Planken verwendet werden, sind sie dem Pitchpine nicht ebenbürtig. Abwechselnd Wind und Wasser ausgesetzt, sind sie besonders anfällig für Fäulnis, in Süßwasser noch mehr als in Salzwasser.

Kalifornische Silberspruce ist in großen Längen, astfrei und ohne Risse erhältlich und wird zum Bau von Hohlmasten und Hohlspieren verwendet. Es ist leicht von Gewicht, von gutem Aussehen und wird häufig für die Beplankung von Dingis benutzt.

Western Red Cedar (Rotzeder) enthält ein natürliches, Fäulnis verhütendes Öl, so daß es sich besonders als Belag für Decks eignet, die mit Leinwand bezogen werden sollen. Es ist aber weich und stoßempfindlich. Es besitzt den Vorzug leichten Gewichts, wird aber bei künstlicher Trocknung zu spröde.

Esche ist ein sehr zähes und biegsames Holz. Es wird bevorzugt für die Herstellung von Riemen, Bootshaken, Gehäusen von Blöcken und Dingispanten benutzt. Es verrottet aber leicht in undurchlüfteten Räumen.

Sperrholz. Fortschritte in der Herstellung synthetischer Harze haben die Produktion wasserdichten Sperrholzes ermöglicht. Diese Kunstharzleime sind so zuverlässig, daß eher das Holz selbst bricht, als daß sich die verleimten Verbindungsstellen wieder lösen. Die *British Standard Specification 1203* umreißt die allgemeinen Merkmale der verwendeten Leime wie folgt: M. R. (moisture resistant = feuchtigkeitsbeständig), B. R. (boil resistant = kochfest) und W. B. P. (weather and boil proof = witterungsbeständig und kochfest) *). Nur Leim des obengenannten Standards darf beim Sperrholzbau von Yachten verwendet werden. Auch ist es ratsam, ein Sperrholz auszusuchen, das nur aus einer Holzart zusammengesetzt ist. Die Kanten müssen stets versiegelt sein, um jedes Eindringen von Feuchtigkeit zu verhindern. Mit Hilfe von Kunstharzleim lassen sich die verschiedenen gebogenen Bauteile einer Yacht (wie z. B. der Steven) aus dünnen Schichten zusammenleimen, die außerordentlich fest sind, da man auf den richtigen Faserverlauf jeder einzelnen Schicht achten kann, was auch durchweg geschieht.

Die Bauweise aus heiß geformtem Sperrholz macht sich nur bezahlt, wenn zahlreiche Rümpfe nach ein und demselben Entwurf hergestellt werden sollen, denn man braucht dafür einen Autoklav oder eine Druckform. So beschränkt sich diese Bauweise auf wenige Einheitsklassen.

Holzfäulnis. Der Grund, warum Holz im Herbst gefällt und zum Ablagern hingelegt wird, beruht auf der Notwendigkeit, möglichst trockenes Holz zu gewinnen, denn Saft gärt und verursacht Fäulnis, die schnell auf das angrenzende, gesunde Holz übergreift. Schon eine kleine Stelle Splint führt zum Rott, dessen Folgen sich gewöhnlich erst zwei oder drei Jahre nach dem Bau zeigen. Es wird daher häufig mit Recht behauptet, daß eine Yacht, die in den ersten fünf Jahren keine Spuren von Trockenfäule

---

*) Im Unterschied zu gewöhnlichem Sperrholz gehen bei uns wetterfeste Sperrholzsorten unter der Bezeichnung Bootsbauplatten. Die Qualitäten 1 und 2 sind für tragende Konstruktionen brauchbar, 3 für Innenausbau.

zeigt, dies wahrscheinlich nie mehr tun wird. Diese Ansicht mag auf Eiche zutreffen, doch ist es leider eine bekannte Tatsache, daß Ulme und Fichte jederzeit Fäulnis entwickeln können, wenn ihr Holz sich in feuchter und schlecht gelüfteter Umgebung befindet oder Frischwasserleckagen ausgesetzt ist. Fäulnis kann überall entstehen; einige der gefährdetsten Stellen befinden sich im Heck (das häufig ungenügend durchlüftet ist), an den Plankenenden, im Kiel, in den Spantenkrümmungen, wo vielleicht Frischwasser stehengeblieben ist, und an den Spantenköpfen. Mehr über elektrochemische Zersetzung findet sich auf S. 59 ff.

Ist alles Holz von vornherein gut abgelagert, gesund und frei von Splinten, so kann künftige Fäulnis durch Behandlung mit konservierenden Mitteln wie Cuprinol *) verhütet werden. Ferner dadurch, daß man für gründliche Ventilation im ganzen Schiff und für ein dichtes Deck sorgt. Auch Salzwasser ist ein ausgezeichnetes Schutzmittel. Daher empfiehlt es sich, die Bilge von Zeit zu Zeit mit Seewasser durchzuspülen und auch etwas Seewasser in der Bilge stehen zu lassen, um dem ungünstigen Einfluß von Regenwasser, das seinen Weg durch das Cockpit ins Innere findet, entgegenzuwirken. Fischerleute, die wissen, daß sich Fäulnisstellen am leichtesten im Heck bilden, pflegen einige Handvoll Salz in das Heck eines neuen Trawlers zu werfen, um ihn „einzupökeln".

Metallbau

In Holland werden viele Yachten ganz aus Stahl gebaut und scheinen sich ausgezeichnet zu bewähren. In England aber herrscht ein starkes Vorurteil gegen die Verwendung dieses Baustoffes für kleine Yachten, hauptsächlich wegen des Gewichtes und aus Angst vor Korrosion. Auch sind die Yacht- und Bootswerften an den englischen Küsten vornehmlich mit Handwerkern besetzt, die nur den Holzbau gründlich kennen. Es würde ein gut Teil Reorganisation und den Bau neuer Anlagen erfordern, sollten sich dieselben Werften auf den Stahlbau umstellen.

Stahlgebaute Yachten können folgende Vorzüge für sich in Anspruch nehmen: größere Festigkeit, geringeres Leckagerisiko und zusätzlichen Raum unter Deck als Folge der dünnen Beplankung und kleineren Spant-

*) bzw. Xylamon

Tafel 6
Oben: Eine behagliche Ecke in der Messe der 10 Tonnen großen Weltreiseyacht *Moonraker,* eines umgebauten Cornwall-Fischerbootes (siehe auch Tafel 60 oben und 61). Hinter dem Tisch steht ein Ofen, und die Kombüse verbirgt sich in dem Schrank, der ganz rechts auf dem Bilde sichtbar ist. *Unten:* Der 7-Tonner *Restive* hat Unterbringungsmöglichkeiten für drei Personen, zwei in der Messe, wo ihre Füße unter den Seitenborten am vorderen Ende der Sofabänke verschwinden, und einen in der Hundekoje achtern. Die Kombüse ist links vorn im Bild. (Siehe Pläne auf Seite 244.)

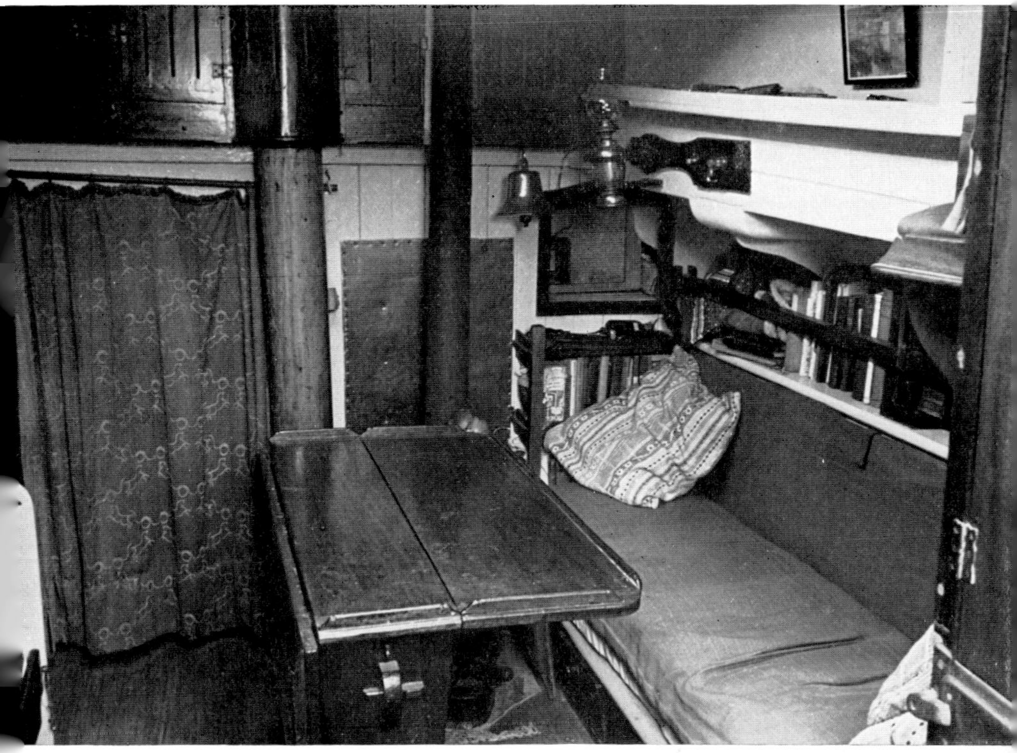

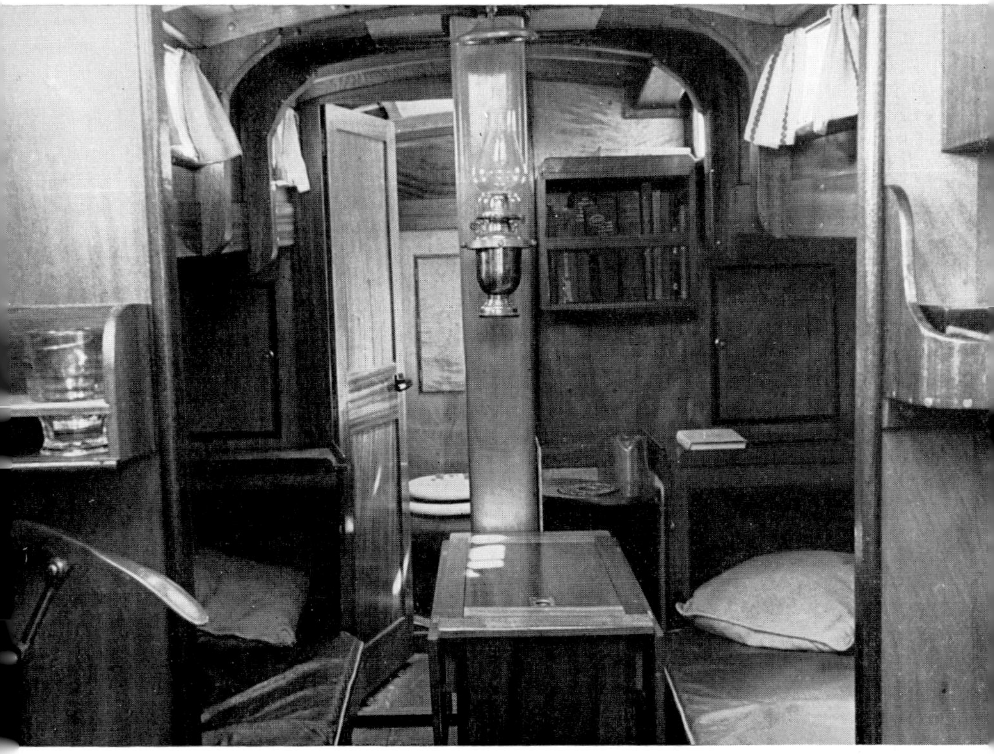

stärken. Stahl ist etwa zehnmal so schwer wie Teak oder Eiche; da seine Bruchfestigkeit aber sehr viel größer ist, darf die Außenhaut entsprechend dünner sein als die Holzbeplankung einer Yacht der gleichen Größe. Ein 20-Tonner mit $1^1/_4$zölligen Teakplanken könnte genausogut mit $^1/_8$zölligem Stahl beplankt werden, ohne daß sich das Gewicht der Außenhaut erhöhte. Diese Gewichtsrelation kann man aber bei kleineren, normalerweise dünner beplankten Yachten nicht weiterführen, denn die Stahlplatten dürfen nicht entsprechend dünner werden, weil sie bei Stärken von weniger als $^1/_8$ Zoll zu leicht einbeulen und keinen ausreichenden Spielraum für Rost lassen. Bei kleinen Yachten können jedoch Gewichtseinsparungen an den Spanten und anderen Bauteilen vorgenommen werden, und wenn alle Befestigungen geschweißt anstatt genietet würden, brauchte ein 10-Tonner aus Stahl kaum mehr zu wiegen als ein Holzbau mit Planken aus Teak oder Iroko. Unterhalb dieser Größe wiegt eine ganz aus Stahl gebaute Yacht mehr, so daß der Versuch, eine für den Holzbau entworfene kleine Yacht in Stahl zu bauen, wenig Aussicht auf Erfolg hat, da sie unterhalb ihrer vorgesehenen Wasserlinie schwämme.

Die Korrosionsgefahr von Stahl wird bestimmt übertrieben. Es wäre ein kostspieliges Unterfangen, die ganze Yacht zu verzinken. Da dies vor dem Zusammenbau aller Teile zu geschehen hätte, entstünden mit Sicherheit Risse und Schrammen und dadurch die Gefahr der Rostbildung, so daß man auch dann nicht ohne Schutzfarbe auskäme. Vorausgesetzt, daß die Walzhaut (eine mehr oder minder lose Schicht auf dem Stahl bei Anlieferung aus den Stahlwerken) und jede winzige Roststelle vorsichtig entfernt werden, bevor der erste dünne Anstrich erfolgt, braucht ein fachmännisch gestrichener Stahlrumpf selbst nach einem Dutzend oder mehr Dienstjahren keine Anzeichen von Korrosion zu verraten.

Da Stahl ein guter Wärmeleiter ist, bildet sich leicht Schwitzwasser. An den Bordwänden hinter der Verschalung schadet es nichts, aber Tropfenbildung an den Decksbalken ist recht störend. Ein Anstrich mit Bitumasticfarbe isoliert bereits ein wenig, aber granulierter Kork ist besser *).

---

*) Besser noch ist Auskleidung mit Styropor, am besten mit beidseitig mit Aluminiumfolie überzogenen Platten.

Tafel 7
Tom Steele (der hier auf seinen Kaffee wartet) hatte auf der *Adios*, einer der von Hanna gezeichneten und in Amerika so populär gewordenen Tahiti-Ketsche (Tafel 46 unten) bereits einmal die Welt umsegelt und war, als ich ihm in Aden begegnete, mit seiner Frau Janet ein zweites Mal halb herum. Sie ist dabei, den Kaffee auf der Gaskocher ihrer Kombüse heißzumachen, die sauber und praktisch neben dem Niedergang gelegen ist. *Unten:* Auf der *Maid of York* befindet sich die Kombüse mit Spüle, Petroleum-Kocher und Anrichte am Achterende der Messe unter dem Deckshaus, wo der Koch Licht und Luft hat und sich nicht abgesondert fühlt.

Gute Ventilation ist das beste Hilfsmittel, um diesen Schwierigkeiten weitgehend abzuhelfen.

Ist ein Bleikiel vorgesehen, so muß er vom Stahl durch einen falschen Holzkiel isoliert werden, da sonst galvanische Störungen den Stahl wegfressen. Ebenso muß Innenballast aus Blei, z. B. mit Zement, isoliert werden.

Eine kleine Anzahl von Kreuzeryachten ist aus einer Aluminiumlegierung gebaut worden, die viel leichter ist als Stahl. Meines Wissens ist das aber eine kostspielige Bauweise und ich höre auch, daß diese Legierungen weder hinsichtlich Lebensdauer noch Zweckmäßigkeit den Erwartungen entsprochen haben.

Glasfaserverstärkter Kunststoff

Lange Zeit galt Holz als das beste und zuverlässigste Material für den Bau kleiner Fahrzeuge. Wenn Holz gesund ist und sorgfältig gepflegt wird, besitzt es eine lange Lebensdauer und ist von einer bemerkenswerten Widerstandsfähigkeit gegen alle Beanspruchungen, denen es auf Kreuzeryachten unterworfen ist. Indessen haben sich aus Kostengründen und wegen der leichteren Pflege glasfaserverstärkte Kunststoffe auf den ersten Platz im Bootsbau geschoben, sie dürften nach und nach das Holz im Yachtbau ganz und gar ersetzen. Allerdings läßt sich immer noch nichts Endgültiges über die Lebensdauer der damit gebauten Boote sagen.

Bei glasfaserverstärkten Kunststoffen gibt es hinsichtlich ihrer Festigkeit und Kosten große Unterschiede. Alle Kunststoffe verbinden aber ein Harz geringer Stärke mit einem Füllstoff großer Stärke, der mit dem Harz eine enge Verbindung eingeht. Das gebräuchlichste Harz gehört zur Polyestergruppe; es kann ohne Druck geformt und ohne Hitzeanwendung ausgehärtet werden. Es wird während dieses Prozesses hart und starr. Die dazu benutzte Verstärkung ist eine faserige Glaswolle. Daher der allgemein benutzte Ausdruck „Fiberglass", obgleich dies eigentlich die eingetragene Handelsbezeichnung für eine ganz bestimmte Warenmarke ist. Die Fasern werden auf verschiedene Weise gelegt, um eine Matte oder ein Gewebe zu bilden, so daß sich größte Reißfestigkeit in einer oder mehreren Richtungen, je nach dem zu erfüllenden Zweck, ergibt, also genau wie beim Holz, wo man auch auf den Faserverlauf achtet. Verstärkungsteile, Spanten, Decksbalken usw. lassen sich daraus, wo immer erforderlich, zusammenbauen.

Es liegt auf der Hand, daß man eine Form haben muß, in welche die Verbindung von Kunststoff und Verstärkungsmaterial gelegt wird. Da der Oberflächenfinish dem Finish der Form entspricht, muß diese mit der größten Sorgfalt vorgenommen werden.

Die übliche Verfahrensweise bedient sich der Gegenform; die harz-getränkte Glasfasermatte wird in die Form hineingelegt, wodurch ein gutes Finish an der Außenseite des geformten Rumpfes gewährleistet wird. Wird anstatt der Gegenform eine Form verwendet, bedarf es eines kostspieligen Handverfahrens (Handauflegeverfahren), um der Außen-seite des Rumpfes das gewünschte glatte Finish zu geben. In diesem Fall muß die Arbeit auf dem Kopf, d. h. bei obenliegendem Kiel, ausgeführt werden. Formen verlangen eine kunstvolle, kostspielige Anfertigung. Schon das Ausgangsmaterial für die Formarbeit selbst ist teuer. Zur Zeit der Niederschrift dieser Zeilen sieht es nicht so aus, als ob glasfaserver-stärkte Kunststoffe mit den Kosten für die traditionelle Holzbauweise konkurrieren können. Je mehr Rümpfe aber aus einer Form hergestellt werden, um so geringer werden natürlich die Kosten pro Rumpf.

Modernste Verkaufsmethoden preisen die erstaunlichsten Vorzüge der Kunststoffboote an. Soweit sich aber im Augenblick übersehen läßt, sind zumindest einige Behauptungen nicht zutreffend. Das Material besitzt ge-ringe Elastizität, aber große Biegsamkeit; obgleich es infolgedessen große Erschütterungen z. B. beim Fall überstehen kann, scheint es weniger gut geeignet zu sein, um den normalen Beanspruchungen einer Seereise oder einer Liegezeit im Hafen gewachsen zu sein, und es ist gegen Scheuer-schäden anfällig. Farbtönungen, die bei längerer Haltbarkeit so wertvoll wären, halten sich unglücklicherweise kaum länger als ein oder zwei Jahre. Außerdem ist Kunststoff empfindlich gegen Schmutz im Wasser und in der Luft, so daß die Boote, um ansehnlich zu bleiben, bald eines An-strichs bedürfen. Entgegen den Behauptungen hat Kunststoff keine an-wuchsverhindernden Eigenschaften, jedenfalls nicht mehr als jede glatte Oberfläche, so daß das Unterwasserschiff den üblichen Anstrich mit an-wuchsverhindernder Farbe benötigt. Trotzdem bleiben immer noch zahl-reiche Vorzüge übrig, von denen wir die folgenden nennen wollen: leich-teres Gewicht als sich mit dem orthodoxen Holzbau erzielen läßt; absolut keine Leckstellen, außer vielleicht an den Nähten, wo Deck und Rumpf zusammengeschweißt sind; keine Korrosion oder Gefahr elektrochemi-scher Störungen; keine Gefahr des Befalls durch Teredo oder Bohrassel; leichte Ausbesserungsmöglichkeiten im Schadensfall (was gelegentlich be-stritten wird) und verringerte Unterhaltungskosten.

Bewuchs und Wurmfraß

Im Meer, ganz besonders aber in Häfen und Küstennähe, treiben viele Organismen — Seetiere und Pflanzen — im Wasser, die sich im Anfangs-stadium ihrer Entwicklung an das Unterwasserschiff jedes schwimmen-den Fahrzeuges anheften und dort weiterwachsen. Erstes Anzeichen drohenden Bewuchses ist gewöhnlich eine dünne, schleimige Schicht, die sich noch leicht abreiben läßt. Tut man aber nichts dagegen, so entwickelt sich ein dicker Pflanzenbewuchs, der in und eben unterhalb der Wasserlinie grün aussieht (grüner Anwuchs braucht mehr Licht als anderer) und weiter unterhalb braun oder rot. Außerdem bilden sich verschiedene Arten weicher, sich ausbreitender tierischer Lebewesen zusammen mit Seepocken, Muscheln und quallenartigen Gebilden, von denen die letzteren Entwicklungsstufen bestimmter Nesseltiere und Mollusken sind. Da der tierische Anwuchs nicht unmittelbar vom Licht abhängig ist, gedeiht er meistens weiter unten am Rumpf.

Dieser ganze Anwuchs, der sich an einem Fahrzeug vor Anker schneller verbreitet als in Fahrt, verursacht infolge des zusätzlichen Wasserwiderstandes eine Herabsetzung der Geschwindigkeit. Eine lange vernachlässigte Yacht kann dadurch so langsam werden, daß sie nicht mehr manövrierfähig ist. Schon die erste dünne Schleimschicht kostet ein Segelfahrzeug seine Spitzenleistung.

Dann gibt es aber noch zwei weitere Arten von Lebewesen: den Teredo (oder Schiffsbohrwurm) und die Bohrassel, die beide hölzernen Yachten schwersten Schaden zufügen können und es auch tun. Der Teredo ist so gut wie unsichtbar, wenn er sich an die Planken heftet und eine geeignete Stelle sucht, um seine Zerstörungsarbeit zu beginnen. Er bohrt sich ein kurzes Stück gerade ins Holz hinein; dort wächst er und nimmt eine wurmähnliche Gestalt an, mit einer Schale an dem einen Ende, die Schneidezähne trägt. Dann macht er sich daran, die Planke der Länge nach aufzubohren, wobei er den Tunnel mit einer muschelähnlichen Substanz ausfüttert, ohne jemals die Oberfläche zu durchbrechen, so daß selbst ein ausgedehnter Schaden unsichtbar bleibt. In britischen Gewässern wird ein Teredo selten länger als 23 cm, während er sich in warmen tropischen Gegenden bis zu 1,80 m auswachsen kann. In Holz, das sich nicht im Wasser befindet, kann er sich drei Wochen lang am Leben erhalten und wird im übrigen von Süßwasser viel weniger betroffen als die meisten in der See lebenden Organismen.

Die Bohrassel ist einer kleinen Holzlaus nicht unähnlich und ist etwa $1/3$ cm lang. Obgleich sie das brackige Wasser der Flußmündungen bevorzugt, ist sie auch auf See recht aktiv. Sie bohrt sich etwa 5 cm in das Holz hinein und kehrt dann an die Oberfläche zurück. Indem sie diesen Prozeß unablässig fortsetzt, verwandelt sie bald das Holz in eine breiartige Masse, die, wenn sie fortgewaschen wird, eine neue, tiefere Schicht für den Angriff freilegt. Die von der Bohrassel am häufigsten angegriffenen Teile sind der Kiel, das Totholz und die Achterseite des Achterstevens. Außerhalb des Wassers erhält sie sich im Holz bis zu zwei Wochen am Leben.

Einerlei, wie hart und gesund Holz sein mag — im Grunde sind doch alle für den Yachtbau in Frage kommenden Holzarten dem Wurmbefall mehr oder minder stark ausgesetzt. Der einzige, nie versagende Schutz besteht im Beschlag mit Metallblechen, und hierfür wird Kupferblech am häufigsten verwendet. Kupfer hat, zumal wenn es neu ist, bedeutende anwuchsverhindernde Eigenschaften. Ein Überzug mit glasfaserverstärktem Kunststoff oder Nylon gewährt ebenfalls Schutz, aber keiner von diesen besitzt anwuchsverhindernde Eigenschaften. Ein guter Farbanstrich unterbindet das Eindringen des Wurms in das Holz, allerdings nur so lange wie der Anstrich sich in gutem Zustand befindet; der Wurm findet nämlich seinen Weg durch winzigste Risse und kleinste Löcher. Neue Yachten, deren Unterwasserschiff vielleicht nur einige wenige Anstriche empfangen hat, werden manchmal von Würmern befallen, während benachbarte ältere Yachten mit dicken Farbschichten übereinander unversehrt bleiben.

Seit vielen Jahren sind anwuchsverhindernde Unterwasserfarben in Gebrauch, deren Bestandteile unter anderem Gifte dieser oder jener Art enthalten (gewöhnlich Kupfer oder Quecksilber). Da aber der pflanzliche Bewuchs und die tierischen Organismen, die das Unterwasserschiff verunreinigen, ihre Nahrung aus dem Seewasser beziehen, muß die Komposition so beschaffen sein, daß das Gift langsam frei wird und so eine giftige Lösung in der unmittelbaren Nachbarschaft erzeugt, wodurch die Entwicklung der Organismen schon im embryonalen Stadium abgefangen wird. Diese Farben wirken mehr oder weniger erfolgreich; wenn aber während der Sommermonate die Wärme des Wassers den Anwuchs rapide beschleunigt, dauert die Wirkung der billigeren Farbqualitäten nur zu häufig nicht länger als 6 oder 8 Wochen. Weitere Anmerkungen über die Anwendung anwuchsverhindernder Farben s. 3. Teil, Kap. 24.

3

EINRICHTUNG

Raum unter Deck — Schlafkojen — Kombüse — Cockpit —
Frischwasserversorgung — Messe und Kartentische — Beleuchtung
und Heizung — Sanitäre Anlagen — Lüftung

Die Raumaufteilung unter Deck stellt, außer auf großen Yachten, stets eine Kompromißlösung dar. Dennoch gehört eine trockene Messe, in der man auf See und vor Anker Schutz finden kann, zu den wichtigsten Erfordernissen, da der Fahrtensegler unterwegs mit Kälte, Nässe und Erschöpfung rechnen muß. Die Ausstattung braucht weder kostspielig noch elegant zu sein, muß darum aber keineswegs spartanisch werden oder ungefällig aussehen. Es zeugt nicht von Verweichlichung, sich die Messe hübsch, anziehend und behaglich einzurichten, wie ein Besuch auf zahlreichen Yachten, die weite Reisen hinter sich haben, bestätigen kann. Die Einrichtungspläne unterscheiden sich selbst auf Yachten ähnlicher Größe und Rumpfform erheblich, denn jeder Eigner hat seine besonderen Wünsche. Es gibt aber gewisse grundsätzliche Überlegungen, die auf jeder Yacht Beachtung verdienen.

Raum unter Deck (Tafel 4—9)

Eine Yacht von 10 Tonnen und darunter wird im allgemeinen in drei Abteilungen aufgegliedert. Achtern ist das Cockpit oder die Plicht; mittschiffs liegt die Hauptkajüte oder Messe, in die man vom Cockpit oder von Deck aus durch Türen und/oder eine Schiebeluke über eine Treppe oder mehrere Stufen nach unten gelangt. Der ganze Einstieg wird als Niedergang bezeichnet. Vorn liegt das Vorschiff, auch Vorpiek genannt. Außer auf sehr kleinen Yachten ist es von der Messe gewöhnlich durch ein Schott (eine Zwischenwand) mit einer Tür darin oder einfach durch einen Vorhang abgetrennt. Vom Vordeck aus ist die Vorpiek durch die Vorderluke zugänglich, deren Sülls sich gewöhnlich über Deckshöhe erheben und die mit einem Klappdeckel versehen ist. Manchmal ist die Vorderluke, wenn sich der Kajütsaufbau bis vor den Mast erstreckt, auch im Kajütsdach eingebaut. Die von Maurice Griffiths entworfene Luke

(Abb.12) ist wegen ihrer Wasserdichtigkeit dem gewöhnlichen Lukentyp überlegen. Das Innensüll, das mindestens 2½ cm höher sein muß als das Außensüll, leitet alles Wasser, das zwischen Luke und Süll hereinkommt, in den zwischen den beiden Sülls gelegenen Abzugsgang. Speigatten an den hinteren Ecken der Außensülls lassen das Wasser aus dem Abzugsgang wieder an Deck abfließen.

Eine größere Yacht weist meistens auch mehrere Unterteilungen auf und verfügt außerdem über einen getrennten Waschraum, eine Kombüse und eine oder mehrere Schlafkammern. Die Beschränkung auf eine Mindestanzahl von Trennwänden erzielt aber immer noch den stärksten Eindruck von Geräumigkeit und Luftigkeit.

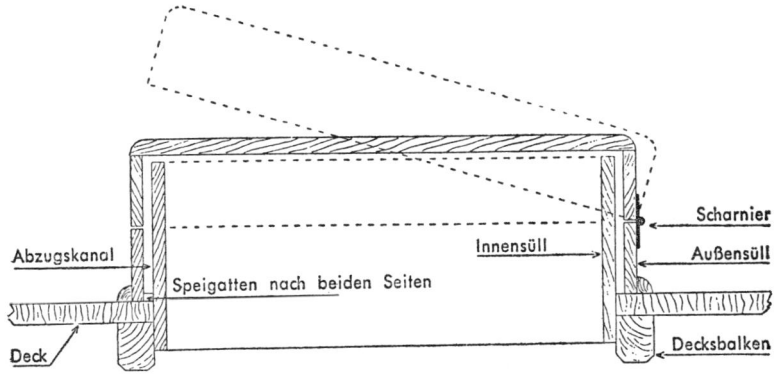

Abb. 12 — Die wasserdichte Luke nach der Zeichnung von Mr. Maurice Griffiths, G.M., A.R.I.N.A.
Das gleiche Prinzip läßt sich auch auf Oberlichter anwenden.

Obgleich ein Fahrtensegler den verständlichen Wunsch hat, seine Frau, seine Familie oder seine Freunde mitzunehmen, muß er sich doch vor Überfüllung hüten; sonst entstehen Reibungen, und darunter leidet die Freude am Segeln. Die Notwendigkeit, jedem Besatzungsmitglied eine Schlafkoje ausreichender Länge zur Verfügung zu stellen, ist von entscheidender Bedeutung für die Berechnung, wie viele Menschen auf einer Yacht gegebener Größe unterzubringen sind. Außerdem muß aber noch genügend Unterbringungsraum nicht nur für die Segel, das Geschirr und die navigatorische Ausrüstung, sondern auch für das persönliche Hab und Gut aller Mitsegler vorhanden sein. Es gibt schon 4-Tonner mit Schlafplätzen für eine dreiköpfige Besatzung, was ich persönlich aber bereits für eine Überfüllung auf allen Fahrten halte, die ein kurzes Wochenende überschreiten. Um drei Menschen bequem unterzubringen, ist schon eine Yacht von mindestens 6 oder 7 Tonnen Größe erforderlich. Eine 10-Tonnen-Yacht könnte dagegen schon vier Mitseglern Platz bieten. Es ist fast unmöglich, feste Regeln hierfür aufzustellen; zuviel hängt vom Typ der betreffenden Yacht und von ihrem Verwendungszweck ab.

Um die Stehhöhe zu vergrößern, versieht man Yachten von 15 Tonnen und darunter gewöhnlich mit einem Kajütsaufbau über der Messe. Ausreichende Sitzhöhe ist auf jeder Kreuzeryacht erforderlich, und hierfür braucht ein Mensch durchschnittlicher Größe mindestens 90 cm zwischen Sitzpolster und Decksbalken. Auf einer kleinen Yacht ist es manchmal unmöglich, diese Höhe unterhalb der Seitendecks zu erreichen, wenn die Sitze die normale Höhe von 35 cm über dem Kajütsboden haben sollen. Wenn dann der Raum unterhalb der Seitendecks nicht mit Hilfe einer Rückenlehne ausgespart wird (wodurch die Sitze wahrscheinlich zu schmal werden), stößt man mit dem Hinterkopf höchst ungemütlich gegen die inneren Seitenwände des Kajütsaufbaus. Läßt sich die erforderliche Sitzhöhe unter den Seitendecks nicht erreichen, verzichte man lieber auf den Kajütsaufbau und ziehe die Bordwände in Länge der Kajüte hoch. Auf diese Weise entsteht ein erhöhtes Mitteldeck.

Häufig besteht der Auftraggeber auf voller Stehhöhe. Soll diese bei einer Yacht von weniger als 6 Tonnen erreicht werden, so bekommt sie entweder einen hohen, häßlichen Aufbau, oder der Fußboden muß so tief herabgezogen werden, daß er zu schmal wird. Da man aber auf einer kleinen Yacht sowieso nicht spazierenlaufen kann, ist eine volle Stehhöhe wirklich nicht von ausschlaggebender Bedeutung, außer in der Kombüse und im Achterteil der Messe, wo sie sich durch ein Deckshaus herstellen läßt. Das Deckshaus besteht aus einem erhöhten Teil des Kajütsaufbaus oder des Decks. Es hat gewöhnlich Fensterscheiben und enthält auf größeren Yachten Sitze, so daß die Besatzung sich bei schlechtem Wetter dort aufhalten und beobachten kann, was sich an Deck ereignet, bis sie herausgerufen wird. Auf modernen Yachten wird der Kajütsaufbau fast immer bis vor den Mast durchgezogen, um größere Stehhöhe im Vorschiff, Waschraum oder in der Schlafkabine zu schaffen. Um den Platz unter Deck zu vergrößern und einen ungehinderten Zugang zum Vorschiff zu ermöglichen, steht der Mast oft auf dem Kajütsaufbau, anstatt durch ihn nach unten hindurchzugehen.

Schlafkojen

Eine Einzelkoje muß mindestens 1,90 m lang und darf nicht weniger als 60 und nicht mehr als 71 cm breit sein. Entsprechen die Sitzbänke in der Messe diesen Maßen, ist es, jedenfalls auf kleinen Yachten, vorzuziehen, diese Bänke zum Schlafen zu nutzen, anstatt die Messe durch den Einbau fester Kojen oder die Abtrennung eines Schlafraums zu verkleinern. Die Kojen müssen mit dicken Matratzen (heutzutage meistens aus Schaumgummi) und einer Vorrichtung ausgerüstet sein, den Schläfer und sein Bettzeug festzuhalten, wenn die Yacht sich unterwegs befindet. Dies kann mit Hilfe von hölzernen Kojenbrettern von 25—30 cm Höhe erreicht werden, die sich — an Scharnieren aufgehängt — vor der Koje hochklappen lassen. Oder sie werden vorn und hinten in Halterungen gesteckt, so daß sie sich außer Gebrauch flach unter der Matratze wegstauen lassen. Eine andere Möglichkeit ist, sogenannte Kojensegel aus Leinwand herzustellen und nachts senkrecht hochzubinden. Der Vorzug von Kojensegeln ist, daß sie sich leichter verstauen lassen als Kojenbretter aus Holz; sie beanspruchen weniger Platz und sind bequemer im Gebrauch. Ferner muß für Stauraum zur Unterbringung des Bettzeugs tagsüber Sorge getragen werden. Hierfür werden oft hinter den Sitzbänken die Stauplätze benutzt, deren Vorderseiten die Rücklehnen bilden; dann müssen sie aber innen verschalt sein, um das Bettzeug von der Bordwand zu trennen. Eine andere Lösung wäre, das eine Ende jeder Sitzkoje mit einem Bort zu überbauen; in die sich darunter ergebende Nische steckt der Schläfer nachts seine Füße, tagsüber verstaut er dort sein Bettzeug.

Yachten von mehr als zehn Tonnen besitzen meistens eine von der Messe abgetrennte Schlafkabine mit eingebauten Kojen, die den ganzen Tag bezogen bleiben. Es kann aber vorkommen, daß auch die Sitzbänke in der Messe zum Schlafen benötigt werden. Eine zusätzliche Koje, gelegentlich als Lotsenkoje bezeichnet, ist manchmal über und hinter den Sitzbänken für den Notfall vorgesehen.

Klappkojen aus Gasrohrgestellen mit angereihtem Segeltuch sind auf Yachten weit verbreitet, besonders für gelegentliche Benutzung im Vorschiff. Tagsüber wird das Bettzeug auf dem Gestell festgezurrt und gegen die Bordwand hochgeklappt, wo die Koje dann als Rückenlehne dient. Obgleich das Segeltuch elastisch genug ist, um bequem darauf zu liegen, muß eine Matratze aufgelegt werden, um den Schläfer vor der Kälte zu schützen, die ihn sonst von unten her durchkühlt. Im Gebrauch hängt die Koje an zwei Ketten oder Tauen und kann bei Schräglage der Yacht entsprechend eingestellt werden, damit der Schläfer nicht hinausrollt.

Die Root-Koje besteht ebenfalls aus Segelleinwand. Die eine Seite der Leinwand ist an der Bordwand, die andere an einer Holzstange oder einem Eisenrohr befestigt. Vor Gebrauch läßt man die Stange mit jedem Ende in Halterungen einrasten, von denen auf jeder Seite zwei oder mehr vorgesehen sind, so daß das Bett unterwegs im richtigen Winkel hergerichtet werden kann. Wenn man die Koje nicht benötigt, wird die Segelleinwand auf der Stange aufgerollt und längs der Bordwand verstaut. Ein Schlafsack ist — außer vielleicht in festeingebauten Kojen — praktischer als einzelne Decken. Ein Schlafsack läßt sich leicht selbst herstellen, indem man zwei oder drei Decken zusammennäht oder -knöpft.

Dann kann sich der Schläfer je nach der herrschenden Temperatur ein oder zwei Decken zum Zudecken wählen. Auch bei Benutzung von Bettlaken, die von manchen bevorzugt werden, weil sie die Decken sauberhalten und sich leicht waschen lassen, näht oder knöpft man die Laken am besten zu einem Sack zusammen. Die eine Seite des Sacks bleibt etwa 60 cm weit offen; sonst macht es Mühe hineinzusteigen und man riskiert, den Sack zu zerreißen.

Die Kombüse (Tafel 7)

Ausreichende Kochmöglichkeit ist genauso wichtig wie gute Schlafgelegenheit; die Lage der Kombüse bedarf daher sorgfältiger Überlegung. Auf vielen älteren Yachten liegt sie noch im Vorschiff als Überbleibsel jener Tage, als Yachten noch mit bezahlten Mannschaften besetzt waren, denen auch das Kochen oblag. Heutzutage kochen aber gewöhnlich der Eigner, seine Frau oder einer seiner Freunde. Da Kochen im allgemeinen als eine undankbare Aufgabe gilt, sollte sie jedenfalls so angenehm wie möglich gestaltet werden, indem man die Kombüse dort unterbringt, wo die Bewegung des Bootes am geringsten spürbar ist, wohin ein Höchstmaß an Licht und frischer Luft gelangt, von wo der Koch sich mit den anderen Mitgliedern der Mannschaft unterhalten und gleichzeitig beobachten kann, was sich an Deck abspielt. Vom Standpunkt des Kochs aus ist daher der beste Platz im Achterteil der Messe neben dem Niedergang. Diese Lage hat aber auch gewisse Nachteile; in einer kleinen Yacht versperrt der Koch den Niedergang, und die Küchendünste passieren die ganze Yacht, bevor sie durch das Vorliek entweichen, da die Luft fast ausnahmslos von achtern nach vorne zieht. Obgleich der Küchengeruch in der Regel nicht gerade unangenehm ist, so schlägt sich doch die Feuchtigkeit von kochendem Gemüse an der Decke und den Schottwänden nieder. Im Wege eines Kompromisses wird die Kombüse daher häufig an das Vorderende der Messe verlegt. Übrigens ist es interessant, zu vermerken, daß die Kombüse des 8-Tonnen-Kutters *Driac II*, in welchem der verstorbene A. G. H. Macpherson seine ausgedehnten Ozeanreisen unternahm, im Vorschiff untergebracht war, also an dem Platz, der dafür als am wenigsten geeignet gilt. Der verstorbene Bill Leng, der mit Macpherson segelte und die Kocherei wahrnahm, hat mir aber berichtet, daß sie niemals weniger als drei warme Mahlzeiten am Tag zu sich nahmen. Ich kann daher nur annehmen, daß die Mägen auf der *Driac* seetüchtiger gewesen sind als die der meisten anderen Segler.

Es gibt zahlreiche Arten von Brennstoffen und auch von Kochherden, die entweder Kohlen, Petroleum oder Gas verbrennen. Der Kohlenherd ist selten geworden, außer auf großen Yachten, wo die Anthrazitöfen sich hervorragend auf weiten Reisen und bei ständigem Aufenthalt an Bord bewährt haben. Allerdings sind sie schwer von Gewicht. Petroleumkocher mit Dochten müssen sorgfältig gepflegt und gewartet werden, wenn sie nicht qualmen oder riechen sollen. Der blaubrennende Kocher ist weniger schwierig im Gebrauch als der gelbbrennende und läßt sich auch besser regulieren. Alle Dochtbrenner müssen aber horizontal stehen, sonst füllen sich die Brenner mit Petroleum und flammen hoch.

Von den Petroleumgaskochern ist der Primuskocher am bekanntesten; er ist sicher, sauber, leistungsfähig und erzeugt große Hitze. Er besteht aus einem Petroleumbehälter mit Handpumpe und Ventilschraube. Über dem Petroleumbehälter ist der Brenner angebracht mit einer flachen Schale darunter, die eine kleine Menge Spiritus zum Vorwärmen aufnehmen kann. Um den Kocher in Gang zu setzen, wird die Schale mit Spiritus gefüllt (dazu gibt es eine kleine Kanne, die genau die richtige Menge abgibt); dann wird der Spiritus angezündet, den man ganz ausbrennen läßt, um den Brenner ausreichend vorzuwärmen. Anschließend wird das Petroleum mit wenigen Pumpenschlägen in den Brenner hochgepumpt, wo es in der Hitze verdampft, als weißer Nebel aus der kleinen Düse im Nippel des Brenners herausströmt, sich entzündet und mit sehr heißer und rauchloser Flamme brennt. Um den Kocher auszulöschen, dreht man lediglich das Ventil auf, um die Druckluft entweichen zu lassen.

Petroleum muß in sauberen Behältern aufbewahrt werden, denn jeder Schmutz im Brennstoff kann die Düse im Nippel verstopfen und häufiges Durchstechen mit der Nadel notwendig machen. Mit der Zeit bildet sich am Nippel Kohle, und man muß die Reinigernadel häufiger zur Hand nehmen. Man vermeide aber allzu häufigen Gebrauch der Nadel, da die Düse sich mit der Zeit weitet und dann ein neuer Nippel eingesetzt werden muß. Wird der Spiritus zu knapp bemessen oder die Pumpe betätigt, bevor der Spiritus ganz ausgebrannt ist, oder versucht man, den Primuskocher bei Zugluft in Gang zu setzen, ohne den dafür vorgesehenen Schutzschirm aus Metall aufzustellen, dann wird der Brenner nicht heiß genug, um das Petroleum zu vergasen. Dieses lodert dann mit einer rauchigen, gelben Flamme hoch, erlischt aber sofort, wenn das Ventil gleich geöffnet wird. Es gibt Primuskocher mit geräuschlosen und mit sausenden Brennern; der einzige Vorzug des letztgenannten Typs ist seine geringere Empfindlichkeit gegen Luftzug. Auch selbstreinigende Brenner sind erhältlich. Sie sind zwar sehr bequem in der Handhabung, verkohlen aber leicht, wenn man sie längere Zeit auf kleiner Flamme brennt.

Der sogenannte Clyde-Kocher verwendet ein oder zwei Primuskocher in einem eisernen Herd mit Kochplatte und Backofen. Der Taylor-Parafin-Kocher arbeitet mit getrennten Gaskochern, die beide aus dem gleichen Tank gespeist werden; der Tank ist mit einer Pumpe und einem Druckmesser versehen. Da jeder Brenner sein eigenes Nadelventil besitzt, kann einer allein oder können beide gleichzeitig benutzt werden, ohne daß der Druck, außer beim Nachfüllen, abgelassen zu werden braucht. Diese Herde besitzen eine Heizplatte und Raum zum Warmstellen der Speisen; ein Backofen kann im Bedarfsfall auf die Heizplatte gestellt werden. Benzin darf niemals in einem Petroleumkocher verwendet werden.

Herde, die Botto- und Calorgas (Propangas) verbrennen, erfreuen sich wachsender Beliebtheit, weil sie keine Pflege, Vorwärmung oder Reinigungsnadeln benötigen. Der Backofen ist leistungsfähiger als bei den meisten anderen Herden und man kann einen Bratrost anschließen. Das flüssige Gas befindet sich in einer Staglflasche und wird über ein Ruzierventil durch ein Kupferrohr an den Herd geführt. Ein Gasherd ist sauber und einfach im Gebrauch; ein Reservezylinder muß aber immer mitgenommen werden, da es außer durch Nachwiegen keine Kontrollmöglichkeit dafür gibt, wieviel der angeschlossene Zylinder noch enthält. Da ein gewöhnlicher Herdbrenner etwa 18,5 Kubikmeter Luft per Stunde benötigt, ist gute Ventilation erforderlich, um eine wirksame Verbrennung zu erzielen.

Propangas ist auch in vielen ausländischen Häfen erhältlich, aber leere Zylinder werden nicht überall im Austausch angenommen, da die Schraubengewinde nicht immer übereinstimmen *).

Botto- und Calorgas bestehen im wesentlichen aus Propan und Butan, einem Gemisch, das, mit Luft vermischt, hoch explosiv wird, so daß größte Sorgfalt geboten ist, um Leckstellen auszuschalten. Das Flaschenventil muß nach Gebrauch geschlossen werden, und beim Anmachen empfiehlt es sich, erst das Streichholz anzustecken, bevor man den Hahn aufdreht. Beim Anschluß an die Flasche sind die richtigen Schraubenschlüssel zu verwenden, und alle Verbindungsstellen müssen regelmäßig in kurzen Abständen mit Seifenwasser kontrolliert werden. Das Gas ist schwerer als Luft, so daß es sich bei Entweichen durch eine undichte Stelle in der Bilge ansammelt und von einem zufälligen Funken zur Explosion gebracht werden kann. Schon manche Yacht ist durch Nichtbeachtung dieser Vorsichtsmaßnahme schwer beschädigt, in einzelnen Fällen sogar vollkommen zerstört worden.

Ein Gas- oder Vergasungskocher braucht nicht unbedingt aufrecht zu

---

*) Leere Propanflaschen werden im Ausland nicht getauscht, sondern in vielen Häfen neu gefüllt. Da aber die Schraubgewinde selten übereinstimmen und die Füllstationen auch meist nicht alle europäischen Gewindeansatzstücke besitzen, kann nur empfohlen werden, ein leicht erhältliches Schlauchansatzstück, für die an Bord befindliche Flasche passend, an Bord zu haben. Jede Füllstation kann damit eine Flasche füllen.

stehen, doch sollte dann beim Primuskocher die Spiritusmulde mit Asbest-
fäden gefüllt werden, damit bei Schräglage des Herdes unter Segeln der
Spiritus nicht wegläuft. Ferner ist bei solchen Kochern darauf zu achten,
daß das Druckventil nach vorn oder achtern liegt, damit beim Öffnen
kein Brennstoff ausfließen kann. Obgleich die Töpfe mit Hilfe von
Schlingerleisten auch auf einem schrägen Herd festgehalten werden können, ist es doch manchmal unmöglich zu verhindern, daß der Inhalt über-
schwappt. Außer auf ganz großen Schiffen muß der Kocher daher an
in Längsrichtung gelagerten Drehzapfen aufgehängt werden, so daß er
auch bei Schräglage der Yacht horizontal bleibt. Eine kardanische Aufhängung, eine Konstruktion von Ringen und Drehzapfen, mit deren
Hilfe ein Objekt bei jeder Bewegung einer Yacht in Quer- und Längsrichtung in horizontaler Lage gehalten wird, mag für Kompasse, Chronometer und Petroleumlampen erforderlich sein, ist aber für Kochherde
nicht nötig, obgleich Primuskocher häufig so aufgehängt werden. Ein frei
schwingender Gaskocher muß mit der Gasflasche durch einen biegsamen
Metallschlauch von reichlicher Lose verbunden sein. Gummischläuche dürfen keine Verwendung finden, da sie von Butangas angegriffen werden.

Ich betrachte ein Abwaschbecken nur dann als eine Annehmlichkeit,
wenn es sich außenbords entleeren läßt. Muß es unterhalb der Wasserlinie eingebaut werden, fließt es entweder in einen Behälter ab, der über
Bord entleert wird, oder es muß mit einer Pumpe versehen werden.
Wahrscheinlich verstopft sich diese bald durch Teeblätter oder anderen
Schmutz, der unweigerlich früher oder später seinen Weg in den Ausguß
findet. Eine Emaille- oder Plastikschüssel läßt sich viel leichter sauber
halten als ein Abwaschbecken. Man verbraucht weniger Wasser und sie
beansprucht kaum Platz, wenn außer Gebrauch. Die Schüssel muß aber
senkrechte und keine abgeschrägten Wände haben. Trotzdem verfügt fast
jede moderne Yacht über ein mit Frisch- und Salzwasserpumpen versehenes Abwaschbecken. Dabei gibt es eine ganz einfache Methode, Salzwasser
zuzuführen: man bringt einen Hahn an einem Rohr an, das von der
Eintrittsöffnung der Kühlwasserleitung zum Motor abzweigt. Durch
Schwerkraft gespeist, muß dieses Rohr natürlich unterhalb der Wasserlinie liegen. Salzwasser ist, nebenbei gesagt, für Abwaschzwecke fast
ebenso gut wie Frischwasser, vorausgesetzt, daß es heiß ist und ein Spe-
zialspülmittel hinzugesetzt wird.

Der Stauraum für Eßgeschirr, Kochtöpfe usw. muß so eingerichtet
werden, daß unterwegs nichts über Stag gehen kann und doch alles auf
beiden Bugen zugänglich bleibt. Es gehört nicht viel Erfindungsgabe dazu,
sich seine Kombüse oder Pantry einfach, sauber und praktisch einzurichten. Bei freier Wahl sollte man die Kombüse möglichst an die Backbordseite verlegen, d. h. an die Leeseite, wenn man auf Backbordbug — dem

Wegerechtsbug — beigedreht liegt. Dann brauchen keine Mahlzeitsvorbereitungen dadurch gestört zu werden, daß man über Stag gehen muß, um einem anderen Fahrzeug auszuweichen.

Jahrelang bestand die traditionelle „Speisekammer" an Bord einer Yacht aus einer mit Lüftungslöchern versehenen und an Deck festgelaschten Kiste. Eine schlechte Einrichtung, denn wenn die Sonne darauf steht, steigt die Innentemperatur der Kiste, sofern diese nicht mit einem immer wieder angefeuchteten Tuch bedeckt gehalten wird. Der beste Platz auf einer motorlosen Yacht ist in einer der Backskisten im Cockpit, wo die Lebensmittel von dem Wasser, das von der Kimmrundung hochspült, stets kühlgehalten werden. Aber einerlei, wo der Proviant aufbewahrt wird, es müssen Entlüftungslöcher in reichlicher Anzahl ganz oben und ganz unten vorgesehen werden, damit die Luft frei zirkulieren kann. Drahtgaze über den Löchern schützt vor Insekten. Auf geräumigen Yachten ist ein mit Propangas betriebener Kühlschrank die ideale Lösung. Die meisten amerikanischen Yachten haben Eiskästen.

Das Cockpit

Auf Segelfahrzeugen befindet sich der traditionelle Platz für den Steuermann ganz achtern, hauptsächlich weil man von dort die Segel am besten beobachten kann. Die meisten Yachten folgen dieser Gepflogenheit und haben das Cockpit in der Nähe des Hecks (wo der Rudergänger sitzt oder steht), wobei es eine strittige Frage bleibt, ob es ein selbstlenzendes Cockpit sein soll (aus dem das eingedrungene Seewasser außenbords abfließt) oder nicht. Kann man den Cockpitboden dank ausreichendem Freibord so hoch legen, daß das Wasser ordnungsgemäß abläuft und das Cockpit trotzdem tief genug bleibt, um den Insassen Schutz und Sicherheit zu gewähren, macht sich ein selbstlenzendes Cockpit natürlich bezahlt, und wäre es nur, weil es den darunterstehenden Hilfsmotor gegen Nässe schützt und verhindert, daß Regenwasser in die Bilge läuft, wenn die Yacht ohne Aufsicht an der Boje liegt. Es ist üblich, die Abflußlöcher nach vorn auf beide Seiten des Cockpitbodens zu verlegen und diesen entsprechend nach vorn abfallen zu lassen. Bei einem Plattgatter besteht auch die zweite Möglichkeit, daß der Cockpitboden sich nach achtern senkt, mit einem großen Abflußloch in der Mitte achtern. Die Rohrverbindungsstücke müssen an den Stellen, wo die Abflußrohre die Bordwand durchbrechen (ebenso wie alle Rohrbeschläge in der Außenhaut überhaupt) mit Seeventilen versehen sein. Um den Cockpitboden ganz wasserdicht zu machen, baut man gewöhnlich eine Wanne aus Kupfer ein (eine Plastikwanne erfüllt den gleichen Zweck) und versieht die Wanne mit einer Holzgräting.

Bei einer kleinen Yacht wird ein selbstlenzendes Cockpit zwangsweise so flach, daß der Rudergänger Gefahr läuft, bei schlechtem Wetter herausgewaschen oder herausgeschleudert zu werden. Dieses Risiko ist viel größer, als wenn etwas Wasser nach innen gelangt. Auf jeden Fall gewährt ein solches Cockpit nur wenig Schutz und Sicherheit. Ich selbst würde mich nur bei Yachten von 8 Tonnen und aufwärts für ein selbstlenzendes Cockpit entscheiden. Aber einerlei, ob sich ein Cockpit nach außen oder in die Bilge entleert — Bedingung ist, daß es von der Kajüte durch ein Brückendeck oder dichtschließende Schottenbretter abgeschlossen wird. Klapptüren sind für den Fall, daß das Cockpit einmal volläuft — was ich übrigens nur selten erlebt habe — nicht wasserdicht genug. Ein Argument zu Gunsten nichtselbstlenzender Cockpits ist, daß das Wasser, wenn nur genügend große Abflußlöcher vorhanden sind, sein Gewicht rasch der Länge nach über die Bilge verteilt, während die beschränkte Abflußmöglichkeit beim selbstlenzenden Typ das Wasser nur langsam ablaufen läßt und das Gewicht die Yacht inzwischen achtern herunterdrückt. Ich halte dieses Argument aber für nicht sehr gewichtig, weil die Schiffsbewegungen bei einem Wetter, in dem die Gefahr des Vollschlagens besteht, so heftig sind, daß das meiste Wasser sofort wieder herausgeschleudert wird (außer wenn das Cockpit sehr tief ist) und nur ein kleiner Rest weiter im Cockpit herumwäscht. Bei schwerem Wetter würde ich daher lieber ein offenes Cockpit so wasserdicht abschirmen, wie ich es einmal bei einer kleinen Yacht gemacht habe, nämlich mit Hilfe eines abnehmbaren Persennings mit eingenähtem Handgriff, an dem man die Leinwand anheben und das Wasser abfließen lassen kann. Übrigens habe ich nie Gelegenheit gehabt, das Schutzpersenning zu verwenden.

Oft sind die Cockpitsitze zum Aufklappen eingerichtet, um Zugang zu den Backkisten darunter zu gewähren. Trotz aller Ablaufrinnen und -löcher, mit denen diese gewöhnlich versehen sind, dringt bei schlechtem Wetter über den Leesitz doch genug Wasser hinein, um den Inhalt zu verderben. Die einzige praktische Methode, die ich gesehen habe, um diese zu verhindern, ist, Sitz und Rückenlehne aus einem Stück zu arbeiten, mit den Klappscharnieren oben auf der Rückenlehne. Dann kann nur ein wenig Wasser an den Sitzenden eindringen.

Eine wachsende Anzahl von Yachten von 12 Tonnen und darüber wird heutzutage mit Mittelcockpits gebaut, und zwar sind es gewöhnlich die Yachten mit schweren Maschinen oder großen Brennstofftanks, deren bester Platz mittschiffs ist. Diese zentrale Cockpitlage vermeidet einige Nachteile der im Heck gelegenen Cockpits und unterbricht wohltuend den traditionellen Einrichtungsplan, zumal bei einer größeren Yacht wie der „Yankee" von Kapitän Irving Johnson (Tafel 46 oben), einer Ketsch von 38 Tonnen Größe, die mit dem Zweck gebaut war, Meere zu überqueren und Berge auf dem Kanal- und Schleusenweg zu erklimmen. Auf der *Yankee* ergab sich auch die Möglichkeit, eine der reizvollsten schiffsbaulichen Ideen zu verwirklichen — eine geräumige Achterkabine (Tafel 5 oben).

Frischwasserversorgung

Eine Gallone Wasser (4,55 Liter) wiegt 10 lbs (4,54 kg), ein Kubikfuß (0,0283 cbm) enthält 6¹/₄ Gallonen (28,41 Liter) und eine Tonne (224 Gallonen) beansprucht 36 Kubikfuß Raum, d. h. 1 Kubikmeter. Es ist daher leicht verständlich, daß die Frischwassermenge an Bord einer Yacht nicht von den Wünschen des Eigners, sondern von dem Raum bestimmt wird, der für den Einbau von Tanks zur Verfügung steht.

Auf Yachten ohne Hilfsmaschine läßt sich ein Wassertank unterhalb des Cockpitflurs einbauen; die bessere Unterbringung ist aber mittschiffs unter den Bodenbrettern der Messe, wo das Gewicht des Wassers nicht die Trimmlage beeinflussen kann. Ist der Platz in der Bilge aber durch Bodenwrangen, Spanten oder Innenballast zu sehr eingeengt, so ist man unter Umständen gezwungen, je einen Tank unter die Sitzbänke an Backbord und Steuerbord zu verlegen. Eine selbstansaugende Pumpe sorgt dafür, das Wasser in die Kombüse zu pumpen, und jeder Tank wird mit einer Entlüftung versehen, gewöhnlich in Form eines dünnen Rohres, das von Oberseite Tank bis dicht unter Deck führt. Aus Gründen der Gewichtsersparnis und der Ausschaltung galvanischer Störungen werden hierfür heutzutage weitgehend Rohre aus Kunststoff anstatt aus Kupfer benutzt. Das obere Ende des Entlüftungsrohres wird umgebogen, um das Eindringen von Schmutz und Salzwasser zu verhindern.

Frischwassertanks werden durchweg aus verzinktem Eisenblech gebaut, niemals aus Kupfer, außer wenn sie von innen vollkommen verzinnt

---

Tafel 8

A. Die Navigationsecke auf der *Alano* enthält einen Arbeitstisch, Kartenschubladen und Stauraum für Bücher und Instrumente (siehe Plan auf Seite 227). B. Auf der *Cardhu* (Plan auf Seite 231) ist die Kombüse durch ein Seitenbord von der Messe, und vom Mittelgang durch eine flache Eichenholzbarre getrennt, über die der Koch hinwegsteigen und auf der er beim Kochen sitzen kann. C. Diese Kajütsecke der *Chinita*, einer der in Hongkong gebauten 5-Tonner der Vertue-Klasse, verrät saubere Handwerksarbeit unter ausgiebiger Verwendung von Teakholz. D. Ich machte diese Aufnahme an Bord der neuseeländischen Yacht *White Squall*, einer 11-Tonnen-Yawl, nach den Rissen von Woollacott, wenige Minuten nach ihrer Ankunft in Tahiti, wohin Ross Norgrove sie direkt von Auckland gesegelt hatte. Das Bild soll beweisen, daß Schmutz und Unordnung keine unvermeidlichen Begleiterscheinungen des Fahrtensegelns sein müssen.

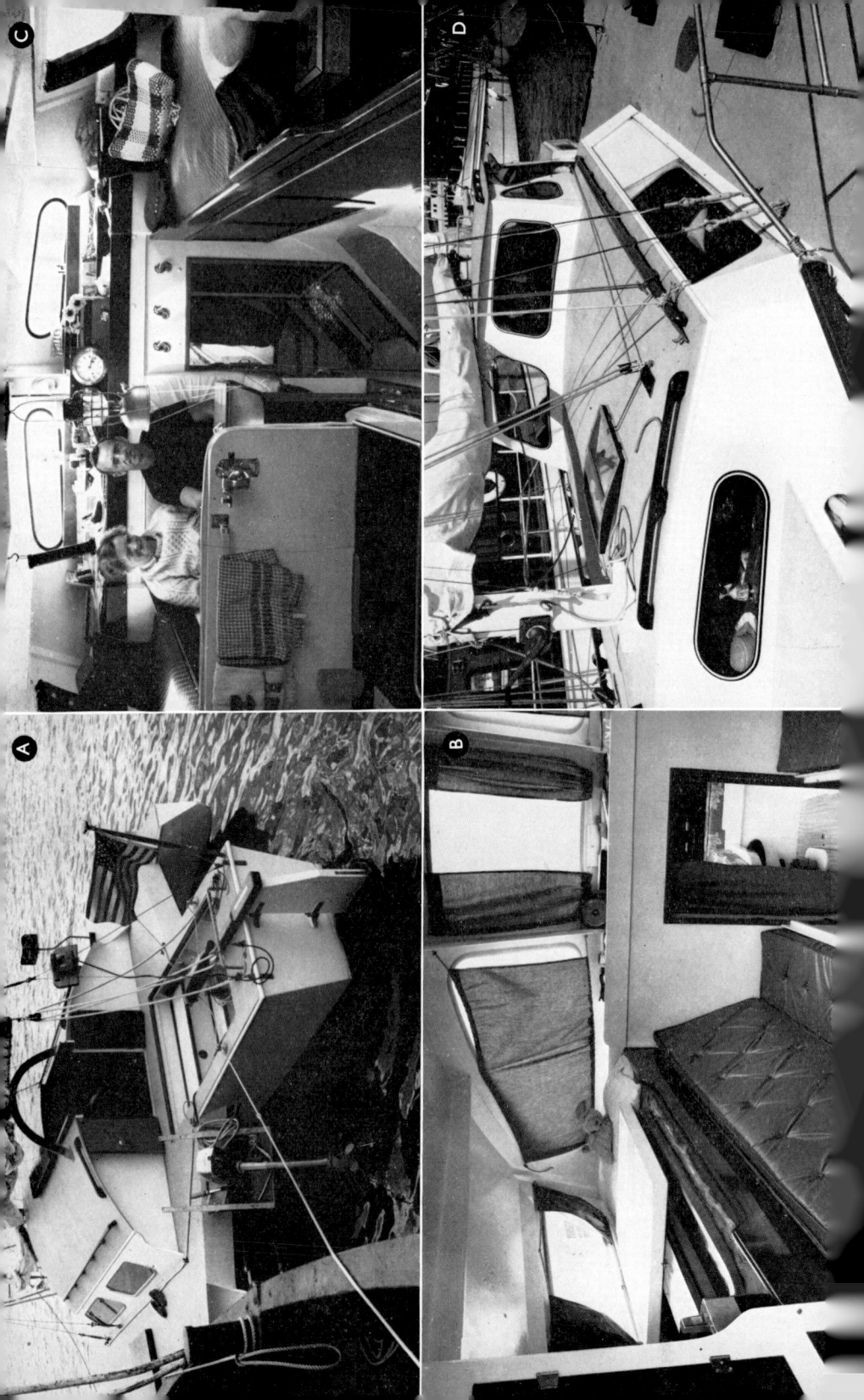

werden. Sie müssen große Öffnungen mit Schraubdeckelverschluß besitzen, um in bestimmten Abständen kontrolliert und gesäubert werden zu können. Ein innen verrosteter Tank muß gründlich von Rost und Ablagerungen befreit und alsdann neu verzinkt, auszementiert oder mit einer Spezialfarbe gemalt werden. Bei weiten Reisen ins Ausland läßt es sich manchmal nicht vermeiden, die Tanks mit Wasser zweifelhafter Herkunft aufzufüllen. In solchen Fällen kann das Wasser desinfiziert werden, indem man auf 50 Gallonen Wasser (= 227 Liter) einen viertel Teelöffel trockenen Chlorkalk hinzusetzt, wodurch der Geschmack noch nicht beeinträchtigt wird. Wahlweise lassen sich auch Wasserreiniger in Tablettenform wie Halazone für den gleichen Zweck verwenden.

Wenn auf einer sehr kleinen Yacht überhaupt kein Platz für den Einbau eines Tanks zur Verfügung steht, muß das Wasser in Plastikflaschen mitgenommen werden, die sich irgendwie überall verstauen lassen, oder es findet sich vielleicht Raum für die Unterbringung einiger Wasserkanister aus verzinktem Eisenblech oder von Kunststoffbehältern mit einem Fassungsvermögen von je 10—15 Liter. Solche Kanister erweisen sich übrigens auf jeder Fahrtenyacht als zweckmäßig, um Wasser von Land zu holen. Unterwegs führt man sie gefüllt als Notreserve mit, für den Fall, daß der Haupttank ein Leck entwickelt. Segeltucheimer zum Wasserholen beanspruchen auch wenn sie leer sind, eine ganze Menge Platz, da sie aus dicker Leinwand gefertigt sind; die überlappenden Säume müssen dreifach mit der kleinstmöglichen Nadel vernäht werden, da sie sonst so stark lecken, daß sie unbrauchbar sind. Messingbeschlagene Eichenholzfässer sind zwar dekorativ, aber schwer von Gewicht, unbequem zu handhaben und platzraubend.

2—2½ Liter Trinkwasser pro Kopf und Tag sind ausreichend, decken aber nicht den Bedarf für Waschzwecke. Außer auf Hochseefahrt sind wohl nur wenige Fahrtensegler bereit, ihren Wasserkonsum auf dieses unbehagliche Minimum zu beschränken. Auf gewöhnlichen Küstenfahrten beträgt der durchschnittliche tägliche Wasserverbrauch etwa 10 Liter pro Kopf; mit ein wenig Sparsamkeit ist es aber durchaus möglich, diese Menge auf 5—7½ Liter zu beschränken, ohne Entbehrungen zu leiden.

Tafel 9
A. Der Trimaran *Thespis* und B. seine Messe, die den zusätzlichen Raum erkennen läßt, den man gewinnen kann, wenn der Kajütsaufbau bis zu den Seitendecks verbreitert wird. C. Die Messe eines größeren Trimarans, von der Kombüse aus aufgenommen, und D. sein Kajütsaufbau und Deckshaus. Die Aufnahme vermittelt auch eine Vorstellung von dem sehr geräumigen Decksplatz auf dieser Art von Yachten, die sich gut und gern als die beliebtesten Fahrtenkreuzer der Zukunft erweisen können. Beide Fahrzeuge wurden von Piver entworfen und sind in amerikanischem Besitz.

Messe und Kartentisch

Auf einer Yacht mit genügend weitem Abstand zwischen den Sitzbänken läßt sich in der Messe ein solide gebauter Tisch mit herunterklappbaren Seiten fest anschrauben (wobei die Bolzen durch den Fußboden gehen und darunter in Halterungen fassen). Er kann auch mit Hilfe eines unter dem Tisch angebrachten Balancegewichtes so konstruiert werden, daß er querschiffs schwingt. Dann muß aber ein Sperrbolzen vorhanden sein, der den Tisch im Hafen feststellt, wo ein Schlingertisch nur Ärger bereitet. Ein fester Tisch mit je nach Größe der Teller und des anderen Geschirrs in richtigen Abständen angebrachten Schlingerleisten, sichert eine Mahlzeit selbst bei erheblicher Schräglage. Die Schlingerleisten müssen allerdings abnehmbar sein, da der Tisch sonst nicht für Schreib- und Kartenarbeiten zu benutzen ist. Ein gummiertes Gewebe oder feuchtes Kunststoffleder (Wettex) verhindern ebenfalls weitgehend ein Wegrutschen des Geschirrs.

Das „Dinette" — Arrangement, bei dem der Tisch an der Bordwand befestigt ist, mit den Sitzen nach vorn und achtern — eignet sich nicht für Yachten von weniger als 12 Tonnen, außer wenn es sich um einen sehr flachbodigen Typ handelt. Eine solche Einrichtung sieht zwar sehr reizvoll im Entwurf aus; in der Praxis ist der Platz aber für die Beine durch die Rundung zur Bilge eingeengt, und man kann sich bei Schräglage nur schwer auf den Stühlen halten.

Vor allem auf kleinen Yachten ist es ein recht schwieriges Problem, den Kajütstisch unterzubringen, denn er versperrt den Weg ins Vorschiff und seine Stützen behindern die Beine. Es gibt aber eine ganze Reihe sehr geschickter Tischkonstruktionen für große wie für kleine Yachten, die auf diese oder jene Weise versuchen, das Problem zu lösen. Da gibt es Tische, die — wenn nicht in Gebrauch — flach in eine Vertiefung im Fußboden herunterklappen; andere gleiten auf Schienen, so daß sie sich nach vorn oder achtern schieben lassen; wieder andere hängen in Scharnieren an einer Schottwand, gegen die sie sich flach hochklappen lassen und haben manchmal sogar in der Tischfläche eine Vertiefung, in der Seekarten untergebracht werden können. Es gibt auch eine Konstruktion, bei der der Tisch auf einem einzigen festen Bein aus Bronze steht, um das er sich frei drehen kann; stößt man im Vorbeigehen dagegen, passiert man ihn ähnlich wie ein Drehkreuz.

Karten bilden einen wesentlichen Bestandteil jeder Yachtausrüstung. Sie dürfen nie zusammengerollt aufbewahrt werden, denn sie entrollen sich dann nur schwer und werden unhandlich im Gebrauch. Eine auf die übliche Weise zusammengefaltete englische Admiralitätskarte mißt 71 x 51 cm; für diese Größe muß irgendwo Stauraum geschaffen werden. Die ideale Lösung ist, die Karten in Schubladen unter dem Kartentisch aufzubewahren (Tafel 8 A). Diese Schubladen müssen sich von selbst blockieren. Hineingeschoben fallen sie in eine Vertiefung an der Vorderkante beider Gleitschienen und lassen sich nicht wieder öffnen, ohne angehoben zu werden. Ist jedoch kein Raum für Schubladen vorhanden, ist es vielleicht möglich, einen Kartenkasten so zu konstruieren, daß er gleichzeitig als Rückenlehne einer der Sitzbänke dient. Um die Karten zu entnehmen, wird die Rückenlehne heruntergeklappt. Sonst müssen die Karten unter den Polstern der Sitzbänke verstaut werden. Der ideale Kartentisch für die Arbeit an den Admiralitätskarten müßte 71 x 102 cm messen, so daß sich auch die größte Karte ausbreiten läßt; Kartentische dieser Größe findet man aber nur selten. Eingebaute Hundekojen in der Nähe des Niedergangs bieten die Möglichkeit, einen in Scharnieren befestigten Kartentisch darauf herunterzuklappen. Die Karten der Y-Serie messen nur 51 x 38 cm und sind daher auf kleinen Fahrzeugen bequemer zu handhaben; sie beschränken sich aber nur auf bestimmte Gebiete.

Beleuchtung und Heizung

Tageslicht gelangt in das Innere einer Yacht durch Oberlichter im Deck oder Kajütsdach, durch Bullaugen in der Bordwand oder in den Seitenwänden des Kajütsaufbaus, durch die Fenster des Deckshauses oder durch Decksprismen. Da alle diese Lichtquellen, mit Ausnahme der Prismengläser, zum Öffnen eingerichtet werden können, spielen sie ebenfalls eine Rolle im Lüftungssystem. Ein Flachdecker ist auf ein Skylight (Scheinleit) angewiesen, das auf See aber meist vom Beiboot verdeckt wird, gewöhnlich leckt und als Entlüfter ziemlich wertlos ist, da es bei schlechtem Wetter geschlossen bleiben muß. Auf der anderen Seite läßt sich ein Skylight durchaus wasserdicht machen, wenn man die Sülls nach demselben Prinzip konstruiert wie das doppelte Vorluk in Abb. 12 oder wenn man die Öffnungsklappen fest auf eine Gummidichtung preßt. Wenn beides nicht durchführbar ist, müssen die Oberlichter bei schlechtem Wetter mit Persenning- oder Plastiküberzügen abgedeckt werden. Um zu verhindern, daß das Wasser zwischen Süllbord und Überzug hochsteigt, muß das Süll 3—5 cm über Deck ringsherum eine schmale Holzleiste tragen; wenn dann das im Saum des Überzugs eingenähte Bändsel dichtgezogen wird, liegt der Überzug fest zwischen Holzleiste und Deck an. Bullaugen in der Bordwand sind schön zu haben, weil sie dem Licht seitlichen Einfall gewähren und man herausschauen kann, ohne aufstehen zu müssen. Sind sie aber zum Öffnen eingerichtet, besteht immer die Gefahr, daß man vergißt, sie vorm Auslaufen zu schließen. Sie müssen mit Seeschlagblenden versehen sein, Klappen aus Metall, die fest darauf geschraubt werden können für den Fall, daß das Glas einmal zerbricht.

Bullaugen bewähren sich dagegen ausgezeichnet als Öffnungen in den Seitenwänden des Kajütsaufbaus, wo man sie auf der Leeseite häufig auch bei Regenwetter zwecks besserer Durchlüftung offenlassen kann, ohne daß Feuchtigkeit nach innen gelangt. Die Gummipackungen, auf denen die Rahmen der Bullaugen schließen, sind durchweg viel zu hart. Infolgedessen verbiegt der Messingrahmen, wenn man ihn fest anschraubt, und fängt später an zu lecken. Besser ist es, die ursprüngliche Packung durch weichen Schaumgummi zu ersetzen, den man in Streifen verschiedener Breite und Dicke kaufen und mit Bostik-Klebstoff fest anbringen kann. Da sich am Glas Kondenswasser bildet, muß sich unter jedem Bullauge ein Tropfenfänger befinden; ein umgekehrter Schubladengriff unter jedem Bullauge erfüllt den Zweck, aber besser sind muldenförmig ausgekehlte Handleisten in der ganzen Länge des Kajütsaufbaus. Angesammeltes Wasser läßt sich bei ihnen mühelos mit einem Schwammtuch abnehmen. Von Abflußlöchern durch die Seitenwände des Aufbaus ist besser abzusehen, damit nicht eine von Luv überkommende See ihr Wasser hindurchpreßt. Zweifellos werden noch weitere Lichtquellen benötigt, die sich durch flach ins Deck oder Kajütsdach eingelassene Gläser in beliebiger Anzahl schaffen lassen. Prismengläser erzeugen mehr Licht als gewöhnliches Glas, ragen aber mehrere Zentimeter in den Innenraum, so daß sie sich nicht ohne weiteres da verwenden lassen, wo die Stehhöhe beschränkt ist. Bei Linsengläsern besteht Feuergefahr, wenn man auf einer stilliegenden Yacht irgendwelche brennbaren Gegenstände in ihrem Brennpunkt liegen läßt. Übrigens ist Glas schlüpfrig und bietet keinen Fußhalt.

Eine im traditionellen Yachtstil mit poliertem französischem Ahornholz oder Holzfüllungen in Teak- oder Mahagonirahmen ausgestattete Einrichtung ist bestimmt brauchbar und hübsch; aber viel lichter ist eine in Emailleweiß oder Mattgelb gestrichene Messe, die sehr reizvoll aussehen kann. Handleisten, Türpfosten, Kojenkanten und Seitenborte, kurz, alles, was viel angefaßt wird und leicht Fingerspuren und Abnutzungserscheinungen zeigt, sollte dagegen aus lackiertem oder poliertem Hartholz bestehen. Wer den Glanzeffekt des Emaillelacks nicht schätzt, kann die Flächen mattieren lassen.

Die meisten neuen Yachten sind für elektrische Beleuchtung eingerichtet; den Strom liefert eine 6- *) oder 12-Volt-Batterie, die entweder durch den Hilfsmotor oder ein besonderes Stromaggregat aufgeladen wird. Ist die Installation sorgfältig vorgenommen worden und sind alle Schalter, Anschlußdosen usw. feuchtigkeitssicher, bietet Elektrizität die

---

*) 6-V-Batterien sind auf Booten nicht zu empfehlen, am besten ist eine 24-V-Anlage.

bequemste Art der Beleuchtung. Wenn man die Maschine aber während der Fahrt nicht beträchtliche Zeit mitlaufen läßt, muß sie im Hafen angestellt werden, um die Batterien wieder aufzuladen. Der Lärm kann dann für den Eigner und seine Freunde eine Quelle des Ärgernisses werden. Während sie jedenfalls den Vorteil des so gewonnenen Stroms genießen können, zerstört der Lärm, vor allem in stillen Nächten, den Frieden jeden Ankerplatzes für alle in Hörweite liegenden Yachten — eine selbstsüchtige Störung, die, anderen zuzumuten, niemand das Recht hat. In dem Bewußtsein, daß die Batterien früher oder später wieder aufgeladen werden müssen, herrscht daher gewöhnlich auf Yachten mit elektrischer Beleuchtung äußerste Sparsamkeit, es sei denn, man verfüge über ein eigenes Ladeaggregat.

Soll die Messe abends zu dem freundlichen, behaglichen Wohnraum werden, den man sich wünscht, braucht man gute und ausreichende Beleuchtung, eine Forderung, die Petroleumlampen weitgehend erfüllen. Petroleumdochtlampen können eigentlich nie länger als einen kurzen Augenblick ausfallen, solange man Lampenzylinder in Reserve hält, aber sie sind empfindlich gegen Zug und müssen kardanisch aufgehängt sein, um stets aufrecht zu brennen. Sobald die Flamme gleichmäßig brennt (um das zu erreichen, muß ein breites Dochtende leicht nach innen, ein schmales leicht nach außen gewölbt sein), darf der Docht nicht mehr mit der Schere beschnitten werden; es genügt, die Kohle mit einem Lappen abzuwischen. Ein zusammengedrehtes Stück Zeitungspapier eignet sich vorzüglich als Lampenreiniger.

Eine Petroleum-Gaslichtlampe wie die Tilley gibt ein sehr viel helleres Licht und ist unempfindlich gegen Zugluft. Sie arbeitet nach dem Prinzip des Primuskochers, muß also vor dem Anstecken mit Spiritus vorgewärmt werden. Die blaue Flamme des Brenners erhitzt einen Glühstrumpf, der ein intensiv weißes Licht und ziemlich starke Hitze erzeugt, so daß die Lampe nicht unmittelbar unter der Decke aufgehängt werden darf. Ebenso kann Propangas für Beleuchtungszwecke verwendet werden. Auch hier wird ein Glühstrumpf benutzt, und das erzeugte Licht ist strahlend hell von leicht grünlicher Färbung *).

Auch während der Sommermonate ist es unter Umständen wünschenswert, unter Deck heizen und nasse Kleider oder andere Gegenstände trocknen zu können, aber im Herbst, Winter oder Frühling ist eine Heizung unumgänglich. Petroleumöfen sind trotz der großen Hitze, die sie ausstrahlen, nicht geeignet; sie verbrauchen in dem engen Raum zu viel

---

*) Ein strahlend helles Glühstrumpflicht gibt auch die Aladdin-Lampe, die den
   Vorteil hat, ohne Druck zu arbeiten und daher geräuschlos ist.

Sauerstoff und verursachen Kondensation. Ein solider, feste Brennstoffe verarbeitender Ofen entlüftet, trocknet und heizt zu gleicher Zeit, indem er frische Luft hereinzieht und die verbrauchte Luft durch den Schornstein entweichen läßt.

Es gibt mehrere Ofentypen, die feste Brennstoffe verbrauchen und sich für Verwendung auf Yachten eignen. Der offene Kamin — gewöhnlich an einer Schottwand angebracht, in die man eine Öffnung hineingeschnitten hat, so daß der Feuerkasten in den anschließenden Raum hineinragt — beansprucht sehr wenig Platz und beheizt zwei Räume zu gleicher Zeit. Stellt man Trockenständer im Rücken des Feuerkastens auf, so können nasse Kleider aus der Messe verschwinden und da trocknen, wo man sie nicht sieht. Leider beansprucht ein offenes Feuer dauernde Wartung, um in Gang zu bleiben, und es verbrennt nur ungern Anthrazit oder andere rauchlose Brennstoffe, so daß im allgemeinen geschlossene Öfen (Tafel 4) als praktischer gelten, obgleich sie etwas mehr Raum einnehmen.

Ein feste Brennstoffe verbrennender Ofen braucht auf einer Yacht keineswegs mehr Schmutz zu verursachen als zu Hause. Man bewahrt das Brennmaterial in einem mit Plastik, Kupfer oder verzinktem Blech ausgeschlagenen Verschlag oder in einem Kasten in der Bilge in der Nähe des Ofens auf; zur Bedienung des Ofens eignet sich ein alter Lederhandschuh unter Umständen besser als eine Schaufel. Auf Petroleum sollte man zum Anmachen des Feuers lieber verzichten, denn es hinterläßt schwarze, ölige Rußflecken, die schwer zu entfernen sind. Wenn das Anmachholz nur trocken und klein genug geschlagen ist, kann man auch damit auskommen.

Besonders praktisch sind auch Dieselöl verbrennende Öfen, da dies auf den meisten Yachten sowieso verfügbar ist. Es gibt solche Öfen, die für Wohnwagen entwickelt wurden, bei denen das Dieselöl über einen Docht verdampft wird und Heizungen, bei denen das Dieselöl in Brennkammern eingespritzt wird und bei denen die erzeugte Warmluft durch Luftschläuche in alle Räume des Bootes transportiert werden kann (Webasto, Eberspächer).

Kupfer ist das beste Material für das Schornsteinrohr, denn verzinktes Eisenblech zersetzt sich durch den Rauch. Asbest isoliert und vergeudet daher Wärme. Trotzdem kann es sich als notwendig erweisen, Asbest zu verwenden oder ein kupfernes Abzugsrohr mit Asbeststreifen zu bekleiden, um den Zug zu verstärken, wenn der Feuerraum nur klein ist. Die Decksfassung muß gut isoliert werden; Fassungen mit einer Wassermanschette zur Kühlung sind für Segelyachten ungeeignet, da das Wasser beim Überliegen ausläuft. Der Schornsteinteil über Deck ist gewöhnlich abnehmbar; wenn das Feuer angemacht wird, schraubt man den Schornstein in einen Lochbeschlag im Deck. Um die nach unten gerichteten Abwinde von den Segeln auszuschalten, ist es am besten, das Schornsteinrohr mit einem Kniestück zu versehen, das man herumschwenken kann, so daß es auf jedem Bug die entsprechend gleiche Stellung gegenüber den Segeln einnimmt. Ein glatt abschließender Schraubdeckel tritt an Stelle des Ofenrohrs und verschließt das Schornsteinloch, wenn der Ofen nicht in Betrieb ist. Es gibt viele Arten von Schornsteinhauben; wenn aber Abwinde weder von den Segeln noch von einer Kaimauer, an der die Yacht vielleicht gerade liegt, zu befürchten sind, zieht ein einfacher, offener Schornstein ohne Haube am besten.

Sanitäre Einrichtungen

Auf eine Yacht mit Mitseglern beiderlei Geschlechts gehört ein Pumpklosett, dessen Gewicht und Raumbeanspruchung auf einer sehr kleinen Yacht allerdings nachteilig sind. Solange die Besatzung sich nur aus einem Geschlecht zusammensetzt, genügt vollkommen eine Pütz, die man vor Gebrauch halb mit Seewasser füllt. Man kann den Eimer in einen Kasten für sich einbauen und mit einem bequemen Klappdeckel versehen.

Das mechanische, unterhalb der Wasserlinie gelegene WC ist praktisch und zuverlässig, solange es sorgfältig behandelt wird. Peinlich sauber gehalten, verbreitet es keinen Geruch; die Stopfbuchsen der Pumpe und die Ventile müssen genau eingestellt werden, um nicht zu lecken. Trotzdem ist es ratsam, das ganze WC in eine Schale aus Messing oder Kupfer zu stellen. Alle Fremdkörper wie Haare, Streichhölzer, Bindfäden und Wattereste sind imstande, die Entleerungspumpe außer Betrieb zu setzen, weil sie die Ventile sperren. Salzwasser ist, reichlich angewendet, ein ausgezeichnetes Desinfektionsmittel; infolgedessen sollte das Becken nach Gebrauch mehrfach durchgespült werden. Die bei Außerdienststellung übliche Methode, Petroleum oder Schmieröl in das WC zu gießen, mag Leder ausgezeichnet konservieren, darf aber nicht angewandt werden, wenn die Ventilflächen (wie es bei den neuesten Modellen der Fall ist) aus vulkanisiertem Gummi bestehen, das dadurch zerstört wird.

Man kann verschiedener Meinung darüber sein, an welcher Stelle im Schiff ein WC seinen besten Platz hat. Ich finde, es ist Raumverschwendung, eine täglich nur wenige Minuten lang benötigte Einrichtung mittschiffs unterzubringen, wo die Bewegung am geringsten und der Fußbodenraum am breitesten ist. Ich gebe aber zu, daß auf Yachten, auf denen Messe und Kajüte beide zum Schlafen benutzt werden, die Lage dazwischen gewisse Vorteile bietet. Viele Fahrtensegler haben das WC ungern in einem abgeschlossenen, engen, schlecht zu durchlüftenden und sauberzuhaltenden Raum stehen, sondern ziehen eine Aufstellung im

Vorschiff vor, wo das Vorluk selbst auf kleinsten Yachten die erforderliche Sitzhöhe von einem Meter gewährleistet.

Lüftung

Mangel an frischer Luft ist eine der Hauptursachen von Rotfäule; daher ist eine umfassende Ventilation von entscheidender Bedeutung für den guten Zustand einer Yacht. Darüber hinaus ist es wohl nicht überall bekannt, daß ein Petroleumofen so viel Sauerstoff verbraucht oder ein Ofen für feste Brennstoffe so viel unsichtbares, geruchloses Kohlenoxydgas abgibt, daß eine unbelüftete Yacht zur Totenkammer wird. Kerzen oder Dochtlampen beginnen bei Sauerstoffmangel zu flackern und gehen schließlich ganz aus.

Die natürliche Lüftung (im Gegensatz zur künstlichen durch elektrische Ventilatoren, die sich nur auf ganz großen Yachten finden) beruht auf dem folgenden Vorgang: Warme Luft steigt, kalte Luft sinkt, und wenn eine Öffnung auf ihrer Windseite einen Windschutz trägt, bildet der darüber hinwegströmende Wind ein Teilvakuum, das Luft aus der Öffnung heraussaugt. Auf den meisten Yachten ist das Vorluk über die vordere Kante aufklappbar, so daß es halbgeöffnet als Entlüfter wirkt, wenn die Yacht mit dem Kopf im Wind liegt. Seitenklappen am Luk verstärken noch den Effekt. Frische Luft wird daher durch die Yacht hindurch von achtern her angesogen, wo sie durch den Niedergang einströmen kann. Weht der Wind von achtern, so kann sich die Luftströmung im Innern der Yacht unter Umständen umkehren, was aber nur selten der Fall ist.

Ein Durchzug frischer Luft bedeutet aber noch keineswegs eine gründliche Entlüftung, da es Winkel und Ecken genug gibt, in denen die Luft stehenbleibt und die nicht vom Durchzug erfaßt werden. Diese Stellen bedürfen zu ihrer Belüftung besonderer Vorrichtungen, da sie meist hinter der Wegerung, in der Bilge, am Bug oder am Heck liegen. In die Wegerung müssen ganz oben und ganz unten zahlreiche Luftlöcher durchgebohrt werden; noch besser ist es, wenn die Wegerung 3—5 cm unterhalb des Decks und entsprechend über dem Fußboden abschließt. Wenn dann die Bordwände und gleichzeitig auch die Luft zwischen Bordwand und Wegerung von der Sonne erwärmt werden, steigt die Luft empor und saugt die kalte Luft aus dem Schiffsboden nach oben. Ist die Luft dagegen wärmer als das Wasser und es scheint keine Sonne, so kühlt sie ab und sinkt, wobei sie Luft von oben mitnimmt. Auf diese Weise bewirkt ein durch Sonne, Wind, See oder auch durch einen Ofen hervorgerufener Temperaturwechsel, daß die Luft hinter der Wegerung kreist und sich mit der von achtern nach vorn gerichteten Luftströmung vermischt. Wird die Wegerung bis unterhalb der Fußbodenbretter herunter-

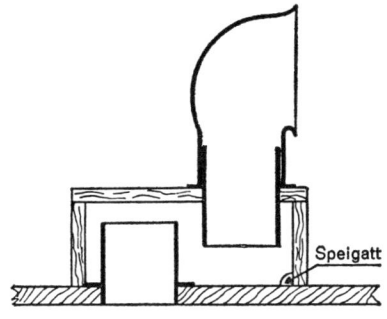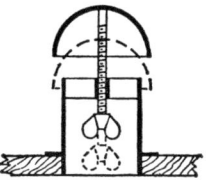

Abb. 13 — Entlüfter
Links, wasserdichter Entlüfter oder Dorade-Typ; rechts, Pilzentlüfter

gezogen und schließen Wegerung und Fußboden eng zusammen, so wird die Bilge in diese Entlüftung mit eingeschlossen. Da aber eine solche Anordnung die Fußbodenbreite beschränkt, findet man sie nur selten auf kleinen Yachten, auf denen dann die Bilge an jedem Ende mit einer Gräting unterhalb der Luken versehen werden sollte, durch welche die Luft zirkulieren kann. Alle umschlossenen Räumlichkeiten, wie Wandschränke und Spinde, müssen oben und unten mit Ventilationslöchern versehen werden.

Auch für gute Entlüftung bei schlechtem Wetter muß ausreichend Vorsorge getroffen werden, oder wenn die Yacht ohne Aufsicht an der Boje liegt und Oberlichter, Luken und Bullaugen geschlossen bleiben müssen. Als sehr wirksam erweist sich hierfür der gewöhnliche Drucklüfter. Wird einer vorn an Deck und ein zweiter ganz achtern so aufgestellt, daß ihre Öffnungen in entgegengesetzte Richtungen weisen, so fungiert der eine als Entlüfter und der andere als Einströmungsöffnung. Ein Ventilator ist aber wertlos, wenn er bei schlechtem Wetter zugestopft werden muß, um das Eindringen von Regen oder Gischtwasser zu verhindern, denn gerade unter solchen Verhältnissen ist die Besatzung einer Yacht am meisten auf gute Durchlüftung angewiesen.

Der einfache, in Abb. 13, links, dargestellte wasserdichte Entlüfter ist vermutlich nicht schlechter als jeder andere und allgemein als Dorade-Typ bekannt, weil er zuerst durch die amerikanische Yacht gleichen Namens weithin bekannt wurde. Der Entlüfterkopf steht auf dem einen Ende eines Kastens auf Deck oder Kajütsdach; der Kasten hat auf beiden Seiten Speigatten, um das eingedrungene Wasser ablaufen zu lassen. Am anderen Ende bedeckt der Kasten ein senkrechtes Rohr, das die Luft durch das Deck nach innen leitet. Ein solcher Kasten wird am zweckmäßigsten längsschiffs angebracht und läßt sich oft konstruktiv mit Luken, Oberlichtern oder anderen Decksaufbauten verbinden. Auf einigen Yachten *(Cardhu* — Tafel 33 F und Abb. 39) erscheint der Deckel des wasserdichten Kastens in Form einer kleinen dreieckigen Deckserhöhung ganz vorn am Bug zwischen den Schanzkleidern; die Luft tritt dann nicht durch einen Lüfterkopf ein, sondern durch Löcher im Schanzkleid. Da bei dem *Dorade*-Typ stets etwas Luft durch die Speigatten entweicht, wodurch die Wirksamkeit dieses Entlüfters leidet, kann man Propfen in Bereitschaft halten, um die Speigatten bei gutem Wetter zu verstopfen. Diese Maßnahme widerspricht freilich dem Zweck, für den dieser Entlüftungstyp entworfen wurde, nämlich seiner Verwendung gerade bei schlechtem Wetter; wenn wirklich Gefahr besteht, daß Wasser seinen Weg nach unten findet, muß der Entlüfterkopf mit dem Rücken zum Wind gedreht werden, um dann als Ansauglüfter zu dienen.

Der Pilzentlüfter (Abb. 13, rechts) ist, solange er nicht zu weit aufgeschraubt wird, regen- und sprühwasserdicht, hält aber massive Wassermengen nicht ab. Vorn und achtern angebracht, bewährt er sich vor allem im Hafen und bei gutem Wetter als zusätzliche Entlüftung für WC und Kombüse. Im besten Fall dient er also lediglich zur Ergänzung der Gesamtentlüftung, die mit Hilfe von wasserdichten Ventilatoren nach einem genau überlegten System unter allen Wetterverhältnissen funktionieren muß und sich z. B. mit Rauch auf ihre Wirksamkeit nachkontrollieren läßt.

4

DIE TAKELAGE

Gaffel- und Hochtakelung — Slup — Kutter — Yawl — Ketsch — Schoner — Weitere Takelungsarten

Es ist leicht verständlich, daß ein Wind, der von achtern auf ein Segel bläst, imstande ist, den hemmenden Einfluß des Wassers auf den Rumpf zu überwinden und das Fahrzeug vorwärtszutreiben; dagegen ist es weniger klar, wieso ein Schiff bei seitlichen oder vorlich einkommenden Winden Fahrt voraus machen kann.

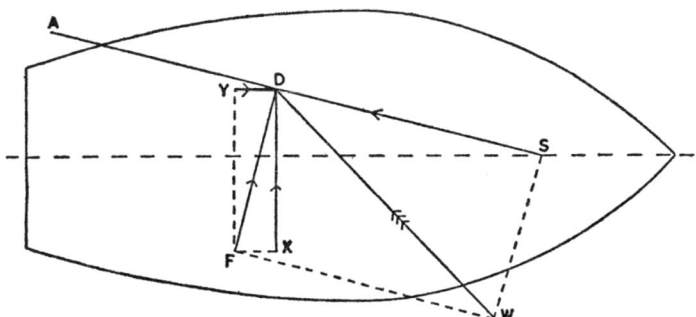

Abb. 14 — Parallelogramm der Kräfte: Wirkung des Windes auf ein dichtgeholtes Segel

Wir wollen für einen Augenblick annehmen, daß das Segel flach wie ein Brett ist und sich nicht von vorn nach achtern wölbt, wie es in Wirklichkeit der Fall ist. Abb. 14 zeigt ein kleines Boot mit einem einzigen, dichtgeholten Segel auf Backbordbug. SA stellt das Segel und WD die Stärke und Richtung des Windes dar, der von voraus in einem Winkel von 45 Grad zur Mittschiffsrichtung des Bootes einfällt. Nach dem Parallelogramm der Kräfte läßt sich die Windstärke WD in die beiden Kräfte FD und SD zerlegen. Die Kraft SD, die am Segel entlangstreift, ist wertlos; wir wollen sie außer acht lassen, obgleich man sagen könnte, daß sie infolge des Reibungswiderstandes am Segel die Fahrt voraus sogar ein klein wenig behindert. Übrig bleibt die Kraft FD, die unter einem

91

Winkel von 90 Grad auf das Segel einwirkt. Wenn wir auch diese Kraft in ihre Komponenten, bezogen auf die Mittschiffsrichtung des betreffenden Bootes zerlegen, finden wir XD, eine Kraft, die ihre Energie verbraucht, indem sie das Boot krängt und leewärts treibt, und die viel kleinere Kraft YD, die alles das darstellt, was von der ursprünglichen Windkraft, die das Boot vorantreiben sollte, übrigbleibt. Besäße das Boot keinen Lateralwiderstand im Wasser, so würde es durch die Kraft FD weiter nach Lee gedrängt als durch die Kraft YD vorausgetrieben werden. Da man Segelboote oder -yachten aber mit dem Ziel entwirft, der Lateralbewegung großen, aber der Vorwärtsbewegung den geringsten Widerstand entgegenzusetzen, macht das Fahrzeug Fahrt voraus und treibt nur ganz wenig nach Lee ab.

Glücklicherweise hängt eine Yacht nicht ausschließlich von dem Druck des Windes auf die windwärts gerichtete Segelfläche ab, denn der voraustreibende Effekt dieser Windkraft ist nur gering. Ein gut geschnittenes Segel verläuft von vorn nach achtern in einer parabelförmigen Wölbung, die mit einer ziemlich scharfen Kurve am Vorliek beginnt und sich zum Achterliek hin langsam verflacht; der Kurvenverlauf erinnert daher an die Flügeloberfläche eines Vogels oder Flugzeugs.

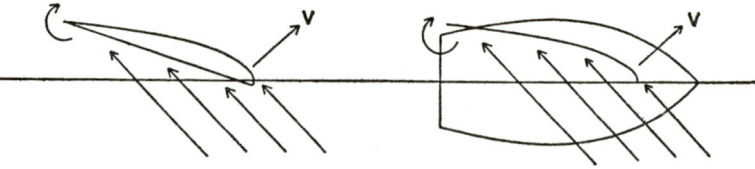

Abb. 15 — Das durch den Wind an der Anschnittkante eines Flugzeugflügels verursachte Teilvakuum (Unterdruck), links, und der gleiche Vorgang bei einem dichtgeholten Segel (rechts)

Die aus dem Flugzeugbau gewonnenen Erkenntnisse haben gezeigt, daß der einen Flügel im spitzen Winkel treffende Wind dadurch, daß er vorn über einen Wulst oder eine Schnittkante strömt, an dieser Stelle ein Teilvakuum hervorruft, wie es auf der linken Seite der Abb. 15 mit dem durch V gekennzeichneten Pfeil angedeutet wird. Dieses Vakuum bewirkt, daß der Flügel aufwärts und vorwärts gezogen wird. Ein ähnliches Vakuum wird vom Wind am Vorliek eines vorschriftsmäßig geschnittenen Segels (s. Abb. 15 rechts) gebildet. Da ein Segel aber keine horizontale, sondern eine vertikale Fläche bildet, bewirkt das Vakuum hier, daß die Yacht nicht gehoben, sondern vorwärtsgezogen wird. Es wird behauptet, daß dieser Vakuum-Effekt viel größer sei als die Kraft des auf die Luvseite des Segels gerichteten Winddrucks. Dabei bedarf es aber der Erwähnung, daß die meisten Forschungsarbeiten an doppelseitigen Tragflügeln vorgenommen worden sind, also an starren Flügeln, während die Kurve eines Segels nicht starr ist, sondern sich je nach dem Zuschnitt des Segels und der Richtung des Windes ändert. Trotzdem sind einige wesentliche Erkenntnisse, die sich auch auf Segel anwenden lassen, ursprünglich in der Flugzeugforschung gewonnen worden.

Die meisten Forschungsergebnisse konzentrieren sich auf die Schnittkante, also das Vorliek des Segels. An dieser Stelle wird von Lee her der stärkste Sog erzeugt, nur daß ein gewisser Teil dieser Kraft wieder durch Wirbel verloren geht, die sich am Mast bilden. Daher kommt es, daß ein fliegend oder an einem Stag gesetztes Segel wirksamer ist als ein Segel, das dicht hinter dem Mast ansetzt.

Wenn sich die Geschwindigkeit des Luftstroms an der Leeseite des Vorlieks beschleunigen ließe, würde sich gleichzeitig auch der dort entstehende Vakuumsog verstärken. Bei einer Yacht wird diese Wirkung durch Setzen eines Vorsegels vor dem Mast erreicht. Außerdem vergrößert ein Vorsegel die Wirkung des Großsegels, indem es einen Teil der Wirbelbildung auf dessen Leeseite ausgleicht, wobei man aber darauf achten muß, daß das Vorsegel nicht zu flach angeschotet wird; sonst wirft es seinen Abwind in das Großsegel und bringt es zum Killen anstatt seine Wirkung zu unterstützen. Um den besten Nutzeffekt zu erzielen, erscheint es offenbar günstig, wenn das Vorsegel das Großsegel bis zu einem gewissen Grade überlappt. Eine starke Überlappung ist jedoch nicht unbedingt ein Vorteil und sollte auf einer Kreuzeryacht vermieden werden, da sie Schwierigkeiten beim Dichtholen der Vorschoten hervorruft und unter Umständen zu einer unerwünschten Verkürzung der Salings zwingen kann. Eine Überlappung in Größe eines Sechstels des Vorsegelunterlieks ist groß genug.

Der Mittelteil eines Segels, der Bauch, ist von geringerer Wirksamkeit als das Vorliek (außer natürlich vor dem Wind), weil sich auf seiner Leeseite ein schwächeres Vakuum bildet und sein Winkel zur Längsschiffsrichtung weniger vorteilhaft ist. Das Achterliek ist noch unwirksamer; nicht nur, daß sich die oben erwähnten Nachteile verschlimmern, sondern es bilden sich auch hinter dem Achterliek — einerlei, wie sorgsam das Segel gearbeitet worden ist — stets Wirbel, die den glatten Abfluß des Windes stören.

Eine zweckmäßig getakelte Yacht von guter Rumpfform kann bei glattem Wasser zwischen 45 Grad und 50 Grad hoch an den wahren Wind gehen. Liegt der Bestimmungsort im Wind, so kann sie das Ziel durch Aufkreuzen erreichen, indem sie sich abwechselnd auf den einen oder anderen Bug legt. Der Winkel zwischen ihren Kreuzschlägen beträgt daher zwischen 90 Grad und 100 Grad. Dabei hat sie natürlich etwas Abtrift. Wieviel, hängt von ihrer Rumpfform, der Fläche ihres Lateralwiderstandes und der Stärke des Windes ab. Eine weitere Komplikation besteht darin, daß sich Stärke und Richtung des wahren Windes während der Fahrt je nach Geschwindigkeit der Yacht ändern, so daß sich die Segelstellung nach dem scheinbaren Winde richten muß, der vorlicher einkommt und eine größere Geschwindigkeit besitzt (s. S. 256/257).

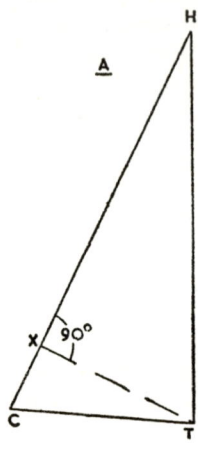

Abb. 16 — Segelflächenbestimmung

Die Segelfläche, die zur Erzielung der Höchstleistung hoch am Wind und bei Vollzeugbrise erforderlich ist, hängt natürlich vom Typ einer Yacht und ihrer Takelungsart ab. Trotzdem läßt sie sich annähernd schätzen, indem man die Länge in der Wasserlinie in Fuß ins Quadrat erhebt, das Ergebnis als Quadratfuß Segelfläche bezeichnet und davon drei Viertel nimmt. Man berechnet in Quadratfuß die Fläche eines dreieckigen Segels, HTC in Abb. 16, indem man das Lot XT von dem Scheitelpunkt des Winkels auf die gegenüberliegende Seite HC füllt und dann CH in Fuß mit 1/2 XT in Fuß multipliziert. Um die Fläche eines viereckigen Segels zu berechnen, teilt man es durch Verbindung zweier gegenüberliegender, beliebiger Scheitelpunkte in zwei Dreiecke, berechnet die Fläche jedes Dreiecks für sich, wie oben angegeben, und zählt die beiden Resultate zusammen. Bei der Flächenberechnung von Schratsegeln, läßt man gewöhnlich die Liekrundungen außer Ansatz und betrachtet die Lieken als gerade Linien.

Der Lateralschwerpunkt einer Yacht ist der Schwerpunkt einer Fläche, deren Umriß dem Unterwasserprofil entspricht, d. h. der Punkt, auf den man seitlichen Druck ausüben müßte, wollte man die Fläche seitwärts bewegen, ohne daß sie anfängt, sich um ihre eigene Achse zu drehen. Im Segelriß wird der Lateralschwerpunkt nach oben projiziert und auf der Konstruktionswasserlinie markiert. Er läßt sich ganz einfach bestimmen, indem man die Form des Unterwasserschiffs aus einem steifen Karton ausschneidet und auf einer Messerspitze balanciert.

Der Segelschwerpunkt ist der Schwerpunkt des gesamten Segelrisses als Flächenfigur. Er wird im Segelriß nach unten projiziert und ebenfalls auf der Konstruktionswasserlinie markiert, wo er erfahrungsgemäß vor den Lateralschwerpunkt zu liegen kommt. Der Abstand zwischen diesen beiden Punkten wird als Voreilung bezeichnet und im allgemeinen in Prozentsätzen der Länge in der Wasserlinie ausgedrückt.

Viele Yachtsegler glauben, daß Segel- und Lateralschwerpunkt die Ausbalancierung einer Yacht unter Segel ganz wesentlich beeinflussen

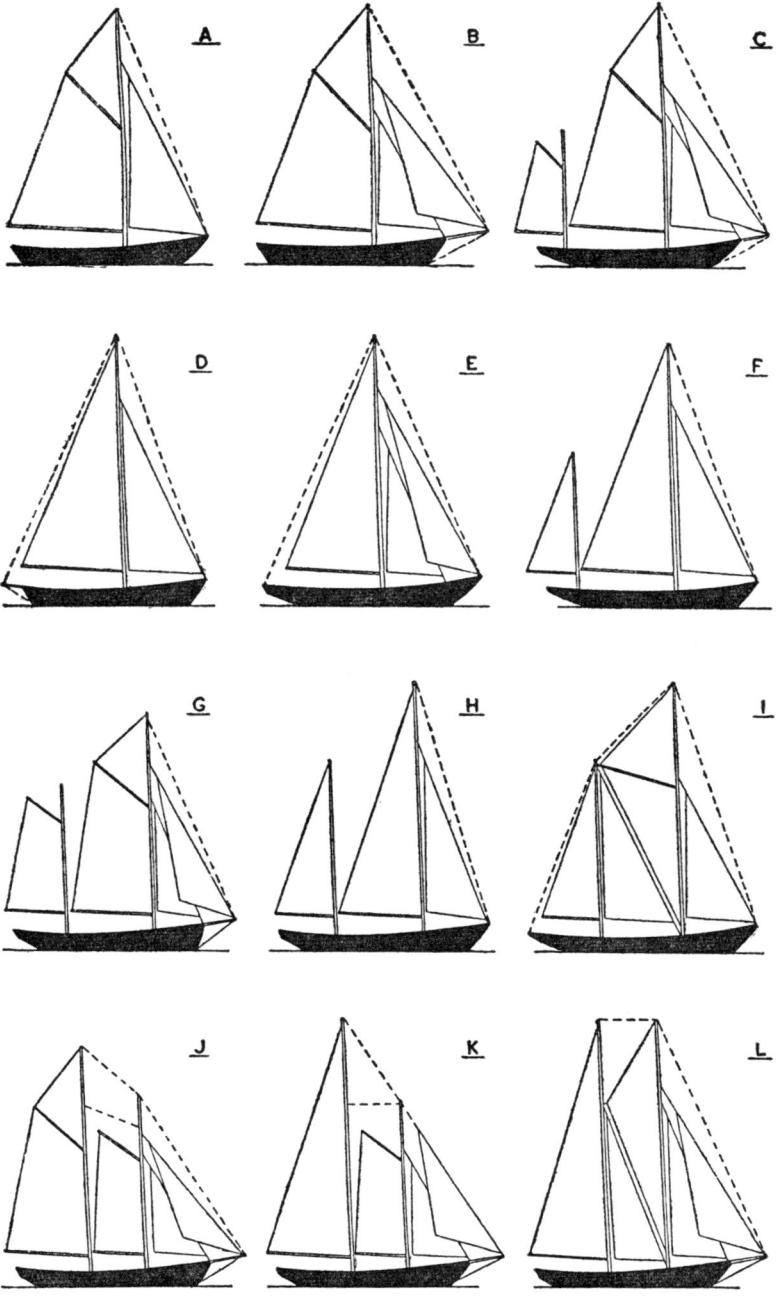

Abb. 17 — Yacht-Takelagen

A: Gaffelslup; B: Gaffelkutter; C: Gaffelyawl; D: Hochgetakelte Slup;
E: Hochgetakelter Kutter; F: Hochgetakelte Yawl; G: Gaffelketsch; H: Hochgetakelte Ketsch; I: Spreizgaffelketsch; J: Gaffelschoner; K: Schoner mit hochgetakeltem Großsegel und gaffelgetakeltem Schonersegel; L: Stagsegelschoner

müßten. Dem Anschein nach tun sie es auch, aber man darf dabei nicht vergessen, daß sich der Lateralschwerpunkt in einem unbekannten Ausmaß verlagert, sobald eine Yacht anfängt, Fahrt durchs Wasser zu machen, und daß sich seine Lage je nach der erreichten Geschwindigkeit ändert. Da die Segel fernerhin weder flach sind noch in der Mittschiffsebene stehen, kann ihr wahrer Schwerpunkt dynamischer Energie unmöglich mit dem errechneten Segelschwerpunkt übereinstimmen, der nur auf geometrischer Konvention beruht.

Gaffel- und Hochtakelung

Alle von Kreuzeryachten üblicherweise verwendeten Vorsegel sind dreieckig, aber Großsegel, Besan und Schonersegel können viereckig oder dreieckig sein. Das viereckige oder Gaffelsegel leitet seinen Namen von der Spiere ab, die das Segel oben vom Mast abspreizt. Das Dreieckssegel besitzt keine Gaffel und wird als Hochsegel, Schafschenkel-, Marconi- oder Bermudasegel bezeichnet. In England entspricht der zuletzt genannte Name dem üblichen Sprachgebrauch. Bei beiden Segeltypen wird das Unterliek durchweg mit Hilfe eines Baums gestreckt; es kommt aber auch vereinzelt vor, daß Yachten ihr Großsegel und den Besan mit losem Unterliek fahren.

Ob sich Gaffel- oder Hochtakelung am besten für eine Kreuzeryacht eignet, ist unter Yachtseglern eines der am heißesten umstrittenen Gesprächsthemen. Daß diese Diskussion jetzt zu Gunsten der Bermudatakelage mehr oder minder abgeschlossen ist, beweist die Tatsache, daß heutzutage kaum noch einer von hundert Neubauten Gaffeltakelage erhält, und daß mehr und mehr gaffelgetakelte Fahrzeuge auf Hochtakelung umgeriggt werden. Da es aber andererseits keinem Zweifel unterliegt, daß die Gaffeltakelage trotzdem und auf lange Zeit hinaus unseren Küstengewässern immer noch Anmut, Charakter und Schönheit verleihen wird, wollen wir nicht darauf verzichten, die Vor- und Nachteile beider Takelungsarten kurz zu untersuchen.

Das Hochsegel ist bei der Fahrt am Wind das wirksamere Segel, denn es besitzt bei gleicher Segelfläche das längere Vorliek, also die längere

---

Tafel 10
A. Segelnadeln, Marlspieker und Handschuhe. *B.* Taklings: *Von links nach rechts:* Einfacher, West-Country und genähter Takling. *Ganz rechts:* ein spanischer Takling. *C.* Reffknoten, darunter ein Kreuzknoten verkehrt (Altweiberknoten). *D.* Achtknoten, darunter Überhandknoten. *E.* Palstek. Der erste Arbeitsgang wird links gezeigt, der fertige Knoten rechts, nur sind die Parten noch nicht zusammengezogen. *F.* Doppelter Schotenstek, darunter der gleiche Knoten unrichtig angelegt. *G.* Webeleinenstek oben, Kuhstek unten.

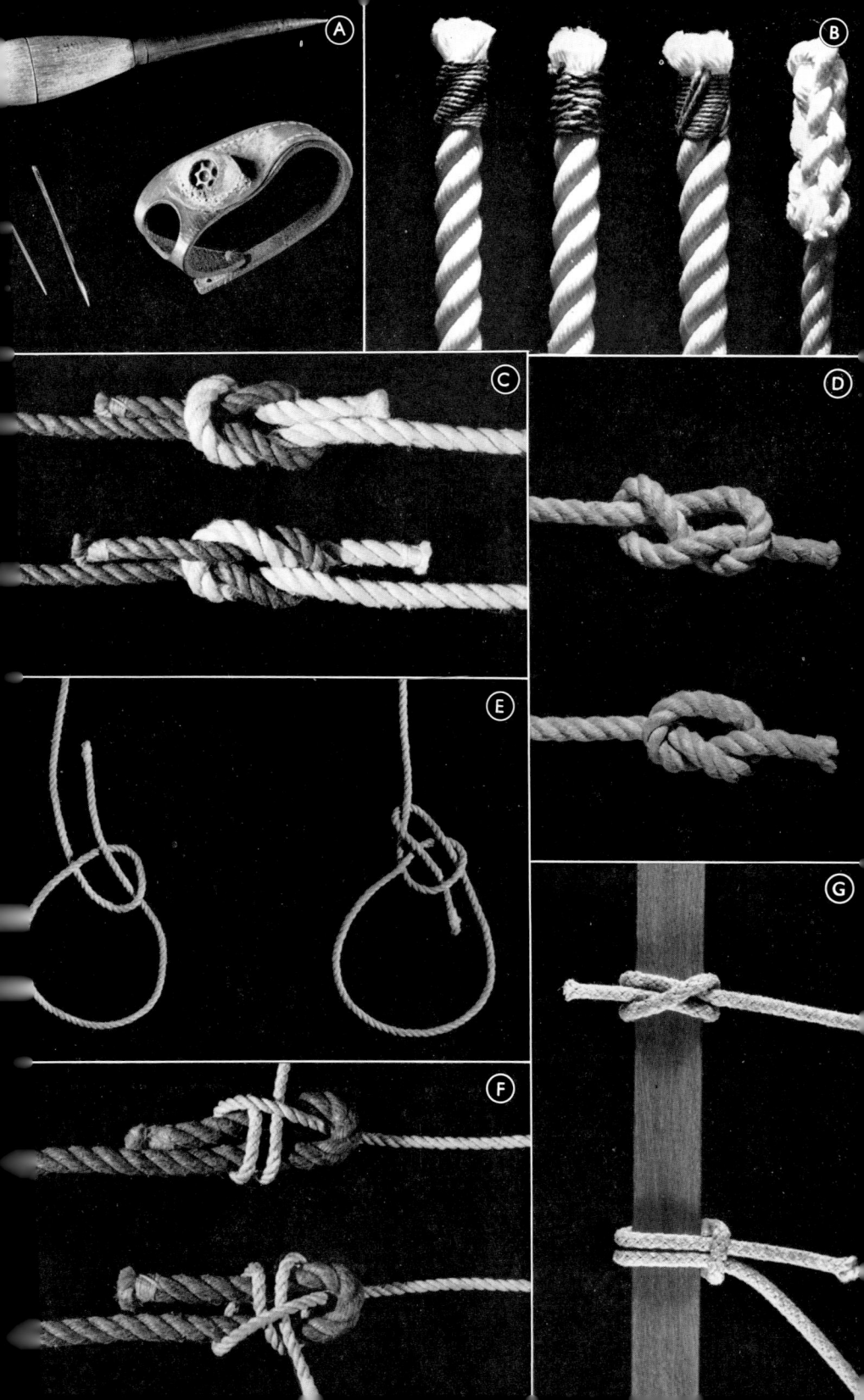

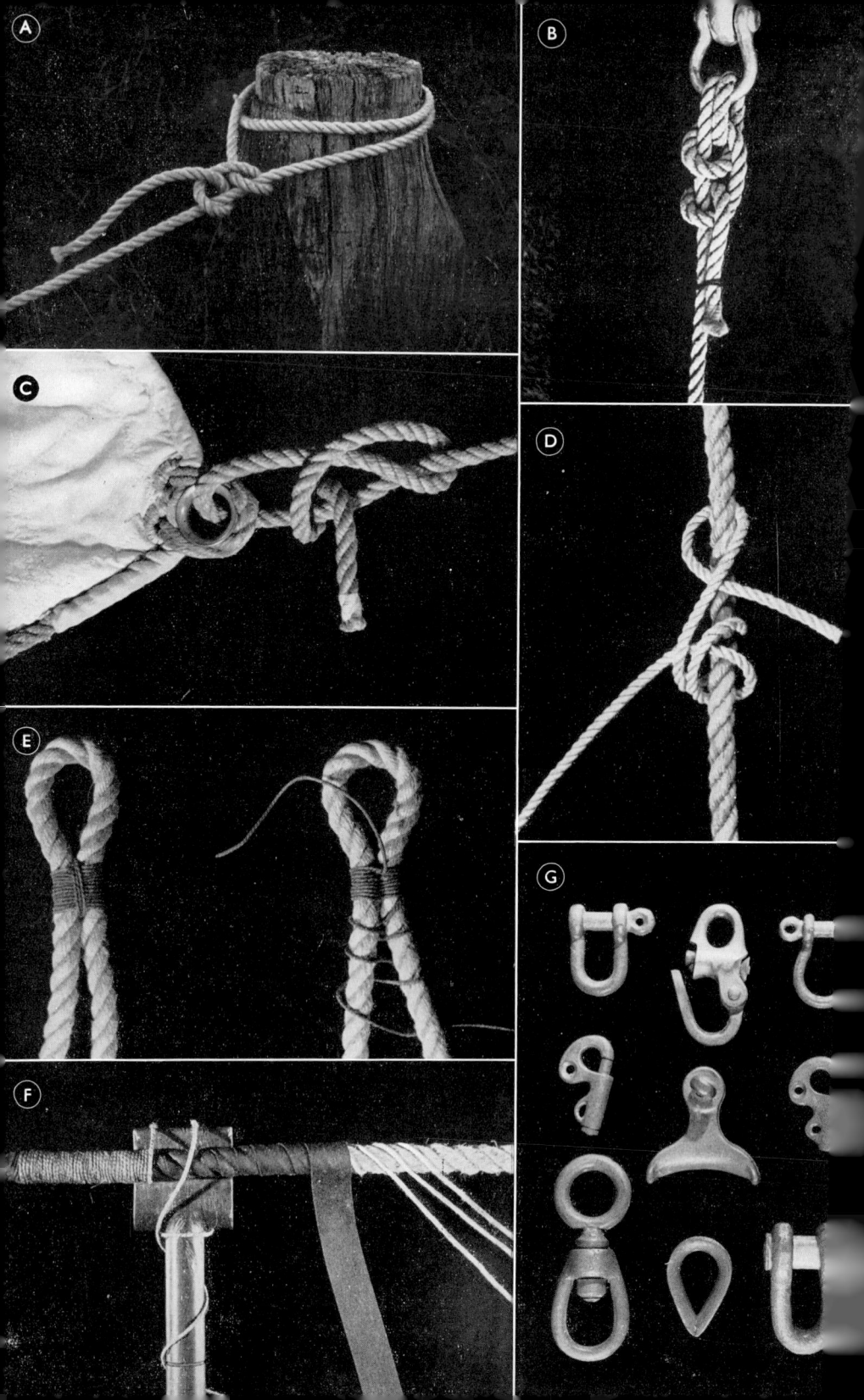

Anschnittskante. Auch stimmen die meisten Ansichten darin überein, daß ein Mast, um den höchsten Nutzeffekt eines Segels zu gewährleisten, gerade stehen muß. Dies kann bei einem Hochsegel erreicht werden, das auf einer Mastschiene läuft und erlaubt, das stehende Gut an jedem Teil des Mastes anzubringen, ohne daß dadurch das Setzen oder Bergen des Segels gestört wird. Bei einem Gaffelsegel kann am Mast kein stehendes Gut unterhalb der Gaffelklau angebracht werden, weil dadurch das Auf- und Abgleiten der Klau unmöglich gemacht würde. Beim Hochsegel wird der Masttop gegen die Beanspruchung nach vorn durch ein festes Achterstag abgestagt, das zum Heck oder zu einem Ausleger am Heck herunterführt. Ein stehendes Achterstag läßt sich auf einer gaffelgetakelten Yacht deshalb nicht anbringen, weil es beim Wenden oder Halsen das Herumschwingen der Gaffel verhindern würde. Da die Hochtakelung nur *ein* Fall anstatt zwei und keine Gaffel benötigt, sind Gewicht und Windfang oben trotz des zwangsläufig höheren Mastes geringer. Auch die Schamfilrisiken vermindern sich beim Hochsegel.

Wird ein gut geschnittenes und richtig gesetztes Toppsegel über dem Großsegel gefahren, so kann auch die Gaffelbesegelung zu recht achtbaren Kreuzeigenschaften beitragen. Sobald aber das Toppsegel geborgen worden ist, verliert die Gaffeltakelage an Leistungsfähigkeit, da dann die Gesamtanschnittskante ganz wesentlich beschränkt wird. Wenn ein Eigner nicht bereit ist, ein Toppsegel zu fahren, gibt es nicht viel zugunsten der Kreuzeigenschaften einer Yacht mit Gaffeltakelage zu sagen. Der Fahrtensegler weiß jedoch, daß seine Yacht nicht immer hoch am Winde segelt. Bei raumen Winden ist das Gaffelsegel niemals weniger, häufig dagegen mehr leistungsfähig als das Bermudasegel; es besitzt ganz offenbar eine stärkere Antriebskraft, wahrscheinlich weil der Kopf des Segels infolge des kürzeren Heissstrecke und bei gleicher Schotenführung weniger nach Lee ausweht. In diesem Zusammenhang muß einmal gesagt werden, daß die Gesamtleistung mancher tüchtiger Schwerdeplacementsyacht durch Umtakelung von Gaffel- auf Hochbesegelung verdorben worden ist, hauptsächlich weil gleichzeitig die Gesamtsegelfläche beträchtlich reduziert werden mußte — eine zwangsläufige Folge, solange die Masten nicht durch höhere ersetzt wurden.

Ein hervorragender Vorzug des Gaffelsegels besteht darin, daß es je-

---

Tafel 11
A. Ein Rundtörn und zwei halbe Schläge. *B.* Roringsstek. *C.* Toppsegelschotenstek. *D.* Stopperstek. *E.* Rundbändsel links, Kreuzzurring rechts mit Achtertörns sichtbar. *F.* Trensen, Kleeden und Schmarten eines Endes. *G. Von links nach rechts, oberste Reihe:* U-Schäkel, Schnappschäkel, Bügelschäkel. *Mittlere Reihe:* Stagreiter mit Zugfeder, Laschbügel, Stagreiter mit seitlicher Feder. *Untere Reihe:* Wirbel, Herzkausch, Kettenschäkel.

derzeit — einerlei, woher der Wind weht — gesetzt und geborgen werden kann. Das gleiche kann man vom Bermudasegel nicht behaupten. Schlecht konstruierte Schienen und Schlitten und deren mangelnde Gleitfähigkeit sind mit dafür verantwortlich. Aber selbst wenn die Schlitten gut rutschen, bleibt es immer noch schwierig genug, mit dem vom Wind gefüllten Segel fertigzuwerden. Sein Oberteil drückt gegen die Wanten und das Kopfbrett klemmt sich beim Heißen nur zu leicht unter eines der Unterwanten.

Die meisten für Kreuzeryachten in Frage kommenden Takelungsarten sind in Abb. 17 wiedergegeben. Bevor man aber irgendeine von ihnen verurteilt, soll man sich lieber klarmachen, daß unter allen Besegelungsformen ungewöhnliche Kreuzfahrten erfolgreich durchgeführt worden sind.

Slup

Die Slup mit ihren nur zwei Arbeitssegeln, Großsegel und Vorsegel, hat von allen konservativen Takelungsarten die einfachste Besegelung. Auch bei einer hochgetakelten Slup und einem am Topp ansetzenden Vorsegel, wie es der modernen Entwicklung entspricht, bleibt die Takelage einfach, da Jumperstagen und/oder Backstagen nicht erforderlich sind. Aber dann muß der Mast in der Mittschiffsebene nach vorn und achtern steifer sein wie sonst, da nur der Masttopp nach vorn und achtern abgestagt werden kann, und trotzdem muß der Mast dem beträchtlichen Druck standhalten können, den das größere Vorsegel mit seinem mehr vertikalen Vorliek auf ihn ausübt. Wegen seiner Einfachheit und seines niedrigen Gewichts bei geringem Windwiderstand oben, ist das Sluprigg besonders geeignet für eine kleine Yacht. Infolge der erhöhten Hebelwirkung entspricht ein Kilo hoch im Mast vielen Kilos im Kiel, und alles über der Wasserlinie gelegene Gewicht wirkt auf die Yacht im krängenden Sinne. Kleinere Fahrzeuge legen sich leichter über als große und bedürfen jeder Unterstützung, um so aufrecht wie möglich zu segeln, denn bei zu starker Krängung verlieren die Segel an Wirksamkeit, und der Rumpf nimmt eine Form an, die sich ungünstig auf die Fahrt durchs Wasser auswirkt.

Die Sluptakelage ist in hohem Maße leistungsfähig, solange dazu ein großes Vorsegel gefahren wird. Wenn dieses aber bei zunehmender Windstärke gegen ein kleineres Vorsegel ausgewechselt werden muß, sinkt die Leistungsfähigkeit ab, weil sich der Spalt zwischen Großsegel und Vorsegel erweitert. Wird das eine Vorsegel der Slup zu groß, um von der verfügbaren Mannschaft noch bequem bedient zu werden, ist die Kuttertakelage vorzuziehen.

Kutter

Wie die Slup hat der Kutter nur einen Mast, führt aber zwei Vorsegel. Das äußere Segel wird Klüver, das innere Fock genannt. Wird der Klüver am Toppstag gesetzt, spricht man von einem masttoppgetakelten Kutter. Er kann aber auch an einem eigenen Stag gesetzt werden, das an irgendeinem Punkt zwischen Topp- und Vorstag am Mast ansetzt, oder er kann schließlich fliegend gesetzt werden. Die Fock wird mit Stagreitern am Vorstag angeschlagen. Ein Kutter mit wenig oder gar keinem Überhang braucht einen Klüverbaum, um eine genügend große Vorsegelfläche entfalten zu können und um zu verhindern, daß der Klüver die Fock zu weit überlappt.

Gegenüber der Sluptakelage hat der Kutter den Vorzug, daß zwei kleinere Vorsegel einfacher zu handhaben sind als ein großes, und die Vorsegelfläche sich schnell verkleinern läßt, indem man entweder den Klüver oder die Fock birgt. Auf einer Slup muß dagegen unter den gleichen Verhältnissen das große Vorsegel gegen ein kleineres ausgewechselt werden, da man von keiner Yacht erwarten kann, daß sie ohne irgendein Vorsegel gut läuft. Nebenbei bemerkt segelt ein Kutter unter Großsegel und Fock besser als unter Großsegel und Klüver. Da die Fock ein wirksames Segel darstellt und überdies leicht zu handhaben ist, muß ihre Größe reichlich bemessen sein und der Mast infolgedessen weit zur Mitte hin stehen. Als bester Platz gilt 2/5 der Konstruktionswasserlinie von vorn gerechnet. Damit verschwindet das Mastgewicht aus dem Vorschiff und der Mast kommt an der breitesten Stelle des Schiffes zu stehen, wo die Wanten den besten Halt gewähren.

Yawl

Man pflegt zu sagen, daß ein Mann von normaler Körperkraft mit einem bis zu 45 qm großen Segel fertig werden müsse. Viele Segler finden jedoch, daß das bei schwerem Wetter mindestens 10 qm zu viel seien. Wenn man also auf einer Slup oder einem Kutter nicht immer mit einer Besatzungsstärke von mindestens drei Mann rechnen kann (ein Mann am Ruder und zwei für das Großsegel), sollte die Segelfläche auf höchstens 35 bis 45 qm beschränkt bleiben.

Die Yawltakelage hat zwei Masten: Groß- und Besanmast; der Besanmast steht hinter dem Rudersteven und führt sein eigenes Gaffel- oder Bermudasegel. Das Yawlrigg wird gewählt, wenn das Großsegel eines Kutters oder einer Slup sich für die vorhandene Mannschaft als zu groß und unhandlich erweist. Das Rigg besitzt fast den gleichen Wirkungsgrad wie das des Kutters; hoch am Wind wirft das Großsegel jedoch möglicherweise seinen Abwind in den Besan. Es läßt sich nicht verhehlen, daß manche Yawl bessere Kreuzeigenschaften zeigt, wenn man sie als Kutter segelt, indem man einfach den Besan entfernt, selbst wenn dadurch die Gesamtsegelfläche vermindert wird. Das Yawlrigg (mit ein oder zwei Vorsegeln) bietet den Vorteil, daß die Segelfläche durch Wegnahme des Besans schnell vermindert werden kann, und daß sich raumschots ein zusätzliches Besanstagsegel setzen läßt. Nur sehr wenige Yawls manövrieren gut unter Klüver und Besan allein, wie häufig angenommen wird.

Ketsch

Die Ketsch hat ebenfalls eine zweimastige Takelage mit ein oder zwei Vorsegeln. Sie unterscheidet sich von der Yawl dadurch, daß der Besanmast vor dem Ruder steht, und damit der Besan größer und das Großsegel kleiner wird als die entsprechenden Segel einer Yawl gleicher Tonnage. Hier stellt der Besan also ein vollwertiges Segel dar, so daß sich eine Ketsch unter Klüver und Besan oder unter Fock und Großsegel gut manövrieren läßt, wobei die zuletzt genannte Kombination die bessere ist. Da sich bei der Ketsch die Segelfläche in zahlreichere, fast gleichwertige Flächen aufteilt, als es bei irgendeiner anderen Takelungsform (vielleicht mit Ausnahme des Schoners) der Fall ist, erweist sich die Ketschtakelage als das bestgeeignete Rigg für eine große Yacht, die unterbemannt gesegelt werden soll. Nächst dem Schoner ist sie aber auch die am wenigsten wirksame Takelage, wenn es ans Kreuzen geht; sie verlangt viel Geschirr und es fehlt der Vorantrieb, den nur ein einzelnes großes Segel liefert. Eine Ketsch kann nicht so hoch an den Wind gehen wie ein Slup, Yawl oder ein Kutter, und wenn sie als Großsegel ein Gaffelsegel führt, wirft dieses bei dichtgeholten Schoten gewöhnlich seinen Abwind in den Besan. Vor dem Wind wird das Großsegel zum Teil vom Besan abgedeckt, es sei denn, die beiden Segel werden in Schmetterlingsstellung gefahren, d. h. an entgegengesetzten Seiten ausgebaumt, was außer bei glattem Wasser auf längeren Strecken nicht immer ganz einfach ist. Auf der anderen Seite kann die Ketsch, ebenso wie die Yawl, bei raumen Winden ein Besanstagsegel setzen, ein wertvolles, mächtig ziehendes Beisegel.

Die Ketschhochtakelage eignet sich nur für leicht bewegliche Fahrzeuge, da es den schmalen Segeln an Fläche und Antriebskraft fehlt. Dagegen läßt sich die wirksame Segelfläche zwischen den Masten vergrößern, wenn man die Spreizgaffeltakelage verwendet. Das dreieckige Großsegel wird dann durch eine Doppelgaffel (Spreizgaffel oder Wishbone) entfaltet; beide Hälften dieser Spiere sind parabolisch gekrümmt, so daß das innerhalb der Spreizgaffel gesetzte Segel bei jeder Segelstellung eine natürliche

Wölbung annehmen kann. Die Spreizgaffel schwenkt um einen Punkt ziemlich hoch am Großmast und wird durch eine Schot bedient, die durch einen Block am Besanmast nach unten an Deck führt. Den dreieckigen Raum, der unterhalb des Großsegels verbleibt, füllt ein Besanstagsegel, das in diesem Fall kleiner ist als die üblichen Besanstagsegel und ein Amwindsegel darstellt.

Schoner

Ein Schoner kann zwei oder drei Masten haben. Bei drei Masten sind diese gewöhnlich alle von der gleichen Größe. Der zweimastige Schoner hat wohl gelegentlich gleichgroße Masten; üblicherweise ist aber der vordere kürzer. Die Besegelung kann aus Gaffel-, Hoch-, Stag- oder Wishbonesegeln bestehen oder aus einer Kombination zwischen allen vieren. Da außerdem eine Vielfalt von Leichtwettersegeln zwischen den Masten gesetzt werden können, zeichnet sich der Schoner bei raumen Winden als sehr schneller Segler aus, während er am Wind und beim Kreuzen nur mäßige Leistungen zeigt. Daher sieht man diese Takelage in britischen Gewässern auch nur selten, es sei denn auf Motorseglern, auf denen die Segel nur unterstützende Verwendung finden. Man möchte bedauern, daß es so ist, weil dem Schoner etwas Reizvolles und Romantisches anhaftet, ein Zauber, der leicht übersehen wird in einer Zeit, die sich für nichts anderes interessiert als für Höchstleistungen um jeden Preis.

Weitere Takelungsarten

Die Cat-Takelage erfreut sich großer Popularität in den Vereinigten Staaten, wo sie gewöhnlich auf sehr breiten, flachen Schwertbooten mit riesigen Rudern Verwendung findet. Der Typ ist heimisch in den Cape Cod-Gewässern. Die Takelage besteht aus einem einzigen Gaffel- oder Bermudasegel mit Baum, das an einem ganz vorn im Bug stehenden Mast gesetzt wird. Das Fehlen eines Vorsegels ist ein großer Nachteil, und eine zuverlässige Abstagung des Mastes ist infolge seiner vorlichen Stellung schwierig.

Das Huarisegel ähnelt dem Bermudasegel. Anstatt aber auf einer Schiene an einem hohen Mast gesetzt zu werden, wird hier der untere Teil des Vorlieks mit Reihleine oder Ringen an einem kurzen Mast befestigt. Der obere Teil des Vorlieks wird an eine Rah angeschlagen, die mit einem Fall so vorgeheißt wird, daß sie unmittelbar am Mast anliegt und weit über den Masttopp emporragt. Eine Klau am Fuß der Rah umfaßt den Mast und hält damit die Spiere steil aufrecht. Der Vorzug dieses Riggs besteht einmal in der langen Anschnittskante, zum anderen in dem Umstand, daß beim Segelreffen Gewicht und Windwiderstand von oben mit nach unten wandern. Da es aber unmöglich ist, die Huarirah zu verstagen oder vom Rahtopp aus ein Vorsegel zu setzen, bleibt diese Takelage nur für Boote und sehr kleine Yachten verwendbar.

Das Luggersegel ist ein vierkantiges, gewöhnlich mit einem Baum versehenes Segel; das Oberliek ist an einer Rah angereiht, die ein kurzes Stück nach vorn über den Mast hinausragt. Der Hals dieses Segels wird entweder am Mast oder am vorderen Baumende belegt. Das Rigg mit seinen kurzen Spieren ist höchst einfach und eignet sich als Dingibesegelung.

Das Sprietsegel ist ebenfalls vierkantig. Es wird durch eine als Spriet bezeichnete Spiere gespreizt, die das Segel vom Hals zur Piek kreuzt und an die Stelle von Baum und Gaffel tritt. Der Fuß der Spiere wird am unteren Teil des Mastes angeschlagen, die Spiere selbst wird schräg aufrecht, stehend gefahren. Der Anstellwinkel des Segels wird durch zwei von der Piek auf Deck führende Geitauen kontrolliert, die auf jeder Seite mit Hilfe von Taljen und Winschen festgesetzt werden. Das Segel wird beim Bergen nicht heruntergefiert, sondern wie ein Vorhang zur Seite gezogen, am Mast aufgegeit und mit Gordings beschlagen, die ringsherum und durch mehrere Legel führen. So waren die Themsekähne (Thames barges) besegelt, und für sie war die Spriettakelung höchst zweckmäßig, da sich unter ihr ein großes Schiff mit einer kleinen Besatzung handhaben ließ. Wenn am Mast beschlagen, ließ das Segel die Ladeluken frei. Für ein seegehendes Fahrzeug kann man aber den langen schweren Spriet kaum als geeignet empfehlen, und die Takelung findet daher nur selten auf Yachten Verwendung. Dagegen wird das System des Aufgeiens am Mast nach wie vor auf einigen wenigen Yachten praktiziert, die baumlose Gaffelsegel führen.

Darüber hinaus gibt es noch einige andere Phantasietakelagen, zu denen auch das Ljungströmrigg gehört, das aus baumlosen, an einem einzigen Mast gesetzten Doppelsegeln besteht. Vor dem Wind werden die Segel im Schmetterlingsstil auseinandergespreizt; auf anderen Segelkursen liegen sie übereinander und wirken wie ein einziges Segel, das sich durch Drehung des Mastes einrollen oder reffen läßt. Ferner gibt es eine Besegelungsart, die ein Gaffelgroßsegel mit einem Toppsegel kombiniert, aber anstatt der üblichen Gaffel eine Spreizgaffel (Wishbone) verwendet. Theoretisch läßt sich manches zugunsten all dieser Takelungsarten sagen, und sie mögen sich durchaus für kleinere Rennyachten eignen. In der Praxis haben sie oder ihr Geschirr aber gewöhnlich irgendwelche Nachteile, so daß die Mehrzahl der Fahrtensegler die herkömmlichen Takelungsarten und Segel bevorzugt, wie sie sich jahrzehntelang auf See bewährt und erprobt haben.

5

TAUWERK UND SEEMÄNNISCHE HANDARBEITEN

Fasertauwerk — Werkzeuge — Taklings — Gebrauchsknoten und -steke — Bändselungen — Smarten und Kleeden — Spleißen von Fasertauwerk — Drahttauwerk — Spleißen von Drahttauwerk — Verbindung von Draht- und Fasertauwerk — Endbeschläge für Drahttauwerk — Das Belegen von Enden — Blöcke, Taljen und Winschen

Bevor wir uns im einzelnen mit dem stehenden und laufenden Gut an den einzelnen Spieren und Segeln beschäftigen, ist es vielleicht zweckmäßig, dem Leser einige Kenntnisse von den verschiedenen Tauwerksarten zu vermitteln, die an Bord einer Yacht verwendet werden, und die Verfahren zu schildern, nach denen Enden miteinander verbunden oder an anderen Gegenständen befestigt werden. Es ist für den Fahrtensegler überaus wichtig, die gebräuchlichsten Knoten, Steke und Spleiße zu kennen und zu beherrschen, denn die Takelage einer Yacht bedarf ständiger Überwachung, um in zuverlässigem und seetüchtigem Zustand zu bleiben. Ein berufsmäßiger Takler ist nicht immer zur Hand.

Fasertauwerk

Tauwerk kann aus jeder Faser hergestellt werden, die sich zu Kardeelen schlagen läßt. Je länger die einzelnen Fasern sind, um so größer ist der Reibungswiderstand untereinander und um so besser die Haltbarkeit.

Die Fasern werden rechts zu Garnen (Kabelgarnen) gesponnen, deren Stärken sich nach Dicke und Typ des herzustellenden Taus richten. Eine bestimmte Anzahl von Garnen wird dann links zu Kardeelen und je drei Kardeele rechts zu Trossen geschlagen. Auf Yachten wird fast durchweg Tauwerk dieser Herstellung verwendet. Es gibt aber auch aus vier Kardeelen geschlagenes Tauwerk, bei dem der Hohlraum in der Mitte mit einem Strang (Herz oder Seele) minderer Qualität ausgefüllt wird. Dieser Strang unterliegt keiner Beanspruchung, sondern hat nur die Aufgabe, die anderen Kardeele in ihrer Lage zusammenzuhalten. Dieses im sogenannten Wantschlag geschlagene Tauwerk ist lehniger und läuft leichter durch die Blöcke oder über Rollen als das dreikardeelige Tauwerk, ist aber um etwa $1/5$ schwächer als dieses. Man sieht es heute nur noch selten.

Das heute auf Yachten am weitesten verbreitete laufende Gut besteht aus synthetischen Grundstoffen — Nylon, Terylene und Polythene *) —, die unter Umständen ganz anders konstruiert sein können als das frühere Fasertauwerk. Bevor wir uns den Kunststofftauen zuwenden, möchten wir aber noch einige Worte über die Taue aus Naturfaser verlieren, die nach wie vor im Gebrauch sind und es infolge ihres niedrigen Preises wahrscheinlich auch noch lange Zeit bleiben.

Darunter gilt weißer italienischer Hanf als die stärkste Faser mit der längsten Lebensdauer und der geringsten Reckung; sie verliert aber bei Nässe 20 Prozent ihrer Stärke. Von allen Naturfasertauen ergibt italienischer Hanf die besten Fallen und Schoten. Leicht geteerter Hanf ist nicht ganz so stark oder lehnig; in neuem Zustand schlägt er leicht Kinken. Weißer Sisal hat bis zu einem gewissen Grade das einst so populäre, aber heute kaum noch erhältliche Manila verdrängt, besitzt aber weder die gleiche Stärke, noch faßt es sich gleich angenehm an. Bei Nässe quillt Sisal zu schnell auf. Baumwolle ist schneeweiß und, solange trocken, weich in der Hand, wird aber bei Nässe hart und schwer zu handhaben. Außerdem stockt Baumwolle schnell. Tauwerk aus Kokosfaser ist sehr leicht und besonders preiswert. Seine Struktur ist so rauh, daß es bei längerem Liegen im Wasser nicht wie anderes Tauwerk schleimig wird und daher gern als Bojereep an festen Murings verwendet wird.

Als erstes synthetisches Tauwerk kam Nylon auf den Markt, eine synthetische Komposition ähnlich dem Protein mit dem Aussehen weißer Seide. Nylon liefert das stärkste Fasertauwerk, ist aber in dreikardeeliger Konstruktion wegen seiner Elastizität, die bis zur Bruchgrenze an die 40 Prozent seiner Länge erreichen kann, ungeeignet für Fallen oder Vorsegelschoten. Bei anderen Verwendungszwecken, z. B. als Dirk, Großschot, Muringsleinen und Warptrossen kann die Elastizität dagegen einen Vorteil bedeuten. Erst vor kurzem haben die englischen Nylonspinner aber ein Nylontau herausgebracht mit einer Seele von ungeschlagenen Nylonsträngen, eingebettet in eine geflochtene Bewehrung. Dieses Tau soll an seiner Bruchgrenze nur noch ein Reck von 15 Prozent seiner Länge haben. Terylene, mit dem gleichen seidigen Aussehen wie Nylon, aber oft von verfärbtem Weiß, hat in seiner dreikardeeligen Form weniger Reck als das entsprechende Nylon und eignet sich daher besser für Fallen und Schoten. Für diesen besonderen Zweck stellt aber die Firma

---

*) In Deutschland sind diese Stoffe bekannt unter ihren chemischen Bezeichnungen (Polyamid, Polyester und Polypropylen) oder unter Markennamen (Perlon, bzw. Diolen und Trevira).

Marlow Ropes Ltd. ein vorgestrecktes, dreikardeeliges Tauwerk gleicher Stärke, aber mit einem Mindestmaß an Elastizität her. Die gleiche Firma produziert acht- und sechzehnkardeeliges geflochtenes Tauwerk, das bei einigen Stärken eine matte Oberfläche besitzt und sich gut für Schoten eignet, die mit Hilfe von Winschen dichtgeholt werden. Der einzige Nachteil geflochtenen Tauwerks ist, daß es sich nicht spleißen läßt (s. S. 114). Außerdem gibt es noch andere synthetische Tauarten wie Ulstron und Courlene (Markenbezeichnungen). Ulstron ist blaßgrün und besitzt die Festigkeit wie Terylene, hat aber mehr Reck, während Courlene billiger und weniger kräftig ist als weißer Hanf, eine harte Oberfläche hat und so Reibungsschäden gut widersteht. Dem Aussehen nach ist es orangefarbig. Beide Tauarten schwimmen oben, was mir, außer bei ganz speziellen Verwendungszwecken in der Fischerei, eher als ein Nachteil erscheinen will. Schwimmendes Tauwerk kann leicht durch andere Fahrzeuge beschädigt werden oder in die Schraube geraten; bei schmutzigem Hafenwasser sammelt sich darauf in ganzer Länge schwimmendes Öl an.

Die Kunststoffaser, so darf man wohl sagen, hat der Naturfaser die folgenden Vorzüge voraus: sie absorbiert keine Feuchtigkeit, kann also in der Nässe weder aufschwellen noch versteifen, und sie bewahrt dabei, mit Ausnahme von Nylon, ihre volle Festigkeit. Kunststofftauwerk ist unempfindlich gegen Bakterien- und Insektenbefall, verhärtet sich aber, wenn zu lange dem Sonnenlicht ausgesetzt und verliert dann an Handlichkeit und wahrscheinlich auch an Festigkeit. Die wollige Schicht, die sich auf der Oberfläche durch Schamfilung rasch bildet, scheint in Wirklichkeit eher als Schutz gegen weitere Reibungsschäden zu wirken. Solange die üblichen Vorsichtsmaßnahmen gegen Abrieb beobachtet werden, beträgt die Lebensdauer von Kunststofftauwerk das mehrfache der Naturfaser, so daß sich die höheren Anschaffungskosten wohl lohnen.

In England ist es üblich, Taustärken nach Umfang in Zoll zu bezeichnen; entsprechend wird in diesem Buch verfahren. In den Vereinigten Staaten geht man dagegen vom Durchmesser aus. Die nachstehende Tafel gibt eine Übersicht, wie sich die verschiedenen, auf Yachten verwendeten Tauarten und -stärken miteinander nach Festigkeit und anderen Eigenschaften vergleichen.

In England wird Tauwerk bei Bezug größerer Mengen gewöhnlich in Rollen von 120 Faden (= 720 Fuß oder 209 Meter) verkauft, Kunststofftau dagegen oft auf Spulen. Es gibt zwei Methoden, um Tauwerk von einer Rolle ohne Kinkenbildung abzunehmen. Man kann einen Riemen oder Bootshaken durch die Mitte stecken, so daß sich die Rolle frei um ihre Achse drehen läßt, und dann das außenliegende Ende nach Entfernung der äußeren Verpackung und Verschnürung wegführen. Oder man stellt die Rolle so auf Deck, daß das innere Tauende untenliegt,

ϕ in mm	Umfang in Zoll	Umfang in mm	Belastbarkeit von dreikardeeligem Tauwerk Bruchfestigkeit in kp					
			Polyamid (Perlon, Nylon)	Polyester (Diolen, Trevira, Terylene)	Polypropylen	Manila	Langhanf
4	¹/₂	13	490	280	220	120	—
6	³/₄	19	880	580	530	280	
8	1	25	1300	860	900	490	
10	1¹/₄	31	1900	1340	1290	750	
12	1¹/₂	38	2750	1830	1790	1200	1115
16	2	51	4650	3160	2940	2170	1180
18	2¹/₄	57	5850	3960	3560	2520	2320
Festigkeitsverlust *			10 %	kein	kein		20 %
Bruchdehnung **			ca. 30 %	ca. 15 %	ca. 8 %	ca. 5 %	

* Festigkeitsverlust in nassem Zustand
** Längenzunahme bis zum Bruch

Achtkardeeliges geflochtenes Terylene hat dieselbe Festigkeit wie dreikardeeliges Terylene

Sechzehnkardeeliges geflochtenes Tauwerk ist stärker als dreikardeeliges Tauwerk

bringt dieses nach Entfernung von Verschnürung und Verpackung durch die Mitte der Rolle nach oben und führt es weg, so daß sich das Ende gegen den Uhrzeigersinn entrollt. Beim Aufschießen eines Endes muß man nahe der stehenden Part (der belegten Part) beginnen. Dadurch gibt man der freien Part Gelegenheit, sich zu entwirren und zu entdrehen, wie es will, und sich von überflüssigen Kinken zu befreien. Im Trossen- oder im Wantschlag geschlagenes Tauwerk muß im Sinne des Uhrzeigers aufgeschlossen werden.

Das dünnste an Bord einer Yacht verwendete Tauwerk ist Segel- oder Takelgarn, das in verschiedenen Stärken in Naturfaser oder Kunststoff erhältlich ist und manchmal fertig gewachst geliefert wird. Die nächstfolgende Stärke ist Marlleine, die aus zwei lose geschlagenen, meist ungeteerten Kardeelen besteht. In geteertem Zustand ist es auch als Schiemannsgarn bekannt. Marlleine wird in Knäueln geliefert und für kleine Laschings, Zurrings und das Bekleeden von Spleißen benutzt. Kod- oder Bändselleine ist ein aus dünnen Garnen dicht geschlagenes Tau, das für starke Laschings und zum Anreihen der Segel an die Spieren gebraucht wird. Außerdem gibt es noch Spezialtauwerk, das als Logleine zum Schleppen des Patentlogpropellers oder als Flaggenleine dient, nämlich geflochtenes Tau. Hier bestehen die Kardeele aus parallel zueinander gelegten (nicht zusammengedrehten) Garnen, und die Kardeele werden, gewöhnlich acht an der Zahl, so um eine Seele herum verflochten, daß die Leine weder Kinken bildet noch sich auftörnt.

Werkzeuge (Tafel 10 A)

Für die Arbeiten am Tauwerk wird nur weniges und einfaches Handwerkszeug benötigt; am wichtigsten sind ein Marlspieker zum Öffnen der Kardeele und ein scharfes Messer. Jeder Seemann trägt diese beiden Werkzeuge bei sich, sei es in der Tasche, an einem Bändsel um den Hals oder in einer Scheide am Gürtel. Viele Takler verzichten bei Tauwerk von weniger als zwei Zoll Umfang auf den Marlspieker, weil sie es bequemer und schneller finden, die Kardeele beim Spleißen mit ihren Fingern zu öffnen. Ein Marlspieker wird auf Yachten vielfach auch für das Auf- und Zudrehen von Schäkeln benutzt; hierfür braucht man ein scharfes Instrument mit schlanker Verjüngung. Der bananenförmige Marlspieker mit seiner abrupten Verjüngung am Ende, wie man sie bei billigen Klappmessern sieht, gewährt keinen sicheren Ansatz im Auge eines Schäkelbolzens; daher tragen zahlreiche Fahrtensegler einen Spezialschlüssel für Schäkel in der Tasche, oder sogar einen kleinen, verstellbaren Schraubenschlüssel. Ein großer hölzerner, als Fitt bezeichneter Spieker ist unentbehrlich bei der Bearbeitung schweren Tauwerks. Zum Drahtspleiß gehört ein besonderer Spieker von sehr schlanker Form, dessen Spitze zu einem schmalen Schraubenzieherblatt zurechtgeschliffen ist, das dazu dient, die Kardeele auseinanderzuzwingen. Außerdem sind ein Segelmacherhandschuh (s. S. 172) und ein Satz Segelnadeln zweckmäßig an Bord zu haben. Um Tauwerk zu bekleiden, also dicht mit Marlleine zu umwickeln (Tafel 11 F), braucht man eine Kleedkeule, ohne die es ganz unmöglich wäre, die Rundtörns steif genug zu holen. Es handelt sich hierbei um ein hölzernes Werkzeug, ähnlich einem kleinen Holzhammer, mit einer halbrunden Einkerbung zur Aufnahme des zu bekleidenden Taus und einem Stiel, um den das Kleedgut herumgenommen wird. Eine Art verbesserter Kleedkeule ist durch eine am Stiel befestigte Haspel ergänzt worden, die das Kleedgut hält, womit die Umständlichkeit entfällt, das Knäuel Kleedgut bei jedem Törn um das zu bekleedende Ende herumzureichen. Außer den oben genannten Werkzeugen werden für Stahldrahtarbeiten Schraubstock, Hammer, Meißel, Metallsäge und Drahtschere benötigt.

Taklings (Tafel 10 B)

Da aus mehreren Kardeelen geschlagen, dreht ein Ende sich sofort auf, wenn kein Takling auf den Tampen aufgesetzt wird, d. h. wenn das Ende nicht mit Takelgarn umwickelt wird, um die Kardeele zusammenzuhalten. Es gibt fünf Arten von Taklings: den einfachen, den amerikanischen, den *West Country*, den genähten und den Segelmachertakling.

Beim einfachen Takling legt man das eine Ende eines Stücks Takelgarn auf das zu takelnde Tau so auf, daß das Segelgarnende zum Tampenende zeigt und belegt das Segelgarn mit einem halben Dutzend Rundtörns um das Tau einschließlich des darauf liegenden Endes Segelgarn, wobei man auf das Tampenende zuarbeitet. Dann legt man das andere Ende Segelgarn über das Tau zurück (mit dem Schlag) und legt, vom Tampenende zurückarbeitend, mit der Bucht sechs weitere Törns um das Tau einschließlich des darauf gelegten Segelgarns. Die beiden Segelgarnenden ragen dann in der Mitte des Taklings heraus: man holt sie dicht und schneidet sie kurz ab. Der einfache Takling ist schnell angebracht; man darf aber nicht außer acht lassen, daß jedes Tauwerk, mit Ausnahme des synthetischen, bei Nässe aufquillt, der Takling sich reckt und dann leicht abrutscht. Der amerikanische Takling ist ganz ähnlich, vielleicht aber etwas zuverlässiger, weil die beiden Enden nicht abgeschnitten, sondern durch einen Kreuzknoten miteinander verbunden werden.

Der *West Country*-Takling wird hergestellt, indem man ein Ende Segelgarn mittelt und in gleicher Länge auf beiden Seiten um einen Tampen herumnimmt und nach jedem Törn durch einen halben Schlag miteinander verbindet. Dieser Takling hält zuverlässiger als der einfache Takling und ist manchmal bequemer anzubringen, wenn nämlich das zu takelnde Ende sehr kurz oder schwer zugänglich ist.

Der genähte Takling ist sehr viel zuverlässiger und kann sogar die Lebensdauer des betreffenden Tauwerks selbst erreichen. Führe die eingefädelte Nadel zwischen zwei Kardeelen durch das Tau und ziehe das Segelgarn fast ganz durch. Dann lege die Törns in der erforderlichen Anzahl mit dem Segelgarn steif um den Tampen und führe das Segelgarn nach dem letzten Törn durch zwei Kardeele hindurch und dann, der Keep folgend, hin und zurück, quer über die Rundtörns, bis es alle Keepen zweimal passiert hat. Die meisten Segler schneiden dann die Enden kurz ab, während ich sie lieber mit einem zwischen den Kardeelen verborgenen Kreuzknoten sichere. Ein ähnlicher Takling läßt sich ohne Gebrauch einer Segelnadel herstellen, indem man die Taukardeele öffnet und das Garn zwischen die Kardeele steckt, wenn man den Kreuztörn macht. Dieser Takling ist aber nicht so zuverlässig. In Tafel 10 B ist eine für den Zweck viel zu dicke Marlleine anstatt Takelgarn verwendet worden, um die Törns besser sichtbar zu machen. Das Ende einer dünnen Kunststoffleine kann durch Heißsiegelung anstatt durch einen Takling gesichert werden. Halte das äußerste Tampenende einen Augenblick in eine Streichholzflamme und drücke dann die geschmolzenen Kardeele zwischen dem wohlbenetzten Daumen und Zeigefinger zusammen. Auch die Kardeele eines schweren Endes aus Kunststoff kann man auf diese Weise heiß versiegeln, vor oder nach Anbringung eines Taklings, der dem Ganzen einen sauberen Abschluß gibt. Zu diesem Zweck preßt man das rechtwinklig abgeschnittene Tampenende einen Augenblick lang auf ein Stück erhitztes Metall — aber möglichst nicht auf die Kochplatte des Kombüsenherdes, wo Flecken entstehen würden, die sich nicht wieder entfernen lassen.

Knoten und Steke

Mit einem Tauende, seinen Kardeelen oder mit zwei Enden läßt sich eine große Anzahl von Knoten, Steke und Schlägen herstellen (das *Ashley Book of Knots* zeigt fast 4000); alles, was der Fahrtensegler aber wirklich braucht, um jeder Situation gewachsen zu sein, sind drei Knoten, drei Steke und drei Schläge. Mit diesen muß er allerdings so vertraut sein, daß er jeden von ihnen mit der rechten oder linken Hand, am Tage wie in der dunkelsten Nacht, anfertigen und lösen kann. Da aber jeder Knoten, Stek oder Schlag, wo immer ein Teil in den anderen greift, ein Tau mehr oder minder schwächt, sollten nach Möglichkeit Aug- oder Kurzspleiße benutzt werden, da sie größere Festigkeit besitzen (nämlich 90 bis 95 Prozent der Stärke eines neuen Tauwerks). Tauwerk darf bei Herstellung eines Knotens niemals aufgedreht werden; es verliert dadurch noch mehr an Festigkeit.

Der *Achtknoten* (Tafel 10 D) soll das Ausscheren eines Endes aus einem Block oder Führungsauge verhindern. Man setzt ihn gewöhnlich an die Tampen der Vorsegelschoten. Er läßt sich stets wieder lösen, indem man die stehende Part zurückbiegt, bis die erste Bucht des Knotens Lose bekommt. Der gewöhnliche Überhandknoten, der darunter abgebildet ist, darf nicht benutzt werden, da er sich so fest bekneifen kann, daß er nicht mehr zu lösen ist.

Der *Kreuz- oder Reffknoten* (Tafel 10 C) dient, wie sein Name besagt, zum Zusammenbinden der Reffbändsel und wird in allen ähnlichen Fällen benutzt, wo es sich darum handelt, die Enden eines Tampens fest um irgendeinen Gegenstand zu zurren. Wie aus der Abbildung ersichtlich, liegen beim fertigen Knoten die beiden Tampen immer neben dem zu ihnen gehörigen Ende, und man muß darauf achten, nicht aus Versehen den darunter abgebildeten „Altweiberknoten" zu knüpfen, bei dem der Tampen und sein eigenes Ende voneinander getrennt werden; dieser Knoten zieht sich nämlich von selbst auf, sobald Kraft auf ihn kommt, und ist immer schwer zu lösen. Der Kreuzknoten läßt sich dagegen leicht lösen, indem man eines der Enden scharf entgegen der Richtung zieht, in der es normalerweise liegt. Der Kreuzknoten darf nicht dazu benutzt werden, um zwei Trossen miteinander zu verbinden, da seine Festigkeit bei solcher Verwendung nur 45 Prozent der Trossenstärke beträgt und Gefahr besteht, daß er schlippt.

Der *Doppelte Schotenstek* (Tafel 10 F) dient zum Zusammenstecken zweier Tampen gleicher oder auch unterschiedlicher Stärke. Bilde mit dem dickeren Tau eine Bucht durch Umlegen des Tauendes; führe das dünne Tau durch die Bucht und außen herum um das *kurze* Ende des dicken Taues, bevor du es zweimal unter die eigene stehende Part hindurchsteckst, also *nicht* den anderen Weg zuerst um die stehende Part des dicken Taues, wie in der unteren Abbildung dargestellt. Dieser Stek verträgt eine Belastung von 55 bis 60 Prozent der Trossenstärke.

Der *Palstek* (Tafel 10 E) dient dazu, mit einem Tampen ein provisorisches Auge zu bilden. Halte die Trosse so, daß die stehende Part von dir wegzeigt; bilde in passendem Abstand vom Ende ein kleines Auge, und zwar so, daß die stehende Part dahinterliegt; nachdem du dann eine Bucht der gewünschten Größe in die Hand genommen hast, führe das Ende des Taues von unten durch das Auge nach oben, wie auf der linken Seite der Abbildung gezeigt, nimm es um die stehende Part herum und führe es von oben nach unten wieder durch das Auge, wie auf der Abbildung rechts zu sehen. Willst du den Palstek wieder öffnen, biege den stehenden Part scharf zur Bucht zurück; dann läßt sich das kleine Auge überrollen, und der ganze Knoten löst sich auf. Die Stärke eines Palsteks beträgt 50 bis 60 Prozent der Trossenstärke.

Ein *Rundtörn mit zwei halben Schlägen* (Tafel 11 A) dient dem Zweck, ein Ende an einem Pfahl oder Ring zu befestigen, sollte aber bei Gefahr starker Beanspruchung lieber nicht verwendet werden, da er sich unter Umständen festziehen kann. Seine Festigkeit beträgt 70 bis 75 Prozent der Taustärke.

Der *Roringstek* (Tafel 11 B) ist im allgemeinen dem Rundtörn mit zwei halben Schlägen vorzuziehen, weil er sich weniger bekneift. Aus der Abbildung läßt sich der Unterschied gegenüber dem Rundtörn mit zwei halben Schlägen ersehen: der erste halbe Schlag geht durch den Rundtörn und um die stehende Part herum anstatt nur um die letztere. Dies ist auch die bewährte Methode, um eine Warptrosse an einen Anker anzuschlagen, nur daß es in diesem Fall als zusätzliche Sicherung üblich ist, das Ende mit einer Marlleine an der festen Part zu belegen.

Der *Webeleinstek* (Tafel 10 G) ist ein beliebter Knoten, um die Fangleine eines Beibootes an einem Poller oder Pfahl zu befestigen; er läßt sich schnell herstellen, indem man die beiden halben Schläge über den

Poller wirft. An und für sich ist der Palstek für diesen Zweck viel besser geeignet, da der Webeleinstek sich sehr fest zusammenziehen kann und nur schwer zu lösen ist, wenn auf die feste Part einmal Zug gekommen ist. Er wird dagegen gern überall da verwendet, wo eine dünne Leine an der stehenden Part eines dicken Taus befestigt werden muß, das betreffende Ende aber für andere Zwecke wie Webe- und Rettungsleinen erhalten bleiben soll. Man beachte, daß ein Webeleinstek nicht, wie in der unteren Aufnahme der gleichen Abbildung dargestellt, gemacht werden darf, denn hier treten die beiden Enden zusammen in der gleichen anstatt der entgegengesetzten Richtung heraus. Diese unvorschriftsmäßige Form des Webeleinsteks wird im Englischen als „Cow hitch" bezeichnet; dieser Stek wurde in den Tagen benutzt, als die Wanten noch mit Hilfe von Jungfern und Taljereeps steif gesetzt wurden. Die Festigkeit des Webeleinsteks beträgt 60 Prozent der Taustärke.

Der *Stopperstek* (Tafel 11 D) ist dem Webeleinstek ähnlich, nur mit einem Rundtörn mehr. Er kommt zur Anwendung, wenn ein Ende an der stehenden Part eines anderen Endes so befestigt werden soll, daß es nicht in der Zugrichtung schlippt, wie z. B. beim Anbringen einer Handtalje. Solange auf seiner stehenden Part der Zug steht, kann dieser Knoten nicht rutschen; sobald der Zug aber nachläßt, läßt sich der Stopperstek auf dem anderen Tau beliebig verschieben. Bei Anfertigung des Stoppersteks ist es wichtig, darauf zu achten, daß der zusätzliche Rundtörn nicht nur das dicke Tau, sondern seine eigene stehende Part ebenfalls umgreift.

Der *Toppsegel-Schotenstek* (Tafel 11 C), auch unter dem Namen Gordingknoten bekannt, wird gebraucht, um eine einzelne Schot am Schothorn eines Segels anzuschlagen, ein Knoten, der sich auch beim Schlagen des Segels nicht lockert. Die Schot wird durch das Lägel (das Tauauge in der Ecke des Segels) hindurchgeführt und dann durch einen Webeleinstek an seiner eigenen (stehenden) Part so befestigt, daß die zweite Bucht des Webeleinsteks zwischen der ersten Bucht und dem Lägel zu liegen kommt.

Das Aufsetzen von Bändseln (Tafel 11 E)

Eine Bändselung ist eine Zurring mehr oder minder dauerhafter Art, um zwei parallellaufende Tampen miteinander zu verbinden oder zwei Parten eines Tampens so zusammenzuhalten, daß sie ein Auge bilden. So werden z. B. auf kleinen Fahrzeugen die Klüverschoten um eine Kausch zusammengebändselt, die in das Schothornlägel des Segels eingeschäkelt wird.

Um ein Rundbändsel aufzusetzen, bringe die beiden Tampen nahe zusammen, befestige ein Stück Marlleine durch einen Webeleinstek an einem der Tampen und lege mit dem langen Ende der Marlleine etwa ein Dutzend Törns steif um die beiden Tampen. Lege zum Schluß zwei oder drei Kreuztörns quer über die Rundtörns hin und zurück und verbinde die Enden durch einen Kreuzknoten, so daß dieser — wie auf Tafel 11 E links — zwischen den Tampen verschwindet.

Auf diese Weise angebrachte Bändselungen halten so lange, wie die beiden zusammengebändselten Tampen gleichmäßig beansprucht werden. Gerät aber nur einer der beiden Tampen allein unter Zug, so muß eine Kreuzzurring vorgenommen werden, die nicht rutschen kann. Die Illustration rechts zeigt diese Zurring im Entstehen. Man kann erkennen, wie 8förmige Törns um die beiden Tampen, die miteinander verbunden werden sollen, gelegt werden. Ist für das Auge eine Kausch vorgesehen, so muß die Bändselung in ihrer unmittelbaren Nähe beginnen. Das Ganze wird mit Kreuztörns abgeschlossen; manchmal setzt man aber zum Schluß zur Verstärkung noch eine vollständige Lage von Rundtörns über die Kreuzzurring.

Trensen, Schmarten und Kleeden

Das Trensen, eine Vorarbeit für das Bekleeden, besteht darin, die Rillen zwischen den Kardeelen mit Bändselwerk auszufüllen, um für das Schmarten und Bekleeden einen glatten Untergrund zu schaffen. Diese Arbeit wird aber heutzutage nur noch selten geleistet.

Schmarten bedeutet, einen Tampen in Richtung des Schlages mit Streifen eines wasserdichten Materials spiralenförmig zu umwickeln. Man tut dies fast immer bei Drahtspleißen und man kann auch den Unterteil des stehenden Stahlguts so behandeln. Isolierband liefert hierfür das beste Material, da jeder Törn fest auf dem nächsten klebt und kein Wasser eindringen kann.

Ein Ende bekleeden heißt, es steif mit Marlleine, Bändseldraht oder

---

Tafel 12
A. Anfertigung eines Augspleißes; erstes (mittleres) Kardeel wird untergesteckt. B. Zweites Kardeel wird untergesteckt. C. Drittes Kardeel untergesteckt. D Alle Kardeele sind dreimal versteckt worden, und der Spleiß ist jetzt fertig, um verjüngt zu werden. E. Der verjüngte und gerollte Spleiß. F. Der erste Arbeitsgang bei Anfertigung eines Langspleißes; die Tampen werden zusammengesteckt. G. Ein Kardeel des rechten Tampens Törn für Törn herausgenommen und ein Kardeel des linken Endes an seinen Platz gelegt. H. Ein Kardeel des linken Tampens wird abgetörnt und ein Kardeel des rechten Tampens an seinen Platz gelegt. Der Spleiß ist jetzt soweit, daß er fertiggemacht werden kann, indem jedes Paar Kardeele miteinander verknotet wird. I. Ein Paar Kardeele durch Überhandknoten miteinander verbunden.

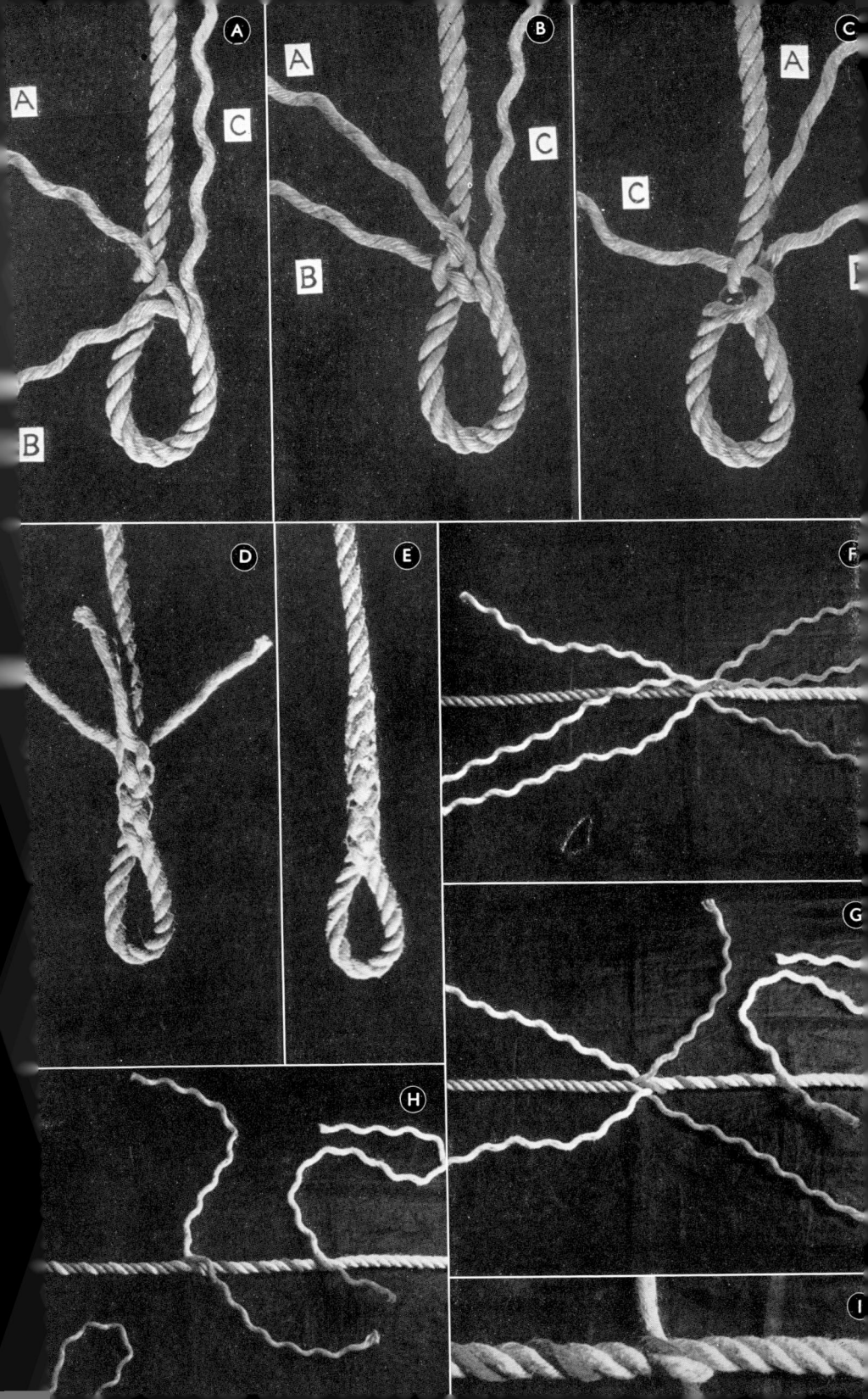

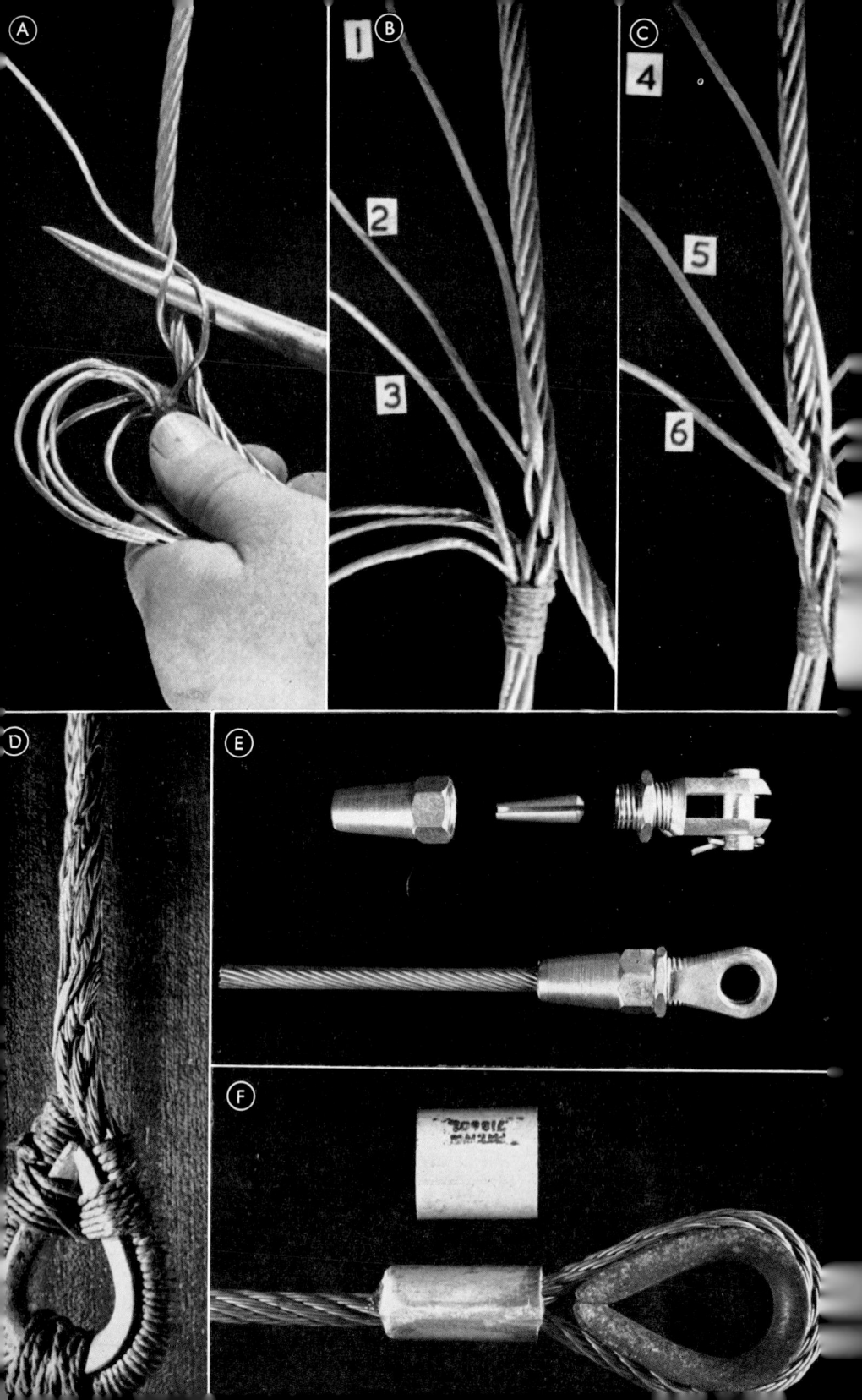

anderem dünnen Zeug zu umwickeln, um es vor Schamfilung zu schützen, die Bekleedung festzuhalten oder einen Spleiß sauber abzuschließen und diesem zusätzliche Stärke zu verleihen, indem die miteinander verflochtenen Kardeele eng aneinandergepreßt werden. Die Arbeit beginnt genau wie beim einfachen Takling, indem man das Ende der Marlleine über den Tampen zurücklegt und mit dem Tampen zugleich umwickelt. Die Bekleedung muß steif aufgesetzt werden, und hierfür benötigt man eine Kleedkeule, während der Tampen selbst mit Hilfe einer Talje in horizontaler Lage straff gespannt wird. Die Marlleine führt, wie in Tafel 11 F gezeigt, um die Kleedkeule herum, und man nimmt von ihr einen oder zwei Törns um den Stiel, um die richtige Spannung zu erhalten. Ist die Kleedkeule nicht mit einer Haspel zur Aufnahme der Marlleine versehen, so muß das Knäuel Marlleine bei jedem Rundtörn herumgereicht werden, und es bedeutet dann bereits eine große Erleichterung, wenn ein zweiter Mann das Knäuel nachreichen und alle Kinken aus der Marlleine entfernen kann. Das Bekleeden wird genau wie beim einfachen Takling abgeschlossen, indem man das Ende der Marlleine über den Tampen zurücklegt, mit der Bekleedung fortfährt und das Ende am Schluß fest anholt. Die Lebensdauer einer solchen Bekleedung läßt sich wesentlich verlängern, wenn man ihr einige Pinselstriche Lack gibt.

Tauspleiß

Ein Spleiß entsteht durch die Verflechtung seiner Kardeele miteinander und wird gebraucht, um entweder zwei Enden dauerhaft miteinander zu verbinden, oder um ein festes Auge am Ende eines Tampens zu bilden. Ein Spleiß ist seiner größeren Festigkeit wegen jedem Knoten oder Stek vorzuziehen.

Zur Anfertigung eines Augspleißes (Tafel 12 A bis E) drehe ein Ende um mindestens das Dreifache seines Umfangs auf. Während die stehende Part horizontal von dir wegzeigt, bilde ein Auge der gewünsch-

---

Tafel 13

A. Anfertigung eines Augspleißes mit Drahttauwerk. Das erste Kardeel wird neben dem Marlspieker gegen den Schlag der stehenden Part durchgesteckt. B. Kardeel 1 und 2 sind durchgesteckt und dichtgeholt. C. Alle sechs Kardeele sind jetzt einmal durchgesteckt, aber Kardeel 6 ist unter zwei Kardeelen der stehenden Part durchgesteckt worden, um die Verdickung zu vermeiden, die entstehen würde, wenn nur unter ein Kardeel gesteckt. D. Ein fertiger Augspleiß, verjüngt und gehämmert. Dieser Augspleiß wurde um eine Herzkausch gelegt; die das Drahttau an der Kausch festhaltenden Bändsel sind noch nicht abgenommen worden. E. Ein Endbeschlag mit gabelförmigem Ende; darunter ein ähnlicher Endbeschlag mit Auge. F. Ein Talurit-Spleiß und darüber der Ring, vor der Kompression entsprechend kürzer und flacher.

ten Größe (kleine Augen werden gewöhnlich um eine herzförmige Kausch aus verzinktem Eisen oder Kunststoff herumgelegt, um ihre Form zu erhalten und das Tau vor Schamfilen zu schützen) und lege den nicht aufgedrehten Teil des Tampens dicht rechts neben die stehende Part. Hebe mit deinen Fingern oder einem Marlspieker das obere Kardeel der stehenden Part da, wo der Spleiß beginnen soll, hoch und stecke das mittlere der drei aufgedrehten Kardeele (A) von rechts nach links gegen den Schlag hindurch. Ziehe das Kardeel soweit durch, wie es ohne Kraftanstrengung geht (Tafel 12 A). Dann erfasse das linke Kardeel B und stecke es unter das nächste, links von A gelegene Kardeel und ziehe es fest hindurch. Zum Schluß drehe das Auge um und stecke das dritte Kardeel C unter das übrigbleibende, noch freie Kardeel der stehenden Part (Tafel 12 C). Zwischen je zwei Kardeelen der stehenden Part kommt jetzt ein Kardeel hervor, wobei darauf zu achten ist, daß jedes dieser Kardeele gleichmäßig straff angezogen wird, da der Spleiß sonst an Stärke verliert. Fahre fort, ein Kardeel nach dem anderen über- und unterzustecken, bis alle drei Kardeele dreimal durchgesteckt sind. Der Spleiß sieht jetzt aus wie in Tafel 12 D. Um dem Spleiß ein gefälligeres Aussehen zu verleihen, verjüngt man die Kardeele gewöhnlich nach dem dritten Durchstecken. Die beste Methode, die ich gefunden habe, ist die, vor jedem Durchstecken ein Drittel der Kardeelgarne, vor dem letzten Durchstecken die Hälfte der dann noch übrigbleibenden Kardeelgarne zu entfernen. Zum Schluß rolle den fertigen Spleiß mit der Fußsohle gründlich an Deck hin und her; er wird rund und glatt wie in Tafel 12 E, und die Kardeele fügen sich dichter zusammen.

Terylen- und Nylontauwerk guter Qualität ist schwieriger zu spleißen als Tauwerk aus Naturfaser, weil es strammer geschlagen ist und weil man beim Anheben der Kardeele der stehenden Part dafür Sorge tragen muß, daß diese keine Kinken bilden. Ferner muß man verhüten, daß sich die Kardeele ausfasern. Obgleich man dies durch Heißversiegelung erreichen kann, binde ich persönlich die Enden jedes Kardeels lieber mit dünnen, durchsichtigen Klebestreifen (Scotch tape, Tesafilm) ab, wodurch sich die Enden versteifen und zuspitzen. Sie lassen sich dann leichter mit den Kardeelen der stehenden Part verspleißen. Da synthetisches Tauwerk von Natur glatt und schlüpfrig ist, empfiehlt es sich, die Kardeele zweimal mehr durchzustecken, zusammen also fünfmal, bevor man anfängt, sie zu verjüngen. Die Spleiße werden am besten mit synthetischem Segelgarn betakelt. Wie schon erwähnt, läßt sich geflochtenes Tauwerk, das immer größere Verbreitung findet, gar nicht spleißen. Man hat verschiedene Methoden — einschließlich der Verwendung von Terminal-Endbeschlägen mit Plastikhülsen — versucht, um Augen oder Schlaufen zu bilden, aber die übliche Methode besteht doch nach wie vor darin, die beiden Parten mit Garn aus dem gleichen Material zusammenzunähen und das Ganze kräftig zu bekleeden. Bei einem 1½zölligen Ende sollte man etwa 30 cm Überlappung für die Herstellung eines Auges ansetzen, wodurch allerdings bestimmte Verwendungszwecke entfallen, wie z. B. am Fall eines Segels, das beim Setzen zu Blocks kommt. Ein Augspleiß in vierschäftigem Tauwerk wird in ähnlicher Form angefertigt, nachdem man die Seele aus dem aufgedrehten Teil des Tampens herausgeschnitten hat; nur muß nach dem Durchstecken des ersten Kardeels das nächste Kardeel links davon unter zwei Kardeelen hindurchgesteckt werden, damit alle Kardeele glatt zu liegen kommen. Die restlichen Kardeele werden dagegen wieder jedes unter einem Kardeel hindurchgesteckt.

Der *Kurzspleiß* dient dazu, zwei Tampen miteinander zu verbinden, die durch keinen Block und über keine Scheibe zu laufen brauchen. Wir drehen die Kardeele der beiden zu verspleißenden Tampen genügend weit auf, bringen provisorische Taklings an und stecken die beiden Tampen so ineinander, daß immer ein Kardeel des einen Tampens zwischen zwei Kardeelen des anderen Tampens zu liegen kommt. Anschließend werden die Kardeele jedes Tampens zweimal gegen den Schlag des anderen Tampens vollständig durchgesteckt, über ein Kardeel hinweg und unter einem Kardeel hindurch, und anschließend in der üblichen Weise verjüngt.

Den *Langspleiß* wendet man überall da an, wo es gilt, zwei Enden gleicher Dicke und gleicher Kardeel-Zahl wieder zusammenzufügen, ohne an der Spleiß-Stelle eine Verdickung entstehen zu lassen, da der Langspleiß durch einen Block laufen muß.

Drehe jeden Tampen in der zwölffachen Länge des Tampenumfangs auf und stecke die Tampen, genau wie beim Kurzspleiß, ineinander (s. Tafel 12 F). Nimm ein Kardeel eines der Tampen Törn für Törn heraus und lege das entsprechende Kardeel des anderen Tampens an seinen Platz und fahre damit fort, bis das ganze Kardeel bis auf die letzten sieben bis acht Zentimeter verlegt worden ist. (Tafel 12 G zeigt diesen Vorgang an den Kardeelen des rechten Tampens.) Darauf drehe ein Kardeel des linken Tampens auf und fülle die Keep mit einem Kardeel des rechten Tampens. Lasse das dritte Paar Kardeele wo es ist, nämlich in der Mitte des Spleißes, der dann aussieht wie in Tafel 12 H, mit drei Paar Kardeelen, die herausstecken. Diese müssen durch Herausnehmen einiger Kabelgarne verjüngt werden, bevor du sie mit einem Überhandknoten (Tafel 12 I) miteinander verbindest. Alle diese Enden, die in kurzer Entfernung von ihren zugehörigen Knoten abgeschnitten worden sind, werden dann verjüngt und im Tampen unter den anliegenden Kardeelen versteckt. Wird der Spleiß zum Schluß gut gerollt, so ist von diesen Verbindungsstellen kaum noch etwas zu sehen.

Obgleich der Langspleiß bei Bruch einer Schot oder eines Falls von Nutzen sein kann, empfiehlt es sich doch, das gespleißte Tauwerk bei erster Gelegenheit durch ein neues Ende zu ersetzen, denn die Kardeelenden arbeiten sich eines Tages bestimmt los, wenn das langgespleißte Ende dauernd über einen Block laufen muß. Übrigens hängt die Stärke dieses Spleißes ausschließlich von seiner Länge ab. Der Spleiß in unserer Abbildung ist mit Absicht viel kürzer dargestellt worden, als er eigentlich sein müßte, um ihn in den Bildern in ausreichender Vergrößerung wiedergeben zu können.

Der *Spanische Takling* ist ebenfalls eine Form des Spleißes — die schnelle und bequeme Methode des faulen Seglers, um ein Ende vor dem Aufgehen zu bewahren. Er verursacht häufig Ärgernis, weil er nicht durch einen Block oder Gattchen läuft, ist aber schneller anzufertigen als ein echter Takling. Drehe die Kardeele eines Tampens einige Törns auseinander (bei einem einzölligen Tau müßten drei Zoll genügen) und schlage jedes Kardeel nach innen zu über das anliegende Kardeel, und zwar gegen den Sinn des Uhrzeigers arbeitend. Wenn das geschehen ist, liegen die Enden aller Kardeele am Tampen herunter. Hole sie gleichmäßig durch und stecke jedes Kardeel zweimal über und unter die Kardeele des Tampens, genauso wie beim zweiten und dritten Durchstecken, wenn man einen Spleiß macht. Rolle den Spleiß unterm Fuß und schneide die Kardeelenden kurz ab.

Drahttauwerk

Stahldraht findet in der Yachttakelage weitgehende Verwendung, weil Tauwerk daraus stärker ist als solches aus Faserstoffen. Infolgedessen genügen geringere Stärken, die gleichzeitig den Windwiderstand vermindern. Stahldraht dehnt sich so gut wie gar nicht und ist unempfindlich gegenüber den Gefahren des Schamfilens. Es wird aus rostfreiem oder verzinktem Stahl hergestellt und ist in seiner Biegsamkeit abhängig von seiner Konstruktion. Die stärkste, aber am wenigsten biegsame Form von Stahldraht ist eine massive Stange; wenn ihre Endbeschläge aber nicht

---

Tafel 14
A. Belegen eines Falls an einer Klampe. B. Belegen eines Falls an einer Klampe, abschließend mit einem Kopfschlag. C. Das überschüssige Tauwerk aufgeschossen und zwischen stehender Part und Mast festgeklemmt. D. Eine andere Möglichkeit, das aufgeschossene Tauwerk eines Falls aufzuhängen. Greife mit der Hand durch das aufgeschossene Tauwerk, erfasse das Ende dort, wo es die Klampe verläßt und bilde durch einmalige Drehung eine Schlaufe. E. Ziehe dann die Schlaufe durch das aufgeschossene Tauwerk und hänge sie über die Klampe. F. Die aufgeschossene Tauwerksrolle an der Klampe hängend.

mehrere Grade Spielraum nach allen Seiten gewähren, besteht die Gefahr, daß Ermüdungserscheinungen im Metall auftreten, außerdem verbiegt und kinkt sie leicht. Massive Stangen sind daher auf Kreuzeryachten eine Seltenheit und finden höchstens einmal als Wasserstag an Klüverbäumen und Auslegern Verwendung.

Bei der Herstellung von gewöhnlichen Drahtseilen wird eine Anzahl nahtlos gezogener Drahtgarne zu Kardeelen vereinigt, und sechs Kardeele werden um eine Seele rechtsgeschlagen. Diese Seele kann aus einem Drahtkardeel ähnlicher Beschaffenheit oder aus ölgetränktem Hanf oder nichtabsorbierendem Kunststoff bestehen. Auch die einzelnen Kardeele können Seelen entweder aus Stahl oder Hanf aufweisen. Je dicker die einzelnen Drähte sind und je geringer infolgedessen ihre Anzahl ist, um so stärker und steifer wird das Drahtseil sein; um so länger auch seine Lebensdauer, wenn es aus verzinktem Stahl besteht, weil dickerer Draht auch eine dickere Schutzschicht aus Zink annehmen kann. Je dünner die Drähte aber sind, und daher je größer ihre Zahl, um so biegsamer wird das Drahtseil; noch biegsamer, wenn die Kardeel- und Drahtseilseelen aus Fasersträngen bestehen anstatt aus Kabeldraht. Erhöhte Biegsamkeit hat verminderte Stärke und vergrößerte Reckung im Gefolge. In England wird Drahttauwerk nach seinem Umfang in Zoll gemessen; eine Konstruktion wird durch Zahlen wie 7 x 7, 6 x 19, 6 x 24 gekennzeichnet. Die erste Zahl bezieht sich auf die Anzahl der Kardeele, die zweite Zahl auf die Anzahl von Drahtgarnen, aus denen jedes Kardeel besteht. 7 x 7-Drahtseil hat daher sieben Kardeele (sechs um ein Kardeel in der Mitte geschlagen) und sieben Drahtgarne auf jedes Kardeel; es enthält keine Faserseelen. Ein 6 x 19-Drahtseil hat sechs Kardeele, rund um eine Faserseele gelegt, und 19 Drahtgarne auf jedes Kardeel; die Kardeele enthalten keine Faserseele. Ein 6 x 24-Drahtseil besteht aus sechs Kardeelen, rund um eine Faserseele geschlagen, und jedes Kardeel setzt sich aus 24 Drahtgarnen mit einer Faserseele in der Mitte zusammen; diese ist von den drei genannten Konstruktionen die biegsamste, aber auch die schwächste.

Tafel 15
A. Die Pinne der *Droleen II* fügt sich unterhalb der Decksebene mit dem Ruderschaft zusammen. *B.* Peradventure zeichnet sich durch ein tiefes, geräumiges Cockpit aus, das für die meisten von Harrison Butler gezeichneten Yachten typisch ist. Der Heckausleger, zu dem das feststehende Achterstag herunterführt, bildet ein breites V; er wird nach unten durch zwei Ketten gesichert, die am Spiegelheck zu beiden Seiten des Ruderstevens angebracht sind. *C.* Ein niedriges, hübsches Deckshaus bedeutet zusätzlichen Schutz für den Rudergänger im Cockpit der *Pegasa.* Die Schotwinschen für die Vorsegel zweckmäßig plaziert, sind von ihm aus bequem zu erreichen. Der Steuerkompaß steht an ungewöhnlicher Stelle unterhalb der Pinne. *D.* Der von Dickie entworfene und erbaute Kutter *Vistona* besitzt Radsteuerung und ein kleines Schutzdach im Cockpit.

Ein Pedant könnte sagen, daß ein 1 x 19-Drahtseil überhaupt kein Drahtseil ist, weil es nur aus einem Kardeel aus neunzehn dicken Drahtgarnen besteht. Da diese Konstruktion aber von allen für das stehende Gut verwendeten Drahtseiltypen die stärkste und glatteste ist und der geringsten Reckung unterliegt, erfreut sie sich ständig steigender Beliebtheit. Ihr einziger Nachteil ist, daß sie sich nicht spleißen und daher nur mit Terminal-Endbeschlägen verwenden läßt (s. auch S. 125).

Überall da, wo die ersten Anschaffungskosten keine ausschlaggebende Rolle spielen, würde ich die Verwendung von rostfreiem Stahl für das stehende Gut empfehlen, da dieser, außer wenn er in Berührung mit einem anderen Metall gerät, keiner Schutzschicht bedarf. Er unterliegt lediglich einer Art bräunlicher Verfärbung, die sich aber leicht abreiben läßt. Erst nach einer Reihe von Jahren in Gebrauch kann auch rostfreier Stahl schlecht werden; die ersten Anzeichen sind, daß einzelne Drahtgarne aufspringen, deren Enden dann als sogenannte Fleischhaken hervorragen und Segel oder Hände aufreißen. Zehn Jahre lang oder so braucht das nicht zu geschehen, aber wenn es geschieht, darf man sich auf dieses Drahttau nicht mehr verlassen. Verzinktes Drahttauwerk kostet nur etwa ein Drittel des rostfreien Stahls; wenn es aber vernachlässigt wird, beträgt seine Lebensdauer auch nicht mehr als ein Drittel. Man kann ihm jedoch eine lange Haltbarkeit verschaffen, wenn man die untersten 1,5 bis 2 Meter, die dem Spritzwasser und Gischt am meisten ausgesetzt sind, von vornherein und solange das Gut neu ist, mit Isolierband umwickelt, bekleedet und lackiert, und alle anderen der Witterung ausgesetzten Teile ein- oder zweimal im Jahr mit gekochtem Leinöl behandelt. Auf diese Weise habe ich erreicht, daß das stehende Gut meiner Yachten elf volle Jahre hielt und Kreuzfahrten von über 70 000 Seemeilen durchstand. Rostfreien Stahl sollte man jedoch für alle Stagen verwenden, an denen Segel mit Stagreitern angeschlagen werden, da Stagreiter schnell das Zink oder andere Schutzschichten abreiben.

Bis der rostfreie Stahl in seiner biegsamen Form weiter verbessert worden ist, würde ich verzinkten Draht für laufendes Gut überall da vorziehen, wo Tauwerk aus Kunststoff nicht verwendet werden kann, denn nach meiner Erfahrung hat verzinkter Draht eine längere Lebensdauer und besitzt eine größere Zuverlässigkeit, auch wenn sich auf ihm an Stellen, wo der Draht über eine Scheibe läuft, keine Schutzschicht lange hält.

Biegsames Drahttauwerk läßt sich leichter handhaben als die steifere und stärkere Machart, wie sie für das stehende Gut gebräuchlich ist; beide Arten von Drahtwerk müssen sorgfältig behandelt werden, um die Entstehung von Kinken zu vermeiden, die sie auf die Dauer schwächen. Die beste Methode, Draht von einer Rolle abzunehmen, ist, das äußere Ende zu fassen und die Rolle auf Deck entlangzurollen. Drahttauwerk wird mit Hilfe eines Hartmeißels oder einer Metallsäge abgeschnitten. Wenn es sich um gewöhnliches Drahttauwerk handelt, muß aber erst auf jeder Seite des Schnitts ein Takling aufgesetzt werden, da die Kardeele und die Drahtgarne, aus welchen sie bestehen, sonst sofort aufspringen. Für Yachtgebrauch, und besonders wenn der Eigner selbst seine Taklerarbeiten verrichtet, benutzt man jedoch am besten vorgeformtes (Trulay-)Tauwerk. Hierbei sind die Einzeldrähte der Kardeele und die Kardeele selbst in der geradlinigen Form angeordnet, die sich bei dem fertigen Tauwerk annehmen, bevor es geschlagen wird. Sie befinden sich daher nicht unter Spannung und springen nicht von selbst auf, so daß man spleißen kann, ohne die Kardeelenden zu betakeln. Verzinktes Tauwerk ist in kleinen Stärken mit Plastiküberzug erhältlich, der den Draht vor Feuchtigkeit schützen und das Schamfilrisiko vermindern soll. Manchmal wird es auch für die Vorlieken benutzt. Schwierig ist es nur, wasserdichte Spleiße zu erhalten, und unerwartete Korrosionserscheinungen können auftreten.

Die nachfolgende Tafel gibt eine Übersicht über die Festigkeit verschiedenen Drahttauwerks, wie es durchweg für die Takelage einer Yacht Verwendung findet.

DIE BRUCHFESTIGKEIT VON DRAHTTAU IN TONNEN

	Umfang in Zoll									
Konstruktion	3/8	1/2	5/8	3/4	7/8	1	1 1/4	1 1/2	1 3/4	2
Stehendes Gut										
Rostfreier Stahl — Stange	1,2	1,9	2,7							
Rostfreier Stahl — 1 x 19	0,9	1,5	2,1	3,6	4,6	5,6				
Rostfreier Stahl — 7 x 7	0,8	1,1	1,65	2,7	3,4	4,05				
Verzinkter Stahl — 1 x 19	0,85	1,45	2,25	3,4	4,45					
Verzinkter Stahl — 7 x 7	0,7	1,0	1,5	2,7	3,3	3,4	5,1	7,4	10,1	13,4
Laufendes Gut										
Rostfreier Stahl — 7 x 19	0,85	1,1	1,7	2,95	3,5	4,2				
Verzinkter Stahl — 6 x 19	0,6	0,9	1,3	2,3	2,9	3,1	4,7	6,7	9,1	12,4
Verzinkter Stahl — 6 x 24		0,8	1,1	1,9	2,4	2,7	4,4	6,1	8,7	11,2

Drahtbändsel, hergestellt aus sieben verzinkten oder rostfreien Drahtgarnen und als einzelnes Kardeel linksgeschlagen, ist in verschiedenen Stärken erhältlich. Es wird für Drahtbändselungen und Bekleidungen in der gleichen Weise benutzt wie Marlleine für Fasertauwerk. Wenn verzinkt, hat diese Art Drahtbändsel keine Federkraft und dreht sich nicht auf.

Drahtspleiß (Tafel 13)

Entschließt sich ein Fahrtensegler, für die Instandhaltung und Erneuerung seiner Takelage selbst zu sorgen (wozu man ihm nur raten kann, wenn er an seinem Sport wirklich Freude haben und nebenbei seine Unkosten einschränken will), dann wird er von Zeit zu Zeit Gelegenheit haben, ein Augspleiß aus Stahldraht anzufertigen, denn fast jedes Stahldrahttau auf einer Yacht endet mit einem solchen Spleiß an beiden Enden, außer wenn Spezialendbeschläge (S. 125/126) benutzt werden. Es gibt so viele verschiedene Spleißweisen von Drahttauwerk, daß der Anfänger diese Arbeit meist für komplizierter und schwieriger hält als sie ist. Obgleich sich mit Draht unbequemer arbeiten läßt als mit Fasertau, ist doch jedermann mit ein wenig Übung in der Lage, einen annehmbaren Spleiß zustande zu bringen.

Kleinere Augen werden gewöhnlich um eine Kausch aus rostfreiem oder verzinktem Eisen oder Nylon gelegt, um die Form des Drahtes zu bewahren und ihn zu schützen. Obgleich dies nichts mit dem Spleiß selbst zu tun hat, bedeutet das Anpassen mehr vorbereitende Arbeit, als ein Auge ohne Kausch zu spleißen. Miß die Länge des benötigten Drahtendes ab und gib für jeden Spleiß einen Fuß pro Zoll Umfang mehr dazu; ein 1½/zölliger Draht beansprucht also 18 Zoll für einen Spleiß. An der Stelle, wo der Draht durchgeschnitten werden soll, setze zwei Taklings im Abstand von etwa 1½ cm voneinander auf (ich halte den *West Country*-Takling hierfür am besten), und zerschneide den Draht dazwischen mit einem Hartmeißel oder einer Metallsäge.

Um den Draht an einer empfindlichen Stelle zu schützen, schmarte ihn da, wo er in der Kauschkeep zu liegen kommt mit Isolierband und bekleede ihn mit Marlleine oder Drahtbändsel. Dann bändsele den obersten Teil der Kausch mit dem bekleideten Drahtende an genau der richtigen Stelle fest zusammen. Kneife den um die Kausch gelegten Draht zusammen (hierfür braucht man einen Schraubstock, wenn es sich nicht gerade um biegsamen Draht handelt) und bändsele die beiden Teile mit einer festen Kreuzzurring zusammen und an die Kausch, so daß sich die beiden Drahtparten, wenn der Schraubstock entfernt wird, nicht mehr bewegen können (Tafel 13 D). Eine Spezial-Spleißzwinge hält den Draht auch ohne Bändselung um die Kausch zusammen. Entferne den Takling vom Ende der Drahttrosse und sei sehr vorsichtig dabei, da sonst die Kardeele und Drahtgarne auseinanderspringen, und setze einen Takling auf das äußerste Ende eines jeden Kardeels, bevor du den Drahttampen bis an die Bekleedung öffnest. Bei vorgeformtem Drahttauwerk ist dies nicht nötig. Hat der Drahttampen eine Faserstrangseele (wie es bei dem in Tafel 13 A bis D gezeigten Draht der Fall ist), schneide diese ganz nahe an der Kausch ab. Lege den Drahttampen horizontal so vor dich, daß sein stehender Part von dir wegweist und der aufgedrehte Part links von ihm liegt, und ordne die Kardeele so, daß drei auf und drei unter der stehenden Part zu liegen kommen.

Damit bist du an dem strittigen Punkt angelangt. Einige Takler verstecken die Kardeele *(Liverpool fashion)* mit dem Schlag, d. h. sie törnen jedes Arbeitskardeel immer wieder um ein und dasselbe Kardeel der stehenden Part; andere verstecken das Kardeel nach Marineart gegen den Schlag, und wieder andere schließen eine Art Sperre ein, die darin besteht, daß zwei Kardeele in entgegengesetzter Richtung unter ein und demselben Kardeel der stehenden Part hindurchgesteckt werden, was aber eine häßliche Verdickung ergibt. Ich habe alle diese Methoden und noch einige mehr ausprobiert und bin zu der Überzeugung gelangt, daß der ehrliche einfache Spleiß, bei dem jedes Kardeel genau wie beim Fasertauwerk über und unter versteckt wird, für den Amateurtakler am saubersten und einfachsten anzufertigen ist. Er ist haltbarer als der Liverpoolspleiß und erheblich kürzer. Er wird folgendermaßen gemacht:

Suche das Kardeel der stehenden Part, das unmittelbar unter dem rechtsgelegenen der drei obersten Kardeele der Arbeitspart liegt (Nr. 1 in der Tafel), und hebe es mit dem Marlspieker, den du von rechts nach links eingesteckt hast, hoch. Stecke Kardeel Nr. 1 neben dem Marlspieker und in der gleichen Richtung durch, d. h. gegen den Schlag (Tafel 13 A), und ziehe es, bevor du den Marlspieker entfernst, fest ganz durch, wobei du darauf achten mußt, daß kein Kinken entsteht. Ziehe den Marlspieker wieder heraus und hebe mit ihm das nächste Kardeel links hoch und stecke Kardeel Nr. 2 darunter (Tafel 13 B). Fahre in gleicher Weise mit allen Kardeelen fort, dergestalt, daß jedes Kardeel zwischen zwei verschiedenen Kardeelpaaren der stehenden Part herauskommt. Wenn aber steifes, stehendes Gut auf diese Weise verspleißt wird, entsteht hierbei eine Verdickung unter Kardeel Nr. 6. Das läßt sich wie folgt vermeiden: Nachdem Nr. 4 durchgesteckt ist, überschlage Nr. 5 und stecke Nr. 6 unter zwei Kardeele; kehre dann zu Nr. 5 zurück und stecke dieses zwischen die beiden Kardeele, unter denen Nr. 6 hindurchgesteckt war, so daß alle Kardeele trotzdem an den gleichen Stellen herauskommen, wie wenn jedes nur unter einem Kardeel versteckt worden wäre (Tafel 13 C). Dies ist eine Verfeinerung, die jedoch für die Stärke des Spleißes bedeutungslos ist. Das Wichtige beim Spleißen ist, darauf zu achten, daß kein Kardeel kinkt, sondern jedes sich eng an der vorgeschriebenen Stelle anschmiegt. Beklopfe den Spleiß leicht mit dem Hammer, damit die Kardeele sich schön einfügen, und fahre dann fort, alle Kardeele ein zweites Mal zu verstecken. Hierbei gibt es keine Komplikationen; jedes Kardeel läuft über und unter einem Kardeel. Haben die Kardeele eine Seele aus Fasertau, entferne diese, bevor du die Kardeele ein drittes Mal (auf die gleiche Weise wie beim zweitenmal) untersteckst, um die Dicke zu verringern und mit dem Verjüngen zu beginnen. Ein Spleiß beeinträchtigt die Festigkeit eines Drahtendes da, wo zum letztenmal untergesteckt wird. Eine Verjüngung des Spleißes (Tafel 13 D) verringert jedoch diesen Effekt und man kann sagen, daß ein gut ausgeführter Spleiß immer noch 85 bis 90 Prozent der ursprünglichen Drahtfestigkeit besitzt. Eine rasche Methode für die Verjüngung eines Spleißes besteht darin, zwei ganze Kardeele nach dem dritten Verstecken abzuschneiden und mit vieren fortzufahren, dann zwei weitere wegzuschneiden und die restlichen zwei zu verstecken. Eine mehr befriedigende Methode ist es aber, die Dicke aller Kardeele nach dem dritten Verstecken um ein Drittel zu beschneiden, dann einmal zu verstecken und die Kardeele dann um die Hälfte zu beschneiden, und noch einmal zu verstecken. Dies ist allerdings, außer bei vorgeformtem Drahttau, ein mühseliges Geschäft, denn bei jeder Verjüngung eines Kardeels muß der Takling abgenommen und wieder aufgesetzt werden. Bei einigen Arten Drahttauwerk lassen sich die einzelnen Drähte sauber abbrechen, indem man jedem Draht einen kurzen scharfen Dreh nach rechts gibt. Der Spleiß muß nach jedem Verstecken sanft beklopft werden, und da die Verzinkung des Drahtes bis zu einem gewissen Grade unter dem Spleißprozeß leidet, ist bei verzinktem Draht das Schmarten und Kleeden des fertigen Spleißes dringend erforderlich, um die Feuchtigkeit abzuhalten. Besteht für den Spleiß Schamfilgefahr wie z. B. durch Stagreiter, so kann er auch mit Draht bekleedet werden, was recht sauber aussieht und lange hält.

Handelt es sich bei dem zu spleißenden Draht um eine 7 x 7-Konstruktion, darf das Mittelkardeel nicht herausgeschnitten werden, da sonst die Stärke leiden würde. Sobald du die beiden Parten zusammengebracht hast, stecke das Mittelkardeel genau durch die Mitte der stehenden Part, und zwar gegen den Schlag. Lege es an der Austrittsstelle in die Keep, die es hinterlassen hat, und bändsele sein Ende auf das Drahttau herunter. Die übrigen sechs Kardeel werden dann in der üblichen Weise behandelt; sie verstecken dabei die beiden Mittelkardeele unter sich.

Im Notfall läßt sich ein provisorisches Auge rasch mit Hilfe von Klemmschrauben, sog. *Bulldog Grips*, (Abb. 18) herstellen. Hierbei handelt es sich um U-förmige Klemmen, von denen jede einen Gleitriegel besitzt mit einer halbrunden Aussparung, in die der Drahttampen hineinpaßt. Der Gleitriegel wird mit zwei Schrauben festgesetzt. Da der U-förmige Teil der Klemmschrauben den Draht möglicherweise zerquetscht, dürfen die Klemmen mit diesem Teil nur das kurze Ende und niemals die stehende Part umfassen. Für jedes Auge sind drei Klemmen zu verwenden, die natürlich die für das Drahtseil passende Größe haben müssen.

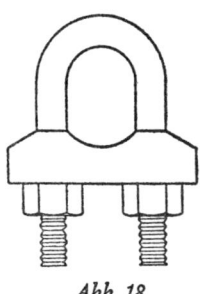

Ferner läßt sich ein Auge dadurch herstellen, daß das Ende mit der stehenden Part mit Hilfe von Kreuzzurrings aus Draht zusammengebändselt wird, nachdem beide Parten vorher geschmartet und gekleedet worden sind, um ein Schlippen zu verhindern. Diese Methode wurde auf den großen Rahseglern für die unteren Wantungen angewandt, wobei auf jedes Auge vier Kreuzzurrings entfielen.

Abb. 18
(Klemmschraube)
„Bulldog Grip"

Ein Drahtkurzspleiß unterscheidet sich in seiner Anlage kaum von einem Kurzspleiß in Fasertauwerk. Setze einen Takling auf jedes Ende an der Stelle an, bis zu welcher du den Draht aufdrehen willst; nimm die Kardeele auseinander und füge sie so ineinander, daß jedes Kardeel des einen Endes zwischen je zwei Kardeelen des anderen Endes liegt, und setze einen starken Takling rund um die Verbindungsstelle. Dann bekleede die Kardeele des einen Endes, um sie fest zusammenzuhalten; das Gelingen des Spleißes hängt davon ab, daß die Bekleedung nicht schlippt. Dann entferne den Takling und verstecke die Kardeele des anderen Endes über und unter zweimal gegen den Schlag und verjünge dann in der üblichen Weise. Anschließend entferne die Bekleedung und verstecke die Kardeele des anderen Endes auf die gleiche Weise.

Im Prinzip läßt sich auch ein Drahtlangspleiß anfertigen, der aber in der ganzen Marlspiekerkunst wohl die schwierigste Aufgabe darstellt. Er erfordert sehr viel Draht (10 Fuß von jedem Tampen pro Zoll Umfang), und ich habe noch nie von seiner Verwendung auf Yachten gehört. Genaue Anweisungen für seine Herstellung finden sich in Leonard Popples Buch *Marline-spike Seamanship.*

Ein Stropp ist ein aus einem Fasertau- oder Drahtende hergestellter Ring, der gelegentlich dazu dient, Blöcke oder anderes Geschirr an Mast oder Spieren anzuhängen. Er läßt sich herstellen, indem man z. B. die beiden Tampen eines Fasertau- oder Drahtendes durch einen Kurzspleiß miteinander verbindet. Ist die durch den Spleiß entstehende Verdickung jedoch hinderlich, muß man sich mit einem Behelfsstropp begnügen, der wie folgt angefertigt wird: Man schlägt zwei Nägel im passenden Abstand voneinander in ein Brett und legt Marlleine oder Drahtbändsel, einen Törn nach dem anderen, um die Nägel, bis der Stropp die erforderliche Stärke erreicht hat. Die Törns werden, bevor man den Stropp abnimmt, durch Takelgarn, das man in kurzen Abständen in Rundtörns und halben Schlägen herumlegt, gesichert und zusammengehalten, worauf der fertige Stropp bekleedet und betakelt wird.

Verbindung zwischen Draht- und Fasertauwerk

Da sich Drahttauwerk nicht an einer Klampe oder einem Nagel belegen läßt, muß es bei Verwendung als Fall oder Schot, außer bei direkter Führung an eine Winschtrommel, mit einem Fasertauende verbunden werden. Muß die Verbindungsstelle zwischen Draht und Fasertau nicht durch einen Block laufen, so genügt ein Augspleiß im Draht, in den das Tauende eingespleißt wird.

Drahttauwerk läßt sich aber auch unmittelbar mit Fasertauwerk verspleißen, ohne daß der Spleiß die Verbindungsstelle wesentlich verdickt, so daß es auch durch einen Block zu laufen vermag. Nimm die Kardeele des Drahtendes auf eine Länge seines dreißigfachen Umfangs auseinander, nachdem du vorher diese Stelle mit einem Takling abgesichert hast. Schneide die Seele des Drahtendes und die jedes einzelnen Kardeels heraus, einerlei, ob diese aus Fasertau oder Draht besteht, um auf diese Weise die Kardeele zu verdünnen. Dann nimm drei Kardeele, einen um den anderen, schlage sie rechts auf ihre halbe Länge zu einem dreischäftigen Draht, den du an dieser Stelle mit einem Takling sicherst. Nun drehe das Fasertauende ein oder zwei Zoll auf und füge dieses und die drei aufgedrehten Kardeele des Drahtendes ineinander wie beim Kurzspleiß. Schlage einen Zoll des Fasertauendes wieder zusammen und setze einen Takling auf. Dann führe den dreischäftigen Draht in die Mitte des Fasertauendes und arbeite ihn — soweit es sein Takling erlaubt — mit dem Schlag hinein, bringe dann je eines seiner Kardeele zwischen zwei Kardeelen des Fasertauendes heraus und verstecke sie gegen den Schlag des Fasertauendes über und unter, soweit sie reichen, und setze einen Takling da auf, wo sie zuletzt versteckt werden und wo ihre Enden im Tau verschwinden müssen (Abb. 19 oben zeigt den Spleiß in diesem Stadium der Herstellung). Verstecke auf die gleiche Weise die

---

Tafel 16
A. Eine einzige Saling mit Unter-, Mittel- und Oberwanten, wie sie bei der Gaffeltakelage, manchmal auch, wie in diesem Fall, bei der Hochtakelage Anwendung findet, aber die moderne Praxis verzichtet meist auf Mittelwanten.
B. Häufiger sind dagegen zwei Salinge mit Unter-, Zwischen- und Oberwanten.
C. Die gleiche Anordnung wie in *B.*, aber die Ober- und Zwischenwanten sind, um Gewicht und Windfang zu vermindern, an der unteren Saling miteinander verbunden, so daß von dort zum Deck herunter nur ein einziges Drahtwant verläuft. *D.* Eine ähnliche Anordnung wie in *B.*, aber da das Oberwant nicht am Topp angreift, wird der Masttopp durch ein Paar Genickstagsspreizen geradegehalten.

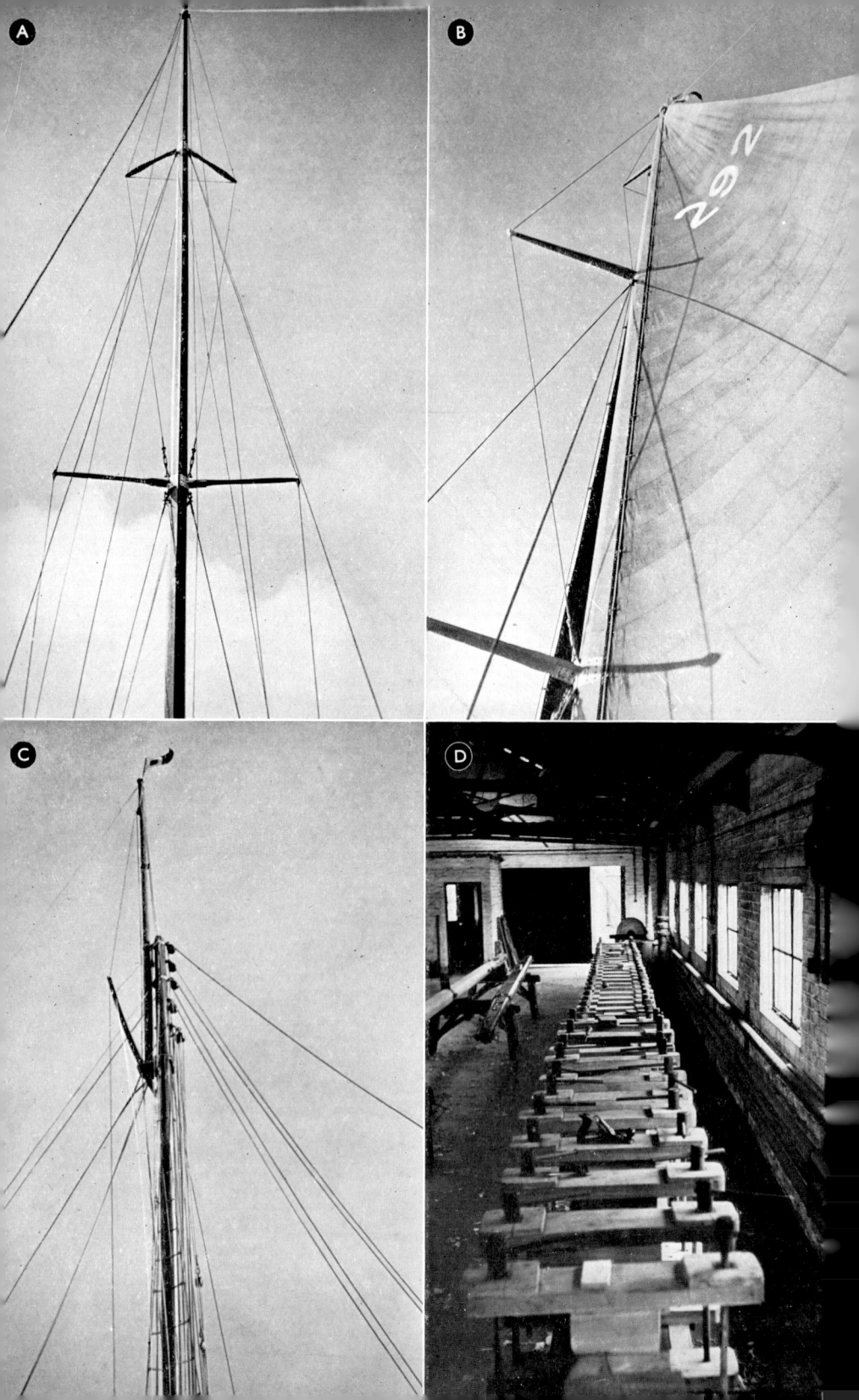

anderen drei Kardeele des Drahtendes auf etwa die Hälfte ihrer Länge, schneide sie dann ab, verstecke die Enden und setze einen Takling darauf. Zum Schluß verjüngst du die Kardeele des Fasertauendes und bekleedest sie fest um die stehende Part der Drahttrosse. (Der fertige Spleiß ist in Abb. 19 unten wiedergegeben.)

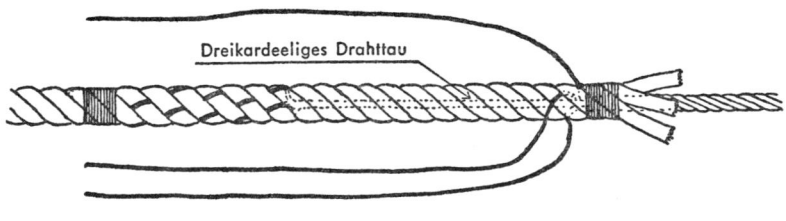

Dreikardeeliges Drahttau

Abb. 19 — Langspleißverbindung zwischen Drahttau und Hanftau

Endbeschläge für Drahttauwerk

Oben habe ich bereits erwähnt, daß sich neunzehnkardeeliges Drahttauwerk nicht spleißen läßt, und daher Hülsen-Endbeschläge erforderlich sind. Diese lassen sich auch für jede andere Art von Drahttauwerk verwenden; sie sind kostspieliger als Spleißen und stärker, solange sie neu sind, können aber unter Umständen Korrosionsschäden erleiden. Abgesehen von einer Befestigung durch Klemmschrauben, gibt es verschiedene Verfahren für die Anfertigung von Endbeschlägen. So wurde in den 50er Jahren das Talurit-Gerro- oder Nicopreßverfahren eingeführt. Hierbei werden aus zwei Parten gebildete Augen oder Kauschen in eine Preßhülse gesteckt, und die Hülse wird mit einem Schlagwerkzeug, oder bei größeren Seilen, in einer hydraulischen Presse zusammengedrückt, bis das Hülsenmetall die Zwischenräume der Kardeele füllt (Tafel 13 F). Um elektrolytische Erscheinungen auf ein Mindestmaß zu beschränken, wählt man Preßhülsen aus Aluminium für verzinkte, und Preßhülsen aus einer Kupferlegierung für rostfreie Seile.

Tafel 17
A. Der obere Teil des Mastes über der einzigen Saling wird durch ein Paar Genickstagsspreizen geradegehalten; das Vorstag greift im Winkelpunkt der beiden Genickstagsspreizen an. *B.* Hier sind die Toppwanten diamantgeriggt, und die Genickstagsspreizen stützen den Mast oberhalb des Vorstags ab. *C.* Eine einfierbare Stenge ist heutzutage ein seltener Anblick geworden. *D.* Ein Hohlmast im Bau; er wird durch Zwingen gehalten, während der Leim sich setzt.

Amerikanische Yachtkonstrukteure waren die ersten, die zur Verwendung von sogenannten „True-loc"-Terminals — oder wie wir sie nennen — Walzterminals übergingen. Diese Endbeschläge aus rostfreiem Stahl werden mit einer Walzmaschine auf den Draht gewalzt. Sie stellen die günstigste und beste Seilendverbindung dar, die bisher entwickelt wurde, wird aber aus Kostengründen nur bei Takelagen aus rostfreiem Stahl angewendet. Der Druck, durch welchen das Seil im Terminal gehalten wird, ist über eine große Fläche verteilt, und ein Ausziehen des Seils ist daher unmöglich. Der Walzterminal stellt einen formschönen, zweckmäßigen Endbeschlag dar, der heute fast ausnahmslos zur Standardausrüstung moderner Nirosta-Riggs gehört. Ein von der Firma Norsemann Ropes Ltd. hergestellter Walzterminal ist auf Tafel 13 E abgebildet.

Vor Einführung der zwei vorstehend beschriebenen Seilbeschläge wurden bei der Herstellung des stehenden Guts sogenannte Vergußhülsen verarbeitet. Da die Patentpressungen noch nicht eingeführt waren, konnten diese Seilhülsen als eine gelungene Lösung des Problems betrachtet werden. Der Hülsenkörper besteht aus Bronze. In den Hohlkegel wird der sogenannte „Drahtbesen", d. h. alle um 180 Grad umgebogenen Einzeldrähte hineingezogen. Der Hohlraum wird mit Metall ausgegossen. Bei biegsamem Stahldraht sind diese Vergußhülsen nicht zuverlässig, und selbst beim stehenden Gut hat es eine Anzahl Versager gegeben, für die wahrscheinlich elektrolytische Vorgänge zwischen dem Füllmaterial und dem Stahldraht, oder auch Überhitzung des Drahtes verantwortlich waren. Heute wird dieser Typ Seilbeschlag kaum noch benutzt.

Das Belegen von Enden *)

Ein Ende belegen oder aufschießen bedeutet, es zu sichern und an einer Klampe, einem Belegnagel usw. so festzumachen, daß es unter allen obwaltenden Umständen rasch losgeworfen werden kann. Zu allererst muß ein Rundtörn herumgelegt werden (mit dem man das Ende beim Loswerfen unter Kontrolle behalten kann), gefolgt von einer ausreichenden Anzahl achtförmiger Kreuzschläge, um ein Ausrauschen des Endes zu verhindern; zum Schluß ein oder zwei zusätzliche Rundtörns, wie auf Tafel 14 A dargestellt.

Einerlei, ob die Klampen aus Holz oder Metall bestehen — ihre Ecken und Kanten müssen wohlabgerundet sein, und es darf keine scharfen Winkel geben, in denen sich ein Ende festklemmen könnte. Es werden zahlreiche Typen von Klampen angeboten, einschließlich der Schotklemmen, die ein Ende mit nur einem Törn oder einem Teil des-

---

*) s. auch Sondheim „Knoten, Spleißen, Takeln", Verlag Delius, Klasing und Co.

selben bekneifen, so daß es blitzschnell belegt und wieder losgeworfen werden kann; meine persönliche Erfahrung mit Schotklemmen ist aber, daß sie das Tauwerk beschädigen, da sich die Zugkraft auf eine zu kleine Stelle konzentriert. Die von dem verstorbenen E. G. Martin konstruierte Holzklampe ist viel besser als die gewöhnliche Klampe (Abb. 20);

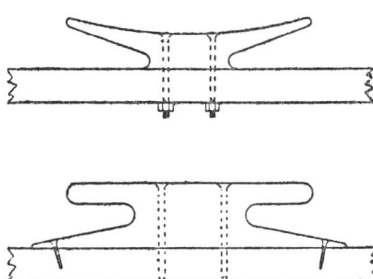

Abb. 20
Gewöhnliche Klampe (oben)
und E. G. Martins verbesserte
Klampe (unten).

ihre lange Grundfläche gestattet außerdem die Anbringung von zwei zusätzlichen Schraubenbefestigungen. Klampen müssen, wenn möglich, durchgebolzt oder genietet sein und so angebracht werden, daß ihre Mittellinie in einem Winkel von 15 Grad zu dem direkten Zug des Endes steht.

Viele Klampen und Belegnägel, die man auf Yachten antrifft, sind zu klein, als daß man Törns in genügender Anzahl um sie herumlegen könnte. Um das Schlippen des Endes zu verhüten, setzen manche Segler zum Schluß einen halben Schlag auf Klampe oder Belegnagel wie in Tafel 14 B. Ich selbst tue es auch, aber es ist bei Naturtauwerk keine empfehlenswerte Praxis; das Tauwerk zieht sich bei Nässe zusammen, und der halbe Schlag kann sich so bekneifen, daß er sich nur mühsam und mit Zeitverlust wieder lösen läßt.

Fallen werden häufig an den Coffeynägeln einer Nagelbank belegt, die in Mastnähe an Deck befestigt ist. Manche Yachten haben aber bei stürmischem Wetter ernsthafte Schäden dadurch erlitten, daß sich ihre Decks durch den nach oben gerichteten Zug hoben. Solche Nagelbänke müssen daher mit Eisenträgern unter Deck verbolzt und entweder mit dem Kiel oder Mast verstrebt werden. Nagelbänke durch das Schandeck müssen seitwärts mit den Spanten verbolzt werden.

Eine Kreuzklampe (eine lange Klampe innerhalb des Schanzkleides, bestehend aus einem horizontalen Stück Holz, das quer an zwei oder mehr Schanzkleidstützen befestigt ist und diese nach beiden Seiten etwas überragt) ist zweckmäßig zum Belegen von Bug-, Heckleinen und Springs, wenn man am Kai oder längsseits eines anderen Schiffes liegt.

Ein Poller, an dem ein Ende belegt werden soll, wird am besten durchbohrt und mit einem Quernagel versehen, um den man die üblichen achtförmigen Törns herumlegen kann. Soll der Poller aber die Ankerkette oder einen schweren Festmacher aufnehmen, werden Kette oder Festmacher auf die folgende Weise belegt: Lege zwei Törns um den Poller, bilde dann eine Bucht, nimm diese unter der stehenden Part hindurch, lege sie wieder auf den Poller und hole das Ende dicht.

Die höchste Zugkraft, die ein Mann entwickeln kann, beträgt etwa 75 Kilo, vorausgesetzt, daß er sicher steht und das betreffende Ende dick genug ist, um fest angepackt zu werden. Abwärts gerichtet, kann er natürlich eine Zugkraft ausüben, die seinem eigenen Gewicht entspricht. Eine noch stärkere Kraft kann aber durch Einfallen erzeugt werden. Zum Einfallen nimmt man zunächst den Tampen um einen Belegnagel und hält ihn, um ein Schlippen zu verhindern, mit der einen Hand fest; mit der anderen erfaßt man die stehende Part über dem Belegnagel und holt sie quer zur Zugrichtung. Dann läßt man nach, so daß die stehende Part in ihre Ausgangslage zurückschnellt, während man gleichzeitig mit der ersten Hand die gewonnene Lose um den Belegnagel einholt. Mit einem Mann, der einfällt, und einem zweiten, der die Lose nachholt, läßt sich ein Ende sehr steif setzen.

Das unter einer Klampe oder einem Belegnagel übrigbleibende und aufgeschossene Tauwerk darf nicht an Deck liegenbleiben, wo es naß werden, durcheinandergeraten oder über Bord gehen kann. Es wird entweder an der Klampe aufgehängt oder zwischen stehender Part und Mast (Tafel 14 C) oder Setzbord eingeklemmt. Eine saubere Art der Aufhängung ist, mit der Hand durch die aufgeschossenen Buchten hindurchzugreifen, das Ende dort zu fassen, wo es die Klampe verläßt, durch einmalige Drehung eine Schlaufe zu bilden, die Schlaufe durch die Buchten hervorzuziehen und abschließend über die Klampe zu legen (Abb. 14 D, E und F).

Tafel 18

A. Ein hochgetakelter Mast mit Großfallscheibe und Eisenband mit Augen für das stehende Gut. *B.* Ein Mastbeschlag mit angeschweißten Hülsen, in denen die Genickstagsspreizen verbolzt werden. Im Vordergrund das Spinnakerfall; darunter ist noch gerade der Schäkel für das Fockfall zu erkennen. *C.* Ein an den Mast geschraubter und mit ihm verbolzter Salingsbeschlag. Das obere Auge dient der Aufnahme des Unterendes eines Diamantwants; in der Mitte die Halterung für die Saling. An den Bolzen darunter werden die Unterwanten befestigt. *D.* Jungfern und Taljereeps, mit denen man ehemals die Wanten durchzusetzen pflegte. *E.* Die moderne Methode, die Wanten mit Hilfe von Spannschrauben durchzusetzen, arbeitet rasch und wirkungsvoll, aber die Spannschrauben müssen reichlich dimensioniert sein. Der Durchmesser der Spindeln darf nicht weniger betragen als den halben Umfang des Wants, das steifgesetzt werden soll. *F.* Die einfache und billige Form einer Spannschraube, wie sie bei Telegrafenmasten Verwendung findet. Ist das Rüsteisenauge aber nicht passend geformt, ergibt sich, wie auf diesem Bild, ein scharfer Knick unten am U mit entsprechender Bruchgefahr.

Beim Auffieren eines unter Zugbeanspruchung stehenden Endes, wie z. B. einer Groß- oder Vorsegelschot, heißt es vorsichtig sein. Am besten läßt man eine ausreichende Anzahl von Törns um Klampe oder Belegnagel liegen, so daß das Ende unter voller Kontrolle bleibt; sonst kann es einem durch die Hände rauschen und die Haut mitnehmen oder verbrennen, zumal wenn es sich um Tauwerk aus synthetischer Faser handelt.

Blöcke, Taljen und Winschen

Ein Block — von der Landratte als Rolle bezeichnet — ist eine mechanische Vorrichtung, um die Zugrichtung eines Endes mit einem Minimum an Reibungswiderstand zu ändern. Er besteht aus einem Gehäuse, das eine oder mehrere Scheiben enthält, die sich frei um einen Bolzen drehen; der äußere Rand jeder Scheibe trägt eine Keep zur Aufnahme des Tauwerks. Ein Haken aus Metall, ein Auge, Hundsfott, Wirbel oder eine andere Art von Beschlag ist an einem oder beiden Enden des Blocks angebracht, um ihn überall anschlagen zu können. Bis etwa 1950 wurden die meisten Yachtblöcke aus Esche angefertigt, mit Innenstropps aus Eisen zur Verstärkung; die Scheiben waren oft Patentscheiben, d. h. mit Kugellager, um die Reibung zu vermindern. Für das laufende Stahldrahtgut verwendete man dagegen durchweg Blöcke ganz aus Stahl. Seit damals haben sich Konstruktion und Herstellungsweise der Blöcke gewaltig verbessert; heutzutage werden die meisten Blöcke, Gehäuse wie Scheiben, einerlei, ob sie für Faser- oder Stahldrahttauwerk bestimmt sind, aus lamelliertem Kunststoff wie Tufnol hergestellt. Tufnol zeichnet sich durch große Stärke aus und ist unempfindlich gegen Korrosion. Die Stropps, Befestigungen und Beschläge sind aus nichtrostendem Stahl oder Manganbronze. Solche Blöcke (Tafel 29 D) bedürfen keiner Schmierung oder sonstiger Pflege und sind leicht von Gewicht. Ihre Kosten sind allerdings bedeutend. Obgleich ihre Verwendung auf einer modernen Hochseerennyacht als notwendig erachtet werden mag, so soll man doch nicht

---

Tafel 19
A. Durchsetzen eines Backstags, das auf einem Drahtstander nach achtern geholt wird. B. Ein einzelner Highfield-Hebel, der gleichzeitig Backstag und Preventer einer gaffelgetakelten Yacht durchsetzt. Der Backstagsstander läuft durch einen Block an Deck zum Hebel (unten rechts), der Preventer durch einen Block am Heck, von dort zu einer Scheibe vor dem Hebel und wieder zurück zu diesem. C. Der Laurent-Giles-Hebel: entspannt gewährt er zweimal soviel Lose wie ein Highfield-Hebel. D. Der Warrington-Smyth-Hebel ist so einfach, daß er von fast jeder Bootswerft billig hergestellt werden kann. E. Der Ring, an dem das Backstag befestigt ist, rutscht beim Umlegen des Hebels von selbst nach vorn und erfüllt somit die gleiche Funktion wie der Giles-Hebel.

vergessen, daß viele Kreuzeryachten immer noch sehr gut mit Blöcken aus gewöhnlicher Esche auskommen. Taugestroppte Blöcke kosten weniger als ein Viertel des Preises.

Bei der Auswahl eines Blockes spielt die richtige Scheibengröße die wichtigste Rolle. Die Scheibe muß breit genug sein, um das Tauwerk bequem aufnehmen zu können, wobei daran zu denken ist, daß Tauwerk aus Naturfaser aufquillt wenn es naß wird. Je größer der Scheibendurchmesser, um so leichter läuft das Tau darüber und um so geringer ist der Verschleiß. Eine Scheibe für Stahldraht muß einen größeren Durchmesser haben als für Fasertauwerk der gleichen Größe, nämlich den etwa sechsfachen Umfang des Stahldrahts. Bei Tauwerk sollte der Scheibendurchmesser nicht kleiner sein als der dreifache *Durchmesser* des Tauwerks, weil sonst die Biegung zu groß wird, die Bruchlast des Tauwerks gemindert wird und mehr Kraft zum Durchholen erforderlich wird.

Scheibendurchmesser mm	Fasertauwerk- durchmesser	Bruchlast kp
10 x 24	8	900
14 x 35	12	2000
16 x 40	14	2500
18 x 45	16	2500
20 x 55	18	3000

Von den verschiedenen Beschlägen, die es für Blöcke gibt, genießen Ovalauge und Schäkel die größte Verbreitung. Da diese eine Drehbewegung bis 150 Grad erlauben, kann man sie häufig da verwenden, wo man sonst das schwächere und kostspieligere Wirbelauge für unentbehrlich hielt.

Ein Klappblock bedeutet eine große Annehmlichkeit, wenn es sich darum handelt, die Führung eines Endes vorübergehend zu verändern. Gehäuse und Stropp sind auf der einen Seite ein Stück weggeschnitten, so daß das Ende in den Block hineingelegt werden kann, ohne es ganz durchscheren zu müssen. Die Öffnung wird gewöhnlich durch einen Bügel und Sicherungsbolzen verschlossen, die dafür sorgen, daß das Ende nicht herausspringt.

Ein Violinblock besitzt zwei Scheiben, die aber nicht nebeneinander sondern voreinander liegen und sich jede um einen eigenen Bolzen dreht. Der Block bleibt daher schmal; damit die durchgeschorenen Enden frei voneinander laufen können, ist die eine Scheibe im Durchmesser etwas größer als die andere. Es gibt noch einen ganz ähnlichen Block, bei dem beide Scheiben gleich groß sind, aber heutzutage werden Blöcke beider Arten kaum noch verwendet.

Eine Talje hat den Zweck, Kraft auf Kosten der Zeit zu vervielfachen und besteht aus zwei Blöcken, von denen der eine festsitzt und der andere

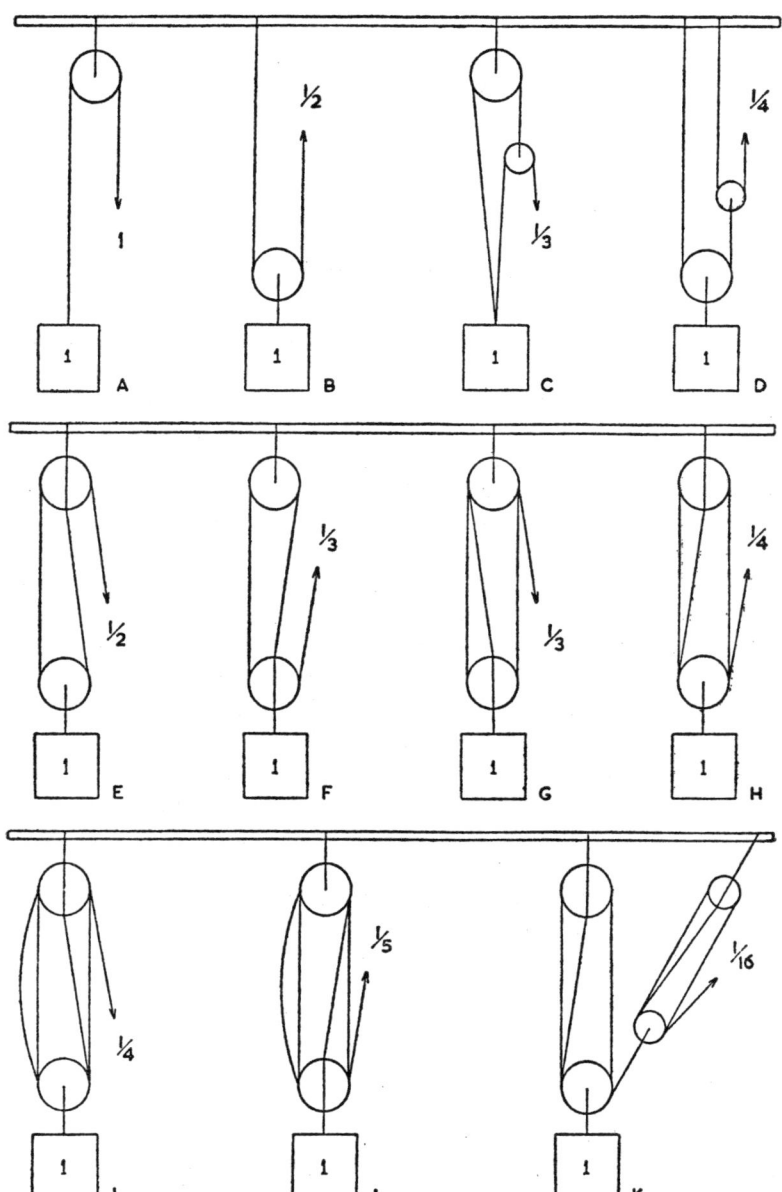

Abb. 21 — Taljen

A: Jolltau; B: Umgekehrtes Jolltau (Klappläufer); C: Ladetakel; D: Doppeltes Jolltau umgekehrt; E: Handtalje; F: Umgekehrte Handtalje; G: Arbeits- oder Dritthandtalje; H: Umgekehrte Arbeitstalje (handy billy); I: Doppelscheibige Talje; J: Umgekehrte doppelscheibige Talje; K: Talje auf Talje. Die für das Anheben einer bestimmten Gewichtseinheit erforderliche Kraft ist, unter Außerachtlassung des Reibungsverlustes, ausgedrückt in Bruchteilen dieser Gewichtseinheit.

beweglich ist. Die Kraftersparnis entspricht der Anzahl von Parten, die durch den beweglichen Block laufen, vermindert um den Reibungsverlust. Um also aus einer Talje das Höchstmaß an Leistung herauszuholen, muß der Block mit den meisten Parten an dem zu hebenden Gewicht angeschlagen werden. Der feste Block erhöht nicht die Leistung, sondern dient lediglich dazu, die Führungsrichtung zu verändern. Der Reibungsverlust richtet sich nach der Scheibengröße und der Biegsamkeit des Tauwerks; man kann ihn mit $^1/_{10}$ des Gewichtes für jede Scheibe, über die das Tauwerk läuft, ansetzen. Wird eine Talje an der holenden Part einer anderen Talje angesetzt, so entspricht die Gesamtleistung der Kraft der einen Talje multipliziert mit der Kraft der anderen.

Abb. 21 zeigt in graphischer Darstellung die an Bord von Yachten gebräuchlichsten Taljen. Wenn ein Gewicht angehoben, ein Segel z. B. geheißt werden soll, wird der obere Block fest angebracht, so daß das durchzuholende Fall nach unten führt; eine Kraftersparnis tritt hierbei nicht ein. Ein einfach geschorenes Jolltau ergibt also, wenn auf diese Weise geschoren, keine Kraftersparnis. Wird aber der gleiche Läufer benutzt, um ein Segel dichtzuholen, ein Backstag oder ein Ende steif zu setzen, wird der Block beweglich und man erzielt dadurch eine theoretische Kraftersparnis im Verhältnis 1:2. Zur Darstellung dieses Vorganges wird in Abb. 21 jede Talje zuerst in direkter Anordnung und dann umgekehrt gezeichnet. Die Kraft, die für das Heben einer bestimmten Einheit erforderlich ist, wird in Bruchteilen dieser Einheit angegeben. Der entstehende Reibungsverlust ist dabei nicht berücksichtigt worden.

Die Verwendungsmöglichkeiten dieser Taljen werden in einem späteren Kapitel besprochen; es soll aber schon an dieser Stelle erwähnt werden, daß theoretisch ein doppeltes Jolltau umgekehrt die gleiche Ersparnis einbringt wie eine umgekehrte Arbeitstalje, nämlich 1:4. Da aber das doppelte Jolltau nur zwei Scheiben besitzt, gegenüber drei der Arbeitstalje, geht weniger Kraft durch Reibung verloren, und somit ist das doppelte Jolltau wirksamer.

Ein „handy billy" ist eine umgekehrte Arbeitstalje; der bewegliche Block hat einen kurzen Tausteert, der mit einem Stopperstek an jeden Tampen angeschlagen werden kann, auf den vorübergehend eine besondere Kraft angesetzt werden soll.

Auf modernen Yachten sind die Taljen weitgehend von Winschen verdrängt worden; dadurch hat sich die Takelage vereinfacht, Gewicht und Luftwiderstand im Mast sind verringert worden. In ihrer einfachsten Form besteht eine Winsch aus einer Trommel, die mit einer Handkurbel gedreht wird; je länger der Kurbelarm im Verhältnis zum Durchmesser der Trommel, um so größer der erzielte mechanische Gewinn. Man nimmt so viele Törns um die Trommel wie notwendig sind, um ein Abschlippen zu verhindern, und dreht dann die Trommel mit der Kurbel. Beim Loslassen der Kurbel fallen federgehaltene Sperrklinken in einen Zahnkranz an dem einen Ende der Trommel und verhindern so den Rücklauf. Dies ist der Winschentyp, der durchweg auf Yachten Verwendung findet, um Schoten dichtzuholen oder Fallen durchzusetzen.

Bei Winschen größerer Leistungskraft, die es in mehreren Ausführungen gibt, wird die Kraft von der Kurbel über ein Zahnradgetriebe auf die Trommel übertragen. Gelegentlich werden diese Art Winschen zum Segelsetzen benutzt, häufiger aber zum Ankerhieven. Sie werden dann als Ankerspill bezeichnet und sind mit einem Kettenrad, auch Kettennuß genannt, versehen, das geformte Vertiefungen oder Mulden besitzt, in die sich die Kettenglieder hineinfügen und so festgehalten werden. Eine zweite Trommel für Tauwerk kann, aber braucht nicht vorgesehen zu werden.

Ein Spill hat eine aufrechtstehende Trommel und wurde in seiner alten Form mit Handspaken bedient, die in Löcher rings um den Kopf gesteckt wurden und hinter denen die Mannschaft im Kreis herummarschierte. Später wurden die Handspaken durch Kurbeln ersetzt, welche die Trommel durch ein Schnecken- und Kegelradgetriebe bewegten. Bei Ankerwinschen dieser Art ging viel Kraft durch Reibung verloren; daher werden sie heute nur noch selten gebraucht.

In den Kapiteln 8 und 9 sollen die Anwendungsmöglichkeiten verschiedener Arten von Winschen und Spills mit ihren Vorzügen und Nachteilen näher behandelt werden.

6

MASTEN UND STEHENDES GUT

Voll- und Hohlmasten — Mastfuß und Mastkeile — Stehendes Gut bei Bermudamasten — Stehendes Gut bei gaffelgetakelten Masten — Mastbänder, Salings und Rüsteisen — Stärke des stehenden Gutes — Durchsetzen des stehenden Gutes — Durchsetzen von Pardunen und Backstagen — Abstagen einer zweimastigen Takelage

Lange Zeit war die Ansicht verbreitet, eine Yacht könne nur dann ihre beste Leistung erzielen, wenn man ihrem stehenden Gut ein wenig Lose gewähre, damit der Mast sich seitwärts biegen könne. Ein Rigg steif durchzusetzen — so hieß es — töte eine Yacht ab, besonders dann, wenn sie hoch am Winde segele. Heute ist diese Ansicht im Verschwinden begriffen, obgleich es immer noch Yachtsegler gibt, meistens die Eigner gaffelgetakelter Yachten, die daran festhalten. Hier wie in vielen anderen Dingen muß man die Meinung erfahrener Segler respektieren und daran denken, daß Segelschiffe nun einmal seit jeher ihre Eigenarten haben, die sich nicht ohne weiteres erklären lassen. Aber abgesehen davon ist sich der überwiegende Teil der Seglerwelt heute darin einig, daß ein Bermudamast so starr und gerade getrimmt werden muß wie nur möglich; die Verhaltensweise der Rennyachten hat diese Forderung bestätigt. Wenn der Seesegler für seine Yacht Leistungsfähigkeit erstrebt, tut er gut daran, den Erfahrungen des Rennsegelsports zu folgen, soweit sie sich mit den Erfordernissen der Sicherheit in Einklang bringen lassen.

Obgleich der Mastverlust bei einer reinen Rennyacht (verglichen mit einer Hochseerennyacht) genug Ungelegenheiten und Kosten verursacht, so wird doch der Umstand, daß sie gewöhnlich in mehr oder minder geschützten Gewässern und in Gesellschaft anderer Yachten segelt, in den meisten Fällen ernstere Folgen ausschließen. Dagegen kann sich die Entmastung einer Kreuzeryacht auf hoher See und außer Sicht anderer Fahrzeuge katastrophal auswirken. Selbst der Verlust des Ruders ist nicht so schwerwiegend, denn irgendwie läßt sich immer ein Notruder improvisieren. Jedoch eine Nottakelage aufzuriggen, die genug Segel tragen kann, um sich von einer Leeküste freizusegeln oder eine Ozeanüberquerung zu Ende zu führen, bevor die Vorräte an Lebensmitteln und Wasser erschöpft sind, kann sich sehr wohl als unmöglich erweisen. Infolgedessen müssen die Masten von Hochseeyachten und das dazugehörige Gut in Stärke und Beschaffenheit jeden Zweifel ausschließen. Sie dürfen sich wohl im Entwurf und mit ihren Beschlägen den reinen Rennyachten anpassen, aber nicht wie diese die Abmessungen auf ein Mindestmaß beschränken, um Gewicht und Windwiderstand herabzusetzen.

Voll- und Hohlmasten

Es gibt drei Arten von Vollmasten: Gewachsene, aus einem Holzstamm herausgeschnittene und gebaute Masten. Von diesen ist der gewachsene Mast wahrscheinlich am stärksten, vorausgesetzt, daß man einen Baum von annähernd passender Größe findet, bei dem nur die Rinde und die Außenschicht Splintholz entfernt zu werden braucht. Gute gewachsene Masten sind aber schwer erhältlich und recht kostspielig. Ein aus einem Holzstamm herausgeschnittener Mast kann zufriedenstellend ausfallen, wenn die Faser gleichmäßig gerade durch das ganze Holz verläuft, aber ein geeigneter Stamm gesunden Holzes ist, jedenfalls für einen großen Mast, fast genauso schwer aufzutreiben, wie ein guter gewachsener Mast. Dann ist es schon besser, sich einen Mast aus verschiedenen Stücken ausgesuchter und miteinander verleimter Hölzer zusammenzubauen und mit langen Laschungen gegeneinander zu versetzen, wobei besonders auf den Faserverlauf zu achten ist, um jeder Gefahr des Sichwerfens oder Verdrehens vorzubeugen. Wahrscheinlich ist der Vollmast die beste Wahl für eine Gaffeltakelage; er hat den Vorzug, im Havariefall oben oder unten gekürzt werden zu können; auch läßt sich das stehende Gut leicht versetzen, da man Beschläge an jeder Stelle eines Vollmastes anbringen kann, und schließlich verträgt er bei Wantenbruch eine stärkere Biegung als ein Hohlmast, ohne zu brechen. Trotzdem bleibt die Tatsache bestehen, daß fast jede moderne Yacht mit Hohlmasten gebaut wird, weil diese leichter sind als Vollmasten und Gewicht im Topp sparen, wo es am meisten schadet. Infolgedessen sind Yachten mit Hohlmasten steifer als Yachten mit Vollmasten und sind diesen an Leistungsfähigkeit unter Segel überlegen.

Die Idee der Verwendung von Hohlspieren ist nicht neu. Im Fernen Osten sind Bambusrohre seit Menschengedenken in Gebrauch. Bei uns wurden schon in den 60er Jahren des vorigen Jahrhunderts Versuche unternommen, das Gewicht von Spieren dadurch zu verringern, daß man sie der Länge nach durchbohrte. Diese Versuche wurden aber bald wieder aufgegeben; statt dessen spaltete man die Spieren der Länge nach in zwei Hälften, höhlte die beiden Teile aus und fügte sie, zuerst mit eisernen Bändern, später durch Verleimung wieder zusammen. Heutzutage werden hohle Spieren verschiedenster Form und Bauart aus ausgesuchten Holzteilen zusammengesetzt, deren Anzahl an jedem beliebigen Querschnitt zwei bis acht betragen kann und die alle durch Verleimung zusammengefügt sind. Eine Autorität im Rennsegelsport hat einmal festgelegt, daß die Wandstärke eines Rennyachtmastes nicht weniger betragen dürfe als ein Fünftel des Mastdurchmessers. Da sich solche Masten allen Beanspruchungen, denen sie auf langen Ozeanreisen unterlagen, als gewachsen gezeigt haben, sollte man annehmen, daß diese Forderung ausreicht, allerdings unter der Voraussetzung, daß Verarbeitung, Holz und Leim erstklassig sind. Die Hohlmasten der meisten Kreuzeryachten haben jedoch dickere Wandungen. Wenn auch die Festigkeit und der gerade Stand eines Mastes von seinem stehenden Gut abhängen, darf er bei Verwendung auf See doch niemals so schwach sein, daß er ernstlich in Gefahr gerät, wenn Wanten oder Backstagen einmal nicht so steif durchgesetzt sind, wie es sich gehört.

Abb. 22 zeigt die Querschnitte von vier typischen Hohlmasten. Ein runder Mast (A) verursacht die geringste Störung der auf das Vorliek eines dichtgeholten Segels gerichteten Windströmung; dafür ist ein ovaler

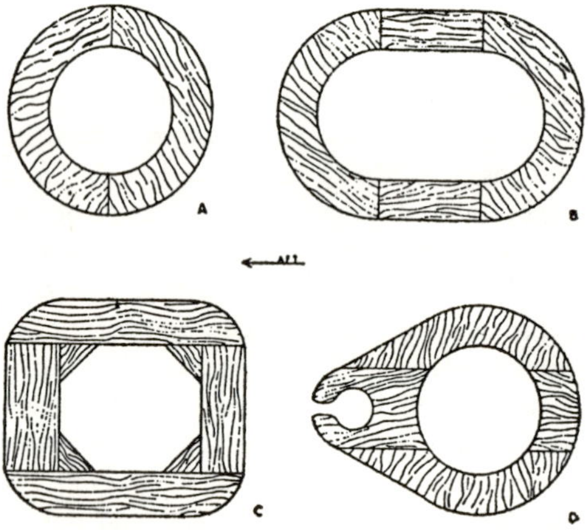

Abb. 22
Querschnitte von hohlen
hölzernen Masten
A: Rund; B: Oval; C: Viereckig, achtern verstärkt; D: Stromlinienform mit Nut zur Aufnahme des Vorlieks.

Mast (B) stabiler in der Längsrichtung. Der Ovalmast genießt die weiteste Verbreitung, vor allem auf toppgetakelten Yachten. Der viereckige Mast (C) ist für den Amateur leichter zu bauen und verschwendet weniger Holz. In dem vorliegenden Fall ist die Achterkante des Mastes etwas dicker als die anderen Wandungen, um die Mastbänder unterhalb der Schiene in das Holz einlassen zu können, ohne den Mast zu schwächen. Seitdem aber bei der Bermudatakelage Salings weitgehend die Mastbänder ersetzt haben, ist es ungebräuchlich geworden, diese Wandung

extra stark zu machen. Abb. 22 D schließlich zeigt einen Mast in Stromlinienform, der dem auf die Luvseite des Segels gerichteten Wind den geringsten Widerstand bietet. Theoretisch gesprochen müßte sich ein solcher
Mast frei drehen und mit dem Segel eine Fläche bilden können. Auf einigen kleinen Schiffen ist man auch entsprechend verfahren, aber die Test-
versuche haben zu keinem positiven Ergebnis geführt. Die Abbildung
zeigt den Mast mit einer Gleitnute anstatt einer Schiene zur Aufnahme
des Vorlieks, eine Konstruktion, die bei Dingis häufig Anwendung finden
mag, für eine Kreuzeryacht aber schwerwiegende Nachteile mit sich bringt.

Ende der 40er Jahre traten zum erstenmal Masten aus Aluminiumlegierung auf Yachten in Erscheinung, und seitdem ist ihre Beliebtheit
ständig gestiegen. Verschiedene Firmen spezialisieren sich in ihrer Herstellung aus Preßrohren unterschiedlicher Profile. Die Ian Proctor Metal
Mast Ltd. bietet z. B. eine Auswahl von zwanzig verschiedenen Profilen
an, die sich für Yachten mit einer Wasserlänge von 24 Metern bis zu
5,50 Metern herunter eignen (ausschließlich der für Dingis). Abb. 23 liefert einige Beispiele. Solche Masten können sich in ihrem Oberteil ver-

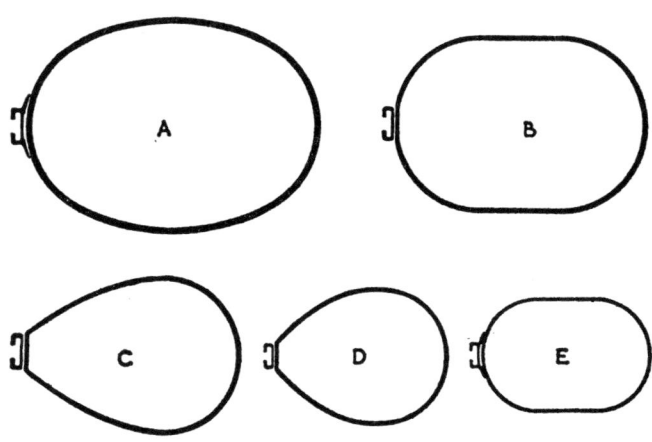

Abb. 23

Querschnitte von Aluminium-Masten
(annähernd im gleichen Maßstab)
(A) Für Yachten bis 45 Fuß Länge i. d. W. 10^1/$_2$ x 7^1/$_2$ Zoll, Wandstärke 4,5 mm
(B) Für Yachten bis 35 Fuß Länge i. d. W. 9^1/$_2$ x 6^1/$_2$ Zoll, Wandstärke 4,1 mm
(C) Für Yachten bis 30 Fuß Länge i. d. W. 7^3/$_4$ x 5^1/$_2$ Zoll, Wandstärke 4,1 mm
(D) Für Yachten bis 26 Fuß Länge i. d. W. 6^1/$_4$ x 4^3/$_4$ Zoll, Wandstärke 3,2 mm
(E) Für Yachten bis 22 Fuß Länge i. d. W. 6 x 3^1/$_2$ Zoll, Wandstärke 2,6 mm
Wegen seiner großdimensionierten Stärken nach vorn und achtern eignet sich
der unter (E) gezeigte Querschnitt im besonderen Maße für ein masttopp-
getakeltes Rigg.

jüngen (und tun es auch durchweg, indem schmale Keile ausgeschnitten und die übrigbleibenden Teile wieder zusammengeschweißt werden). Es gibt aber auch Masten für toppgetakelte Yachten, die durchlaufend das volle Profil beibehalten und daher auch etwas schwerfällig wirken. Der Vorteil eines hohlen Aluminiummastes gegenüber einem hohlen Holzmast besteht in seiner größeren Festigkeit bei gleichem Gewicht oder in seinem leichteren Gewicht bei gleicher Festigkeit, abgesehen davon, daß er weniger leicht zusammengepreßt wird. Da er fernerhin keiner Unterhaltung bedarf, solange er anodisiert wird (die meisten Masten sind heutzutage silbern oder goldfarben eloxiert), darf man bei ihm eine längere Lebensdauer voraussetzen, denn er unterliegt keiner verborgenen Fäulnis, die in einer Hohlspiere aus Holz unbemerkt um sich greifen kann. Es ist jedoch in diesem Zusammenhang nicht mehr als billig zu vermerken, daß zur Zeit eine Unmenge hölzerner Hohlmasten in Gebrauch sind, die jahrelang allen Unbilden der Witterung und den Beanspruchungen harter Seereisen standgehalten haben und sich doch noch in gutem Zustand befinden. Auf der anderen Seite besteht für Metallmasten möglicherweise die Gefahr (die ich allerdings nur als sehr gering einschätze), daß sie nach einer Reihe von Jahren Ermüdungserscheinungen in dieser oder jener Form zeigen. Der Kostenunterschied ist zur Zeit nur gering. Wenn übrigens die Innenfläche eines Metallmastes bei der Herstellung nicht mit einer Schicht Kunststoffschaum ausgekleidet worden ist, kann der Lärm der gegen den Mast schlagenden Fallen zu einer Störungsquelle nicht nur für die eigene Besatzung, sondern alle Nachbarn in Hörweite werden.

Mastfuß und Mastkeile

Auf den meisten Yachten steht der Mastfuß in einer Mastspur, die auf dem Kiel oder den Bodenwrangen befestigt ist. Der letztgenannte Platz ist vorzuziehen, weil das moderne Rigg mit seinem steifgesetzten stehenden Gut und seinen großen Vorsegeln (deren Vorlieken ebenfalls durchgesetzt werden müssen) auf die Mastspur einen großen Druck ausübt, der zu Leckstellen an den Kielplanken führen kann, wenn die Spur unmittelbar auf dem Kiel steht. Ein hölzerner Mast wird gewöhnlich dort, wo er durch das Deck und die Fischung führt, festgekeilt. Sind die Keile ordnungsgemäß kalfatert und abgedichtet, sollte sich eigentlich ein Mastkragen aus Segeltuch erübrigen. Wird er aber angebracht, darf er niemals an den Mast genagelt werden, da die kleinen Nagellöcher zu einer ernsthaften Schwächung des Mastes führen können. Der Mastkragen muß vielmehr um den Mast festgezurrt werden, während seine untere Kante durch einen auf Deck festgeschraubten Holz-

oder Metallring festgehalten wird. Die Keile dürfen nicht so fest einge-
trieben werden, daß sie die äußeren Fasern des Mastholzes zerquetschen,
und aus dem gleichen Grunde muß das Kalfatern mit Sorgfalt vorgenommen werden; schon viele Masten sind hierbei durch grobe Behandlung
verdorben worden. Das Leder an den Riemen kann als einfaches Schul-
beispiel für den Schaden dienen, den man einem Stück Rundholz zufügen kann, wenn man die außenliegenden Holzfasern zerstört. Es gibt
nämlich Leute, die nach Anbringen des Leders am Riemen den äußeren
Rand mit einem scharfen Messer geradeschneiden, wobei winzige Ein-
schnitte in das Holz nicht zu vermeiden sind. Bricht ein solcher Riemen,
tut er es fast immer an einer dieser Einschnittstellen.

Durch Verwendung hölzerner Keile wird der untere Teil des Mastes
vollkommen starr und unbeweglich festgehalten; jede Lose, die sich auf
See im stehenden Gut entwickelt, bewirkt, daß sich der Mast über Deck
biegt. Da die heutigen Masten, insbesondere die Masten hochgetakelter
Yachten, die Aufgabe haben, als Strebe zu wirken, die sich nicht biegen
darf, tritt häufig ein weicher Gummiring an Stelle der Mastkeile; dieser
Ring erlaubt dem Mast, sich ein klein wenig in der Mastfischung zu bewegen und doch in seiner ganzen Länge gerade stehenzubleiben. Ebenso
verhält es sich bei Metallmasten.

Eine andere Möglichkeit ist, den Mast auf Deck zu stellen, was den
Vorteil hat, daß kein nach unten durchlaufender Mast die Einrichtung
stört, und die Mastkeile entfallen, durch die es lecken könnte. Das Deck
muß dann allerdings wesentlich verstärkt werden, um dem großen Druck
standzuhalten. Dies erfolgt gewöhnlich in der Weise, daß man ein oder
zwei Decksbalken aus Winkeleisen in der Nähe des Mastes einbaut, zusammen mit einer Stütze zum Abfangen des Drucks. Oft ruht der Fuß
eines auf Deck oder Kajütsdach gestellten Mastes in einer flachen Schale;
besser ist es aber, den Mastfuß viereckig zu formen und in eine viereckige
Spur aus Metall zu stellen, um jedes Drehmoment auszuschalten.

Der Fall eines Mastes ist gleichbedeutend mit seinem Neigungswinkel
gegenüber der Senkrechten, so daß der Masttopp vor oder hinter dem
Mastfuß steht. Ein fallender Mast ist nicht mit einem gebogenen Mast
(Peitschenmast) zu verwechseln, wie man ihn noch bei einigen Rennklas-
sen antrifft. Bei den meisten Besegelungen zeigt der Mast einen gewissen
Fall nach achtern, so daß der Mastschwerpunkt und der theoretische
Segeldruckpunkt weiter nach achtern rücken und so einen bestimmten
Einfluß auf den Ruderdruck ausüben. Ferner erhöht sich bei einem ge-
neigten Mast die Wirksamkeit der Abstagung nach achtern, ohne daß die
Backstagen so weit achtern ansetzen müssen, wie es bei einem senkrecht-
stehenden Mast notwendig wäre. Manche Leute vertreten die Ansicht, daß
ein gewisser Fall die Wirksamkeit des Großsegels am Wind erhöht.

Auf Yachten, die vornehmlich auf den Binnenwasserstraßen wie den Norfolk Broads segeln sollen, wo also viele Brücken zu passieren sind, werden die Masten in Mastkoker gestellt. Ein Mastkoker besteht aus zwei starken Holzbacken, die sich entweder vom Kiel oder vom Deck aus erheben. Der Mastfuß paßt zwischen die Holzbacken und kann sich frei um einen Zapfen drehen, der die beiden Holzbacken oben miteinander verbindet. Durch langsames Wegfieren des mit der Talje versehenen Vorstages kann der Mast heruntergelegt werden. In aufrechter Stellung drückt die Achterkante des Mastfußes gegen ein Querstück, das die Backen unten miteinander verbindet. Diese Sperre verhindert, daß der Mast nach vorwärts fällt. Das Aufrichten oder Legen eines hohen oder schweren Mastes ist eine Arbeit, die ernsthafte Aufmerksamkeit erfordert und nur bei ruhigem Wasser und wenig Wind unternommen werden darf, denn der Mast bleibt während des ganzen Prozesses ohne seitliche Abstützung, weil die Wanten, bis der Mast steht, lose hängen und der Mastkoker unter Umständen einer bedeutenden Torsionskraft ausgesetzt wird. Je mehr sich der Mast der horizontalen Lage nähert, um so größer wird der Zug auf die Talje, die den Mast vorne kontrolliert. Muß er häufig gelegt werden, ist es daher am besten, eine Jütt (einen zweibeinigen Bock) zu verwenden, deren Beine auf beiden Decksseiten in Höhe des Mastkorbes drehbar gelagert sind, und Vorstag und Talje an ihrem Scheitelpunkt anzuschlagen. Mit dem Mast in horizontaler Lage steht die Jütt aufrecht, und in gleichem Maße, wie der Mast sich aufrichtet, senkt sich die Jütt in die horizontale Lage (Abb. 24). Übrigens ist dies wahrscheinlich die einzige Methode, einen Notmast einzusetzen, wenn eine Yacht auf See ihren Mast verloren hat, aber ich lege keinen Wert darauf, in eine Situation zu geraten, die mich zwingen würde, dieses Manöver durchzuführen.

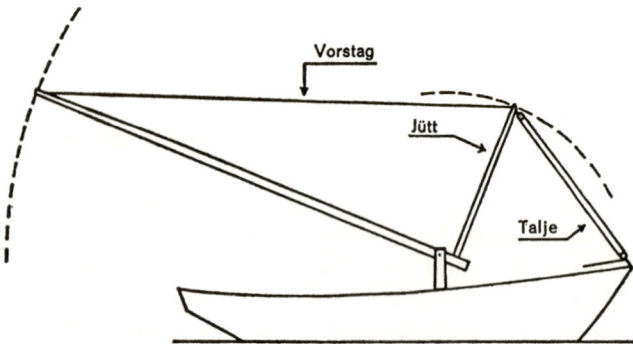

Abb. 24 — Aufrichten eines Mastes in einem Mastkoker mit Hilfe einer Jütt

Die Theorie der Abstagung ist ganz einfach. Wo immer ein Mast erkennen läßt, daß er sich unter dem Zug oder Schub der Segel biegt, müssen Wanten oder Stagen angebracht werden, um ihn geradezuhalten. (Abstützungen längsschiffs werden als Stage, querschiffs als Wanten bezeichnet.) Je größer der Winkel zwischen Stagen und Mast, um so wirksamer die Abstützung und um so geringer die Kompression des Mastes. Für einen Augenblick wollen wir uns nur mit der seitlichen Beanspruchung der Masten beschäftigen, und auch hier nur eine Seite, nämlich die Luvseite, betrachten. Haben wir ein Fahrzeug von etwa 3 m Breite vor uns und einen Mast von 6 m Höhe über Deck, so bildet ein einzelnes, von Deckskante zum Masttopp verlaufendes Want mit dem Mast einen Winkel von 14 Grad, der also groß genug ist, um eine wirksame Abstagung

Abb. 25
Entwicklung der Wantverstagung

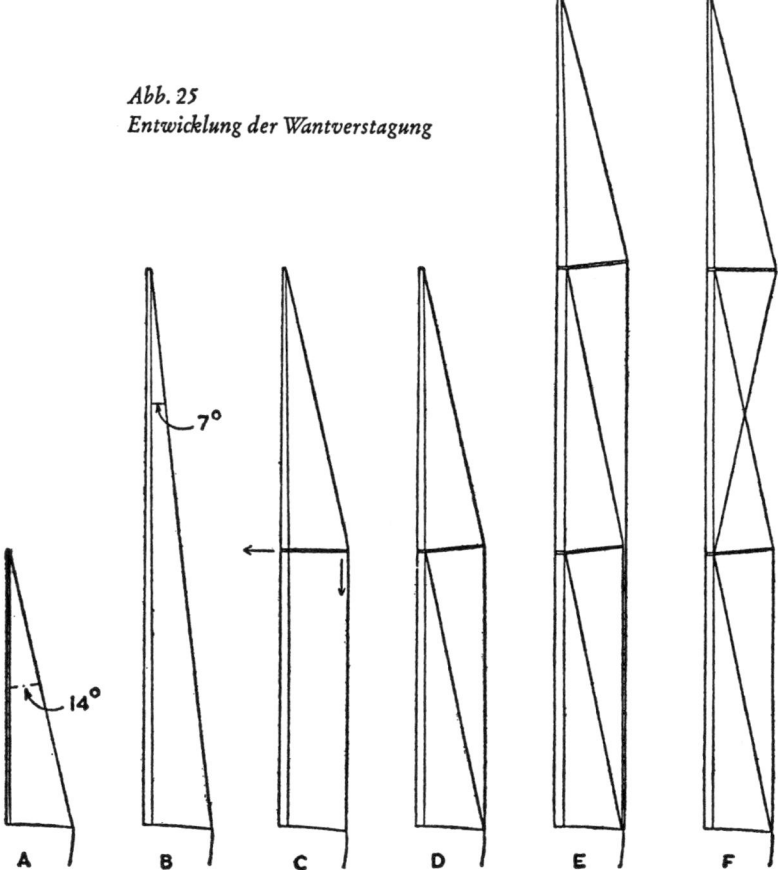

zu gewährleisten (Abb. 25 A). Verdoppeln wir aber die Masthöhe, verkleinert sich der Winkel zwischen Mast und Want auf 7 Grad (Abb. 25 B); das Want greift also weniger wirksam an und muß entsprechend steifer gesetzt werden. Die Folge ist, daß der Kompressionsdruck auf den Mast wächst. Ein Ausgleich läßt sich durch Anbringung einer Saling auf halber Höhe des Mastes schaffen, über welche nun die Wanten verlaufen. Bei einer Saling von halber Schiffsbreite vergrößert sich dann der Winkel zwischen Mast und Want wieder auf 14 Grad (Abb. 25 C). Das Want zeigt nun die Neigung, die Enden der Saling nach unten zu drücken, wie es der abwärtszeigende Pfeil andeutet; um dieser Tendenz entgegenzuwirken, muß die Saling ein wenig hochgestellt werden, so daß sie genau den von dem Want an dieser Stelle gebildeten Winkel halbiert (Abb. 25 D). Die Saling wird so zu einer Strebe. Eine andere, weniger gute Lösung wäre, die Saling mit Toppnanten zu versehen, um den Druck nach unten abzufangen. Der längsgerichtete Druck, den das Want auf die Saling ausübt, versucht den Mast an dieser, mit einem horizontalen Pfeil markierten Stelle zu krümmen, so daß dort ein zweites Want angebracht werden muß, um den Mast geradezuhalten.

Verlängern wir nun den Mast um weitere 6 m, so müssen wir eine zweite Saling in Höhe von 12 m anbringen und über sie ein drittes Want zum Masttopp bringen. Dieses Toppwant kann entweder neben Unter- und Mittelwant zur Deckskante herunterführen (Abb. 25 E und Tafel 16 B), oder auch in Höhe der Untersaling an den Mast zurückgebracht werden (Abb. 25 F und Tafel 17 B). In dieser Anordnung wird es als Diamantwant bezeichnet. Die zuerst beschriebene Führung eignet sich für eine Kreuzeryacht am besten, weil dabei das Want jederzeit steifgesetzt werden kann, ohne daß jemand in den Mast zu steigen braucht. Allerdings beansprucht diese Anordnung mehr Drahtgut und bedeutet infolgedessen mehr Reck und Windwiderstand. Es gibt noch eine dritte Methode der Wantenführung, die man vielleicht als Verbundstakelage bezeichnen kann, bei welcher Topp- und Mittelwant an den Außenenden der unteren Saling zusammenlaufen, von dort in einem einzigen, dafür umso stärkeren Stahldrahtwant an Deck führen (Tafel 16 C). Aber auch hier sind, wie bei dem Diamantwant, Spannschrauben oben in der Takelage erforderlich. In obiger Darstellung wurde das stehende Gut in Lee, dessen Anbringung natürlich die gleiche ist, nicht erwähnt, weil es unter Segeln stets ein wenig lose kommt und daher keinen Halt für den Mast bedeutet. Auch ist es in der Praxis wenig wahrscheinlich, daß sich die Salings, wie in der Abbildung, in gleichmäßigen Abständen auf den Mast verteilen; die Lage der oberen Saling hängt unter anderem davon ab, an welcher Stelle die Vorsegel ansetzen.

Der Schlitz am Ende jeder Saling muß gegen Splittergefahr entweder

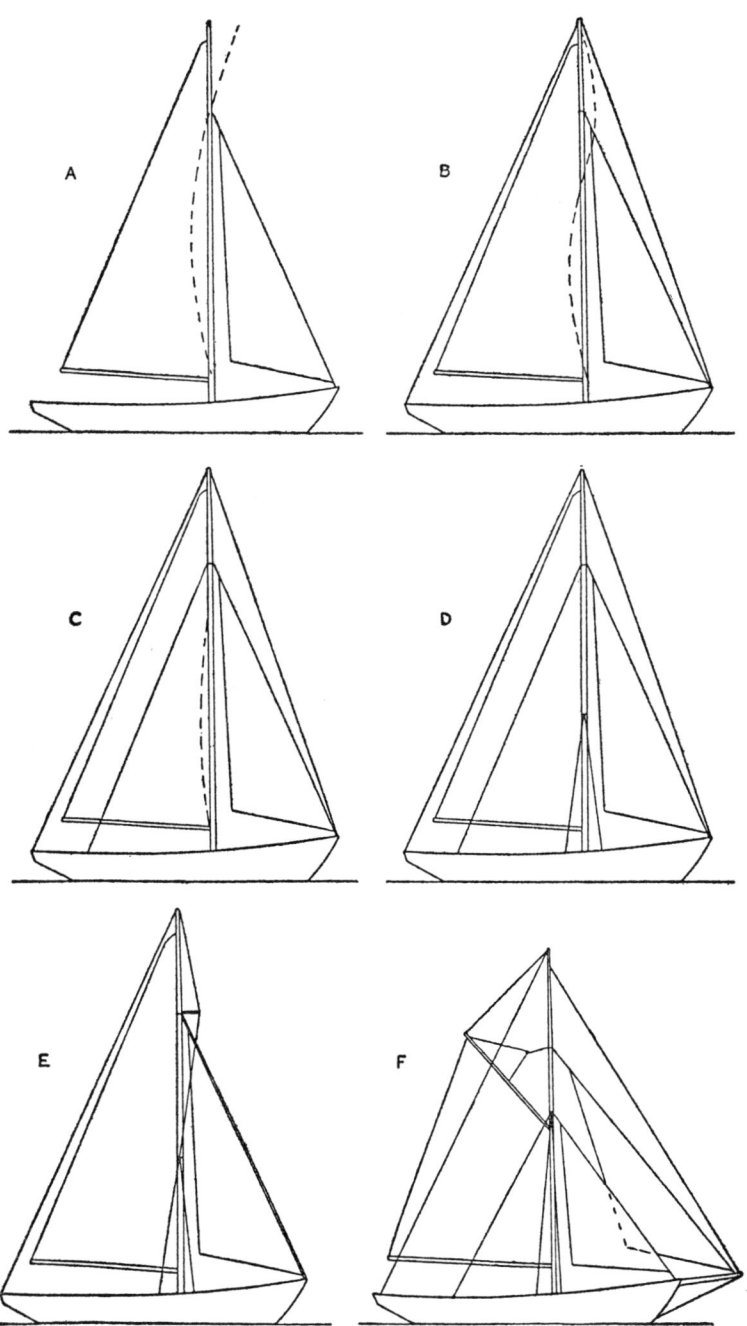

Abb. 26 — Entwicklung der Vor- und Achterverstagung

durch ein Metallfutter oder einen Durchsteckbolzen gesichert werden. Auch ist Vorsorge zu treffen, die Wanten in den Schlitzen an den Salingsenden festzuhalten, damit sie nicht auf der Leeseite herausfallen. Dies läßt sich durch Drahtbändsel erreichen, die Löcher an den äußeren Salingsenden miteinander verbinden, besser aber noch durch versenkte Schrauben oder Bolzen. Da Spinnacker oder Genua sich beim Setzen oder Bergen an den Salingsspitzen verfangen können, und das Großsegel sich vor dem Wind auf die Salings legt, müssen die Salingsspitzen eine Art Polsterung oder Abweisungsschutz erhalten, um die Segel vor Beschädigungen zu bewahren. Dieser Schutz kann aus einem mit Schrauben befestigten abgerundeten Metallbügel, aus einer Bekleidung mit Leinwand oder Gummistoff bestehen oder auch aus einer Holzkugel, die man oberhalb der Saling auf den Wanten aufzieht.

Ein Mast unterliegt noch anderen Beanspruchungen als nur denjenigen Kräften, die ihn querschiffs zu biegen versuchen. Abb. 26 zeigt in übertriebener Form, wie sich der Mast einer hochgetakelten Slup (die nicht toppgetakelt ist, sondern bei der das Vorsegel unter der Obersaling angreift) am Wind durchbiegen kann, wenn er nicht nach vorn und achtern abgestagt wird. Das Vorsegel zieht den Obermast nach vorwärts, das Großsegel den Untermast nach achtern, so daß sich der Mast etwa so krümmt, wie die punktierte Linie andeutet. Durch Anbringung eines Achterstags, das vom Masttopp zum Heck führt (oder, noch wirksamer, von zwei Achterstagen zu beiden Seiten des Hecks), können wir den Masttopp in seiner richtigen Stellung festhalten. Schwingt der Großbaum nicht frei vom Achterstag, kann dieses anstatt am Heck auch an einem Ausleger ansetzen. Ein gegenüber dem Achterstag angesetztes Toppvorstag verhindert jede Bewegung des Mastes. Trotzdem übt das Vorsegel weiter einen Zug auf den Mast an der Stelle aus, wo es am Mast angreift, so daß der Mast nunmehr eine S-förmige Biegung annimmt, wie mit der punktierten Linie in Abb. 26 B angezeigt wird. Ein Backstag wird erforderlich, das von diesem Punkt aus genügend weit nach achtern steht, um den Zug nach vorn auszugleichen (Abb. 26 C).

Backstagen werden manchmal zum laufenden Gut gerechnet, weil sie beweglich bleiben müssen, d. h. das Leebackstag wird losgeworfen, um

---

Tafel 20

A. Topp eines Leichtmetallmastes mit Rollen für zwei Fallen und mit U-förmigen Bolzen zur Befestigung der Augen des stehenden Gutes. *B.* Salingseinsatz und Beschläge, die mit einem Leichtmetallmast verbolzt und vernietet sind. *C.* Fuß eines Leichtmetallmastes mit Klampen und Winschen. *D.* Wantenspanner mit Gegenmuttern und Gelenk am unteren Ende, um seitliche Bewegungen zu gestatten. *E.* Wantenspanner mit offener Hülse. Der Wantenspanner ist mit Muttern und Splinten gesichert.

144

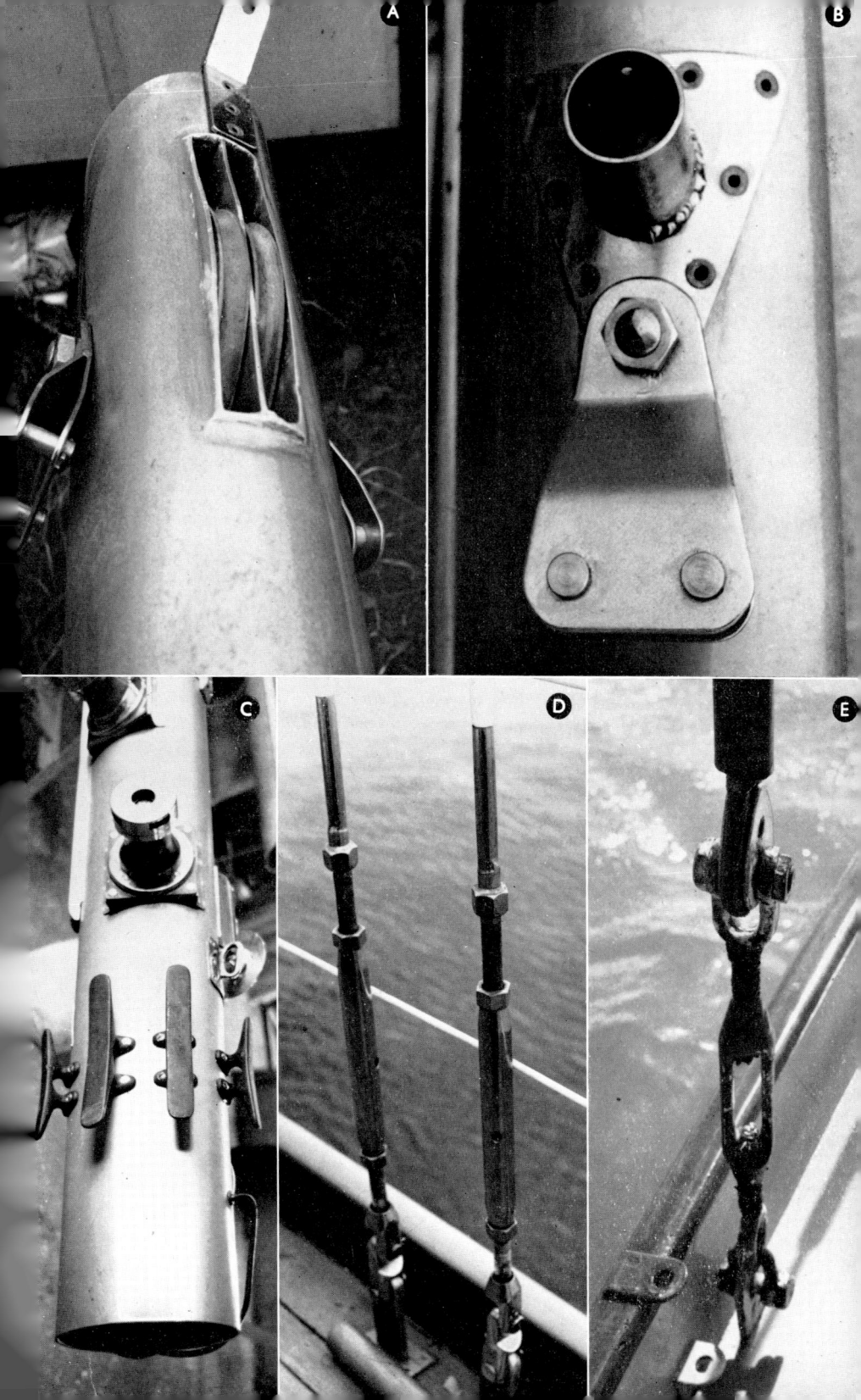

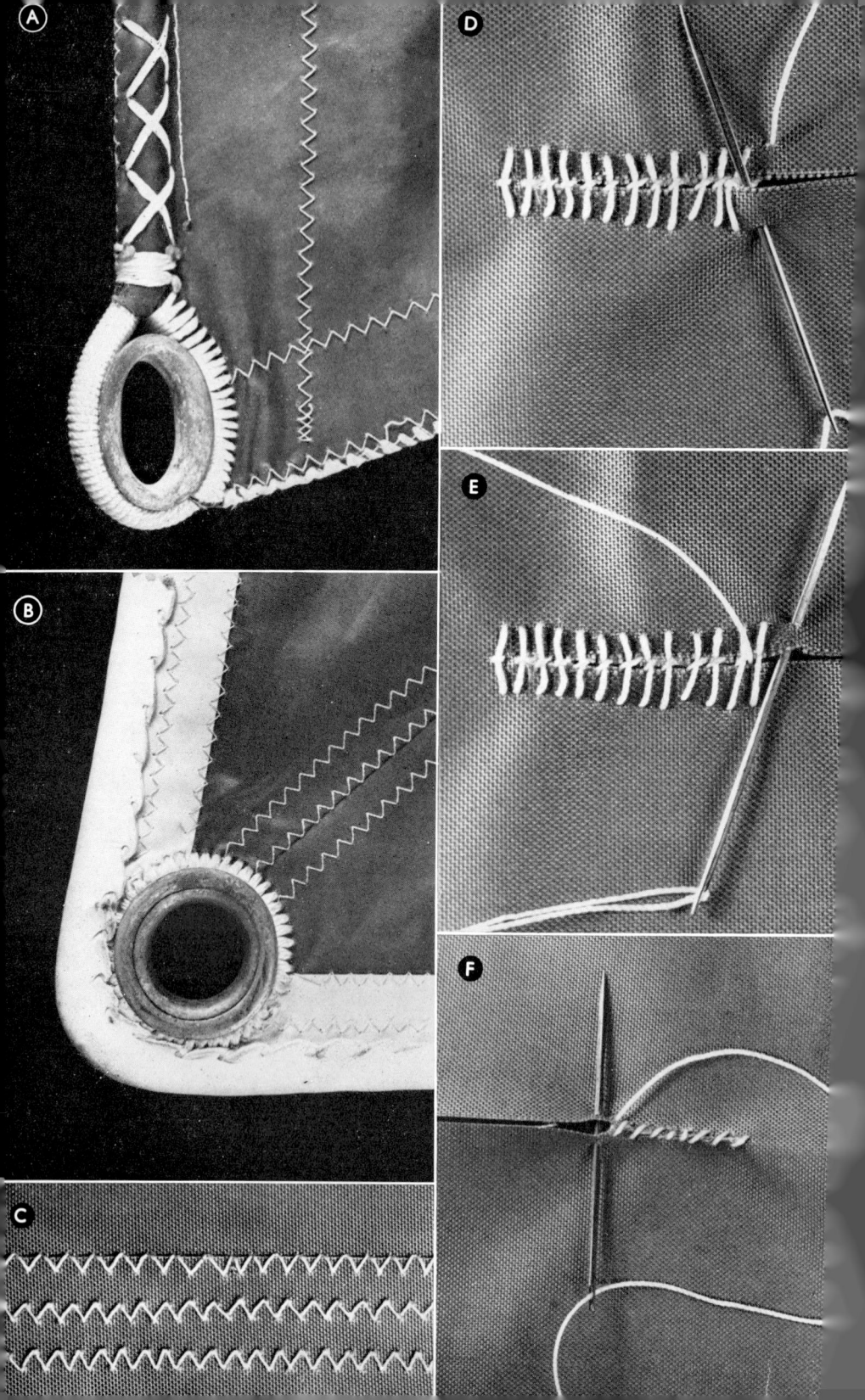

zu verhindern, daß Großbaum und Segel dagegen schamfilen. Da aber auch sie den Mast halten, erscheint es zweckmäßiger, sie als Teil des stehenden Gutes zu betrachten. Im Idealfall sollen Backstagen so weit nach achtern geführt werden, daß der Winkel, den sie mit dem Mast bilden, nicht kleiner ist als der Winkel zwischen Vorliek des Vorsegels und Mast. Sonst verlieren sie an Wirksamkeit und sind schwerer durchzusetzen.

Übrig bleibt jetzt nur noch die Gefahr der Durchbiegung des unteren Mastteils, der wir vorbeugen müssen. Das läßt sich bewerkstelligen, indem man das Unterwant, das am Fuß der Untersaling ansetzt, zu einer Stelle an Deck vor dem Mast herunterführt; allerdings nicht zu weit nach vorn, da es sonst den Spinnakerbaum behindert. Unterwanten stehen gewöhnlich paarweise wie in Abb. 26 D, und das zweite Want führt dann etwas achterlich vom Mast an Deck, um diesem auf Vorwindkursen etwas Halt zu geben, wenn das Großsegel den Mast nach vorn drückt.

Eine andere Form der Mastabstagung zeigen Abb. 26 E und Tafel 17 A. Hier gibt es weder Toppstag noch Backstagen. Statt dessen werden die beiden Teile der Obersaling nach vorn gekantet, bis zu einem Winkel von etwa 45 Grad zur Längsschifflinie, und bilden dann eine Jumpstagspreize. Die Jumpstage verlaufen vom Masttopp über die beiden Spreizen und zurück zum Mast unterhalb der Untersaling, von wo die Verstagung in gleicher Richtung von den achteren Unterwanten bis auf Deck weitergeführt wird. Diese Anordnung zerlegt die Abstagung des Obermastes in Dreiecke und verhindert, daß dieser durch den Zug des Vorsegels nach vorn gebogen wird, während Ober- und Unterteil des Mastes durch die Backstagen und die achterlichen Unterwanten nach achtern festgehalten werden. Da die Wanten jedoch nicht sehr weit nach achtern stehen dürfen, wenn sie ein ausreichendes Ausfieren des Baums vor dem Winde nicht behindern sollen, sind die Angriffswinkel nicht sehr wirksam. Außer bei kleinen Fahrzeugen wird es sich daher als erforderlich erweisen, Preventer zu fahren, um das Vorliek des Vorsegels steifzuhalten. Ein Vorteil dieser Abstagungsform ist, daß man den Spinnaker ohne Schamfilgefahr ober- und außerhalb des Vorstags setzen kann; demgegenüber besteht der Nachteil, daß ein Leichtwettervorsegel nicht so

---

Tafel 21
A. Ovale Kausch am Halshorn eines Vorsegels. Ein hübsches Beispiel der Segelmacherkunst. *B.* Gattchen im Schothorn eines Segels; die Lieken sind zum Schutz mit Plastik benäht. *C.* Bei einem Terylenesegel halten drei Reihen Maschinenstiche die Naht besser als zwei, wie z. B. die obere Reihe in diesem Bild, da die äußeren Reihen da, wo sie über die Tuchkante hinweggreifen, leicht durchschamfilen. *D.* und *E.* Bei der Bootsmannsnaht liegen die beiden Seiten eines Risses flach Kante gegen Kante; jeder Stich greift in den nächsten über. *F.* Mit der Rundnaht lassen sich kleine Risse in leichten Baumwollsegeln rasch ausbessern. Bei Terylenetuch nicht anwendbar, da es faltig bleiben würde.

groß sein kann wie bei einer Takelage mit zwei Vorstagen, da es an dem (unteren) Vorstag gesetzt werden muß.

Lange war es dem Fahrtensegler, besonders bei schwerem Wetter, nicht geheuer, ein Amwind-Vorsegel wegen der damit verbundenen Beanspruchung des Mastes vom Masttopp aus zu fahren. Aber die Vervollkommnung der Hohlmasten aus Metall, die bei richtiger Wandungsstärke und richtigem Querschnitt so außerordentlich steif und kräftig sind, hat die Masttopptakelage bei Hochseerennyachten und jetzt auch bei Fahrtenkreuzern in den Vordergrund gebracht. Hierbei werden, wenn die Yacht ein einziges Vorsegel führt, nur zwei Stage benötigt (Toppvorstag und Achterstag), und beide gehen zum Masttopp.

Wenn dagegen zwei Vorsegel gefahren werden, sind Backstage erforderlich, um den Zug des unteren Vorsegels aufzufangen. Der Metallmast hat eine weitere Vereinfachung der Takelage mit sich gebracht: In manchen Fällen braucht man nur noch eine Saling, wo früher zwei benötigt wurden. Dabei soll man allerdings nicht vergessen, daß die Entwicklung moderner Yachten in Richtung größerer Breite geht als sie ihre Vorgängerinnen hatten, und die Wanten daher am Mast unter einem wirksameren Winkel angreifen.

Auf einer Rennyacht mit großen überlappenden Vorsegeln müssen die Salings kurz bleiben, da sie sonst beim Dichtholen der Vorsegel stören. In diesem Fall bedarf es einer komplizierten Verstagung, um den Stand des Mastes zu gewährleisten. Eine Kreuzeryacht sollte dagegen stets über breite Salings verfügen, die das stehende Gut weit auseinanderspreizen; allerdings dürfen sie nicht die Bordwände überragen, da sie sonst beim Liegen an einer Kaimauer oder längsseits eines anderen Fahrzeuges leicht Schaden erleiden.

Stehendes Gut bei gaffelgetakelten Masten

Die Grundsätze, von denen die Abstagung gaffelgetakelter Masten bestimmt wird, entsprechen im großen und ganzen denjenigen, die für die bermudagetakelten Masten gültig sind, mit einer wichtigen Ausnahme: Da die Gaffelklau unbehindert auf- und abgleiten muß, dürfen keine Wanten an den Mast unterhalb desjenigen Punktes angebracht werden, den die aufgeheißte Klau bei voll gesetztem Segel erreicht. Die Unterwanten, gewöhnlich zwei auf jeder Seite, setzen eben oberhalb der höchsten Stellung der Gaffelklau an und führen etwas vorlicher und achterlicher vom Mast an Deck herab. Bei sehr kurzen Masten reicht ein drittes Want auf jeder Seite aus, um den Mast auch ohne Saling ausreichend abzustagen. Soll aber ein Dreikanttoppsegel gesetzt werden, so wird der Mast entsprechend höher, und man benötigt wieder eine Saling, um die Toppwanten ausreichend zu spreizen. Bei großem Abstand zwischen Saling und Masttopp läßt sich ein viertes Want an jeder Seite anbringen, Eselshauptwant genannt, das auf halbem Wege zwischen Saling und Masttopp ansetzt. Dieses Want wird nur um einen Teil der gesamten Salingsbreite gespreizt und wird entweder durch ein Loch in der Saling oder über eine Knagge an der Salingskante geführt. Bei einigen hochgetakelten Yachten mit einzelner Saling findet man übrigens die gleiche Anordnung (Tafel 16 A).

Ein Gaffelmast ist nicht denselben Beanspruchungen ausgesetzt wie ein Bermudamast, denn die Gaffelklau drückt den Mast nach vorn, während er von dem höher angreifenden Piekfall nach achtern gezogen wird; ein Zug, der allerdings bei einer kuttergetakelten Yacht durch den Klüver wieder ausgeglichen wird. Dann werden Backstage erforderlich, um das Klüvervorliek steifzuhalten. Bei einem größeren Fahrzeug werden diese aber noch dringender benötigt, um dem Schub der Gaffelklau entgegenzuwirken und das Vorliek der Fock steifzuhalten (Abb. 26 F). Ein festes Achterstag kann nicht gefahren werden, weil es mit der Gaffel unklar kommen würde, aber wichtig sind loswerfbare Pardunen (manchmal auch als Preventer bezeichnet), wenn große Vorsegel vom Masttopp aus gesetzt werden sollen. Diese Preventer führen vom Masttopp zu jeder Seite des Achterdecks; der Leepreventer wird jeweils losgeworfen.

Mastbänder, Salings und Rüsteisen

Das stehende Gut läßt sich auf dreierlei Weise am Masttopp anbringen: Mit einem Augspleiß versehen, wird es über den Masttopp gelegt oder es liegt auf Mastbacken (Knacken aus Holz) oder Nockklampen auf, die an den Mast festgeschraubt oder festgeleimt sind. Diese ist die auf gaffelgetakelten Yachten übliche Methode für die Befestigung der Unterwanten. Da Unterwanten im allgemeinen paarweise stehen, bedient man sich häufig eines einzigen Stahldrahtendes in einem Stück, um daraus zwei Wanten für eine Seite zu machen. In diesem Fall umfaßt der Stahldraht den Mast, liegt auf Mastbacken auf, und seine beiden Parten werden durch eine Drahtzurring so zusammengehalten, daß sich ein Auge bildet. Dieses Verfahren hat den Vorteil, daß es nur die Hälfte der sonst notwendigen Spleiße erfordert und die Takelage an den Mastbacken sauberer aussieht. Auf der anderen Seite hängen die Wanten dann völlig von der Festigkeit der Zurring ab; löst sich diese, so verliert der Mast jeden Halt in Höhe der Mastbacken. Augspleiße am stehenden Gut ersparen Kosten, da sie Spezialeisenbeschläge überflüssig machen und die Verwendung von Schäkeln hoch oben in der Takelage vermeiden. Dafür kann es vorkommen, daß die Augspleiße den Mast beschädigen, wenn dieser nicht durch einen Mastkragen aus Metall geschützt wird. Die traditionelle Reihenfolge bei Anbringung der mit Augspleißen versehenen Wanten ist wie folgt: Das vordere Steuerbordwant zuunterst, dann das vordere Backbordwant, anschließend das achtere Steuerbordwant und schließlich das achtere Backbordwant.

Wanten mit Augspleiß lassen sich bei hochgetakelten Masten, außer wenn es sich um die Toppwanten handelt, nicht ohne weiteres verwenden, weil die Großsegelschiene über den Augen liegen muß. Will man trotzdem Augspleiße verwenden, muß die Schiene auf einer hölzernen Leiste aufliegen, aus der für jeden Augspleiß ein Stück herausgeschnitten wird, so daß die Schiene gerade durchläuft, und natürlich muß ein Teil der Schiene, jedesmal wenn der Mast auf- oder abgetakelt wird, entfernt werden. Schön ist das allerdings nicht, weil die Schrauben dabei Gefahr laufen, sich mit der Zeit zu lockern. Auf einigen älteren hochgetakelten und auf vielen gaffelgetakelten Yachten verwendet man eiserne Mastbänder, die in zwei Hälften zusammengeschraubt werden und Augen für die Anbringung des stehenden Gutes tragen. Sie müssen breitflächig sein, um nicht die Holzfasern an der Mastoberfläche zu zerquetschen und sich bei Belastung herunterzuziehen. Wird das stehende Gut unmittelbar in die Augen am Mastband eingespleißt, bedeutet dies, daß es bei Außerdienststellung nicht abgenommen werden kann. Sonst müssen Schäkel benutzt werden. Ein Schäkel ist häufig das schwächste Glied in der Kette, und die moderne Praxis lehnt ihre Verwendung in der stehenden Takelage überhaupt ab. Muß aber ein Schäkel eingesetzt werden, wählt man am besten einen schmalen D-Typ und nicht den schwächeren Bügelschäkel (Tafel 11 G); er muß eine Größe stärker sein als das Drahtgut, mit dem zusammen er gebraucht werden soll, sein Bolzen muß fest zugeschraubt werden, da er sonst an dem Gewinde bricht, lange bevor die Bruchgrenze des Schäkels selbst erreicht ist. Um zu vermeiden, daß sich der Schäkelbolzen losarbeitet, ist es allgemein üblich, sein Auge durch ein Drahtbändsel mit dem Schäkel selbst zu verbinden und so zu sichern. Schäkel sind in rostfreiem oder verzinktem Stahl erhältlich; die rostfreien sind stärker. Die Schäkelgröße wird nach dem Durchmesser bezeichnet, den der Schäkel im D oder im Bügel besitzt, während der Bolzen gewöhnlich dicker ist.

Die beste und heutzutage geläufigste Methode der Befestigung des stehenden Guts am Mast ist die mit Hilfe von sogenannten „double tangs", d. h. doppelten Mastbeschlägen. Ein „double tang" besteht aus zwei Streifen oder Platten aus Stahl, die zu einem Teil ihrer Fläche aufeinandergeschweißt sind, sich aber an ihren Enden, an denen das jeweilige Want oder Stag befestigt wird, zu zwei Stahlstreifen auseinanderspreizen (Tafel 18 C und 20 A und B). Diese sind zur Aufnahme der Bolzen durchbohrt. Das jeweilige Drahtseilauge wird in diesen Zwischenraum eingeführt und dort durch einen starken Bolzen festgehalten. Der „tang"-Beschlag ist mit dem Mast verbolzt und zusätzlich durch Schrauben, oder bei Aluminiummasten durch Nieten gesichert. „Tangs" werden oft in einem Stück mit Platten hergestellt, die Einsatzstutzen für die Aufnahme der Salingsspreizen oder Ansatzstücke für andere Teile des stehenden Gutes tragen. Werden „tangs" im Masttopp verwendet, bilden sie gewöhnlich Teile einer Kappe, die auf den Masttopp paßt. Dabei kann der an der Rückseite des Mastes gelegene „tang" ein kurzes Stück über den Mast hinausragen; von unten abgestützt, bildet er eine Art Kranhaken, so daß das daran befestigte Achterstag beim Wenden oder Halsen frei von dem Kopfbrett und Achterliek des Großsegels steht. Ohne diesen Kranhaken müßte der Mast etwas höher sein, was sowieso besser wäre, weil der Kranhaken auf den obersten Teil des Mastes eine Kraft ausübt, die den Topp nach achtern biegt.

Rüsteisen, an denen die unteren Enden der Wanten befestigt werden, lassen sich entweder an den Außenseiten der Bordwände festbolzen, wobei die Bolzen am besten durch beide, Planken und Spanten, gesteckt werden, oder die Rüsteisen verlaufen, wie es bei allen Yachten hochwertiger Bauweise der Fall ist, durch das Schandeck, so daß sie bis auf ihre Augen verschwinden. Die Rüsteisen selbst und ihre Augen müssen so angebracht werden, daß sie der Richtung des Wantenzugs in etwa entsprechen. Durch die Anbringung von Rüsten kann man den Wanten schmalgebauter Yachten oder sehr hoher Masten einen zusätzlichen Spreiz verleihen. Hierbei handelt es sich um eine Art an den Bordwänden in Deckshöhe vorspringender Leisten aus Holz oder Metall, deren Zweck es ist, die Augen der Rüsteisen von den Bordwänden abzurücken, während der untere Teil der Rüsteisen in üblicher Form am Schiffsrumpf befestigt ist. Man sieht diese Art von Rüsteisen, auch Püttings genannt, heute nur noch ganz selten.

Setzt das Vor- oder Toppstag am Stevenkopf an, so wird es dort an einem Beschlag befestigt, der gleichzeitig die Rollen für Ankerkette und -trossen trägt. Fast immer erfordert ein solcher Beschlag eine Spezialherstellung für jede einzelne Yacht, und muß mit dem Stevenkopf fest verbolzt werden. Führt das Vorstag ein gutes Stück achtern vom Stevenkopf auf Deck, wie es auf allen modernen Kuttern der Fall ist, genügt es nicht, den Vorstagbeschlag einfach mit einem Decksbalken zu verbolzen; es muß vielmehr durch eine in Richtung des Vorstags weiter verlaufende Eisenstange unter Deck mit dem Binnenvorsteven verbunden werden.

Die Decksbeschläge für feste und wegnehmbare Backstagen und Preventer müssen sehr stark sein, denn sie unterliegen einer gewaltigen Beanspruchung, wenn große Vorsegel gesetzt werden. Ein einzelnes, festes Achterstag verläuft in der Mittschiffslinie; sein Decksbeschlag muß durch die Mittschiffsdecksplanke gehen und am Achterstevenmittelteil eines Yacht- oder Kanuhecks befestigt werden. Eine Yacht mit Plattgattheck erfordert dagegen fast immer einen Ausleger, da der Baum sonst nicht frei vom Achterstag fährt. Um mit dem Ruderkopf klarzukommen, formt man den Ausleger gewöhnlich in Form eines breiten V, wodurch Seitenstage überflüssig werden; dagegen braucht man zwei Wasserstage, eines auf jede Seite des Ruderstocks; hierfür eignen sich am besten Ketten oder Eisenstäbe. Die Decksbeschläge für doppelte Achterstagen oder Preventer müssen durch das Schandeck hindurch mit dem Oberbalkweger verbolzt werden.

Die Konstruktion der auf Yachten verwendeten Metallbeschläge hat sich in den letzten Jahren wesentlich verbessert; Stärke und Leistungsfähigkeit sind bei gleichzeitig vermindertem Gewicht gewachsen. Die meisten Beschläge bestehen aus rostfreiem Stahl oder Manganbronze. Leider ist die Auswahl solcher Beschläge zwangsläufig beschränkt, denn was die einzelnen Yachten benötigen, ist so unterschiedlich, daß die Beschläge nur zu oft speziell hergestellt werden müssen. Die Kosten hierfür sind erheblich höher als wenn man sich beim ortsansässigen Schmied Beschläge von der Art zusammenhämmern läßt, wie sie noch vor zwanzig Jahren weitverbreitet waren.

Stärke des stehenden Gutes

Die Stärke des Stahldrahtes für das stehende Gut hängt verständlicherweise nicht nur von der Größe der Yacht, sondern auch von ihrem Typ und ihrer Takelage ab; ein steifes Fahrzeug braucht eine stärkere Takelage als ein rankes, und eine Yacht mit nur drei Wanten auf jeder Seite braucht stärkeren Draht als eine mit vier oder fünf. Hätte man nichts anderes zu berücksichtigen als die Beanspruchung der Takelage durch die Segel bei glattem Wasser, wäre die Entscheidung schon schwer genug, aber man muß damit rechnen, daß unterwegs auf See momentane Beanspruchungen der Takelage auftreten, die das Deplacement einer Yacht übersteigen. Allgemein wird die Ansicht vertreten, daß die Gesamtbruchbelastung aller Wanten auf einer Seite ein Drittel größer sein sollte als das Deplacement der Yacht, aber es bedarf eines erfahrenen Konstrukteurs, um zu beurteilen, wie diese Last am besten zu verteilen ist. Auf der anderen Seite ist für den Fahrtensegler die Sicherheit seines Mastes von so vitaler Bedeutung, daß er sich wahrscheinlich für eine größere Sicherheitsmarge entscheiden wird, denn die paar Pfunde mehr oben in der Takelage sind nur ein kleiner Preis, den er gern für seine innere Ruhe bezahlt. Es gibt hierbei so viele veränderliche Faktoren zu berücksichtigen, daß es irreführend wäre, an dieser Stelle Vorschläge für Takelagestärken zu machen, aber auf der Seite 203 kann der Leser eine Zusammenstellung von Stärken und Typen des stehenden und laufenden Gutes finden, das auf mehreren Yachten mit großen Fahrtenleistungen Verwendung gefunden hat.

Durchsetzen des stehenden Gutes

An den Unterenden aller Wanten und Stage müssen kräftige Vorrichtungen vorhanden sein, die es ermöglichen, das stehende Gut auf die gewünschte Spannung zu bringen. Hierfür werden Wantenspanner oder Spannschrauben verwendet. Eine Spannschraube besteht aus einem offenen oder geschlossenen Mittelstück, das auf der Innenseite an dem einen Ende ein Rechtsgewinde, an dem anderen ein Linksgewinde hat. Gewindezapfen, deren Enden als Gabelstücke oder Augen ausgebildet sind, schrauben sich in den Mittelkörper; wird dieser gedreht (mittels Sechseck für Schraubenschlüssel oder Loch für Marlspieker), werden die beiden Gewindezapfen zusammengezogen oder auseinandergeschoben. Unter Belastung versuchen aber Mittelkörper oder Hülse sich von selbst loszuschrauben, was durch eine Sperrvorrichtung verhütet werden muß. Bei Wantenspannern mit geschlossener Hülse besorgt dies eine Gegenmutter an einem, oder besser noch an beiden Gewindezapfen (Tafel 20 D), aber auch solche Muttern haben unter Beanspruchung die Neigung, sich loszuarbeiten und müssen daher häufig kontrolliert werden. Bei Spannschrauben mit offenem Mittelstück (Tafel 20 E) werden die inneren Enden der Gewindezapfen manchmal rechtwinklig beschnitten; viereckige Scheiben werden daraufgesetzt und mit Splinten gesichert. Dies ist ein durchaus brauchbares und zuverlässiges Verfahren, aber die Anbringung ist mühsam. Ist keine Sperrvorrichtung vorhanden, müssen die Gewindezapfen mit Drahtbändseln an dem Mittelstück befestigt werden. Bei manchen Spannschrauben bestehen Hülse oder Mittelstück und Gewindezapfen aus verschiedenen Metallen. Um aber die Gefahr galvanischer Störungen ganz auszuschalten, ist es besser, mit Spannschrauben zu arbeiten, die ganz aus rostfreiem Stahl, verzinktem Stahl oder Manganbronze bestehen. Das betreffende Metall muß dem Material der Beschläge entsprechen, an denen die Spannschraube befestigt wird, in anderen Worten, Schrauben, Rüsteisen und Terminal-Endbeschläge müssen aus ein und demselben Material sein. Nur wenn das stehende Drahtgut gespleißt wird, darf es aus anderem Metall bestehen, da die Bekleedung da, wo der Draht in der Keep der Kausch liegt, das Material weitgehend schützt.

Ein Wantenspanner muß natürlich in seiner Stärke dem Drahtgut entsprechen, das steifgesetzt werden soll. Eine alte Regel besagt, daß der Durchmesser des Gewindes (diese Angabe benötigt man auch, wenn man die Größe einer Spannschraube bezeichnen will) den halben Umfang des Stahldrahtes betragen muß.

Für ein Drahttau von 1 Zoll Umfang benötigt man also einen Spanner von $^1/_2$ Zoll Durchmesser. Allerdings betrachte ich dies als eine Mindestgröße, und da sich die Wantenspanner einer Fahrtenyacht fast immer auf Deckshöhe befinden, wo ihr Gewicht und Windfang die Leistung einer Yacht kaum beeinträchtigen dürften, kann man sich ebensogut Wantenspanner größerer Abmessung leisten, um die Sicherheitsmarge zu erhöhen. Das Versagen einer modernen, getesteten Spannschraube, die von einem zuverlässigen Fabrikanten aus einem Stück gefertigt worden ist, geht fast nie auf einen verborgenen Materialfehler zurück, sondern durchweg auf gewisse Ermüdungserscheinungen. Diese werden z. B. dadurch hervorgerufen, daß Wantenspanner zu starr mit den Rüsteisen oder anderen Beschlägen verbunden werden. Die Folge ist dann, daß sie keinen seitlichen Beanspruchungen nachgeben können, vor allem nicht denjenigen, die durch lose Leewanten entstehen. Gabel oder Auge müssen einen seitlichen Spielraum von mindestens 5 Grad besitzen, und von mehr als 5 Grad, wenn an dem Stag, das die Spannschraube steifsetzt, ein Segel mit Stagreitern angeschlagen werden soll. Wenn es schwierig ist, diesen Spielraum an der betreffenden Stelle herzustellen, muß man ein Kreuzgelenk zwischen Spannschraube und Beschlag einschalten (Tafel 20 D), dessen Länge natürlich berücksichtigt werden muß, wenn man die Wanten einspleißt oder die Terminal-Endbeschläge anbringt.

Die Gewinde von Spannschrauben aus verzinktem Schiffbaustahl benötigen irgendeine Art von Rostschutz. Jahrelang habe ich hierfür wasserfreies Wollfett benutzt, aber für die exponierten Gewindeteile wäre noch ein zusätzlicher Schutz wünschenswert. Ich habe die Gewohnheit, diese mit Isolierband zu umwickeln, mit *West Country*-Taklings zu bekleiden und dann zu lackieren, mit dem Erfolg, daß ich die Gewinde nach langen Perioden harter Segelei in tropischen Gewässern so sauber und glänzend wiedergefunden habe wie an dem Tag, an dem sie geschnitten wurden. Wasserfreies Wollfett eignet sich vorzüglich auch für Schäkelbolzen und überhaupt Bolzen aller Art, wobei man daran denken muß, daß es sich bei Wollfett nicht um ein Schmierfett handelt.

Drahttau läßt sich um eine Kleinigkeit verkürzen, indem man sein Ende in Richtung des Schlages verwindet. Gelegentlich kann man sich diesen Umstand auf kleinen Fahrzeugen zunutzemachen, auf denen das Vorstag unmittelbar und ohne Spannschraube am Stevenkopf festgeschäkelt wird. Umgekehrt darf man aber niemals versuchen, ein Drahttau durch Aufdrehen gegen die Schlagrichtung zu verlängern, da es dadurch an Stärke verlieren würde.

Stagen und Wanten beim Anbringen des stehenden Gutes die richtige

Spannung zu geben, ist Sache praktischer Erfahrung. Das Ziel bleibt, einen Bermudamast so gerade wie möglich hinzutrimmen, längs, quer und bei jeder Segelstellung. Der Erfolg läßt sich beim hochgetakelten Mast am besten überprüfen, indem man die Schiene von ganz unten nach oben anvisiert. Die erforderliche Spannung ist verschieden, je nach Länge, Stärke und Konstruktion des Stahldrahtes, nach Segelfläche und Spreiz des Riggs; da große Längen Stahldraht sich mehr recken als kurze, müssen die Oberwanten und Toppstagen steifer gesetzt werden als das untere stehende Gut, am steifsten die Wanten, die zu dem Ansatzpunkt eines Vorsegels hinaufführen. Wantenpaare müssen unter gleichmäßigem Zug stehen, was sich manchmal durch den Klang prüfen läßt, den sie beim Anschlag von sich geben. Nur eine Probefahrt kann zeigen, ob richtige Arbeit geleistet worden ist. Bei einer hochgetakelten Yacht darf keine Lose in den Leewanten erkennbar sein; diese müssen sich aber locker anfühlen, wenn die Yacht hoch am Wind liegt und ihr Neigungswinkel 10 Grad oder mehr beträgt. Es bedarf bei einer neuen Yacht oder neuen Takelage vieler Versuche und mancher Nachregulierung, bis alles richtig steht.

Durchsetzen von Pardunen und Backstagen

Spannschrauben lassen sich natürlich nicht verwenden, um Pardunen oder Backstagen durchzusetzen, denn diese müssen sich beim Kreuzen oder Halsen rasch loswerfen und wieder festsetzen lassen. Trotzdem ist es wesentlich, daß sie richtig stehen, wenn die Vorsegellieken nicht durchhängen sollen.

Hierfür können Taljen verwendet werden; es ist aber nicht leicht, ein Backstag damit richtig durchzusetzen. Es gehört Kraft und Geschicklichkeit dazu. Bis zu einem gewissen Grade hängt die Kraft allerdings von der „Abweichung" ab, d. h. wie weit achterlich vom Mast der Punkt liegt, an dem das Backstag auf Deck ansetzt. Je größer die Abweichung, um so leichter ist es, ein Backstag dichtzusetzen, mit Ausnahme der weiter unten erwähnten Fälle.

Auf kleinen Fahrzeugen beobachtet man manchmal die folgende Anordnung: Zwei Augbolzen, unter Schandeck und Oberbalkweger verbolzt, werden durch einen Drahtstander miteinander verbunden. Ein am unteren Ende des Backstags befestigter Zurrbügel gleitet auf dem Drahtstander und kann mit Hilfe eines Achterholers nach achtern geholt und in Reichweite des Rudergängers belegt werden (Tafel 19 A). Auch eine Talje kann für diesen Zweck angesteckt werden, wenn vermehrte Zugkraft nötig ist. Das Dichtholen des Backstags auf dem Drahtstander gewährt einen mechanischen Vorteil, der sich allerdings verringert, je größer die Abweichung wird. Der Drahtstander kann durch einen Takling an der Stelle markiert werden, bis zu der das Backstag dichtzuholen ist, um vorschriftsmäßig zu stehen. Da das Backstag in seiner Zugrichtung einen gewaltigen Zug auf den Drahtstander ausübt, muß die ganze Anordnung außerordentlich stark gebaut sein. Oft wird anstelle eines Drahtstanders auch eine Gleitschiene verwendet, auf die ein am Backstag unten befestigter Schlitten paßt. Es hat aber Fälle gegeben, daß solche Schienen sich bei starker Beanspruchung aus dem Schandeck hoben; sie müssen daher durchgebolzt werden.

Die beste aller mir bekannten Methoden, um auf Yachten bis 30 Tonnen Backstagen oder Preventer durchzusetzen, ist die Verwendung eines Highfield- oder anderen Umlegehebels. Ein solcher Hebel ist kraft- und wirkungsvoll zugleich, besonders am Schluß des Umlegevorgangs, wo der Hebel in seiner Stellung ganz einfach dadurch gesichert wird, daß er ein wenig über seinen toten Punkt hinaus heruntergelegt wird. Auf diese Weise hält er sich um so fester, je größer die Beanspruchung wird. Das Backstag muß natürlich durch einen Block an Deck laufen, so daß es den Hebel in horizontaler Richtung angreift. Dem für das stehende Gut verwendeten starren Stahldraht bekommt es nicht gut, über eine Rolle geführt zu werden. Wenn daher der größte Teil des Backstags aus solchem Draht besteht, ist es am besten, ihn nur bis kurz über Deck herunterzuführen und mit einem Ende flexiblen Drahtes größerer Stärke zusammenzuspleißen oder zusammenzuschäkeln. Die sich beim Entspannen des Hebels ergebende Lose entspricht der doppelten Entfernung zwischen dem Drehpunkt des Hebels und der Befestigungsstelle des Backstags am Hebel; die Lose unterscheidet sich daher je nach der Länge des Hebels. Es muß sich genügend Lose ergeben, um zu verhindern, daß das Backstag am Wind gegen die Leeseite des Segels drückt. Ist aber die Abweichung des Backstags beträchtlich oder der Hebel nur kurz, so daß die Lose nicht ausreicht, kann man einen Block mit einer kurzen Rundstange am Hebel befestigen; das Backstag wird dann nach Passieren des Führungsblocks durch diesen Block und zurück an einen festen Punkt an Deck in der Nähe des Führungsblocks laufen. Entspannt man jetzt den Hebel, entsteht zweimal so viel Lose wie sonst, aber man braucht auch die doppelte Kraft, um das Backstag festzusetzen. Bei halben und raumen Winden, wenn die Schoten gefiert werden müssen, benötigt man mehr Lose. Diese kann man sich verschaffen, indem man einen Klappläufer aus flexiblem Draht am unteren Ende des Backstags anschlägt; das eine Ende dieses Drahtes wird in einen Augbolzen eingehakt, während das andere Ende, nachdem es den Block am Backstag und den Führungsblock passiert hat, am Hebel befestigt wird. Wenn das Backstag dann bei raumem Wind gelöst werden muß, wird der Hebel umgelegt und der stehende Part des Klappläufers ausgehakt. Der Nachteil dieser Anordnung ist, daß die durch das Umlegen des Hebels allein bewirkte Lose wegen des Klappläufers nur halb so groß wird und unter Umständen nicht ausreicht, um das Backstag vom Segel freizuhalten, ohne daß man das eine Klappläuferende aushakt. Auch können der unkontrollierte Block und der Haken eine Gefahr bedeuten.

Eine bessere Methode ist, die Stellung des Hebels umzukehren und das Backstag ohne Klappläufer durch den Leitblock über einen Klappblock auf Deck von achtern an den Hebel heranzuführen. Wird der Hebel dann entspannt, läßt sich die Bucht des Backstags aus dem Klappblock herausnehmen, so daß sich das Backstag mit viel Lose nach vorn schwingt. Da sich der Hebel in Reichweite des Rudergängers befindet, kann er auch das Ende des Backstags zu fassen bekommen, so daß es für ihn ein Leichtes ist, die Bucht wieder in den Klappblock zu legen, wenn es nötig ist.

Mr. Nigel Warington Smyth, O. B. E., hat für seine Yacht *Restive* einen Spezialhebel konstruiert. Tafel 19 D und E zeigen, wie dieser arbeitet. Da die Muffe, an der das Backstagende befestigt ist, am Hebel frei auf- und abgleiten kann, erhält das Backstag, nachdem es losgeworfen ist, viel mehr Lose als beim Highfield-Hebel. Diese Konstruktion ist einfach, wirksam und kräftig; sie läßt sich auf den meisten Yachtwerften herstellen. Auch Mr. Laurent Giles hat eine verbesserte Hebelvorrichtung entworfen, die mehr Lose bringt als der durchschnittlich verwendete Typ (Tafel 19 C); hier gleitet der Backstagbeschlag frei innerhalb eines Schlitzes im Hebel.

Das in Lee losgeworfene Backstag muß, außer bei vollkommen glattem Wasser, an den Leewanten befestigt werden, um nicht lose herumzuschwingen, sich an den Salings zu vertörnen und das Segel zu schamfilen. Einen guten Dienst leistet hier ein starker Gummistropp, der irgendwo an den Wanten befestigt wird; sein oberstes Ende trägt einen Haken, der in eine am Backstag angenähte Kausch faßt. Oder ein am Backstag befestigtes Ende, das durch einen Block oder eine hölzerne Kausch an den Wanten führt und einem den Weg nach vorn erspart.

Für die Bedienung der beiden Pardunen oder Preventer einer gaffelgetakelten Yacht kann man auf ein zweites Paar Hebel verzichten. Wenn jeder Preventer durch einen Block am Heck, von dort durch einen zweiten Decksblock vor dem Hebel geschoren und dann an den Hebel zurückgeführt wird, kann ein und derselbe Hebel benutzt werden, um beide, Backstag und Preventer, gleichzeitig dichtzuholen (Tafel 19 B). Ist der Hebel aber kurz oder nicht vom verbesserten Typ, muß der Leepreventer, selbst wenn die Yacht am Wind liegt, ausgehakt werden.

Wenn ein einzelnes großes Vorsegel auf einer Yacht mit Toppstag und Vorstag gesetzt werden soll, wird das untere Vorstag manchmal weg-

nehmbar eingerichtet, um sich das Herumnehmen des Vorsegels beim
Kreuzen zu erleichtern. Man läßt dann das betreffende Vorstag etwa
einen Fuß über Deck enden und verbindet es durch einen Haken oder
Slipper mit einem kurzen Ende biegsamen Drahtes, das durch einen Block
an Deck zu einem Highfield-Hebel führt. Um das Vorstag wegzunehmen,
braucht man nur den Hebel umzulegen und das Stag vom Drahtstander
abzuschäkeln oder abzuhaken. Ein wegnehmbares Vorstag kann aber auf
einer Kreuzeryacht, wenn ihr Mast nicht einen besonders steifen Querschnitt in der Längsrichtung aufweist, eine Gefahrenquelle bedeuten, da
man leicht versucht ist, länger ohne das Vorstag auszukommen als es bei
auffrischenden Winden vertretbar ist.

Die Abstagung einer zweimastigen Takelage

Die Masten einer Ketsch oder Yawl werden am besten unabhängig
voneinander abgestagt. Trotzdem beobachtet man häufig auf hochgetakelten Zweimastern, daß ein Diagonalstag zum Besantopp führt, um die
Masten gegenseitig abzustützen. Diese Anordnung ist nur selten zufriedenstellend, denn es erweist sich meistens als unmöglich, die Besan
backstagen weit genug nach achtern zu führen, um wirklich wirksam zu
sein. Das Resultat ist gewöhnlich, daß sich beide Masten nach vorne
biegen und die Lieken der Vorsegel nach Lee durchhängen. Das Achterstag muß vielmehr vom Topp des Großmasters auf Deck heruntergeführt
werden, selbst wenn der Großbaum etwas verkürzt werden muß, um frei
vom Achterstag zu fahren. Außer wenn der Großbaum sehr kurz ist,
kann der Besan nicht gut ein Vorstag haben; dann müssen aber jedenfalls
seine Unterwanten so weit wie möglich nach vorn stehen, während der
Oberteil des Mastes durch ein Jumpstag geradegehalten wird. Ob ein
Besan Salings benötigt, oder nicht, hängt von der Höhe dieses Mastes und
dem durch die Breite des Fahrzeuges an dieser Stelle bedingten Spreiz der
Takelage ab. Da einer der Hauptvorzüge der Ketsch und Yawl in der
Möglichkeit besteht, Besanstagsegel zu führen, muß Vorsorge getroffen
werden, den Besanmast gegen den Vorwärtszug dieses Segels abzustützen. Ein festes Achterstag wäre die Ideallösung; das ist aber selten
möglich und man muß auf wegnehmbare, durch Hebel oder Taljen festzu-
setzende Backstagen zurückgreifen. Solange kein Stagsegel gesetzt ist,
kann man die Backstagen unbenutzt am Mast herunterhängenlassen und
festsetzen.

Bei zweimastigen Schonern ist der Großmast fast immer höher als der
vordere Schonermast; die beiden Maststoppen sind durch das Großstenge-
stag miteinander verbunden. Raum genug ist vorhanden, um Backstagen
und Preventer des Großmastes so weit nach achtern zu führen, daß sie

wirksam ihren Zweck erfüllen können. Ein zweites, als Genickstag bezeichnetes Stag, verbindet den Vormasttopp mit der Stelle am Großmast, wo die Hauptbackstagen ansetzen. Handelt es sich bei der betreffenden Yacht aber um einen Stagsegel- oder Spreizgaffelschoner, so fällt das Genickstag weg und statt dessen führt ein Vorstag vom Topp des Großmastes zum Fuß des Vormastes, und daran wird das Groß-Stagsegel angeschlagen. Sonst unterscheidet sich das stehende Gut eines Schonermastes nicht von den anderen Takelungsarten.

7

ARBEITSSEGEL

Segeltuch — Segelmacherhandwerk — Reihleine,
Mastschiene und Rutscher — Pflege und Ausbesserung
von Segeln — Schamfilschutz

Jeder Yachtsegler weiß, daß die Segeleigenschaften seiner Yacht weitgehend von dem Schnitt ihrer Segel abhängen, und daß die Segelmacherkunst im Begriff ist, sich immer mehr zu einer Wissenschaft zu entwickeln. Natürlich ist es nicht schwierig, eine Anzahl Segelbahnen so zusammenzunähen, daß sie flach aneinanderliegen; ein gutes Segel muß aber an der richtigen Stelle einen Bauch haben, so daß es, vom Wind gefüllt, eine parabolische Kurve beschreibt. Dieses Ziel wird erreicht, indem man die Überlappungen an den Nähten in ihrer Größe wechselt und für einen kurvenförmigen Verlauf der Kanten am Vor- und Unterliek sorgt. Auch die Art und Weise, wie die Liektaue (Taue, die die Spannung und Dehnung an den Kanten eines Segels auffangen) an dem Segeltuch befestigt werden, haben Einfluß auf den Stand des fertigen Segels. Obgleich die meisten Segel heutzutage maschinengenäht sind, bleibt man für die Herstellung von Lögeln (Tauaugen), für das Einlieken der Segel, die Anbringung des Kopfbretts usw. doch auf geschickte Handarbeit angewiesen. Gute Segel können daher niemals billig sein. Sie verdienen mit Recht liebevolle Behandlung, nicht nur wegen des hohen Anschaffungspreises, sondern vor allem, weil ihre Leistungsfähigkeit bis zu einem gewissen Grade davon abhängt, wie sie im Laufe der Zeit behandelt werden.

Segeltuch

Das Material, aus dem Yachtsegel gefertigt werden, wird zu Tuchen verschiedenen Gewichts verwebt. Die in Längsrichtung des Tuches verlaufenden Fäden werden als Kette, die querlaufenden Fäden als Schuß bezeichnet, wobei mehr Reck in der Kette ist als im Schuß. Wenn das Tuch den Webstuhl verläßt, hat es auf jeder Seite einen glatten, nicht aufgehenden Rand, der Kante genannt wird. Dagegen ist die Kante bei Terylene wellig und nutzlos und wird vom Segelmacher entfernt, bevor das Tuch gebraucht wird.

Bis in die späten 50er Jahre war Baumwolle das Material, aus dem die weitaus meisten Yachtsegel gewebt wurden. Jetzt ist fast durchweg Terylene an die Stelle getreten (in den USA als Dacron, in Deutschland als Diolen bekannt), bei einigen Leichtwettersegeln auch Nylon. Ein Baumwollsegel in neuem Zustand muß sorgfältig gestreckt werden; da es Wasser absorbiert, erhöht sich sein Gewicht, wenn es naß geworden ist; dem gleichzeitig einsetzenden Schrumpfprozeß muß man durch Lockerung der Fallen und Ausholer Rechnung tragen, wenn man nicht will, daß das Segel auf immer seine Form verliert. Außerdem unterliegt Baumwolltuch der Gefahr zu verspaken und zu verfaulen. Ein Terylenesegel ist frei von diesen Nachteilen und hat außerdem den Vorzug, eine glattere Oberfläche zu besitzen und infolgedessen dem Wind einen geringeren Reibungswiderstand entgegenzusetzen; es ist weniger durchlässig, so daß der Druckunterschied zwischen Luv- und Leefläche erhöht und seine Wirksamkeit dadurch wahrscheinlich gesteigert wird. Diese Eigenschaften wechseln jedoch je nach der Güte des Endverarbeitungsprozesses, der Erhitzung und Glättung einschließt, um die Fasern zusammenzuschließen. Terylene besitzt nur geringe Dehnbarkeit und reckt sich kaum, wenn belastet; da es sehr viel stärker ist als Baumwolle, sollte man annehmen, daß man ein sehr viel leichteres Tuch für ein Segel gleicher Fläche verwenden könnte; das ist aber, wenn es sich um kleine Segel handelt, keineswegs der Fall, weil leichtes Terylenetuch bei starken Winden zur Vibration neigt und dann seine Form verliert. Im Durchschnitt darf es etwa 10 Prozent leichter sein als Baumwolle. Auf der anderen Seite ist es nicht ratsam, ein Segel aus schwererem Tuch zu machen als nötig, denn ein solches Segel nimmt nicht so leicht die über alles wichtige Wölbung an und verliert bei leichtem Wind nur schwer seine Falten. Die Bewegungen einer Yacht im Seegang lassen die Segel hin- und herschlagen; sind sie nun schwer, so schütteln sie infolge ihres Beharrungsvermögens bei leichtem Wetter den Wind heraus. Manche kleine Kreuzeryachten sind in ihrer Leistungsfähigkeit durch zu schwere Segel beeinträchtigt worden, und erst mit dem Erscheinen von Terylene ist dieser Irrtum seltener geworden.

Die Nachteile von Terylene sind gering an der Zahl. Wenn zu lange dem Sonnenlicht ausgesetzt, wird es hart und verliert etwas an Festigkeit; inwieweit, ist bisher noch nicht bekannt. Es ist nicht leicht zu nähen, obgleich dieser Schwierigkeit durch die Einführung neuartiger Maschinen bereits begegnet wird. Da es nicht so weich ist wie Baumwolle, stehen die Nahtstiche heraus anstatt sich in das Tuch zu ziehen und schamfilen infolgedessen leicht durch. Persönlich bin ich der Ansicht, daß man diese Gefahr stark übertrieben hat; daß sie nicht ganz so groß ist, wie anfänglich angenommen, beweisen meiner Ansicht nach die folgenden Tatsachen. Als meine kleine, 8 Tonnen große *Wanderer III* ihre erste Weltumsegelung machte, besaß sie ein handgenähtes Großsegel aus Baumwolle. Die Nähte dieses Segels erforderten von Zeit zu Zeit ein wenig Aufmerksamkeit, besonders am Kopf, wo sie mit den Toppwanten schamfilten.

Auf unserer zweiten Weltreise führten wir ein Terylene-Großsegel, normal maschinengenäht, aber jede Naht war mit einer Reihe handgenähter Stiche verstärkt. Dieses Segel erforderte keine größere Aufmerksamkeit als das Baumwollsegel. Allerdings muß man berücksichtigen, daß auf beiden Reisen alle nur erdenklichen Vorsichtsmaßnahmen ergriffen worden waren, um die Schamfilgefahr zu beschränken. Die wichtigste Maßnahme dabei war wahrscheinlich die dauernde Verwendung eines Bullenstanders bei achterlichen Winden. Einige Anmerkungen über das Vernähen von Terylene finden sich im nächsten Abschnitt.

Segelfläche (in m²)	5,5	11	22	33	45	55	67	110
Großsegel	5	6—7	8—9	10	11	13	15	17
Besan	5	5	7	8	9	11	13	
Am Wind Vorsegel u. Genuas, Wind 5—7	8	9	10	11	13	15	17	17
Trysegel u. Sturmfock	9	10	11	13	15	17	19	
Genua und Yankee, Wind 3—4	4^1/$_2$	4	5	5	6	8	10	11
Ghoster, Wind 1—2	1	2	3^1/$_2$	4	4^1/$_2$	5	6	7
Spinnaker	—	1^1/$_4$	1^1/$_4$	1^1/$_4$	1^1/$_2$	1^1/$_2$	1^1/$_2$	2

Die Gewichte sind in Unzen per Quadratyard angegeben (über 11 ist Terylenetuch nur in ungeraden Ziffern erhältlich); die Windstärken entsprechen der Beaufort-Skala, s. S. 312.

Bei Auswahl der Tuchstärke für ein Segel sind die entscheidenden Faktoren nicht die Größe einer Yacht, sondern die Fläche des betreffenden Segels, der Verwendungszweck und die Windstärke, bis zu der es gesetzt werden soll. Mitbestimmend ist auch der Yachttyp und die Art von Reisen, die geplant sind. Die vorstehende Aufstellung enthält Vorschläge

---

Tafel 22
A. Um Tausendfuß herzustellen, lege ein 10 cm langes Kardeel eines alten Endes unter zwei Enden Marlleine, die mit einem Stück Holz auseinandergespreizt werden. *B.* Bringe die beiden Enden des Kardeels außerhalb der Marlleine hoch und stecke sie von oben wieder zwischen die beiden Marlleinen und vor der stehenden Part des Kardeels hindurch. *C.* Darauf schiebe das Kardeel an der Marlleine entlang, bis es hart auf den anderen Kardeelen aufliegt. *D.* Bekleiden eines Wants mit Tausendfuß. *E.* Tausendfuß an seinem Platz, oben und unten von dem kurzgeschnittenen Enden der Marlleine festgehalten, die mit Webeleinenstek am Want befestigt sind.

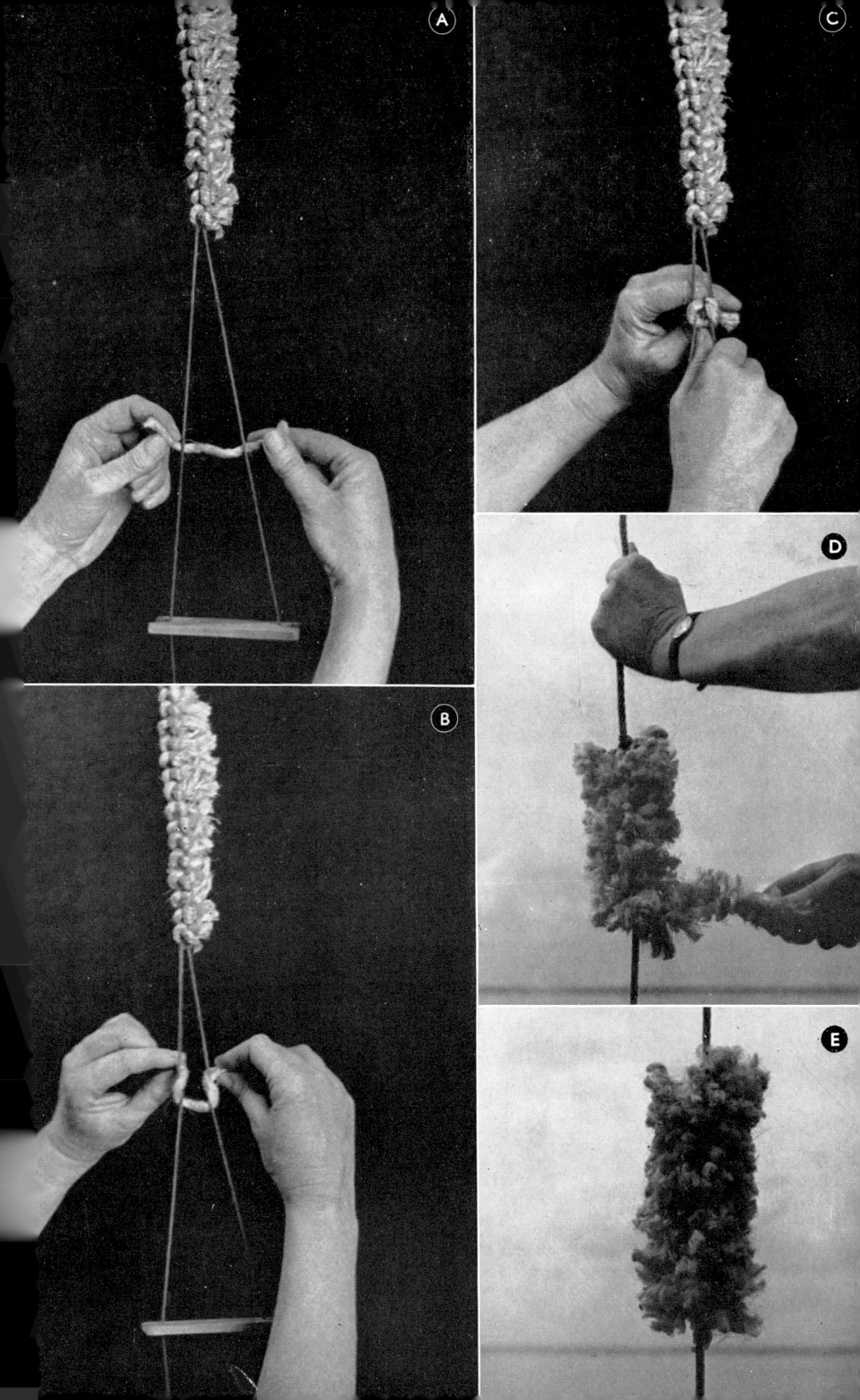

für die Wahl von Terylenetuch verschiedenen Gewichts, Vorschläge, die von meinem Freunde Bunty King von der bekannten Segelmacherfirma Cranfield & Carter (der alle meine Segel gemacht hat) gutgeheißen wurden. Diese Aufstellung ist aber nicht dazu bestimmt, Diskussionen überflüssig zu machen, die jeder Eigner mit seinem Segelmacher führen sollte, bevor er ein neues Segel bestellt.

Nylon ist ebenfalls stärker als Baumwolle und hat viele Vorzüge mit Terylene gemeinsam, aber es ist zu dehnbar, um für Amwind-Segel verwendet werden zu können. Werden Nylonsegel längere Zeit bei starken Winden gefahren, recken sie sich aus ihrer Form und werden schlaff am Liek. Dagegen werden Spinnaker gern aus Nylon hergestellt. Beide Materialien, Terylene und Nylon, lassen sich einfärben, und man hat eine Farbfestigkeit erreicht, die der verhältnismäßig geringen in britischen Gewässern vorherrschenden Sonnenbestrahlung ausreichend standhält.

Segelmacherhandwerk

Das Bermuda-Großsegel (Abb. 27) hat auf Rennyachten ein hohes Ansichtsverhältnis, d. h. ein kurzes Unterliek und ein langes Vorliek. Das Vorliek kann manchmal die dreifache Länge des Unterlieks erreichen, denn die meisten Regatten werden durch Kreuzeigenschaften gewonnen, auf die eine lange Anschnittskante bestimmenden Einfluß hat. Auf einem Seekreuzer ist ein hoher Mast aber nicht immer erwünscht. Handelt es sich um eine Slup oder einen Kutter mit Hochtakelung, darf im allgemeinen das Unterliek nur so lang sein, daß der Baum beim Kreuzen oder Halsen immer noch frei vom Achterstag fährt. Die Höhe des Mastes wird sich dann natürlich nach der erforderlichen Segelfläche richten müssen, wobei das übliche Verhältnis von Unterliek zu Vorliek zwischen $1^3/4$ und $2^1/4$ zu 1 beträgt. Bei zweimastigen Yachten muß das Verhältnis bei jedem Segel größer sein, um eine ausreichende Segelfläche zu erhalten. Bei einem Hochsegel, das mit Rollreff ausgestattet ist, darf der Winkel zwischen Mast und Baum nicht weniger als 85 Grad betragen. Andererseits ist zu berücksichtigen, daß, je kleiner der Winkel, um so geringer die Gefahr, daß die Baumnock bei achterlichen Winden und in schwerem Wetter ins Wasser taucht.

Das Gaffelsegel (Abb. 27, oben lks.) gewährt größere Variationsmög-

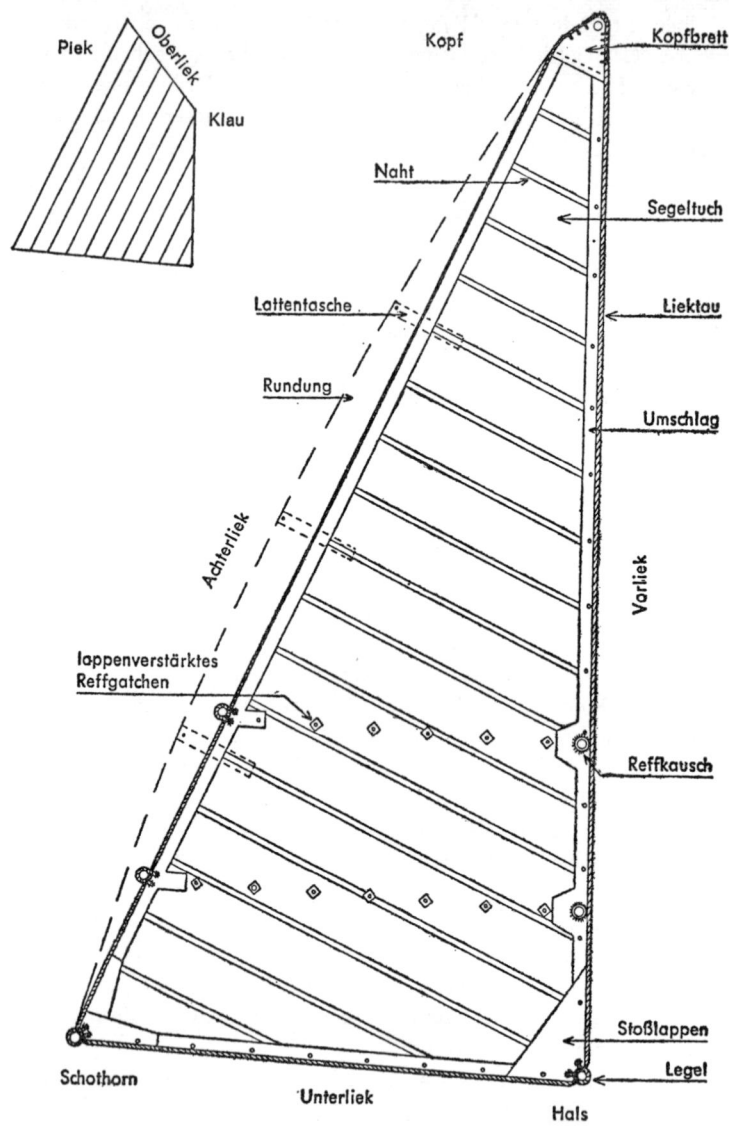

Abb. 27
Einzelteile eines Großsegels oder Besans
Ein horizontal geschnittenes Bermudasegel; oben links ein vertikal geschnittenes
Gaffelsegel.

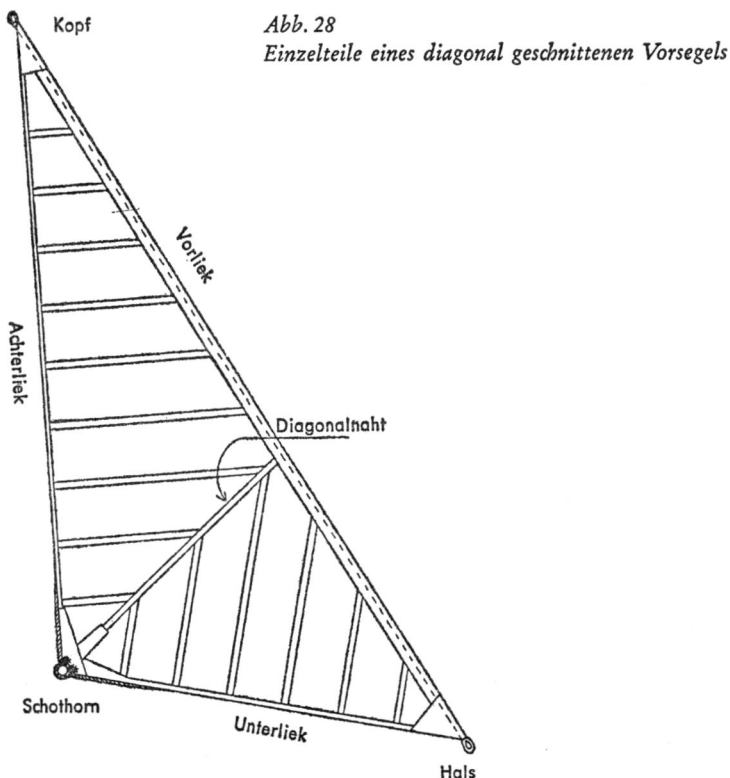

Kopf

Vorliek

Achterliek

Diagonalnaht

Schothorn

Unterliek

Hals

Abb. 28
Einzelteile eines diagonal geschnittenen Vorsegels

lichkeiten in seinen Proportionen, weil hier Oberliek und Winkel zwischen Gaffel und Mast nicht minder zu berücksichtigen sind als die Längen des Vor- und Unterlieks. In seinem klassischen Buch „Yacht Cruising" bezeichnet der verstorbene Claud Worth die folgenden Proportionen als ideal: Vorliek ²/₃ bis ⁴/₅ des Unterlieks, und Anstellwinkel der Gaffel 90 Grad zu einer Linie, die Klau und Schothorn miteinander verbindet. Bei einem Segel dieser Proportionen beträgt der Winkel zwischen Gaffel und Mast etwa 35 Grad. Je schmaler aber das Segel ist (und bei einer zweimastigen Yacht muß es ja schmal sein), um so größer wird der Anstellwinkel der Gaffel. Das ist auch richtig, denn ein schmales Segel muß einen flacheren Kopf haben, wenn die Gaffel nicht seitwärts auswehen soll. Obgleich die Baumlänge durch kein festes Achterstag beschränkt wird, darf der Baum nicht weit über das Heck hinausragen, da sich sonst Schwierigkeiten bei der Schotführung ergeben und auch das Reffen erschwert wird.

Da die Formen der Vorsegel auf jeder Yacht verschieden sind und sich nach der jeweiligen Größe des Vorsegeldreiecks richten müssen (das wie-

163

derum von der Stellung des Mastes abhängt), und auch danach, ob ein oder zwei Vorsegel zusammen gesetzt werden, läßt sich hier wenig über ihre Proportionen sagen. Wichtig ist aber, daß der Kopf der Fock und das Vorliek des Großsegels weit genug auseinanderstehen, damit das Großsegel keinen Backwind empfängt. Das Fockachterliek rückt nämlich an dieser Stelle näher an die Mittschiffslinie heran als anderswo, während das Großsegel in einem breiten Winkel absteht. Von ebenso großer Wichtigkeit ist, daß ein toppgetakeltes Segel ein Stück unterhalb des Masttopps endigt, und daß die Köpfe des Klüvers und der Fock weit genug voneinander abstehen. Bildet das Vorliek eines Vorsegels einen Winkel von weniger als 20 Grad mit dem Mast, wird man es schwierig finden, das Liek geradezuhalten.

Der Schnitt eines Segels hängt von der Anordnung der Bahnen ab, und die Vielfalt der Schnittmöglichkeiten wird nur dadurch begrenzt, daß die Bahnen bei allen Segeln miteinander parallellaufen oder im rechten Winkel zu jeder Kante liegen müssen, die keinen Halt an einer Spiere oder einem Drahtliek findet. Der Grund dafür ist, daß diese Kante bei einem diagonal geschnittenen Tuch einer anomalen Reckung unterliegt. Bei einem Großsegel oder Besan bildet das Achterliek jene Kante, und die Bahnen verlaufen, wie Abb. 27 zeigt, im rechten Winkel dazu. Diese Anordnung der Bahnen wird als Horizontalschnitt bezeichnet, die am weitesten verbreitete Verarbeitungsweise von Segeln. Die Bahnen könnten auch im sogenannten Vertikalschnitt parallel zum Achterliek verlaufen, wie es häufig bei Gaffelsegeln der Fall ist (Abb. 27 oben links), aber dann wird die Wirksamkeit des Segels dadurch beeinträchtigt, daß die Nähte quer zur Windströmung liegen. Ferner legt man beim Hoch(Bermuda)-segel Wert auf eine Rundung des Achterlieks, die sich bei vertikalen Segelbahnen nicht erreichen läßt. Allerdings trifft es zu, daß die Bahnen bei einem Segel mit gerundetem Achterliek nicht genau im rechten Winkel dazu verlaufen, aber die Rundung ist so sanft, daß dieser Umstand keine Rolle spielt. Im übrigen interessiert ein gerundetes Achterliek mehr den Renn- als den Fahrtensegler, denn die Rundung bedeutet lediglich den Versuch, zusätzliche, unvermessene Segelfläche bei gleicher Masthöhe und Baumlänge zu gewinnen. Um zu vermeiden, daß ein so gerundetes Achterliek einfällt oder flappt, ist es wichtig, Segellatten aus biegsamem Holz (diesen ist bei Terylenesegeln der Vorzug zu geben), aus Metall oder Kunststoff vorzusehen, die in entsprechende Taschen eingepaßt werden. Segellatten sind aber häufig ein lästiges Übel und können sogar gefährlich werden, wenn sie sich im Rigg verfangen. Außerdem erschweren sie das Setzen und Bergen des Segels. Der Fahrtensegler tut daher besser daran, sich sein Großsegel mit einem geraden Achterliek, wie in unserer Abbildung, machen zu lassen, so daß er auf Latten verzichten kann. Ist er jedoch auf Latten angewiesen, müssen die Taschen für die unteren Latten parallel zum Unterliek liegen, so daß sie beim Reffen nicht herausgenommen zu werden brauchen. Alle Segellatten müssen an ihrem vorderen Ende dünner gehobelt werden als achtern. Heutzutage finden Latteneinstecktaschen, wie auf Tafel 38 oben abgebildet, bei denen die Latten nicht festgebunden zu werden brauchen und ein Gummizug am vorderen Ende die Latte fest gegen das Achterliek preßt, weitverbreitete Verwendung. Ihr einziger Nachteil ist, daß eine Latte sich nicht mehr entfernen läßt, wenn das Segel schon gesetzt ist.

Das Unterliek der meisten Segel wird an einen Baum angeschlagen; man findet aber auch noch Segel mit losem Unterliek, die am Baum nur mit Hals und Schothorn befestigt sind. Für ein loses Unterliek wird der Vorteil geltend gemacht, daß man dabei mit einem leichteren Baum auskommt, da dieser lediglich als Spreize dient, ohne Biegebeanspruchung durch ein fest angeschlagenes Segel; ferner, daß ein solches Segel wirksamer ist, weil sein Unterliek von vorn nach achtern eine natürliche Rundung annehmen kann, anstatt durch den Baum flach gestreckt zu werden. Auf der anderen Seite hat ein loses Unterliek auch zur Folge, daß sich das Segel in anderer Richtung, nämlich von oben nach unten, baucht, was seine Wirksamkeit wieder beeinträchtigt; auch der Gebrauch eines Rollreffs entfällt. Ein Segel mit losem Unterliek muß diagonal wie ein Vorsegel (Abb. 28) geschnitten werden, so daß die Bahnen im rechten Winkel zum Achter- und Unterliek verlaufen.

Die Kanten, an denen sich die Segeltuchbahnen überlappen und wo sie zusammengenäht werden, erhalten normalerweise zwei maschinengenähte Zickzacknähte. Die Zickzacknaht gewährt mehr Elastizität als die gerade Naht. Bei Terylene-Tuch ist es dagegen üblich, zwischen den beiden Nähten eine dritte Naht als Vorsichtsmaßnahme gegen Schamfilgefahr anzubringen (Tafel 21 C). Man sollte meinen, daß drei Reihen Nähte genauso schnell durchschamfilen wie zwei, aber das ist aus folgendem Grunde nicht der Fall: die beiden üblichen Nahtreihen liegen zum Teil im doppelten, zum Teil im einfachen Tuch, um zu verhindern, daß die Kanten sich nach draußen aufrollen, und es ist gerade an dieser Stelle, wo der Faden über der Segeltuchbahnkante zu liegen kommt, daß er verletzbar ist. Daher wird eine Mittelnaht, die ganz im doppelten Tuch liegt, weniger leicht durchgescheuert. An und für sich wäre es wegen des dickeren Fadens, der sich für die dritte Naht verwenden läßt, vorteilhaft, diese mit der Hand zu nähen, nur daß leider Terylene die nachteilige Eigenschaft besitzt, bei Handbearbeitung Falten zu werfen, die sich nicht wieder ausglätten lassen.

Ein breiter, als Umschlag bezeichneter Saum umrandet das ganze Segel, dessen Ecken durch sogenannte Stoßlappen verstärkt werden. An diesen

Umschlag werden die Liektaue angenäht, wobei die Nadel zwischen und nicht durch die Kardeele gesteckt wird. Ein Terylene-Segel erhält auch ein Liektau aus Terylene, und ich sehe keinen Grund dafür, das Vorliek eines Großsegels oder Besans etwa mit einem Drahtliek auszustatten. Anders verhält es sich bei einem Vorsegel. Um ein geradestehendes Vorliek zu erzielen, muß es mit einem flexiblen Drahtliek versehen sein, da Fasertau zu viel Elastizität besitzt. Trotzdem würde ich bei einer Sturmfock oder einem Sturmklüver ein Vorliek aus Fasertauwerk wegen der längeren Lebensdauer und des leichteren Zusammenlegens des Segels vorziehen. Nach Einspleißen von Kauschen in beide Enden wird das Vorliek bekleedet und fest in eine vom Umschlag des Segels geformte Tasche eingenäht (Tafel 21 A). Wird rostfreier Stahldraht in Terylene eingenäht und Salzwasser ausgesetzt, läuft es Gefahr, durch chemische Einwirkungen zerfressen zu werden; verzinkter Stahldraht rostet rasch unten, wo er vom Sprühwasser erreicht wird, außer wenn man ihn mit Kunststoff überzieht. Im übrigen hat es den Anschein, daß es neuerdings zumindest einem Segelmacher gelungen ist, die Frage des idealen Vorlieks auf eine Weise zu lösen, über die er sich vorläufig noch nicht auslassen möchte.

Segel mit Liekenbändern anstatt Lieken aus Tauwerk oder Draht, also Lieken, die von Terylenestreifen verschiedener Stärke gebildet werden, machten in den Vereinigten Staaten Ende der fünfziger Jahre viel von sich reden, ohne sich aber bei den englischen Segelmachern oder den Seglern selbst einbürgern zu können.

Das Achterliek eines Segels bleibt normalerweise ungestützt, besitzt aber eine leichte Regulierleine, die durch den Saum des Achterlieks läuft und dichtgeholt ein eventuelles Flappen des Achterlieks beschränkt. Es gibt einige Hochseesegler, die auch das Achterliek mit einem Liektau benähen, um das Segel davor zu schützen, quer aufzureißen. Mir scheint dies nicht erforderlich zu sein, zumal ein solches Liektau wahrscheinlich den Stand des Segels verdirbt und zusätzliche Wirbelbildung verursacht. Dagegen halte ich es für angebracht, Sturmsegel ringsherum einzulieken. Wo ein Liektau endet, wird es nicht einfach abgeschnitten, sondern verjüngt sich, indem man die Kardeele auseinandernimmt, jedes mit einem Messer dünnschabt und wieder zusammenfügt.

Legel sind aus starkem Tauwerk an der Außenseite der Liektaue an jeder Ecke des Segels, zu Reffzwecken auch am Vor- und Achterliek gebildete Augen. Sie umfassen eine Kausch, durch die Fallen, Schoten, Reffleinen oder Laschings laufen. Da sich ein Legel aber nur schlecht an einem Terylenesegel anbringen läßt, begnügt man sich hier mit Segeltuchringen. Ein Segeltuchring (Tafel 21 B) wird hergestellt, indem man ein Loch in das Tuch schneidet, einen Metallring einnäht und in diesen ein Messinggattchen einfügt. Wo der Segeltuchring sitzt, wird das Liektau gewöhnlich durch aufgenähte Leder- oder Kunststoffstreifen gegen Schamfilen geschützt. Messinggattchen werden außerdem an allen erforderlichen Stellen des Vor- und Unterlieks eines Großsegels oder Besans angebracht, um Rutscher, Reihleinen oder Stopper aufzunehmen, die das Segel an Mast und Spieren festhalten; ebenso am Kopf eines Gaffelsegels und am Vorliek der Vorsegel, die mit Stagreitern auf den Stagen gleiten. Bermudasegel haben Kopfbretter aus Holz oder Aluminium, um die Segel besser zu spreizen, Faltenbildung zu vermeiden und das Gewicht gleichmäßiger zu verteilen.

Reihleine, Mastschiene und Rutscher

Die althergebrachte Methode, das Vorliek eines Gaffelsegels am Mast zu befestigen, bediente sich der Mastringe, die mit Bändseln an Gattchen im Segel festgenäht wurden. Mastringe bedeuten aber bei der Indienststellung zusätzliche Arbeit, da sie lackiert werden müssen; außerdem scheuern sie am Mast. Wird ein Patentreff verwendet, müssen die unteren Ringe zudem entfernt werden, bevor man ein Reff einbinden kann. Ich halte eine Reihleine für viel zweckmäßiger. Die Gattchen müssen dann groß genug sein für eine eineinviertelzöllige oder noch stärkere Reihleine, vorzugsweise aus Terylene. Wenn dann mit dem Patentreff gearbeitet wird, dauert es nur einen Augenblick, die Reihleine unten so weit loszuwerfen, wie es notwendig ist. Ist die Reihleine richtig geschoren worden, d. h. nicht in fortlaufenden Rundungen um den Mast herum, sondern nur einmal herum und dann auf derselben Seite zurück, so kann sie sich nicht bekneifen und zieht sich von selbst gleichmäßig zurecht. Ich bin auf Yachten von vier bis fünfundzwanzig Tonnen Größe gesegelt, die alle mit Reihleinen arbeiteten, und ausgezeichnet damit fuhren. Der einzige Vorteil von Mastringen besteht darin, daß man mit ihrer Hilfe leicht in den Mast steigen kann, aber dafür sind Webeleinen auf jeden Fall bequemer. Bei Webeleinen handelt es sich um kurze Enden mit Augspleißen auf beiden Seiten, die in 30 bis 45 cm Abstand zwischen je zwei Unterwanten angenäht werden und so die Sprossen einer Leiter bilden. Sind drei Unterwanten auf einer Seite vorhanden, wird die Webeleine mit Webeleinstek am Mittelwant mit befestigt. Um die Webeleinen an den Wanten zu sichern, verwendet man eine Kreuzzurring über einer Bekleedung aus Isolierband, um ein Abrutschen der Webeleinen zu verhüten. Sprossen aus Holz sind bequemer zu begehen, aber es ist schwer zu verhindern, daß sie sich bei ausgefierten Schoten am Segel schamfilen.
Für das Vorliek eines Hochsegels lassen sich oberhalb der Unterwanten keine Mastringe oder Reihleinen verwenden; es werden daher Schlitten

(Rutscher) benutzt, die auf einer Mastschiene (gewöhnlich aus einer Aluminiumlegierung) gleiten. Trotzdem bleiben bei Segeln mit Rollreff Reihleinen für den unteren Teil des Vorlieks, wie sie in dem vorhergehenden Absatz beschrieben wurden, eine ausgezeichnete Einrichtung, die außerdem den Vorteil mit sich bringt, die Gesamtzahl der Schlitten zu beschränken und das Setzen und Bergen des Segels zu erleichtern, wenn es voll Wind steht. Es gibt verschiedene Arten von Schienen und Schlitten. Die schlecht konstruierten Schlitten klemmen und machen das Setzen oder Bergen des Segels, außer wenn man direkt im Wind liegt, schwierig oder sogar unmöglich.

Abb. 29 A und B zeigt die beiden gebräuchlichsten Typen von Schienen. Die eine wird vom Schlitten umfaßt, während die andere um den Schlitten greift, der in diesem Fall innerhalb der Schiene auf- und abgleitet. Der erstgenannte Typ ist leichter an Gewicht und billiger in der Herstellung, aber auch empfindlicher, so daß der in der Schiene gleitende Schlitten vorzuziehen ist. Bei einem Metallmast wird die Schiene angenietet, bei einem Holzmast in Abständen von 7 bis 8 cm angeschraubt. Die ideale Schraubenlänge beträgt bei Spruce etwa 6 cm, aber es gibt Hohlmasten, deren Wandstärke diese Dicke nicht erreicht. Die Schrauben müssen von Zeit zu Zeit nachgezogen und ausgeleierte Löcher notfalls zugefüllt werden, da lose geratene Schrauben die Schienen sperren. Bei der verstärkten Schiene (s. C in Abb. 29), die sich für die Verschraubung nach beiden Seiten erweitert, entfällt diese Schwierigkeit. Infolge ihres erhöhten Gewichts trifft man sie aber nur auf großen Fahrzeugen an oder an Stellen, die einer besonderen Beanspruchung unterliegen wie da, wo der Baumbeschlag auf- und abgleitet. Sehr häufig gleiten Schlitten, vor allem diejenigen, die die Schiene umfassen, aus dem Grunde schlecht, weil sie zum Kanten neigen, wenn der Zug nach oben oder unten in ihrem Mittelpunkt ansetzt. Diese Schwierigkeit läßt sich durch die Verwendung längerer Schlitten beheben, die anstatt mit einem Auge mit einem Schlitz versehen sind, in dem der Schäkel oder das Bändsel, mit denen der Schlitten am Mast befestigt ist, ein kurzes Stück auf- und abgleiten kann. Dadurch wird erreicht, daß der Zug beim Segelsetzen oben, beim Segelbergen unten am Schlitten ansetzt. Ferner muß die Schlittenbefestigung genügend Bewegungsfreiheit querschiffs gewährleisten, da sonst der seitwärts gerichtete Zug eines windgefüllten Segels dazu führt, daß die Schlitten kanten und sich in der Schiene festklemmen. Lange D-Schäkel, vorzugsweise solche mit versenktem, nur mit Schraubenzieher zu öffnenden Bolzen, leisten gute Dienste, vorausgesetzt, daß das Liektau bei jedem Schäkel durch eine Einfassung aus Leder oder Plastik geschützt wird. Ich selbst bevorzuge den Gibbons-Y-21-Schlitten (Abb. 29 C oben). Dieser trägt auf seinem Rücken einen Quer-

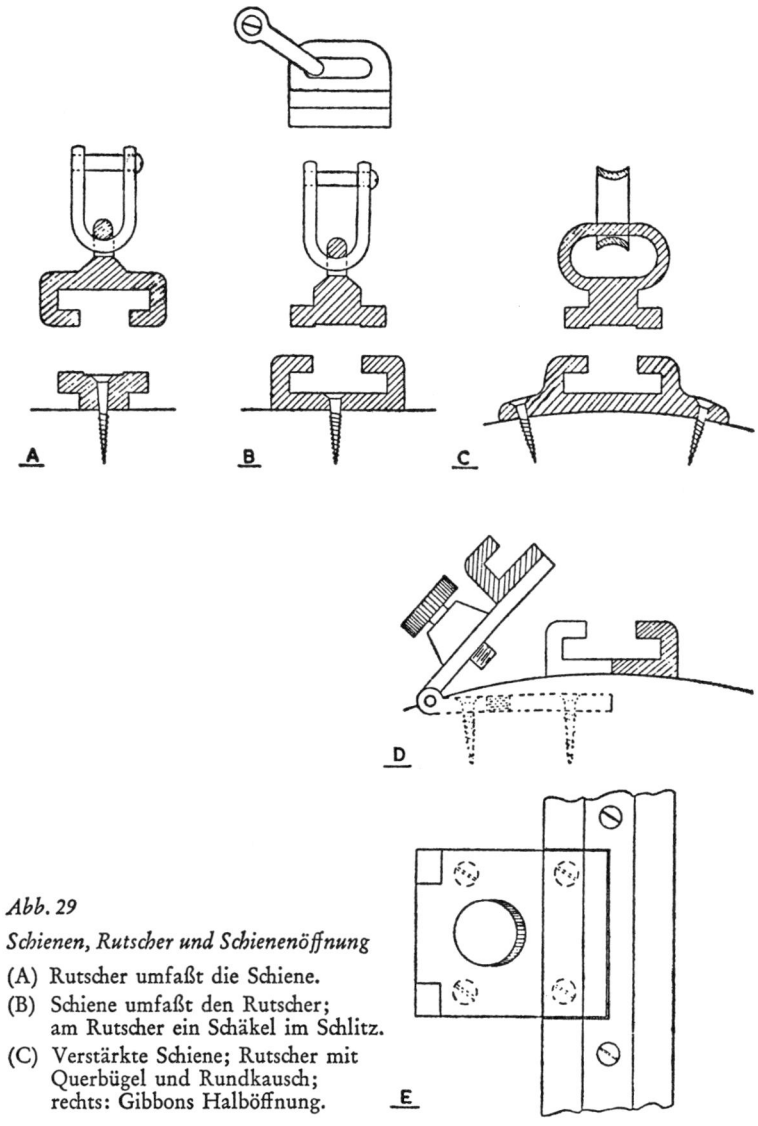

Abb. 29

Schienen, Rutscher und Schienenöffnung

(A) Rutscher umfaßt die Schiene.
(B) Schiene umfaßt den Rutscher;
   am Rutscher ein Schäkel im Schlitz.
(C) Verstärkte Schiene; Rutscher mit
   Querbügel und Rundkausch;
   rechts: Gibbons Halböffnung.

bügel, auf dem eine große Kausch gleitet. Diese Kausch wird unmittelbar am Segel festgebändselt (wobei die Bändselung rundum und nicht durch die Kausch verläuft), so daß nur Metall gegen Metall schamfilt.

Am unteren Ende der Schiene ist eine Sperre erforderlich, um zu vermeiden, daß die Schlitten beim Segelbergen aus der Schiene fallen. Ein

169

einfacher Drehknaggen genügt hierfür; er gestattet gleichzeitig, das Segel, wenn nötig, ganz abzuschlagen. Gewöhnlich sieht man außerdem, und zwar eben oberhalb der Stelle, wo der oberste Schlitten bei heruntergenommenem Segel zu liegen kommt, eine Einlaßöffnung vor. Diese erlaubt, beim Segelanschlagen die Schlitten in den unteren Teil der Schiene fallenzulassen, anstatt gezwungen zu sein, jeden Schlitten für sich hochzuschieben und festzuhalten, bis der nächste eingeführt worden ist. Eine solche Öffnung bedeutet eine große Erleichterung, wenn ein Trysegel auf derselben Schiene gesetzt werden muß, denn dann kann man die Schlitten des Großsegels im unteren Teil der Schiene liegenlassen. Leichter als die Schlitten in eine volle Öffnung einzuführen, ist die Verwendung einer Halböffnung, wie in Abb. 29 D dargestellt.

Wichtig ist, daß Schlitten und Schiene geschmiert werden. Ich bevorzuge hierfür ein dünnflüssiges Öl. Gelegentliche Reinigung von Schlitten und Schiene ist dabei zu empfehlen, da das Öl mit der Zeit schwarz und klebrig wird. Neuerdings sieht es so aus, als ob massive Schlitten aus Nylon eine bessere Lösung darstellen. Unter der Voraussetzung, daß die Schiene vor Einführung dieser Schlitten peinlich genau gereinigt worden ist, entfällt die Notwendigkeit jeder Schmierung. Aluminiumschlitten, im Querschnitt etwas verkleinert und mit Nylon überzogen, führen zum gleichen Ziel, scheinen aber im Endergebnis nicht ganz befriedigt zu haben; es soll vorgekommen sein, daß der Überzug im Gebrauch abblätterte.

Eine andere Methode verzichtet ganz auf Schlitten. Anstatt dessen läuft das Liektau in einer an der Achterseite des Mastes eingelassenen Nut — eine sehr saubere und auf kleinen Rennbooten weitverbreitete Einrichtung. Für Kreuzeryachten eignet sie sich jedoch nicht, weil das Segel beim Bergen aus der Nut herausrutscht und beim Segelsetzen jedesmal wieder eingeführt werden muß, was bei frischen Winden keine einfache Aufgabe ist.

Pflege und Ausbesserung von Segeln

Das Erscheinen von Terylene hat die Pflege der Segel weitgehend vereinfacht. In den Tagen der Baumwolle verlangte ein neues Segel vorsichtiges und allmähliches Recken; während der ganzen Lebensdauer des Segels mußten Fallen und Ausholer bei Nässe gelockert werden, wollte man den Stand des Segels nicht verderben. Auch war es notwendig, das Tuch häufig zu lüften, um ein Spaken und Verrotten des Segels zu verhüten. Ein Terylenesegel bedarf all dieser Aufmerksamkeit nicht. Wird ein neues Segel zum erstenmal angeschlagen, kann und soll es im Vor- und Unterliek von vornherein auf seine bestimmte Länge ausgeholt werden, ohne daß es einer nachträglichen Regulierung bedarf. Es kann, ohne

Schaden dabei zu nehmen, in nassem Zustand weggepackt werden; allerdings ist eine solche Behandlung nicht unbedingt empfehlenswert, weil sie die Bildung von schwarzen Stockflecken unterstützt, die schwer zu entfernen sind und besonders bei nicht gefärbten Segeln sichtbar bleiben. Allerdings geschieht dies meistens, wenn man ein nasses Segel in einen Baumwollsack stopft. Daher sind Säcke aus Terylene vorzuziehen, die jeder mit dem Namen des Segels beschriftet sind. Terylenesegel mit Drahtvorlieken dürfen naß auf längere Zeit überhaupt nicht weggestaut werden, da der Draht sonst, wie schon früher erwähnt, durch chemische Vorgänge zerstört oder beschädigt werden kann. In diesem Zusammenhang ist es gut, daran zu denken, daß ein Segel, das durch Sprühwasser naß geworden ist, wohl an einem sonnigen Tag trocknet, daß aber, sobald feuchtes oder nebliges Wetter einsetzt, das Salz die Feuchtigkeit absorbiert und das Segel klamm wird. Hiergegen gibt es nur ein Mittel: das Segel im Regen aufhängen oder mit Süßwasser waschen. Dies ist besonders wichtig, bevor man die Segel für den Winter verstaut. Terylenesegel lassen sich reinigen, aber man soll dies nicht tun, ohne sich vorher mit seinem Segelmacher zu beraten. Ich halte es für das Beste, die Segel nicht zusammenzulegen, sondern sie lose mit Zeitungspapier dazwischen zu lagern, wenn irgendwelche Gefahr besteht, daß Ratten oder Mäuse ihren Weg in die Segelkammer finden. Obgleich diese Tiere Baumwolle dem Terylene oder Nylon vorziehen — am liebsten bauen sie ihre Nester aus Zeitungspapier.

Da ultraviolettes Licht schädigenden Einfluß auf Terylene und Nylon ausübt, müssen nicht in Gebrauch befindliche Vorsegel unter Deck verstaut und das Großsegel abgedeckt werden. Ein Gaffelgroßsegel oder Besan läßt sich wie folgt sauber auftuchen: Verteile die Zeisinge, die aus Baumwolltuch bestehen müssen (Terylene ist zu glatt) in gleichmäßigen Abständen unter dem Segel über den Baum. Hole alles Tuch auf die eine Seite des Baums, ergreife die Mitte des Achterlieks, hole es, soweit es geht, nach vorn und halte es gegen den Baum. Bringe dann die Masse des Segels nach vorn, nimm eine Falte nach der anderen in die Hand, lege sie gegen den Baum und halte sie dort fest. Die letzte Falte, die du zu fassen bekommst, ist das Unterliek; dies muß dicht über all die vorigen Falten gezogen werden, um eine Außenhülle zu bilden, die hilft, den Regen abzuweisen. So aufgetucht, verjüngt sich das Segel gleichmäßig und sauber vom Mast bis zur Baumnock. Mache dann den Bauchzeising fest (den Zeising in der Mitte); nimm anschließend, von achtern nach vorn arbeitend, jeden Zeising für sich wahr, indem du die beiden Enden um das Segel und über die Gaffel schlingst und dichtholst, bevor du sie unterm Baum mit einem Reffknoten miteinander verbindest. Ein Hochsegel mit seinem Vorliek auf einer Schiene läßt sich nicht in der geschilderten

Weise auftuchen. Es muß in zahlreichen Buchten auf der Oberseite des Baums aufgeschichtet werden, so daß das Vorliek einer Folge von S-Kurven gleicht. Wird aber für den Unterteil des Vorlieks eine Reihleine verwendet, kann das Unterliek gleichfalls als Hülle übergeschlagen werden. Bevor man ein Segel für längere Zeit auftucht, empfiehlt es sich, alle Segellatten vorher zu entfernen, da sie sonst verbiegen könnten.

Da der Zweck eines Segelpersennings darin besteht, das Segel vor Sonne und Regen zu schützen und es sauberzuhalten, kann es aus einem der vielen plastikbeschichteten Stoffe oder aus dichtgewebtem, imprägniertem Baumwolltuch bestehen. Das Verschnüren des Persennings um den Mast und unter dem Baum ist ein langweiliges Geschäft; schneller geht es, wenn man auf der einen Seite Gattchen, auf der anderen Haken vorsieht, so daß man die durch Gattchen gezogene und dort stets verbleibende Reihleine nur über die Haken zu legen braucht, bevor man sie festsetzt.

Bevor man die Segel für die Dauer des Winters wegpackt, müssen sie auf Schäden untersucht werden. Größere Reparaturen, wie in Anbringung eines neuen Drahtlieks, das Aufsetzen eines großen Flickens oder die Ausbesserung durchgescheuerter Nähte, sind am besten einem Segelmacher anzuvertrauen, der eine einwandfreie Arbeit liefert als ein Amateur. Gibt man ihm die Arbeit im Herbst in Auftrag, vermeidet man nicht nur den Andrang im Frühjahr, sondern spart wahrscheinlich auch Geld dabei. Schicke keine Zeisinge oder Segellatten mit, die in der Segelmacherei nur verloren gehen.

Kleine Risse und durchschamfilte Stellen kann der Eigner leicht selbst ausbessern; die dabei gesammelte Erfahrung kommt ihm bestimmt zugute, wenn er sich eines Tages auf See oder an einer ferngelegenen Küste befindet. Segelmachernadeln tragen je nach ihrer Größe die Nummer 8 bis 19; Nr. 8 ist die größte Nummer, die gebraucht wird, um Liektaue an große Baumwollsegel zu nähen. Für synthetisches Material wird kaum jemals eine größere Nadel als Nr. 15 benötigt, zum Teil, weil Terylenegarn so viel stärker ist als Naturfaser und infolgedessen eine kleinere Nadel ausreicht. Die Nadel wird mit Hilfe eines ledernen Segelhandschuhs (Tafel 10 A) durch das Tuch geschoben. Der über die Hand des Segelmachers gestreifte Handschuh trägt eine eiserne Scheibe mit eingelassenen Vertiefungen, die man gegen das Auge der Nadel drückt. Eine andere Art Segelhandschuh unterscheidet sich nur durch größere Vertiefungen in der Scheibe für die schweren Nadeln und besitzt außerdem einen Lederschutz, der ein kleines Stück über den Daumen herausragt, über den hinweg das Garn führt, wenn die Stiche festgezogen werden. Der Amateur neigt dazu, zu große Nadeln zu benutzen. Das ist nicht minder falsch als die kleinste Größe zu wählen, in die sich das Garn noch gerade hineinzwängen läßt. Dann wird nämlich das von dem dreieckigen Teil der Nadel geöffnete Loch im Tuch unter Umständen so klein, daß das Tuch von dem nachfolgenden Faden zerrissen wird. Das Segelgarn, das rechtsgesponnen sein muß (Maschinengarn ist linksgesponnen und würde beim Nähen mit der Hand Kinken bilden) wird mit Bienenwachs eingerieben, um sich leichter durchziehen zu lassen, oder man kann auch fertig mit Paraffinwachs behandeltes Terylenegarn kaufen und verwenden.

Die Rundnaht (Tafel 21 F) eignet sich zur Ausbesserung kleiner Risse. Man legt dazu die beiden Ränder des Risses eng zusammen und näht über und über, mit einem Knoten beginnend und auch damit endend. Die Stiche müssen aber von gleichmäßiger Länge sein und dürfen nicht zu dicht gezogen werden, da sie sonst das Tuch zerreißen. Die sich bildende kleine Falte glättet sich schnell durch Ausstreichen, solange es sich um ein Segel aus leichtem Baumwolltuch handelt. Für Terylene eignet sich diese Naht nicht. Dafür, oder für einen größeren Riß in einem Baumwollsegel, wählt man am besten die Bootsmannsnaht (Tafel 21 D und E), weil diese keine Falte wirft und jeder Stich in den nächsten übergreift. Eine Bootsmannsnaht muß man etwa einen Viertelzoll vor Beginn des Risses ansetzen. Ist das Tuch schon recht alt, wechselt man die Länge der Stiche, um die Beanspruchung besser zu verteilen. Hier ist es ratsam, nicht mit einem Knoten zu beginnen, sondern vielmehr das Ende des Garns unter den ersten paar Stichen zu verstecken, die es festhalten werden, und diesen Vorgang am Schluß zu wiederholen. Ein sehr kleines Loch läßt sich genau wie ein Loch im Strumpf stopfen, aber ein größeres Loch oder eine größere dünngescheuerte Stelle muß mit einem Flicken ausgebessert werden, der in der Stärke seines Gewebes etwa dem des Segels entspricht und so aufgesetzt wird, daß seine Kettenfäden in der gleichen Richtung liegen wie die des Segels. Ein Flicken, der stärker ist als das Segel, kann das Tuch ringsherum zerreißen; wenn man daher ein altes Segel flickt, sollte man auch einen Flicken aus altem Material verwenden. Lege etwa 1/2 Zoll der Flickenränder um und falze sie recht glatt; schneide alle vier Ecken diagonal ein, damit der Flicken dort nur in zwei und nicht in drei Lagen übereinanderliegt. Bringe den Flicken an seinen Platz und ziehe ringsherum einen Bleistiftstrich. Lege den Flickenrand an den Strich und nähe den Flicken mit einer Plattnaht auf das Segel. Dann wende das Segel und schneide den beschädigten Teil heraus. Mache an jeder Ecke einen kleinen Schnitt, so daß die Ränder untergefaltet werden können, und nähe den so gebildeten Saum von dieser Seite aus mit einer Plattnaht an den Flicken. Wenn du fertig bist, streiche alle Nähte gründlich glatt.

Gelegentlich kann es vorkommen, daß eine Naht oder ein Teil einer Naht überholt werden muß und keine Segelmacherei in erreichbarer Nähe ist. Obgleich es sich um eine ganz einfache Arbeit handelt, so muß sie doch gleich erledigt werden. Halte das Ende der Naht in einer Schraubzwinge fest und plaziere sie so, daß der zu reparierende Teil der Naht über deinen Knien liegt, wenn du auf Deck sitzst. Hefte oder klebe die Segeltuchränder mit Klebestreifen in Abständen von je 30 cm zusammen, um sicher zu sein, daß die Bahnen geradeliegen, und fange von der rechten Seite aus, wo das Segel festgeklampt ist, an zu nähen. Verwende dabei die Plattnaht; die Stiche dürfen nicht mit den Kettenfäden verlaufen, sondern diagonal darüber weg. Der schwierigste Teil der Arbeit besteht darin, die Bahnen zusammenzuhalten, während man die Nadel durch sie hindurchsteckt; wenn das Segel nicht zu schwer ist, greife mit der linken Hand unter das Segel und halte es, den Daumen in eine Bucht des Tuches gesteckt, hoch. Ist das Tuch von guter Beschaffenheit, ist es empfehlenswert, die ursprünglichen Nadellöcher der Maschinenstiche wieder zu benutzen.

Schamfilschutz

Kein Segel darf sich unterwegs auf See an irgendeinem harten oder rauhen Gegenstand scheuern, sonst verursacht die dauernde Bewegung, daß die Nähte oder das Segeltuch selbst Schaden erleiden. Am größten ist die Schamfilgefahr für ein achtern vom Mast gesetztes Segel vor dem Wind, denn ein Teil des Segels drückt bei ausgefierten Schoten auf die Wanten. Infolge seines höheren Kopfes ist die Verwindung bei einem Hochsegel größer als bei einem Gaffelsegel und entsprechend größer auch das Schamfilrisiko in seinem oberen Teil. Sorgfältige Führung des stehenden und laufenden Gutes sowie Maßnahmen, die verhindern, daß die Leebackstagen lose herumschlagen, ferner Bullentaljen und Sicherungsstropps, die den Baum herunterhalten, können alle viel dazu beitragen, die Schamfilgefahr zu verringern. Schamfilt das Segel aber trotz dieser Vorsichtsmaßnahmen weiter an einem Drahtseil, bleibt nichts anderes übrig, als an dem Draht einen Schamfilschutz in Gestalt des sogenannten Tausendfuß anzubringen, der ein weiches Auflagekissen gewährleistet. Natürlich sieht man diese Art von Schamfilschutz häufiger auf seegehenden Yachten als auf Küstenkreuzern und da manchmal sogar zu reichlich.

Um ein Stück Tausendfuß herzustellen, spanne zwei Enden Marlleine in bequem erreichbarer horizontaler Lage nebeneinander aus und knote sie kurz vor dem einen Ende zusammen. Nimm irgendwelches altes Tauwerk, zerschneide es in Längen von je 10 cm und drehe die Kardeele auf. Fast jedes ausgediente Fall oder jede alte Schot eignet sich für den Zweck, aber das beste und dauerhafteste Material ergeben Nylon oder Terylene. Halte eines der 10 cm langen Kardeele quer unter die doppelte Marlleine, bringe die beiden Enden außerhalb der Marlleine hoch und stecke sie von oben wieder zwischen die beiden Marlleinen und vor die stehende Part des Kardeels; darauf schiebe das Kardeel auf den Marlleinen entlang, bis es den Knoten erreicht (Tafel 22). Verfahre genauso mit dem zweiten Kardeel, das du fest gegen das erste schiebst, und fahre so fort, bis eine ausreichende Länge erreicht ist. Schließlich verknote die anderen beiden Enden Marlleine gegen das letzte Kardeel. Ein Spreizholz, das die beiden Enden Marlleine auseinanderhält, erleichtert die Arbeit.

Das fertige Stück Tausendfuß wird mit den Kardeelenden nach auswärts fest um den Draht gewickelt und mit den an beiden Enden stehengelassenen kurzen Stücken Marlleine befestigt. Man braucht etwa drei Fuß Tausendfuß, um einen Fuß Drahtseil von einem Zoll Umfang zu bekleiden; die benötigte Länge hängt natürlich auch etwas von der Stärke der verwendeten Kardeelenden ab. Es ist keineswegs erforderlich, ein ganzes Drahtseil mit Tausendfuß zu bekleeden. Längen von je einem Fuß in Abständen von zwei Fuß genügen schon, um das Segel zu schützen.

8

SPIEREN UND LAUFENDES GUT

*Baum und Baumbeschläge — Gaffel und Klau — Laufendes Gut
am Großmast und Besan — Baumbock und Galgen — Reffen —
Laufendes Gut der Fock — Bugspriet — Laufendes Gut des
Klüvers — Rollklüver — Führung von Schoten und Fallen —
Riggstärken verschiedener bekannter Yachten*

Das laufende Gut und die Beschläge von gaffel- und hochgetakelten
Yachten sind im Laufe der Jahre ständig verbessert worden. Ihre
Wirksamkeit hat sich erhöht, ihre Handhabung ist leichter geworden und
ihr Gewicht und Windfang haben sich gleichzeitig verringert. Das Studium moderner Hochsee-Rennyachten vermittelt zahlreiche Anregungen
auch für die Fahrtenyacht; bevor man aber deren Ausrüstung übernimmt,
sollte man sich darüber klarwerden, daß komplizierte Metallbeschläge,
besonders wenn sie eine Spezialanfertigung erfordern, sehr teuer und an
Bord einer Kreuzeryacht oft auch überflüssig sind, weil auf ihr ein paar
Sekunden mehr zum Segelwechseln oder Schotenholen, oder auch etwas
mehr Gewicht und Windfang wirklich keine Rolle spielen. Winschen sind
zum Beispiel notwendig, um im Rennen die Vorsegel bei Kursänderungen
oder Windwechsel schneller dichtzuholen. Bestimmt bedeuten sie auch an
Bord einer Kreuzeryacht eine große Annehmlichkeit, aber sie sind kostspielig und nicht unbedingt erforderlich. Eine Kreuzeryacht schießt einfach in den Wind, um den Druck auf die Segel zu mindern, und setzt dabei ihre Schoten durch, oder sie bedient sich einer Talje.

Tafel 24
A. Ein Schothornausholer mit Scheibe und einer zweiten Scheibe an der Seite.
B. Eine einfachere Art von Ausholer mit einer in die Baumnock eingelassenen
Scheibe. Unterhalb des Baumes eine kurze Talje zum Ausholen des Schothorns.
C. Auf einer Innenschiene laufende Schlitten des Unterlieks eines Segels, das mit
Patentreff eingedreht wird. *D.* Ist das Unterliek an den Baum angereiht, so
muß die Reihleine an jedem Gattchen mit einem halben Schlag unterbrochen
werden. *E.* Das einpartige Drahtfall einer Fock mit einer innerhalb des Schanzkleides angebrachten Winsch steifgesetzt, während das angesetzte, aus Tauwerk
bestehende Fall an der benachbarten Klampe belegt wird.

176

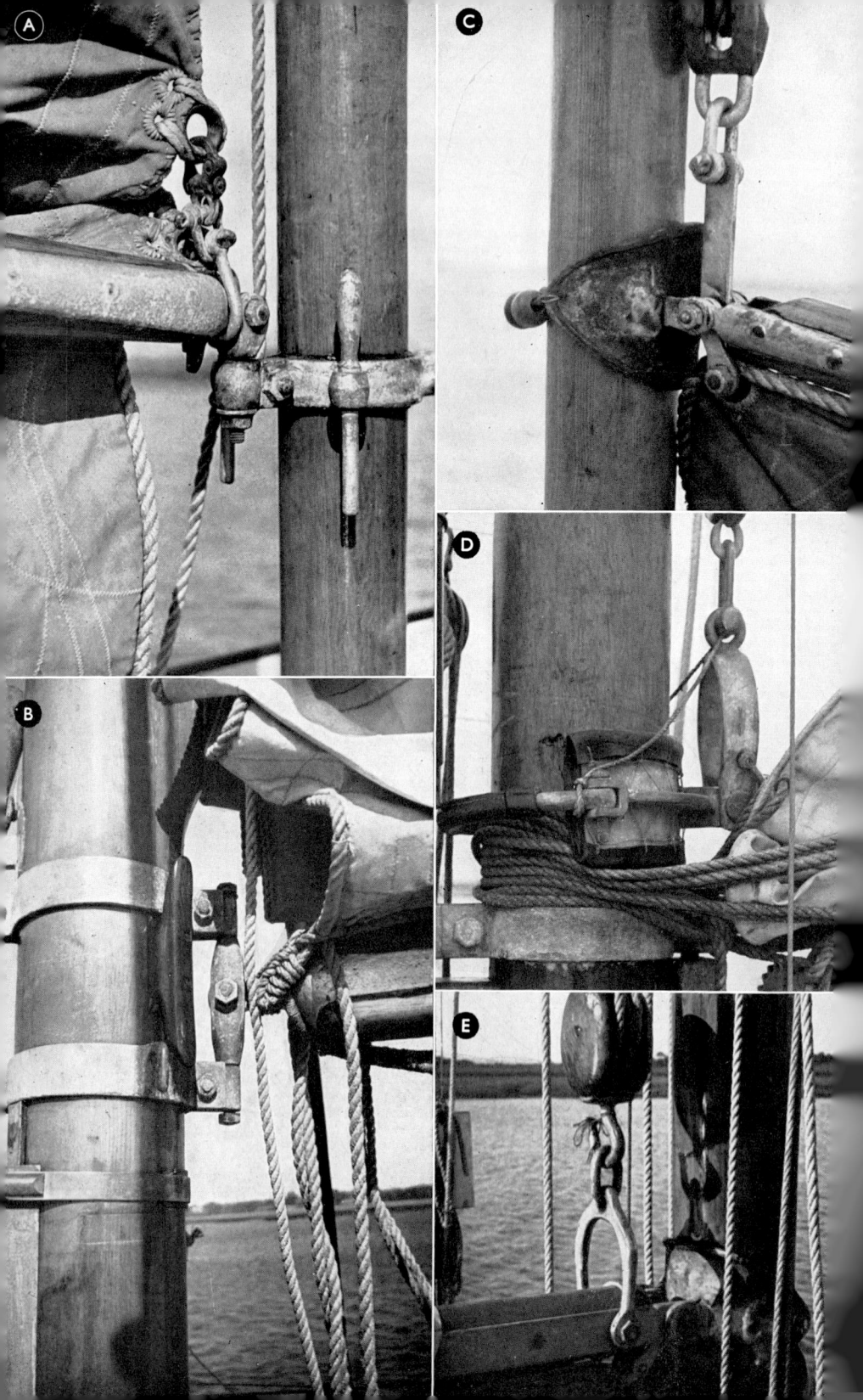

Baum und Baumbeschläge

Bäume können, ebenso wie die Masten, entweder massiv oder hohl sein oder aus Metall bestehen, aber die Meinungen gehen darüber auseinander, ob ein Baum besser leicht oder schwer sein sollte. Ein leichter Baum schwingt im Seegang weniger wild hin und her; bei unvorsichtigem oder unbeabsichtigtem Halsen ist bei ihm die Gefahr, Schaden anzurichten, geringer, und überhaupt werden Mast, Segel und Geschirr weniger hart beansprucht. Auf der anderen Seite steigt ein leichter Baum bei gefierten Schoten eher in die Höhe als ein schwerer, wobei der obere Teil des Segels weiter nach Lee ausweht als gut ist. Dieser Vorgang läßt sich besonders bei Segeln mit einem hohen Ansichtsverhältnis beobachten, läßt sich aber durch Anbringung von Bullentaljen oder Sicherungsstropps vermeiden.

Ein massiver Baum ist gewöhnlich rund. Ist er für ein Segel mit losem Unterliek bestimmt, wo er also lediglich als Strebe oder Spreize dient, darf er an den Enden einen geringeren Durchmesser haben als in der Mitte. Ein solcher Baum erweist sich auch als am zweckmäßigsten dort, wo Patenttreffs verwendet werden, da er beim Einrollen verhindert, daß das Segel zu bauchig wird. Nur muß dann das achtere Ende einen größeren Durchmesser haben als das vordere, denn wenn das Segel auf den Baum gerollt wird, liegen die Rundungen des vertikalen Vorlieks aufeinander, während sich das nicht vertikalstehende Achterliek in Spiralen aufrollt. Hätte der Baum also durchgehend den gleichen Durchmesser, würde er vorn mehr Segel aufrollen als achtern, und die Nock des Baums finge an durchzuhängen. Man sieht es gar nicht selten, daß der Baum eines gerefften Hochsegels so weit herunterhängt, daß weiteres Einreffen unmöglich wird, es sei denn, daß man die Dirk durchsetzt, um den Baum hochzuhalten. Dann verliert das Segel aber so viel Wind, daß es nicht mehr richtig zieht. Hängt der Baum eines patentgerefften Gaffelsegels nach unten, kann man die Situation dadurch verbessern, daß man die

---

Tafel 25
A. Der gebräuchliche Baumbeschlag. Wird das Eisenband so fest um den Mast geschlossen, daß es nicht mehr verrutschen kann, dann besteht die Gefahr, daß die Holzfasern der Mastoberfläche zerquetscht werden. Im Bilde sieht man die erste Reffkausch heruntergeholt und mit einem Schnappschäkel gesichert. B. Ein verbesserter Baumbeschlag. Zwei Bänder verteilen den Druck auf den Mast und stützen den Baumbeschlag oben und unten. C. Gaffelklau mit Korallen. D. Gaffelklau mit einem verbesserten Typ Rack, das aus einer gebogenen Stange besteht. Die Stange wird am Gaffelschuh mit Bolzen festgehalten. E. In den beiden vorhergegangenen Bildern setzt der Klaubock an der Verbindungsstelle von Gaffel und Gaffelschuh an. Hier zeigen wir eine schlechte Anordnung; das Klaufall setzt hinter dem Gelenk an mit der Folge, daß das Vorliek des Segels unter starke Beanspruchung gerät, wenn beim Bergen des Segels die Piek schneller weggefiert wird als die Gaffel.

Gaffel stärker anpiekt als üblich. Ist kein Patentreff vorhanden, so muß die Oberkante des Baumes gerade sein. Ein solcher Baum hat oft einen vierkantigen Querschnitt, wobei die Höhe größer ist als die Breite, um dem Baum Steifheit gegen die Biegungsbeanspruchung durch das angereihte Segel zu verleihen.

Der Hals wird durchweg am vorderen Ende des Baumes festgeschäkelt. Wichtig ist es, darauf zu achten, daß das Halslegel in einer Linie mit den Gattchen im Vorlieksaum zwischen ihm und den anderen Legeln steht; sonst unterliegen die angrenzenden Gattchen einer schweren Zugbeanspruchung. Das Schothorn braucht nur festgebändselt zu werden, das ist das einfachste und billigste Verfahren bei einem Terylenesegel, das keiner Regulierung bedarf. Bei einem Baumwollsegel aber, dessen Unterliek bei Nässe gelockert werden muß, ist es vorteilhaft, einen Ausholer in Form eines Schlittens zu verwenden, der auf einer Schiene läuft. Der Schlitten kann ausgeholt oder gelockert werden mit Hilfe eines Endes, das über eine Scheibe an der Baumnock zurück an eine kleine Talje längs des Baumes läuft (Tafel 24 B). Oder der Ausholschlitten wird mit einer Scheibe versehen und ein Ende aus Terylenetauwerk läuft von der einen Seite der Baumnock über die Scheibe, dann über eine zweite Scheibe an der entgegengesetzten Seite des Baumes und zurück an eine Klampe am Baum (Abb. 24 A). Das ergibt, wenn man den Reibungsverlust außer acht läßt, eine Taljenwirkung von 2:1 und erlaubt außerdem für ein Segel der gleichen Unterlieklänge einen etwas kürzeren Baum. Ausholer der beschriebenen Art entfallen beim Rollreff, weil der Stand des Segels beim Miteinrollen der Klampe verdorben würde.

Das Unterliek eines Segels läßt sich mit Hilfe von Schlitten auf einer Schiene am Baum anschlagen (Tafel 24 C). Der Vorteil ist, daß sich das Segel schnell abschlagen läßt. Beim Rollreff muß die Schiene in den Baum eingelassen werden, damit die Schlitten nicht das über sie gerollte Segel beschädigen können. Eine andere Befestigungsmöglichkeit ist, das Unterliek des Segels in eine am Baum entlanglaufende Führungsnut einzuziehen; das sitzt sehr gut, aber in der Nut bleibt leicht Wasser stehen, und die Zeisinge können nicht mehr zwischen Baum und Segel hindurchgesteckt werden. Man kann das Unterliek aber auch mit einer Reihleine und einem halben Schlag an jedem Gattchen anreihen (Tafel 24 D); bei Verwendung eines Rollreffs ist es aber besser, das Segel an ein hölzernes Jackstag auf dem Baum anzureihen, anstatt an den Baum selbst. Der Nachteil einer durchgehenden Reihleine besteht darin, daß die ganze Befestigung lose kommt, wenn sie nur an einer einzigen Stelle durchschamfilt. Zweckmäßig sind daher unabhängige, zusätzliche Befestigungen in gewissen Abständen, die zum Beispiel aus mehreren Törns Marlleine oder anderer leichter Bändselungen bestehen können, jeder für sich mit einem Reffknoten abschließend. Bei Baumwollsegeln ist es eine gute Methode, bei Herstellung jeder dieser Zusatzbefestigungen ein kleines Stück Holz zwischen Liektau und Jackstag einzuklemmen, das man erst entfernt, nachdem der Schlußknoten gemacht worden ist; auf diese Weise erlangt jede Zusatzbefestigung die gleiche Lose wie die Reihleine und kann sich nach beiden Seiten bewegen, wenn der Schothornausholer gelockert oder dichtgeholt wird.

In seiner einfachsten Form besteht der Baumbeschlag lediglich aus einem Paar hölzerner Klauen am Vorderende des Baums; solche Baumklauen sieht man aber heutzutage, außer bei einigen Dingis, nur noch selten. Üblich ist dagegen ein Beschlag in Form eines Eisenbandes um den Mast, ausgerüstet mit einem senkrechten Bolzen, auf dem der Baum drehbar gelagert ist (Tafel 25 A). Ein Einzelband, fest genug angezogen, um nicht zu rutschen, kann aber leicht die Holzfasern der Mastoberfläche zerquetschen; außerdem ist der Bolzen einer Schubspannung ausgesetzt. Ein sehr viel besserer Baumbeschlag sieht daher zwei Mastbänder vor, die den Druck auf den Mast verteilen und die den Bolzen an seinen beiden Enden festhalten (Tafel 25 B), wodurch die einseitige Schubbelastung entfällt. Der Zug des Segels ist bestrebt, die Oberkante des Baums leewärts herumzudrehen; man trägt dieser Neigung Rechnung, indem man das vordere Ende des Baums mit einer inneren Metallbuchse versieht, in die ein Zentrierzapfen des Baumbeschlags hineinpaßt, um den sich die Metallbuchse drehen kann.

Gaffel und Klau

Die Gaffel muß so leicht sein wie möglich; daher ist ein hohle Spiere vorzuziehen. Nur die Gaffelklau ist gewöhnlich aus Stahl. Der Gaffelschuh wird durch ein Drahtrack mit darauf gereihten Pockholzkugeln am Mast festgehalten; die Kugeln verringern beim Segelsetzen und -bergen den Reibungsverlust (Tafel 25 C). Das Rack muß jedoch kräftig sein, denn in einer Halse kann unvermutet eine momentane, heftige Beanspruchung entstehen. Eine bessere Rackform besteht aus einem gebogenen, in Scharnieren drehbaren Eisenbügel, der durch einen Bolzen gesichert ist (Tafel 25 D). Bügel und Schuh müssen beide mit weißem Rindleder bekleidet und mit Talg oder Vaseline gut eingefettet gehalten werden. Oft wird ein Stück Kupferblech — gut in Farbe oder Lack eingebettet, damit sich darunter kein Regenwasser festsetzen kann — rund um den Mast angebracht, um diesen vor Schamfilung zu schützen. Da die Gaffel vor dem Wind schwer auf den achteren Unterwanten aufliegt, ist es gut, sie an diesen Stellen durch eine aufgesetzte Leiste Hartholzes zu schützen, zumal, wenn es sich um eine hohle Spiere handelt. Der Klaufallblock muß an der Verbindungsstelle zwischen Gaffel und Gaffelschuh angebracht sein. Setzt er hinter dem Gaffelschuhgelenk an, wie es häufig geschieht, um den Block frei vom Mast zu halten (Tafel 25 E), so sackt die Klau beim Anpieken des Segels etwas nach unten und lockert dadurch das Vorliek; oder umgekehrt, das Vorliek wird übermäßig beansprucht, wenn man die Piek wegfiert, ohne vorher das Klaufall zu lockern.

Laufendes Gut am Großmast und Besan

Für ein kleines Hochsegel genügt als Großfall ein einpartiges, biegsames Drahtseil oder Terylenetau (Diolen, Trevira), das am Masttopp über eine Scheibe läuft und am Kopf des Großsegels festgeschäkelt wird. Da es nicht angenehm ist, mit Stahldraht zu arbeiten und dieser ohne Kinkenbildung weder an Klampe noch Nagelbank belegt werden kann, braucht der Stahldraht einen Manilasteert. In Kapitel 5 sind Drahtseile und Fasertauwerk ausführlich besprochen worden. Trotzdem lege ich Wert darauf, an dieser Stelle zu wiederholen, daß ich keine zufriedenstellenden Erfahrungen mit biegsamem, rostfreiem Stahldraht als Fallen gemacht habe. Diese Sorte Stahldraht neigt zu Ermüdungserscheinungen und Hakenbildung da, wo er über die Scheibe läuft. Obgleich verzinkter Stahldraht schnell rostet, ist er zuverlässiger und außerdem preiswerter. Auf meiner eigenen Yacht verwende ich für das Großfall überhaupt keinen Stahldraht, einerlei welcher Art, da ich gefunden habe, daß Terylene bessere Dienste leistet. Es ist angenehm und leicht zu handhaben, besitzt eine lange Lebensdauer und peitscht im Seegang, wenn lose, nicht so bösartig durch die Gegend wie Draht. Da aber auch die vorgereckte Qualität immer noch eine gewisse Elastizität aufweist, bevorzugen viele Segler nach wie vor den Stahldraht.

Nach Verlassen der Mastscheibe im Topp muß die weitere Führung des Falls an der Achterseite des Mastes genau lotrecht erfolgen, da sonst das Kopfbrett des Segels gegen die Mastschiene gedrückt wird und das Liektau anfangen würde zu schamfilen. Diese Führung läßt sich leicht durch eine Scheibe im Masttopp erreichen, deren Durchmesser größer ist als der des Mastes, und durch Anbringung der Scheibenachse ein wenig achtern

---

Tafel 26
A. Mastwinschen mit offenen Trommeln zum Durchsetzen der Fallen. B. Eine Mastwinsch mit drei geschlossenen Trommeln für Groß-, Fock- und Klüverfall. Auf dem Bild ist auch die Spinnakerbaumtüte zu erkennen, die auf einer Schiene gleitet. C. Eine vierpartige Großschot mit zwei Enden zum Holen. Die getrennten Blöcke am Baum geben jeder Part eine gute Führung. D. Eine sechspartige Großschot mit zwei Enden zum Holen und einem dreischeibigen Block an der Baumnock. Der Beschlag für den Block auf der Heckreling ist von unten verstärkt.

vom Toppmittelpunkt (Abb. 30 A). Bei einem Holzmast besteht eine gute Lösung darin, die Scheibenöffnung mit einer U-förmigen Metallplatte auszukleiden und den Achsbolzen durch Löcher in die Seiten der Metallplatte zu stecken, genau wie man es bei Blöcken mit Innenschienen macht. Auf diese Weise verteilt sich der Druck, und Wasser kann sich nicht mehr in dem Scheibenloch ansammeln. Die Scheibe muß genau in die Öffnung passen, ohne Luft auf beiden Seiten zu lassen, sonst kann es geschehen,

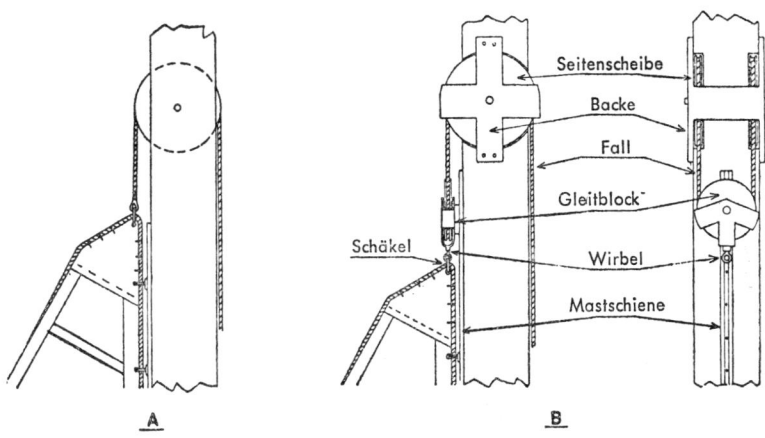

Abb. 30 — *Anordnung des Masttopps bei Hochsegel*
A: Einfache Scheibe; B: Doppelscheiben und Gleitbock

daß das Fall einmal abspringt und sich in den Zwischenräumen festklemmt. Um die Druckbelastung zu vermindern, die auf dem Drahtfall an der Stelle ruht, wo es die Scheibe verläßt, ist es wichtig, auf genügenden Abstand zwischen dem Kopfbrett des Segels und der Scheibe zu achten. Wieviel, hängt von der Stärke des Drahtseils ab. $3/4$zölliges Drahtseil benötigt etwa einen Fuß Spielraum.

Außer bei sehr kleinen Segeln ist es mit einem einpartigen Fall so gut wie ausgeschlossen, das Vorliek ohne zusätzliche Kraftquelle genügend

---

Tafel 27
A. Klappbarer Baumgalgen, der sich, wenn nicht benötigt, flach auf das Deck herunterlegen läßt. B. Ist der Baum, wie bei dieser Yawl, verhältnismäßig kurz, bietet sich das Deckshaus als bester Platz für den Baumgalgen an. C. Einfache Baumstütze, die in einer Spur im Cockpit steht. D. Baumgalgen mit Teleskopbeinen, die sich im Hafen verlängern und mit Hilfe von Durchsteckbolzen feststellen lassen. E. Unterwegs senkt sich der Querbaum nach Entfernung der Sicherungsbolzen auf halbe Höhe, so daß der Baum frei darüber schwingen kann. Der hohe Großschotleitwagen bietet eine vorzügliche Befestigungsmöglichkeit für die Seereling und läßt die Großschot frei von dieser laufen.

. steif durchzusetzen. Dies läßt sich durch Anbringung eines einfachen Klappläufers an die holende Part des Falls leicht erreichen, wodurch sich, ohne Berücksichtigung des Reibungsverlustes ein Übersetzungsverhältnis von 2 : 1 ergibt; wenn das Segel heruntergenommen ist, steht der Block des Klappläufers im Masttopp. Wenn das noch nicht genügt, kann man unter Umständen einen zweiten Klappläufer an einem Schenkel des ersten ansetzen. Dadurch ergibt sich für den letzten und schwersten Teil der

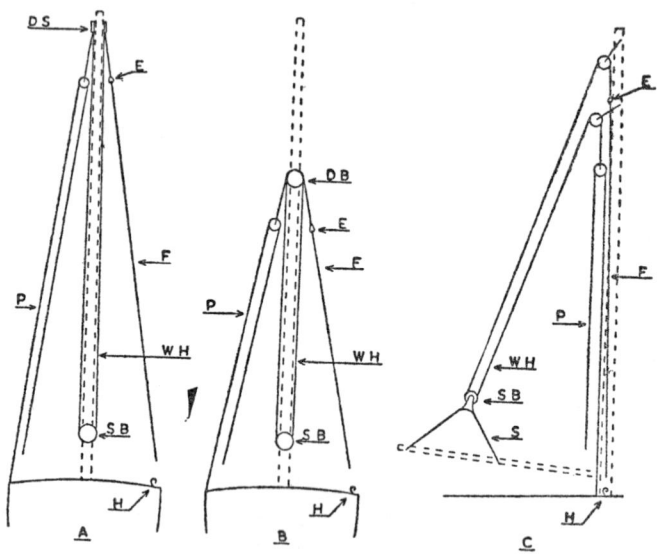

Abb. 31 — Führung von Drahtfallen
A: Für Hochsegel; B: Für die Klau eines Gaffelsegels; C: Für die Piek eines Gaffelsegels.
Zeichenerklärung: DS = Doppelscheiben. DB = Doppelblock. SB = einfacher Block. WH = Drahtfall. E = Auge am Ende des Drahtfalls. H = Haken für Auge am Ende des Falls. F = Hanftausteert. P = Talje. S = Gaffeldrahtstander.

Arbeit ein Übersetzungsverhältnis von 4 : 1, nur bleibt hierfür im allgemeinen wenig Platz zwischen dem oberen Block und dem Deck, wenn das Segel gesetzt ist. Eine andere Möglichkeit ist, am Masttopp zwei Seitenscheiben anzubringen (Abb. 30 B). In diesem Fall führt das Drahtfall hinauf über eine Scheibe, hinunter durch einen einfachen Scheibenblock am Kopf des Segels und wieder hinauf über die zweite Scheibe. Wenn das Segel unten ist, befinden sich die beiden Enden des Drahtfalls im Topp. In beiden Enden ist ein Auge eingespleißt; an das eine Ende ist ein einfaches Manilafall, an das andere ein Klappläufer angebracht. (Abb. 31 A). Das Segel wird mit dem einfachen Fall vorgeheißt, bis sich das Auge des Drahtendes über einen Haken auf Deck legen läßt; hierdurch

182

wird das Segel bei einem Kräfteverhältnis von 2 : 1 auf etwa halbe Masthöhe gebracht. Der Rest der Arbeit wird geleistet, indem man die Talje durchsetzt, die von jeder beliebigen Wirkung sein kann. Zweckmäßig ist es, den Block am Segelkopf auf einen Schlitten zu montieren, der auf der Mastschiene gleitet, um ihn beim Setzen oder Bergen des Segels in vertikaler Lage zu halten; der Block muß dann aber mit einem Wirbelschäkel am Kopfbrett des Segels befestigt sein.

Die meisten Segler verzichten jedoch lieber auf ein so kompliziertes Geschirr und ziehen ein einpartiges Draht- oder Terylenefall in Verbindung mit einer Mastwinsch vor. Diese kann zum Beispiel aus einer offenen Trommel (Tafel 26 A) mit einer Außenkurbel bestehen. Das Segel wird so weit wie möglich per Hand vorgeheißt, zwei oder mehr Törns werden um die Trommel gelegt, die Kurbel wird eingesetzt und das Fall dichtgeholt. Man läßt die Törns auf der Winsch und belegt die holende Part an einer nahegelegenen Klampe. Besteht das Fall aus Stahldraht, ist es gewöhnlich so lang, daß der Draht auch bei gerefftem Segel noch um die Winsch läuft. Bei voll gesetztem Segel muß daher ein langes Ende Drahtseil untergebracht werden, bevor sich das anschließende Ende aus Fasertauwerk festsetzen läßt. Am besten schießt man den Draht achterförmig zwischen Winsch und einer Knaggenklampe am Mast eben über Deck auf. Für ein Segel bis etwa 50 qm reicht eine Übersetzung von 6 : 1 aus, so wie sie sich mit einer 6zölligen Kurbel bei einer Winsch mit einem Trommeldurchmesser von 2 Zoll ergeben würde. Man braucht aber Trommeln mit einem größeren Durchmesser, um das Fall mit weniger Törns sicherer festhalten zu können. Dann ist aber auch eine längere Kurbel erforderlich, wenn man das gleiche Übertragungsverhältnis bewahren will. Eine 12 Zoll lange Kurbel ist wohl die längste, mit der sich noch bequem arbeiten läßt. Braucht man eine noch längere, bleibt nichts anderes übrig als einen Klappläufer an das Fall anzusetzen oder eine Winsch mit Übersetzung zu verwenden.

Der Winschentyp mit geschlossener Trommel, auf der sich das Fall beim Setzen des Segels aufrollt (Tafel 26 B), ist in Nordamerika weitverbreitet und beliebt. Diese Art Winsch hat den Vorteil, den Draht aufzuspulen, aber ich finde, daß sie andere Vorzüge nicht besitzt. Sie arbeitet langsam, verliert, je höher das Segel geheißt wird, an Kraft, weil sich mit jedem Törn der Durchmesser der Trommel vergrößert, man braucht eine Bremse, um die Winsch beim Bergen des Segels unter Kontrolle zu halten, und gerade dann, wenn es darauf ankommt, kann es passieren, daß sich der Draht in den Windungen festklemmt.

Die vernünftigste Methode, das Vorliek eines Segels durchzusetzen, besteht aber nicht darin, die Kraft oben anzusetzen (wobei man gegen das Gewicht des Segels arbeiten muß und Kraft an der Masttoppscheibe verschwendet), sondern das Segel nur lose vorzuheißen (auch hierfür braucht man wahrscheinlich irgendeine mechanische Übersetzung) und es dann durch einen Halsstrecker nach unten zu holen. Hierfür gibt es Mast- und Baumbeschläge, mit deren Hilfe der Baum an einer senkrechten, zwischen zwei Mastbändern befestigten Eisenstange ein kurzes Stück her- untergeholt werden kann oder der Baumbeschlag selbst auf einer extra schweren kurzen Schiene am Mast gleitet (Tafel 29 C). In beiden Fällen wird das Segel durch eine Halstalje gestreckt, die oben am Baumbeschlag, unten an Deck ansetzt. Diese Methode bedeutet Ersparnis an Gewicht und Windwiderstand in der Takelage, und das Gewicht von Segel und Baum tragen dazu bei, das Vorliek zu strecken. Der auf einer Schiene gleitende Baumbeschlag hat außerdem seine Vorzüge, wenn man mit einem Drehreff die Segel verkürzt.

Die oben beschriebenen Systeme lassen sich nicht ohne weiteres bei dem Klaufall eines Gaffelsegels nachahmen, weil eine Scheibe im Mast eben oberhalb der Gaffelklau den Mast schwächen würde, und Doppel- scheiben seitwärts am Mast die Gaffelklau in ihrer freien Bewegung be- hinderten. Die übliche Anordnung überall da, wo Fasertauwerk benutzt wird, besteht darin, das Fall als Arbeitstalje oder doppelten Klappläufer, je nach der Größe des Segels, zu scheren. Allerdings läßt sich dann die scharfe Rundung des Tauwerks in den Blöcken nicht mehr verändern, und die Beanspruchung wird stets an derselben Stelle des Falls erfolgen. Bes- ser ist es daher, ein doppelendiges Fall mit einem Doppelblock am Mast und einem einfachen Block an der Klau zu wählen und an dem einen Ende eine Talje von der notwendigen Stärke anzusetzen (Abb. 31 B zeigt diese Anordnung bei einem Drahtfall).

Auf jeder Yacht bedeutet es eine Erleichterung, wenn an Piek und Klau die gleichen Kräfte angreifen, so daß die Gaffel in waagerechter Lage geheißt und gefiert werden kann. Dies ist besonders wichtig auf einer kleinen Yacht, auf der unter Umständen beide Fallen von einem Mann gleichzeitig bedient werden müssen. Die Gaffel trägt gewöhnlich einen oder mehrere Drahtstander, an denen die Blöcke mit Bügelschäkeln befe- stigt sind (Tafel 10 G). Hierdurch wird die Belastung auf die Länge der Gaffel verteilt und gestattet die Verwendung leichterer Spieren, als wenn sich der Zugpunkt des Piekfalls auf einen Punkt konzentrierte. Auch hier läßt sich ein doppelendiges Fall mit einer Talje an dem einen Ende ver- wenden. Diese Art Führung erfordert einen Einscheibenblock am Gaffel- stander und zwei Einscheibenblöcke am Mast, da es bei Verwendung eines Doppelblocks schwierig wäre, eine gute Führung zu erzielen. Abb. 31 C zeigt diese Anordnung mit einem Drahtfall.

Die Dirk, die beim Segelsetzen oder -bergen die Baumnock trägt, kann auf zweierlei Weise angebracht werden. Sie kann an der Baumnock in das

Auge eines um den Baum gelegten Eisenringes geschäkelt und oben im Mast durch einen Block oder über eine Scheibe an der Seite des Mastes nach unten geführt werden; die holende Part wird, wenn nötig, mit einer Talje verbunden. Die Dirk kann aber auch oben am Mast festgeschäkelt und über eine Scheibe an der Baumnock an eine Talje geführt werden, die unten am Baum entlangläuft. Der bewegliche Block dieser Talje kann auch an einem auf einer Schiene am Baum laufenden Schlitten befestigt werden, um ein Herumschlagen des Blocks zu verhüten, wenn die Dirk bei gesetzten Segeln nichts mehr zu tragen hat. Diese zuletzt beschriebene Führung der Dirk vermindert Gewicht und Windfang in der Takelage, kann aber natürlich nicht an Bäumen Verwendung finden, die mit Patentreff eingerollt werden. Wird der Block oder die Scheibe in der erstgenannten Anordnung hoch oben im Mast angebracht, so muß die holende Part der Dirk durch eine oder mehrere Führungskauschen laufen, um zu verhindern, daß die Part lose herumschwingt und sich mit der Saling vertörnt.

Gewöhnlich besteht die Dirk aus Stahldraht. Man soll sich ihrer auch auf See bedienen und damit das Achterliek entlasten, wenn außer der Großschot auch eine Gei den Baum herunterhält; allerdings können dadurch Ermüdungserscheinungen an der Mastscheibe auftreten. Arbeitet man dagegen ohne eine Baumgei, fällt die Dirk jedesmal, wenn sich der Baum hebt, lose und schamfilt das Segel. Dem kann man jedoch entgehen, indem man ein bis zwei Meter über der Baumnock einen Gummistropp an die Dirk anschlägt und an die Stelle des Baums führt, wo die Dirk eingeschäkelt wird. Auf diese Weise wird die Dirk straffgehalten; nur die untersten ein bis zwei Meter bilden jetzt eine Bucht. Diese Bucht zieht sich nur bei Belastung auseinander und fängt somit jede Beanspruchung ab. Ich selbst bevorzuge eine ganz und gar aus $1^1/_8$zölligem, dreikardeeligem Nylon bestehende Dirk, die elastisch genug ist, um auf einen Gummistropp verzichten zu können. Außerdem hält sie viel länger als Stahldraht, und wenn sie wirklich an das Segel schlägt, schadet es kaum.

Einer der Vorteile der Hochtakelung besteht darin, daß die Dirk über den Masttopp geführt werden kann. Infolgedessen läßt sich das Segel, einerlei auf welchem Bug, unbehindert von der Dirk setzen und bergen. Ein Gaffelsegel muß dagegen auf der richtigen Seite der Dirk geheißt werden. Steht die Dirk auf der Leeseite, so drückt das Segel dagegen und kann nur unter Schwierigkeiten gesetzt werden. Daher werden auf gaffelgetakelten Yachten häufig Doppeldirken gefahren. Dann kann die Luvdirk stehenbleiben, wenn die Leedirk losgeworfen wird. Bei Fahrten in Küstengewässern sind Doppeldirken eine rechte Plage, weil das Setzen des Segels durch den engen Spalt zwischen den Dirken erfolgen muß. Sogenannte „lazy jacks" (Enden, die von der einen Dirk unter dem Baum zu der anderen führen) werden wohl gelegentlich angebracht, um das heruntergefierte Segel aufzufangen; auf See bedeuten sie aber nur zusätzliche Schamfilgefahr und sind, außer auf sehr großen Yachten, eigentlich nicht sehr empfehlenswert.

Eine auf Taljenwirkung 4 : 1 geschorene Großschot (ein Doppelblock oder zwei Einzelblöcke am Baum und ein Einzelblock an Deck, wie auf Tafel 26 C abgebildet) ist kräftig genug für die Bedienung eines Segels bis zu etwa 45 qm, vorausgesetzt, daß die Blöcke groß genug sind für die Schot und die Schot frei durchläuft. Terylene und Nylon machen sich als Großschot ausgezeichnet, da sie bei Nässe weder aufquellen noch hart werden. Einige Leute ziehen Nylon wegen seiner Elastizität vor; da aber 1^1/$_2$zölliges Tauwerk die geringste Stärke darstellt, die sich noch gut greifen läßt, und da vier Parten gleichzeitig arbeiten, gibt die Schot, außer bei einem großen Segel, nicht viel nach.

Eine Schot mit nur einem Arbeitsende wird gewöhnlich am Baum entlang nach vorn und durch einen Block nach unten auf das Brückendeck oder den Kajütsaufbau geführt und hier mit einer Winsch geholt. Diese Anordnung verteilt das Gewicht ein wenig auf die Länge des Baums und wirkt dessen Neigung entgegen, sich durchzubiegen, verträgt sich aber nicht mit der Verwendung eines Rollreffs. Mir ist die Schot mit zwei holenden Parten lieber (Tafel 26 C und D). Hierbei läuft jedes Schotende durch einen eigenen Führungsblock achtern zu einer Klampe neben dem Rudergänger, der die Schot, einerlei auf welcher Seite, bedienen kann. Bei Vorhandensein eines Rollreffs wird der Großschotblock in das angeschweißte Auge eines Wirbelbandes am äußersten Ende des Großbaums eingeschäkelt (an weiteren Augen werden die Dirk und die Bullentalje befestigt, wie in Tafel 29 D erkennbar). Überragt der Baum das Heck beträchtlich, so kommt die Schot in einen schrägen Winkel zu stehen; dann muß der Block an einem Schotring angeschäkelt werden. Ein Ende oder eine Stange zwischen Schotring und dem Wirbelbeschlag an der Baumnock verhindert, daß der Ring am Baum verrutscht. Die Schotringrollen, die bei gerefften Segeln auf der Leinwand arbeiten, können das Tuch durchscheuern oder es recken. Ich würde daher nicht daran denken, solche Schotringe auf einer Kreuzeryacht zu verwenden, selbst wenn ich mich damit der Vorteile eines Rollreffs begeben müßte. Die Schotblöcke eines mit losem Unterliek gefahrenen Segels müssen so nahe der Baumnock wie möglich angebracht werden.

Gewöhnlich gleitet der untere Mittelblock der Großschot querschiffs auf einem eisernen Leitwagen. Das mag notwendig sein, um den Block von der Ruderpinne freizuhalten; und der Umstand, daß man der Schot eine Führung auf der Leeseite gibt, trägt dazu bei, ein Steigen des Baums zu verhindern, ohne ihn mittschiffs zu hart anschoten zu müssen.

Ein Bullenstander verhindert das Herumschlagen des bei Seegang und leichtem Wind ausgefierten Baums und sorgt dafür, daß sich der Wind im Segel hält und unfreiwillige Halsen vermieden werden. Er hat jedoch, im Zusammenwirken mit der Großschot, noch eine andere, wichtigere Funktion zu erfüllen. Diese besteht darin, das Hochsteigen des Baums zu verhüten, und damit den Druck des Segeloberteils auf die Leewanten und die Schamfilgefahr zu vermindern, die durch die dauernde Auf- und Abbewegung des Segels entsteht. Ich bin fest davon überzeugt, daß der durchgehende Gebrauch eines Bullenstanders die beste Maßnahme gegen Schamfilen ist, die ein Hochseesegler ergreifen kann. Freilich hängt die Wirksamkeit eines Bullenstanders in dieser Eigenschaft von der Höhe des Baums ab. Je höher der Baum gefahren wird, um so besser; und dies ist einer der Gründe, warum ich die Anbringung des Baumbeschlags am Mast in guter Höhe über Deck befürworte. Es gibt noch andere Gründe: der Rudergänger hat eine bessere Sicht unter dem Segel, die Baumnock taucht weniger leicht in die See und die Lagerung des Dingis auf dem Kajütsdach vereinfacht sich. Hängt der Baum niedrig, braucht man unter Umständen, zusätzlich zum Bullenstander, einen Sicherungsstropp. In seiner besten Form besteht dieser aus einer auf Deckshöhe angesetzten Talje und zwar zwischen einem Punkt entlang des Baums und dem Mast. Wenn der Baum aber so niedrig steht, daß er einen Sicherungsstropp erfordert, läßt sich der Stropp auf diese Weise kaum wirksam anbringen und muß vielmehr an eine Stelle des Seitendecks verlegt werden. Der Nachteil hierbei ist jedoch, daß er jedesmal, wenn die Schoten gefiert oder eingeholt werden, nachreguliert werden muß, und ich kann mir gut vorstellen, daß die meisten Fahrtensegler lieber auf diese zusätzliche Komplikation verzichten, es sei denn, daß sich eine starke Mannschaft an Bord befindet. Ein Sicherungsstropp läßt sich bei Segeln mit Rollreff nur dann gebrauchen, wenn man bereit ist, den Stropp an einem Schotring zu fahren.

Ein Bullenstander braucht keine kunstvolle Angelegenheit zu sein. Ein einpartiges, starkes Tauende erfüllt den Zweck. Der Bullenstander wird am besten mit einem Schnappschäkel an der Baumnock befestigt, außerhalb der Wanten nach vorn genommen und durch einen Führungsblock an das Ankerspill geleitet. In Abwesenheit eines Ankerspills gibt es ein sehr einfaches Hilfsmittel: der Baum wird etwas weiter ausgefiert als notwendig, der Stander wird vorn an einer Klampe oder einem Poller belegt, und erst dann wird die Schot dichtgeholt. Um sich den Weg aufs Vorschiff jedesmal, wenn die Schot getrimmt wird oder beim Halsen zu schenken, kann der Bullenstander auch durch einen Klappblock vorn genommen und außerhalb der Luvwanten nach achtern an die freie Vorschotwinsch geführt werden. Dann liegt der Bullenstander in Luv aber mit einem so schweren Druck auf Wanten und Seerelingsstützen, daß ich, außer auf sehr kleinen Fahrzeugen, diese Methode nicht schätze.

Baumbock und Galgen (Tafel 27)

Die weitverbreitete Schere als Auflager für die Nock des Baums bei festgemachtem Segel ist unzweckmäßig. Sie muß stets, wenn der Baum herabgefiert wird, in der richtigen Stellung festgehalten werden und kann umfallen oder über Bord gehen, wenn die Großschot nicht dicht festgesetzt ist. Allerdings kann man, wenn Platz genug vorhanden ist, die Schere verbessern, indem man sie an Deck mit Scharnieren befestigt, so daß sie nicht mehr außenbords fallen und sich flach beiklappen läßt, wenn sie nicht mehr benötigt wird. Die einfache Gabel, die sich in ein Rohr im Kockpit stecken läßt, ist zweckmäßiger und erlaubt, den Baum schräg zu lagern, so daß er auf einer kleinen Yacht nicht den Niedergang versperrt. Die Stütze kann aus Holz oder einem Metallrohr bestehen. Viel besser ist ein Galgen mit zwei oder drei Aussparungen für die Aufnahme des Baums; er bietet beim Wegfieren eine breitere Fläche und der Baum kann beim Reffen oder Einpacken des Segels fest auf der Leeseite gelagert werden. Um aber sicher zu sein, daß der Baum, der bei Verwendung eines Rollreffs vielleicht durchhängt, beim Wenden oder Halsen auch frei vom Galgen fährt, empfiehlt es sich, die Galgenstützen aus teleskopartig ineinanderschiebbaren Rohren anzufertigen, die, auseinandergezogen, durch abnehmbare Bolzen gesichert werden.

Reffen

Ein Großsegel, Besan oder Schonersegel lassen sich auf zweierlei Weise reffen: Entweder rollt man das Segel durch Drehen des Baums auf wie eine Jalousie oder man zieht die Reffkauschen auf den Baum herunter und beschlägt das heruntergefierte Tuch mit Reffbändseln oder Reffleine.

Das Dreh-, Roll- oder Patentreff bietet so viele Vorteile, daß ich ihm auf jeder Yacht den Vorzug geben würde. Es arbeitet einfach und schnell, alle Arbeiten können von einem verhältnismäßig sicheren Platz aus neben

---

Tafel 28
A. Schmeerreep und Talje. B. Reffkauschen am Vor- und Achterliek heruntergeholt und festgemacht. C. Reffbändsel zusammengebunden. D. Das gereffte Segel. E. Seitenscheiben am Baum. Das Schmeerreep für das dritte Reff ist eingeschoren. F. Ein Segel mit angereihtem Unterliek gerefft. Die Reffbändsel müssen zwischen Unterliek und Baum, nicht um den Baum herum, zusammengebunden werden. G. Eine einfache Methode, um die Reffkausch des Vorlieks zu befestigen. Der vordere Block der Refftalje ist unterhalb des Baums zu sehen.

dem Mast und bei jeder Segelstellung verrichtet werden, ohne den Baum binnenbords holen zu müssen. Seine Nachteile sind, daß man einen stärkeren und daher schwereren Baum braucht, da die Großschot nur an der Nock befestigt werden darf. Auch kann es passieren, daß die Baumnock bei eingerolltem Segel durchhängt, wenn der Baum nicht vorschriftsmäßig proportioniert ist, und im Endergebnis steht ein eingerolltes Segel nicht immer so gut wie beim Bindereff, weil das Achterliek die Neigung hat, nach vorn zu rutschen. Schließlich und endlich haben wir bereits erwähnt, daß die Dirktalje nicht am Baum entlanggeführt und ein Sicherungsstropp nur an einen Schotring angeschlagen werden kann.

Der Baumbeschlag eines Rollreffs besteht aus einer Einrichtung, um die der Baum rotieren kann, und aus einem Mechanismus, um ihn zu drehen und festzuhalten, damit er nicht wieder abrollt. Im allgemeinen werden zwei Typen verwendet: Der eine Typ (Turner-Patent — Tafel 29 A) bedient sich eines Zahnrads und einer Sperrklinke; dieses Patentreff arbeitet schnell und eignet sich für Segel bis zu einer Größe von etwa 30 qm; seine Schwäche liegt in dem Bolzen, der die Sperrklinke hält und nur auf einer Seite gesichert werden kann. Bei dem anderen Typ wird der Baum durch ein Schneckengetriebe (Tafel 29 B) und eine Kurbel gedreht, die auf der einen oder anderen Seite der Schneckenwelle aufgesetzt wird. Dieses Reff besitzt eine mächtige Kraft, arbeitet aber langsam, und das Getriebe muß gut geschmiert gehalten werden, um einwandfrei zu funktionieren. Bei der besten Ausführung ist das ganze Getriebe eingekapselt (Tafel 29 C) und mit einem Schmiernippel versehen. Die meisten Schneckenreffapparate, die heute erhältlich sind, haben leider den einen Fehler gemeinsam, daß das Ansatzstück der Kurbel nicht lang genug ist, so daß die Kurbel mit dem Segel unklar kommt, sobald mehrere Reffs eingedreht worden sind. Auch die Kurbel selbst ist häufig zu kurz für eine angemessene Leistung.

Soll ein Hochsegel mit Hilfe eines Patentreffs verkürzt werden, so darf die Dirk nur mit Zurückhaltung benutzt werden. Sie soll nicht mehr tun, als gerade eben das Gewicht des Baums abfangen, da sonst das Achterliek lose kommt und sich mit Falten einwickelt. Das Segel muß die

---

Tafel 29
A. Turners Patentreff arbeitet mit Zahnrad und Sperrklinke; es läßt sich schnell damit reffen. *B.* Das Schneckenreff ist langsam, arbeitet aber mit größerer Kraft. *C.* Eingekapseltes Schneckenreff mit einer Vorrichtung, um das Vorliek des Segels glatt aufzurollen. Der Baumbeschlag gleitet auf einer Schiene und kann durch eine Halstalje, deren oberer Block sichtbar ist, nach unten gezogen werden, um das Vorliek, wenn das Segel bis zum Topp geholt ist, durchzusetzen. *D.* Drehbarer Baumbeschlag für Großschot und Dirk an der Nock eines Drehreffbaums. An dem rechts sichtbaren und dem gegenüberliegenden (nicht sichtbaren) Auge werden die Bullenstander eingeschäkelt.

ganze Zeit voll Wind gehalten werden; anderenfalls muß man einen Mann mit der Aufgabe an der Baumnock postieren, das Liek die ganze Zeit nach achtern zu ziehen, was kein leichtes Unterfangen ist. Während der Baum gedreht wird, muß man mit dem Großfall langsam und vorsichtig dem Zug des Rollreffs nachkommen. Fiert man nämlich das Vorliek vorzeitig weg, rollt sich das Segel, vor allem leichtes Tuch, ungleichmäßig auf. In dem Maße, wie das Segel herunterkommt, müssen die Reihleine ausgeschoren oder die Schlitten aus der Schiene genommen werden. Gleitet der Baumbeschlag auf einer Schiene, muß das Fall gefiert werden, bis der Baumbeschlag den niedrigsten Punkt erreicht hat. Der Baum wird dann solange gedreht, bis der Beschlag den höchsten Punkt erreicht hat. Dieser Vorgang wiederholt sich solange, bis eine genügend große Fläche eingerollt ist. Wird ein Gaffelsegel mit einem Rollreff verkürzt, ist darauf zu achten, daß es gut angepiekt bleibt, damit das Achterliek nicht lose kommt. Manchmal braucht das Piekfall überhaupt nicht gelockert zu werden, da schon das Wegfieren der Klau die Piek ausreichend senkt; das hängt aber weitgehend von dem Gaffelwinkel und der Piekfallführung ab. Da auch ein Rollreff gelegentlich einmal ausfallen kann, wird ein auf Rollreff eingerichtetes Segel für den Notfall zusätzlich durchweg mit Reffkauschen und Reffgattchen versehen.

Beim Reffen eines Segels in der althergebrachten Weise wird die Arbeit durch das Vorhandensein eines stehenden Galgens recht erleichtert, da der Baum auf den Galgen heruntergelassen und fest auf ihm gelagert werden kann, solange der Reffvorgang währt. In Abwesenheit eines Galgens muß die Dirk das Gewicht des Baums aufnehmen. Gehe dann wie folgt vor: Fiere das Großfall ein, ziehe die Reffkausch am Vorliek auf den Baum herunter und setze sie dort mit einem Schnappschäkel fest (Tafel 25 A). Ein Schnappschäkel für jedes Reff muß gebrauchsfertig am Baumbeschlag befestigt sein. Eine andere Methode ist, ein starkes Tauende, abschließend mit einem Achtknoten, durch die Reffkausch, dann durch die Halskausch zu scheren und dann zurück an eine Klampe am Baum zu führen (Tafel 28 G).

Der nächste Schritt ist, das Schothorn am Achterliek auf den Baum herunterzuholen; das geschieht mit Hilfe von Schmeerreep und Talje oder gelegentlich Winsch. Das Schmeerreep läßt sich auf zwei verschiedene Weisen scheren, die beide gleich gebräuchlich sind: Entweder wird es an der Reffkausch festgespleißt und über eine Scheibe an der Seite des Baums an eine Talje gebracht, die längs des Baums nach vorn geholt wird. Oder die Talje trägt an einem Ende einen Stopperknoten, wird durch ein passendes Loch in einer hölzernen Aufklotzung an der Baumseite gegenüber der Scheibe geschoren und von dort durch die Reffkausch und wieder herunter um die Scheibe an die Talje geführt. Der Vorzug dieser

Methode besteht darin, daß die Reffkausch auf die Mitte anstatt die Seite des Baums heruntergeholt wird (was bei einem Baum großen Durchmessers wichtig sein kann); außerdem nehmen zwei Parten des Schmeerreeps anstatt nur eine Part die Zugbeanspruchung auf. Schließlich bedeutet diese Art der Führung, jedenfalls theoretisch, eine mechanische Kraftersparnis von 2 : 1, die freilich zum größten Teil wieder durch Reibungsverlust an der Reffkausch verloren geht. Gegen diese Methode spricht der Umstand, daß das Segel eingeklemmt wird und Schamfilschäden erleiden kann, wenn es nicht mit alten Segeltuchlappen geschützt wird, und daß die Talje doppelt so lang ist wie beim einfachen Schmeerreep, wofür aber die Baumlänge nicht immer ausreicht, wenn es sich um ein großes Reff handelt. Man kann als Schmeerreep auch flexiblen Draht oder Terylenetau verwenden; Terylene ist schonender für das Segel. Da man die Reffkauschen, außer auf allerkleinsten Fahrzeugen, von Deck aus nicht erreichen kann, müssen die Schmeerreeps unterwegs auf See stets eingeschoren gefahren werden.

Im allgemeinen kommt man mit einer einzigen Refftalje aus. Sie wird in das Auge am Ende des Schmeerreeps eingehakt, die Reffkausch wird heruntergeholt und fest am Baum verzurrt, worauf die Talje wieder abgehakt wird und für das nächste Reff zur Verfügung steht. Man erspart sich hierdurch unnötiges Geschirr und ein Durcheinander von Tauwerk am Baum. Es bedeutet aber auch, daß der Baum ganz binnenbords geholt werden muß, um das Reff einzubinden und die Talje in das nächste Schmeerreep einzuhaken.

Nachdem die Reffkauschen an Vor- und Achterliek auf den Baum heruntergeholt worden sind (Tafel 28 B), werden die Reffbändsel zusammengebunden oder wird die Reffleine durchgeschoren. Reffbändsel stehen natürlich paarweise, und es ist wichtig, darauf zu achten, daß die zueinander gehörigen Bändsel zusammengebunden werden. Hat man nämlich das Segel vor dem Reffen weit heruntergefiert, oder ist das Reff vor dem Segelsetzen eingebunden worden, vergreift man sich nur zu leicht und bekommt ein Bändsel zu fassen, das zu einem anderen Paar gehört. Die Folge ist, daß das Segel dann beim Vorheißen Gefahr läuft zu zerreißen. Beim Einbinden des Reffs müssen Reffbändsel oder Reihleine zwischen Segel und Baum hindurchgesteckt werden. Es dauert länger, eine Reihleine durchzuscheren als die Reffbändsel zu knoten, aber eine Reihleine läßt sich schneller ausscheren und sie verteilt die Belastung gleichmäßig über alle Reffgattchen, indem sie sich von selbst zurechtzieht. Es gibt eine einfache, sehr brauchbare Methode, eine Reffleine zu belegen: Man verbindet das Ende durch einen Webeleinenstek mit der stehenden Part, wobei man den Stek zum Schluß als Schlaufe durchholt, so daß beim Ausreffen ein einziger Ruck genügt, um die Reffleine loszuwerfen. Alles, was jetzt zu tun übrigbleibt, ist, das Fall durchzusetzen und die Dirk wieder zu fieren.

Wenn die Windstärke ganz plötzlich zunimmt oder ein Ankerplatz bei aufkommendem heftigen Wind verlassen werden und ein zweites oder gar drittes Reff eingesteckt werden muß, ist es seemännische Gepflogenheit, jedes Reff für sich einzubinden, so daß man bei wieder nachlassendem Wind ein Reff nach dem anderen ausschütten kann.

Um ein Reff auszuschütten, dirke den Baum an oder setze ihn auf dem Baumgalgen fest; gib dem Fall Lose, schere die Reffleine aus oder löse die Reffbändsel, wobei darauf zu achten ist, daß kein Bändselpaar vergessen wird. Sonst kann das Segel beim Vorheißen zerreißen. Fiere die Refftalje auf, sofern jedes Schmeerreep eine eigene Talje hat; sonst hake die Talje in das Schmeerreep und fange den Zug ab, während die Zurring gelöst wird, und fiere dann langsam auf. Anschließend löse die Befestigung der Reffkausch am Vorliek oder schäkele sie aus, heiß das Segel mit dem Fall vor und wirf am Schluß die Dirk los.

Laufendes Gut der Fock

Um die Fock am Stag zu setzen, braucht man nicht viel Kraft. Es genügt daher als Fall ein einpartiges Drahtseil mit einem Steert aus Fasertauwerk (oder ein Fall ganz aus Terylene), das über einen Block an der Vorderseite des Mastes (oder eine Scheibe an der Seite des Mastes, wenn es sich um ein Masttoppsegel handelt) läuft. Allerdings braucht man zusätzliche Kraft, um das Vorliek der Fock durchzusetzen, so daß sie nicht zwischen den Stagreitern absackt. Man hüte sich aber davor, das Vorliek zu stark durchzusetzen, zumal wenn das Segel vor dem Winde geheißt worden ist, wenn das Vorstag etwas durchhängt. Geht die Yacht später an den Wind, kommt dann nämlich die ganze Beanspruchung anstatt auf das Vorstag auf das Vorliek, das dabei Schaden erleiden kann. Für diesen Zweck kann man eine kurze Talje zwischen Hals des Segels und einem Decksbeschlag anbringen. Ich selbst bevorzuge eine offene Trommelwinsch am Mast. Unter keinen Umständen darf das Fall in Wantennähe heruntergeführt werden, da sich dabei seine Spannung ändern würde, je nachdem, ob es die Luv- oder Leeseite ist. Besteht das Fall aus Stahldraht mit eingespleißtem Steert aus Fasertauwerk und ist die Fock kleiner als Normalgröße, versieht man ihren Kopf oder Hals gewöhnlich mit einem Drahtstander solcher Länge, daß auf der Winschtrommel immer noch Stahldraht zu liegen kommt. Die geschlossene Trommelwinsch, auf welcher das Fall sich aufwindet, arbeitet zu langsam, denn die Fock muß rasch gesetzt werden können, wenn man einen überfüllten Liegeplatz verläßt.

Die richtige Plazierung — längsschiffs und querschiffs — der Führungs-
blöcke oder -rollen, durch welche die Schoten auf ihrem Weg nach achtern laufen, ist keine einfache Aufgabe, da sie abhängt von Größe und
Form des Vorsegels, und bis zu einem gewissen Grade auch von der Geschwindigkeit der Yacht an der Kreuz: je schneller sie segelt, um so weiter
binnenbords müssen die Führungen liegen. Das Ziel muß sein, das Segel so
zu schoten, daß es weder seinen Backwind in das weiter achtern gesetzte
Segel wirft noch zu früh anfängt zu killen; ferner daß sein Achterliek sich
nicht luvwärts einer bestimmten Vor- und Achterlinie einrollt. Mein
Vorschlag ist, daß man versuchen sollte, das Segel auf einer Linie zu schoten, die einen Winkel von etwa 15 Grad mit der Mittschiffslinie an Deck
an der Stelle bildet, die das Vorliek bei Verlängerung nach unten berühren würde. Häufig wird die Ansicht vertreten, daß der Holepunkt etwa
da liegen müsse, wo die Diagonalnaht des Vorsegels in ihrer Verlängerung
das Deck berühren würde. Das stimmt aber nur selten, obgleich es bei
einem Segel mit einem niedrigen Schothorn richtig sein mag. Richtiger ist
wahrscheinlich die Stelle, an der die Linie, die man von $^2/_5$ Höhe des Vorlieks durch das Schothorn zieht, in ihrer Verlängerung das Deck trifft.
Wenn das Achterliek eines Vorsegels beim Anluven zuerst zu killen anfängt, liegt der Holepunkt zu weit achtern; killt das Unterliek zuerst, zu
weit nach vorn. Nebenbei gesagt mußten manche der ersten Terylenesegel
weiter nach vorn geschotet werden als Baumwollsegel ähnlicher Form. Das
war gar nicht gut, weil es die Belastung der Holepunkte erhöhte.

Um die Holepunkte, die man für die größte Fock richtig bestimmt hat,
auch für eine kleinere benutzen zu können, kann man häufig beobachten,
daß diese mit einem Drahtstander am Hals versehen wird, so daß sie mit
Bezug auf die Schotenführung in der gleichen Höhe zu stehen kommt wie
die größere Fock. Das ist aber keine gute Gewohnheit, denn je kleiner das
Segel ist, um so weiter binnenbords muß der Holepunkt liegen. Daher ist
es besser, für jedes Segel getrennte Holepunkte vorzusehen, solange man
sich nicht für Führungen auf Gleitschienen entschließt. Diese Gleitschienen werden auf Deck befestigt, und zwar schräge in dem oben erwähnten Winkel von 15 Grad oder einem anderen als richtig befundenen Winkel. Die Führung befindet sich an einem auf der Schiene laufenden Schlitten, der sich in einem der zahlreichen Löcher in der Schiene festsetzen
läßt, so daß die Stellung des Schlittens jedem einzelnen Segel angepaßt
werden kann. Die Führung selbst besteht gewöhnlich aus einer Metall-
oder Hartholzkausch; besser läuft die Schot natürlich durch einen Block,
der aber, sofern es sich nicht um einen kippsicheren Block handelt, bei
leichtem Wetter unablässig auf Deck trommelt.

Die idealen Fockschoten sind einpartige Terylenschoten, die am Schothorn mit Linsenkopfschäkeln befestigt sind, d. h. Schäkeln mit einem

versenkten und mit Schlitz versehenen Bolzen, der sich nicht mit den Fallen verfängt, wenn das Segel herumgenommen wird. Schnappschäkel dürfen nicht verwendet werden, da sie sich durch Zentrifugalkraft entriegeln können, wenn das Segel im Wind schlägt. Am einfachsten lassen sich die Schoten mit Hilfe von offenen Trommelwinschen durchsetzen, die auf

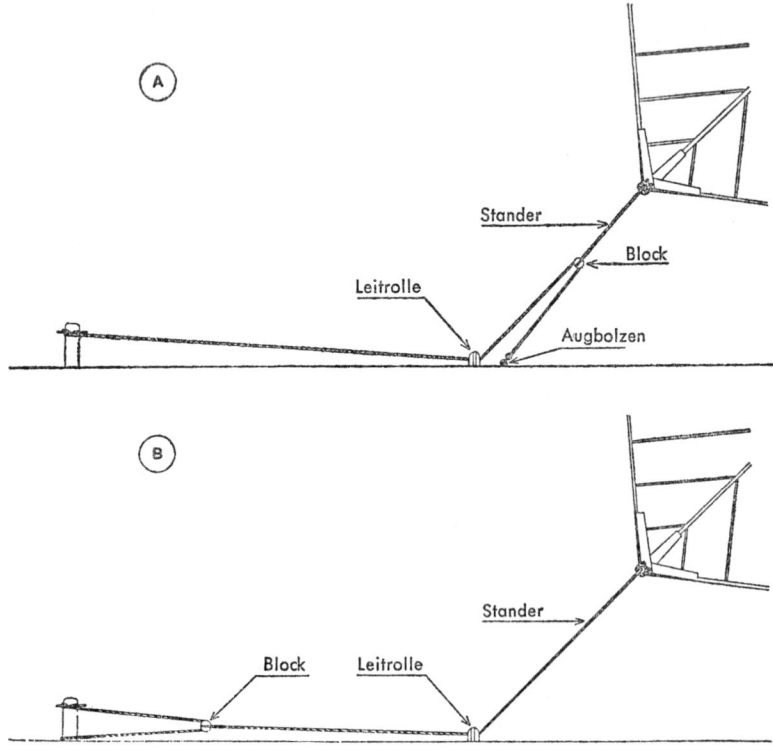

Abb. 32 — A: Die übliche Führung einer Fockschot.
B: Eine bessere Methode: Der Block des Läufers gleitet an Deck entlang.

beiden Seiten des Cockpits auf Deck oder auf dem Cockpitsüll angebracht sind. Mit zwei oder mehr Törns um die Winsch kann die Lose rasch hereingeholt werden; die Kurbel braucht man nur für das Steifholen des letzten Endes. Bei Winden mit oben liegender Kurbel werden die Törns herumgelegt, bevor man die Kurbel ansetzt. Liegt sie unten, kann man sie in der Trommel stecken lassen, die Winsch aber nur mit Sperrvorrichtung betätigen. Außerdem muß ein Stopper vorhanden sein, um zu verhindern, daß die Winsch beim Einholen der Lose herumwirbelt. Ich muß wiederholen, daß es sich bei Winschen um kostspielige Anschaffungen handelt, zumal wenn sie ein Übersetzungsgetriebe haben. Ein solches Winschenpaar

kann aber häufig noch anderen Zwecken dienen; Baum- und Spinnakergei-
taue können daran festgesetzt und Trysegelschoten getrimmt werden. Obgleich Winschen für die Bedienung der Fock nicht unbedingt nötig sind, so
sind sie doch sehr willkommen, wenn man zum Beispiel bei viel Wind mit
einer großen Genua fertig werden soll. Gelegentlich kann man eine Ein-
sparung erzielen, wenn man sich auf nur eine Winsch beschränkt, die man
in der Mittellinie der Yacht einbaut und an die man die Schoten über
Blöcke heranführt. Bei großen Yachten besteht diese Winsch oft aus
einem mächtigen Apparat mit Übersetzungsgetriebe und zwei Kurbeln,
allgemein als Kaffeemühle bezeichnet.

Hat eine Yacht keine Schotwinsch oder ist das vorhandene Winsch-
paar für ein zweites Vorsegel reserviert (Klüver oder Yankeeklüver),
werden die Fockschoten durchweg mit Hilfe von Klappläufern geholt
(Abb. 32 A). Bei leichten Winden kann aber das Gewicht des an jeder
Schot, gewöhnlich an einem Drahtstander hängenden Blocks, den Stand
des Segels beeinträchtigen; auf alle Fälle bildet er eine stete Gefahr
für jeden, der auf dem Vorschiff arbeitet. Anstatt der Blöcke werden daher häufig hölzerne Rundkauschen verwendet, die aber einen so großen
Reibungsverlust verursachen, daß der mechanische Vorteil eines Klappläufers wieder verloren geht. Wenn die Entfernung auf Deck zwischen
Führungsrolle und Belegklampe der Schot groß genug ist, ist die in
Abb. 32 B gezeigte Anordnung bei weitem vorzuziehen. Hier bewegt
sich der Klappläuferblock entlang des Decks und darf daher von ange-
messener Größe sein, und notfalls läßt sich eine extra starke Talje leicht
anschlagen. Dieses Schema eignet sich jedoch besser für ein Rigg mit zwei
Vorsegeln, bei dem die Fock nicht ausgewechselt wird, es sei denn, daß
man auf Schienen gleitende Führungsrollen benutzt, denn die Schoten
können nicht zu verschiedenen Führungen verlegt werden, ohne die
Spleiße zu lösen oder Klappblöcke zu verwenden.

Manche Segler legen Wert auf eine beim Wenden oder Halsen selbsttätig arbeitende Fock. Ihre Schot wird so geschoren, daß sie auf einem
Leitwagen oder einer Schiene vor dem Mast querschiffs gleitet. Da die
Schotführung dann senkrecht verläuft, muß das Fockunterliek durch
einen Fockbaum gespreizt werden, damit das Segel richtig steht und
zieht, und die Schot muß nach vorn und durch einen Block unterhalb des
Vorderendes des Fockbaums laufen, bevor sie nach achtern geführt wird,
da ihr Zug sonst verhindert, daß der Schotblock ungehindert auf der
Schiene querschiffs gleitet. Es gibt mehrere Methoden, den Fockbaum zu
riggen. Der beste Weg ist, ihn genauso lang zu machen wie das Unterliek
und sein Vorderende drehbar am Vorstag zu befestigen (Tafel 35 und
Abb. 40). Eine andere Methode, die eine Zeitlang ganz populär war, sieht
einen Baum vor, der etwas kürzer ist als das Unterliek, und auf irgend-

einem Decksbeschlag eben achtern vom Vorstag, wie zum Beispiel dem Ankerspill oder einem Poller drehbar gelagert ist (Abb. 37). Hierfür spricht, daß das Segel bei ganz dichtgeholter Schot flachsteht, wie es beim Kreuzen erforderlich ist, sich aber bei gefierter Schot wölbt und daher besser ziehen sollte. In Wirklichkeit tut es nichts dergleichen; der Bauch bildet sich zu weit achtern und der obere Teil des Segels verliert an Wirksamkeit, sobald der Fockbaum anfängt zu steigen.

Bei einem Rigg mit zwei Vorsegeln ist es zweifellos vorteilhaft, eine Fock zu fahren, die sich beim Kreuzen von selbst bedient und vor dem Wind als kleiner Spinnaker zieht. Der Preis, den man dafür zu zahlen hat, ist aber meiner Ansicht nach zu hoch. Da eine Fock mit Baum nur bis zum Mast geht, hat sie eine kleinere Fläche und zieht weniger gut als eine baumlose Fock. Der Baum beengt den Platz auf dem Vorschiff und ist immer im Weg, wenn Leichtwettersegel gesetzt werden sollen oder am Anker gearbeitet werden muß. Ist das Segel in üblicher Form am Vorstag mit Stagreitern befestigt, kommt es bei gefiertem Fall nicht ganz herunter, ohne die Baumnock aufzudirken oder den Ausholer zu lockern. Dieser Schwierigkeit läßt sich jedoch auf folgende Weise begegnen. Verwende Stagreiter lediglich für die obere Dreiviertellänge des Vorlieks und für das untere Viertel Ringe, die aber nicht an dem Segel befestigt sind. Spleiße ein Ende in Viertelhöhe des Vorlieks in ein Gattchen und führe es herunter durch zwei an das Vorliek angenähte Kauschen und je einen Ring dazwischen und befestige es schließlich am Hals, so daß das Ende bei gesetztem Segel steif steht. Sobald das Segel heruntergefiert wird, kommt das Ende lose mit dem Ergebnis, daß sich der untere Teil des Vorlieks vom Stag wegzieht und das Segel nunmehr leicht ganz nach unten fällt. Eine Reihleine erfüllt fast den gleichen Zweck, scheuert sich aber schneller durch.

Bugspriet

Die moderne, hochgetakelte Yacht mit einem gewissen Überhang vorn und einem hohen Ansichtsverhältnis des Segelrisses kann ohne Bugspriet

---

Tafel 30
A. Ein auf der Seite liegender Stockanker. B. Da der Stock länger ist als der Sehnenabstand zwischen den Pflughandspitzen, ist ein auf der Seite liegender Anker unstabil und ein auf dem Ring ansetzender horizontaler Zug kippt ihn so herum, daß (C.) eine seiner Pflugen sich in den Grund beißt. D. Ein unklarer Anker. Wenn so etwas passiert, wird der untere Ankerflunken durch den Zug auf die Trosse aus dem Grund gehoben, und der Anker schleppt. E. Ein Anker in Höhe der Wanten verstaut, mit den Flunken auf Holzklötzen und dem Stock vertikal außerhalb der Reling. F. Ein Anker mit beigeklapptem Stock längs des Vorluks verstaut und auf Holzklötzen lagernd. Die Warpankerleine aufgeschossen daneben.

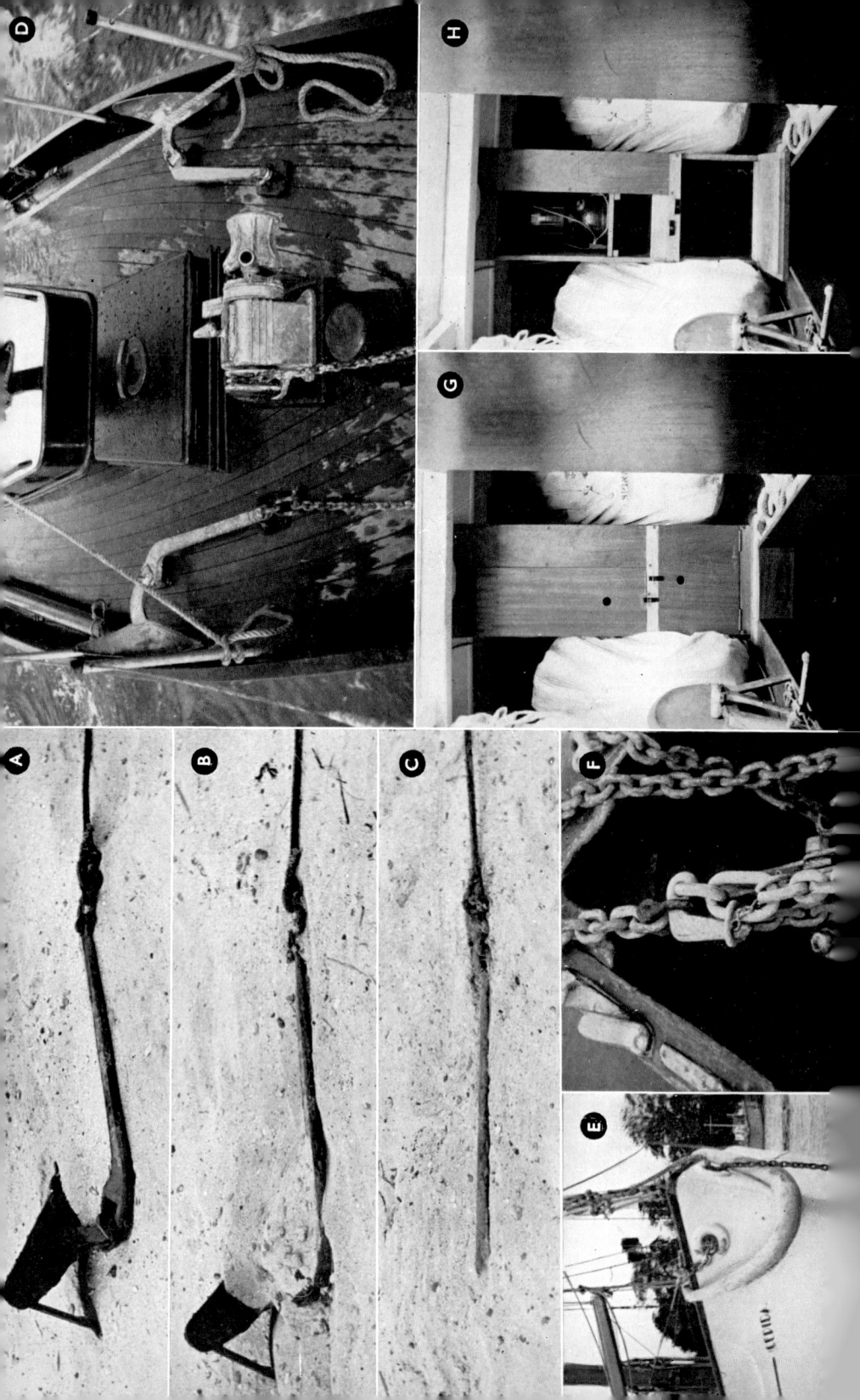

auskommen, aber eine gaffelgetakelte Yacht mit zwei Vorsegeln braucht fast immer einen Klüverbaum, um bei ihrem kürzeren Mast und durchweg auch kürzeren Überhang eine genügend große Segelfläche setzen zu können.

Da man den Vor- und Achtersteven einer Yacht nicht belasten soll, ist ein hohler Bugspriet besser als ein massiver. Aus Gründen besseren Aussehens und um den Klüverhals aus dem Wasser herauszuhalten, wenn man gegen eine See ankreuzt, muß sich der Bugspriet schräg nach oben erheben, indem er etwa die Kurve des Sprungs fortsetzt. Liegt der Bugspriet in der Mitte, so läßt sich seine Hacke in eine Aussparung an der Vorderseite eines einzelstehenden Pollers einfügen, zwischen eine Beting passen, gegen die er mit einem Schloßholz gehalten wird, oder gegen das Ankerspill setzen. Auf manchen alten Yachten und vor allem auf Fischerbooten sieht man den Bugspriet auch seitlich versetzt, gewöhnlich auf die Steuerbordseite des Vorstevens. Er wird dann in einem kleinen Winkel zur mittleren Längsachse angebracht, so daß die Klüverbaumnock in der Fortsetzung der Längsachse liegt, da der Klüver sonst auf einem Bug falsch stehen würde. Das Eisenband, das den Bugspriet umfaßt und mit dem Stevenkopf verbindet, trägt oft Führungsrollen auf der einen oder auf beiden Seiten für die Ankerkette und oben Augen für das Vorstag und den Klüverhals. Um den Bugspriet auch abnehmen zu können, wird das Eisenband nur lose angepaßt. Der Bugsprietnockring mit Augen zur Aufnahme der Bugwanten, des Wasserstags und des Toppstags besteht gewöhnlich aus einem eisernen, auf die Nock getriebenen Ring, der auf einem Absatz der Spiere aufliegt. Um die Spiere zu schützen und zu verhindern, daß das Nockband nach achtern weggezogen wird, verbindet man das Band am besten mit einer Kappe, die genau auf die Nock paßt.

Die Bugstagen werden mit Spannschrauben an eisernen Platten an der Bordwand befestigt. Bei einem besonders langen Bugspriet oder einem sehr scharf geschnittenen Vorschiff werden Bugspreizen an jeder Seite an-

---

Tafel 31
A. Ein C.Q.R.-Anker liegt zunächst auf einer Seite, wenn er auf Grund fällt. *B.* Sobald Zug auf die Ankertrosse kommt, beginnt der Anker sich einzugraben und dreht sich aus ebenem Kiel, bis *(C.)* außer dem Schaft nichts mehr zu sehen ist. Die Trosse kann daher nicht mehr mit dem Anker unklar kommen. Ist der Zug stark oder der Grund weich, verschwindet sogar der Schaft. *D.* C.Q.R.-Bug- und -Warpanker, jeder auf einer Seite des Vordecks auf Holzklötzen gelagert. *E.* Ankerklüsen im Schanzkleid und ein Bugfender, um den Steven vor Berührung mit der Ankerkette zu schützen. *F.* Binnenbords befindliches Ende einer Muringkette mit Senhouse-Schlipper. *G.* und *H.* Dieser Kettenkasten ist nach Öffnung der unteren Klappe leicht zugänglich; der Oberteil dient als Stauplatz für die Ankerlaterne.

197

gebracht, deren Wirkung die gleiche ist wie die der Salings. Ein Netz zwischen den Bugstagen und unterhalb des Bugspriets ist eine zweckmäßige Einrichtung, um die Leichtwettersegel beim Setzen oder Bergen davor zu bewahren, ins Wasser zu fallen. Auf kleinen Yachten genügen schon einige dünne Enden, die unterhalb des Bugspriets zwischen den Bugstagen hängen. Der moderne Bugspriet besteht aber meistens aus zwei Holzspieren oder Metallrohren, die mit ihren Außenenden V-förmig zusammenlaufen und so Bugstagen überflüssig machen. Anstatt eines Netzes bildet eine Gräting eine Plattform (Tafel 33 G). Auf diese Weise kann man Klüver, Yankee oder Genua bequem und sicher handhaben, zumal wenn die Seereling, wie in der Abbildung, ringsherum geführt wird.

Als Wasserstag dient entweder eine eiserne Stange (die sich allerdings biegen kann) oder eine Kette, die beide am Bugsprietnockring mit einem Wantenspanner ansetzen. Durch Bruch des Wasserstagbeschlags sind mehr Klüverbäume verloren gegangen, als durch irgendwelche anderen Ursachen. Der übliche durch den Steven gesteckte oder mit gabelartigen Metallbändern am Steven befestigte Augbolzen ist nicht hundertprozentig zuverlässig. Besser ist ein geschmiedeter Beschlag, dessen eine, außen am Steven befestigte Platte, das angeschweißte Auge trägt und durch zwei Bolzen mit einer zweiten Platte innerhalb des Stevens verbunden ist, auf der die Sicherungsmuttern festgeschraubt werden. Ein solcher Beschlag verstärkt den Steven gerade da, wo er durch die Bolzenlöcher geschwächt ist. Bei kupferbeschlagenem Unterwasserschiff müssen Stevenbeschlag und Wasserstag aus Nichteisenmetallen bestehen, um galvanische Wirkungen auszuschließen.

Laufendes Gut des Klüvers

Der Amwindklüver kann fliegend oder an einem Stag gesetzt werden. Für die Stagführung spricht vieles, nur daß dabei eine Rollvorrichtung entfällt. Setzt ein Stagklüver am Stevenkopf an, kann das Fall auf die eine oder andere Weise geführt werden, wie für das Fockfall vorgeschlagen. Geht das Stag aber hinaus an einen Bugspriet, oder wird der Klüver fliegend gesetzt, d. h. ohne Befestigung durch Stagreiter an ein Stag, wie es bei manchen gaffelgetakelten Yachten üblich ist, läßt sich ein Halsstrecker nicht mehr ohne weiteres anbringen. Unter solchen Verhältnissen, und wenn eine Mastwinsch aus Kostengründen nicht in Frage kommt, ist es am besten, das Fall in Form einer Talje zu scheren, wie es für die Piek eines Gaffelsegels empfohlen wurde, d. h. mit einem einscheibigen Block am Kopf des Segels und zwei Einzelblöcken dicht übereinander am Mast. Wird an dieser Stelle ein Doppelblock verwendet, läuft das Fall zwischen Doppelblock und Segelkopf Gefahr, sich zu vertörnen, wenn das Segel fliegend gesetzt wird. Außer wenn eine Rollvorrichtung angebracht werden soll, ist es aber keinesfalls notwendig, den Klüver fliegend zu setzen. Für den Klüver ließe sich ein festes Stag zwischen Toppstag und Vorstag riggen und am Klüverbaum befestigen, nur daß

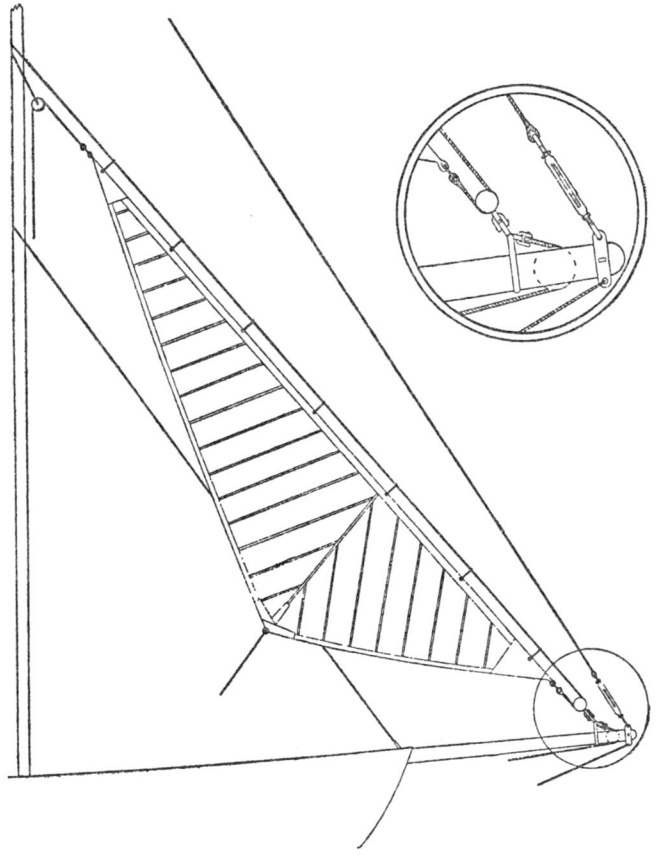

Abb. 33 — Dyarchys wegnehmbares Klüverstag
Bei dieser Anordnung bleibt der Klüver beim Setzen oder Bergen unter vollständiger Kontrolle.

ein solches Stag beim Setzen der Leichtwettersegel im Wege wäre und man auf den Klüverbaum hinausklettern müßte, um das Segel an- oder abzuschlagen. Am besten fährt man das Stag als laufendes Stag, wie es Roger Pinckney auf seiner *Dyarchy* (Abb. 33) tut. Das Klüverstag wird am Mast eben oberhalb des Klüverfallblocks befestigt; von dort läuft es

199

nach unten durch einen Block am Bugsprietlaufring (dem üblichen, lederbenähten Eisenring mit einem über eine Scheibe an der Nock laufenden Ausholer), und in sein kurzes Ende ist eine Kausch eingespleißt. Beim Segelsetzen wird der Laufring binnenbords geholt, der Klüverhals am kurzen Ende des Stags eingeschäkelt, die Stagreiter werden eingehakt und das Fall wird am Kopf des Segels angeschlagen. Darauf wird der Laufring mit Stag und Segel zur Nock des Bugspriets ausgeholt, der Ausholer belegt und das Segel mit Hilfe des Falls gesetzt. Da das untere Ende des Stags am Klüverhals festgeschäkelt ist, bewirkt ein Durchsetzen des Vorlieks, daß das Stag gleichzeitig mit durchgesetzt wird. Beim Klüverbergen wirft man das Fall los, und das Segel gleitet am Stag herunter. Da zwischen dem kurzen Ende des Stags und dem Block, durch den es läuft, nur geringer Spielraum bleibt, kann das Stag nicht so lose kommen, daß der Klüver ins Wasser fällt. Schließlich wird der Ausholer losgeworfen, und der Laufring mit Segel und Stag an einer der Schoten an Bord geholt. Wenn man will, kann man den Ausholer auch vor dem Fall loswerfen, so daß der Laufring binnenbords gleitet und der Klüver in Lee der Fock oder des Großsegels geborgen wird. Natürlich steht zunächst ein nicht unbeträchtlicher Zug auf dem Ausholer.

Bei Verwendung von Terylenetauwerk kann die Schotenführung die gleiche bleiben wie für die Fock vorgeschlagen. Vielleicht ist das Segel aber nicht groß genug, um den Gebrauch von Winschen oder Klappläufern zu rechtfertigen, denn da der Klüver beim Kreuzen das erste Vorsegel ist, das angeschotet wird, sollte es möglich sein, ihn dichtzusetzen, bevor der Wind wieder einfällt. Ferner ist es fast immer der Klüver, der bei zunehmendem Wind zuerst geborgen oder gegen einen kleineren Klüver ausgewechselt wird, während die Fock stehenbleibt. Wenn man also zu wählen hat, empfiehlt es sich, die wirksamere Schotenführung der Fock vorzubehalten.

Rollklüver

Auf einer sehr kleinen Yacht wird das Klüvervorliek manchmal an einer Holzrolle befestigt, die an ihrem unteren Ende eine Trommel trägt; um diese wird ein Ende gerollt, das an eine Klampe in Reichweite des Rudergängers führt. Bei Annäherung an seinen Bojen- oder Ankerplatz braucht der Rudergänger nur das Ende dichtzuholen, die Schot zu fieren, und schon rollt sich das Segel wie eine Jalousie ein. Ebenso läßt sich das Segel reffen, indem man nur einen Teil desselben einrollt. Für eine Kreuzeryacht kann dieses Geschirr aber nicht als seetüchtig gelten, da es fast unmöglich ist, den Klüver an Deck zu holen, wenn irgend etwas einmal nicht funktioniert.

Das Wykeham-Martin-Rollklüverpatent (dessen unterer Teil auf Tafel 33 G abgebildet ist) ist jedoch durchaus seetüchtig. Es besteht aus zwei Bronzebeschlägen mit Kugellagern, einem Wirbel für den Kopf des Segels und einer Trommel mit einem aufgespulten Ende für den Hals. Durch Dichtholen des Endes unter gleichzeitigem Auffieren der Schot kann man den Klüver sich um sein eigenes Vorliek einrollen lassen; er läßt sich ohne Schwierigkeiten bergen, wegstauen oder auswechseln, doch soll man vorher ein Bändsel um das Schothorn legen, um zu verhindern, daß sich das Segel wieder entrollt. Beim Einrollen ist die Schot unter einer gewissen Spannung zu halten, um zu verhindern, daß das Segel anfängt zu schlagen und sich dann nicht mehr glatt und gleichmäßig aufrollt. (Je größer der Trommeldurchmesser, um so einfacher die Arbeit.) Beim Entrollen muß dagegen die Trommelleine etwas gestrafft bleiben, um ein gleichmäßiges Abrollen der Trommel zu gewährleisten. Soll der Klüver mit diesem Geschirr sowohl gerefft wie eingerollt werden können, muß das Vorliek aus einem Stahldraht von 1 x 19-Konstruktion bestehen. Allerdings macht dieser Draht es infolge seiner Steifheit schwierig, das Segel unter Deck zu verstauen. Kapitän Irving Johnsons 50-Fuß-Ketsch *Yankee* (Tafel 46 oben) ist meines Wissens das größte Schiff, das dieses Geschirr zu Reffzwecken verwendet. Es soll sich gut bewährt haben.

Es kommt nicht häufig vor, daß ein Fahrtensegler seinen Klüver aufgetucht und zusammengebändselt, „in stops", vorheißen muß. Es können sich aber Situationen ergeben, in denen das Segel sofort klar sein muß, zum Beispiel wenn man auf einem überfüllten Ankerplatz den Anker ausgebrochen oder die Boje verlassen hat und keine Zeit mehr übrigbleibt, den Klüver wie üblich zu setzen. Ein Klüver ohne Rollgeschirr muß dann gebändselt gesetzt werden. Hierzu legt man das Segel der Länge nach mit gerade ausgerichtetem Vorliek an Deck, schlägt es einmal in der Längsrichtung so zusammen, daß das Schothorn etwas über das Vorliek zu liegen kommt, rollt dann das gefaltete Segeltuch bis zum Vorliek zusammen und bändselt es in Abständen von je etwa 60 cm mit dünnem, leicht zerreißbarem Segelgarn zusammen. Dann werden die Schoten eingeschäkelt (wobei man darauf achtet, daß sie ganz locker bleiben) und das Segel wird vorgeheißt. Jetzt ist das Segel fertig zum Gebrauch: ein kräftiger Zug an der Schot zerreißt die Bändsel, und schon füllt sich das Segel mit Wind.

Führung von Schoten und Fallen

Das laufende Gut eines Vollschiffs erforderte mehr als 200 Belegnägel; jedes Ende hatte seinen eigenen Belegnagel, und die Anordnung war so standardisiert, daß ein Seemann sich auf jedem Schiff sofort zurechtfinden konnte. Der Verteilung von Belegnägeln und Klampen auf Yachten liegt dagegen keinerlei System zugrunde, und nur zu oft sind diese zu klein oder ihre Anzahl reicht nicht aus. Einpartige Fallen müssen stets am oder unmittelbar beim Mast belegt werden. Um dort aber ein Durcheinander zu vermeiden, ist es manchmal, besonders bei der Gaffeltakelung, wünschenswert, jede Part eines doppelartigen Falls an Belegnägel auf entgegengesetzte Seiten in Wantennähe zu führen. Auch die Dirk und vielleicht auch das Spinnakergeschirr können dort belegt werden.

Die Lebensdauer der Fallen läßt sich auf mancherlei Weise verlängern, z. B. indem man bei ihrer Führung darauf achtet, daß sie sich gegenseitig nicht berühren. Allerdings ist es nicht immer möglich, zu verhindern, daß sie nicht mit dem stehenden Gut in Berührung kommen. Wo diese Gefahr besteht, ist es am besten, die Fallen durch große, glatte, am stehenden Gut angebrachte Kauschen zu führen. Plastikrohre, zwischen den Relingsstützen über die Seereling geschoben oder um die unteren Wanten befestigt, verhindern weitgehend, daß sich die Schoten durchschamfilen und vermindern auch den Reibungswiderstand bei der Bedienung. Jede Yacht stellt ihre eigenen Aufgaben; jeder Neubau und jede Yacht, deren Takelage man verändert hat, erfordert Experimente, bis man die beste Führung von Fallen und Schoten gefunden hat. Auch dann lohnen sich häufige Kontrollen während einer Reise, besonders bei gerefften Segeln, um sicher zu sein, daß die Führung von Tauwerk über Scheiben und durch Blöcke einwandfrei erfolgt und bei keiner Segelstellung Schamfilungen auftreten können.

Riggstärken verschiedener bekannter Yachten

Die vier Yachten, von deren Takelage wir die nachstehenden Einzelheiten veröffentlichen, haben ausgedehnte Reisen unter allen Wetterbedingungen unternommen, ohne jemals Bruch in ihrer Takelage erlitten zu haben. Ohne behaupten zu wollen, daß ihr stehendes und laufendes Gut idealen Anforderungen entspricht, kann es mit ruhigem Gewissen von Eignern anderer Kreuzeryachten ähnlicher Größe und Takelage kopiert werden.

	Cardhu	Alano	Wanderer III	Restive
Tons, Themse-Vermessung	16	12	8	7
Tons, Wasserver-drängung		$7^1/_4$	7	$4^3/_4$
Segelfläche qm	81	62	55,7	40
Takelung	Bermuda toppge-takelter Kutter	Bermuda-Kutter	Bermuda-Slup	Bermuda-Slup Jumpstagen

STEHENDES GUT

	Cardhu	Alano	Wanderer III	Restive
Vorstag Spannschrauben	$1''7\times7$ $1/_2''$ Durchm.	$1''6\times7$ $5/_8''$ Durchm.	$1''7\times7$ $9/_{16}''$ Durchm.	$7/_8''6\times7$ $1/_2''$ Durchm.
Toppstag Spannschrauben	$1''7\times7$ $1/_2''$ Durchm.	$1^1/_8''6\times7$ $3/_4''$ Durchm.	$7/_8''7\times7$ $1/_2''$ Durchm.	entfällt
Unterwanten Spannschrauben	$1^1/_8''7\times7$ $5/_8''$ Durchm.	$1''6\times7$ $5/_8''$ Durchm.	$1''7\times7$ $9/_{16}''$ Durchm.	$1''6\times7$ $1/_2''$ Durchm.
Mittelwanten Spannschrauben	$1^1/_8''7\times7$ $5/_8''$ Durchm.	$1''6\times7$ $5/_8''$ Durchm.	$1''7\times7$ $9/_{16}''$ Durchm.	$1''6\times7$ $1/_2''$ Durchm.
Toppwanten Spannschrauben	$1''7\times7$ $1/_2''$ Durchm.	$1''6\times7$ $5/_8''$ Durchm.	$7/_8''7\times7$ $1/_2''$ Durchm.	$1''6\times7$ $1/_2''$ Durchm.
Achterstag Spannschrauben	(2) $1''7\times7$ $1/_2''$ Durchm.	$3/_4''6\times7$ $5/_8''$ Durchm.	$7/_8''7\times7$ $1/_2''$ Durchm.	$5/_8''6\times7$ $3/_8''$ Durchm.
Backstagen Unterteile dichtgesetzt mit:	$1''7\times7$ $1^1/_8''6\times19$ Umlegehebel	$1''6\times7$ Umlegehebel	$3/_4''7\times7$ $7/_8''6\times19$ Umlegehebel	$3/_4''6\times7$ $5/_8''6\times19$ Umlegehebel
Jumpstagen	keine	keine	keine	$5/_8''6\times7$
Wasserstag	keines	keines	(2) $1/_2''$ Durchm. Bronzestange	keines

LAUFENDES GUT

	Cardhu	Alano	Wanderer III	Restive
Großfall „ Steert dichtgesetzt mit:	$7/_8''6\times19$ $1^1/_2''$ Terylene Winsch	$3/_4''6\times24$ $1^1/_2''$ Terylene Winsch	$1^1/_8''$ Terylene keinen Winsch	$3/_4''6\times19$ $1^1/_4''$ Hanf Winsch
Fockfall „ Steert dichtgesetzt mit:	$3/_4''6\times19$ $1^1/_2''$ Terylene Winsch	$3/_4''6\times24$ $1^1/_2''$ Terylene Winsch	$1^1/_2''$ Terylene keinen Winsch	$5/_8''6\times19$ $1^1/_4''$ Hanf Halstalje
Klüver- oder Genuafall „ Steert dichtgesetzt mit:	$3/_4''6\times19$ $1^1/_2''$ Terylene Winsch	$3/_4''6\times24$ $1^1/_2''$ Terylene Winsch	$1^1/_8''$ Terylene keinen Winsch	fährt Fock keinen Fall
Dirk „ Steert	$1/_2''6\times19$ $1^1/_4''$ Terylene	$5/_8''6\times24$ $1^1/_2''$ Terylene	$1^1/_8''$ Nylon $1^1/_4''$ Terylene Talje	$1/_2''6\times19$ $1^1/_4''$ Hanf Talje
Großschot	$1^1/_2''$ Terylene	$1^3/_4''$ Terylene	$1^3/_4''$ Terylene	$1^1/_4''$ Terylene
Klüver- und/oder Fockschoten dichtgesetzt mit:	$1^1/_2''$ Terylene Winschen	$1^3/_4''$ Terylene Winschen	$1^1/_2''$ Terylene Winschen	$1^1/_4''$ Terylene Winschen

9

ANKERGESCHIRR

Ankertypen — Ketten und Kabel — Ankerspill und Ankergeschirr —
Ankermanöver — Das Bojen eines Ankers — Murings

In der Absicht, das Gewicht auf ihren Leichtdeplacementyachten niedrigzuhalten, oder weil sie an Arbeitsersparnis und bequemeres Verstauen
denken, rüsten manche Yachtbesitzer ihre Fahrzeuge mit unzulänglichem
Ankergeschirr aus. Das ist ein grober Fehler, denn jede Yacht muß in der
Lage sein, einen Sturm in geschützten Gewässern abzureiten, ohne ins
Treiben zu geraten. Für jedes Schiff kann der Augenblick kommen, wo
infolge irgendeiner Havarie in der Takelage nur noch Anker und Kette
es vor der sicheren Zerstörung an einer Leeküste bewahren können.
Das Ankergeschirr muß daher zuverlässig sein und in Gewicht und Stärke
dem Schiff entsprechen.

Ankertypen

Die Bezeichnung der verschiedenen Bestandteile eines Stockankers finden sich in Abb. 34. Arme und Schaft müssen im Querschnitt oval oder
flach sein, um in Richtung der Belastung bei geringstem Gewicht die größte
Stärkung zu besitzen. Die Pflughände sollen scharf und lang sein, um sich
rasch auch in harten Grund einzubeißen, gleichzeitig aber genügend Fläche
bieten, um nicht widerstandslos durch weichen Schlick geschleift zu wer-

---

Tafel 32
A. Am Stevenkopf befestigtes Kettenpall. Diese einfache Sperrklinke hält beim
Einhieven des Ankers jedes Kettenglied fest und ist für eine kleine Yacht praktischer als ein Ankerspill. *B.* Um die Reibung zu vermindern, sollte die Kette
aber über eine Rolle laufen und an diesem Stevenbeschlag *(C).* läßt sich, wenn
erforderlich, eine Sperrklinke anbolzen. *D.* Winsch mit Windenkopf und Verhol-
trommel. Die Winsch ist am Mast in einer Höhe angebracht, in der ein Mann
sein volles Gewicht zur Anwendung bringen kann; die Kette wird weit weg
vom Bug verstaut. *E.* Mit Kurbeln betriebenes Ankerspill. *F.* Ein Sperrklinken-
Ankerspill; der Antrieb erfolgt durch Bewegung eines Vertikalhebels vor und
zurück. *G.* Ein Spill mit vertikalstehender Welle ist schwerer und weniger leistungsfähig als eine Ankerwinde mit liegender Welle.

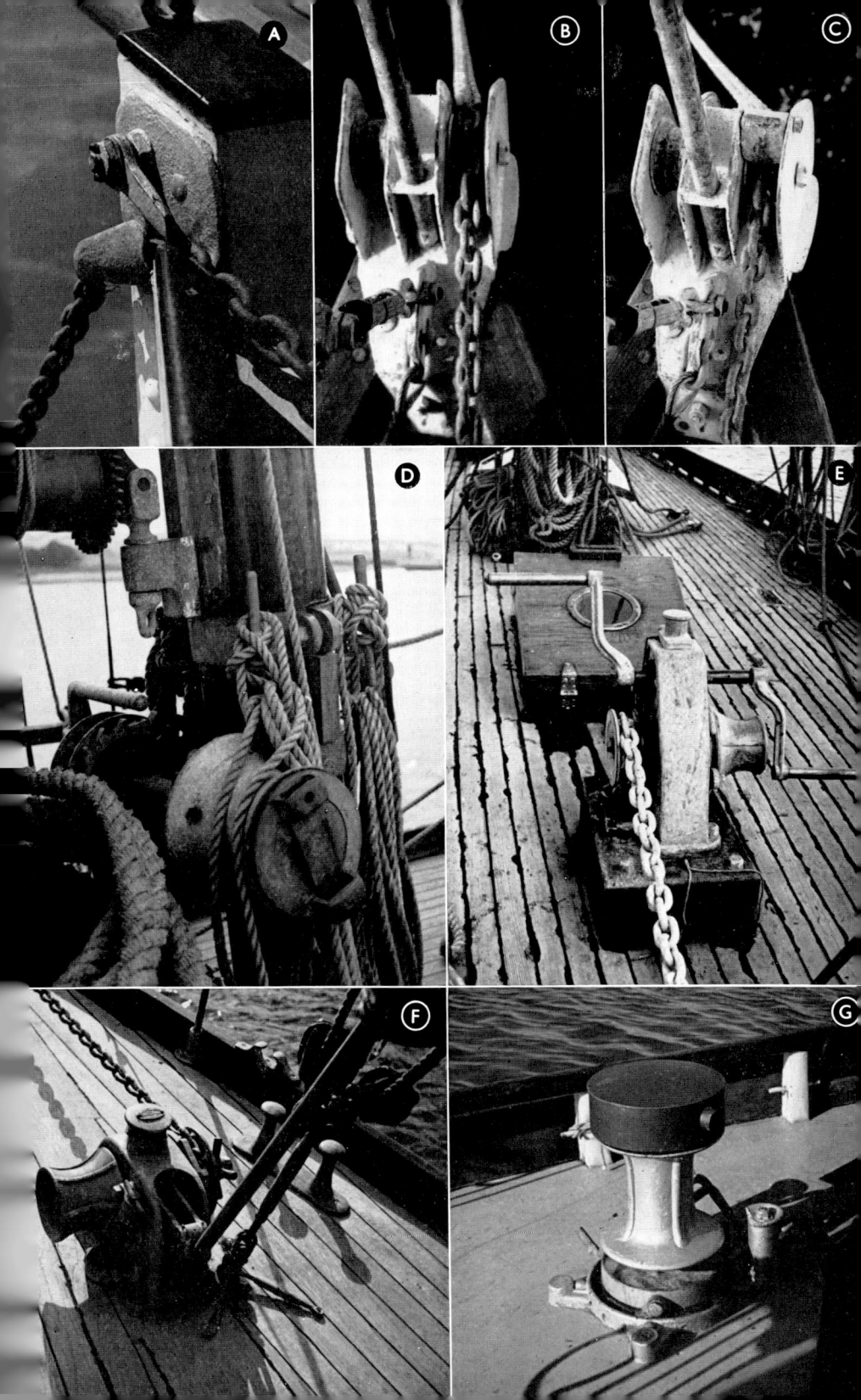

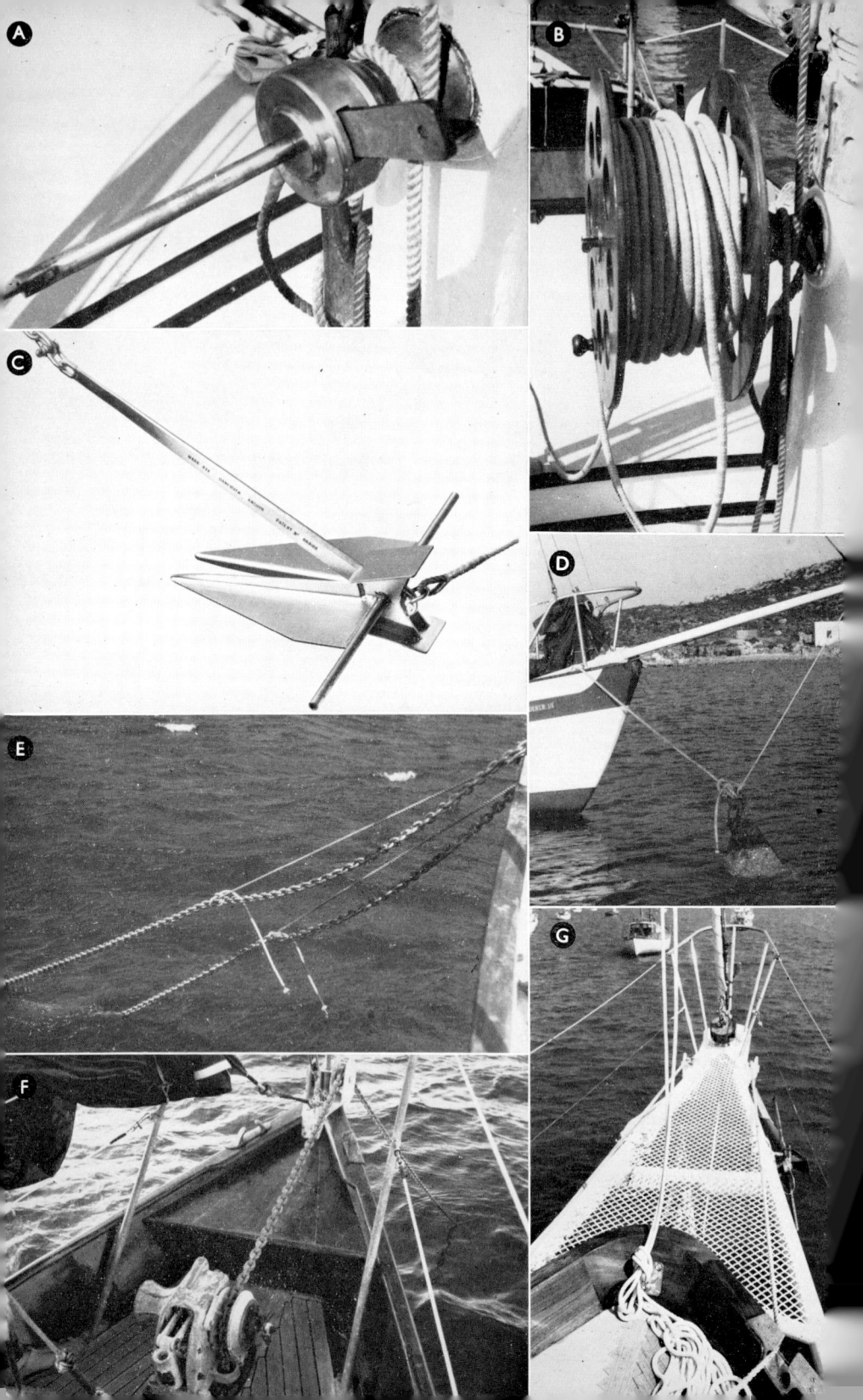

den. Der Winkel zwischen Schaft und Pflughänden soll etwa 40 Grad betragen. Die Entfernung zwischen Kreuz und Bohrung für den Stock darf nicht weniger als 1½ und nicht mehr als 1²/₃mal soviel wie der Sehnenabstand zwischen den Pflughandspitzen betragen. Der Stock soll ebenso

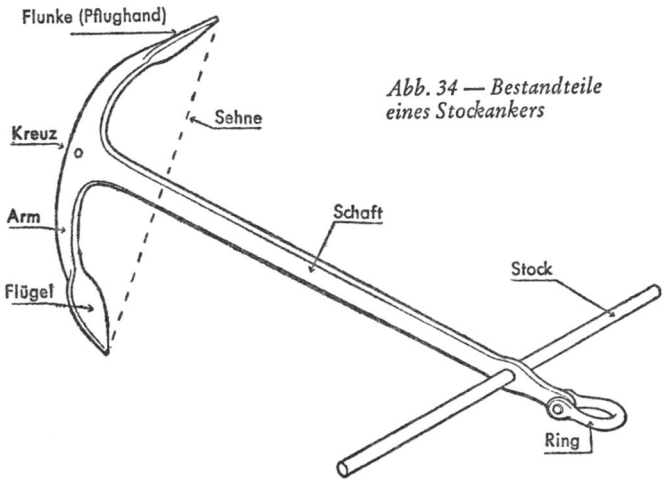

Flunke (Pflughand)

Kreuz

Sehne

Arm

Flügel

Schaft

Stock

Ring

Abb. 34 — Bestandteile eines Stockankers

lang sein wie der Schaft. Dies sind die idealen Proportionen, wie sie von dem verstorbenen Claud Worth empfohlen wurden, nachdem er mit einer Vielzahl von Ankern Versuche angestellt hatte. Anker solcher Proportionen sind bei den meisten Schiffshändlern erhältlich. Um besser verstaut werden zu können, werden viele Stockanker so hergestellt, daß sich der Stock längs des Schaftes beiklappen läßt, wozu das eine Ende des Stocks um 90 Grad herumgebogen wird. Der kleine eiserne Splint, der den

Tafel 33
Die bequemste Methode, eine Ankertrosse oder irgendeine andere lange Leine aufzuschießen, ist die, sie auf eine Trommel zu nehmen. *A.* Man fertigt sich eine Welle mit einem dosenförmigen Ansatzstück. Dieses Ansatzstück wird über eine der Fallwinschen geschoben und mit dieser durch ein Flacheisen verkeilt, indem man dieses durch die Schlitze steckt, in die man sonst die Winschkurbeln einführt. Dann wird *(B.)* auf die Welle einer Trommel gesteckt, von der sich die Leine abspulen läßt, ohne daß sie sich vertörnen kann. Die ganze Vorrichtung läßt sich in einem Augenblick wieder entfernen. *C.* Beim Danforth-Anker liegt der Stock quer durchs Kreuz, und der Anker läßt sich daher flach auf Deck verstauen. *D.* Provisorisch als Bugspriet geriggter Spinnakerbaum, an dem eine Sorgleine ausgebracht wird, um die Yacht von der Muringboje freizuhalten. *E.* Nylonsprings an beiden Ketten sollen das Einrucken der Ketten beim Abwettern eines Sturmes in flachem Wasser verhindern. *F.* Vorschiff der *Cardhu:* Bei dem Aufbau handelt es sich um einen wasserdichten Entlüfter. *G.* Auf der *Yankee* werden die Anker unter der Bugsprietplattform verstaut.

Ankerstock im Gebrauch in der richtigen Lage festhält und sichert, kann sich leicht losarbeiten; fällt er heraus, so verliert der Anker den Halt des Stocks. Der Splint muß daher mit einer Bändselung oder einem kleinen Schäkel durch ein Loch an seiner Schmalseite gesichert werden.

Da der Stock länger ist als der Sehnenabstand zwischen den Flunken, kippt ein auf der Seite liegender Anker leicht um. Sobald eine horizontalgerichtete Zugkraft auf den Ring ansetzt, fällt der Anker in die richtige Lage, und einer seiner Flunken beginnt, sich in den Boden einzugraben. Der Winkel, unter dem sich die Pflughand in den Grund verbeißt, bewirkt, daß sich der Anker um so tiefer eingräbt, je stärker der Zug an der Kette wird (Tafel 30 A, B und C). Ebenso verständlich ist es, daß ein vertikal nach oben gerichteter Zug den Anker aus dem Boden bricht. Daher ist es stets notwendig, vor genügend langer Kette zu liegen, damit der Zug in horizontaler Richtung erfolgt. Hat der Anker einmal gefaßt, so vermag ein seitwärtsgerichteter Zug am Ring (wie zum Beispiel beim Schwojen) nicht mehr, den Anker herauszubrechen, weil der flach auf dem Grund liegende Stock ein Umkippen des Ankers verhindert.

Der Nachteil des Stockankers ist, daß die obere Flunke unklar kommen kann, wenn eine Yacht bei Tiden- oder Windwechsel herumschwojt und eine Bucht der Ankerkette sich dabei um die Flunke legt. Sobald dann Zug auf die Kette kommt, wird der Anker hochgehoben und fängt an zu schleppen (Tafel 30 D). Ebenso kann ein Anker unklar kommen, wenn die Kette einen Törn um den Stock legt. Hieraus brauchen zwar nicht immer ernsthafte Folgen zu entstehen, aber es kann passieren, daß der Anker umgerissen wird und dann anfängt zu schlieren. Diese Risiken lassen sich nur vermeiden, wenn man die Yacht vor zwei Anker legt, so daß sie niemals über einen von beiden hinwegschwojen kann. Das Ausbringen von zwei Ankern entspricht seemännischer Vorsicht auf jedem Ankerplatz, der eng oder Gezeitenströmen ausgesetzt ist, bedeutet aber viel Extraarbeit und ist unzweckmäßig auf einer offenen Reede, die man bei Windwechsel unter Umständen schleunigst wieder verlassen muß.

Eine Anzahl von Patentankern sind nun mit dem Zweck konstruiert worden, ein Unklarkommen zu vermeiden, ohne gezwungen zu sein, zwei Anker auszubringen. Von diesen sind die C. Q. R.- („secure") und Danforth-Anker am weitesten verbreitet und genießen das Vertrauen britischer Yachtsegler. Der von Professor, jetzt Sir Geoffrey Taylor, F. R. S., konstruierte C. Q. R.-Anker besteht aus einer einzigen Flunke in Gestalt einer doppelten Pflugschar, die mit dem Schaft durch einen Bolzen verbunden ist, um den sie sich innerhalb bestimmter Grenzen frei drehen kann. Fällt der Anker auf den Grund, liegt er auf seiner Seite, weil er in jeder anderen Lage umkippen würde; die Pflugschar klappt dabei schräg nach unten. Sobald ein horizontaler Zug am Ring ansetzt, beginnt die Pflugschar sich einzugraben. Dabei dreht sie sich, bis sie horizontal zu liegen kommt. Ist die Zugkraft groß genug, wühlt sie sich vollkommen ein (Tafel 31 A, B und C). Jetzt kann die Kette unmöglich noch mit dem Anker unklarkommen. Bei gleichem Gewicht ist die Haltekraft mindestens ein Drittel größer als die des besten Stockankers, und dieses Verhältnis erhöht sich noch mit steigender Größe. Aber einerlei, wie klein eine Yacht ist, grundsätzlich halte ich es für unklug, Patentanker zu gebrauchen, die unter 15 Kilo wiegen; leichtere Anker mögen wohl halten, sobald sie sich einmal eingegraben haben, aber sie sind nicht schwer genug, um verkrauteten Bodenwuchs zu durchdringen und den Grund zu erreichen. Graben sie sich nicht rasch ein, kann die Pflugschar sich beim Gleiten über den Grund so stark verkrauten, daß sie überhaupt nicht mehr faßt. Da es C. Q. R.-Anker von 30 lbs nicht gibt, würde ich lieber einen von 35 lbs nehmen als mich für das 25-lbs-Modell zu entscheiden. Auf größeren Yachten werden die höheren Kosten eines C. Q. R.-Ankers bis zu einem gewissen Grade ausgeglichen durch die Ersparnis an Gewicht. Man hat von Zeit zu Zeit den Versuch unternommen, den C. Q. R.-Anker, der in seiner ursprünglichen Form ausgeklügelten, wissenschaftlichen Erkenntnissen entsprach, zu verbessern; solche Versuche haben gelegentlich katastrophale Folgen gezeitigt, wie man an Hand der umseitig stehenden Tabelle sehen kann, in der eine deutsche Version von allen getesteten Typen das schlechteste Ergebnis liefert. Auch bei einigen englischen Nachahmungen ist der Schaft so kurz, daß es schwerfällt, den Anker auszubrechen. Aus allen diesen Gründen ist es beim Kauf eines Ankers ratsam, einen echten C. Q. R., wie von Simpson Lawrence Ltd. hergestellt, zu fordern, anstatt nur einen „Pfluganker" zu verlangen, eine Bezeichnung, unter der sich eine Menge Fehlkonstruktionen verbergen können.

Der aus Amerika stammende Danforth-Anker (Tafel 33 C) hat zwei drehbar angebrachte, großflächige Flunken, die mit dem Schaft in ihrer Mitte eng beieinanderstehen. Der Stock liegt quer über dem Kreuz, das so geformt ist, daß es die Flunkenspitzen nach untenklappen läßt. Auch dieser Anker kann sich nicht mit der Ankerkette vertörnen. Er läßt sich sauberer und glatter an Deck verstauen als der C. Q. R. und gräbt sich auf Grund schneller ein. Seine Haltekraft ist angeblich etwas geringer als die des C. Q. R., aber bei kleineren Größen kommt man ohne weiteres mit zwei Drittel des Gewichts eines Stockankers aus, bei größeren mit etwa der Hälfte. Trotzdem würde ich aus den oben genannten Gründen die 30-lbs-Größe als Mindestgröße empfehlen.

Der Tri-grip-Anker, ein stockloser Typ mit drei drehbaren Flunken ist eine verhältnismäßig junge französische Erfindung. Der Anker soll sich sehr rasch eingraben, aber mir fehlen persönliche Erfahrungen damit. Verschiedene mit einem Konstruktionsmuster vorgenommene Probeversuche scheinen nicht ganz zufriedenstellend verlaufen zu sein.

Vergleichstabellen über die Haltekraft verschiedener Ankertypen können sehr irreführend sein; zu viel hängt von der Beschaffenheit des Grundes ab. Bis der Anker einer Fahrtenyacht als wirklich zuverlässig angesprochen werden kann, muß er sich einigermaßen auf Gründen verschiedener Beschaffenheit bewährt haben. Trotzdem versucht die nachstehende Tabelle die Haltekraft einer Reihe von Ankertypen auf Gründen von dreierlei Beschaffenheit darzustellen; sie ist daher zuverlässiger als die meisten anderen Angaben. Die Tabelle wurde zusammengestellt auf Grund von Testreihen, die von dem Stab der Zeitschrift *L'Auto Journal* in ernsthafter Bemühung angelegt wurden. Der Zuverlässigkeitsfaktor jedes einzelnen Ankers, wie er in der rechten Spalte erscheint, wurde errechnet, indem man die Gesamtwiderstandskraft in lbs durch das Gewicht des Ankers in lbs dividierte. Diese Berechnungsform erscheint genauso angemessen wie jede andere Methode.

Anker	Gewicht	Entfernung Anker schleppte bevor er faßte	Widerstand in Sand und Schlamm	Widerstand in Sand und Kies	Widerstand in Ton und Lehm	Gesamt- widerstand	Zuverlässigkeits- faktor
	(lbs)	(Fuß u. Zoll)	(lbs)	(lbs)	(lbs)	(lbs)	
Original- C.Q.R.	16	3' 5"	937	772	1146	2855	178
Danforth	16	1' 9"	816	573	982	2370	148
Französischer Pfluganker	23	5' 3"	1157	66	1168	2391	104
Stockanker	26	3' 3"	551	463	662	1676	64
Stockanker	19	3' 5"	287	132	386	805	42
Tri-grip	22	0' 11"	375	121	309	805	36,5
Deutscher Pfluganker	22	hielt nicht	55	22	22	99	4,5

Tafel 34
Auf Foulness-Sand trockengefallen. Bei zunehmendem Wind, fallendem Barometer, einbrechender Nacht und einer Wartezeit von fünf Stunden, bis die Yacht wieder flott ist, bedauert der Schiffsführer nachträglich, nicht gelotet zu haben, als er die Crouchmündung ankreuzte. Dieser gaffelgetakelte 4,5-Tonner *Wanderer II* segelte später zu den Südseeinseln und von dort nach Vancouver.

Jede Yacht muß mindestens zwei Anker an Bord haben: einen schweren und einen Normalanker, dessen Gewicht vielleicht ²/₃ des schweren Ankers beträgt. Außerdem empfiehlt es sich, einen dritten Anker von gleichem Gewicht wie der schwere Buganker in Reserve für den Notfall mitzuführen, daß der eine Anker verlorengegangen ist oder in einer kritischen Situation das Ausbringen eines zweiten Ankers erforderlich wird. Viele große Yachten fahren ständig zwei schwere Anker, jeden an eigener Kette; das scheint die beste Lösung überall da zu sein, wo das Gewicht des Normalankers 30 Kilo überschreitet.

Ketten und Kabel

Ankerketten und -trossen müssen bei ausreichender Stärke leicht zu handhaben und doch schwer genug sein, um zwischen Bug und Anker in tiefem Bogen durchzuhängen; sie üben auf den Ankerring einen horizontalen Zug aus und können gleichzeitig ruckartige Beanspruchungen federnd abfangen. Gäbe es keinen Durchhang, würde der Zug auf den Ankerring nicht mehr in horizontaler Richtung erfolgen, und die Yacht würde, wenn die Ankerkette oder -trosse nicht selbst als Springfeder wirken, bei jeder starken Bö oder größeren Welle an der Ankerkette zerren und Anker und Kette ruckartig auf das schwerste beanspruchen. Man verwendet Ketten, biegsamen Stahldraht oder Trossen aus Fasertauwerk, aber ich halte Ketten für die beste Lösung. Sie müssen verzinkt und aus ovalen Ketten- oder Stegliedern zusammengesetzt sein. Sind die Glieder zu lang, wie es bei billigen Ketten manchmal der Fall ist, kann es vorkommen, daß ein Glied sich quer verklemmt und schon bei geringer Beanspruchung bricht. Kommt auf die Kette eine übermäßige Kraft, dann strecken sich die Glieder um ein Geringes und verengen sich, bevor sie brechen. Das ist bei Stegliedern nicht möglich, wo jedes Glied einen Querriegel besitzt; die Seiten können sich nicht zusammenziehen, so daß diese Art Ketten bei gleicher Größe stärker sind als die Ketten aus gewöhnlichen, kurzen Gliedern. Allerdings sind sie auch schwerer von Gewicht und werden in Größen unter einem halben Zoll nur selten benutzt.

Ketten werden nach der Eisenstärke ihrer Glieder unterschieden und

---

Tafel 35
Cardhu, ein 16-Tonnen-Kutter im Besitz von Sir Thomas Lees, ist eine der zahlreichen stattlichen Yachten, die auf dem Reißbrett von Lauent Giles, R. D. I., M.R.I.N.A., entstanden sind. Sie wurde 1962 bei der Port Hamble Ltd. gebaut. Da sie von einer kleinen Mannschaft gesegelt werden sollte, fährt sie die Fock auf einem Baum, so daß die Bedienung der Fockschoten beim Kreuzen entfällt. (Siehe auch S. 229—233.)

für Yachten und Handelsfahrzeuge in Längen von jeweils 15 Faden (= 27 m) hergestellt. Jede Länge für sich wird als Kettenlänge bezeichnet und an jedem Ende zu Verbindungszwecken mit einem großen Glied versehen. Es ist ratsam, Ketten ausnahmslos nur von bekannten Herstellern zu kaufen, die gegen eine Extragebühr auch bereit sind, einzelne Kettenglieder testen zu lassen. Kalibrierte Ketten müssen, wenn sie über einen Verholkopf am Ankerspill laufen sollen, spezifiziert werden, denn die Glieder unkalibrierter Ketten unterscheiden sich manchmal in der Länge und passen dann nicht mehr in die Aussparungen des Spillkopfes. Am besten kauft man Ankerspill und Kette bei ein und derselben Firma, um sicher zu sein, daß sie zusammenpassen. Die folgende Tabelle zeigt die Zugbelastungen und Gewichte per Kettenlänge kurzgliedriger, verzinkter Stahlketten:

Stärke in Zoll	Zugbelastung	Gewicht per Kettenlänge
$^1/_4$	15 cwt	67 lbs
$^5/_{16}$	$22^1/_2$ cwt	97 lbs
$^3/_8$	$32^1/_2$ cwt	135 lbs
$^7/_{16}$	$2^1/_4$ tons	168 lbs
$^1/_2$	3 tons	223 lbs

Ketten müssen so tief wie möglich verstaut werden, um gleichzeitig als Ballast dienen zu können. Um Platz zu sparen, braucht der Kettenkasten nicht bis hinauf unter das Deck zu reichen, sondern die Kette gelangt in den Kasten durch eine hölzerne Schütte (Tafel 31 G und H) oder ein Plastikrohr, das weit genug sein muß, um jedes Festklemmen der Kette auszuschließen. Der Kettenkasten muß leicht zugänglich sein und am Boden eine Gräting oder Abflußlöcher besitzen, um Wasser in die Bilge ablaufen zu lassen. Werden zwei Buganker gefahren, jeder mit eigener Kette, muß jede Kette durch eine eigene Schütte oder eigenes Rohr in untereinander abgetrennte Abteilungen des Kettenkastens laufen. Die Decksklüse (der Beschlag auf Deck, durch den die Kette nach unten in den Kettenkasten läuft) muß ebenfalls reichlich dimensioniert sein, so daß auch ein querliegendes Glied sich nicht festklemmen kann. Ein einfacher Deckel aus Metall genügt nicht, um die Decksklüse wasserdicht zu machen; bei schwerem Wetter kann eine kleine Yacht eine Menge Wasser durch die Klüse übernehmen, wenn diese nicht mit einem Gummi- oder Korkspund verschlossen wird. Der Spund wird in der Mitte der Länge nach gespalten und auf jeder Seite werden Aussparungen herausgeschnitten, in die die Kette paßt.

Das im Kettenkasten befestigte Kettenende muß erreichbar sein und leicht gelöst werden können, sollte die Kette einmal geslippt werden müssen. Allzuhäufig wird sie am Boden des Kastens festgeschäkelt, wohin nur schwer zu gelangen ist, abgesehen davon, daß sich der Schäkelbolzen so festsetzen kann, daß er nicht ohne weiteres zu öffnen ist. Besser ist es, die Kette mit einem Ende aus Kunststoffaser solcher Länge zu sichern, daß man das letzte Kettenglied an Deck holen und dort abschneiden kann.

Kettenlängen können entweder durch ein Nietkettenglied, ein der Länge nach geteiltes und wieder zusammengenietetes Kettenglied oder durch einen Kettenverbindungsschäkel (Tafel 11 G) miteinander verbunden werden. Der Verbindungsschäkel ist bei weitem vorzuziehen, da er kräftiger und auch leichter zu öffnen und zu schließen ist. Er ist stets mit dem Bogen nach vorn einzusetzen. Der Bolzen eines Kettenverbindungsschäkels ist oval und sein Kopf versenkt, so daß er nirgendwo hängenbleiben kann, wenn die Kette einmal ausrauscht. Der Bolzen wird durch einen Holzpflock gesichert, der durch ein Loch in dem einen Schäkelarm in ein entsprechendes Loch im Bolzen geschlagen wird. Rüsterholz ist das beste Material für diesen Zweck, da es bei Nässe schnell aufquillt und dann fest steckenbleibt. Der Schäkel kann in Sekundenschnelle durch Herausschlagen des Bolzens mit Hammer und Lochdorn geöffnet werden, da der Holzpflock dabei zersplittert. Wo die Kette über ein Ankerspill eingeholt wird, muß man den Verbindungsschäkel mit der Hand über den Spillkopf helfen. Für das Festschäkeln der Kette an den Ankerring wird ein D-Schäkel benutzt, wobei der Bolzen durch das Endglied der Kette, nicht durch den Ring gesteckt wird. Der C. Q. R.-Anker hat jedoch keinen Ring; hier muß der Bolzen umgekehrt durch ein im Schaft vorgesehenes Loch gesteckt werden.

Unzureichende Kettenlänge ist die häufigste Ursache für schlippende Anker. Darum ist die Kette in der dreifachen Länge der Wassertiefe bei Hochwasser zu stecken. Bei Wassertiefen von über 10 Faden (= ca. 18 m) darf die entsprechende Kettenlänge weniger betragen. Irgendwie muß die Kette markiert werden, um zu wissen, wieviel man bereits gesteckt hat. Sehr häufig sieht man einige Kettenglieder alle fünf Faden (9 m) in verschiedenen Farben angemalt; da man aber Farben des Nachts nicht erkennen kann, ziehe ich es vor, die ersten fünf Faden durch ein kurzes Stück Leine mit einem Achtknoten, 10 Faden mit zwei Knoten und so fort zu markieren. Diese Markierung läßt sich auch im Dunkeln mit den Fingern fühlen, während die Kette ausläuft.

Biegsamer Stahldraht eignet sich nicht als Ankertrosse. Sein einziger Vorzug ist, bei gleicher Stärke sehr viel leichter zu sein als eine Kette. Er hat aber keinen Durchhang, seine Lebensdauer ist kurz, und da man zum Aufspulen eine Trommel großen Durchmessers braucht, wird kaum Platz eingespart. Hat man sich wegen des Gewichts gegen die Verwendung einer Kette entschieden, ist es bei weitem am bestem, eine Nylontrosse zu nehmen. Natürlich hat diese auch keinen Durchhang; infolgedessen benötigt man eine größere Länge, um einen horizontalen Zug auf den Anker auszuüben. Um den horizontalen Zug zu verbessern, empfiehlt es sich, einige Meter Kette als Vorläufer am Anker zu befestigen. In die dann folgende Nylontrosse spleißt man am besten eine Kausch ein, so daß sie sich in die Kette einschäkeln läßt. Wo die Trosse über die Stevenrolle läuft, muß sie gegen Schamfilen geschützt werden. Bei längerer Liegedauer erweist sich ein der Länge nach aufgeschnittener Plastikschlauch hierfür als praktisch. Eine Trosse aus Fasertauwerk, die jedesmal nach Gebrauch aufgeschossen, gebändselt und weggestaut werden muß, ist eine ärgerliche Angelegenheit. Viel leichter wird man mit ihr fertig, wenn man sie auf einer Seiltrommel aufspult, wie sie J. R. Workman für mich hergestellt hat (Tafel 33 A und B). Diese hat auf der einen Seite ihrer Achse ein Aufsatzstück, das auf eine der Mastfallwinschen paßt. Das Aufsatzstück wird mit der Winsch durch einen Flachkeil verbunden, der durch einen Schlitz im Aufsatzstück in die Kurbelschlitze gesteckt wird. Ich fahre eine 50-m-Trosse auf solcher Trommel, und im Gebrauchsfall kostet es mich nur wenige Sekunden, sie auf die Winsch zu setzen und die Trosse abzuspulen.

Allen Fahrtenseglern kann ich nur den dringenden Rat geben, für ihren schweren Anker eine Kette zu verwenden. Sie schließt Schamfilgefahren aus, hängt schön durch, verstaut sich ohne Zutun im Kettenkasten und besitzt eine lange Lebensdauer. Aber auch auf eine Ankertrosse aus Fasertauwerk kann man gelegentlich nicht verzichten, wenn zum Beispiel ein leichterer Anker im Dingi ausgefahren werden muß, oder wenn man in großer Tiefe ankert, wo es wegen ihres Gewichts schwerfällt, die ganze Kette wieder an Bord zu hieven. Hinzu kommt hierbei, daß bei der Kette etwa die Hälfte der aufgewandten Kraft durch Reibungswiderstand am Stevenkopf verlorengeht, während sich dieser Verlust bei einer Trosse aus Tauwerk auf nur 10 Prozent beläuft.

Die nachstehende Tabelle gibt eine Übersicht über die annähernden Gewichte von Bugankern und die Kettenstärken, wie sie für kutter- und slupgetakelte Yachten normaler Bauweise zu empfehlen sind. Eine Yacht mit mehr als einem Mast oder mit besonders hohem Freibord oder ausnahmsweise großem Deplacement benötigt wahrscheinlich schwereres Ankergeschirr. Das gleiche versteht sich auch für Yachten geringen Tiefgangs, die zum Ausscheren neigen und ihr Ankergeschirr darum stärker beanspruchen.

Der Unterschied von 5 lbs zwischen den für C. Q. R.- und Danforth-Anker empfohlenen Gewichten geht nicht auf ein unterschiedliches Haltevermögen zurück, sondern auf den Umstand, daß diese beiden Ankertypen nicht mit identischen Gewichten hergestellt werden. Über das unbedingt erforderliche Mindestgewicht von 30 lbs habe ich mich bereits auf S. 207 ausgelassen. Die Tabelle erwähnt keine ausgesteckten Kettenlängen, da diese nicht von der Yachtgröße, sondern der jeweiligen Wassertiefe abhängen. Außer auf sehr kleinen Fahrzeugen, auf denen man an das Gewicht denken muß, halte ich 30 Faden (54 m) für die Mindestkettenlänge.

Themse-Tonnage	Stockanker	C.Q.R.	Danforth	Kettenstärke (kurz-gliedrige Kette)
	lbs	lbs	lbs	Zoll
Bis zu 5	40	35	30	$1/4$
5— 8	45	35	30	$5/16$
8—10	50	35	30	$3/8$
10—14	60	35	30	$3/8$
14—18	70	45	40	$7/16$
18—20	80	45	40	$7/16$
20—24	100	45	40	$1/2$
24—28	120	60	65	$1/2$
28—32	130	60	65	$9/16$

Siehe auch: Colin, Vom Ankern und Ankergeschirr, Verlag Klasing & Co.

Ankerspill und Ankergeschirr

Auf jeder Yacht bedeutet das Hieven und Verstauen des Ankers die schwerste Arbeit. Natürlich ist es möglich, sich ein Ankerspill zu besorgen, das kräftig genug ist, die Handhabung von Ankergeschirr jeden Gewichts zu erleichtern. Man muß aber bedenken, daß mit zunehmender Stärke eines handbedienten Ankerspills das Einhieven der Kette um so langsamer vor sich geht. Schnelligkeit ist aber wichtig; denn wenn der Anker erst einmal ausgebrochen ist, wird eine Yacht erst dann wieder voll manövrierfähig, wenn der Anker aus dem Wasser heraus ist. Nimmt sie Fahrt auf, solange der Anker noch dicht über Grund schwebt, gerät dieser nur zu leicht an irgendwelche Hindernisse.

Eine Yacht von 7 bis 8 Tonnen Größe braucht noch kein Ankerspill, außer wenn sie nur schwach bemannt ist: aus Gründen der Gewichts- und Raumersparnis ist sie ohne Ankerspill sogar besser dran. Dafür muß aber eine Pallklinke vorhanden sein. Dieser einfache Beschlag besteht aus einer starken Sperrklinke, die so angebracht ist, daß sie die Kette beim Einhieven Glied für Glied festhält (Tafel 32 A, B und C). Damit entfällt die Notwendigkeit, die Kette in Augenblicken übermäßiger Beanspruchung zu belegen, und man vermeidet die Gefahr, sich die Finger zu verletzen. Wenn Kette gesteckt werden soll, wird die Sperrklinke hochgeklappt und zurückgelegt. Der ideale Platz für eine Sperrklinke befindet sich über der Stevenrolle; wenn dies nicht möglich ist, geht es auch an einem Spezialpoller eben hinter dem Vorsteven. Bei den meisten

Standard-Stevenbeschlägen ist die Rolle zu klein, und es gibt keine Vorrichtung, um die Rollenachse zu schmieren. Große Yachten fahren ihre Ketten gewöhnlich durch eine Klüse im Schanzkleid (Tafel 31 E) oder durch Deck und Bordwand, was den Reibungswiderstand erhöht.

Im allgemeinen benötigen erst Yachten über 7 bis 8 Tonnen eine mechanische Hilfe beim Ankerhieven. Natürlich besteht immer die Möglichkeit, eine Handtalje an die Kette anzuschlagen, wenn bei starkem Wind oder Strom der Druck allzu groß wird, oder der Anker ausgebrochen werden soll. Der Vorteil hierbei ist, daß man sich das Vorschiff klar von jeder Maschinerie hält. Ohne Sperrklinke muß aber die Kette nach jedem Einholen abgestoppt werden, während man die Handtalje weiter versetzt, und deshalb legen die meisten Segler Wert auf ein Ankerspill.

Es gibt viele Typen zur Auswahl, angefangen mit der einfachen Mastwinsch ohne Übersetzung bis zu den kräftigen Ausführungen hydraulisch oder elektrisch betätigter Ankerwinden mit zwei Spillköpfen und doppelten Verholtrommeln. Diese sind natürlich ideal für Fahrzeuge von 50 Tonnen Größe und mehr, nur daß ein Motor laufen muß, um die Pumpe für das hydraulische Modell zu betreiben, während der elektrische Typ eine schwere Belastung der Batterien bedeutet.

Verschiedene Fragen bedürfen bei der Auswahl und dem Einbau eines Ankerspills vorsichtiger Prüfung. Der Kettenkasten muß unterhalb oder jedenfalls unmittelbar hinter dem Ankerspill liegen, so daß die Kette direkt vom Spillkopf hineinfallen kann; sonst verstaut sie sich nicht von selbst, sondern muß mit der Hand eingeführt werden. Auf einer kleinen Yacht ist es aber vielleicht nicht immer wünschenswert, die Kette weit vor dem Mast zu verstauen, und diese Überlegung kann unter Umständen zu einem Verzicht auf ein Ankerspill überhaupt führen, zumal wenn das Gewicht desselben außerdem noch eine Rolle spielt. Die beste Lösung ist dann, eine Winsch mit Verholkopf am Mast anzubringen (Tafel 32 D), mit dem Kettenkasten in Mastnähe unter Deck. Außer daß der Bug vom Kettengewicht entlastet wird, besitzt eine Mastwinsch den Vorzug, mit einer in bequemer Höhe gelegenen Kurbel arbeiten zu können, an der man seine ganze Kraft vernünftig einsetzen kann und deren Hebelarmlänge sich je nach der zu leistenden Arbeit ändern läßt. Eine solche Winsch kann außerdem eine Trommel zur Aufnahme von Tauwerktrossen tragen, so daß sie auch für das Einholen von Warpankern oder überhaupt für jede andere Aufgabe eingesetzt werden kann, für die eine besondere Kraft benötigt wird.

Es gibt zwei Typen von handbedienten Ankerspills zur Aufstellung auf dem Vorschiff: das eine wird mit Winschkurbeln betätigt, die den Verholkopf über ein Zahntriebwerk drehen (Tafel 32 E), das andere durch Bewegung eines vertikalen Hebels vor- und rückwärts (Tafel 32 F). Das erstgenannte Modell holt zwar die Kette schneller ein, doch kann man keine volle Kraft anwenden, wenn die Kurbelachse nicht mindestens 60 Zentimeter über Deck liegt. Der mit einem Hebel betriebene Sperrklinkentyp ist daher für Kleinfahrzeuge am geeignetsten, denn er braucht nicht höher als 30 cm zu sein, und der Hebel, mit dem man in aufrechter Haltung arbeiten kann, wird nach Gebrauch abgenommen. Es gibt Modelle, bei denen der Hebel in beiden Richtungen arbeitet und die Kette einholt, wobei der Schub niedriger übersetzt ist als der Zug, um eine gleichmäßige Belastung zu erzielen.

Ein Gangspill mit vertikalgelegener Achse (Tafel 32 G), bei welchem Kopf und Trommel auf einer gemeinsamen, vertikalen Achse montiert sind und das durch Kegelrad oder Schneckengetriebe gedreht wird, ist schwer, unwirksam und daher wenig empfehlenswert.

Die meisten Ankerwinden sind mit Hand- oder Fußbremsen ausgerüstet, so daß die Kette nach Rücklegung der Sperrklinke je nach Bedarf gesteckt werden kann, ohne auszurauschen. Manchmal ist auch eine Kupplung vorgesehen, so daß der Verholkopf ausgeklinkt werden kann, ohne daß die Sperrklinke angehoben zu werden braucht. Ist keine Bremse vorhanden, so muß die Kette durch einen Kettenstopper laufen. Dieser besteht aus einer exzentrisch angebrachten Rolle mit einem Hebel; ein Druck auf den Hebel zwingt die Kette herunter auf die Unterlage, verlangsamt und stoppt sie schließlich durch zunehmenden Reibungswiderstand.

Ist genügend Kette ausgelaufen, muß sie um einen Poller gelegt werden. Bleibt sie auf dem Spillkopf, so kann es vorkommen, daß sie unter einer plötzlichen, ruckartigen Bewegung abspringt oder sogar das Spill beschädigt. Gelegentlich sieht man auch Stoßfänger in Gebrauch. Eine kräftige Spiralfeder oder ein dicker Gummistropp fängt die Stöße ab, wenn eine Yacht draußen vor Anker liegt und an der Kette reißt. Das eine Ende des Stoßfängers greift mit einer Klau in die Kette, das andere sitzt fest an einem Poller oder einer Beting. Die Nachgiebigkeit eines Stoßfängers ist aber so beschränkt, daß es unter den geschilderten Umständen viel besser ist, ein Gewicht wie zum Beispiel ein oder mehrere Ballasteisen an einem Gleitschäkel zu befestigen und an einem Ende an der Ankerkette hinunterzulassen. Hierdurch wird der Durchhang der Kette vertieft, und bevor eine Yacht ihre Kette steifholt und anfängt, daran zu reißen, muß sie das Gewicht so weit hochziehen, bis es auf der geraden Linie zwischen Steven und Anker zu hängen kommt. Das Gewicht wirkt, mit anderen Worten, wie eine mächtige Feder. Soll es leicht auf der Kette entlanggleiten, so muß der Gleitschäkel die Form eines großen Bügelschäkels besitzen, dessen Bügel sattelähnlich geformt ist und dessen Innenseite im Querschnitt einen vollständigen Halbkreis nach vorn und achtern bildet. Das Gewicht richtet sich nach der Größe und dem Windfang der Yacht, nach der Windstärke und der Höhe des Seegangs. Jahrelang benutzte ich auf meinem 4,5-Tonnen-Kutter ein 13-Kilo-Gewicht und fand, daß dieses genügte, solange ich genug Kette aussteckte. Auf einer heftig stampfenden Yacht ist es alles andere als einfach, noch schwerere Gewichte aus der Bilge zu holen und nach vorn zu bringen. Ein großes Fahrzeug hält am besten mehrere Ballasteisen in Bereitschaft, von denen jedes mit einem 60—90 cm langen Tausteert und dieser mit eingespleißter Kausch versehen ist. Sind die Eisen nach vorn gebracht und an Deck gelegt, so wird der Gleitschäkel an der Kette befestigt, die Steerts eingeschäkelt, die Gewichte eines nach dem anderen über Bord geworfen und der Gleitschäkel an einem Ende ausgefiert, bis die Gewichte etwa in der Mitte zwischen Steven und Anker hängen.

Beim Abwettern eines Sturms in flachen Gewässern ist nach meiner Erfahrung eine Spring aus dreikardeeligem Nylontauwerk (1¹/₈ Zoll bei einem 8-Tonner) wirksamer als ein Gewicht, um ein Reißen an der Kette zu verhüten, und sehr viel leichter auszubringen. Das Nylonende wird mit einem Stopperstek an der Kette eben außerhalb der Stevenrolle angeschlagen, worauf man 5—6 m Kette steckt. Dann wird die Nylonspring an einem Poller belegt, und man läßt noch weitere 30 oder 60 Zentimeter Kette auslaufen, bis der Zug nur noch auf der Nylonspring liegt (Tafel 33 E). Die Kettenlose muß natürlich auch belegt werden für den Fall, daß die Nylonspring brechen sollte.

Liegt eine Yacht vor Anker oder an einer Muring bei Wind und Strom aus entgegengesetzten Richtungen, so wird sie häufig ihre Kette überlaufen, deren Glieder dann den Farbanstrich am Bug zerkratzen. Das kann man bis zu einem gewissen Grade verhüten, indem man einen wurstförmigen Bugfender aus weichem Material von einer Seite zur anderen rund um den Steven hängt (Tafel 31 E). Die konservativeren Segler unter uns sind der Ansicht, daß auch dieser Fender, wie alle Fender, abgenommen werden muß, sobald man unter Segel geht. Eine andere Möglichkeit ist, ein Stück aufgeschnittenen Gummi- oder Plastikschlauchs über die Kette zu legen und dort mit einigen Bändseln zu befestigen.

Ankermanöver

Ein Mann von durchschnittlicher Stärke und Geschicklichkeit kann mit einem 30-Kilo-C. Q. R. auch ohne Geschirr fertigwerden, also den Anker klar zu Wasser bringen, wenn man ankern will, oder ihn einhieven und festmachen, wenn man unter Segel geht. Der weniger kompakte Stockanker ist dagegen schwieriger zu handhaben. Nur wenige schaffen es, mit einem Stockanker von mehr als 25 Kilo zu arbeiten, ohne die Farbe an der Bordwand zu beschädigen. Ein im Kreuz eines Stockankers oder im

Auge eines C. Q. R.-Ankers in der Nähe des Bolzens eingespleißtes Ende von etwa 2 m Länge bedeutet bereits eine große Erleichterung. Sobald der Anker bis an den Steven eingehievt ist, braucht man nur das kurze Ende mit dem Bootshaken zu fassen und einzuholen und gleichzeitig die Kette ein wenig zu fieren, um den Anker mit dem Kreuz voraus über die Reling zu ziehen. Auf Yachten von 10 Tonnen und kleiner soll man das Vorschiff klar vom Anker halten und diesen lieber eben vor dem Hauptmast verstauen. Bei niedrigem Schanzkleid läßt sich ein Stockanker auch gut an Deck fahren, indem man den Stock senkrecht außerhalb der Reling herunterhängen läßt und die Ankerpflüge auf hölzernen Klötzen an Deck lagert (Tafel 30 E). Bei einem hohen Schanzkleid ist es besser, den Anker der Länge nach in Metallhalterungen oben auf der Reling und mit nur einer Flunke an Deck zu lagern. Einerlei, wie man es macht, der Anker muß auf jeden Fall festgezurrt werden. Einen Danforth- oder C. Q. R.-Anker verstaut man am besten ganz an Deck und lagert ihn auf Aufklotzungen aus Holz (Tafel 31 D). Auf einer Yacht mit Bugwanten ist es keineswegs erforderlich, den Anker innerhalb der Bugwanten an Bord zu nehmen; man kann ihn auch weiter achtern, eben vor den Wanten, an Deck legen und verstauen und von derselben Stelle aus auch über Bord werfen.

Wenn es ohne mechanische Hilfe nicht geht, benutzt man das Fockfall dafür. Bei einer slupgetakelten Yacht mit nur einem Vorsegel wird dieses Fall allerdings gebraucht, wenn man unter Segel geht; dann kann man eine Talje zur Hilfe nehmen, die in einiger Höhe am Mast angeschlagen wird. Der Anker wird bis zum Stevenkopf eingehievt; das Fall oder die Talje wird eingehakt und dichtgeholt. Dann wird etwas Kette gesteckt, so daß der Anker nach achtern kommt, wo er über die Reling gehievt und an Deck abgesetzt wird. Während dieses Manövers muß die Yacht so gesegelt werden, daß der Anker auf der Leeseite bleibt; sonst ist eine zweite Hand erforderlich, die die Talje abstemmt, um den Anker von der Bordwand freizuhalten. Bei großen Yachten hängt die Talje an einem eisernen Davit weit vorn; diese Talje wird genauso bedient wie die am Mast befestigte, nur daß der Davit den Anker, während dieser an Bord geholt wird, frei von den Bordwänden hält. Sobald die Yacht unterwegs ist, muß der Davit in fast allen Fällen abgenommen werden, da er sonst das Fockunterliek und die Klüverschoten behindert. Umständlich zu verstauen ist er auch. Die meines Wissens zum erstenmal auf der *Seven Bells* angewandte Methode, einen Anker einzuholen, ist besser. Eine kurze Spiere wird mit Hilfe eines Lümmellagers drehbar an irgendeinem Decksbeschlag wie zum Beispiel oben an der Ankerwinsch oder an einem Poller angebracht. Die Spiere wird mit einem Vorholer und einer Toppnant versehen, und von ihrer Nock hängt ein kurzes Ende herunter. Sobald der Anker über Wasser ist, wird die Spiere nach vorn geschwungen und fast bis zur Reling heruntergefiert, bis das kurze Ende am Anker einhaken kann. Dann werden einige Meter Kette gesteckt, der Vorholer gefiert, um den Anker nach achtern schwingen zu lassen, die Toppnant wird angeholt und hebt ihn über die Reling hinweg. Liegt die Lümmelhalterung in der Mittschiffslinie, so kann man mit der Spiere je nach Umständen entweder den Steuerbord- oder Backbordanker wahrnehmen. Wenn nicht benötigt, läßt sich die Spiere abnehmen und verstauen, um das Vorschiff klarzuhalten.

Bei Anwendung eines der oben beschriebenen Verfahren muß man wissen, daß sich ein Stockanker leichter handhaben läßt, wenn man mit dem Haken am Gewichtsschwerpunkt angreift, so daß der Schaft des Ankers horizontal hängt. Große Anker haben meistens einen Schwerpunktsring oder -schäkel, der an dieser Stelle am Ankerschaft sitzt. Der Danforth- oder C. Q. R.-Anker hängt am besten im Auge am Kreuz.

Beim Ankerausbringen kann man natürlich damit beginnen, den Anker zunächst zum Steven hinunterzufieren; das ist aber keineswegs erforderlich und vermehrt nur die Arbeit. Vorausgesetzt, daß die Kette über der Stevenrolle liegt und klar zum Ausrauschen ist, kann man den Anker unmittelbar an seinem Stauplatz an Deck anheben und über die Reling werfen, nur braucht man, wenn er zu schwer ist, um mit der Hand gehoben zu werden, ein leicht ausklinkbares Geschirr. Die auf *Tern III* und *Tern IV* hierfür angewendete Methode läßt sich an Einfachheit und Wirksamkeit wohl kaum übertreffen. Das ganze Hilfsmittel besteht aus einem gut gefetteten Rohlederstreifen mit drei Löchern darin, je einem Loch an jedem Ende und einem dritten Loch in der Mitte. Der untere Block der Talje wird in eines der Löcher am Ende eingehakt, das andere Ende des Lederstreifens durch den Schwerpunktsring des Ankers und zurück durch das eigene Loch in der Mitte geschoren, wo es mit einem durch das andere Endloch gesteckten Holzknebel festgehalten wird. Dann wird der Anker an der Talje hochgehievt, frei von der Bordwand geschwungen und durch Herausziehen des Knebels in Sekundenschnelle ausgelöst. Bei Vorhandensein eines Kattdavits verwendet man einen besonders geformten Haken, der mit einem Wirbel am unteren Taljenblock angebracht ist und auf seiner Rückseite ein Auge trägt. Der Anker wird auf Relingshöhe vorgeheißt; ein am Kopf des Davits befestigtes Ende wird an dem Auge an der Rückseite des Hakens angesteckt und der Anker außenbords geschwungen. Wenn der Augenblick zum Ankerfallen gekommen ist, wird die Talje aufgefiert, das Ende kommt steif und zieht den Haken nach hinten weg, der nun den Anker auskippt.

Ein Stockanker läßt sich auf rasche und einfache Weise vorübergehend festmachen, indem man ihn bis zum Stevenkopf hochhievt und dann das

Kreuz auf die Reling holt und dort festlascht (sogenannte „Brightlingsea-Methode"). Es ist gefährlich, mit einem ungesichert am Bug hängenden Anker unter Segel zu gehen.

Das Bojen eines Ankers

Der Hafengrund zahlreicher, häufig besuchter Yachtzentren ist mit Ankern und Ketten von Murings verseucht, die zum Teil schon längst in Vergessenheit geraten sind. Verhakt sich ein Anker durch einen unglücklichen Zufall in eine der Murings, so können für seinen Eigner bei dem Versuch, ihn zu klarieren, erhebliche Unannehmlichkeiten oder sogar Kosten entstehen, wenn nicht sogar sein Anker und ein Teil der Kette überhaupt dabei verlorengehen. Wenn die Kette, unter der sich der Anker verhakt hat, leicht ist, hat man vielleicht die Möglichkeit, sie mit Hilfe der eigenen Ankerwinde an die Oberfläche zu hieven und mit einem Ende abzufangen, während man den eigenen Anker auffiert und klariert. Handelt es sich aber um eine schwere oder eine eng zwischen zwei Ankern gespannte Kette, so ist man auf den Beistand der örtlichen Werft angewiesen, die vielleicht ein geeignetes Fahrzeug zur Verfügung stellt, um die Muring anzuheben. Zuvor lohnt es sich jedoch, den folgenden Versuch zu unternehmen, sofern es sich um einen Stockanker handelt: Lasse zwei Dingis nebeneinander mit nur geringem Zwischenraum vom Bug der Yacht aus in Richtung des Ankers pullen. Zwischen sich schleppen sie eine leichte Kette mit reichlich Lose, mit der geduldig verfolgten Absicht, die Bucht an der Ankerkette hinuntergleiten zu lassen und so die aufwärtsgerichtete Ankerflunke zu erfassen. Ist dies nach mehreren Anläufen gelungen, so verwinde die Ketten untereinander, damit sie möglichst nicht wieder von der Flunke abgleiten. Wenn du dann die Kette einholst, müßte es möglich sein, den Anker von dem Hindernis zu befreien. Diese Methode läßt sich natürlich weder auf einen Danforth- noch einen C. Q. R.-Anker anwenden; hier ist die einzige Chance, mit lang ausgesteckter Kette in verschiedenen Richtungen über den Anker hinwegzusegeln oder zu motoren.

Um Schwierigkeiten dieser Art zu entgehen, sollte man sich daran gewöhnen, überall da, wo der Ankergrund verdächtig ist, und auf allen überfüllten Ankerplätzen, den Anker vor dem Fallen mit einer Boje zu versehen. Diese Vorsichtsmaßnahme hat außerdem den Vorzug, die Lage des Ankers zu markieren, so daß jeder, der in der Nähe zu ankern beabsichtigt, seine Lage sieht und sich freihalten kann. Um einen Anker zu bojen, schlage das eine Ende eines Bojereeps an das Ankerkreuz (gewöhnlich gibt es dort ein Loch für diesen Zweck), oder beim C. Q. R.-Anker an das Auge beim Drehbolzen. Befestige das andere Ende an irgendeiner Art Boje mit dem Wort „Ankerboje" daraufgemalt, um eine Verwechslung mit einer Muring auszuschließen. Die Länge des Bojereeps muß etwa der doppelten Wassertiefe bei Hochwasser entsprechen; sonst läuft die Boje Gefahr, bei stark setzendem Strom unter Wasser zu schneiden. Um zu verhindern, daß die Bucht des Bojereeps bei Niedrigwasser mit dem Ankerstock unklar kommt, befestige mehrere große Korkstücke am Reep, vergewissere dich aber, daß keines dieser Korkstücke bei Niedrigwasser bis an die Oberfläche aufschwimmt, da sonst das Ende zwischen Korkstück und Boje von der Schraube irgendeines Motorboots zerschnitten werden könnte.

Murings

Es ist eine große Annehmlichkeit, im Heimathafen über eine feste Muring zu verfügen; sie erspart einem all die viele Mühe des Einhievens und der Säuberung von zwei Ankern und ihrer Ketten vor, und ihr Wiederauslegen nach jeder Fahrt. Eine Muring erlaubt einer Yacht, sich auch auf überfüllter Reede eines Yachtzentrums in erträglicher Entfernung von der Landestelle hinzulegen, wo der Platz zu beschränkt wäre, um vor Anker zu liegen. Wenn dagegen Platz genug vorhanden und im übrigen Sparsamkeit geboten ist, kann man ruhig eine Yacht unbeaufsichtigt und ohne Gefahr vor ihren eigenen Ankern liegenlassen, solange nur ihr Ankergeschirr in Ordnung und sachgemäß ausgebracht ist. Ich selbst habe eine Yacht sechs Jahre lang auf dem Beaulieu River so liegen gehabt und die Anker bei jeder Fahrt eingehievt und wieder ausgebracht, ohne daß die Yacht jemals Schaden erlitt.

Die einfachste Art von Muring, die auch ausreicht, solange der Ankergrund weich und genügend Platz zum Schwojen vorhanden ist, besteht aus einem einzelnen Zementblock mit flachem oder leicht konkavem Boden. Der Block muß etwa 25 Kilo für jede Tonne der zu haltenden Yacht wiegen (T. M.). Ist er erst einmal eingesunken, widersteht seine Saugkraft auch starker Beanspruchung. Auf seiner Oberseite muß der Zementblock einen kräftigen Augbolzen tragen, in den die Grundkette eingeschäkelt wird. Die Gesamtlänge der Kette darf nicht weniger als die dreifache Wassertiefe bei Hochwasser betragen. Gewöhnlich setzt man die Kette aus zwei bis drei Kettenlängen zusammen, von denen die Grundkette von beträchtlicher Stärke sein soll, um einen guten Durchhang zu erreichen und der Korrosion einen gewissen Spielraum zu lassen. Dieser Kettenteil muß so lang sein, daß man sein oberes Ende bei Niedrigwasser erreichen kann, um den Verbindungswirbel zur anschließenden Kette auf Abnutzung und Korrosion prüfen und notfalls auswechseln zu können. Ohne Kettenwirbel verdreht und verkürzt sich die Kette beim Schwojen und unterliegt dann unnötiger Beanspruchung. Die Reitkette (der obere, an Bord belegte Kettenteil) muß etwa $^1/_{16}$ Zoll stärker sein als die Buganckerkette der Yacht. Ein mit einer Boje versehener Stander wird am oberen Ende der Reitkette befestigt, um diese hochholen zu können, wenn man an die Muring geht. Obgleich eine Yacht nicht vor diesem Stander liegen soll, muß es doch ein kräftiges Ende sein. Es geschieht nämlich häufig, daß die Boje aufgegriffen wird, wenn die Yacht noch Fahrt voraus macht, und dann wird der Stander stark beansprucht, bis es gelingt, die Kette selbst an Bord zu holen. Die Länge des Standers (oder Bojereeps) muß mindestens das Eineinhalbfache der Wassertiefe bei Hochwasser betragen. Im allgemeinen verwendet man dafür Kokostau, weil es unter Wasser gelassen nicht so leicht schleimig wird, aber es ist nicht haltbar und muß jedes Jahr erneuert werden. Ich würde lieber Tauwerk aus Kunstfaser benutzen. Manche Yachtsegler ziehen eine leichte Kette vor, da sie sauberer und leichter an Deck zu verstauen ist. Eine Kette verlangt aber auch eine Boje mit größerer Auftriebskraft, und leichte Ketten sind nicht immer zuverlässig.

Eine Einzelmuring der oben beschriebenen Art läßt sich nur selten in Yachtzentren verwenden, denn die an ihr liegende Yacht würde mehr Raum beanspruchen als ihr zustände. Die Antwort darauf ist eine Doppelmuring. Diese besteht aus zwei Gewichten oder Ankern, die miteinander durch eine schwere Grundkette von etwa der sechsfachen Länge der Wassertiefe bei Hochwasser verbunden sind. In der Mitte der Grundkette befindet sich ein Kettenwirbel, an den die Reitkette mit Boje und Bojenstander festgeschäkelt ist. Werden an Stelle von Zementblöcken Anker benutzt, so muß jeder Anker mindestens zweimal so schwer sein wie der Buganker der Yacht. Stockanker, deren oberer Arm abgeschnitten oder so weit heruntergebogen ist, daß die Flunke den Schaft berührt, eignen sich ausgezeichnet und sind zudem billig; nur müssen sie beim Auslegen mit Hilfe von Trossen horizontal hinabgelassen werden, um den Grund in der richtigen aufrechten Lage zu erreichen.

Bevor eine Muring ausgelegt wird, ist es zweckmäßig, die zukünftige Lage der Anker mit Bojen an steinbeschwerten Leinen zu markieren. Dann bringt man bei dem letzten auslaufenden Wasser einen Warpanker nach Luv aus, läßt das für leewärts bestimmte Muringgewicht zuerst fallen und holt anschließend das Fahrzeug an der Warpankertrosse bis zu der Stelle, an der das zweite Gewicht fallen soll. Auf diese Weise wird die Grundkette in gerader Richtung ausgelegt, um den Schwojraum zu beschränken. Gleichzeitig muß die Kette noch gerade genug Lose behalten, um den Wirbelschäkel bei tiefstem Wasserstand für periodische Kontrollzwecke an die Oberfläche bringen zu können. Die Bolzen aller bei einer Muring verwendeten Schäkel müssen mit Draht gesichert werden (keinen

Kupferdraht benutzen!). Noch besser ist es, die Bolzen zu vernieten, so daß sie sich unter gar keinen Umständen losarbeiten können.

Bei ausreichendem Platz sollte man versuchen, die Grundkette einer Doppelmuring in Richtung des Stroms zu verlegen, so daß die Yacht bei Flut vor dem einen, bei Ebbe vor dem anderen Anker liegt. So ist auch die Gefahr geringer, daß ein Ortsunkundiger, der in der Nähe ankern will, mit der Muring unklar kommt. Auf einem stark besuchten Ankerplatz muß man sich in erster Linie nach den örtlichen Verhältnissen richten und den Hafenmeister um Anweisungen bitten, wie die Muring auszulegen sei. Auf einigen Flüssen, wo die Grundketten quer zum Strom verlaufen, liegen diese zwischen zwei Eisen- oder Holzpfählen, anstatt zwischen Ankern, oder auch zwischen einem Pfahl und einem Anker.

Der beste Bojentyp ist eine luftgefüllte Plastikboje mit einem großen, aufrechtstehenden Auge oder einer Schlaufe auf der Oberseite. Diese Art Bojen sind leicht von Gewicht, schwimmen hoch auf, und ihre glatte Oberfläche ist leicht sauberzuhalten. Yachtname und Tonnagezahl (TM), diese lieber zu niedrig als zu hoch gegriffen, müssen auf der Boje aufgemalt stehen.

Oft ist es gar nicht einfach, Kausch und Schäkel der Verbindungsstelle zwischen Bojenstander und Reitkette über die Führungsrolle auf dem Stevenkopf einzuholen. Auf einigen Yachten muß die Kette sogar durch eine geschlossene Führung oder durch Klüse im Schanzkleid laufen. Anstatt nun den Bojenstander am äußersten Ende der Reitkette anzubringen, ist es ratsamer, ihn an einer Stelle zu befestigen, die einige wenige Meter vom Kettenende entfernt liegt. Wenn dann die Befestigungsstelle in greifbare Nähe geholt worden ist, wird das kurze Ende der Kette an Bord genommen und belegt. Danach kann man den Bojenstander wieder loslassen. Um das Belegen zu vereinfachen, kann man das Kettenende an eines der Kettenglieder zurückschäkeln, so daß sich eine Bucht bildet, die man nur über einen Poller zu werfen braucht. Die Boje wird üblicherweise in das Vorstag gehängt. Hier kann sie nicht nur trocknen, sondern zeigt auch jedem Neuankömmling an, daß die Yacht an einer Muring liegt. Der Besucher weiß dann, daß er seine eigene Yacht, wenn er in der Nachbarschaft verbleiben will, eng zwischen zwei Anker legen muß.

Der Bootshaken einer Yacht wird für keinen anderen Zweck so häufig benutzt wie für das Auffischen einer Ankerboje, und dafür eignet sich ein Doppelhaken am besten. Es kommt aber auch vor, daß man sich von einem schlüpfrigen, unkrautbewachsenen Kai absetzen muß, von welchem der glatte Hakenrücken abgleitet. Dafür ist eine Spitze am Bootshaken viel geeigneter. Der Bootshaken, bei dem eine kurze Spitze zwischen den beiden Haken hervortritt, ist wahrscheinlich das beste Instrument für jeden Zweck. Der ganze Beschlag muß übrigens sehr fest sitzen, da er manchmal einer starken Zugbelastung ausgesetzt ist. Es gibt Bootshaken, mit deren Hilfe man ein Ende durch den Ring an der Boje stecken und wieder an Bord zurückführen kann, und andere mit einem abnehmbaren Stock, so daß der Beschlag, an dem ein Ende festgemacht worden ist, in die Boje eingehakt werden kann, während der Stock weggezogen wird.

Wer eine Muring kauft und auslegt, ist ihr Eigner. Ihm gehört das ganze Geschirr, und niemand hat ohne seine ausdrückliche Genehmigung das Recht, es zu benutzen. Diese Tatsache scheint nicht überall ausreichend bekannt zu sein, denn es gibt Leute, die eine verlassene Muring als öffentliches Eigentum betrachten, das jedermann benutzen darf, der keinen geeigneten Liegeplatz gefunden hat oder sich das Ankern schenken möchte. Unglücklicherweise nehmen oft gerade solche Leute keine Notiz von der auf die Boje gemalten Tonnenzahl und benutzen gedankenlos eine Muring, die für ihr Fahrzeug viel zu schwach ist. Ergebnis: bei starkem Wind vertreiben die Anker, und der Eigner darf in die Tasche greifen, um seine Muring neu zu verlegen. Andere ersparen sich die Mühe, die Reitkette an Bord zu holen und nutzen lieber den Bojenstander ab. Im allgemeinen hat wohl kein Besitzer etwas dagegen, wenn seine Muring während seiner Abwesenheit benutzt wird, vorausgesetzt, daß kein Mißbrauch damit getrieben wird, denn ständige Benutzung hält Boje und Bojenreep sauber und frei von Bewuchs. Der fremde Benutzer soll aber seine Yacht nicht unbeaufsichtigt liegenlassen, ohne sich vorher zuverlässig vergewissert zu haben, daß der Eigner längere Zeit abwesend bleibt. Er muß den Platz natürlich sofort verlassen, wenn er vom Eigner dazu aufgefordert wird, einerlei, wie schlecht es ihm gerade paßt.

Durch Ausbringung einer Muring erwirbt der Eigner keinen Prioritätsanspruch auf den betreffenden Ankergrund oder die Wasserfläche. Legt sich in Abwesenheit seiner Yacht eine andere Yacht in so enger Nachbarschaft seiner Muring vor Anker, daß er bei seiner Rückkehr verhindert ist, seine Boje zu fischen oder sich ohne Kollisionsgefahr an die eigene Muring zu legen, hat er nicht das Recht, das andere Fahrzeug zum Verlassen zu zwingen, obgleich eine höfliche Bitte gewöhnlich zu dem gewünschten Ergebnis führt. Liegt seine Yacht aber an der Muring oder vor Anker, so muß sich jedes andere, später eintreffende Fahrzeug frei von ihr halten und so ankern, daß er seinen Nachbarn oder irgendeinen Teil dessen Takelage nicht gefährdet, einerlei, wie sich Wind, Wetter und Tiden entwickeln.

An einigen Stellen haben die Hafenbehörden Murings mit großen Bojen aus Holz oder Stahl ausgelegt oder Pfähle eingerammt, an die sich Yachten gegen Zahlung einer Muringgebühr legen können. Gewöhnlich liegen die Yachten dann mit Steven und Heck vermurt. Auf Flüssen ist es am besten, mit dem Bug stromaufwärts zu liegen, weil die Ebbe gewöhnlich härter läuft als die Flut. Eine Yacht schert nicht so weit aus und beansprucht die Kette weniger stark, wenn sie mit dem Kopf im Strom liegt. Läßt es sich aber nicht vermeiden, an einer einzelnen großen Boje zu liegen, so muß eine Sorgleine ausgebracht werden, um zu verhindern, daß die Yacht an die Boje stößt und Schaden erleidet, wenn einmal Wind gegen Strom steht. Eine Sorgleine besteht (zusätzlich zu der Kette) aus einem am Bojenring befestigten Ende, das durch einen Block an der Klüverbaumnock führt und von dort zum Vorschiff, wo es so dicht belegt wird, daß es die Yacht von der Boje abhält. Ist kein Bugspriet vorhanden, so kann man auch den Spinnakerbaum oder irgendeine andere geeignete Spiere provisorisch über dem Steven anbringen (Tafel 33 D).

Tafel 36
Im gleichen Jahr, als er zum Kommodore des Royal Cruising Clubs gewählt wurde, entwarf Lord Riverdale in Zusammenarbeit mit Arthur Robb, M.B.E., die 21-Tonnen-Yawl *Bluebird of Thorne*. Sie wurde, wie ihre Vorgängerin, mit Doppelkiel konstruiert und 1963 bei Richard Dunston Ltd. erbaut. Hier sieht man sie auf einem Probeschlag unter ihrem an einem Spreizbaum gesetzten Großsegel Nr. 2, kurz vor Antritt einer Kreuzfahrt in die westindischen Gewässer.

10

EINIGE BEISPIELE VON KREUZERYACHTEN

Mercy Lane — Restive — Englyn — Mary Helen — Amokura

Alle Fahrtensegler haben ihre eigenen Vorstellungen von den wünschens-werten Eigenschaften einer Yacht, und ihre Ansprüche bewegen sich innerhalb weit auseinanderliegender Grenzen. Einige vertreten die Ansicht, daß der Typ der schnellen Hochseeyacht den besten Fahrtenkreuzer ergibt, andere bestehen darauf, daß eine seetüchtige Yacht breit sein müsse, mit kurzen Überhängen und schwerem Deplacement. Wer am meisten Freude daran findet, in Flußmündungen, kleinen Buchten und Nebengewässern herumzusegeln, betrachtet einen Schwertkieler oder eine Yacht mit doppelten Kimmkielen als ideal. Dazu ist zu sagen, daß es gewöhnlich die mit wirklichen Seeleuten bemannten Yachten sind, die auch die erfolgreichsten Fahrten durchführen, und zwar unabhängig von ihrer Größe, Formgebung und Takelung — unter der einzigen Voraussetzung, daß die Schiffe gesund sind. Manche machen schnelle, andere langsame, dafür bequeme Reisen, aber alle erreichen ihr Ziel, denn es sind nicht die Schiffe, sondern die Männer auf ihnen, die zählen.

Jede auf den nachfolgenden Seiten beschriebene Yacht darf als ein seetüchtiges Beispiel ihres Typs betrachtet werden. Jede entspricht der Idealvorstellung ihres Konstrukteurs oder Eigners, soweit deren Wunschbilder sich innerhalb der gegebenen Größenordnung verwirklichen ließen.

Alano (Abb. 35, 36 und 37; Tafel 4 und 23)

Als Fred Georgeson aus Eurika, Californien, sich entschloß, Haus und Hof zu verkaufen und nur noch auf dem Wasser zu leben, kam er nach England, um sich eine Yacht bauen zu lassen, hauptsächlich, weil die Bau-

---

Tafel 37
Auf der *Restive* sind die unteren Teile der Wanten mit Holzrollen bekleidet, um die Reibung der Vorschoten und der 18 qm großen Genua beim Kreuzen zu vermindern.

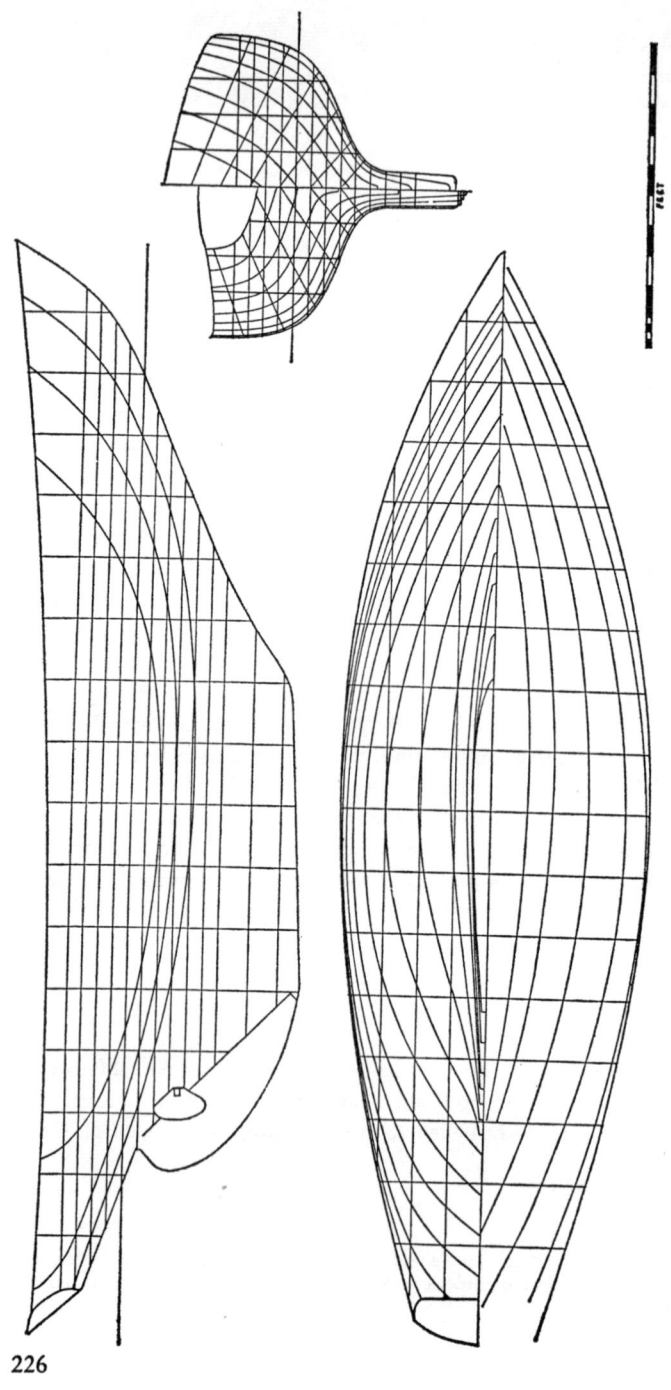

Abb. 35 — Alano, Linienriß

Länge ü. A. = 10,85 m; Konstruktionswasserlinie = 8 m; Tiefgang = 1,72 m; Wasserverdrängung = 7¹/₄ Tonnen; T.M. = 12 Tonnen.

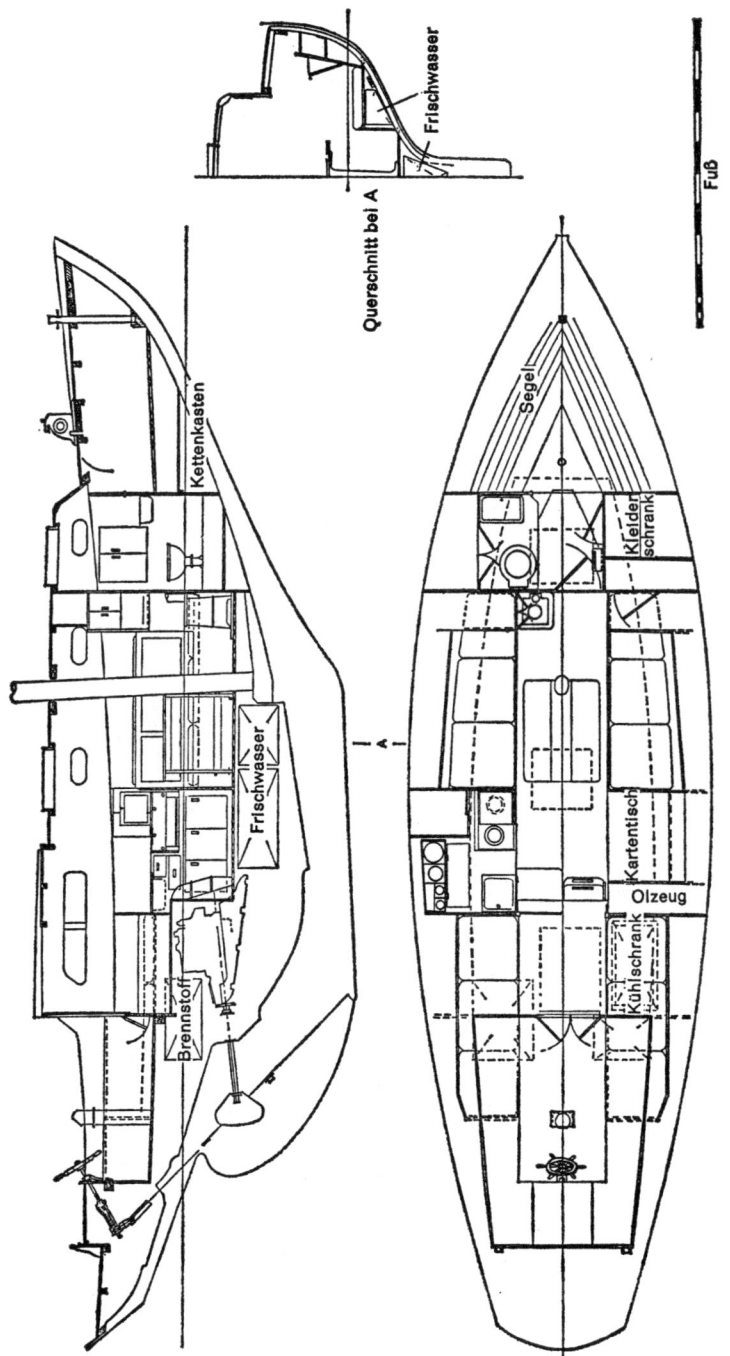

Querschnitt bei A

Frischwasser

Fuß

Kettenkasten

Frischwasser

Brennstoff

Segel

Kleiderschrank

Kartentisch

Ölzeug

Kühlschrank

Abb. 36 — Alano, Einrichtungsplan

kosten hier niedriger lagen als drüben. Er forderte Rodney Warington Smyth, A. M. R. I. N. A., auf, für ihn den 12-Tonnen-Kutter *Alano* zu entwerfen, den er dann bei der Falmouth Boat Construction Company bauen ließ. Ich bin Warington Smyth besonders dankbar für die Erlaubnis, den Linienriß der *Alano* hier veröffentlichen zu dürfen. Die Zeich-

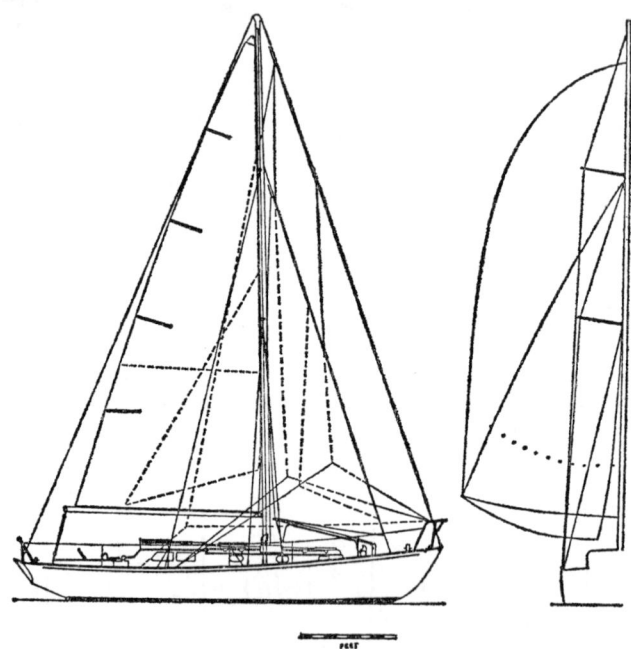

Abb. 37 — Alano, Segelriß
Segelflächen: Großsegel 27 qm; Fock 10,8 qm; Klüver Nr. 1 18 qm;
Klüver Nr. 2 8,2 qm; Genua 33,8 qm; Spinnaker 71,5 qm;
Sturmsegel 7,8 qm; Sturmfock 4,2 qm.

nungen und Fotos lassen erkennen, um ein wie stattliches und charaktervolles Fahrzeug es sich handelt.

Ich sah die Yacht, als sie noch im Bau war, und fühlte mich stark beeindruckt von der hohen Güte des verarbeiteten Materials und der ausgezeichneten Ausführung. Es dauerte aber noch drei weitere Jahre, bis ich ihr unterwegs in Gibraltar wieder begegnete. In der Zwischenzeit hatten Georgeson und seine Frau die Yacht, manchmal mit einer Besatzung, manchmal allein, von Falmouth in das Mittelmeer versegelt und dieses Gebiet in seiner ganzen Ausdehnung auf Fahrten, die 15 000 Seemeilen umfaßten, durchkreuzt. Sie waren von ihrer *Alano* begeistert und hatten sie so gut gepflegt, daß das Schiff aussah, als hätte es die Werft vor drei Monaten und nicht vor drei Jahren verlassen.

Bei einer Breite von 3 m und einer Länge in der Wasserlinie von 8 m ist ihr Deplacement von $7^1/4$ Tonnen verhältnismäßig leicht, und ihre Amwind-Besegelung von 51 qm (maximal 62 qm) verleiht ihr eine gute Geschwindigkeit. Allerdings liegt sie ein wenig tief im Wasser, wie es sich bei keiner Yacht vermeiden läßt, die als schwimmendes Heim dient und über die normale Ausrüstung hinaus noch allen möglichen anderen Dingen Platz bieten muß, nicht zu sprechen von den Vorräten an Proviant und Wasser, die eine lange Reise bedingt. Und gerade in diesem Stadium sah ich sie, als sie nämlich im Begriff war, über den Nordatlantik nach Westindien zu segeln.

Zweifellos ist für eine Yacht von 10 Tonnen (Themse-Vermessung) und darüber und bei Reisen mit kleiner Mannschaft das hochgetakelte Kutterrigg geeigneter als die Sluptakelage. Mit Patentreff am Großsegel und einer Baumfock ausgerüstet, bewährte sich die *Alano* als leicht in der Handhabung und schonend für die Besatzung, sogar auf dem Mittelmeer, wo sich Windstillen häufig mit starken Winden abwechseln. Mit ihrer 35-PS-Perkins-Dieselmaschine hat sie bei 6 Knoten einen Radius von 400 Seemeilen. Die Maschine betreibt auch einen 20-A-Generator.

Eine Zeitlang unternahmen die Georgesons Charterfahrten in Westindien, für die sich der Einrichtungsplan der *Alano* (Abb. 36) als besonders geeignet erwies. Die Charterer hatten die Messe mit ihren zwei Kojen und einem direkten Zugang zum W. C. für sich, während die Eigner die Achterkojen belegten, die von der Messe durch Kombüse und Kartenecke, notfalls auch durch einen Vorhang abgetrennt sind. Das große 2 m lange und selbstlenzende Cockpit ist bei Tagesfahrten in den Tropen ein großes Aktivum, da man dort am Klapptisch die Mahlzeiten unter einem Sonnensegel zu sich nehmen kann. Zwei Personen können auf den Sitzen schlafen, die wie auf vielen amerikanischen Yachten mit losen Polstern belegt sind. Da man Petroleum fast überall in der Welt kaufen kann, wird auf einem Taylor-Para-Fin-Kocher mit zwei Brennern gekocht. Über 300 Liter Frischwasser verteilen sich auf vier Tanks, von denen zwei in der Bilge und je ein Tank unter den Sofabänken liegen. Tafel 4 gibt einen Eindruck von der freundlichen und wohnlichen Atmosphäre der Messe, die nur auf Yachten herrscht, deren hingebungsvolle Eigner lange Zeiten an Bord leben.

Cardhu (Abb. 38, 39 und 40; Tafel 35)

Obgleich man eine Yacht nicht nach einer perspektivischen Zeichnung bauen kann, so vermittelt diese doch eine überraschend gute Vorstellung von der Formgebung des Schiffsrumpfes, der ganz ähnlich wie ein Modell in drei Dimensionen wiedergegeben wird. Abb. 38 zeigt, in perspek-

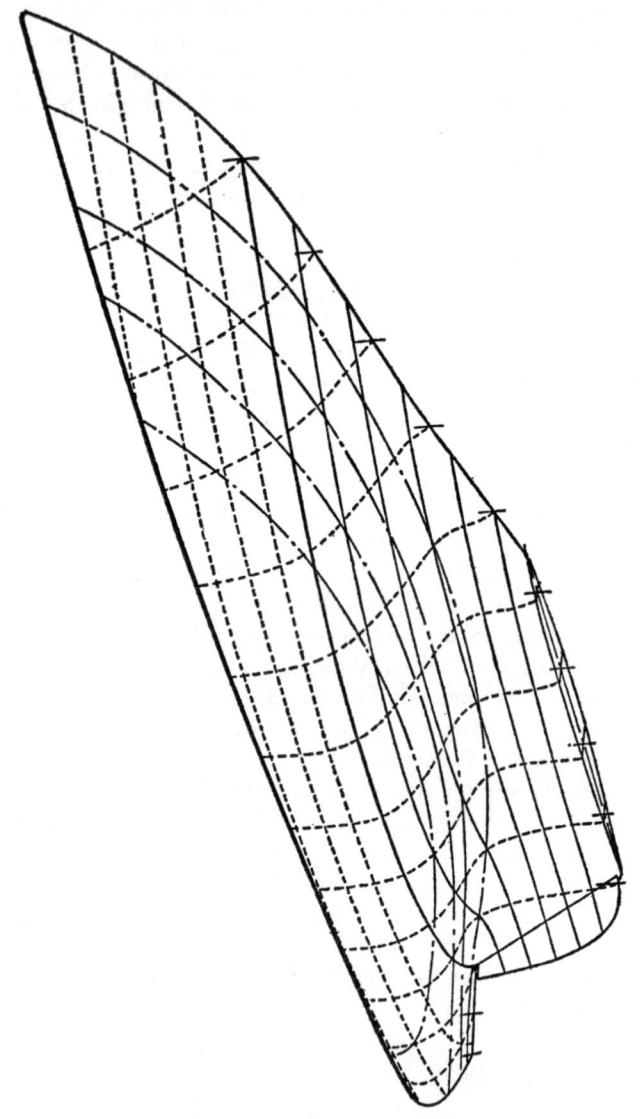

Abb. 38 — Cardhu, Perspektivische Rumpfzeichnung
Länge ü. A. = 13,2 m; Konstruktionswasserlinie = 9,4 m; Breite = 3,1 m; T.M. = 16 Tonnen.

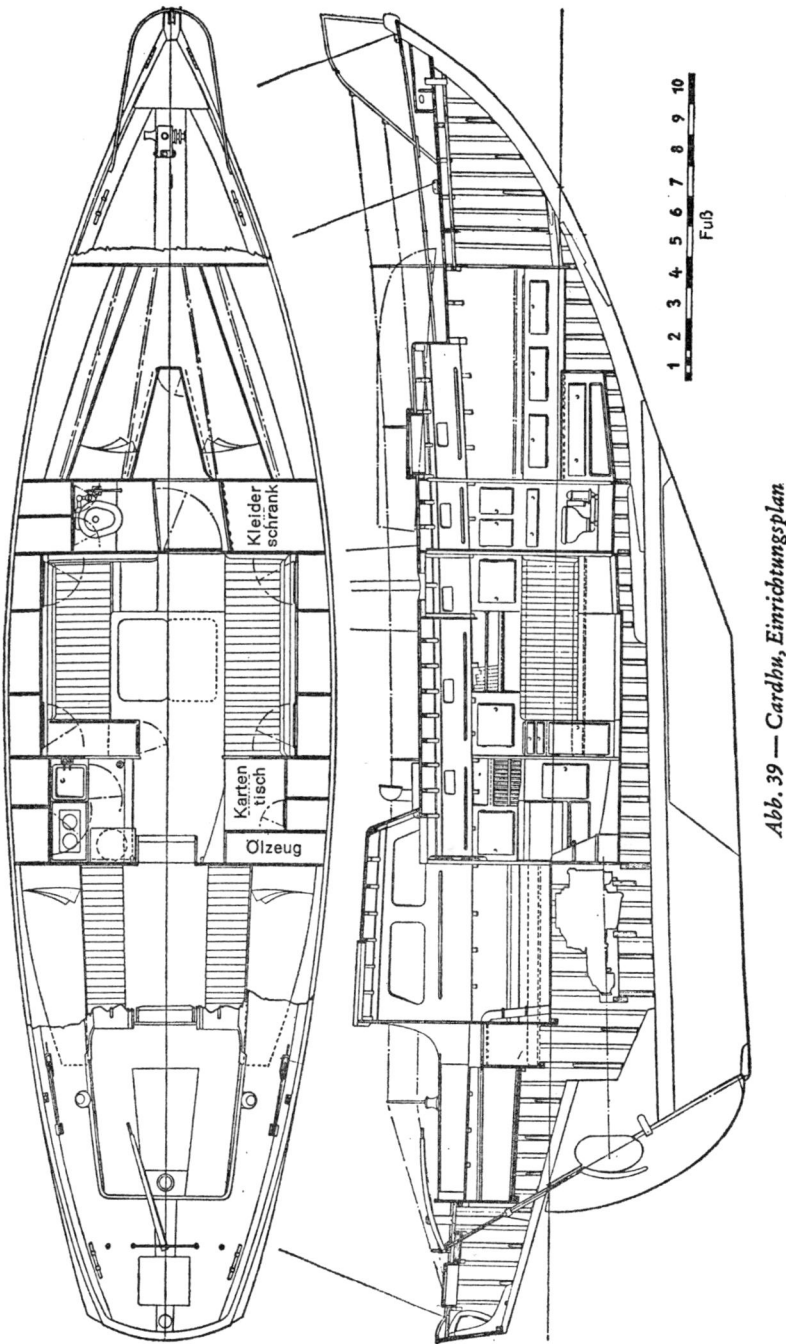

Kleider
schrank

Karten
tisch

Ölzeug

1 2 3 4 5 6 7 8 9 10
Fuß

Abb. 39 — Cardhu, Einrichtungsplan

tivischer Darstellung, eine der reizvollsten Schöpfungen von J. Laurent Giles, R. D. I., M. R. I. N. A., den 16-Tonnen-Kutter *Cardhu* (Tafel 35), den er für Sir Thomas Lees, Bart., entwarf. Bestimmt verdankt der Fahrtensegler den Hochsee-Rennyachten eine ganze Menge Verbesserungen allgemeiner Art, die im Laufe der Jahre an Yachten und ihrem Geschirr

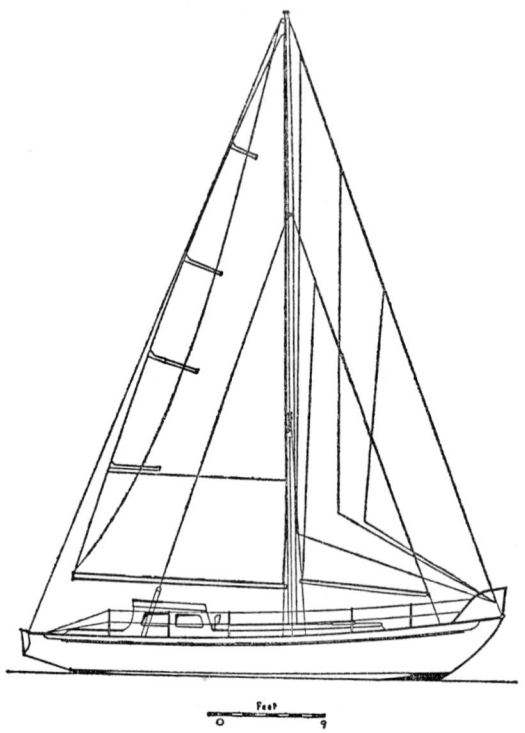

Abb. 40 — Cardhu, Segelriß
Segelflächen: Großsegel = 37 qm; Fock = 12 qm; Klüver Nr. 1 = 31 qm;
Klüver Nr. 2 = 17,6 qm; Klüver Nr. 3 = 10 qm.

vorgenommen worden sind, aber es gibt bestimmte Aspekte bei der Vermessungsformel des Royal Ocean Racing Clubs, die nicht immer zu den gefälligsten Rumpfformen führen. So ist es heutzutage selten geworden, daher aber um so anregender, wenn eine Yacht dieser Größe für einen Eigner entworfen und gebaut wird, der unmißverständlich zu verstehen gegeben hat, daß er nicht beabsichtigt, an irgendwelchen Rennen teilzunehmen. Der Eigner wünschte sich eine seetüchtige und leicht zu bedienende Kreuzeryacht, auf der er seine Frau, seine Kinder und einen Haufen Neffen und Nichten mitnehmen könnte. Das ist auch der Grund, warum der Einrichtungsplan neben sechs festen Schlafplätzen vier herunterklappbare Rohrkojen zeigt. Trotzdem ist die Anordnung klar, übersichtlich und gefällig, auch ein großes Deckshaus ist vorgesehen, in dem sich Sitzgelegenheiten vor den Achterkojen befinden.

Die Wahl fiel aus Gründen der Anpassungsfähigkeit und leichten Handhabung auf ein hochgetakeltes Kutterrigg. Es gibt keinen Spinnaker, aber ein Vorsegel läßt sich mit Hilfe eines Baums, der auf und nieder am Mast gefahren wird, ausbaumen. Die Spieren sind aus Silver-Spruce, alle Segel aus lohegefärbtem Terylene. Die Takelagestärken stehen auf S. 203 verzeichnet.

Die *Cardhu* wurde 1962 bei Port Hamble Ltd. erbaut. Die Beplankung besteht aus Pitchpine über einem Eichenkiel, die Spanten sind aus Steinulme; Deck, Cockpit, Setzborde und Luken sind alle aus Teak. Unter dem Deckshaus ist ein 4-Zylinder-Albin-Benzinmotor eingebaut, der eine zweiflügige Schraube dreht. Der Motor ist durch Anheben des Fußbodens im Deckshaus leicht zugänglich.

Lone Gull II (Abb. 41, 42, 43 und 44)

Maurice Griffiths, G. M., A. R. I. N. A., ist nicht nur als Herausgeber von *Yachting Monthly* überall bekannt und geachtet, sondern er hat sich auch als Konstrukteur von flachgehenden Yachten einen Namen gemacht. *Lone Gull II* verdient besonderes Interesse, weil er sie für den Eigengebrauch entworfen und ihr anstatt eines Mittelschwertes Bilgekiele gegeben hat, damit sie aufrecht stehenbleiben kann, wenn sie in den flachen Flüssen und Prielen, die er so liebt, auf Grund gerät. Sie wurde aus Teak und Mahagoni auf Spanten aus Steinulme 1961 bei Harry Feltham Ltd., Portsmouth, erbaut.

Die Yacht entwickelte bald zwei charakteristische Eigenschaften, die von besonderem Wert für den Fahrtensegler sind. Die erste ist eine fast unheimlich anmutende Fähigkeit, unbeaufsichtigt und sogar vor achterlichen Winden und während langer Zeitspannen stetig auf Kurs zu bleiben, eine Eigenschaft, die man im allgemeinen Fahrzeugen geringen Tiefgangs nicht gerade zutraut. Die zweite ist, daß die Yacht dem Entstehen rhythmischer Rollbewegungen zähen Widerstand entgegensetzt, einerlei wie Wind und Seegang beschaffen sind. Hierzu gibt Griffiths den folgenden Kommentar: Obgleich die Bilgekiele seiner Ansicht nach zweifellos dazu beitragen, die Rollbewegungen zu dämpfen (genau wie die Anti-Schlingerkiele, die man früher bei einigen Dampfern anbrachte), so glaubt er doch, daß hierfür in erster Linie die absichtlich flachgehaltenen Teile in den Bug- und Heckprofilen (deren Flächen viel größer sind als die der Bilgekiele) verantwortlich sind.

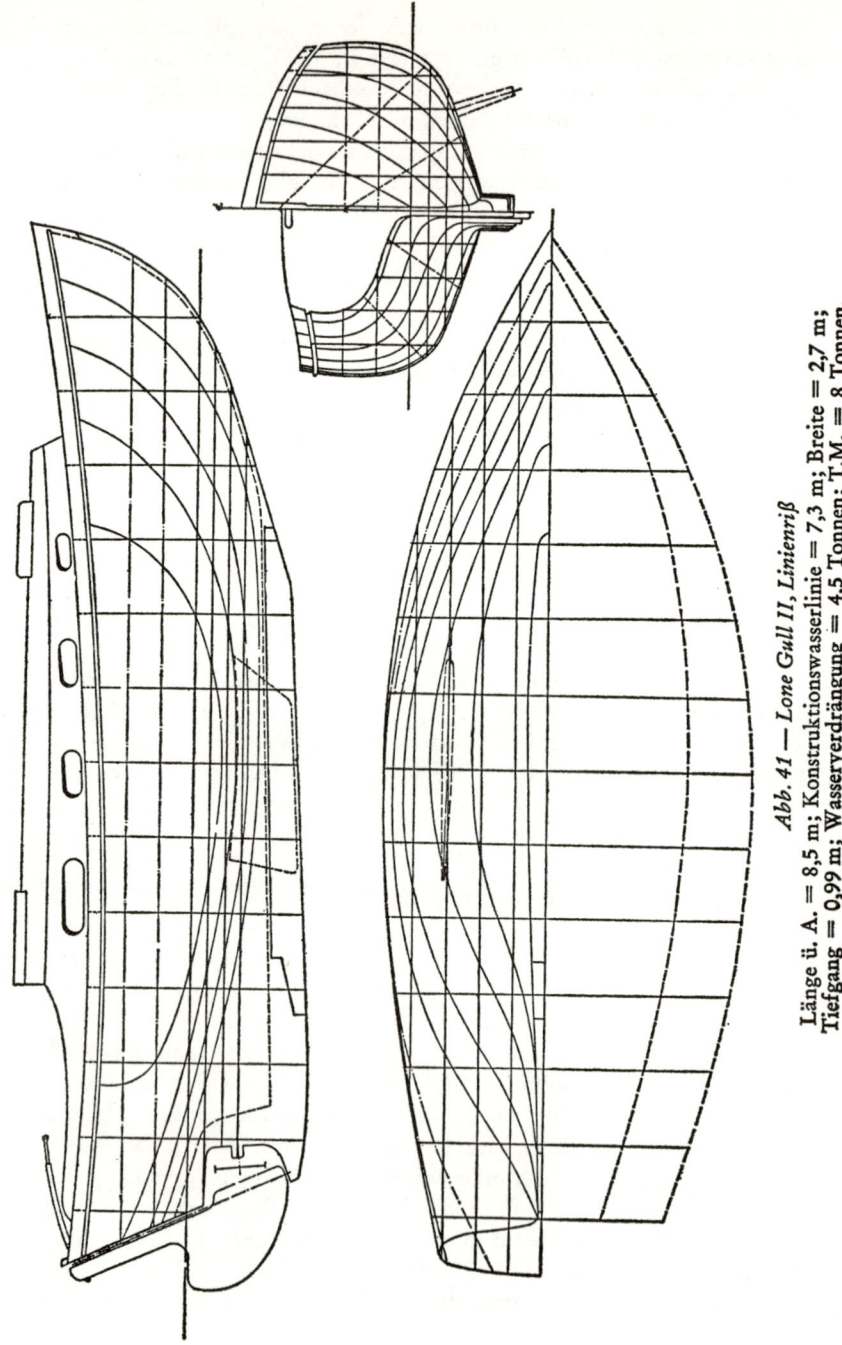

Abb. 41 — Lone Gull II, Linienriß

Länge ü. A. = 8,5 m; Konstruktionswasserlinie = 7,3 m; Breite = 2,7 m;
Tiefgang = 0,99 m; Wasserverdrängung = 4,5 Tonnen; T.M. = 8 Tonnen.

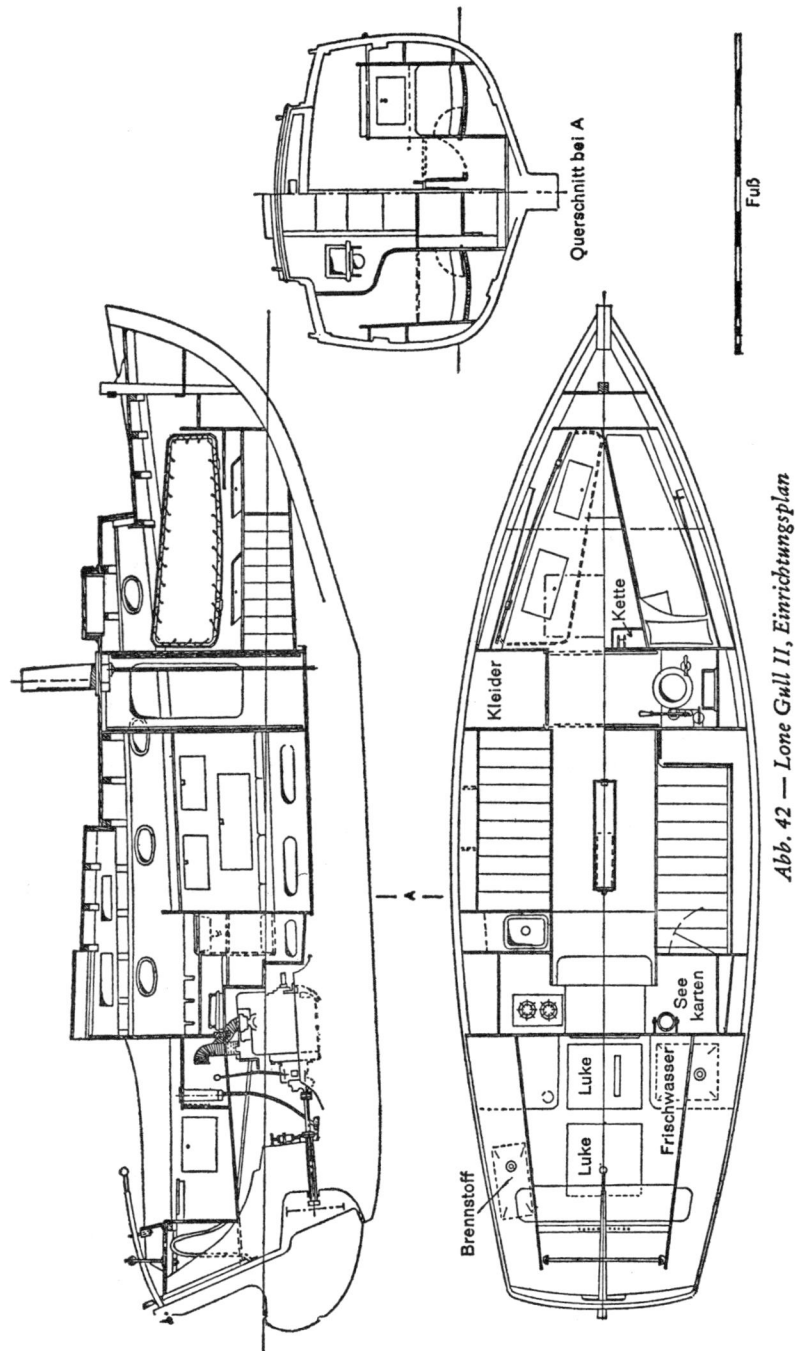

Abb. 42 — Lone Gull II, Einrichtungsplan

Querschnitt bei A

Fuß

Kleider

Kette

See karten

Frischwasser

Luke

Luke

Brennstoff

Jeder Bilgekiel ist aus drei stromlinienförmig bearbeiteten Planken zusammengesetzt, oben 11 cm breit und sich nach unten zu einer scharfen Ablaßkante verjüngend. Die unterste, aus Greenheart bestehende Planke ist mit Spezialbolzen an der Mittelplanke befestigt, so daß sie bei Beschädigung leicht ausgewechselt werden kann. Die oberen beiden Planken

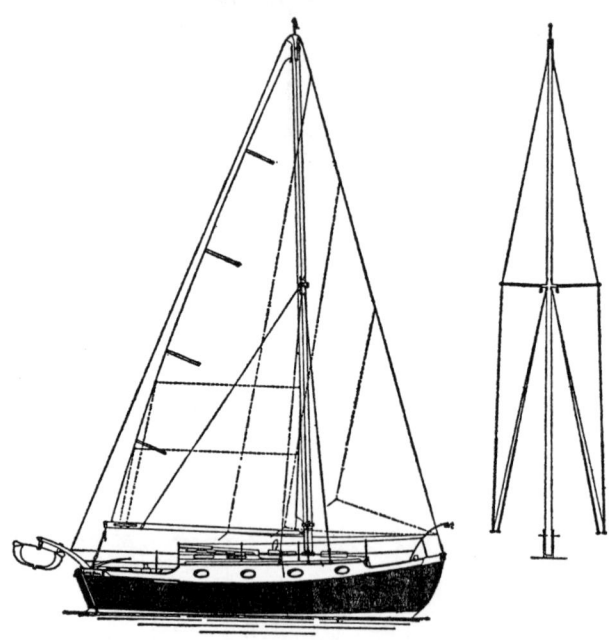

Abb. 43 — Lone Gull II, Segelriß
Segelflächen: Großsegel = 23 qm; Fock Nr. 1 = 14 qm; Fock Nr. 2 = 5,5 qm; Genua = 25 qm.

sind mit schweren Bilgestringern verbolzt. Ausfütterungen aus Eiche, die die drei benachbarten Planken unterhalb der Stringer und zwischen den Spanten bedecken, tragen zu einer außerordentlichen Festigkeit der Verbände bei, um dem Anprall bei Grundberührung gewachsen zu sein. Die Bilgekiele sind nicht gewichtsbelastet; der Ballast von 2 Tonnen wird ganz orthodox am Hauptkiel gefahren; weitere 500 lbs (227 kg) dienen als Innenballast zu Trimmzwecken.

Das Verhältnis von Breite zu Masthöhe ist so beschaffen, daß die Slup-Hochtakelage nur eine einzige Saling benötigt (Abb. 43). Der Mast steht in einem Koker, und die Mastwinsch besitzt einen Windenkopf zum Holen der Ankerkette, die in einen Kettenkasten am Achterende des Vorschiffs fällt. Die mittschiffs hochgezogenen Bordwände (ein weiteres Charakteristikum der Griffithsschen Entwürfe) und der dank der flachen Bilge breitgehaltene Kajütsboden wirken zusammen, um diesen 8-Tonner zu einem bemerkenswert geräumigen Fahrzeug zu machen, in dem es sich auf Fahrten behaglich leben läßt. Der 8,5-PS luftgekühlte Lister-Dieselmotor verleiht dem Schiff eine Marschgeschwindigkeit von 5½ Knoten und eine Höchstgeschwindigkeit von 6¼ Knoten.

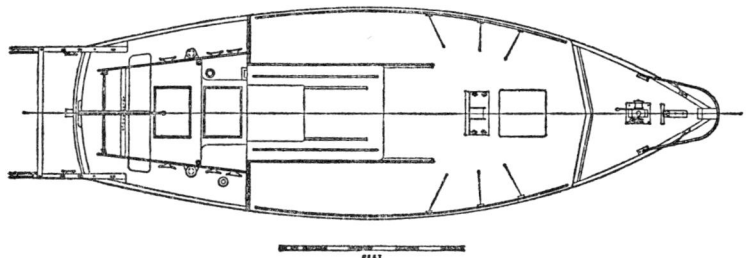

Abb. 44 — Lone Gull II, Decksplan

Die Unterbringung des Dingis an Deck bedeutet auf allen kleinen Yachten ein gewisses Problem. Auf dieser Yacht von 8,5 m Länge hat der Konstrukteur eine Lösung gefunden, die auf Yachten ungewöhnlich sein mag, aber auf Handelsfahrzeugen in der Ostsee und anderswo ganz gebräuchlich ist: auf dem Heck errichtete er ein Paar kräftiger, hölzerner Davits (Abb. 44 und Tafel 55 C), an denen das Dingi querschiffs gefahren wird. Diese Davits bilden außerdem eine gute Verankerung für die doppelten Backstagen und die Seereling.

Mercy Jane (Abb. 45, 46 und 47; Tafel 38, unten)

Ebenso wie einige andere führende Yachtkonstrukteure ist Robert Clark, M. R. I. N. A., aus Gründen, die ich auf S. 29 geschildert habe, sehr zurückhaltend mit der Erlaubnis geworden, die Linienrisse seiner neueren Entwürfe zu veröffentlichen. Seine Entwürfe sind aber so schön, daß ich keine Hemmungen habe, an dieser Stelle die Linien einer seiner älteren Yachten als Beispiel seines künstlerischen Könnens zu bringen. Obgleich er seitdem zweifellos Veränderungen und Verbesserungen vorgenommen hat, betrachte ich die *Mercy Jane* mit ihren wunderschönen harmonischen Linien, ihrem graziösen Sprung und verfeinerten Aussehen immer noch als ein typisches Beispiel seiner Arbeit.

Es war im Jahre 1939, daß Dr. John Morris den Entschluß faßte, sich eine 12-Tonnen-Slup bauen zu lassen. Da er keinen Hilfsmotor wünschte, benötigte er ein bei allen Segelstellungen und jedem Wetter schnelles und handliches Fahrzeug. Damals hatte sich Clark bereits als Konstrukteur

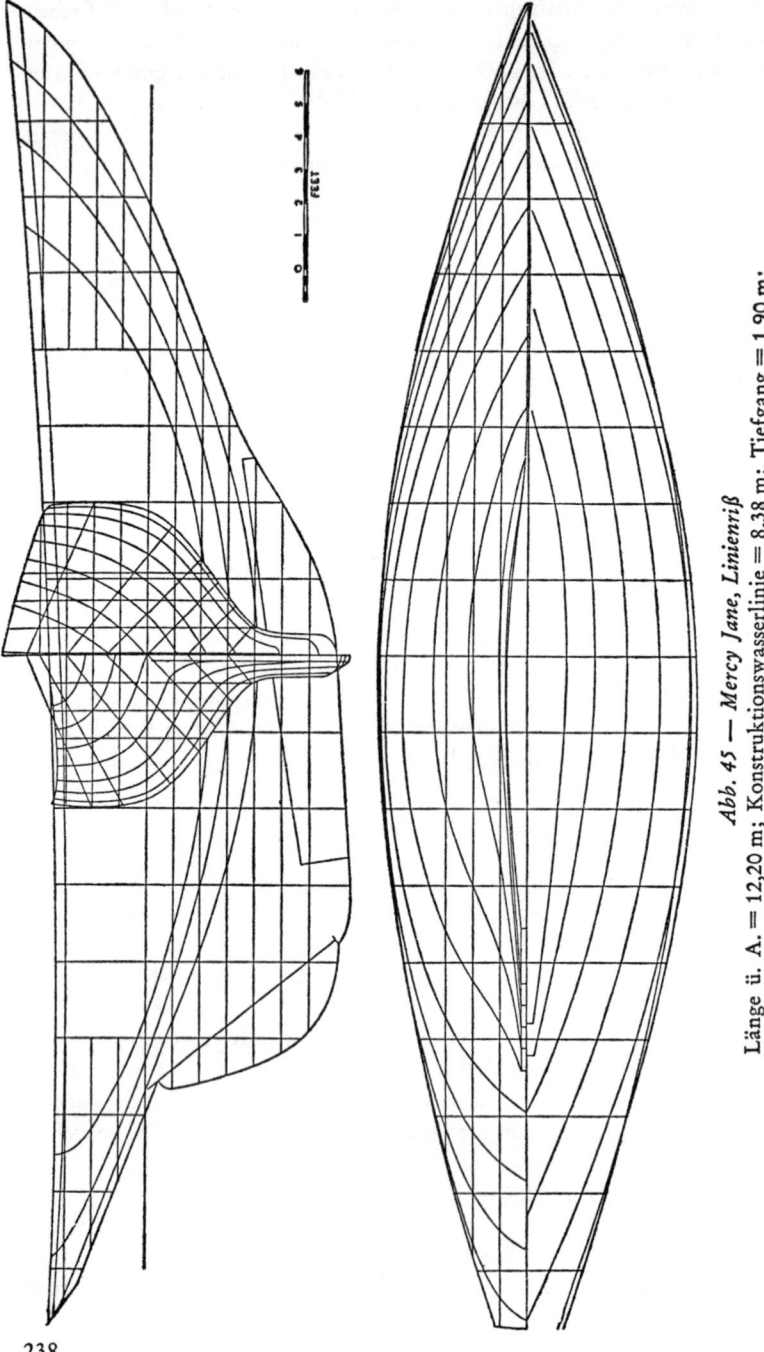

Abb. 45 — Mercy Jane, Linienriß
Länge ü. A. = 12,20 m; Konstruktionswasserlinie = 8,38 m; Tiefgang = 1,90 m;
Wasserverdrängung = 9,5 Tonnen; Themsevermessung = 12 Tonnen.

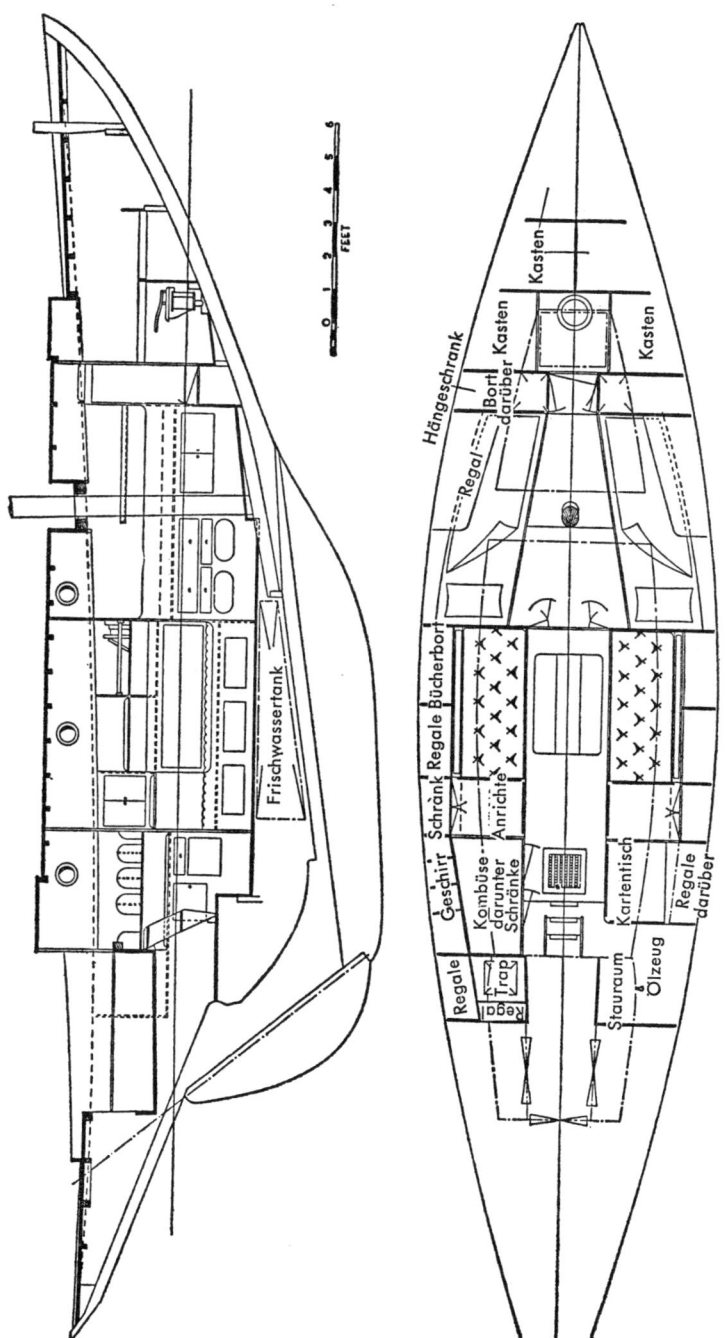

FEET
0 1 2 3 4 5 6

Frischwassertank

Hängeschrank
Regal
Bord darüber
Kasten
Kasten
Kasten

Regale
Bücherbort
Regale
Schrank
Geschirr
Kombüse darunter Schränke
Anrichte
Kartentisch
Regale darüber
Regal
Trap
Stauraum
Ölzeug

Abb. 46 — Mercy Jane, Einrichtungsplan

erfolgreicher Hochseerennyachten einen Namen gemacht, und obgleich Morris keine Absicht hatte, sich an Seeregatten zu beteiligen, hielt er es doch für das Gescheiteste, sich an einen solchen Mann wegen eines Entwurfs zu wenden. Die Yacht wurde bei Carl Anderson in Schweden gebaut und hat sich selbst bei leichten Winden als ungewöhnlich schnell erwiesen, eine wertvolle Eigenschaft für jede Yacht, zumal wenn sie über keinen Hilfsmotor verfügt. Mr. Morris berichtete, daß sie bei rauhem Wetter und an der Kreuz schnell und trocken segelte, gut vor dem Winde liefe und im Seegang angenehm weiche Bewegungen besäße.

Der Einrichtungsplan (Abb. 46) ist einfach und praktisch, wie so viele andere Entwürfe dieses Konstrukteurs. Kombüse und Kartentisch befinden sich am achteren Ende der Messe, die zwei Sitzbankkojen enthält und bis zum Mast eine Stehhöhe von 1,88 m aufweist. Anschließend nach vorn liegt eine geräumige Doppelkabine mit reichlichem Schrankraum und in der Vorpiek das W. C. Leider fehlt ein Kohlenofen — eine Einrichtung, die für die Behaglichkeit der Besatzung an Bord bei Kreuzfahrten in nördlichen Gewässern so viel bedeuten kann.

Die Bermuda-Sluptakelage (Abb. 47) hat ein Großsegel von 38 qm und vier Vorsegel, von denen Nr. 1 47 qm groß ist und am Toppstag gefahren wird. Die anderen Vorsegel werden am Vorstag gesetzt; Nr. 2 ist eine Genua, die auf offenen Seetörns schnelle Reisen gegen den Wind ermöglichen soll. Nr. 3 fährt frei vom Mast und wird für kurze Kreuzschläge und bei Hafeneinfahrten und -ausfahrten benutzt; Nr. 4 ist ein Sturmsegel. Es ist also, wie man sieht, für alle Wetterverhältnisse vorgesorgt. Um aber beste Leistungen zu erzielen, sind häufige Segelwechsel erforderlich. Das trifft im übrigen für jede Yacht zu, die nur auf Segel angewiesen ist und in der Lage sein muß, bei leichten Winden große Segelflächen zu führen. Die *Mercy Jane* verfügte aber auch im Durchschnitt über eine Besatzung von vier Händen.

Es ist immer wieder interessant zu hören, welche Änderungen der Konstrukteur einer erfolgreichen Yacht vornehmen würde, wenn er die Gelegenheit hätte, den Entwurf zu wiederholen. Clark sagte einige Jahre später, daß er der *Mercy Jane* etwas weniger Freibord und einen etwas steiferen Querschnitt geben würde; er fügte jedoch hinzu, daß er keine Yacht kenne, die höher am Winde segeln könne, und daß es seiner Ansicht nach

---

Tafel 38
Oben: Pavane, einer der beliebten 6-Tonnen-Pilots-Motorsegler, gebaut bei der Falmouth Boat Construction Ltd. Sie hat eine Segelfläche von 26,5 qm und einen 18/28-PS-Watermota-Motor. *Unten*: Die schnelle 12-Tonnen-Sloop *Mercy Jane* wurde von Robert Clark, M.R.I.N.A., konstruiert. Unter der erfahrenen Führung ihres ersten Eigners, John Morris, unternahm sie, ohne einen Hilfsmotor zu besitzen, ausgedehnte Reisen zwischen Norwegen und der Biskayaküste.

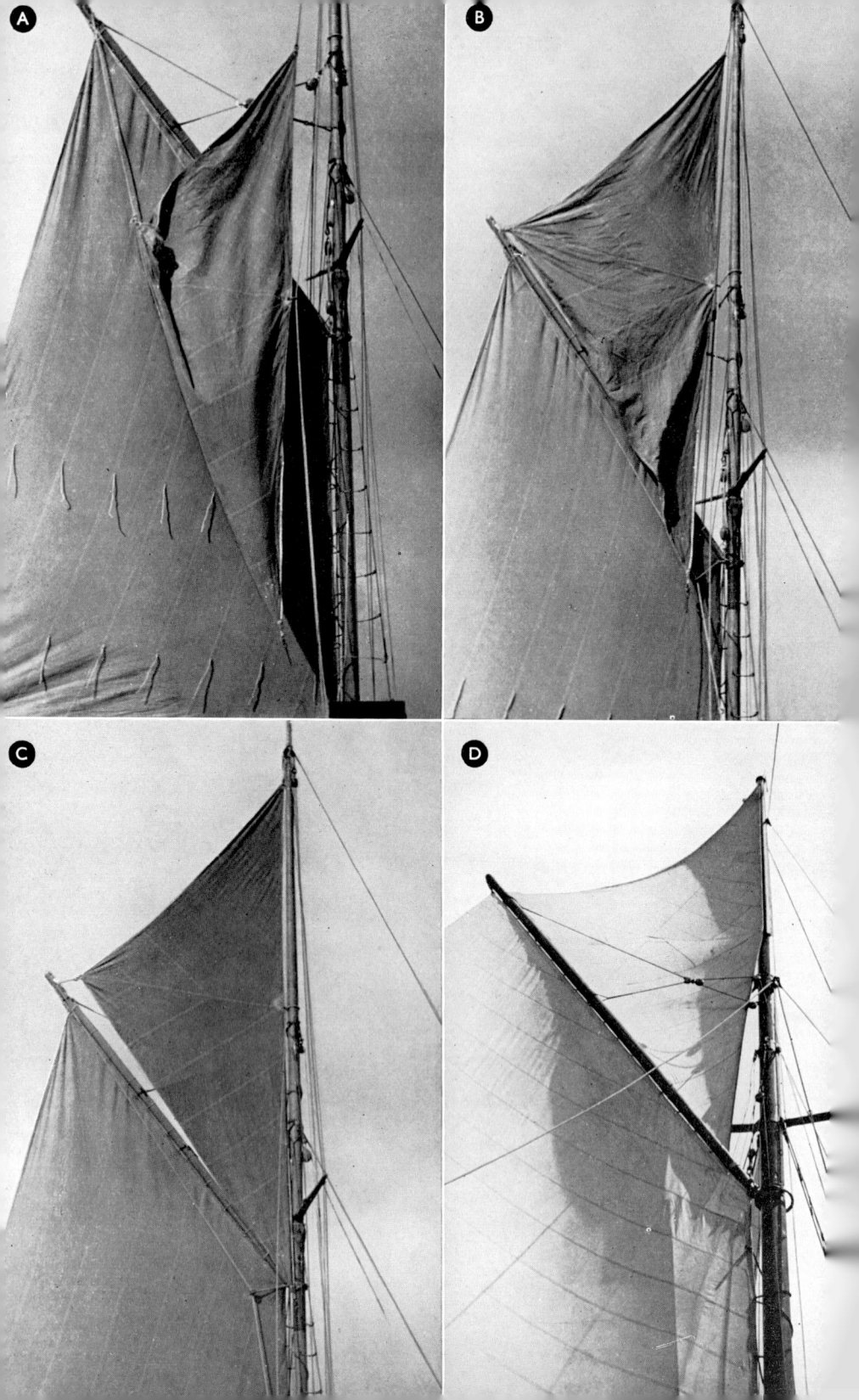

schwer sei, die *Mercy Jane* in allgemeiner Handlichkeit und Bequemlichkeit auf Langfahrten zu schlagen.

Mr. Morris unternahm mit seiner Yacht in Begleitung seiner Frau harte

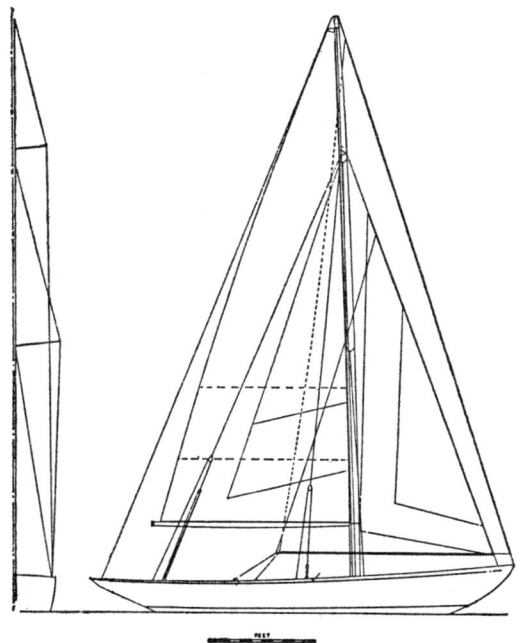

Abb. 47 — Mercy Jane, Segelriß
Segelflächen: Vorsegel Nr. 1 = 46,7 qm, Nr. 2 = 26,4 qm, Nr. 3 = 18 qm,
Nr. 4 = 6,8 qm; Großsegel = 38 qm; Trysegel = 14 qm; Spinnaker = 74 qm.

und ausgedehnte Kreuzfahrten zwischen Norwegen und der Biskaya-küste und gewann dreimal die Auszeichnung des Royal Cruising Clubs. Keinen Hafen hielt er für zu klein oder schwierig, um ihn unter Segel an-

---

Tafel 39
A. Ein Dreikanttoppsegel wird an einem Jackstag nach oben gebracht. Man erkennt die Kausch am Vorliek des Toppsegels, durch die das Jackstag läuft. B. Das Toppsegel fast aufgeheißt. In beiden Bildern ist erkennbar, daß die Toppsegelschot durchgeholt bleibt, um zu verhindern, daß sich das schlagende Segel um die Gaffelnock wickelt. C. Das Segel ist geheißt und das Jackstag steif-gesetzt, um das Vorliek des Toppsegels nahe am Mast zu bringen. Wie alle gutstehenden Toppsegel, so ist auch dieses Toppsegel etwas kleiner als der Raum, den es ausfüllen soll. D. Auf der *Dyarchie* läuft das Toppsegel am Masttopp in einer Führungsnut. Siehe auch Abb. 49.

zulaufen, was nicht nur von seiner eigenen guten Seemannschaft zeugt, sondern auch das Vertrauen beweist, das er in die Leistungsfähigkeit seiner Yacht setzte.

Restive (Abb. 48, 49 und 50; Tafel 6 unten und 37)

Anders als sein Bruder Rodney ist Nigel Warington Smyth, O. B. E. kein Yachtkonstrukteur von Beruf, aber er hat für sich und seine Freunde verschiedene ansprechende und erfolgreiche Yachten entworfen, darunter die *Providence* (18 Tonnen), die *Dreva* (13 Tonnen) und die *Wingoes* (7 Tonnen). Als er sich eine moderne Kreuzeryacht wünschte, groß genug, um drei Personen auf einer Sommerreise unterzubringen, aber klein genug, um bequem auch von ihm und seiner Frau gesegelt zu werden, entwarf er die *Restive* (6³/₄ Tonnen) und ließ sie bei Stebbings in Burnham-on-Crouch bauen.

Der Linienriß (Abb. 48) zeigt einen Rumpf von mäßigem Deplacement und Tiefgang, mit kurzen Überhängen und beträchtlichem Freibord, das in der Zeichnung mehr auffällt als in der Wirklichkeit, wo die schwarze Farbe die Bordwände niedriger erscheinen läßt; da die meisten kleinen Kreuzeryachten sowieso unter der Konstruktionswasserlinie schwimmen, ist ein hohes Freibord in der Zeichnung immer etwas Gutes. Das Heck hat stark einfallende Bordwände — ein gefälliges und charakteristisches Merkmal aller Warington-Smyth-Entwürfe. Der in gerader Linie verlaufende Teil des Kiels ist lang genug, um die Yacht zur Unterwasserreinigung ohne Schwierigkeiten trockenfallen zu lassen; der Ballastkiel ist breit, um den Schwerpunkt tief nach unten zu verlagern.

Die Sluptakelage hat eine Gesamtsegelfläche von ca. 40 qm. Obgleich Jumpstagstütze und Jumpstag die Fläche des Vorsegeldreiecks verringern, gestatten sie doch die Führung eines durch kein stehendes Gut behinderten Spinnakers. Die Backstagen werden mit Spezialhebeln nach eigenem Entwurf des Eigners bedient; sie geben mehr Lose als der übliche Highfield-Hebel. Die unteren Teile der Wanten sind mit Holzrollen umkleidet, um die Reibung der Vorschoten zu vermindern. Auf jeder Seite des Cockpits steht eine Winsch, so daß auch kurze Schläge unter der Genua keine Schwierigkeiten bedeuten.

Die Einrichtung ist für eine Yacht dieser Größe bemerkenswert geräumig; man hat davon Abstand genommen, eine vierte Koje hineinzuzwängen. Die Kombüse ist unter dem gefälligen Deckshaus angeordnet; gegenüber liegt ein Kartentisch, der auf die Achterkoje herunterzuklappen ist. In der Messe sind die Sitzkojen am Fußende mit Seitenborten überbaut. Für einen Kohlenofen ist gesorgt, und die Stehhöhe zwischen den Decksbalken beträgt 1,82 m. Der Kajütsaufbau erstreckt sich bis vor den Mast,

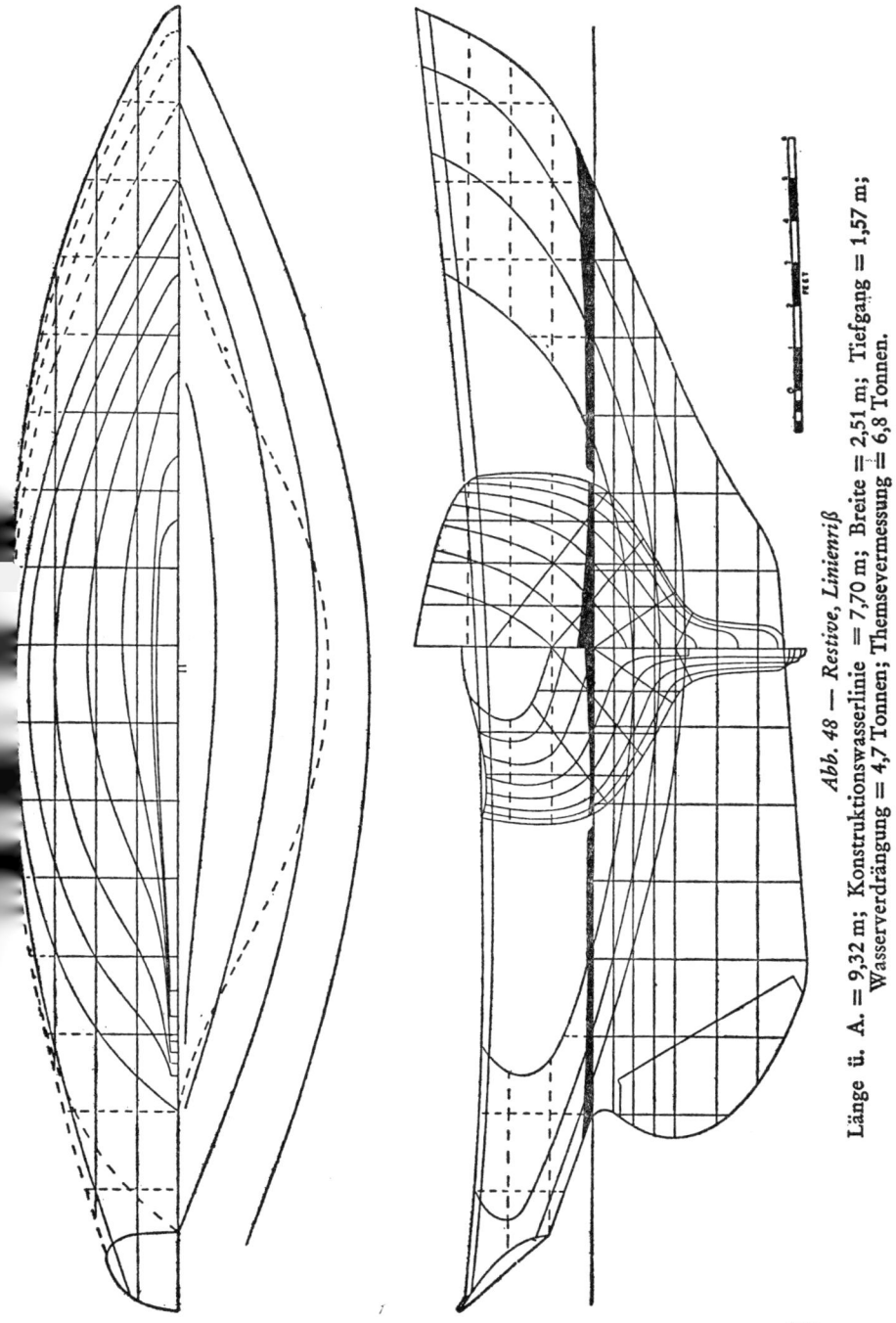

Abb. 48 — Restive, Linienriß

Länge ü. A. = 9,32 m; Konstruktionswasserlinie = 7,70 m; Breite = 2,51 m; Tiefgang = 1,57 m; Wasserverdrängung = 4,7 Tonnen; Themsevermessung ≙ 6,8 Tonnen.

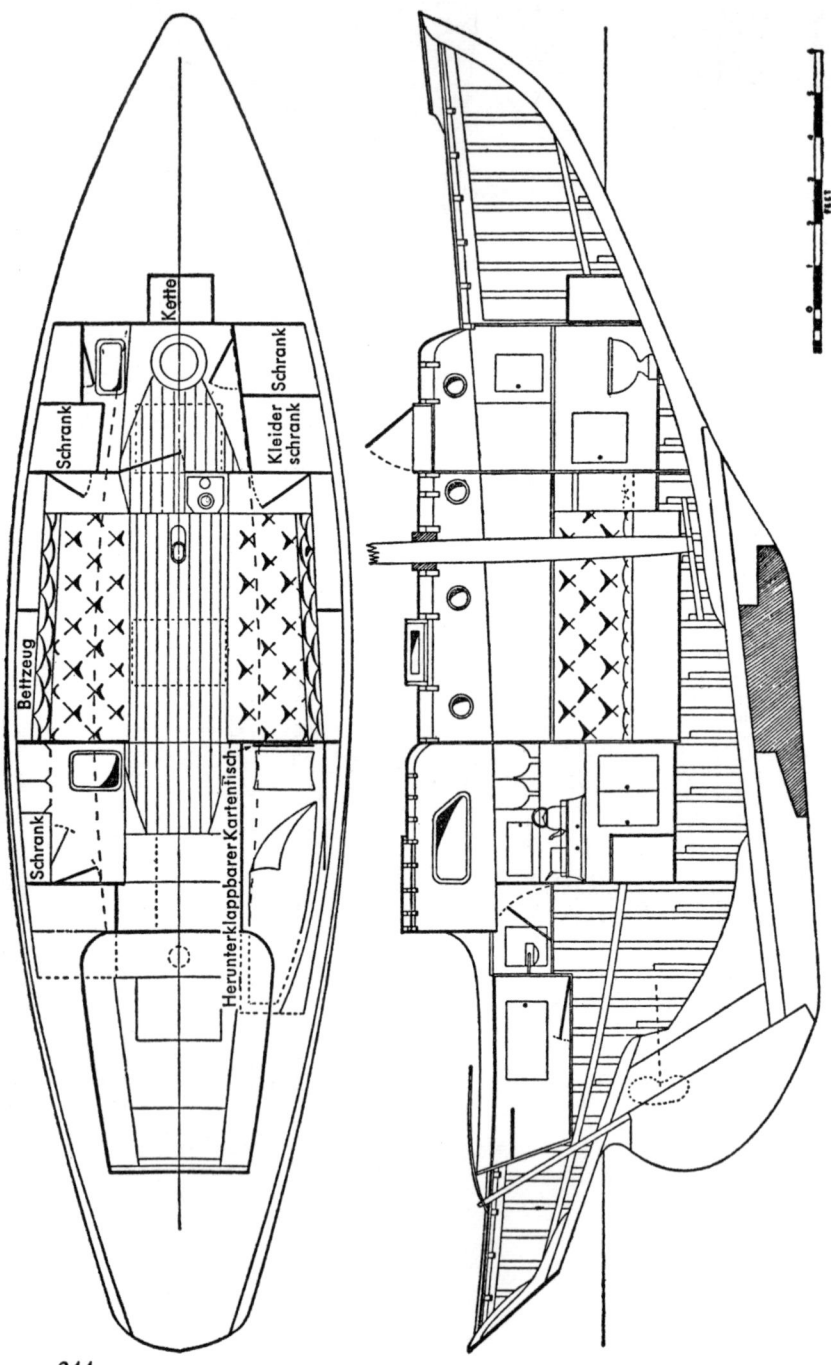

Kette

Schrank

Kleider schrank

Schrank

Beitzeug

Schrank

Herunterklappbarer Kartentisch

Abb. 49 — Restive, Einrichtungsplan

wo sich der Waschraum mit 1,67 m Stehhöhe und großen Kleiderschränken
auf beiden Seiten befindet. Da sich das Vorluk über diesem Raum befindet, ist die Vorpiek mit ihrem Stauraum für Segel und Ketten nur durch
eine wegnehmbare Füllung im Vorschott zu erreichen.
Das Gewicht der notwendigen Einbauten wie Wassertanks, Ofen, Maschine usw. bedeutet in jeder kleinen Yacht ein schwieriges Problem, wenn
dabei ein vernünftiges Ballast-Deplacement-Verhältnis herauskommen

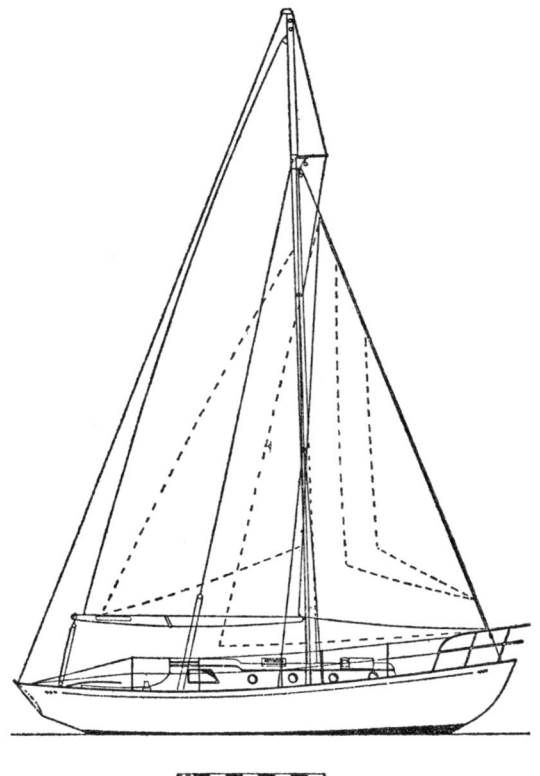

Abb. 50 — Restive, Segelriß
Segelflächen: Großsegel = 22,30 qm; Fock Nr. 1 = 12,50 qm;
Fock Nr. 2 = 7 qm; Fock Nr. 3 = 3,25 qm;
Genua = 18 qm; Trysegel = 10,22 qm.

soll, und so ist man leicht versucht, die Materialstärken auf ein nicht mehr
vertretbares Mindestmaß zu reduzieren. Bei der *Restive* hat man sich
hierauf nicht eingelassen; im Gegenteil, sie ist kräftiger gebaut als manche
größeren Yachten. So sind die kurzen zusätzlichen Stringer auf beiden

Seiten mittschiffs bemerkenswert, unter welche die Enden der Want- und Backstagsplatten gehakt werden, wodurch sich der Zug auf eine weite Fläche verteilt.

Unter einem Brückendeck ist ein 7/9-PS-Coventry-Victor-Dieselmotor eingebaut, der einen zweiflügligen Propeller in der Mittschiffslinie antreibt.

Amokura (Abb. 51 und 52)

Diese stattliche 24-Tonnen-Yawl wurde von dem verstorbenen F. Shepherd als seetüchtige Familienyacht entworfen, die zu segeln Freude machen sollte und auf der sich bequem fünf Personen und notfalls eine bezahlte Hand unterbringen ließen. Der Einrichtungsplan (Abb. 51) zeigt unter den vielen Möglichkeiten einen der besten Einfälle für die Raumausnutzung großer Fahrzeuge. Diese interessante Anordnung ist das Ergebnis langer Erfahrung und geschickter Planung. Obgleich innerhalb des zur Verfügung stehenden Platzes vielerlei untergebracht werden mußte, finden wir durchweg reichliche Stehhöhe und Bodenfläche und haben nirgendwo ein Gefühl von Überfüllung. Da die Kombüse zwischen Vorschiff und Messe gelegen ist, kann entweder der Mann vorm Mast oder einer der Gäste die Küche übernehmen. Der Niedergang liegt mittschiffs, so daß die Deckswache Messe oder Kombüse betreten kann, ohne die Schläfer vorn oder in der Achterkabine zu stören. Für Schlechtwetter ist jedoch ein Notniedergang vorgesehen, der direkt vom Cockpit in die Achterkabine führt. Dieser ist gut geschützt durch das Cockpitdach, unterhalb dessen eine glatt eingepaßte Luke Zutritt zu der 18-PS-Enfield-Dieselmaschine gewährt. Die Arbeiten an der Seekarte können entweder im Schutz des Cockpitdachs oder an dem großen Kartentisch vorgenommen werden, der sich auf die Koje am Fuß des Hauptniedergangs herunterklappen läßt.

Dank der Yawl-Takelage ließ sich der Großbaum kurzhalten, so daß das Großsegel auf eine Fläche von 65 qm beschränkt bleibt. Die Gesamt-Amwindsegelfläche beträgt 95 qm, kann aber durch eine am Toppstag gesetzte Genua vergrößert werden. Dazu wird das Vorstag abgenommen und an den Mast geführt, um das Kreuzen zu vereinfachen.

Obgleich die *Amokura* für eine größere Besatzung gedacht war, ist es interessant zu vermerken, daß sie die längste Zeit ihres aktiven Lebens von ihrem Eigner George Miller, D. S. O., M. C., und seiner Frau allein gesegelt wurde. Eine ihrer Langfahrten führte vom Solent zum östlichen Mittelmeer und wieder zurück. Miller fand sie ideal für seine Absichten und trotz ihrer Größe weniger ermüdend zu bedienen als seine vorhergehenden kleineren Yachten.

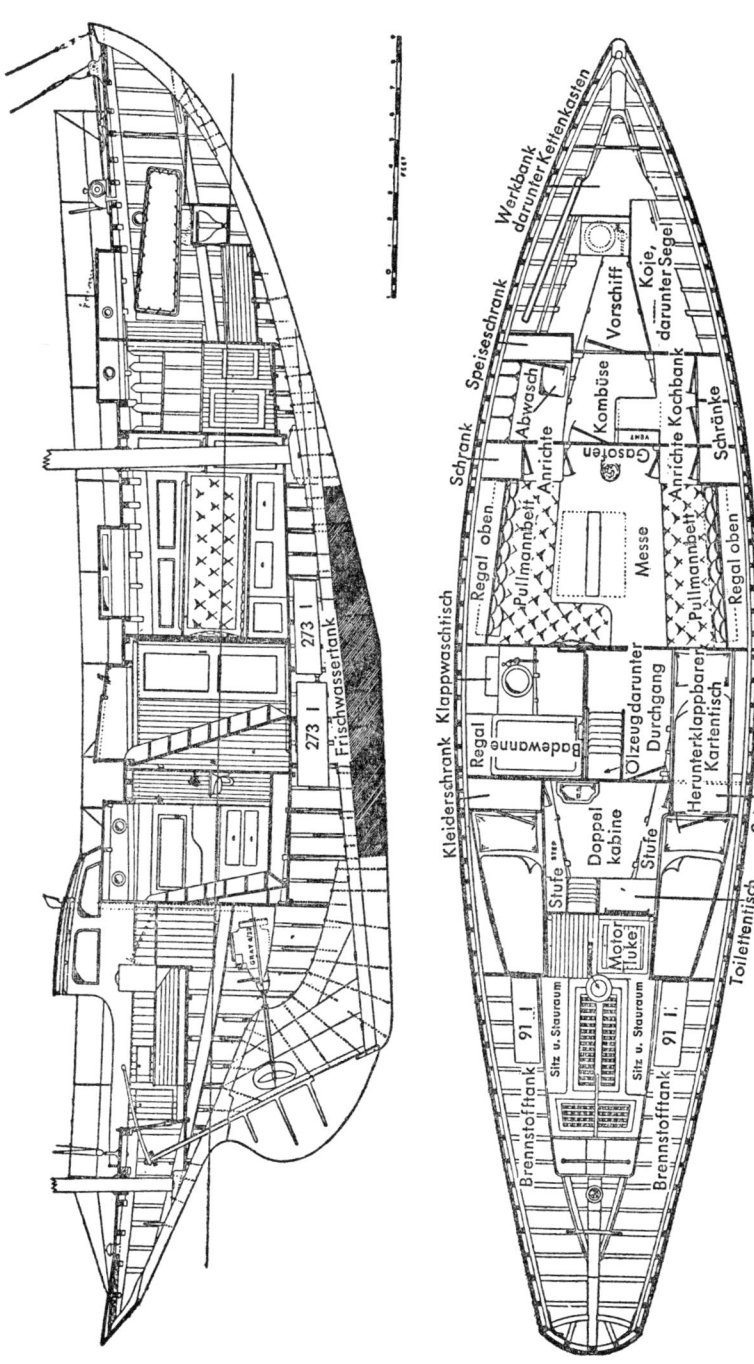

Abb. 51 — Amokura, Einrichtungsplan

Länge ü. A. = 15,46 m; Konstruktionswasserlinie = 11,58 m; Breite = 3,66 m; Tiefgang = 2,13 m; Themsevermessung = 28 Tonnen.

Werkbank
darunter Kettenkasten
Speiseschrank
Koje,
darunter Segel
Schrank
Vorschiff
Kombüse
Abwasch
Anrichte Kochbank
Gasofen
Anrichte
Schränke
Regal oben.
Pullmannbett
Messe
Pullmannbett
Regal oben
Kleiderschrank
Klappwaschtisch
Regal
Badewanne
Ölzeugdarunter
Durchgang
Herunterklappbarer
Kartentisch
Schrank überm
Bett
Doppel-
kabine
Stufe
Stufe
Toilettentisch
Brennstofftank
Sitz u. Stauraum
91 l.
Motor-
Luke
Sitz u. Stauraum
91 l.
Brennstofftank

273 l
273 l
273 l
Frischwassertank

247

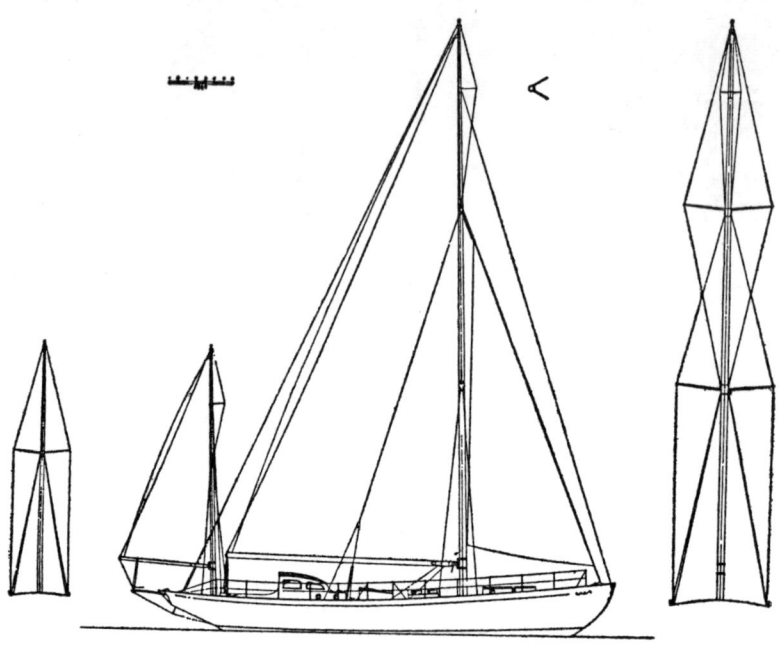

Abb. 52 — Amokura, Segelriß
Segelflächen: Großsegel = 64,47 qm; Besan = 9,66 qm; Fock = 20,63 qm.

ZWEITER TEIL

SEEMANNSCHAFT UND NAVIGATION

11

SEGELMANÖVER

Unter Segel gehen — Raumschots — Vor dem Wind
Am Wind kreuzen — Grundberührung und Abbringen
Anlegen und Ankern — Vermuren

Viele bekannte Fahrtensegler haben die Segelkunst in Dingis gelernt, und es ist schon viel Wahrheit in dem Wort, daß, wer ein Dingi segeln kann, mit jedem Fahrzeug fertig werden wird. Diese Methode des Segeln-Lernens hat eines für sich: die bei jedem Anfänger unvermeidlichen Fehler können nicht sehr kostspielig werden. Ich kenne auch eine Reihe von Männern mittleren Alters, die das Zeug zum guten Seemann in sich hatten und viel Freude und Befriedigung aus dem Fahrtensegeln hätten schöpfen können, es aber nie bis zur Führung einer Kreuzeryacht gebracht haben, weil sie sich von den körperlichen Anstrengungen des Segelns in kleinen Booten entmutigen ließen, die in den Händen eines unerfahrenen Seglers leicht vollschlagen oder kentern. Ich bin daher der Ansicht, daß der nicht mehr junge Anfänger das Segeln schneller in einem größeren Boot erlernt, dessen Deck das Eindringen des Wassers und dessen Ballastkiel das Kentern verhütet, in dessen Cockpit er ferner ungestört sitzen und sich auf seine Tätigkeit konzentrieren kann. Dort kann er von Anfang an seine eigenen Mahlzeiten kochen, an Bord schlafen, sich vom Lande unabhängig machen und so seine Laufbahn als Fahrtenmann in der richtigen Form beginnen.

Wenn es sich einrichten läßt, sollten die ersten Versuche gemeinschaftlich mit einem erfahrenen Segler unternommen werden. Bevor der Neuling aber zum erstenmal aufs Wasser geht, sollte er alle Bücher über die Handhabung von Segelschiffen studieren, die er finden kann. In diesem Kapitel soll versucht werden, ihm die elementaren Kenntnisse zu vermitteln, die er braucht. Er muß aber wissen, daß er Seemannschaft weder aus Büchern noch Vorträgen erlernen kann; denn sie ist eine Kunst, die sich ständig verbessern und mit frischen Erfahrungen auf jeder neuen Reise erweitern läßt. Das ist ja gerade eine der faszinierenden Seiten des Segelsports, daß es keine Endgültigkeit gibt; denn keine Bedingungen wiederholen sich in ganz der gleichen Form, und je älter wir werden, um so klarer erkennen wir die Grenzen unseres Könnens und Wissens. Diese Erkenntnis soll aber niemanden abschrecken, sich dem Sport auch in reiferen Jahren zuzuwenden, denn mit ein wenig Aufmerksamkeit und in einer verhältnismäßig kurzen Zeit praktischer Bemühungen vermag auch der Neuling genügend Kenntnisse zu sammeln, um Untiefen aus dem Weg zu gehen, Zusammenstöße zu vermeiden und in vernünftiger Fahrt sein Ziel anzusteuern. Es ist eine der erhabenen Seiten der Steuermannskunst und Seemannschaft, daß sich ein ganzes Leben mit dem Streben nach Vollkommenheit erfüllen läßt.

Unter Segel gehen

Aus Gründen der Vereinfachung soll hier angenommen werden, daß unsere Yacht als Kutter getakelt ist; der Besan einer Ketsch oder Yawl oder das Schonersegel eines Schoners würde genauso behandelt werden wie das Großsegel eines Kutters.

Jede frei ankernde oder mit dem Bug an einer Muring vertäute Yacht liegt, solange keine Tidenströmungen laufen, mit dem Kopf im Wind. Sobald aber Tidenströmungen vorhanden sind, haben diese größeren Einfluß auf die Yacht als der Wind, es sei denn, der Wind wäre sehr stark und der Tidenstrom sehr schwach. Eine Yacht mit normalem oder sogar großem Tiefgang hat stets die Neigung, sich ganz oder annähernd nach dem Strom zu legen, einerlei aus welcher Richtung der Wind steht, obgleich der Winddruck auf Rumpf und Takelage das Fahrzeug unter Umständen hin und her scheren läßt, besonders wenn der Wind gegen den Strom steht. Eine flachgehende Yacht wird natürlich noch unruhiger liegen und sich bei schwächer werdendem Strom früher nach dem Wind legen als eine Yacht mit größerem Tiefgang.

Die jeweilige Lage der Yacht zum Wind entscheidet die Art des Ablegemanövers. Steht der Wind von vorn oder jedenfalls vorlicher ein als dwars, setze zuerst das Großsegel und fiere die Großschot, so daß sich das Segel nicht mit Wind füllen kann. Anschließend setze den Klüver. Angenommen, du willst über Steuerbordbug ablegen, also hoch am Wind mit dem von Backbord einfallenden Wind, so lege das Ruder nach Steuerbord (Pinne nach Backbord), so daß die auf das Ruder wirkende Strömung den Bug der Yacht nach Steuerbord herumdrückt. Sobald dies geschieht, setze sofort den Klüver back, d. h. hole die Backbordschot luvwärts durch und lasse die Muring fahren. Wirf dann sofort den backgesetzten Klüver wieder los, hole die Leeschot durch und gleichzeitig die Großschot dicht, um Fahrt aufzunehmen. Es ist besser, mit dem Setzen der Fock zu warten, bis man die Muring verlassen hat, damit das Vorschiff solange für die Arbeit freibleibt; allerdings gibt es diese Wahl nicht, wenn die Yacht nur ein Vorsegel besitzt. Ohne Tidenstrom, also bei Stillwasser, kann man nicht auf das Ruder zur Unterstützung der ersten Drehung in der gewünschten Richtung rechnen. Anders ist es, wenn man die Yacht nach Loswerfen der Muring hat achteraus treiben lassen; dann muß das Ruder auf die andere Seite, d. h. auf Rückwärtsgang gelegt werden. Eine moderne Yacht kann aber eigentlich immer zum Abfallen gebracht werden, indem man den gesetzten Klüver auf der Backbordseite backhält (wenn man über Steuerbordbug abfallen will). Eine Yacht mit langem, geradem Kiel kann sich als träge erweisen; findet sie nicht genügend Raum, um Fahrt achteraus aufzunehmen, so muß sie beim Abfallen unterstützt werden, indem man die Muringsboje außerhalb der Wanten auf der späteren Luvseite (in diesem Fall Backbord) herumnimmt, die Muringskette vorn loswirft und von achtern, bei backgeholtem Klüver, am Bojenstander holt. Dieses Manöver wird den Kopf der Yacht zwingen, in der gewünschten Richtung abzufallen; sobald der Klüver voll Wind steht, kann auch die Boje losgeworfen werden.

Wenn du vor Anker liegend unter Segel gehen willst, und der Wind steht von vorn oder vorlich ein, setze ebenfalls das Großsegel zuerst. Bist du durch die Nähe anderer Fahrzeuge oder irgendwelcher Hindernisse gezwungen, über einem bestimmten Bug abzulegen, so hiev die Ankerkette ein, bis sie auf und nieder steht. Dann setze den Klüver und halte ihn back. Sobald die Yacht in der gewünschten Richtung abfällt, muß der Anker rasch ausgebrochen und sofort hochgeholt werden. Manchmal will ein Anker, der sich fest eingegraben hat, nicht im richtigen Augenblick loskommen, und die Yacht fällt, bevor es dir gelingt, ihn auszubrechen, über den falschen Bug ab. Sobald du das merkst, höre mit deinen Bemühungen am Anker auf und stecke lieber noch ein wenig mehr Kette aus, um zu verhindern, daß die Yacht selbst den Anker auf dem falschen Bug losreißt. In einer solchen Situation kann sich eine Ankerboje als recht nützlich erweisen (s. S. 219).

Ist es gleichgültig, auf welchem Bug der Anker ausbricht, so ist der einfachste Weg, um unter Segel zu gehen — und bestimmt der beste, wenn die Leeküste achtern nahe ist — den Anker auszusegeln. Hierfür setze Großsegel und Klüver, bevor du anfängst, die Kette einzuhieven. Setze den Klüver back, so daß die Yacht über dem einen oder anderen Bug abfällt; dann hole die Klüverschot in Lee durch, lege die Ruderpinne ein wenig nach Luv, so daß die Yacht anfängt zu segeln und hole, während sie Fahrt aufnimmt, die Lose der Ankerkette ein. Sehr bald kommt sie steif; lege rasch und rechtzeitig einen Törn um den Poller, wodurch die Yacht auf den anderen Bug gezwungen wird. Hole den Klüver in Lee dicht, lege die Pinne ein wenig nach Luv, worauf die Kette, sobald du Fahrt aufnimmst, wieder ein wenig lose kommt und du die Chance hast, mehr Lose einzuholen, bevor sie zum zweitenmal steifkommt und den Bug wiederum auf die andere Seite herumholt. Fahre in der gleichen Weise fort; die Schläge werden, je mehr sich die Yacht dem Anker nähert, kürzer und kürzer, bis sie schließlich über dem Anker segelt. Hast du diesen Augenblick erfaßt und die Kette belegt, so reißt sie den Anker aus dem Grund. Dieser Weg ist aus zwei Gründen empfehlenswert; erstens leistet die Yacht die meiste Arbeit, und zweitens entfernt sie sich die ganze Zeit von der Leeküste. Ist sie mit einer Ankerwinde oder einer Kettensperrklinke ausgerüstet, so entfällt natürlich die Notwendigkeit, die Kette am Ende eines jeden kurzen Schlags zu belegen; alles was du dann zu tun hast, ist, die Lose einzuholen; die Sperrklinke besorgt den Rest.

Bei seitlichem oder raumem Wind muß die Muring losgeworfen oder der Anker eingeholt worden sein, bevor die Segel gesetzt werden können. Setzte man die Segel zuerst, so würden sie voll Wind fallen und die Yacht über oder um die Kette herumtreiben, und es würde sehr schwierig werden, die Muring loszuwerfen oder den Anker einzuhieven. Gehe vielmehr wie folgt vor: Mache das Großsegel vorher klar zum Setzen, dirke den Baum an und nimm alle Zeisings bis auf einen ab. Schlage den Klüver klar zum Setzen an oder setze ihn aufgetucht. Wirf die Muring los oder brich den Anker aus. Brauchst du das Großsegel, um die Yacht von einem beengten Platz freizusegeln, so muß es unter Umständen sofort gesetzt werden, sobald die Yacht in Fahrt ist. Bei ausreichendem Seeraum in Lee ist es sonst am besten, sich unter Klüver allein von den anderen ringsumher ankernden Fahrzeugen freizusegeln, bis man genügend Raum zum Setzen des Großsegels findet.

Es ist ein Irrtum, zu glauben, daß man das Großsegel bei seitlich einfallendem Wind setzen könne, bevor man loswirft, denn die achteren Unterwanten hindern das Segel, in einem Winkel von 90 Grad auszuschwingen, der einzigen Lage, in der es keinen Wind fangen würde. Notfalls ließe sich bei leichtem bis mäßigem Wind eine Ausnahme für das Gaffelsegel machen, das man mit aufgedirktem Baum und weggefierter Piek setzen kann, so daß es nicht mehr viel Wind fängt.

Manchmal kommt es vor, daß man sich an einer Muring vertäut oder geankert hat, als der Ankerplatz noch frei von Hindernissen war, daß aber spätere Ankömmlinge sich so nahe hingelegt haben, daß nicht genug Raum übrigbleibt, um sich unter Segel freizumanövrieren. Für diesen Fall mag einer der folgenden Vorschläge von Nutzen sein. Ist der Weg nach achtern frei, aber nicht genug Platz, um unter Segel zu drehen, so kann man die Yacht an ihrer Muring herumlegen, indem man sie vorn loswirft und das Heck, bevor man die Segel setzt, wieder heranholt. Außer bei sehr kleinen Fahrzeugen oder solchen, die vor einer Warptrosse liegen, wird es wahrscheinlich aber schwierig, wenn nicht unmöglich sein, den Anker über das Heck einzuholen, ohne sich die Reling mangels einer geeigneten Kettenführung zu beschädigen. Eine andere Möglichkeit wäre, eine Leine zu einem der Nachbarn mit dessen Erlaubnis auszubringen, dann den Anker zu lichten oder von der Muring loszuwerfen, sich hinter den Nachbarn zu legen und nach Setzen der benötigten Segel von ihm abzulegen. Das ist jedoch eine Situation, in der die meisten Leute lieber den Hilfsmotor anstellen würden.

Raumschots

Man spricht von raumschots Segeln, wenn ein Fahrzeug mit halbem oder auch vorlichem Winde segelt, aber nicht so weit vorlichem, daß es gezwungen wäre, hoch am Wind mit dichtgeholten Schoten zu segeln. Segelt es fast am Winde, aber mit etwas gefierten Schoten, so segelt es raumschots am Wind; steht der Wind aber dwars oder fast dwars ein, so spricht man von einem mit halbem Winde raumschots gesegelten Kurs. Dieser Wind wird im Englischen als „Soldatenwind" (soldier's wind) bezeichnet. *)

Auf Raumschotkursen zu steuern, erfordert keine große Schwierigkeit. Man braucht die Yacht lediglich auf Kurs zu halten und steuert dabei entweder nach Landmarken oder nach dem Kompaß. Raumschots werden die größten Geschwindigkeiten entwickelt. Jedes Segel gibt sein bestes her, ohne Abwind zu werfen oder andere Segel abzudecken; allerdings müssen die Segel gut getrimmt sein. Sind die Schoten zu weit ausgefiert, so fangen die Segel zu killen an und ziehen nur noch unvollkommen; sind sie zu dicht geholt, so verlieren sie an Vortrieb, und die Yacht hat übermäßige Abtrift. Die annähernd richtige Segelstellung läßt sich ermitteln, indem man die Schoten so weit ausfiert, daß die Vorlieken eben anfangen, sich zu heben oder zu killen, um sie dann ein ganz klein wenig dichter zu holen als notwendig ist, um die Segel wieder zu füllen. Die Yacht darf ein wenig luvgierig sein, so daß die Pinne etwas nach Luv gelegt werden muß, um die Yacht auf Kurs zu halten. Wenn sie sich aber bei sonst

---

*) Nach deutscher Auffassung, auch der der Seeämter, segelt eine Yacht nicht nur dann am Wind, wenn sie mit dichtgeholten Schoten am Winde liegt, sondern auch dann noch, wenn der Wind bis zu 7 Strich von vorn kommt (anders die Wettsegelbestimmungen!). Dem englischen Begriff „raumschots" entspricht der deutsche Begriff „voll und bei".

ausgetrimmtem Rumpf als stark luvgierig zeigt, ist es ein Zeichen, daß entweder die Großschot zu hart oder die Vorsegel nicht hart genug angeholt worden sind. Bei Leegierigkeit verhält es sich umgekehrt.

Eine gewisse Luvgierigkeit ist bei jedem Segelfahrzeug eine wünschenswerte Eigenschaft; sie macht die Pinne lebendig und vermittelt dem Rudergänger das Gefühl, wie ein Schiff segelt und sich benimmt. Wird das Schiff von einer Bö überrascht, geht es von selbst in den Wind und befreit sich von dem Segeldruck. Eine leegierige Yacht ist dagegen gefährlich; in einer Bö neigt sie dazu, abzufallen, wodurch sich der Druck auf ihren Segeln erhöht, und bei schwerem Wetter läuft sie unter Umständen sogar aus dem Ruder. Es gibt nur wenige vollkommen ausbalancierte Yachten, die weder luv- noch leegierig sind und lange Zeit ihren Kurs einhalten können, ohne daß man sich um sie kümmert; bei der Leblosigkeit ihrer Pinne sind sie jedoch beim Kreuzen schwerer zu segeln.

Vor dem Wind

Man sagt, ein Fahrzeug segelt vor oder mit dem Wind, wenn der Wind achterlicher als dwars einsteht. *) Bei halbem Wind und Winden bis zu 45 Grad achterlicher als dwars unterscheidet sich das Segeln vom Standpunkt des Rudergängers kaum von der Fahrt raumschots; er hat lediglich seinen Kurs nach Landmarke oder Kompaß zu steuern, während Groß- und Vorsegel ungestört ihre Kraft entfalten. Kommt aber der Wind noch achterlicher ein, so werden die Vorsegel vom Großsegel abgedeckt; sie schlagen im Rollen der Yacht nutzlos von einer Seite zur anderen, und die Fahrt läßt entsprechend nach. Platt vor dem Wind ist der einzige Segelkurs, auf dem sich ein Fahrzeug mit Schratsegeln ungünstig von seinem rahgetakelten Vorgänger unterscheidet; denn ohne einen Spinnaker steht das einzige kraftentfaltende Segel auf nur einer Seite der Mittschiffslinie und versucht, das Fahrzeug zum Anluven und in den Wind zu bringen, und das Segel, an der Achterkante des Mastes befestigt, schamfilt weit ausgefiert an den Leewanten. Bei ruhiger See läßt sich das Schonersegel eines Schoners oder der Besan einer Ketsch oder Yawl auf der entgegengesetzten Seite des Großsegels ausbringen, aber das sogenannte „Schmetterlingssegeln" endet, wenn eine Yacht stark zu rollen anfängt — und alle Segelfahrzeuge rollen, wenn sie vor frischem Wind und bewegter See laufen. Bei dem Versuch, diese Bewegungen auszugleichen und einen genauen Kurs zu steuern, verschlimmert der Rudergänger unter Umständen nur diesen Rhythmus. Er soll seiner Yacht vielmehr erlauben,

---

*) Nach deutscher Auffassung ist dies raumer Wind — man segelt „raumschots".

ein wenig von ihrem Kurs abzuweichen, ohne es natürlich zum Halsen kommen zu lassen; er soll ihr nachgeben — und er wird sehen, daß sie dann manchmal weniger rollt.

Wenn eine Yacht platt vor dem Laken segelt, hört für den Rudergänger das behagliche Auf-seinem-Sitz-Hocken und das Steuern eines vorgeschriebenen Kurses nach Kompaß oder Landmarke auf. Er muß den Wind und das Verhalten der Yacht beobachten; denn wenn er den Wind zu sehr von der Seite, auf der das Großsegel steht, einkommen läßt, umfaßt dieser unter Umständen das Achterliek und schlägt das Segel unversehens auf die andere Seite. Dieser Vorgang wird als unfreiwilliges Halsen bezeichnet und ist bei viel Wind gefährlich; denn Baum, Gaffel und Segel erreichen während des Halsens eine beträchtliche Schwungkraft, die — plötzlich durch die steifkommenden Schoten abgestoppt — Teile der Takelage brechen oder das Segel zerreißen kann. Steht in diesem Augenblick noch das Luvbackstag, so schlägt der Baum dagegen und kann brechen, oder das Backstag bricht, wobei der Mast selbst in Gefahr gerät. Der vorsichtige Rudergänger wird sich daher darauf konzentrieren, die Yacht niemals zu weit nach Lee ausscheren zu lassen. Obgleich es theoretisch so aussieht, als ob der Wind fast seitlich einfallen müßte, bevor er das Achterliek umfassen und das Segel herumschlagen kann, ist es in der Praxis anders, denn die Rollbewegung der Yacht beeinflußt erheblich und überraschend die Windrichtung in bezug auf das Segel. Dazu kommt die auf den Baum wirkende Schwerkraft, wenn die Yacht auf die dem Baum gegenüberliegende Seite rollt, wodurch ebenfalls ein Halsen begünstigt wird. Obgleich ein Stander unentbehrlich ist, kann man von ihm eine Angabe über die wahre Windrichtung nicht erwarten, denn wegen der Rollbewegungen steht er nicht immer in der richtigen Windrichtung. Am zuverlässigsten in dieser Beziehung erweist sich noch immer der Wind, den man im Nacken oder hinter den Ohren spürt. Beim Tragen eines Südwesters stelle man daher den Nackenschutz hoch und stopfe die Ohrenklappen unter. Auch habe ich beobachtet, daß Frauen, die ihr Haar über den Ohren tragen, sich an der Pinne vor dem Wind nicht ganz behaglich fühlen. Ein Schiff vor dem Wind nach Lee zu drücken, kostet nebenbei gesagt Geschwindigkeitsverlust.

Wind- oder Kursänderungen können natürlich ein Halsen notwendig machen; es ist aber ungefährlich, wenn es richtig ausgeführt wird. Hole die Großschot dicht, bis der Baum so weit mittschiffs steht, wie es möglich ist, und belege sie. Um ein vorzeitiges Halsen zu vermeiden, luve währenddessen ein wenig an, so daß der Wind schräg von achtern einkommt. Setze das Backstag auf der zukünftigen Luvseite, und lege dann die Pinne nach Luv. Während der achterliche Wind von der einen nach der anderen Seite herüberwechselt, kommt das Segel mit nur geringer Kraft über. Die

Yacht versucht, nach dem Halsen sofort anzuluven, so daß das Leeback-stag losgeworfen und die Großschot rasch ausgefiert werden muß. Selbst wenn du mit der Schot einen Törn um eine Klampe oder einen Belegnagel gelegt hast, hüte dich bei einer Halse davor, sie aus der Hand zu fahren; denn wenn du sie einmal nicht festhalten kannst, läufst du Gefahr, dir die Haut von der Hand zu reißen. Ein Besan wird ebenso behandelt wie das Großsegel. Hole am Schluß die Vorsegel auf die andere Seite, so daß sie klar sind, wenn die Yacht an den Wind gehen muß.

Am Wind

Eine Yacht segelt am Wind, wenn der Wind vorlicher als dwars ein-kommt und ihre Schoten dichter geholt werden müssen als auf irgend-einem anderen Kurse. Man bezeichnet dies auch als „voll und bei" segeln, d. h. man hält die Segel voll, indem man nach dem Wind steuert und nicht nach der Landmarke oder Kompaß. Nur durch Erfahrung kannst du lernen, wie hoch du am Wind segeln und das Beste aus deinem Schiff her-ausholen kannst; es kommt dabei darauf an, den goldenen Mittelweg zu finden zwischen Anliegen so hoch am Wind, daß die Segel gerade anfan-gen zu killen, und Abfallen so weit, daß die Yacht bei erhöhter Fahrt durchs Wasser von dem gewünschten Kurs nicht allzu weit abkommt.

Yachten unterscheiden sich in ihrer Fähigkeit, hoch an den Wind zu gehen. Eine seetüchtige hochgetakelte Kreuzeryacht segelt wohl 45 bis 50 Grad, ein gaffelgetakeltes Fahrzeug 50 bis 55 Grad zum wahren Wind. Man muß sich dabei aber klar machen, daß die Segel — außer bei genau achterlichem Wind — nach dem scheinbaren und nicht nach dem wahren Wind reguliert werden müssen. Die Richtung des scheinbaren Windes im Verhältnis zu einer auf einem bestimmten Kurse segelnden Yacht hängt von deren Geschwindigkeit und der Stärke des Windes ab. Es ist nicht

---

Tafel 40
A. Ein kleiner, bei frischem Wind gesetzter Spinnaker. Der Baum hat eine offene, auf den Mast passende Holzklau. *B.* und *C.* Eine gute Methode, um den Spinnakerbaum auf einer großen Yacht aufrecht am Mast zu fahren, wenn er nicht gebraucht wird. Die Nock des Baums paßt in einen entsprechend geformten Beschlag am Mast; der Baum selbst wird mit der Toppnant an den Beschlag geholt; die Toppnant läuft durch eine hölzerne Kausch unterhalb des Beschlags. *D.* Eine einfache Methode, Vor- und Achterholer beim Fahren eines Parachute-Spinnakers anzubringen. Das eingespleißte Auge am Ende des Achterholers wird über die verjüngte Spinnakerbaumnock geschoben; der Vorholer ist ein Ende für sich mit einem Schnappschäkel, der am   Achterholer eingehakt und nach vorn geholt wird. Beim Schiften bleibt der Achterholer am Segel, nur vom Spinnakerbaum abgestreift und verwandelt sich jetzt in eine Schot. *E.* Ein bei halbem Wind gesetzter Spinnaker; er würde noch besser stehen, wenn er um das Toppstag herumgenommen würde.

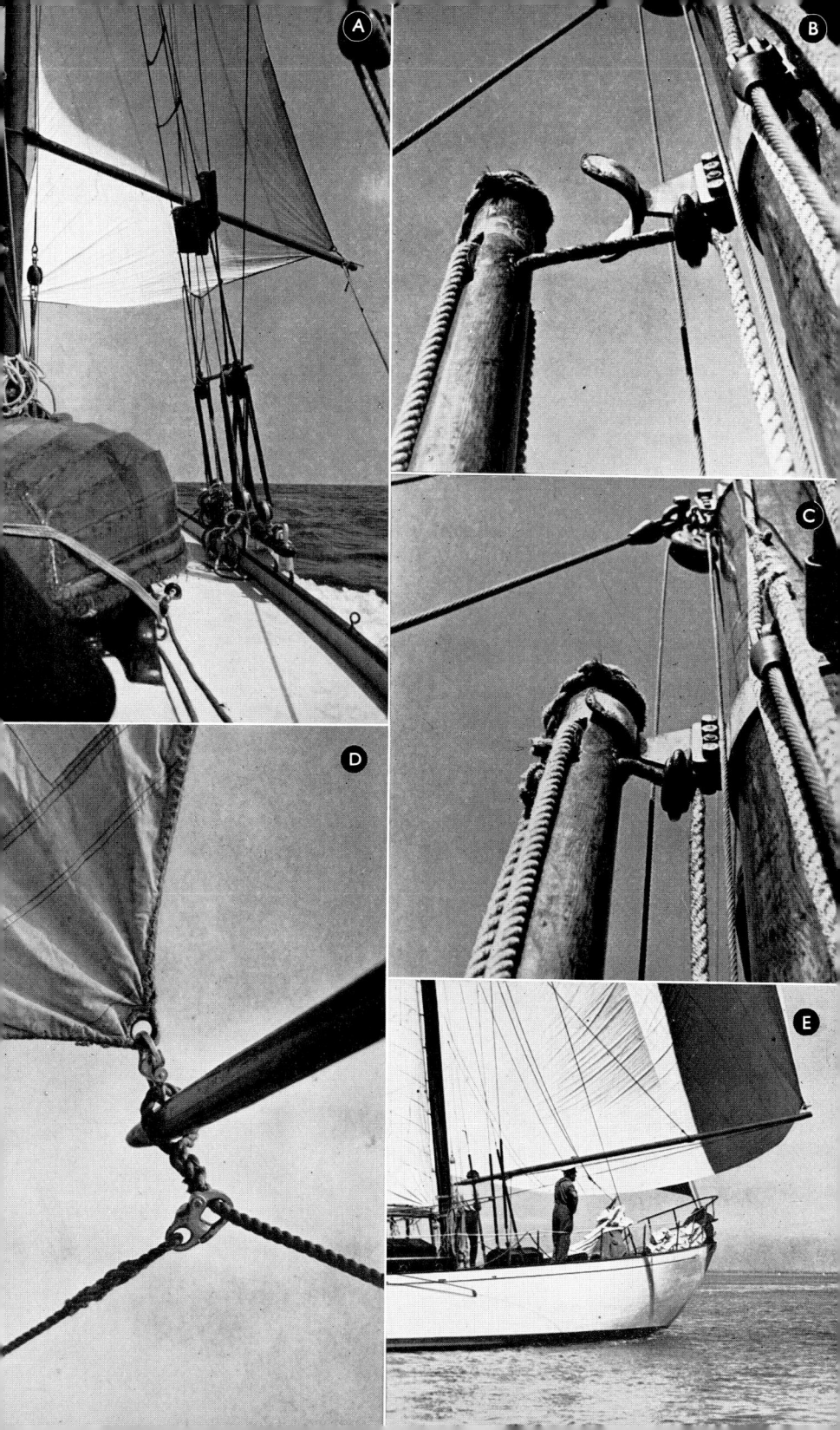

schwer, sich an Hand einer Zeichnung die Abweichung des scheinbaren Windes vom wahren Wind unter den jeweils herrschenden Umständen klarzumachen. In der obersten Zeichnung der Abb. 53 bedeutet Y die Position einer hoch am Wind auf Backbordbug segelnden Yacht und YC ihren Kurs. Als Beispiel wollen wir annehmen, sie segele in einem Winkel von 45 Grad zum wahren Wind, der mit sechs Meilen weht, und ihre Fahrt betrage 5 Knoten. (Diese etwas wirklichkeitsfremden Zahlen sind absichtlich gewählt worden, um die Situation in der zeichnerischen Darstellung zu verdeutlichen.) Lege TY in einem Winkel von 45 Grad an YC, um die Richtung des wahren Windes zu kennzeichnen, und trage unter Verwendung einer beliebigen Maßeinheit sechs Einheiten darauf ab, welche die Geschwindigkeit von 6 Knoten darstellen. Ziehe von T eine Linie parallel zu YC und mache sie 5 Einheiten lang, um die Geschwindigkeit der Yacht anzuzeigen. Dann stellt AY die Richtung des scheinbaren Windes dar, und wenn wir den Winkel AYC messen, finden wir, daß der Winkel zwischen scheinbarem Wind und Kurs 25 Grad beträgt. Die mittlere Darstellung in Abb. 53 zeigt die Situation bei einer langsameren Yacht, die bei einer Windgeschwindigkeit von 6 Knoten nur 3 Knoten läuft, und man erkennt daraus, daß der Winkel zwischen scheinbarem Wind und Kurs (30 Grad) größer ist als bei der schnelleren Yacht. Die untere Zeichnung zeigt, daß bei stärkerem Wind (10 Knoten) der scheinbare Wind eine hoch am Wind mit 5 Knoten Fahrt segelnde Yacht in einem größeren Winkel zu ihrem Kurs erreicht als es bei leichtem Wind der Fall war, nämlich unter einem Winkel von 30 Grad verglichen mit 25 Grad. Obgleich solche Zeichnungen geringen praktischen Wert besitzen, begründen sie doch, warum die Schoten einer schnell segelnden Yacht härter angeholt werden müssen als die einer langsamen Yacht auf gleichem Kurs; ferner machen sie verständlich, warum langsame Boote manchmal höher am Wind segeln können als schnelle. Die mit der gleichen bisher verwendeten Maßeinheit aufgemessene Strecke AY zeigt die Stärke des scheinbaren Windes in Knoten an.

Der Anfänger macht gewöhnlich den Fehler, seine Segel hoch am Wind zu dicht zu holen und gleichzeitig zu hoch zu steuern; seine Yacht mag dann freilich den gewünschten Kurs anliegen, macht aber kaum noch Fahrt durchs Wasser. Wenn man eine durchschnittliche Kreuzeryacht so

---

Tafel 41
Maurice Griffiths, G.M., A.R.I.N.A., genießt als Konstrukteur von Yachten mit geringem Tiefgang einen großen Ruf. *A.* Der 8-Tonner *Barcarole,* eine seiner Kimmkielkonstruktionen, auf hartem Sandboden bei Burnham-on-Crouch, und *(B.) Mimulus,* einer seiner Eventides, von ihrem Eigner Dr. DeVille selbst gebaut, unter Segel vor Old Harry. C. Kleiner, von Rayner konstruierter Kimmkieler, gemütlich auf dem Strand von Yarmouth, I.W. hockend.

behandelt, wird sie leblos auf dem Ruder und fängt an, nach Lee abzutreiben. Man muß ihre Schoten dann ein wenig auffieren und sehen, daß
sie wieder Fahrt aufnimmt, auch wenn sie dann nicht mehr so hoch anliegen kann. Werden die Schoten der Segel richtig geführt, so dürfte im

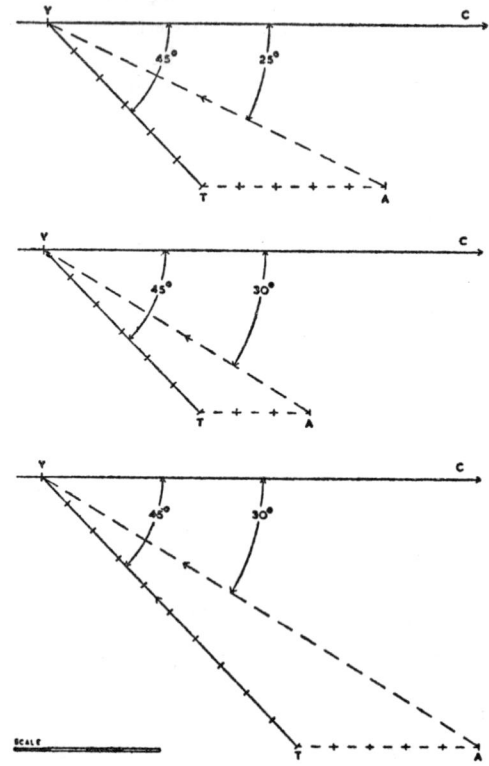

Abb. 53 — Wahrer und scheinbarer Wind

Y ist der Standort der Yacht, *YC* ihr Kurs; *TY* ist die Richtung des wahren
Windes, *AY* die Richtung des scheinbaren Windes. Die Richtung des scheinbaren
Windes ändert sich je nach der Geschwindigkeit der Yacht und/oder des Windes.

allgemeinen kein Abwind von einem Segel in das andere geworfen werden, obgleich es Beispiele von bermudagetakelten Yachten mit großen
Vorsegeln gibt, die am besten laufen, wenn das Vorliek des Großsegels
eben zu killen anfängt. Trimme deine Segel auf jeden Fall so, daß der
Klüver beim Anluven als erstes Segel zu flattern beginnt, und richte dich
danach.

Sobald du das erste Anzeichen von Killen wahrnimmst, weißt du,
daß du zu hoch segelst und abfallen mußt. Gewöhne dein Auge an den

Winkel zwischen Stander und Mittschiffslinie deiner Yacht; schon sehr bald wirst du dich hiernach richten, und dein Klüver wird weniger oft killen. Wenn du später mit deiner Yacht vertraut geworden bist, wirst du entdecken, daß du sie selbst mit geschlossenen Augen ziemlich gut am Wind zu segeln vermagst, indem du dich nur noch vom Gefühl der Hand an der Pinne und dem Gefühl des Windes auf deiner Wange leiten läßt. Auch wirst du die Erfahrung machen, daß du durch Anluven in einer Bö Luvraum gewinnen kannst (der scheinbare Wind kommt dann etwas seitlicher ein), aber daß du, wenn du Fahrt im Schiff behalten willst, wieder etwas abfallen mußt, wenn die Bö nachläßt. Denke an den alten Knüttelvers:

> In a puff spring a luff — in a lull keep her full

also etwa: In der Bö luv an, danach fall ab.

Ein guter Stand der Segel hoch am Wind ist noch wichtiger als auf allen anderen Kursen. Alle Vorlieken, ganz besonders die der Vorsegel, müssen so gut durchgesetzt werden, wie es nur möglich ist. Voraussetzung dafür ist, daß auch die Backstagen oder Preventer richtig angesetzt sind. Dirk und Leebackstagen dürfen sich nicht in das Großsegel drücken und den Bauch verderben.

Die meisten Rudergänger steuern am liebsten von Luv, von wo sich die Windrichtung besser beobachten läßt. Außerdem ist es auf die Dauer weniger ermüdend, die Pinne an sich heranzuziehen, als sie wegzudrücken. Die Wahl des Platzes ist aber eine Sache des persönlichen Geschmacks, wie es auch Rudergänger gibt, die es bei leichtem Wind vorziehen, von Lee aus zu steuern, um die Vorsegel besser im Auge behalten zu können.

Radsteuerung findet man im allgemeinen nicht auf Yachten unter 15 Tonnen Größe. Es gibt aber Yachtbesitzer, die sie sogar auf ganz kleinen Fahrzeugen bevorzugen, da sie weniger Raum im Cockpit beansprucht als die Pinne und auf Schiffen, die hart auf dem Ruder liegen, weniger Kraftanstrengung erfordert.

Kreuzen

Wenn du dein Ziel hoch am Winde segelnd nicht anliegen kannst, mußt du kreuzen, indem du abwechselnd auf dem einen oder anderen Bug so hoch am Winde segelst, wie die Umstände es erlauben.

Zum Wenden muß die Ruderpinne nach Lee gelegt werden, so daß die Yacht in den Wind schießt und auf dem anderen Bug wieder abfällt; währenddessen werden die Vorsegel herumgenommen, das Luvbackstag festgesetzt und das Leebackstag losgeworfen. Wird eines der beiden Vorsegel oder beide zu frühzeitig herumgenommen und backgesetzt, so kann das Wendemanöver unter Umständen mißlingen; die Yacht fällt auf den alten Bug zurück. Werden auf der anderen Seite die Vorsegelschoten zu spät durchgeholt, so wird die Arbeit schwerer. Der Klüver muß durchgeholt sein, bevor er sich auf dem neuen Bug wieder mit Wind füllt.

Gib niemals hart Ruder, denn dadurch verlangsamst du die Fahrt durch den erhöhten Widerstand, den das Ruder in dem fließenden Wasser erzeugt. Deine Aufgabe muß vielmehr sein, die Yacht von dem einen auf den anderen Bug herumzusegeln und nicht, sie herumzuzwingen, indem du das Ruder hart überlegst. Wirf die Vorsegelschoten nicht zu früh los; sonst verlierst du die vorantreibende Kraft der Vorsegel, und unnötiges Schlagen bekommt ihnen sowieso nicht. Wenn du weißt, daß die Yacht bei bewegter See im Wendemanöver ein wenig träge ist, segele sie, bevor du durch den Wind gehst, „voll und bei", um sie Fahrt aufnehmen zu lassen. Gib deiner Besatzung das Vorbereitungskommando „Klar zum Wenden" und lege dann mit dem Kommando „Rhe" die Pinne langsam über. Jetzt fängt die Yacht langsam an, in den Wind zu gehen; denke aber daran, daß die Segel, solange sie noch voll stehen, zur Fahrtgeschwindigkeit beitragen. Fangen die Segel an zu schlagen, so darfst du die Pinne noch eine Kleinigkeit weiter überlegen; der Ruderausschlag darf aber nie mehr als 35 Grad betragen. Darüber hinaus würde das Ruder lediglich als Bremse wirken. Geht eine Yacht nur zögernd über Stag, wie es bei kurzen, breiten Fahrzeugen mit langem Kiel oft der Fall ist, so kann sie ihre Fahrt, bis sie im Wind liegt, schon fast verloren haben; dann muß sie durch Backhalten eines ihrer Vorsegel so lange unterstützt werden, bis es sicher ist, daß sie über den richtigen Bug abfällt. Wenn sie im Wind liegend in eine besonders heftige Gegenseite gerät und vorn tief einsetzt, kann sie sogar alle Fahrt verlieren und im Wind liegenbleiben, bis sie anfängt, achteraus zu treiben. Bei Fahrt über den Achtersteven wirkt das Ruder im entgegengesetzten Sinne wie bei der Vorausfahrt, so daß man das Schiff durch umgekehrtes Legen des Ruders auf den richtigen Bug bringen kann. Dieser Vorgang wird als „Über-Steuer-Gehen" bezeichnet und stellte in den Tagen der Rahsegler ein anerkanntes und häufig angewandtes Manöver dar, zu dem man aber normalerweise mit unseren handigen, „fore-and-aft" getakelten Fahrzeugen keine Zuflucht zu nehmen braucht. Vergiß nicht, daß deine Yacht, wenn sie beim Wendemanöver Fahrt achteraus aufnimmt und du vergessen hast, das Ruder auf Rückwärtsgang zu legen, auf ihren alten Schlag zurückfallen wird. Man kann natürlich auch halsen, anstatt über Stag zu gehen, d. h. die Pinne nach Luv legen und die Yacht so lange vom Winde abdrehen, bis sie halst, weiterdreht und auf dem neuen Bug am Wind liegt. Außer wenn man durch sehr starken Wind und Seegang dazu gezwungen wird, bietet das Halsen aber keinerlei Vorteile, um so weniger, als man mit jedem Halsen an Höhe verliert.

Außer bei der Fahrt vor dem Wind wird ein Segelfahrzeug durch den Druck des Windes auf Segel, Takelage und Rumpf nicht nur vorangetrieben, sondern auch seitlich durchs Wasser gedrückt. Diese seitwärts gerichtete Bewegung wird als Abtrift bezeichnet und in Winkelgraden oder Kompaßstrichen ausgedrückt als Winkel zwischen der Recht-achteraus-Richtung und dem Kielwasser. Die Größe der Abtrift hängt vom Typ der Yacht, dem Kurs, der Windgeschwindigkeit und der Art des Seegangs ab. Eine Yacht mit geringem Tiefgang oder hohem Freibord hat mehr Abtrift als eine andere Yacht mit großem Tiefgang und niedrigem Freibord. Die Abtrift ist größer hoch am Wind als raumschots, größer in schwerem als bei leichtem Wetter. Auch die Schnelligkeit einer Yacht und die Beschaffenheit ihres Unterwasserschiffs — ob es sauber oder bewachsen ist — sind nicht ohne Einfluß. Eine gut konstruierte Kreuzeryacht sollte unter Vollzeug hoch am Wind und bei handigem Wetter nicht mehr als 5 Grad oder einen halben Strich Abtrift haben.

Grundberührung und Abbringemanöver

Jeder, der viel auf Flüssen, Seitenarmen oder in sandbankreichen Gewässern segelt, muß früher oder später einmal auf Grund laufen, sei es infolge eines navigatorischen Irrtums, mangelnder Ortskenntnis oder des Versuches, Ecken zu schneiden, um abzukürzen. Viele von uns haben, besonders als wir anfingen zu segeln, einen guten Teil unserer Zeit fest auf Schlick verbracht.

Ist der Grund hart und einigermaßen flach, stößt es zunächst einige Male, wenn der Kiel den Boden berührt. Änderst du sofort den Kurs in Richtung auf tieferes Wasser und schickst gleichzeitig deine Mitsegler nach vorn, um durch Belastung des Vorschiffs die Hacke des Kiels, die gestreift hat, zu heben, so gelingt es dir vielleicht, die Yacht freizusegeln. Wenn der Boden aber aus weichem Schlick besteht, wie es häufig bei Flüssen und ihren Buchten der Fall ist, so schneidet der Kiel hinein, und du merkst erst an der Leblosigkeit deiner Pinne und an einem Bums am Heck (wenn das Dingi aufläuft), daß du auf Grund gelaufen bist. Sofortiges Handeln kann die Yacht vielleicht wieder flottmachen, auch wenn das Wasser fällt; doch Nervosität, Verzögerung oder falsche Maßnahmen bewirken nur, daß die Tide weiter ausläuft. Sobald sich die ersten Anzeichen bemerkbar machen, daß die Yacht trockenfallen wird, ist es meistens sinnlos, bis zur nächsten Flut weitere Versuche zu unternehmen. Was sofort zu tun ist, hängt davon ab, wie die Yacht in bezug auf die Strömung und Wind auf Grund geraten ist, zum Teil auch von der Form ihres Unterwasserschiffs. Wo immer es sich ermöglichen läßt, soll man versuchen, die Segel die Arbeit leisten zu lassen; in vielen Fällen wird es sich aber nicht umgehen lassen, einen Anker auszubringen, um sich damit herunterzuholen.

Meistens läuft man auf Grund, wenn man einen Fluß herauf- oder herunterkreuzt, weil man dann ständig versucht ist, die Schläge zu lang zu machen. Findet die Grundberührung statt, wenn die Yacht gerade über Stag geht, mit dem tiefen Wasser beispielsweise an ihrer Backbordseite, so setze die Vorsegel durch Anholen der Steuerbordschoten back, einerlei ob Flut oder Ebbe läuft, in der Hoffnung, daß sie den Bug herumdrücken, das Großsegel sich auf dem anderen Bug wieder füllt und das Schiff in tieferes Wasser zurücksegelt. Gelingt dies nicht, so gehe nach vorn und versuche mit Hilfe einer Spiere (vielleicht des Spinnakerbaums), den Bug von der Steuerbordseite aus herumzudrücken; oder springe bei einem kleinen Fahrzeug selbst über Bord und stoße es herum, wobei die Gewichtsentlastung mithelfen wird. Bleibe aber auf dem Sprung, an Bord zurückzuklettern, sobald dein Schiff sich wieder in Bewegung setzt.

In diesem wie in allen ähnlichen Fällen, wo es sich darum handelt, eine Yacht herumzudrehen, um sie wieder freizubekommen, ist ein Fahrzeug mit tiefer Hacke und stark auflaufendem Stevenanlauf oder mit einem an den Schiffsenden stark hochgezogenen Kiel im Vorteil. Eine Yacht mit langem, geradem Kiel und steilem Steven muß im allgemeinen auf dem entgegengesetzten Wege heruntergeholt werden, auf dem sie aufgelaufen ist; jeder Versuch, sie herumzudrehen, bewirkt nur, daß sich Sand- oder Schlickberge vor ihrer Stevenseite auftürmen.

Wenn du mit der Flut stromaufwärts kreuzt, und du läufst unter vollem Segeldruck auf Grund, fiere sofort die Schoten auf und hole alle Segel herunter, die sonst die Yacht weiter auf Land treiben würden. Dann bringe den Anker auf der Luvseite aus; sobald sich die Yacht mit dem Strom gedreht hat, kannst du die Segel auf dem anderen Bug setzen und die Yacht wieder herunterbringen. Du brauchst nicht an der Warptrosse zu holen; habe Geduld und lasse die Tide dein Schiff flottmachen, bevor du selbst anfängst zu arbeiten. Bist du aber unter ähnlichen Umständen, aber bei ablaufendem Wasser auf Grund geraten, so sind die Aussichten, dein Schiff vor dem nächsten Hochwasser wieder herunterzuholen, gering; denn bis du deine Segel geborgen und den Anker ausgefahren hast, ist dein Schiff vielleicht schon trockengefallen, und keine Kraft vermag es dann noch zu bewegen.

Gerätst du raumschots segelnd auf der Luvseite eines Flusses auf Grund, so wird dich das Großsegel immer weiter auf Land drücken. Wenn der Wind vorlicher als dwars einkommt, fiere die Großschot aus, bis kein Druck mehr auf dem Segel steht, halte die Vorsegel back und versuche, notfalls das Vorschiff mit einer Spiere oder dem Bootshaken abzustoßen. Weht der Wind aber·von querab oder so weit von der Seite, daß auch eine weit ausgefierte Großschot das Segel nicht vom Winddruck entlastet, so birg das Großsegel sofort, und du wirst sehen, daß dein Fahrzeug unter backgesetzten Vorsegeln von selbst freikommt.

Eigentlich gibt es keine Entschuldigung für jemanden, der auf der Leeseite eines Flusses aufläuft; es ist nämlich für ein Segelfahrzeug ein ungeschriebenes Gesetz, sich stets an die Luvkante zu halten, um etwas Reserve zu haben, wenn der Wind unversehens von vorn einfällt. Wenn dies aber raumschots passiert, birg sofort die Segel, einerlei, ob Flut- oder Ebbstrom läuft; denn wenn sie stehenbleiben, wirst du nur weiter auf Land gedrückt. Bringe einen Anker aus, entweder von der Luvseite des Vorschiffs oder direkt nach achtern. Je länger die Trosse, um so besser, denn wenn die Yacht wieder aufschwimmt, befindet sie sich so nahe dem Leeufer, daß du Schwierigkeiten haben wirst, unter Segel zu gehen, ohne von neuem auf Grund gedrückt zu werden.

Läuft eine Yacht vor dem Winde auf Grund, mit dem Großsegel auf Steuerbord und tiefem Wasser an Backbord, so laß die Vorsegel fallen; da das Großsegel versuchen wird, die Yacht in Richtung des tiefen Wassers herumzudrücken, besteht Aussicht, daß du dich selbst bei fallendem Wasser wieder freisegelst. Wenn du aber vor dem Wind und mit dem Großsegel auf Steuerbord und dem tiefen Wasser ebenfalls auf Steuerbord auf Grund gerätst, ist bei fallendem Wasser schnelles Handeln vonnöten. Da das Großsegel die Yacht immer weiter auf Land drückt, birg es sofort, schwinge den Baum hinüber auf die andere Seite und setze es wieder; dann sollte es dich wieder ins tiefe Wasser bringen. Zu versuchen, mit stehenden Segeln zu halsen, ist reiner Zeitverlust — es sei denn, die Yacht schleifte noch mit dem Kiel durch den Schlick und reagierte infolgedessen noch auf das Ruder, oder du hättest (was man nicht tun soll) hart auf Halsen gesegelt.

Sollte eine Yacht bei seichtem Wasser auf beiden Seiten auf Grund laufen, so nimm alle Segel herunter, einerlei, unter welcher Segelstellung du fährst, und bringe einen Anker nach achtern aus. Die Chancen, bei fallendem Wasser wieder freizukommen, sind freilich gering, wenn du nicht sehr schnell arbeitest.

Wenn es sich in jedem der als Beispiele angeführten Fälle als unmöglich erwiesen hat, die Yacht bei fallendem Wasser wieder flottzubekommen, so vergewissere dich, daß sie in Richtung des Ufers überliegt; sonst gerät sie bei steil abfallenden Bänken (oder wenn es sich um eine Yacht mit großem Tiefgang bei geringer Breite handelt) in Gefahr, bei steigender Flut nicht rechtzeitig aufzuschwimmen, bevor das Wasser in das Cockpit oder die Luken läuft. Schwinge den Baum mit darauf festgemachtem Großsegel nach der Uferseite hin aus oder plaziere die Ankerkette oder einige Stücke Ballasteisen auf dieselbe Seite des Decks. Krängt die Yacht bereits nach der falschen Seite, ist der Versuch, sie seitlich abzustützen, ein riskantes Manöver, denn bei fallendem Wasser entwickelt sich auf den Stützen ein enormer Druck, und sie können unter Umständen brechen. Eine bessere Maßnahme besteht darin, einen Anker querab auszubringen und die Ankertrosse an ein Fall anzuschlagen. Bei einer kleinen Yacht kann es glücken, das Schiff mit Hilfe des Falls auf die andere Seite zu rollen, so daß es nun richtig liegt. Sind alle übrigen Sicherheitsmaßnahmen beachtet worden, heißt es nunmehr geduldig zu warten, bis die nächste Flut kommt. In der Zwischenzeit kann man sich nutzbringend damit beschäftigen, die freiliegende Unterwasserseite abzuschrubben.

Manchmal gelingt es, den Kiel einer kleinen, bei Ebbe auf Grund geratenen Yacht durch Schlingern von der einen auf die andere Seite aus dem Grund zu lösen, so daß sie mit Hilfe eines gleichzeitig ausgebrachten Ankers freigeholt werden kann. Auch die Wellen eines vorbeifahrenden Dampfers können das Fahrzeug so weit anheben, daß es sich herunterholen läßt.

Die Situation einer Yacht, die an einer exponierten Leeküste auf Grund geraten ist, kann gefährlich werden, besonders wenn der Grund hart und die See bewegt ist. Wenn dir das passiert, und es gelingt dir nicht, die Yacht wieder freizusegeln, hole unverzüglich alle Segel herunter, bringe den Anker an der längsten verfügbaren Trosse aus und versuche mit aller Kraft, dich wieder freizuholen. Gelingt es dir nicht, werde dir darüber klar, daß es während der vielen Stunden, bevor deine Yacht wieder flott wird, möglicherweise aufbrisen und der Seegang sich verstärken kann. Triff also bereits bei Niedrigwasser alle Vorbereitungen für den schlimmsten Fall. Bringe den schweren Buganker mit voller Kettenlänge seewärts aus und verstärke ihn bei dem geringsten Zweifel an seiner Haltefähigkeit mit dem Verholanker. Hierfür bringe den Verholanker in der Verlängerung des schweren Ankers aus, und befestige das Ende der Warptrosse in einer Entfernung von 8 bis 10 Metern vom Hauptanker entfernt an der Kette. Verwende dabei einen Stopperstek mit festgebändseltem Ende, damit die Trosse nicht abgleiten oder sich lose arbeiten kann. Ist mit der rückkehrenden Flut Seegang aufgekommen, so wird die Yacht, bevor sie richtig schwimmt, auf Grund stoßen. Fange bei der ersten Hoffnung, daß sie sich rühren wird, an, die Kette einzuholen, denn je weniger die Yacht stößt, um so besser ist es. Unter günstigen Verhältnissen wird es dir gelingen, die Yacht zum Anker heranzuholen, den Anker zu hieven und den Warpanker herauszusegeln. Weht es aber hart, so ist es klüger, den Anker zu bojen, die Kette in der Hoffnung auf spätere Bergung zu slippen und dann den Warpanker auszusegeln. Selbst wenn du den schweren Anker und eine Kettenlänge verlierst, kannst du den Verlust immer noch als einen niedrigen Preis betrachten, den du hast zahlen müssen, um dein Fahrzeug aus einer gefährlichen Situation zu retten.

Die Zusammenkopplung von schwerem und Warpanker kann auch in geschützten Gewässern zweckmäßig sein, wenn nämlich der schwere Anker auf weichen Schlamm gefallen ist und einer auf Grund geratenen Yacht nicht genügend Halt bietet, um daran herausgezogen zu werden.

Man spricht so leicht über das Ausbringen von Anker und Kette; in Wirklichkeit ist es alles andere als eine leichte Aufgabe, diese Arbeit in einem Yachtdingi auszuführen. Sie kann sich sogar bei Seegang als undurchführbar erweisen, denn die Kette muß im Dingi mitgenommen werden (wird sie von der Yacht aus gesteckt, so kann man sie kaum mehr als ein paar Meter über den Boden schleppen), und ihr Gewicht genügt, um das Beiboot seeuntüchtig und schwer ruderbar zu machen. Die einzig vernünftige Methode, um einen Anker auf die notwendige Entfernung auszubringen, ist die, zuerst den Warpanker ein gutes Stück weiter auszubringen als dahin, wo der schwere Anker fallen soll, dann diesen achtern über das Beiboot zu hängen, die Kette hineinzuladen, sich an der Warpankertrosse entlang zu verholen und dabei die Kette laufend über Bord zu geben.

Wenn du in der Nähe flacher Gründe bei Hochwasser zur Zeit der Springtiden oder des abnehmenden Tiden-Maximums unterwegs bist, mußt du doppelt aufpassen, nicht auf Grund zu geraten; denn dann läufst du Gefahr, unter Umständen bis zu zwei Wochen hoch und trokken sitzenzubleiben, wenn die nächstfolgende Tide nicht hoch genug aufläuft, um dich wieder flottzumachen. Wenn du also in Gewässern segelst, die du nicht kennst oder die nur oberflächlich betonnt sind, würde ich raten, auf und ab zu segeln oder vor Anker zu gehen und zu warten, bis die Tide etwas gefallen ist. Solltest du trotzdem das Pech haben, bei Hochwasser oder zurückgehender Tidenhöhe auf Grund zu kommen und nicht sofort wieder flott werden, so unternimm alles, was in deinen Kräften steht, um bestimmt beim nächsten Hochwasser wieder freizukommen. Deine Vorbereitungen bestehen darin, einen oder zwei Anker achteraus auszubringen und in derselben Richtung einen Graben auszuheben, in dem der Kiel seinen Weg zurückfindet, wenn die Zeit zum Abbringen gekommen ist. Etwa vorhandener Innenballast ist herauszunehmen, die Wassertanks sind zu leeren, oder eine Trosse muß vom Masttopp zu einem seitlich ausgefahrenen Anker ausgebracht werden, um den Tiefgang durch Krängung zu vermindern.

Eine auf Grund geratene Yacht mit einem gewöhnlichen Hilfsmotor wieder flottzumachen, gelingt selten, außer wenn der Kiel den Grund nur sehr leicht berührt hat. Sonst besteht eine solche Chance lediglich mit einer sehr viel stärkeren Maschine als man sie gewöhnlich auf Yachten findet, und einer entsprechend großen Schraube. Ist die Yacht dagegen bei steigender Flut aufgelaufen, erspart einem der Hilfsmotor oft die Mühe, einen Anker auszubringen, und erleichtert auf jeden Fall die Arbeit des Abbringens.

An die Boje gehen

Da kaum noch Kreuzeryachten ohne Hilfsmotoren gebaut werden, und angesichts der verheerenden Überfüllung fast aller Yachtzentren in England und an den benachbarten Küsten des Kontinents, finden Bojen- und Ankermanöver heutzutage fast nur noch unter Maschine statt. Leider begibt sich der Segler damit einer der größten Freuden, die ein gelungenes Stück Seemannschaft bereiten kann. — Will man eine Boje unter Motorkraft aufnehmen, steuert man sie an, indem man die Yacht soweit wie möglich mit dem Kopf gegen die Tide legt. Mit den nachfolgenden, genauen Anweisungen für Bojenmanöver nur unter Segel hoffe ich aber, ein reges Interesse für wahre Seemannschaft zu erwecken und damit gleichzeitig diejenigen Fälle zu behandeln, wo entweder reichlich Platz zum Manövrieren vorhanden ist oder die Maschine nicht hat anspringen wollen.

Die beiden grundsätzlichen Regeln, die für das Ablegen von einer Boje gültig sind, gelten auch für den umgekehrten Fall des Festmachens an einer Boje oder Muring. Wenn eine Yacht nach Aufnehmen der Boje mit dem Wind vorlicher als dwars liegen würde, darf man sich der Boje unter Segeln nähern; wird die Yacht dort aber mit dem Wind dwars oder achterlicher als dwars liegen, so müssen die Segel geborgen werden, bevor man versucht, an die Muring zu gehen. Wie die Lage zum Wind aussehen wird, läßt sich am besten an den Fahrzeugen ähnlicher Größe beurteilen, die in der Nachbarschaft verankert liegen. Sind keine da, so bleibt nichts anderes übrig, als den Winkel zwischen Wind und Strömung zu schätzen; wenn nicht gerade Stillwasser kurz bevorsteht, läßt sich die Strömungsrichtung an der Kräuselung des Wassers in Stromlee der Boje erkennen. Die dritte Regel, die du beachten mußt, lautet wie folgt: die Boje darf erst dann aufgenommen werden, wenn die Yacht mit dem Kopf gegen die Strömung liegt und ihre Fahrt über Grund so gut wie verloren hat, und niemals, solange sie mit der Strömung treibt. Läuft keinerlei Strom, so bringst du die Yacht natürlich gegen den Wind an die Boje.

Bevor du den Versuch unternimmst, an eine Boje zu gehen, mußt du wissen, wieviel Raum deine Yacht für einen Aufschießer benötigt und wie groß ihr Auslauf bei Winden verschiedener Stärke ist, bevor sie ihre Fahrt verliert. Benutze daher die erste Gelegenheit in freiem Wasser, eine Rettungsboje über Bord zu werfen und dich darin zu üben, sie wieder aufzufischen. In diesem Fall brauchst du dir über die Strömung keine Gedanken zu machen, da Yacht und Boje ihr in gleicher Weise ausgesetzt sind; die Geschicklichkeit, die du dir dabei erwirbst, kann dir eines Tages zugute kommen, wenn du vor der Aufgabe stehst, einen ins Wasser oder über Bord gespülten Mitsegler wieder aufzufischen. Sobald du mit einiger Sicherheit gelernt hast, eine Rettungsboje aufzunehmen, versuche dich an einer im Strom gelegenen Muring und lerne abzuwägen, wieviel du bei diesem Manöver für Strom verschiedener Stärke in Rechnung stellen mußt.

Die einfachsten Voraussetzungen für das Aufnehmen einer Boje sind gegeben, wenn der Strom kentert, also kein Gezeitenstrom mehr läuft. Hat die Yacht eine Position in Lee der Boje und in einem solchen Abstand von ihr erreicht, daß die Fahrt gerade genügt, um die Boje ohne Mitwirkung der Segel zu erreichen, so gehe in den Wind und steuere die Boje mit killenden Segeln an. Hast du dich in der Entfernung getäuscht und bei Erreichen der Boje noch zu viel Fahrt im Schiff, so verzichte darauf, sie aufzupicken, sondern handele so, als ob du sie nicht erreicht hättest: fall ab, laufe zurück und starte einen zweiten Anlauf.

Mußt du deine Muring gegen die Tide ankreuzen, so verhalte dich genauso wie in dem vorhergehenden Beispiel, aber gehe, bevor du aufluvst, etwas näher an die Boje heran, um die Stromgeschwindigkeit auszugleichen. Da Boje und Bojenstander im Strom der sich nähernden Yacht entgegentreiben, schadet es nichts, wenn deine Yacht bei Erreichen der Boje noch etwas Fahrt über Grund macht; um so weniger Arbeit wird es kosten, erst die Boje und dann die Kette an Bord zu nehmen. Hat die Yacht bei Erreichen der Boje aber schon jede Fahrt verloren, so mußt du sie und anschließend die Kette gegen Wind und Strom aufnehmen.

Kreuzt du mit einer Yacht deren Muring bei mitlaufendem Strom an oder läufst du vor dem Wind, aber gegen den Strom und die Muring zu, so schieße in kurzer Entfernung in Luv der Boje in den Wind und birg das Großsegel. Fall ab und laufe gegen die Tide unter einem oder beiden Vorsegeln zurück, bis du dich der Boje so weit genähert hast, daß du sie ohne weitere Unterstützung der Segel erreichen kannst; dann nimm auch die Vorsegel herunter; auch hier erspart man sich Arbeit, wenn die Yacht bei Erreichen der Boje noch ein klein wenig Fahrt macht. Ist der Wind so schwach, daß die Vorsegel nicht ausreichen, um den Strom auszusegeln, muß man das Großsegel ein Stückchen wieder vorheißen.

Nächster Fall: du steuerst deine Muring vor dem Wind und mit dem Strom an. Dann gibt es zwei Möglichkeiten: Entweder du segelst bei der Boje vorbei und kreuzt sie gegen den Strom wieder an, oder du bedienst dich des schnelleren und seemännischeren Verfahrens (und der einzigen Methode, die dir übrigbleibt, wenn der Wind nicht stark genug ist, um zurückkreuzend den Strom auszusegeln), indem du dich in Lee der Boje hältst und anfängst, anzuluven, sobald du sie querab oder fast querab hast, so daß die Yacht, wenn sie im Wind liegt und die Boje erreicht hat, fast keine Fahrt mehr macht. Dieses Manöver erfordert Geschicklichkeit und Urteilsvermögen, die sich nur durch Übung erwerben lassen. Ein wenig läßt sich allerdings die Fahrt der Yacht beim Anluven durch Anholen und Wegfieren der Großschot regulieren.

Weht der Wind in einem Winkel von 90 Grad zur Strömungsrichtung, so läßt sich die Muring auf zweierlei Weise ansteuern: du kannst in Luv der Boje in den Wind gehen, das Großsegel bergen und nur unter Vorsegeln zur Boje zurücklaufen; oder du kannst die Boje von Lee ansegeln, anluven und sie dann im Wind liegend unter Segel aufpicken. Dann müssen die Segel aber, sobald die Boje an Bord ist, sofort geborgen werden, denn sonst fängt die Yacht an, wie wild um die Boje herumzusegeln. Läuft der Strom beim Aufdrehen querab, so halte dich ein wenig stromwärts der Boje, und stelle dabei in Rechnung, daß der Strom die Yacht auf die Boje setzen wird. Findet dieses Manöver in einem sehr engen Fahrwasser statt, so ist Beschränkung der Fahrtgeschwindigkeit das Hauptproblem, damit die Yacht beim Aufdrehen nicht über die Boje hinausschießt. Es müßte möglich sein, eine handliche und gut ausgetrimmte Yacht unter Fock allein zu manövrieren; tut sie es aber nicht und muß man das Großsegel gesetzt lassen, so hole alle Schoten dicht, und trimme das Großsegel fast mittschiffs wie ein Brett. Das Ausfieren aller Schoten in der Hoffnung, daß die Segel lose kommen und killen, bewirkt gewöhnlich nur, daß die Yacht schneller segelt als zuvor.

Bei Anwesenheit anderer Fahrzeuge in der Nachbarschaft deiner Muring, und wenn du mit deinem Fahrzeug noch nicht genug vertraut und daher unsicher bist, ob dir das Manöver gelingt, halte einen Anker klar für den Fall, daß du die Boje verpaßt und der Strom dich auf die benachbarten Fahrzeuge setzt. Das ist eine durchaus seemännische Vorsichtsmaßnahme. Bist du gezwungen worden, sie anzuwenden, so bringst du von deinem Ankerplatz in aller Ruhe eine Verholleine an deine Muring aus, hievst den Anker wieder ein und verholst dich an deinen Platz. Hast du aber versäumt, einen Anker klarzumachen und gewinnst du das Gefühl, die Kontrolle über dein Fahrzeug verloren zu haben, so zögere keinen Augenblick, die Yacht am Ufer auf Grund zu setzen, bis du dir dein nächstes Manöver überlegt hast. Das ist besser als Schäden zu riskieren, die dir oder anderen Yachten aus einer Kollision erwachsen.

Ankern ist wesentlich einfacher als eine Boje aufzufischen. Aber auch hier gelten zwei grundsätzliche Regeln: Steht der Wind nach dem Ankern vorlicher als dwars ein, kannst du mit stehendem Großsegel ankern; weht der Wind aber von querab oder achterlicher als dwars, so müssen die Segel geborgen werden, bevor du den Anker fallenläßt. Die Manöver sind die gleichen wie beim Auffischen einer Muring, aber mit einem wesentlichen Unterschied: während man bei Annäherung an eine Muring versucht, alle Fahrt aus dem Schiff zu nehmen, darf man einen Anker nur fallenlassen, solange das Schiff noch Fahrt über Grund macht (das ist besonders wichtig bei einem Stockanker, damit er nicht mit der auf ihn fallenden Kette unklar kommt). Dabei ist es einerlei, ob die Yacht noch Fahrt voraus macht oder schon zurücktreibt. Bevor du aber den Anker fallenläßt, vergewissere dich an Hand der Karte, des Hand- oder Echolotes, daß deine Yacht auch bei Niedrigwasser noch genügend Wasser unter dem Kiel behält. Läßt du den Anker fallen, während du noch Fahrt voraus machst, lege Ruder und lasse die Yacht einen weiten Bogen um die eine Seite des Ankers beschreiben; wenn sie dann mit dem Strom zurückfällt, vermeidest du die Gefahr, daß sie die Kettenbucht über den Anker schleppt und ihn unklar macht. Lasse die Yacht vom Anker abscheren, damit die Kette nicht die Farbe an Bordwand und Unterwasserschiff beschädigt. Ankern in der Vorausfahrt beansprucht weniger Urteilsvermögen, als den Anker bei Zurücksacken fallenzulassen; denn es ist kein Problem, einen Ankerplatz anzusegeln und an der gewählten Stelle den Anker fallenzulassen, der sich durch den Druck auf der Kette hart eingraben und sofort einen guten Halt gewähren wird. Beim Ankern in der Achterausfahrt muß man dem C. Q. R. von vornherein viel Kette geben; beim Stockanker stoppe dagegen die Kette sofort ab, sobald der Anker den Grund erreicht hat, und stecke die nächsten paar Meter nur langsam aus, während die Yacht achteraus treibt; denn wahrscheinlich tut sie es nur langsam, und wenn du gleich zu viel Kette aussteckst, kann sie auf den Anker fallen und ihn unklar kommen lassen. Zum Schluß stecke dreimal so viel Kette aus wie die Wassertiefe bei Hochwasser beträgt. Eine Ankerboje muß vor Fallen des Ankers zu Wasser gebracht werden.

Vermuren

Befindet sich eine Yacht bei normalem Wetter auf einem geräumigen und tidenfreien Ankerplatz, müßte sie eigentlich auch vor einem Anker allein bei genügend lang gesteckter Kette sicher liegen. Anders ist es auf einem Fluß oder in einer Flußmündung mit Tidenströmungen, oder wenn sie in nächster Nachbarschaft einer anderen, ebenfalls vor einer Muring liegenden Yacht vor Anker gehen will. In diesem Fall muß eine Yacht zwischen zwei Ankern vermurt werden, die man am besten stromauf- und -abwärts ausbringt. Dies läßt sich auf dreierlei Weise bewerkstelligen. Die üblichste Methode ist, den schweren Anker fallenzulassen, dann den Warpanker in das Dingi zu laden und ihn da, wo er liegen soll, wegzuwerfen. Am leichtesten geht es zu einer Zeit, wenn der Strom in der Richtung läuft, in der der Warpanker liegen soll. Befestige das eine Ende der Trosse am Warpanker, hieve ihn über Bord und hänge ihn über das Dingiheck; sichere ihn mit einem kurzen Ende, das du durch den Ankerring scherst und so an der Ducht belegst, daß der Anker leicht losgeworfen werden kann. Dann schieße die Trosse im Dingi auf, und belege das andere Ende an Bord der Yacht. Rudere in der Richtung, in der der Anker ausgebracht werden soll, und lasse dabei die Trosse über das Dingiheck auslaufen (ein zweiter Mann im Boot ist dabei eine Hilfe, um Kinken zu vermeiden). Ist die Trosse ganz ausgelaufen, so wirf den Anker los, und laß ihn fallen. Häufig beobachtet man, daß der Anker im Dingi ausgefahren und über Bord geworfen wird; das ist aber gefährlich, denn das Dingi kann kentern oder der Anker sich in deinen Kleidern verfangen. Soll der Warpanker gegen den Strom ausgelegt werden, so belege das Ende der Trosse im Dingi, rudere zu der gewünschten Stelle, laß den Anker fallen, rudere zur Yacht zurück, und stecke dabei die Trosse aus. An Bord zurückgekehrt, hole die Trosse gut durch, und befestige sie mit einem Stopperstek an der Ankerkette außerhalb der Führung. Stecke etwas Kette, um den Knoten ein gutes Stück unter den Kiel sinken zu lassen, damit die Yacht frei von ihm schwojen und er mit keinem passierenden Fahrzeug unklar kommen kann. Ist die Warptrosse lang genug, mache den Stopperknoten mit einer Bucht, und nimm das Ende an Bord.

Versuche nie, dich über Bug und Heck mit der schweren Ankerkette über der Stevenrolle und der Warpankertrosse in einer Führung am Heck zu vermuren, denn keine Yacht liegt gern mit dem Heck zum Strom. Sie würde hin und her scheren, sich quer gegen den Strom legen und damit den Warpanker einer schweren Beanspruchung aussetzen. Andere, nahe am Heck vorbeifahrende Fahrzeuge könnten auch die Trosse unklar machen.

Es gibt zwei Arten der Vermurung, für die beide kein Beiboot erforderlich ist. Die eine wie die andere Art läßt sich anwenden, wenn beide Anker Ketten besitzen. Die eine Verankerung (dropping moor) besteht darin, den schweren Anker stromwärts in der üblichen Weise fallenzulassen, die Kette in der sechsfachen Länge der Wassertiefe bei Hochwasser auszustecken und die Yacht mit dem Strom achteraus sackenzulassen. Dann läßt man den zweiten Buganker oder den Warpanker fallen und holt die Hälfte der schweren Ankerkette wieder ein, während man die Kette oder Trosse des zweiten Ankers aussteckt, bis beide Anker vor derselben Kettenlänge liegen.

Die Verankerung aus der Fahrt heraus (running moor) ist ähnlich, nur daß sie unter Segel oder Motor vorgenommen wird, und man den ersten Anker stromabwärts von der beabsichtigten Ankerstelle fallenläßt. Nachdem der erste Anker gefallen ist, segelt oder motort man die Yacht gegen den Strom an ihrer Ankerstelle vorbei, während man gleichzeitig reichlich Kette steckt. Wenn die Kette in der sechsfachen Länge der Wassertiefe bei Hochwasser ausgelaufen ist, birgt man die Segel oder stellt den Motor ab und läßt den zweiten Anker fallen; seine Kette oder Trosse wird so lange gesteckt (während die erste Kette eingeholt wird), bis beide Anker vor der gleichen Kettenlänge liegen. Die Tide unterstützt den zweiten Teil des Manövers, das bei Gelingen unter Segel viel Befriedigung bringt. Bootsführer und Besatzung müssen aber mit Yacht und Geschirr eng vertraut sein, denn wenn irgendeine Panne beim Auslaufen der Kette oder Bergen der Segel passiert, können ernsthafte Schwierigkeiten auftreten.

Befinden sich Ketten an beiden Ankern, besteht gewöhnlich keine Notwendigkeit, sie aneinander zu befestigen, wie man es bei Kette und Trosse tut; jede Kette gelangt vielmehr für sich über ihre eigene Stevenrolle oder durch ihre eigene Klüse an Deck. Bleibt die Yacht aber auf diese Weise länger als eine Tide oder zwei vermurt, vertörnen sich die Ketten miteinander. Dann muß eine von ihnen, entweder an einem Verbindungs- schäkel oder am Kettenende losgeworfen werden, um die Törns heraus- nehmen zu können. Das ist ein mühseliges Geschäft. Eine große Yacht, die längere Zeit vor Anker liegenbleiben soll, verwendet daher am besten einen Ankerkettenwirbel; hierfür muß man aber die Anker so fallenlas- sen, daß sich der Verbindungsschäkel jeder Kette, wenn die Yacht zwi- schen den Ankern liegt, in Stevennähe befindet, damit man in der Lage ist, beide Ketten am unteren Glied des Wirbels einzuschäkeln. Eine dritte Kettenlänge (Reitkette) wird am oberen Wirbelglied festgeschäkelt.

Es gibt für die Ausbringung eines zweiten Ankers zwei weitere Mög- lichkeiten, die sich gelegentlich auf einem Ankerplatz mit wenig oder gar keinem Gezeitenstrom als nützlich erweisen. Es brist zum Beispiel auf, und du bist nicht sicher, ob dein Buganker hält; dann läßt du den zwei- ten Anker fallen und steckst Kette an beiden. Nur wenn es sich bei dem zweiten Anker um einen Stockanker handelt, besteht Gefahr, daß er mit der Bugankerkette unklar kommt. Oder — eine andere Situation — du liegst zu nahe bei einer anderen Yacht oder zu nahe unter Land. Wenn du dann ein Vorsegel setzt und backholst, müßte es dir gelingen, den Bug der Yacht zum Abfallen zu bringen, und zwar in Richtung der Stelle, wo der zweite Anker zu liegen kommen soll; reagiert die Yacht nicht, stecke mehr Kette, laß dich achteraus sacken und gib entsprechendes Ruder. Sobald der Bug abgefallen ist, hole die Vorschoten in Lee dicht; du fängst an, Fahrt voraus zu machen und schleppst dabei deine Kette über Grund. Wenn du so weit gesegelt bist, wie die Kette es dir erlaubt, laß den zweiten Anker fallen und stecke, wenn du anfängst, achteraus zu sacken, etwas Kette, bis beide Ketten unter gleichem Druck stehen. Leichter und sicherer läßt sich dieses Manöver natürlich unter Maschine ausführen.

Ein Warp- oder Reserveanker, den man bei einer der beiden beschriebenen Verankerungsmethoden (*dropping* und *running*) oder beim Schwojen hat fallenlassen, kann natürlich auch vom Deck der Yacht aus wieder eingehievt werden, indem man die Hauptkette auffiert, bis die Yacht über ihm steht; dagegen muß ein vom Dingi aus ausgebrachter Warpanker wahrscheinlich auch vom Dingi aus eingeholt werden. Hole zuerst ein wenig Kette ein, um den Warpknoten aus dem Wasser zu holen. Trägt der Warpanker eine Boje, so rudere zu ihr hin, und lichte den Anker mit Hilfe des Bojenreeps, und hole dich zurück zur Yacht. Dabei säuberst du die Trosse und schießt sie im Dingi auf. Besitzt der Warpanker aber keine Boje, so mußt du die Trosse mit dem Dingi unterlaufen, wobei du die Trosse über das Wriggrundsel oder die Wriggdolle im Heck einholst. Hat der Anker sich fest eingegraben, so mißlingt es dir unter Umständen, diesen auszubrechen, selbst wenn du das Beibootheck bis ins Wasser herunterdrückst. Hole in diesem Fall die Trosse so dicht wie möglich, und mache sie achtern am Dingi fest. Dann geh nach vorn, wo dein Gewicht den Bug herabdrückt und das Heck vielleicht genügend anhebt, um den Anker auszubrechen.

Muß eine Yacht längere Zeit unbeaufsichtigt vor ihren eigenen Ankern liegenbleiben, etwa von einem Wochenende bis zum nächsten, so kann man sie zusätzlich sichern, indem man den Knoten, mit dem die Warptrosse an der Hauptkette angeschlagen ist, bis auf den Grund absinken läßt, um dann ein Gewicht an einem Gleitschäkel an der Ankerkette hinterherzuschicken, wie ich es auf Seite 215 beschrieben habe.

12

LEICHTWETTERSEGEL
UND IHRE BEDIENUNG

Vorsegel und Besanstagsegel — Toppsegel — Spinnaker

Ein Segler, der sich nur auf seinen Hilfsmotor verläßt, um bei flauen Winden voranzukommen, verzichtet damit auf manche Freude und Befriedigung, deren er teilhaftig werden könnte, wenn er seine Yacht mit einigen Leichtwettersegeln ausrüstete und auch vollen Gebrauch von ihnen machte. Eine Yacht von 7 Tonnen oder kleiner kommt bei Gegenwind am besten voran, solange der Wind nur mäßig weht, denn frische Winde werfen bereits so viel Seegang auf, daß sich die Geschwindigkeit ganz wesentlich verringert. Es ist gar nicht einmal nötig, sich die Vorpiek oder die Backskisten mit einer Vielzahl von Segeln vollzustopfen, aber ein Spinnaker und ein oder zwei große Vorsegel gehören auf jede Yacht, einerlei, wie sie getakelt ist. Eine gaffelgetakelte Yacht sollte außerdem bestimmt ein Toppsegel, eine Ketsch oder Yawl ein Besanstagsegel besitzen. Bevor man sich jedoch entschließt, eine alte oder leichtgebaute Yacht mit einem großen Vorsegel auszurüsten, das auch hoch am Wind geführt werden soll, ist es angebracht, Mast und Rumpf auf die zu erwartende Beanspruchung hin zu untersuchen.

Soll ein Segel bei leichten Winden richtig ziehen, muß es aus geeignetem Tuch bestehen; sonst hängt es faltig und leblos herunter und leistet kaum bessere Dienste als ein Arbeitssegel, einerlei, wie groß es sein mag. Tuchschwere und Segelgröße müssen in einem bestimmten Verhältnis zueinander stehen (Vorschläge für die Schwere von Tuch finden sich in der Tabelle auf S. 160), wenn das Segel seine Form bewahren und kräftig genug sein soll. Das Verfahren, das gebrauchte Segel einer großen Yacht auf die passende Größe für eine kleine Yacht herunterzuschneiden, ist nicht empfehlenswert.

Vorsegel und Besanstagsegel

Leichtwettervorsegel werden heutzutage durchweg mit Stagreitern an den Vorstagen gefahren; das macht es leichter, sie zu setzen oder zu bergen, und sie brauchen nicht so hart durchgesetzt zu werden wie Segel, die fliegend gefahren werden. Für die ausgesprochene Kreuzeryacht lohnt es sich kaum, besondere Raumsegel zu führen (Ballonfock und -klüver), deren Aufgabe genausogut von einer Genua oder Yankee wahrgenommen werden können, Segeln, die außerdem noch hoch am Wind leistungsfähig sind. Ganz allgemein gesprochen kann man die Genua als ein großes Vorsegel bezeichnen, welches das ganze Vorsegeldreieck ausfüllt und bis zu einem gewissen Grade das Großsegel überlappt. Die Yankee ist ein schmaleres Segel, dessen Vorliek über die Gesamtlänge des Toppstags reicht und das bei Yachten mit doppelten Vorsegeln zusammen mit der Amwindfock (die sie überlappt) gesetzt wird. Die Yankee ist einfacher zu handhaben als die Genua, weil sie kleiner ist und in ihrer Gesamtheit vor dem Mast steht. Außer auf Kreuzeryachten, die mit tüchtigen und eingefahrenen Mannschaften besetzt sind, hat es wenig Sinn, eine Vielzahl von Genuas und Yankees für alle möglichen Windstärken mitzuschleppen. Die meisten Fahrtenyachten kommen mit je einem Leichtwettersegel aus, das bis etwa vier Windstärken gefahren werden kann. Ähnliche Segel aus viel leichterem Tuch (die sogenannten „ghoster") sind natürlich bei ganz leichten Winden von unzweifelhaftem Vorteil, aber solche Segel dürfen nicht mehr gefahren werden, wenn es mit mehr als 2 Windstärken weht. Andernfalls verlieren sie ihre Form.

Der Schnitt der Genua, deren Schothorn weit über den Mast hinaus nach achtern reicht, bereitet gewisse Schwierigkeiten, mit denen sich aber der Konstrukteur und Segelmacher auseinanderzusetzen haben. Dennoch täte der Eigner gut daran, sich um die folgenden Punkte zu kümmern: Der Kopf muß ein gutes Stück unterhalb des Masttopps zu stehen kommen, und das Achterliek muß mit einer Hohlrundung so geschnitten werden, daß es, hart angeschotet, weder mit der Toppwant noch mit den Salingen unklar kommen kann. Um die größtmögliche Segelfläche zu erlangen, verläuft das Genuaunterliek einer Hochseerennyacht gewöhnlich parallel zur Wasserlinie. Auf einer Kreuzeryacht sollte eine Genua mit einem hochliegenden Schothorn geschnitten werden, damit der Rudergänger unter dem Segel hindurchschauen und das Segel kein Wasser schöpfen kann. Die Schotführungen müssen so weit außen liegen wie nur möglich, und da der Zug auf der Genuaschot zu Zeiten sehr beträchtlich wird, braucht man für ihre Bedienung Winschen. Dafür benutzt man das Winschenpaar, mit dem normalerweise die Arbeitsvorsegel geholt werden. Die Führung der Fallen entspricht derjenigen der Arbeitsvorsegel; bei einer Slup oder einem toppgetakelten Kutter kann sogar ein und dasselbe Toppfall für die gewöhnlichen und die Leichtwetter-Vorsegel dienen. Ist dagegen ein gesondertes Fall für Genua oder Yankee vorgesehen, darf man nicht vergessen, auch für eine ausreichende Talje zu sorgen, um das Segel am Wind, wenn es nur etwas weht, so durchsetzen zu können, wie es sich gehört. Ich finde nicht, daß es sich lohnt, doppelte Vorstagen zu führen, auch wenn sie etwas Zeit beim Vorsegelwechsel ersparen mögen. Man wird häufig beobachten, daß ein großes Vorsegel, richtig dichtgeholt, das Vorliek des Großsegels zum Killen bringt. Vielleicht ist es besser, sich damit abzufinden, als die Vorschot zu fieren; ob das richtig ist oder nicht, hängt bei jeder einzelnen Yacht von einem Versuch ab.

Genua und Yankee setzt man gewöhnlich bei gutem Wetter. Der Wind kann aber auffrischen und der Seegang zulegen, bis es Zeit wird, kleinere Vorsegel zu setzen. Bei vollzähliger Mannschaft kann man das Segel bergen, ohne den Kurs ändern zu müssen; ein Mann steht am Fall, ein zweiter vorn, um das Segel am Stag herunterzuholen, und der Rest faßt am Unterliek an, um das Segel an Deck zu bringen — mit dem üblichen Erfolg, daß Mannschaft und Segel beide klitschnaß werden. Mir ist es, sofern ausreichender Seeraum vorhanden ist, viel lieber, beim Segelwechsel etwas Höhe zu verschenken und einen Augenblick abzufallen, um die Vorsegel in Lee des Großsegels zu handhaben und dabei nicht auf einem steilen, von Gischt übersprühten Deck arbeiten zu müssen. Bevor du dich an die Arbeit machst, ein Segel, vor allem wenn es voll Wind steht, herunterzuholen, nimm das aufgeschossene Fall vom Nagel, und lege die Buchten klar zum Ablaufen an Deck; vergiß auch nicht, das Ende zu belegen, damit es dir nicht davonfliegt. Bei mir habe ich in alle Fallenden Schnappschäkel eingespleißt, die ich an einem Tauring rund um den Baumbeschlag am Mast gehaltert lasse. Die Schot darf nur soweit gefiert werden, daß das Segel Luft genug hat, herunterzukommen. Sobald es unten ist, ziehe es auf die Luvseite des Decks, um es so trocken wie möglich zu halten, während es vom Stag abgeschlagen wird. Bei einem Drahtfall ist es unter diesen Umständen wichtig, sein loses Ende beim Wechsel von dem einen zum anderen Segel fest in der Hand zu behalten, denn bei dem Gewicht eines Drahtfalls und seinen durch das Gieren des Schiffes ausgelösten ruckartigen Peitschbewegungen reißt es dir sehr leicht einmal aus der Hand. Achte auch darauf, daß es sich nicht um eine Saling oder andere Beschläge oben in der Takelage vertörnt.

Einer der Vorteile der Yawl- oder Ketschtakelage besteht in der Möglichkeit, ein Besanstagsegel zu setzen. Der Name ist insofern irreführend, als das Segel an keinem Stag angeschlagen, sondern fliegend vom Besantopp aus gesetzt und an einen Augbolzen oder einen anderen Beschlag an Deck luvwärts der Mittschiffslinie befestigt wird. Wo genau die Halsbefestigung liegt, hängt von der Höhe des Besanmastes ab; ist dieser sehr groß, kann der Hals unter Umständen bis außen an der Luvreling angreifen. Worauf es ankommt, ist, daß das Besanstagsegel das Großsegel so wenig wie möglich stört. Das Segel ist für raume und achterliche Winde bestimmt und kann normalerweise nicht am Wind gefahren werden; sein Vorliek braucht daher nicht so steif durchgesetzt stehen wie das eines Vorsegels; das ist auch gut so, denn ein Besanmast ist im allgemeinen nicht genügend nach achtern abgestagt, um einem starken Zug nach vorn zu widerstehen. Wenn das Segel den Besan stark überlappt, führt man seine Schot am besten durch einen Klappblock an der Nock des Besanbaums. Das Segel ist durchweg aus leichterem Tuch als die Arbeitssegel. Die Eigner mancher Ketschyachten haben die Erfahrung gemacht, daß ihre Schiffe bei leichtem Wind und bei Dünung ganz gut und ohne Schamfilgefahr auch unter Genua und Besanstagsegel allein segeln.

Ein Schoner kann außer seinen anderen Segeln ein Groß-Stengestagsegel oder ein Fischerstagsegel zwischen seinen Masten führen. Das erstgenannte Segel steht auch hoch am Wind, während der „Fisherman", ein fliegend vom Vor- und Großmasttopp gesetztes, mächtig ziehendes Vierkantsegel, nur raumschots verwendbar ist. Ein „Fisherman" ist schwer und manchmal sogar gefährlich zu handhaben.

Toppsegel

Obgleich heutzutage nur wenige neue Yachten eine Gaffeltakelage erhalten, so gibt es doch eine Anzahl älterer Schiffe, die noch so getakelt sind und wahrscheinlich noch lange so bleiben werden. Es erscheint daher durchaus angebracht, hier einiges über das Toppsegel zu sagen, das, richtig gesetzt, zu den wertvollsten Segeln gehört, die eine gaffelgetakelte Yacht setzen kann. Nicht nur, daß es den dreieckigen Raum zwischen Gaffel und Mast ausfüllt und damit die Gesamtsegelfläche vergrößert, es bleibt auch eher bei leichtem Wind voll stehen und zieht auch dann noch, wenn das schwerere Großsegel schon keinen Vortrieb mehr bringt. Es steht hoch im Mast und ist aus leichterem Tuch gefertigt als die Arbeitssegel. Außerdem verlängert es die Anschnittskante, die von so großer Bedeutung ist, wenn es gegenan geht. Überhaupt muß man bei der Mehrzahl von gaffelgetakelten Kreuzeryachten das Toppsegel eher als Arbeits- denn als Leichtwettersegel ansehen, da es einfacher und schneller geht, ein richtig geriggtes Toppsegel zu bergen, als ein Reff einzustecken. Voraussetzung ist ein vorschriftsmäßig gesetztes Toppsegel; sonst ist es hoch am Wind nutzlos. Sein Vorliek muß steif durchgesetzt werden und so dicht am Mast anliegen wie nur möglich; auch muß es etwas kleiner sein als der Raum, in den es hineingesetzt wird, um flach angeschotet werden zu können.

Ein Dreikanttoppsegel, d. h. ein Toppsegel ohne Spieren (Tafel 39) ist am einfachsten zu handhaben. Wie alle anderen Toppsegel muß es diagonal und ganz flach geschnitten sein. Das Fall muß über eine Scheibe im Masttopp, nicht über einen Block laufen, damit der Kopf des Segels unmittelbar an den Mast anschließt. Das Fall benötigt keinen Klappläufer, da der Hals mit einer Talje oder einer Winsch steifgeholt wird. Die Schot läuft vom Schothorn über eine Seitenscheibe an der Gaffelnock und durch eine Kausch oder einen Block unterhalb der Gaffelklau herunter an Deck zu einer Klampe oder einem Belegnagel.

Einerlei, wie hart der Hals heruntergeholt wird — ein Toppsegel wölbt sich vom Mast ab, wenn man nicht irgendein Mittel findet, es dicht daran zu halten. Nach Erprobung verschiedener Methoden bin ich zu dem Ergebnis gekommen, daß ein einpartiges Jackstag genausogut und auf einfachere Weise als jedes andere Mittel diesen Zweck erfüllt. Das Jackstag besteht aus einem Fasertau, in dessen eines Ende ein kleines Auge eingespleißt ist; das Auge wird um den Mast herumgelegt und das andere Ende durch das Auge geschoren, so daß sich das Jackstag, wenn es gesetzt ist, am Mast an der Stelle festziehen kann, die gegenüber der Diagonalnaht des Toppsegels liegt. Gegenüber dieser Stelle wird am Vorliek des Toppsegels eine Kausch angenäht, und das freie Ende des Jackstags wird durch die Kausch geschoren und mit der Hand dichtgezogen, bevor das Segel gesetzt wird. Ist das Segel oben, liegt die Kausch fast auf dem Jackstagauge auf und wird auf diese Weise dicht am Mast festgehalten, ohne daß das Segel noch von der Schot weggezogen werden kann. Mit einem solchen Jackstag kann man das Segel beim Setzen und Bergen vollkommen kontrollieren, unabhängig davon, ob es luv- oder leewärts des Großsegels gesetzt wird. Um ein Heißen oder Niederholen des Segels zu ermöglichen, ohne mit anderem Geschirr unklar zu kommen, empfiehlt es sich, das untere Ende des Jackstags nicht am Mast selbst, sondern außen bei den Wanten zu belegen. Dasselbe kann man auch mit dem Fall tun, falls es so bequemer ist; nur Schot und Hals müssen beide immer am Mast oder in seiner unmittelbaren Nähe belegt werden, da sich sonst der Stand des Segels nach jedem Wenden und Halsen ändert. Tafel 39 A, B und C zeigt ein Toppsegel beim Setzen. Man beachte, wie das Jackstag das Segel kontrolliert und wie straff die Schot gehalten wird. Läßt man der Schot Lose, kann sie sich bei flappendem Toppsegel unter Umständen um die Gaffelnock vertörnen. Das Segel muß jedoch zu Blocks vorgeheißt und der Hals nach unten gestretscht werden, bevor man die Schot richtig durchsetzt. Die Augen aller Schäkelbolzen in den Piek- und Klaufallblöcken müssen nach der entgegengesetzten Richtung weisen als in der das Toppsegel gesetzt worden ist, um Schamfilung der Segel zu vermeiden; das Toppsegel selbst muß auf der anderen Seite stehen als die Dirk.

Die Größenverhältnisse des Toppsegels sind wichtig. Es gibt keinen Zweifel, daß ein Toppsegel, dessen Ober- und Unterliek lang sind (ein gleichschenkliges Dreieck mit dem Vorliek als Basis) und dessen Gehrungsnaht horizontal liegt, am besten steht. Wenn aber der Mast nicht entsprechend hoch ist, wird das Dreikanttoppsegel oben zu flach. Um dann die ideale Form zu erreichen, muß das Vorliek an eine Rah angeschlagen werden, um den Heiß über den Masttopp hinaus zu verlängern,

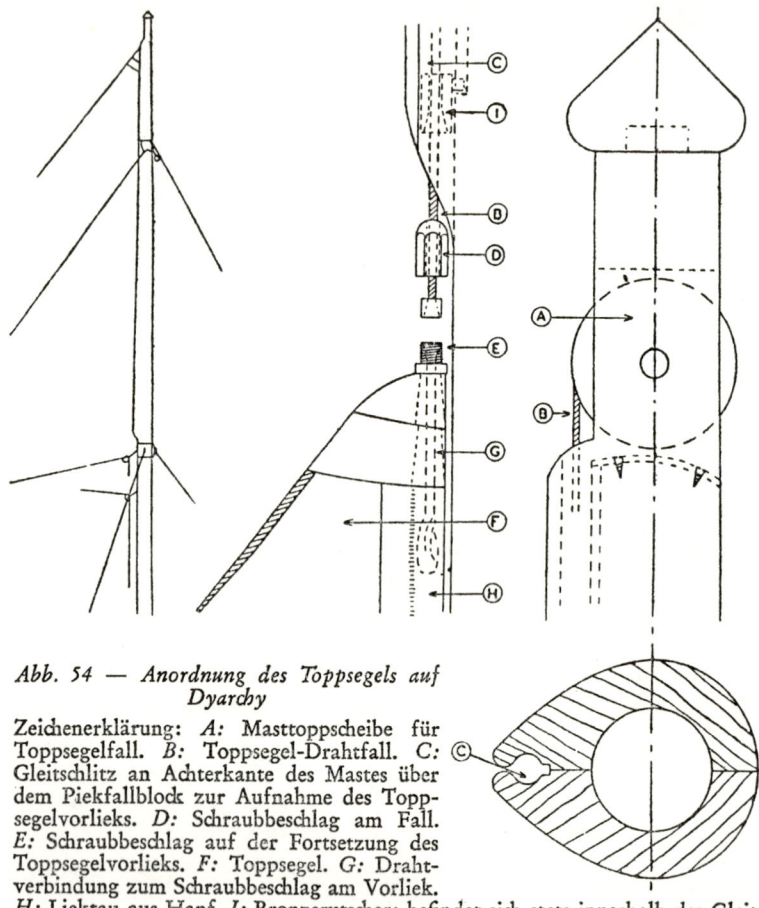

Abb. 54 — Anordnung des Toppsegels auf Dyarchy

Zeichenerklärung: *A:* Masttoppscheibe für Toppsegelfall. *B:* Toppsegel-Drahtfall. *C:* Gleitschlitz an Achterkante des Mastes über dem Piekfallblock zur Aufnahme des Toppsegelvorlieks. *D:* Schraubbeschlag am Fall. *E:* Schraubbeschlag auf der Fortsetzung des Toppsegelvorlieks. *F:* Toppsegel. *G:* Drahtverbindung zum Schraubbeschlag am Vorliek. *H:* Liektau aus Hanf. *I:* Bronzerutscher; befindet sich stets innerhalb des Gleitschlitzes zur zentralen Führung des Drahtfalls.

wobei die Rah zusammen mit dem Segel auf- und niedergeholt wird (Tafel 60 oben). Am Fuß der Rah muß eine Kausch angenäht werden, durch die das Jackstag geschoren wird, um den steilen Stand der Rah zu gewährleisten. Vorteilhaft ist es, als Rah eine Hohlspiere zu verwenden. Das Segel wird angereiht, oder man kann auch, um das Segel schneller an- und abschlagen zu können, eine leichte Schiene mit Schlitten verwenden.

Um ein Toppsegel zu verbreitern, läßt sich das Schothorn mit Hilfe einer Fußrah über die Gaffelnock hinaus vergrößern; diese Spiere ist beim Setzen und Bergen des Segels aber schwer zu handhaben. Dagegen kann eine sehr kurz gehaltene Rah manchmal von Nutzen sein, da sie den Vorzug besitzt, gewisse Fehler in der Schotführung auszugleichen.

Die folgende Methode, das Vorliek eines Toppsegels dicht am Mast zu halten, wurde von Roger Pinckney und Bill Martineau erfunden und auf der *Dyarchy* und *Lintie* (Abb. 54 und Tafel 39 D) praktisch erprobt. Die Sache funktioniert ausgezeichnet, aber ein bereits vorhandener Mast müßte dafür weitgehend verlängert werden. Der Mast oberhalb des oberen Piekfallblocks ist an seiner Achterseite ausgeformt und mit einer Führungsnut zur Aufnahme des Toppsegelvorlieks versehen. Das Fall führt über die Masttoppscheibe und in der Nut herunter, wo es durch die Mitte eines Rutschers läuft, der sich innerhalb der Nut frei auf- und abbewegen kann, aber durch eine Sperre verhindert wird, herauszufallen. Der Rutscher zentriert das Fall, so daß der Kopf des Segels beim Hochheißen in die Nut geführt wird und dann den Rutscher vor sich herschiebt. Um zu erreichen, daß der Kopf des Segels leicht in die Nut gelangt, benutzt man als Befestigung des Falls am Segelkopf anstatt eines Schäkels einen kegelförmigen Schraubbeschlag. Nur zögernd möchte ich noch eine Verbesserung dieses wohlerprobten Geschirrs in Vorschlag bringen. Meiner Ansicht nach sollte gleich unterhalb der Mastnut ein Jackstag ansetzen, mit dessen Hilfe sich das Segel beim Setzen und Bergen besser kontrollieren läßt.

Spinnaker

Der Spinnaker ist ein dreieckiges Segel, das mit einer eigenen Spreizspiere vor dem Mast und gegenüber dem Großsegel ausgebaumt wird. Angeblich stammt der Name von der Yacht *Sphinx*, einer der ersten Yachten, die ihren Ballonklüver auf diese Weise ausbaumte. Daher der Name Sphynxaker, der später zu Spinnaker entstellt wurde. Das Segel kann bei Winden von achtern bis fast dwarsein geführt werden; es vergrößert die Segelfläche, wenn die Vorsegel vom Großsegel abgedeckt werden. Der Leichtwetter-Spinnaker einer Fahrtenyacht kann die gleiche Fläche ausmachen wie das Vorsegeldreieck, oder sogar noch mehr. Da er in gewisser Weise ein Gegengewicht zum Großsegel bildet, erleichtert er die Arbeit des Rudergängers, und schon aus diesem Grunde dürfte es sich lohnen (wenn man kein Vorsegel dazu benutzen kann), außerdem noch einen kleineren Spinnaker für frischen Wind an Bord zu haben, der sich als zweckmäßig erweist, wenn das Großsegel gerefft worden ist. Von allen Yachtsegeln ist der Spinnaker das am wenigsten seetüchtige Segel, da es nur mit seinen drei Ecken kontrolliert werden kann; wenn man nicht sorgfältig damit umgeht, kann sich ein großer Spinnaker leicht bei der Handhabung in starken Winden selbständig machen. Man muß zwei ganz verschiedene Spinnakertypen unterscheiden, den dreieckigen und den symmetrischen oder Parachute-Spinnaker, denn obgleich ihre Einzelteile und ihr Geschirr die gleichen Bezeichnungen tragen, werden sie doch ganz unterschiedlich gesetzt und gehandhabt. Der Baum, der gewöhnlich aus einer hohlen Holz- oder Metallspiere besteht, hat eine Toppnant und wird mit einem Achterholer regiert, ein Ende, das von der Baumnock nach achtern an eine Klampe oder Winsch führt. Ein in der Nähe des Stevens befestigter Vorholer verhindert, daß der Baum hochsteigt. Die ausgebaumte Ecke des Segels heißt Hals, während die binnenbords bleibende Ecke des Spinnakers das Schothorn ist, an welcher die Schot befestigt wird.

Der dreieckige Spinnaker bildet nach wie vor den auf Fahrtenyachten gebräuchlichsten Typ, und wahrscheinlich ist auf Yachten mit langem Klüverbaum auch gar kein anderer denkbar.

Üblicherweise wird er luvwärts der Vorstagen gesetzt, auf denen er zu Zeiten schwer aufliegt und im Seegang schamfilt; die Schot führt zu irgendeinem Punkt auf Deck nahe dem Mast. Ich verwende lieber ein Fall aus Terylene als aus Stahldraht; seine Parten werden auf beiden Seiten des Vorstags heruntergeführt, so daß das Segel entweder auf der einen oder der anderen Seite geheißt werden kann; ein in jedes Ende des Falls eingespleißter Schnappschäkel erleichtert das Anschlagen des Segels. Um eine klare Führung des Falls auf beiden Bugen zu gewährleisten, ist es zweckmäßig, den Fallblock mit einem Wirbelschäkel zu versehen, und wenn man die Parten des Falls an die Nagelbänke bei den Wanten an entgegengesetzte Seiten des Decks nimmt, besteht keine Gefahr, daß sie sich vertörnen.

Rennyachten heißen ihren Spinnaker gewöhnlich „in stops", d. h. eingerollt und leicht gebändelt. Ihre Mannschaften sind zahlreich genug, um mit dem Baum fertig zu werden und das Segel einzufangen, wenn der Zeitpunkt gekommen ist, es zu bergen oder zu schiften. Auf einer Kreuzeryacht von 8 Tonnen Größe oder mehr ist es dagegen meiner Ansicht nach am besten, den Baum ständig in einem Lümmelbeschlag am Mast gehaltert zu lassen, so daß man ihn, wenn außer Gebrauch, hochgedirkt an der Vorkante Mast fahren kann; seine Nock wird dann mit Hilfe der steifgesetzten Toppnant in einer entsprechend geformten Aufklotzung aus Holz oder einer Metallgabel am Mast festgehalten (Tafel 40 B und C). Voraussetzung ist, daß der Baum nur so lang ist, daß er bei einer Yacht mit doppelten Vorsegeln unterhalb des unteren Vorstags passieren kann; sonst muß er bei jedem Schiften aus seinem Lümmelbeschlag herausgehoben werden. Der Baum trägt an seiner Nock eine Scheibe oder einen Block für den Ausholer, und den Hals hakt man, außer bei einem sehr kleinen Segel, am besten in einen Laufring auf dem Baum.

Zum Segelsetzen fiere die Toppnant, bis der Baum horizontal steht, trimme ihn mit dem Achterholer auf den richtigen Winkel (90 Grad zum scheinbaren Wind) und setze den Vorholer fest. Belege die Schot und befestige den Hals am Ausholer. Lege dich genau vor den Wind, heiße das Segel auf, und hole dann den Hals zur Baumnock aus. Auf einer kleinen Yacht, auf der möglicherweise Toppnant und Ausholer fehlen, und der Baum an Deck verstaut ist, lege den Baum längsschiffs mit seiner Nock zum Steven; schlage Vor- und Achterholer und den Hals des Segels an, und befestige die Schot. Verfahre den Baum nach vorn, bis sein inneres Ende in den Baumbeschlag eingesetzt werden kann, und heiß dann das Segel auf, und trimme es zum Schluß mit den Geien. Um Schamfilen zu vermeiden, wenn der Wind dreiviertel oder halb einfällt, mußt du die Schot um das Vorstag herum auf die Leeseite führen. Außer bei leichtestem Wind ist es aber gewöhnlich am besten, den Spinnaker zu bergen und die Vorsegel zu setzen, bevor der Wind ganz querab einkommt.

Zum Bergen des Spinnakers mußt du abfallen und den Achterholer auffieren, um den Baum nach vorn schwingenzulassen. Nimm die Schot um das Vorstag herum zum Leedeck, hole dann das Segel zusammen und fiere es gleichzeitig im Schutz des Großsegels weg. Beim Schiften muß das Segel heruntergeholt und abgeschlagen werden, während der Baum hochgedirkt und auf der anderen Seite heruntergefiert wird. Der natürlichen Neigung des Baums, bei frischem Wind zu steigen, läßt sich begegnen, indem man das innere Ende höher am Mast ansetzt. Daher wird der Baumbeschlag häufig an einer kurzen Schiene am Mast angebracht (Tafel 26 B), so daß er auf- und abgleiten kann; gehalten wird er durch eine Klemmschraube oder durch einen Bolzen, der sich jeweils in ein verschiedenes Loch stecken läßt. Eine offene, auf den Mast passende Klaue (Tafel 40A) ist eine ebenso einfache wie billige Angelegenheit, die auf kleinen Fahrzeugen vollauf genügt, aber mit einem Tauende in ihrer jeweiligen Stellung festgehalten werden muß.

Luv- und Leelieken des symmetrischen (oder Parachute-)Spinnakers sind, wie der Name besagt, von gleicher Länge; sein Bauch ist riesig und viel größer, als sich nach dem üblichen Meßverfahren berechnen läßt. Der Baum darf daher kürzer sein als bisher für einen dreieckigen Spinnaker gleicher Fläche erforderlich. Das Segel bedarf keines niedrigstehenden Unterlieks, das dem Rudergänger die Aussicht nach vorn versperrt und häufig naß wird — vielmehr handelt es sich um ein Segel, das infolge seiner völligen Form oben mehr dazu neigt, sich zu heben als zu drücken. Da die beiden Hälften symmetrisch sind, ergibt sich als weiterer Vorteil, daß der symmetrische Spinnaker beim Schiften nicht heruntergenommen zu werden braucht, denn was auf dem einen Schlag als Hals diente, wird auf dem anderen Schlag zum Schothorn und umgekehrt. Das Segel wird vor den Vorstagen gesetzt; der Fallblock wird oberhalb des Toppstags angebracht und die Schot führt zur Leeseite der Yacht. Soll der Spinnaker auch bei halbem Wind stehenbleiben, ist es wichtig, die Schot in Lee ganz nach achtern zu nehmen, da sich sonst ein Bauch bildet, der übermäßige Abtrift hervorruft. Vorausgesetzt, daß dieser Spinnaker voll steht, gibt es kaum etwas, woran er sich schamfilen kann; dagegen besteht seine Schwäche darin, daß ihn das Rollen der Yacht oder ein unaufmerksamer Rudergänger zum Einfallen bringen können. Auch beim Setzen und Bergen hat er die unglückliche Neigung, sich um eines der Vorstage zu winden, es sei denn, daß dort bereits ein anderes Segel steht oder ein Netzabweiser angebracht ist.

Das Geschirr für dieses Segel unterscheidet sich etwas von dem des dreieckigen Spinnakers, ist aber sehr übersichtlich. Die Toppnant greift an dem Gleichgewichtspunkt des Baums an; denn da das Segel nicht eingeliekt ist, muß es von dem Baumgewicht entlastet werden. Beide Baumenden sind einander gleich; obgleich man Spezialbeschläge für sie anfertigen lassen könnte, wird man feststellen, daß sich die nachfolgend beschriebene Methode bewährt. Richte beide Baumenden, sich verjüngend, so zu, daß sie in eine konischgeformte Hülse des Baumbeschlags hineinpassen. Nimm zwei Enden Manilatau, an die du je einen Schnappschäckel anspleißt, wobei du das Spleißauge gerade groß genug machst, um sich auf den verjüngten Baumenden festklemmen zu können (Tafel 40 D). Diese beiden identischen Enden dienen je nach Bedarf als Schoten oder Achterholer. Der einzige Vorholer besteht aus einem Ende mit ebenfalls eingespleißtem Schnappschäkel.

Nimm an, der Spinnaker soll an Backbord gesetzt werden. Dann hake den Schnappschäkel des als Schot bestimmten Endes in den unteren Steuerbord-Lägel des Spinnakers. Reiche die Schot um das Vorstag und außerhalb der Steuerbordwanten herum nach achtern, wo du sie belegst. Hake den Schnappschäkel des als Achterholer bestimmten Endes in das untere Backbord-Lägel des Segels und schiebe das an diesem Ende eingespleißte Auge über die Nock des Spinnakerbaums. Führe den Achterholer außerhalb der Backbordwanten nach achtern und belege. Gei den Baum, der jetzt der Länge nach an Deck liegt, mit der Toppnant auf und stecke das binnenbords bleibende Ende in den Masthülsenbeschlag. Heiß das Segel im Windschatten des Großsegels auf, und trimme dann den Baum mit Hilfe des Achterholers in die richtige Winkellage. Abschließend gehe nach achtern, hake den Schnappschäkel des Vorholers über den Achterholer, und laß ihn nach vorn gleiten, bis er den Baum erreicht; dann belege den Vorholer vorn.

Um zu schiften (Abb. 55), fiere den Achterholer auf, um den Baum nach vorn kommen zu lassen; nimm das Binnenende des Spinnakerbaums

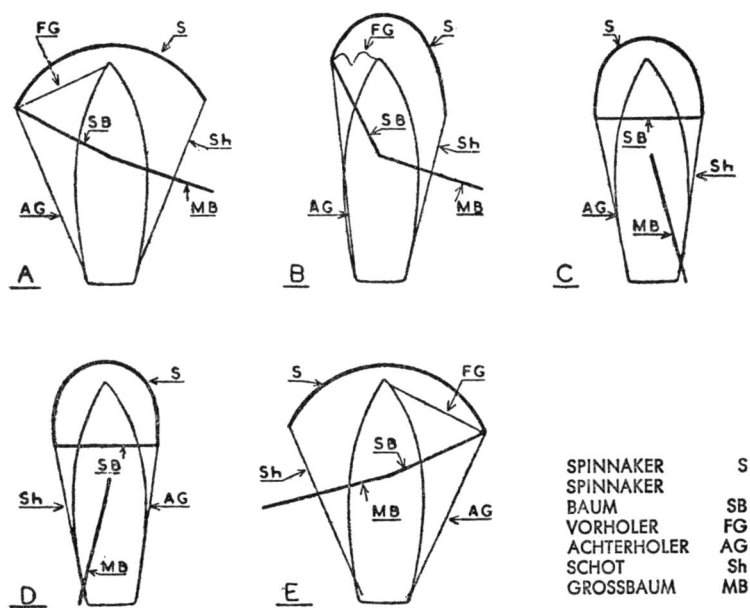

Abb. 55 — Schiften eines Parachute-Spinnakers

A: Yacht vor dem Wind mit Spinnakerbaum auf Backbord. B: Der Achterholer wird weggefiert, so daß der Spinnakerbaum nach vorn kommt. C: Spinnakerbaum wird vom Mast abgenommen, und das Auge der Schot (die jetzt zum Achterholer werden soll) wird über den Baum gestreift. Der Vorholer wird ausgehakt. D: Der Großbaum wird auf die andere Seite genommen. E: Das Auge des Endes, das bisher als Achterholer diente und sich jetzt in die Schot verwandelt, wird von der Backbordnock des Spinnakerbaums abgestreift, und dieser wird in die Hülse am Mast gesteckt. Schot und Achterholer werden getrimmt; der Vorholer wird eingehakt und dichtgesetzt.

aus der Masthülse und schiebe darüber das Auge des Endes, das bisher als Schot diente, jetzt aber Achterholer werden soll. Laß den Großbaum übergehen. Schäkele den Vorholer ab und streife das Auge des Endes, das bisher als Achterholer diente und jetzt Schot werden soll, von der Backbordnock des Spinnakerbaums ab. Lege den Baum querschiffs und schiebe seine Backbordnock in die Masthülse. Trimme Schot und Achterholer, wie es sich gehört, und hake zum Schluß den Vorholer-Schnapp-schäkel über den neuen Achterholer, lasse ihn bis an den Baum gleiten, hole nach vorne durch und belege.

Um das Segel zu bergen, fiere den Achterholer auf, und lasse den Baum ganz nach vorn schwingen, bis aller Wind aus dem Segel genommen ist; schlage den Achterholer von der Baumnock ab, lasse das Fall zügig kom-men, und raffe das Tuch an Deck im Leeschutz des Großsegels zusammen.

13

VERHÜTUNG VON ZUSAMMENSTÖSSEN

Lichterführung — Ausweichregeln und Segelvorschriften —
Ankerlichter — Verhalten im Nebel

Als Ergebnis des im Jahre 1960 abgeschlossenen internationalen Vertrages zum Schutz des menschlichen Lebens auf See, sind die internationalen Vorschriften zur Verhütung von Zusammenstößen auf See einigen Änderungen unterworfen worden. Eine davon, die sich auf Segelschiffe bezieht, ist drastisch und hat, wie später begründet werden soll, Kritik herausgefordert. Der Fahrtensegler ist jetzt verpflichtet, jedes sich ihm nähernde Segelfahrzeug aufmerksam zu beobachten und jederzeit auf einen plötzlichen Kurswechsel im letzten Augenblick vorbereitet zu sein. Die neuen Regeln, die am 1. September 1965 in Kraft getreten sind, sind in ihrem vollen Wortlaut in *Safety of Life at Sea* (H. M. Stationary Office) erschienen, aber die Vorschriften, die der Yachtsegler kennen muß, sind nachstehend ausführlich genug wiedergegeben. Der Fahrtensegler sollte sie eingehend studieren und sie sich gründlich zu eigen machen, damit er bei drohender Kollisionsgefahr sofort weiß, was er zu tun hat.

Lichterführung (Abb. 56)

Ein Fahrzeug mit Maschinenantrieb von über 19,8 m (65 Fuß) Länge muß an Backbord ein rotes Licht führen, das so angebracht und abgeblendet ist, daß es über einen Bogen des Horizonts von 10 Kompaßstrichen (112½ Grad), von voraus bis zwei Strich achterlicher als dwars (22½ Grad) sichtbar ist. Entsprechend an Steuerbord ein grünes Licht. Die Sichtweite beider Lichter muß mindestens 2 Seemeilen betragen. Am Vormast, oder an anderer Stelle vorn, 6 m über Deck (20 Fuß) muß das Fahrzeug ein weißes Licht führen, das so angebracht ist, daß es auf beiden Seiten, von voraus bis 2 Strich achterlicher als dwars, 10 Strich des Horizonts bescheint, also den gleichen Bogen wie die roten und grünen Seitenlichter zusammen, nämlich 20 Strich (225 Grad). Ist das Fahrzeug länger als 45,7 m (150 Fuß), muß es ein zweites gleiches Licht achtern und 4,5 m (15 Fuß) höher führen als das erste weiße Licht; auch dieses

Licht muß den gleichen Bogen des Horizonts bescheinen. Beide Lichter müssen auf eine Entfernung von mindestens 5 Seemeilen sichtbar sein. Achtern am Heck muß das Fahrzeug ein auf mindestens 2 Seemeilen und über den Rest des Horizonts sichtbares Licht führen, d. h. über einen Bo-

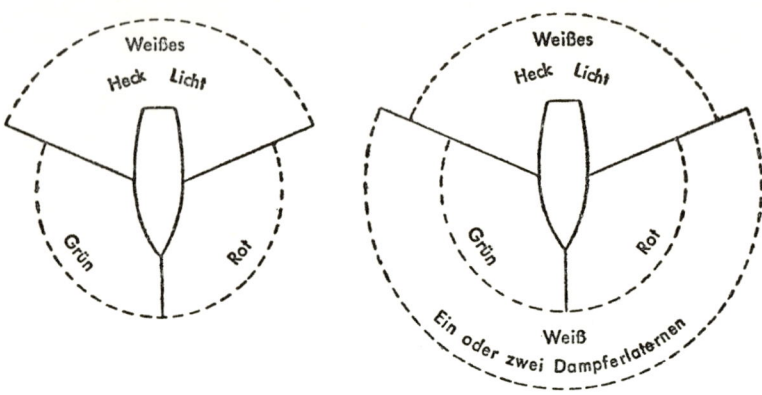

Abb. 56 — Positionslaternen

Links: Fahrzeug unter Segel (die roten und grünen Masttopplichter, die es außerdem führen darf, und die den gleichen Bogen des Horizonts bescheinen wie die Topplichter eines Fahrzeugs mit Maschinenantrieb, sind in der Zeichnung nicht enthalten). *Rechts:* Fahrzeug mit Maschinenantrieb.

gen von 12 Strich (135 Grad) oder von zwei Strich achterlicher als dwars auf Backbord über achtern bis zwei Strich achterlicher als dwars auf Steuerbord.

Segelfahrzeuge von über 12,2 m (40 Fuß) Länge (wahrscheinlich wird diese Größenbestimmung auf 19,8 m = 65 Fuß erweitert) müssen die gleichen grünen und roten Lichter führen wie die Fahrzeuge mit Maschinenantrieb.

Außerdem können sie (und das ist neu) im Topp ihres Vormastes ein rotes über einem grünen Licht fahren; jedes dieser Lichter bescheint den gleichen Bogen des Horizonts wie die Topplichter eines Fahrzeugs mit Maschinenantrieb, d. h. auf beiden Seiten von rechts voraus bis zwei Strich achterlicher als dwars. Obgleich diese Lichter nicht den vom Segelschiff gesteuerten Kurs erkennen lassen, so sind sie doch von großem Wert insofern, als sie den Standort des Segelfahrzeugs angeben, bevor dessen niedrigerhängende Backbord- und Steuerbordlichter sichtbar werden. Ferner müssen Segelfahrzeuge das gleiche Hecklicht führen wie ein Fahrzeug mit Maschinenantrieb, dürfen aber keine weißen Lichter im Masttopp fahren.

Zugunsten von Kleinfahrzeugen hat man die obigen Regeln in einigen Punkten abgeändert. Maschinenfahrzeuge von weniger als 19,8 m (65

Fuß) Länge brauchen das weiße Licht im Masttopp nicht höher als 2,74 Meter (9 Fuß) zu tragen, und eine Sichtweite von 3 Seemeilen anstatt von 5 Seemeilen genügt, ebenso wie bei den Positionslaternen eine Sichtweite von 1 Seemeile anstatt 2 Seemeilen ausreicht. Ein Kleinfahrzeug darf außerdem an Stelle der getrennten Seitenlichter ein doppelfarbiges Licht führen. Läßt sich ein Hecklicht nicht ohne weiteres anbringen, muß ein geeignetes Licht in Bereitschaft gehalten und gezeigt werden, wenn jemand überholt.

Segelfahrzeuge von weniger als 12,2 m sind überhaupt nicht verpflichtet, feste Lichter zu führen, müssen aber eine Laterne mitführen, die an einer Seite rotes, an der anderen grünes Licht zeigt. Kleine Ruderboote unter Ruder oder Segel brauchen nur ein weißes Licht zur Hand zu haben. *)

Wenn man also nachts ein rotes über einem grünen Licht, oder ein einzelnes grünes oder rotes Licht sichtet, so ist nach obigen Ausführungen ersichtlich, daß es sich um ein Fahrzeug unter Segel handeln muß, zu dem die Lichter gehören. Sind aber außerdem noch ein oder zwei weiße Lichter sichtbar, hat das Fahrzeug Maschinenantrieb. Wenn beide roten und grünen Lichter (unter Ausschluß der neuen Lichter rot über grün) zu sehen sind, liegt das Fahrzeug auf Gegenkurs, und wenn es zwei weiße Masttopplichter zeigt, befinden sich diese in Linie. Dann haben wir die Situation, die man bestrebt ist zu vermeiden. Wird ein einzelnes weißes Licht gesichtet, ohne daß ein rotes oder grünes Licht auszumachen ist, kann dies zu einem kleinen Fahrzeug mit Maschinenantrieb gehören, dessen Rumpf sich noch unter der Kimm befindet; mit größerer Wahrscheinlichkeit handelt es sich aber um das Hecklicht eines Schiffes, und man befindet sich mindestens zwei Strich achterlicher als dwars von ihm. Obgleich man keinen Anhaltspunkt dafür hat, ob sich das Schiff unter Segel oder Maschine befindet, so ist man doch auf jeden Fall das überholende Fahrzeug und (siehe Regel 24, S. 292) hat die Pflicht, auszuweichen.

Nachstehend die von einigen anderen Fahrzeugen zu führenden Lichter:

Ein Dampffahrzeug, das ein anderes Fahrzeug schleppt, wobei die Länge des Schleppzugs 183 Meter (600 Fuß) nicht übersteigt: Außer den üblichen Seitenlichtern zwei weiße Lichter übereinander am Mast; drei weiße Lichter, wenn der Schleppzug länger ist als 183 Meter (600 Fuß). Bei Tage einen schwarzen rhombusförmigen Signalkörper.

Ein manövrierunfähiges Fahrzeug: An Stelle der Masttopplichter, zwei rote, über den ganzen Horizont sichtbare Laternen übereinander. Bei Tage zwei schwarze Bälle.

---

*) Allerdings ist die neue deutsche Seeschiffahrtsstraßenordnung strenger, hier wird eine Tragweite von 2 sm für alle Lichter verlangt.

Ein Fahrzeug, das mit Legen oder Aufnehmen von Telegraphenkabeln oder anderen Unterwasserarbeiten beschäftigt ist: Drei, über den ganzen Horizont sichtbare Laternen, senkrecht übereinander, rot-weiß-rot. Befindet sich das Schiff in Fahrt, müssen Seiten- und Hecklichter geführt werden. Bei Tage weht im Top die Flagge H des internationalen Signalbuches.

Ein Lotsenfahrzeug mit Maschinenantrieb auf Station: Ein weißes über einem roten Licht im Masttopp, beide über den ganzen Horizont sichtbar. Wenn in Fahrt befindlich, Seiten- und Hecklichter.

Ein (Grund)schleppnetzfischer mit ausgebrachtem Gerät: Ein grünes Licht über einem weißen Licht neben den üblichen Seiten- und Hecklichtern.

Ein anderes Fischerfahrzeug als ein (Grund)schleppnetzfahrzeug: Ein rotes über einem weißen Licht neben den üblichen Seiten- und Hecklichtern.

Ein sich nicht auf seiner Station befindliches Feuerschiff: Je ein rotes Licht vorn und achtern, über den ganzen Horizont sichtbar; rote und weiße Flakkerfeuer, die gleichzeitig alle 15 Minuten abgebrannt werden. Bei Tage zwei schwarze Bälle und die Flaggen P C des internationalen Signalbuchs.

Ein Bagger: Es gibt kein einheitliches System von zu setzenden Lichtern. Im allgemeinen werden drei rote und drei weiße Lichter in Form eines Dreiecks gesetzt.

Obgleich Segelfahrzeuge von weniger als 12,2 m Länge (40 Fuß) keine festen Lichter zu führen brauchen, wird der vorsichtige Yachtsegler doch dafür Sorge tragen, daß sein eigenes Fahrzeug solche hat. Natürlich ließe sich argumentieren, daß er die notwendigen Ausweichmanöver immer noch einleiten könne, sobald er die Lichter des anderen Fahrzeugs identifiziert habe. Hat er aber Pech, begegnet er einer anderen Yacht, die ebenfalls keine Lichter gesetzt hat, oder trifft in ausländischen Gewässern auf unbeleuchtete Fischereifahrzeuge. Selbst wenn er dann die vorgeschriebenen Lichter griffbereit zur Verfügung stehen hat, kann eine Kollision erfolgen, bevor er noch Zeit hat, sie zu zeigen.

In den Zeiten, als Yachten nur schmale Vorsegel fuhren, und Spinnaker nur selten bei Nacht gesetzt wurden, brachte man die Positionslampen durchweg an Laternenbrettern an, die an den Wanten in Reichweite über Deck befestigt wurden. Seitdem aber Spinnaker viel häufiger Verwendung finden und auch die Genua hinzugekommen ist, ist diese Anbringungsweise zwecklos geworden, da die großen Vorsegel eines oder beide Lichter verdecken. Viele Yachten gingen daher dazu über, die Seitenlichter am Kajütsaufbau oder am Deckshaus zu führen, wo sie oft auf geschickte Weise mit Ventilatoren oder anderen Decksbeschlägen kombiniert wurden. Bei ihrer niedrigen Höhe entzogen sich diese Lichter aber häufig infolge trennenden Seegangs der Sicht durch andere Schiffe, und bei starker Krängung wurde die Lampe in Lee nur zu häufig von der Genua verdeckt. Die neue Vorschrift, die die Führung von Lichtern im Masttopp, rot über grün, gestattet, erleichtert das rechtzeitige Ausmachen eines Fahrzeugs und seine Identifizierung als Segelschiff. Trotzdem werden die unteren Seitenlichter weiter benötigt, um anzuzeigen, welchen Kurs das betreffende Schiff anliegt. Heutzutage hat fast jede Yacht einen

Bugkorb (Tafel 59 B), und ich bin der Ansicht, daß dies der beste Platz für die Anbringung der Lichter ist; ihre Höhe über Wasser reicht einigermaßen aus, Bugwelle und -gischt sprühen vorbei, und sie können von keinem Segel verdeckt werden. Die Lichter stehen dann allerdings so nahe beieinander, daß es kaum noch Sinn hat, sie getrennt anzubringen. Eine einzelne, doppelfarbige Lampe, die nach den Vorschriften für Kleinfahrzeuge unter 12,2 m (40 Fuß) — oder möglicherweise 19,8 m (65 Fuß) — erlaubt ist, erfüllt den gleichen Zweck, spart Strom oder gestattet ein stärkeres Licht bei gleichem Stromverbrauch. Das bei solchen Lampen unweigerlich auftretende „Schielen" kann bis zu einem gewissen Grade beseitigt werden, indem man an der Stelle, wo die roten und grünen Linsen zusammentreffen, ein Blech ansetzt, das 15 cm oder mehr vorspringt. Die Höhe dieser doppelfarbigen Laterne kann verbessert werden, wenn man sie an einer kurzen Stange auf dem Bugkorb montiert, wie es Bernard Haymann, Herausgeber der *Yachting World* gemacht hat, während das Hecklicht zweckmäßigerweise am Flaggenknopf des Flaggenstocks angebracht wird.

Bei Verwendung von Petroleumlampen muß es sich natürlich um Lampen handeln, die innen mit einem konischen Windschutz versehen sind, aber auch dann sind es nur große Lampen, die wirklich zufriedenstellend brennen. Elektrizität ist soviel bequemer und wirkungsvoller, daß sich seine Verwendung, zum mindesten für diesen Zweck, lohnt. Jeder, der sich schon einmal damit abgemüht hat, eine Petroleumlampe, auf dem Kajütsboden kauernd, anzuzünden, sie nach vorn zu tragen und einzusetzen, ohne daß sie ausgeweht oder ausgeschlagen wurde, weiß ein Lied davon zu singen.

Viele der für Yachtgebrauch hergestellten Positionslaternen haben dioptrische Linsen. Diese intensivieren die Lichtstärke, indem sie das Licht auf eine schmale horizontale Ebene konzentrieren. Für Segelfahrzeuge sind sie aber ganz ungeeignet, weil das Licht bei Krängung auf der einen Seite in die See, auf der anderen in den Himmel strahlt. Prismatische Linsen, die das Licht stärker erscheinen lassen als es in Wirklichkeit ist, werden meines Wissens nicht mehr hergestellt. Infolgedessen müssen wir bei unseren Lampen mit gewöhnlichen Linsen auskommen, und wir sollten bei unseren doppelfarbigen Lampen oder Seitenlichtern, da farbiges Glas so viel Licht verschluckt, die stärksten Birnen verwenden, die unsere Stromversorgung zuläßt. Die nachfolgende Tabelle gibt die annähernden Entfernungen an, auf die Lichter verschiedener Birnenstärke durch weißes und farbiges Glas gesehen werden können:

Birnenstärke	Klares Glas	Rotes oder grünes Glas
6 Watt	3 Meilen	1 Meile
12 Watt	4 Meilen	1,5 Meilen
24 Watt	5 Meilen	2 Meilen

Diese Angaben setzen voraus, daß die Stromspannung hoch, die Birne neu und die Linse sauber ist. Um Elektrizität zu sparen, ließe sich die Verwendung einer Doppelfadenglühbirne in Betracht ziehen, so wie die 6/21-Watt-Type, die bei zahlreichen Wagen als Bremslicht benutzt wird; diese Birne kann man bei gutem Wetter als Vorsichtsmaßnahme gegenüber unbeleuchteten Yachten mit 6 Watt, und bei schlechter Sicht oder wenn sich schnell laufende Schiffe in der Nachbarschaft befinden, mit 21 Watt brennen lassen.

Auf modernen Yachten ist es üblich geworden, im Masttopp eine Lampe zur Beleuchtung des Standers, und an den Unterseiten der Salings Lampen zur Beleuchtung des Decks zu fahren, wenn dort Arbeiten verrichtet werden müssen. Zweifellos erfüllen solche Lichter ihren Zweck auf Regatten, zumal wenn sich die Mannschaft aus neuen oder unerfahrenen Mitseglern zusammensetzt, aber ich finde, daß eine Kreuzeryacht ohne sie auskommen sollte. Salingslampen haben den schweren Nachteil, den Rudergänger zu blenden, so daß er außerhalb der beleuchteten Fläche nichts mehr sehen kann. Werden solche Lichter trotzdem geführt, müssen sie so tief abgeschirmt werden, daß sie unter keinen Umständen von anderen Schiffen aus gesehen werden und diese irreführen können.

Der Skipper einer langsam segelnden Yacht, der sich nachts auf einem belebten Schiffahrtsweg befindet, hat unter Umständen manche sorgenvollen Minuten durchzumachen. Natürlich wird er nie so unbedacht sein, absichtlich den Bug eines großen Fahrzeugs zu kreuzen, in der Erwartung, daß dieses seine kümmerlichen Lichter sieht, identifiziert und entsprechend seinen Kurs ändert, aber er selbst kann durch die Nähe anderer Schiffe gezwungen sein, es trotzdem zu tun. Unsicher, ob seine Lichter gesehen worden sind oder nicht, hat er den begreiflichen Wunsch, sich bemerkbar zu machen. Die Segel, selbst wenn sie weiß sind, anzuleuchten, hat überhaupt keinen Zweck; dann ist es schon besser, ein starkes weißes Licht, wie den Strahl einer Aldis-Signallampe, direkt auf die Kommandobrücke des Schiffes zu richten und gerichtet zu halten. Wegen ihres schmalen Strahlenbündels muß eine solche Lampe aber sehr sorgsam gehandhabt werden, was schwierig ist, sobald es nur etwas weht. Es liegt nahe, daß das Schiff dann nur Blinkzeichen von einer Lampe zu sehen vermeint und zur Ansicht gelangt, daß jemand in weiter Ferne zu signalisieren versucht und sich nun bemüht, näher heranzukommen. In einer echten Notlage gibt es daher nur eine Maßnahme, die ein Yachtskipper mit sicherem Erfolg ergreifen kann und die den Vorschriften entspricht — nämlich ein weißes Flackerfeuer zu entzünden. Flackerfeuer werden in der Hand gehalten und verbreiten etwa eine Minute lang ein Licht von 3000 Kerzenstärken. Es braucht nicht auf das andere Schiff gerichtet zu werden und ist selbstredend unabhängig von jeder elektrischen Stromquelle. Ein rotes Feuer darf nicht gezeigt werden, da es sich dabei um ein Notsignal handelt.

Ausweichregeln und Segelvorschriften

Regel 17 (a) (Abb. 57)

Sobald zwei Segelfahrzeuge sich einander so nähern, daß die Gefahr eines Zusammenstoßes besteht, muß das eine dem anderen, wie nachstehend angegeben, aus dem Wege gehen:

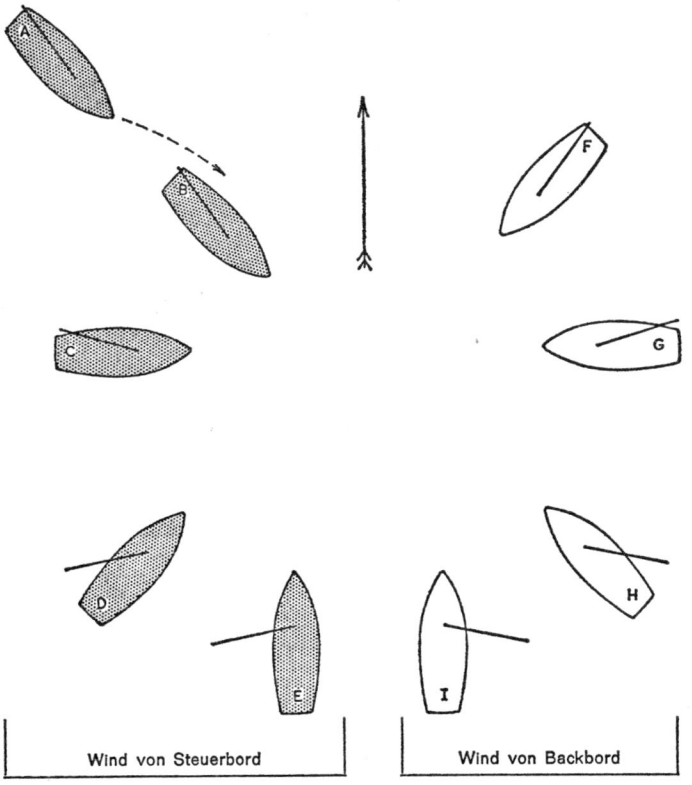

Wind von Steuerbord   Wind von Backbord

Abb. 57 — Wegerecht von Segelschiffen
(Der Pfeil gibt die Windrichtung an)

Alle Segelfahrzeuge mit dem Wind von Steuerbord (A—E, schraffiert) haben Wegerecht vor allen Segelfahrzeugen mit dem Wind von Backbord (F—I, unschraffiert). B hat Wegerecht vor C, D und E, weil in Lee von ihnen; C hat Wegerecht vor D und E, und D vor E aus dem gleichen Grunde. A weicht vor B aus, weil überholendes Fahrzeug. F hat Wegerecht vor den anderen Fahrzeugen mit Wind von Backbord, weil in Lee von ihnen; aus dem gleichen Grunde hat G Wegerecht vor H und I und H vor I.

(i) Haben beide Fahrzeuge den Wind von verschiedenen Seiten, so muß dasjenige, das den Wind von Backbord hat, dem anderen aus dem Wege gehen.

(ii) Haben beide Fahrzeuge den Wind von derselben Seite, so muß das luvwärts befindliche Fahrzeug dem leewärts befindlichen aus dem Wege gehen.

(b) Im Rahmen dieser Regel soll als Luvseite die Seite gegenüber derjenigen
gelten, auf welcher das Großsegel gefahren wird, oder, bei rahgetakelten
Schiffen, die Seite gegenüber derjenigen, auf welcher das größte Schratsegel
gefahren wird.

Regel 24 (a) Ohne Rücksicht auf irgendeine dieser Vorschriften muß jedes Fahrzeug beim Überholen eines anderen diesem aus dem Wege gehen.

(b) Jedes Fahrzeug, das sich einem anderen Fahrzeug aus einer Richtung her
nähert, die mehr als 2 Strich (22,5°) achterlicher als dwars liegt, d. h. aus
einer Richtung, bei der die Fahrzeuge so zueinander stehen, daß das überholende bei Nacht keines der Seitenlichter des anderen sehen würde, gilt als
überholendes Fahrzeug. Durch spätere Änderung der Peilung beider Fahrzeuge zueinander wird das überholende Fahrzeug weder zu einem kreuzen-
den Fahrzeug im Sinne dieser Vorschriften noch von der Verpflichtung ent-
bunden, dem anderen Fahrzeug aus dem Wege zu gehen, bis es dieses klar
passiert hat.

Eine sichere Methode, festzustellen ob Kollisionsgefahr besteht, ist, die
Kompaßpeilung des sich nähernden Fahrzeugs zu beobachten. Ändert

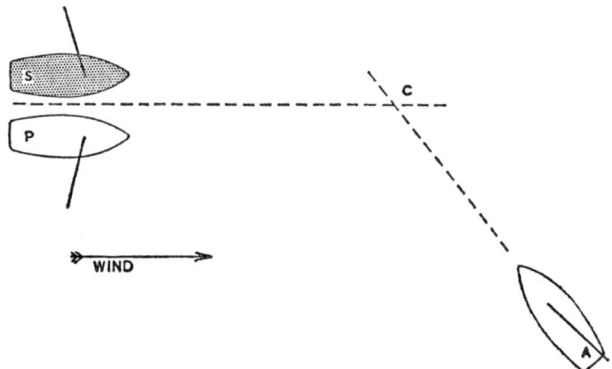

Abb. 58 — Doppeldeutigkeit der neuen Regel 17

Wenn A bei Nacht ein Steuerbordlicht sichtet, das seine Peilung in Luv nicht
ändert, kann A nicht erkennen, ob er Wegerecht hat oder nicht. Er hat es vor P,
aber nicht vor S.

sich seine Peilung, passiert es klar, ändert sie sich aber nicht, ist mit Kollisionsgefahr zu rechnen. Der Umstand, daß irgendeine Landmarke vor
oder hinter dem anderen Fahrzeug auswandert, ist keine Garantie, daß es
klar passiert, da Stromversetzung die Ursache hiervon sein kann.

Unter der alten Regel 17 hatte ein hoch am Winde liegendes Segelfahrzeug das Wegerecht über ein vor dem Winde segelndes Schiff; in der

neuen Fassung des Artikels trifft dies nicht mehr immer zu, denn ein hoch am Winde liegendes Segelfahrzeug muß jetzt einem anderen Segelfahrzeug, das den Wind von Steuerbord hat, ausweichen, und zwar unabhängig davon, ob letzteres hoch am Wind oder vor dem Wind segelt. Schwierigkeiten können daher nicht ausbleiben. Angenommen zum Beispiel, die hoch am Wind auf Steuerbordbug segelnde Yacht A in Abb. 58 sichtet nachts in Luv ein Steuerbordlicht, dessen Peilung unverändert bleibt, so daß Kollisionsgefahr bei Punkt C besteht, sie kann nicht wissen, ob das andere Fahrzeug auf Steuerbordbug läuft (in welchem Falle A das Wegerecht hätte, da P luvwärts segelt), oder ob es auf Backbordbug liegt (in welchem Falle A nach Artikel 17 (i) S ausweichen müßte. P oder S wissen, wer auszuweichen hat, aber A kann es nicht wissen. Obgleich S in einer ähnlichen Situation bei Tage nach Artikel 21 gehalten ist, Kurs und Geschwindigkeit beizubehalten, so würde doch ein unbeabsichtigtes oder unvermeidbares Halsen auf Seiten S die Wegerechtssituation in Sekundenschnelle umkehren.

Regel 20 besagt, daß, wenn ein Maschinenfahrzeug und ein Segelfahrzeug so steuern, daß die Gefahr eines Zusammenstoßes besteht, das Maschinenfahrzeug dem Segelfahrzeug ausweichen muß, ausgenommen natürlich, wenn es vom Segelfahrzeug überholt wird. Diese Regel berechtigt ein Segelfahrzeug aber nicht, in einem engen Fahrwasser die sichere Durchfahrt eines Maschinenfahrzeugs zu behindern, das auf die Fahrrinne angewiesen ist.

Der Begriff „Maschinenfahrzeug" schließt eine Yacht ein, die zugleich unter Segel und Maschine läuft. Um nach außen hin anzuzeigen, daß ihre Maschine läuft, muß die Yacht der Vorschrift nach (die aber nur selten befolgt wird) einen schwarzen Kegel von 0,61 m (2 Fuß) Durchmesser mit der Spitze nach unten an gut sichtbarer Stelle führen. Führt sie diesen Kegel nicht, soll ihr Rudergänger daran denken, daß man auf dem anderen Fahrzeug vielleicht nicht erkennen kann, ob er den Motor an hat oder nicht. Infolgedessen sollte er seine Kursänderungen rechtzeitig vornehmen, um sich freizuhalten. Bei Nacht muß natürlich auch die Yacht die für Maschinenfahrzeuge vorgeschriebenen Lichter führen.

Die Fahrregeln für Maschinenfahrzeuge haben keine Beziehung zum Wind und lauten wie folgt (Abb. 59):

Regel 18: Wenn zwei Maschinenfahrzeuge sich in entgegengesetzter oder fast entgegengesetzter Richtung einander so nähern, daß die Gefahr eines Zusammenstoßes besteht, muß jedes seinen Kurs nach Steuerbord ändern, damit sie einander an Backbordseite passieren.

Regel 19: Sobald die Kurse zweier Maschinenfahrzeuge einander so kreuzen, daß die Gefahr eines Zusammenstoßes besteht, muß dasjenige ausweichen, welches das andere an seiner Steuerbordseite hat.

Maschinenfahrzeuge können die folgenden Signale mit ihrer Dampfpfeife oder Sirene abgeben:
Ein kurzer Ton bedeutet: „Ich ändere meinen Kurs nach Steuerbord."
Zwei kurze Töne bedeuten „Ich ändere meinen Kurs nach Backbord."
Drei kurze Töne bedeuten: „Meine Maschine geht rückwärts."

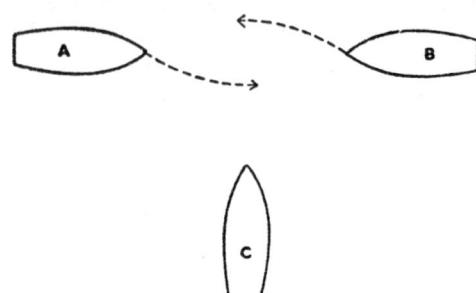

Abb. 59 — Wegerecht von Fahrzeugen mit Maschinenantrieb
A und B fahren genau aufeinander zu; beide müssen ihren Kurs nach Steuerbord ändern, aber A muß C ausweichen, denn C liegt auf Steuerbordseite von A.
B, mit C auf Backbordseite, hat Wegerecht vor C.

Hat ein Maschinenfahrzeug Wegerecht, ohne aber eindeutig feststellen zu können, ob das andere Fahrzeug zur Vermeidung eines Zusammenstoßes ausreichende Maßnahmen ergreift, so kann es fünf oder mehr kurze, rasch aufeinanderfolgende Pfeifentöne abgeben. Ein kurzer Ton ist ein Ton von etwa einer Sekunde Dauer.

Die folgenden Verse sollen dem Rudergänger einer unter Hilfsmotor laufenden Yacht helfen, sich bei Nacht die bei der Begegnung mit anderen Maschinenfahrzeugen gültigen Ausweichregeln ins Gedächtnis zurückzurufen.

> Meeting steamers do not dread.
> When you see three lights ahead
> Starboard wheel and show your red.
> Green to green or red to red,
> Perfect safety, go ahead.
> If to starboard red appear,
> 'this your duty to keep clear;
> Act as judgement says is proper,
> Port or starboard, back or stop her
> But when upon your port is seen
> A steamer's starboard light of green,
> There's not much for you to do
> For green to port keeps clear of you.

(Fürchte dich nicht, Dampfern zu begegnen.
Siehst du drei Lichter voraus,
Gib Steuerbord Ruder und zeige dein Rot.
Grün zu Grün oder Rot zu Rot,
Alles geht klar, geh ruhig voraus.
Erscheint aber Rot auf Steuerbord
Ist es deine Pflicht, aus dem Weg zu gehen.
Handele wie deine Beurteilung dir gebietet,
Halt Backbord oder Steuerbord, stoppe oder geh zurück,
Aber wenn du auf Backbord siehst
Eines Dampfer grünes Licht,
Bleibt nichts für dich zu tun,
Denn Grün auf Backbord läuft klar von dir.)

Auch für deutsche Seeleute und Segler gibt es eine solche gereimte Merkregel:

Kommt Grün-Weiß-Rot voraus in Sicht,	siehst du jedoch an Backbord Grün,
leg Steuerbord Ruder, zeig rotes Licht.	so mußt du deines Weges zieh'n.
Wird Rot an Steuerbord geseh'n,	Grün an Grün und Rot an Rot,
so mußt du aus dem Wege geh'n;	geht alles klar, hat keine Not.

Da diese Regeln aufgestellt wurden, um Zusammenstöße zu vermeiden und nicht etwa, um solche zu verursachen, sind die Vorschriften mit Urteilsvermögen und gesundem Menschenverstand auszulegen. Obgleich Regel 21 besagt, daß das Fahrzeug mit Wegerecht Kurs und Geschwindigkeit beibehalten muß, so enthält sie doch den Zusatz, daß der Kurshalter bei Nichtausweichen des anderen Fahrzeuges so zu manövrieren hat, wie es zur Vermeidung eines Zusammenstoßes am dienlichsten erscheint. Daraus ergibt sich also zum Beispiel, daß du, wenn du auf Backbordbug segelst und ein anderes, auf Steuerbordbug segelndes Fahrzeug versucht, deinen Kurs dicht vor deinem Bug zu kreuzen, anstatt auszuweichen, nicht das Recht hast, seinen Flaggenstock abzusegeln oder, wenn es ein Dingi schleppt, dieses zu rammen, einerlei, wie empört du sein magst; vielmehr mußt du alles, was in deiner Kraft steht, unternehmen, um einen Zusammenstoß zu vermeiden. Unterläßt du es, kannst du gerichtlich für jeden angerichteten Schaden verantwortlich gemacht werden, unabhängig davon, ob das andere Fahrzeug Schuld hat oder nicht. Zweifellos wirst du dein Manöver, in der Erwartung, daß der andere ausweicht, erst im allerletzten Augenblick vornehmen. Zu diesem Zeitpunkt kann der Versuch, abzufallen und hinter dem anderen Fahrzeug herumzugehen, bereits riskant geworden sein, denn wenn dann ein Zusammenstoß erfolgte, geschähe es mit gesteigerter Fahrt. Dann ist es immer noch das beste, längsseits deines Gegners aufzuluven, wobei du ihn vielleicht nur leicht berührst. Ein erfahrener Seemann wird dich, wenn er es irgendwie vermeiden kann, nie in eine solche Situation bringen; ist er ausweichpflichtig, ändert er seinen Kurs rechtzeitig, um jeden Zweifel an seinen Absichten zu beseitigen. Es kann aber Umstände geben, die ihm das Ausweichen unmöglich machen, entweder, weil es flach wird oder andere Hindernisse im Wege liegen. Daran mußt du auch denken, wenn dein Kurs den eines großen Schiffes kreuzt. In freiem Seeraum kannst du eigentlich immer damit rechnen, daß ein maschinengetriebenes Fahrzeug seinen Kurs rechtzeitig ändert, um dir aus dem Wege zu gehen. Du kannst dich aber nicht darauf verlassen und, infolge der weitverbreiteten Anwendung von Radar und automatischer Selbststeuerung, nicht einmal sicher sein, daß du überhaupt gesehen worden bist [*]). Im engen Fahrwasser ist das Maschinenfahrzeug wegen seines Tiefgangs vielleicht gar nicht in der Lage, aus dem Wege zu gehen oder rasch seine Fahrt zu stoppen.

Diese Überlegungen sollten allein schon genügen, um dich zu veranlassen, Fahrzeugen mit Maschinenantrieb weit aus dem Wege zu gehen und dir die folgende Grabschrift ins Gedächtnis zurückzurufen, die, glaube ich, nicht so bekannt ist, wie sie es verdient:

> Here lies the body of Michael O'Day
> Who died maintaining the right of way
> He was right, dead right, as he sailed along,
> But he's just as dead as if he'd been wrong.

(Hier liegt der Leichnam von Michael O'Day.
Er starb, weil er auf seinem Wegerecht beharrte;
Er war im Recht, verdammt im Recht, als er so dahinsegelte,
Aber er ist genauso tot, als wenn er Unrecht gehabt hätte.)

Yachten, die an einer Regatta teilnehmen, unterliegen etwas abweichenden Vorschriften. So darf zum Beispiel eine Rennyacht anluven, um zu verhindern, daß der Gegner sie in Luv überholt, was nach den internationalen Regeln nicht gestattet ist. Um anzuzeigen, daß sie sich im Rennen befindet, führt sie im Topp anstatt des Standers eine viereckige Rennflagge. Leider setzen manche Eigner ihre Rennflaggen zu lange vor dem Startschuß und vergessen nach dem Rennen, sie wieder einzuholen und gegen den Clubstander auszutauschen. Wenn die Kurse einer im Rennen befindlichen Yacht und einer Fahrtenyacht zusammenlaufen und Gefahr des Zusammenstoßes besteht, sind die internationalen Regeln für beide Yachten maßgebend. Die meisten Kreuzeryachten geben aber im Rahmen des Möglichen von selbst Raum und halten sich in weitem Abstand, um den Wind der Rennyacht nicht zu stören, eine Höflichkeit, die von Renndingis häufig mißbraucht wird.

[*]) Heutzutage kann man — vor allem im Mittelmeer — nicht mehr damit rechnen, daß das Wegerecht einer Segelyacht respektiert wird.

Ankerlichter

Ein Fahrzeug vor Anker, das weniger als 45,75 m lang ist, muß führen: Ein Ankerlicht vorne im Fahrzeug an der Stelle, wo es am besten gesehen werden kann. Das Ankerlicht ist ein weißes Licht, das über den ganzen Horizont auf mindestens zwei Meilen sichtbar sein muß. Es darf nicht höher als 6,10 m über dem Rumpf geführt werden. Ein Fahrzeug vor Anker, das 45,72 m oder länger ist, muß ein zweites Licht obiger Beschreibung tiefer am Heck führen, beide Lichter mit einer Sichtweite von drei Meilen. Nichtbeachtung dieser Vorschriften kann zur Folge haben, daß keine Entschädigungen gezahlt werden, wenn die Yacht gerammt und beschädigt wird. Es ist aber nicht gebräuchlich, daß in anerkannten Yachtzentren an ihrer Muring liegende Yachten Ankerlichter setzen, es sei denn, daß dort ein starker Verkehr von Handels- und Fischereifahrzeugen herrscht.

Bei der Ankerlaterne kann eine dioptrische, die Leuchtkraft erhöhende Linse von Vorteil sein. Eine Petroleumlaterne muß innen durch einen konischen Aufsatz gegen Wind geschützt sein. Am einfachsten bringt man eine Ankerlaterne auf einer kleinen Yacht aus, indem man ein kurzes Ende Hanfgut am Laternenring festspleißt und mit einem Stopperstek so hoch wie man reichen kann am Vorstag befestigt. Zwei unter der Laterne befestigte und an irgendwelchen Decksbeschlägen oder der Reling belegte Enden halten die Lampe ruhig. Auf größeren Fahrzeugen kann man die Ankerlaterne auch mit dem Fockfall aufheißen; ein um das Vorstag geschnappter Karabinerhaken verhütet, daß die Lampe umherschwingt; die unteren Enden werden wie oben an Deck oder Reling belegt. Hängt die Laterne zu nahe am Mast, so wird sie auf einem bestimmten Sektor abgedeckt. Der traditionelle Augenblick zum Setzen der Ankerlaterne folgt unmittelbar dem Einholen der Flaggen bei Sonnenuntergang. Morgens sollten die Ankerlichter weggenommen werden, bevor die Flaggen gehißt werden, wenn möglich zeitiger, denn nichts sieht so schlampig aus wie noch brennende Ankerlichter, wenn die Ankerreede schon voller Leben ist. Für Langschläfer gibt es elektrische Ankerlaternen, die sich mit Hilfe einer fotoelektrischen Zelle bei Tagesanbruch selbsttätig abstellen. Bei Tage setzen größere Fahrzeuge anstatt der Ankerlaterne einen schwarzen Ball.

Nebelsignale

Auf einer viel befahrenen Dampferstrecke vom Nebel überrascht zu werden, ist eine der gefährlichsten Situationen, in die eine Segelyacht geraten kann. Das Klügste, was man dann tun kann, ist, seine Yacht so schnell wie möglich aus dem Verkehr herauszusegeln oder in flaches Wasser zu verholen, den Anker fallenzulassen und zu warten, bis sich der Nebel hebt. Entschließt man sich zu letzterem, darf man dabei nicht außer acht lassen, daß während oder unmittelbar nach einem Nebel nur zu häufig frischer Wind aufkommt.

Nur unter guten Verhältnissen läßt sich eine hölzerne Yacht im Radarschirm ausmachen; sie reflektiert jedoch nur schwach, und wird bei rauher See leicht ganz unerkennbar, weil jeder Wellenkamm ebenfalls als Reflektor wirkt. Dagegen wirft ein Metallmast den Radarstrahl gut zurück, vorausgesetzt, daß der Mast annähernd geradesteht; dagegen vermindert sich die Reflexion drastisch bei einem Neigungswinkel von 5 Grad und mehr. Es ist daher ratsam, bei Nebel einen Radarreflektor in den Masttopp zu heißen. Der Reflektor besteht aus drei im rechten Winkel zueinanderstehenden Metallblechen (Tafel 59 A). Allerdings darf man sich nicht darauf verlassen, daß dieses Gerät auf den Radarschirmen aller Fahrzeuge in der Nachbarschaft gut reflektiert, aber es ist vielleicht eine Hilfe und seine Verwendung kann bestimmt nichts schaden, nur muß man darauf achtgeben, daß die scharfen Kanten des Geräts die Segel nicht beschädigen. Besser ist es, den Reflektor in „Yachtstellung" fest im Mast zu fahren.

Bei Nebel oder schlechter Sicht geben Fahrzeuge mit Maschinenantrieb, mit Dampfpfeife oder Sirene die folgenden Signale:

Ein Fahrzeug mit Maschinenantrieb in Fahrt, das Fahrt durch das Wasser macht: Einen langgezogenen Ton in einem Zwischenraum von nicht mehr als 2 Minuten. Ein langgezogener Ton ist ein Ton von 4 bis 6 Sekunden Dauer.

Ein Fahrzeug mit Maschinenantrieb in Fahrt, das aber seine Maschine gestoppt hat und keine Fahrt durch das Wasser macht: Zwei langgezogene Töne in einem Zwischenraum von nicht mehr als 2 Minuten.

Segelfahrzeuge geben auf ihrem Nebelhorn die folgenden Signale:

Mit Steuerbord-Halsen (über Backbord-Bug): Einen Ton in einem Zwischenraum von nicht mehr als einer Minute.

Mit Backbord-Halsen (über Steuerbord-Bug): Zwei aufeinanderfolgende Töne.

Mit dem Wind achterlicher als dwars: Drei aufeinanderfolgende Töne.

Alle vor Anker befindlichen Fahrzeuge melden sich durch rasches Glockenläuten von je fünf Sekunden in Zwischenräumen von nicht mehr als einer Minute.

Segelfahrzeuge unter 12,2 m (40 Fuß) Länge sind zur Abgabe obiger Signale nicht verpflichtet, müssen aber irgendein anderes Schallsignal geeigneter Art von sich geben. Wahrscheinlich ist der handbediente Kolbentyp für eine kleine Segelyacht die beste Art von Nebelhorn. Aber einerlei, welches Instrument man sich aussucht — Hauptsache ist, daß es einen klaren, durchdringenden Ton erzeugt, denn sonst hat es wenig Zweck für eine Yacht, sich einem Fahrzeug vernehmlich machen zu wollen, dessen Maschine mit ihrem Lärm alle mit Ausnahme der durchdringendsten Töne erstickt. Töne im Nebel sind höchst irreführend; auf Richtungs- und Entfernungsschätzungen ist wenig Verlaß.

14

DAS WETTER

*Instrumente — Wettersysteme — Wetterkenntnis
Amtliche Wettervorhersagen*

Eine genaue Wettervorhersage über die zu erwartende Stärke und Richtung des Windes ist für den Fahrtensegler von höchstem Wert. Die Wettervorhersage erleichtert seine Beurteilung, ob es klug ist, mit einem kleinen Fahrzeug auf eine Reise zu gehen, oder sie beeinflußt seine Entscheidung, wenn er bereits auf See ist, welchen Kurs er steuern muß, um die sicherste und vorteilhafteste Position zu erreichen, bevor schlechtes Wetter herankommt. Die Meteorologie ist eine komplizierte Angelegenheit und noch weit davon entfernt, eine exakte Wissenschaft zu sein. Selbst die Experten im Meteorologischen Amt, die eine so große Anzahl von Wetterberichten aus weiten Gebieten erhalten, machen häufig ungenaue Vorhersagen. Infolgedessen kann der Yachtsegler, dessen Beobachtungen sich auf das kleine Stück ihm sichtbaren Himmels und die Ablesungen eines richtigen Barometers beschränken, kaum erwarten, ein zuverlässiger Wetterprophet zu werden. Sein Hauptinteresse konzentriert sich vielmehr darauf, zu erfahren ob der Wind stark werden oder sogar Sturmstärke erreichen kann, und wenn er die Angaben seines Barometers mit einigen elementaren Kenntnissen kombiniert, kann er im allgemeinen lernen, sein Wetter mit einiger Zuverlässigkeit vorauszubestimmen.

Instrumente

Es ist allgemein bekannt, daß warme Luft emporsteigt und durch kalte, herbeiströmende Luft ersetzt wird; der atmosphärische Druck an der Meeresoberfläche ändert sich daher innerhalb gewisser enger Grenzen. Eine der Hauptursachen für den Wind ist die Bewegung der Luft, die von Hochdruckgebieten in Tiefdruckgebiete abfließt. Der Druck wird an der Höhe der Quecksilbersäule in einer Röhre gemessen, deren oberes Ende verschlossen ist und deren unteres Ende für den Eintritt der atmosphärischen Luft offengelassen wird. Die durchschnittliche Höhe am

Meeresspiegel beträgt 29,9 Zoll (= ca. 75 cm oder 1,013 Millibar — 3,4 Millibar = ¹/₁₀ Zoll).

Wegen seines Gewichts, seiner Größe und der Notwendigkeit senkrechter Halterung eignet sich ein Quecksilberbarometer überhaupt nicht für eine kleine Yacht. Statt dessen verwendet man hier ein Aneroidbarometer. Dieses besteht in der Hauptsache aus einer dünnen Blechdose, die teilweise luftleer gemacht und hermetisch versiegelt wird und daher auf die leichteste Änderung des außen herrschenden Drucks anspricht. Ihr Deckel ist durch eine Anordnung von Hebeln und Federn so mit einem Zeiger verbunden, daß jede Bewegung erheblich vergrößert übertragen wird. Die Skala, auf der sich der Zeiger bewegt, kann entweder in Millibar oder Millimeter eingeteilt sein. Die Millimetereinteilung genießt allgemeinen Vorzug, obgleich in den amtlichen Wetterkarten stets Millibar für die Angabe des Luftdruckes verwandt wird. (Abb. 60 zeigt eine Skala zur Umrechnung von Zoll in Millibar.) Mit Hilfe einer kleinen

Abb. 60 — Umrechnungsskala, Millibar und Zoll der Quecksilbersäule

Schraube an der Rückseite des Instrumentes kann der Zeiger in Übereinstimmung mit einem Quecksilberbarometer gebracht werden. Man sollte das gelegentlich tun, da man sich nicht für unbegrenzte Zeit auf die Zuverlässigkeit der Dose verlassen kann; der Yachtsegler interessiert sich viel mehr für das Steigen und Fallen als für die absolute Höhe.

Der Barograph oder das Schreibbarometer entspricht in seinem Aufbau dem Aneroidbarometer. Er registriert die Druckveränderungen mit Tinte auf einem Papierstreifen, der um eine durch Uhrwerk betriebene Trommel herumgelegt wird. Die Trommel braucht für eine volle Umdrehung eine Woche. Der Barograph liefert daher eine fortlaufende Darstellung der Druckveränderungen. Natürlich kann man das gleiche Resultat auch mit einem gewöhnlichen Barometer erreichen, dessen Angaben man alle zwei Stunden auf ein Stück Millimeterpapier überträgt und die Eintragungen durch eine Linie verbindet; aber nur wenige Yachtsegler haben die Zeit und die Neigung dazu. Die von einem Barographen gelieferte bildliche Darstellung ist bei dem Versuch, das Wetter vorauszubestimmen, von größtem Wert; daher ist das Instrument dem gewöhnlichen Aneroidbarometer vorzuziehen. Es muß querschiffs angebracht werden, um zu verhüten, daß die Feder beim Überholen der Yacht das Skalenpapier verläßt. In rauhem Wetter kommt es vor, daß die Tintenlinie etwas dicklich gerät.

Die meisten Menschen können zum Zweck der Wettervorherbestim-
mung ziemlich genau empfinden, ob die Temperatur ansteigt oder abfällt.
Bei Gebrauch eines Thermometers darf man aber nicht vergessen, daß nur
die Außentemperatur interessiert und nicht die Temperatur in der Kajüte.
Feuchtigkeits- und Windmesser sind nicht für die Art grober Wettervorhersage erforderlich, die alles ist, was ein Fahrtensegler besten-
falls erreichen kann; aber der Windmesser ist für ihn aus dem Grunde
von besonderem Interesse, weil er damit seine Schätzung starker Winde
nachprüfen kann. Wahrscheinlich ist er von den Ergebnissen enttäuscht,
bis er sich daran erinnert, daß die offiziellen Messungen in einer Höhe
von 33 Fuß oder 10 m über Land oder See vorgenommen werden, wo
der Wind unter Umständen bis um ein Drittel stärker wehen kann als
auf dem Landes- oder Meeresniveau. Er muß aber auch die Geschwindigkeit seines Schiffes im Verhältnis zu der Richtung des wahren Windes in
Betracht ziehen. Es gibt zwei Arten von Windmeß-Instrumenten, die man
beide bei der Messung in der Hand hält: Das eigentliche Anemometer
(Tafel 43 E) trägt eine Anzahl windangetriebener Schalen, die eine Verti-
kalachse rotieren lassen; diese wiederum bewegt einen Zeiger auf einer in
Knoten oder Meilen per Stunde markierten Skala. Bei dem Ventimeter
(Tafel 43 F) dringt der Wind am Boden eines durchsichtigen Zylinders
ein und schiebt eine Scheibe gegen die Schwerkraft an einem vertikalen
Stab empor; im Zylinder sind die Windstärken eingraviert, und die
Ablesung findet an dem Punkt statt, den die Scheibe erreicht. Das Anemo-
meter arbeitet stetiger und genauer; es ist gegen Feuchtigkeit unempfindlich, kostet aber bedeutend mehr.

Wettersysteme

Es gibt zwei Hauptwettersysteme: Antizyklone oder Hochdruckwirbel
und Zyklone oder Tiefdruckwirbel, auch als Depressionen oder Minima
bezeichnet. Eine Antizyklone ist ein sich nur langsam bewegendes Hoch-
drucksystem, das auch längere Zeit fest stehenbleiben kann und oft weite
Gebiete erfaßt. Der Wind dreht sich im Sinne des Uhrzeigers um und
ein wenig aus dem Hochdruckzentrum heraus, in dem gewöhnlich ein
großes Gebiet von Windstille beherrscht wird. Die Antizyklone — in der
das Barometer langsam steigt, auf seinem höchsten Stand vielleicht einige
Tage verharrt, um dann genauso langsam wieder zu fallen — verbindet
sich unter normalen Verhältnissen mit schönem, beständigem Wetter, obgleich der Wind unter Umständen an den Rändern mit beträchtlicher
Stärke wehen kann. Sommertags wird in europäischen Gewässern eine
Antizyklone gewöhnlich durch einen klaren Himmel gekennzeichnet;
im Winter aber verbirgt sie sich oft, besonders in der südlichen Hälfte des

Systems, hinter einer gleichmäßigen Wolkendecke. Auch Nebel kann sich einstellen, der sich nachts bildet und erst wieder auflöst, wenn die Sonne an Kraft gewonnen hat.

Eine Depression ist das Gegenteil einer Antizyklone: ein sich schnell bewegendes Tiefdrucksystem mit dem tiefsten Druck im Zentrum. Der

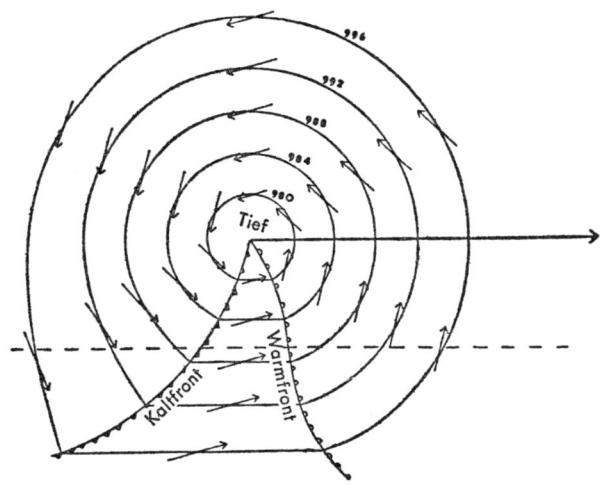

Abb. 61 — Ein Tief mit Warm- und Kaltfronten vor der Okklusion

Wind weht gegen den Uhrzeigersinn um das System und ein wenig nach innen gerichtet zum Zentrum hin und nimmt an Stärke zu, je mehr er sich dem Zentrum nähert. Eine Depression entsteht auf folgende Weise: Wenn kalte Luft aus den Polargebieten auf warme Luft aus der Äquatorgegend trifft, entsteht eine Ausbuchtung in der Polarfront (der Linie, wo sie aufeinandertreffen). Die warme Luft steigt empor und verursacht die Entwicklung eines Gebietes niedrigen Drucks, und dieses wiederum ist die Ursache, daß sich die Luft rund um das Gebiet gegen den Sinn des Uhrzeigers dreht (in der südlichen Halbkugel dreht sie sich mit dem Uhrzeiger). Auf diese Weise wird die kalte Luft im Kreise abgelenkt, fließt hinter der Ausbuchtung ein und erkämpft sich ihren Weg unter die warme Luft; die Linie, an der dies geschieht, wird als Kaltfront bezeichnet. Auf der entgegengesetzten Seite der Ausbuchtung steigt die warme Luft über der kalten Luft empor; die Linie, auf der das geschieht, wird als Warmfront bezeichnet. Die sich schneller bewegende Kaltfront holt schließlich die Warmfront ein; dabei wird alle Luft in der ursprünglichen Warmfront hochgehoben und absorbiert. Wenn das geschieht, ist die Energiequelle versiegt und die Depression verausgabt sich; man sagt, das Tief hat sich aufgefüllt.

Abb. 61 zeigt eine Depression mit warmen und kalten Fronten vor der Absorption. Die konzentrischen Linien sind Isobaren, d. h. Linien gleichen barometrischen Druckes; jede ist mit dem Barometerstand in Millibar gekennzeichnet. Ein langer, dicker Pfeil gibt die Richtung an, in welcher sich die Depression bewegt; über den Britischen Inseln ist dies gewöhnlich zwischen Ost und Nordost der Fall. Die Geschwindigkeit wechselt innerhalb weiter Grenzen, beträgt aber im Durchschnitt 25 Meilen die Stunde. Die kleinen Pfeile bezeichnen die Windrichtung; man erkennt aus ihnen, daß das Tiefdruckzentrum stets etwas achterlicher als dwars an Steuerbord eines Schiffes liegt, das in den Wind segelt. Auch der unvermittelte Wechsel in der Windrichtung an den Warm- und Kaltfronten ist ersichtlich. Ein sich bei Annäherung des Tiefs auf der Mittellinie der Bahn befindlicher Beobachter erlebt zunächst Südostwind bei fallendem Barometer; bis das Zentrum ihn erreicht hat, bleibt der Wind in der Richtung beständig, nimmt aber an Stärke zu. Dann kann eine kurze, unbehagliche Windstille einsetzen, gefolgt von starkem Wind aus der entgegengesetzten Richtung Nordwest, und das Barometer fängt wieder an zu steigen. Ein Beobachter mit Standort in der südlichen Hälfte der Depression (auf der gestrichelten Linie in Abb. 61) hat zunächst südlichen oder südöstlichen Wind bei fallendem Barometer. Während das Barometer weiter fällt, schießt der Wind aus nach Südwest und West, und während die Warmfront über ihm hinwegzieht, steigt die Temperatur wieder an und es fängt an, zu nieseln oder zu regnen.

Wenn ihn dann die Kaltfront passiert, fällt die Temperatur ab, das Barometer beginnt zu steigen und der Wind dreht plötzlich nach Nordwesten mit vorübergehenden harten Böen, die aber später nachlassen, wenn die äußeren Isobaren vorbeiziehen. Oft geschieht es, daß zu dem Zeitpunkt, zu dem die Depression die Britischen Inseln erreicht, die Kaltfront die Warmfront eingeholt und die Absorption stattgefunden hat. Dann findet nur ein sehr schneller Wechsel in der Richtung des Windes an der absorbierten Front statt, obgleich der Wind natürlich bei Passieren der Depression ausschießt, und die Periode warmen, feuchten Wetters, die zwischen einer Warmfront und einer Kaltfront herrscht, bleibt kurz und

---

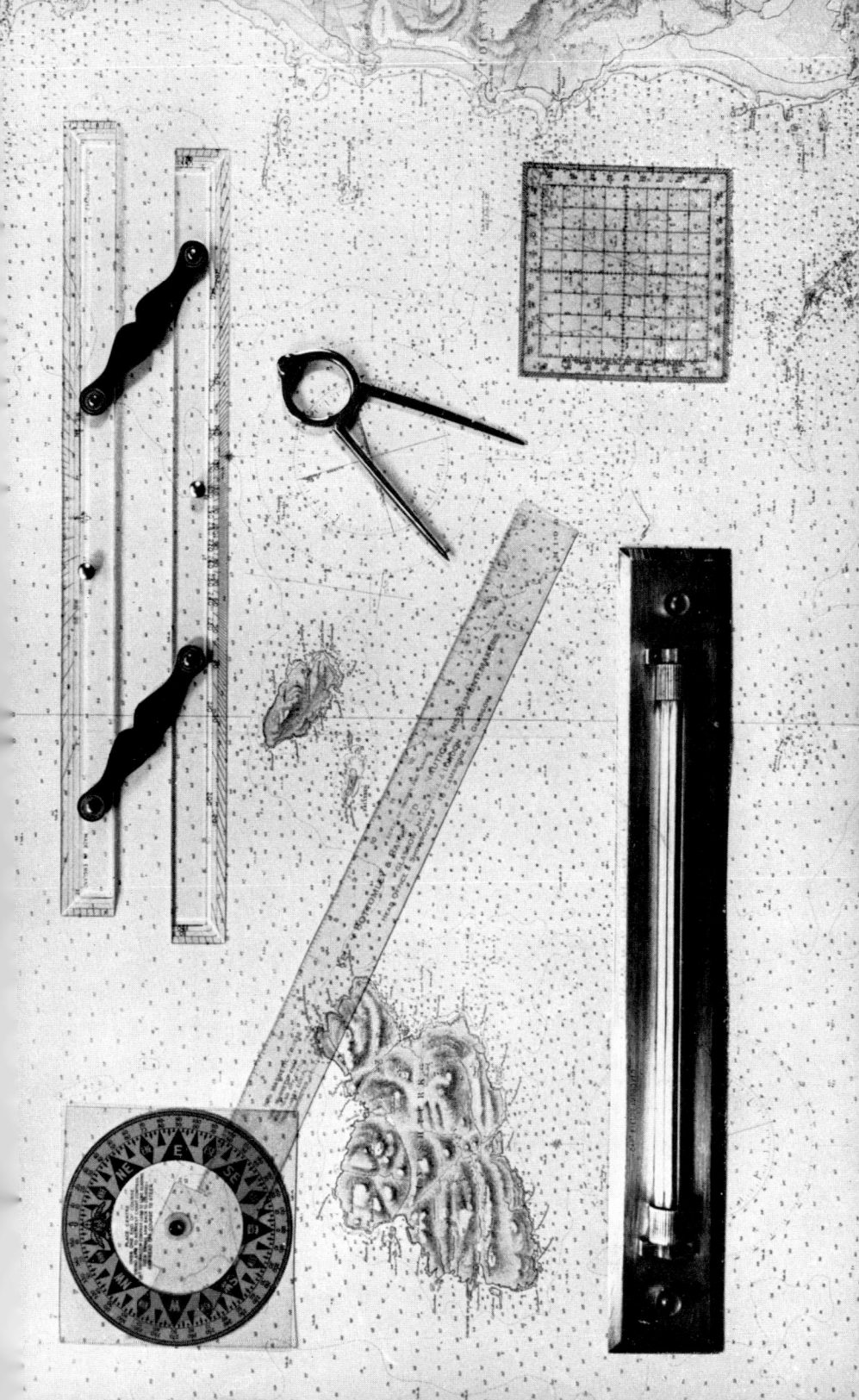

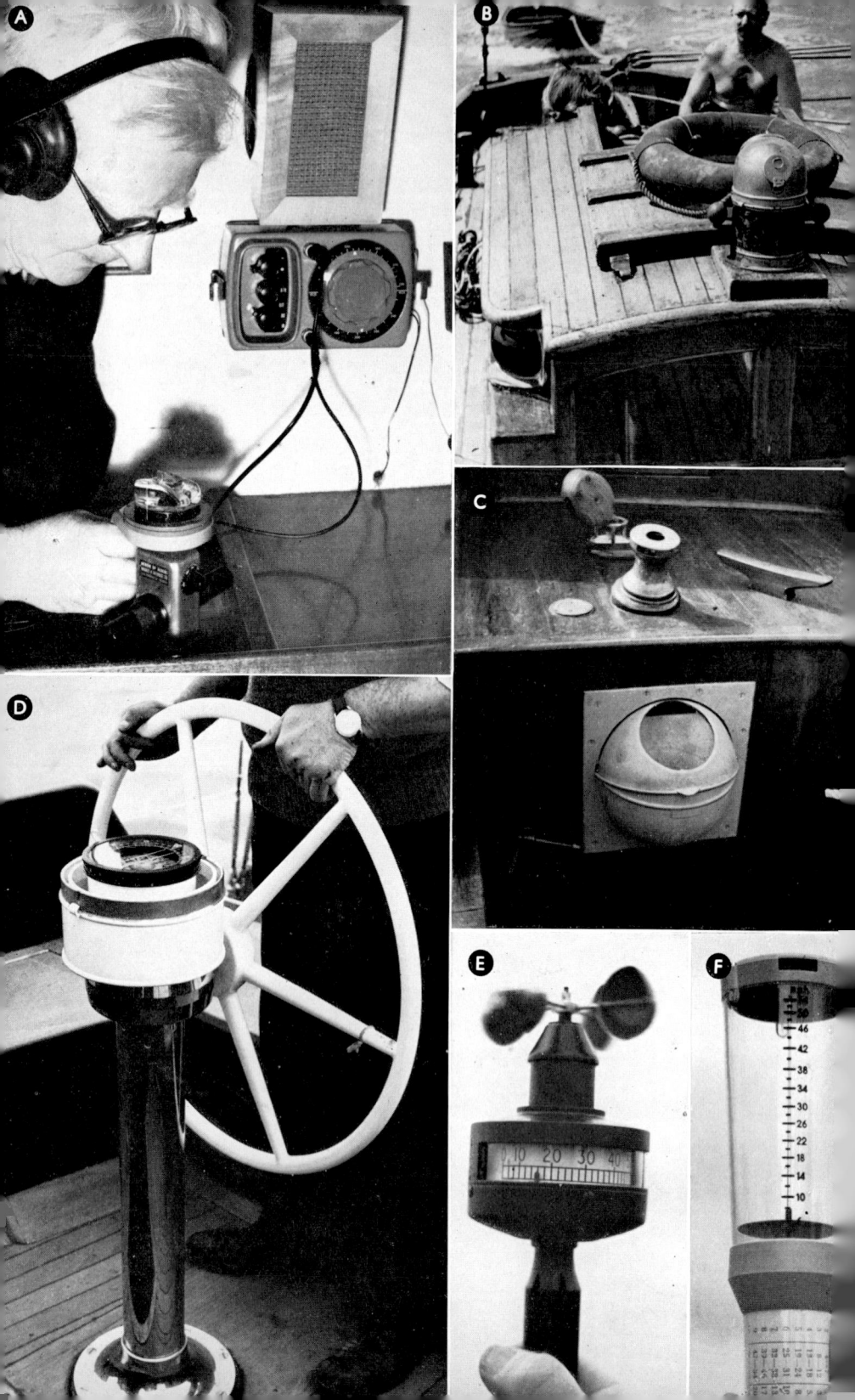

ist schnell vorüber. Die Zentren vieler Depressionen passieren im Norden der Britischen Inseln; passiert das Zentrum aber südlich eines Beobachters, so erlebt er zurückdrehenden Wind, d. h. einen Wind, der gegen die Sonne dreht, zuerst aus Ost, am Schluß aus Nord; es ziehen aber keine Warm- oder Kaltfronten über ihn hinweg.

Wetterkenntnis

Der erfahrene Fahrtensegler wird mit mir darin übereinstimmen, daß die Barometeraussage unter der Voraussetzung richtiger Deutung doch von Wert ist; die Deutung ist aber keine leichte Aufgabe. Da man das Barometer nur an einem Ort ablesen kann, könnte man so allein noch nicht beurteilen, ob ein Fallen des Luftdruckes das Herannahen einer Depression oder nur die Auflösung einer Antizyklone ansagte, wenn nicht die Tatsache bestände, daß Depressionen sich fast immer durch gewisse Anzeichen am Himmel ankündigen. Das erste Anzeichen ist das Erscheinen von langen, fedrig gestreiften weißlichen Wolken (Cirrus), die sich hoch am westlichen Himmel strahlenförmig ausbreiten. Manchmal sind sie noch 300 Meilen weit entfernt, so daß man bei einer Anzugsgeschwindigkeit des Tiefs von 25 Meilen in der Stunde bereits 12 Stunden vorher und noch bevor der Druck zu fallen anfängt, gewarnt ist. In manchen Fällen gibt der Himmel das Warnsignal sogar 24 Stunden vorher. Man darf aber gleichzeitig nicht vergessen, daß Cirruswolken nicht selten auch bei schönem, beständigem Wetter auftreten und dem Himmel ein wildes und zerrissenes Aussehen verleihen; nur wenn diese Wolken den Eindruck erwecken, daß sie sich zusammenschließen, stehen sie mit Schlechtwetter in Zusammenhang. Während die Depression sich nähert, breiten sich die Cirruswolken langsam weiter aus, bis der ganze Himmel von einer weißlichen Schicht (Cirrostratus) bedeckt ist, durch welche Sonne und Mond, von einem Hof umgeben, nur noch trübe hindurchscheinen. (Übrigens erscheint ein Hof manchmal auf der anderen Seite einer Depression, wenn das Schlechtwetter vorbeigezogen ist.) Inzwischen läßt der Wind, wenn er aus West oder Südwest geweht hat, kurze Zeit

---

Tafel 43
A. Der Brooke & Gatehouse Funkpeiler beim Einpeilen auf ein Funkfeuer. *B.* Auf der *Dyarchy* steht der Hauptkompaß auf dem Deckshaus, von wo sich Peilungen nach allen Seiten vornehmen lassen. *C.* Teilweise in das vordere Cockpitschott eingelassenes Kompaßhaus, wo der Rudergänger den Kompaß leicht erkennen kann. In so enger Nachbarschaft mit der Maschine entstehen aber Krängungsfehler. *D.* Bei Radsteuerung ist der ideale Platz für den Kompaß unmittelbar vor dem Rad; so hoch wie der Kompaß hier steht, hat er wahrscheinlich keine Deviation. *E.* Anemometer. *F.* Ventimeter.

nach und dreht vorübergehend auf Süd oder Südost zurück, bevor er anfängt, hart zu wehen. Das Barometer beginnt zu fallen.

> When the wind shifts against the sun
> Trust it not, for back it will run.
> (Wenn sich der Wind gegen den Lauf der Sonne kehrt,
> Verlaß dich nicht darauf, er dreht wieder zurück.)

Die dann folgende Wetterentwicklung ist bereits beschrieben worden; wie lange aber das schlechte Wetter anhalten wird, ist eine Frage der Ausdehnung der Depression und ihrer Zuggeschwindigkeit. Ganz allgemein läßt sich sagen: Je länger man die Anzeichen vor Eintreffen der Depression hat beobachten können, um so länger dauert das schlechte Wetter.

> Long foretold, long last
> Short warning, soon past.
> (Lange vorhergesagt, lange Dauer,
> Kurze Warnung, schnell vorbei.)

Von Zeit zu Zeit haben Wetterbeobachter Regeln aufgestellt, die Resultate ihrer Beobachtungen veröffentlicht und behauptet, daß sich Wettervorhersagen auf Grund von Barometerschwankungen in Verbindung mit Thermometer-Ablesungen aufstellen ließen. Aus Raumgründen kann ich auf diese Theorien hier nicht eingehen. Für den Yachtsegler genügt es wahrscheinlich, die Hauptregeln kennenzulernen, die sich mehr oder minder bewährt haben und sich an Hand alter Reime leicht ins Gedächtnis zurückbringen lassen.

Ein ausgesprochen schneller Fall des Barometers bedeutet stürmisches Wetter und Regen:

> At Sea with low and falling glass,
> The greenhorn sleeps like a careless ass.
> But when the glass is high and rising
> May soundly sleep the careful wise one.
> (Auf See mit niedrigem und fallendem Glas
> Schläft das Grünhorn wie ein sorgloser Esel.
> Aber steht das Glas hoch und steigt sogar noch,
> Darf der vorsichtige Weise gern und tief schlafen.)

Beispiele von gutem Wetter bei niedrigem Barometerstand gibt es auch gelegentlich, aber gewöhnlich folgt dann eine Periode mit Wind oder Regen.

Schwere, gewöhnlich aus Nordwest wehende Stürme, kommen häufig vor, wenn das Barometer plötzlich aus einem sehr tiefen Stand anfängt zu steigen.

Quick rise after low
Foretells a stronger blow.
(Schnelles Steigen nach tiefem Stand
prophezeit noch mehr Wind im Anzug.)

Oder

While rise begins after low
Squalls expect and a clear blow.
(Wenn das Barometer auf tiefem Stand wieder zu steigen beginnt,
Kannst du Böen und einen tüchtigen Wind erwarten.)

Allgemein gesprochen, zeigt unstetiges und rasches Steigen des Druckes unsicheres Wetter an, während Stetigkeit und langsames Steigen auf gutes Wetter schließen lassen.

Seit altersher haben die Seeleute sich daran gewöhnt, den Himmel, den Wind, die Wellen und andere Zeichen der Natur zu studieren, in der Hoffnung, daraus Schlüsse auf die kommende Wetterentwicklung ableiten zu können. Die vielleicht besten Regeln sind von Admiral Fitzroy zusammengestellt worden, von denen ich hier einige wiederholen möchte; sie bilden eine gesunde Grundlage, von der ein Yachtsegler in seinem Bemühen ausgehen kann, selbst in das unerschöpfliche und faszinierende Gebiet der Wetterwissenschaft einzudringen.

Ein rosiger Himmel bei Sonnenuntergang kündet gutes Wetter an; ein roter Morgenhimmel dagegen schlechtes Wetter oder viel Wind — wenn nicht Regen.

A red sky in the morning is a sailor's warning;
But a red sky at night is a sailor's delight.

(Abendrot — Wetter god;
Rot am Morgen — bringt dir Sorgen.)

Ein grauer Himmel am Morgen bringt gutes Wetter; eine hohe Morgendämmerung (das erste Licht am Himmel erscheint ein gutes Stück über dem Horizont) Wind; eine niedrige Dämmerung freundliches Wetter.

Ein düsterer dunkelblauer Himmel bedeutet Wind; ein hellblau leuchtender Himmel aber sagt schönes Wetter an. („Helles Blau hat wenig Wind, dunkles bringt uns fort geschwind.")

Ein leuchtend gelber Himmel bei Sonnenuntergang deutet auf Wind, ein fahler gelber Himmel auf Nässe.

Kleine, tintig aussehende Wolken sagen Regen voraus; leichte Wolkenfetzen, die rasch unter dunklen Wolken dahinjagen, Wind und Regen.

Wattig aussehende und zarte Wolkengebilde prophezeien schönes Wetter mit leichten oder mäßigen Winden; Wolken mit harten Konturen und schmierigem Aussehen Wind.

Ganz allgemein gesagt lassen natürliche, ruhige, zarte Tönungen oder Farben bei weichen, unbestimmten Wolkenbildungen auf gutes Wetter schließen; aber grelle Farben oder ausgefallene Gebilde mit harten, klaren Konturen sagen Wind oder Regen voraus.

Nachstehend noch ein paar alte Reime, die den meisten Seglern bekannt sein dürften:

> If the rain before the wind, tops'l sheets and halyards mind.
> If the wind before the rain, soon you may make sail again.

> (Kommt der Regen vor dem Wind,
> Gei die Segel auf geschwind;
> Kommt der Wind und dann der Regen,
> Kannst dich ruhig schlafen legen.)

> Mackarel sky and mares' tails
> Make lofty ships carry low sails.

> (Schäfchenwolkenhimmel und Wetterbäume
> Lassen stolze Schiffe kleine Segel setzen.)

Schäfchenwolken sind ein ausgesprochenes Warnungszeichen.

> When clouds appear like rock and towers
> The earth's refreshed by frequent showers.
> If clouds look as though scratched by a hen,
> Get ready to reef your topsails then.

> (Wenn Wolken wie Felsen und Türme aussehen,
> Wird die Erde mit häufigen Regengüssen erfrischt.
> Wenn Wolken aussehen wie von Hennen zerkratzt,
> Mach dich fertig, die Toppsegel zu reffen.)

Ein sicheres Anzeichen herannahenden Sturms in europäischen Gewässern ist — so wird behauptet — die Anwesenheit von nahe unter der Küste spielenden Tümmlern oder wenn sie sich in die Häfen oder die Flüsse heraufwagen. Ich halte diese Theorie für fragwürdig; sie hat aber ihren Niederschlag in einem alten Reim gefunden:

> When the sea hog jumps,
> Look out for your pumps.

> (Wenn das Seeschwein springt,
> Bring deine Pumpen in Ordnung.)

Starkes Meeresleuchten ist gewöhnlich ein zuverlässiges Anzeichen für eine Schönwetterperiode mit Sonnenschein und leichten Winden.

Ungewöhnlich klare Sicht, in der entfernte Objekte scharf umrissen erscheinen, ist fast immer ein Zeichen für kommenden Regen.

Hohe Wolken, die in anderer Richtung ziehen als der Wind, bedeuten einen bevorstehenden Windwechsel.

Dies ist nur eine kleine Auswahl aus einer Menge von Wetteranzeichen; der aufmerksame Seemann, der um sich schaut, anstatt blindlings alles für bare Münze zu nehmen, was die letzte Wettervorhersage meldet, kann für sich selbst noch viele andere Zeichen entdecken.

Außer bei Passieren eines Tiefs schläft der Wind in Landnähe nachts gewöhnlich ein. Bei warmem Wetter erwärmt sich das Land tagsüber mehr als die See, die Luft über Land steigt empor und wird durch von See kommende Luft ersetzt. Es weht also eine auflandige Brise! Nachts geschieht das Umgekehrte; das Land kühlt schneller ab als die See, wird kälter als das Wasser, und die Brise wird ablandig. Solche Land- und Seebrisen breiten sich nicht weit vor der Küste aus, so daß es sich unter solchen Wetterverhältnissen lohnt, unter der Küste zu bleiben, selbst wenn man dadurch etwas vom direkten Kurs abweichen muß.

Jeder Band der *Admiralty Pilots* (Seehandbücher) enthält ein Standard-Kapitel über Meteorologie im allgemeinen und Anmerkungen über besondere Eigentümlichkeiten des Wetters, mit denen man in der vom Handbuch behandelten Gegend rechnen muß; ferner Klima-Tabellen, die Aufschluß über das an bestimmten Orten über einen Zeitraum von vielen Jahren registrierte Wetter geben.

Amtliche Wettervorhersagen

Für den Amateur-Meteorologen besteht das Wetter unglücklicherweise nicht einfach aus einer Kette perfekter Antizyklonen und Depressionen, die einander in einer bestimmten Bahn folgen. Die Wettersysteme sind vielmehr von sehr wechselnder Form und beeinflussen sich gegenseitig. Ein auf ein Hoch stoßendes Tief ändert seinen Weg, um ihm auszuweichen, und wenn ein Tief sich aufgefüllt hat, können sich Nebenstörungen an seinem warmen Sektor bilden und darum herum rotieren. Solche Veränderungen und das sie begleitende Wetter können unmöglich von einem einzelnen Beobachter vorausgesagt werden. Die Meteorologen im Meteorologischen Institut erhalten dagegen gleichzeitige Meldungen von einer großen Anzahl von Schiffen und Orten, die sich über weite Gebiete verteilen, und sind daher in der Lage, Übersichtskarten (Wetterkarten) zu zeichnen; die Isobaren dieser Karten zeigen die Lage, Größe, Form und Tiefe der verschiedenen Druckgebilde in dem bearbeiteten Gebiet. Durch Vergleich der neuesten, synoptischen Karten mit den vorhergehenden kann der Meteorologe feststellen, in welcher Richtung Bewegungen stattfinden und somit vorhersagen, mit welchem Wetter im Laufe der nächsten Stunden zu rechnen ist. Diese Information wird in der Form von Wettervorhersagen für die Schiffahrt durch die BBC im Rahmen ihres *Light-Programms* (1500 m, 200 Kilohertz) und durch die GPO-Küstenradio-

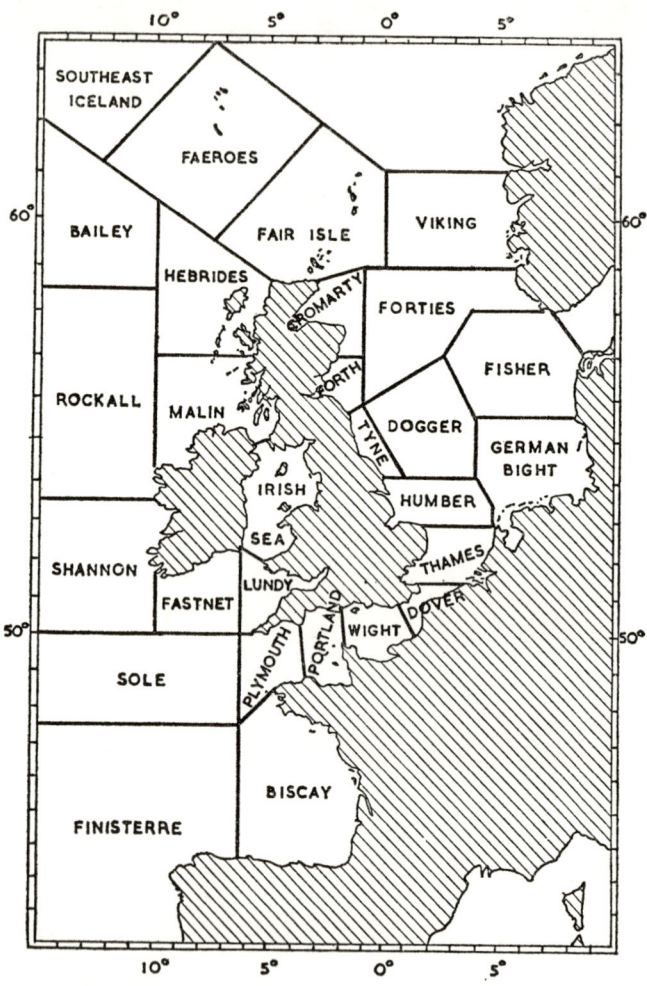

Abb. 62 — Karte der in den britischen Wettervorhersagen behandelten Gebiete

stationen verbreitet, deren Liste in Reed's Nautischem Almanach, zusammen mit Zeiten und Wellenlängen zu finden ist. (Einige Anmerkungen über Radioapparate, die sich für die Aufnahme dieser und anderer Rundfunksendungen eignen, auf S. 336 ff.) Die fünf Minuten lange

310

Wettervorhersage für die Schiffahrt berücksichtigt die letzten Berichte bestimmter Wetterstationen an der Küste, während die zwei Minuten lange Vorhersage hierauf verzichtet. Zur Zeit sendet die BBC Wettervorhersagen für die Schiffahrt an Sonntagen um 6.45, 11.55, 17.58 Uhr (zwei Min. Sendezeit) und Mitternacht. An Wochentagen lauten die Uhrzeiten: 6.45, 13.40, 17.58 (zwei Minuten Vorhersage) und Mitternacht. Dies sind Uhrzeiten *); sie können sich jederzeit verändern und müssen daher an Hand der letzten Ausgabe der *Radio Times* kontrolliert werden. Die behandelten Gebiete sind der Abb. 62 zu entnehmen; Windstärken werden nach der Beaufort-Skala bezeichnet. Sturmwarnungen werden ausgegeben, wenn der Durchschnittswind Windstärke 8 erreicht oder Böen mit Windstärke 9 zu erwarten sind. Die Ausdrücke „unmittelbar bevorstehend", „bald" und „später" bezeichnen Stürme innerhalb der nächsten 6 Stunden, zwischen 6 und 12 und nach mehr als 12 Stunden, von dem Zeitpunkt der Wettervorhersage an gerechnet. Die Sicht gilt als schlecht, wenn zwischen 1¼ und 2½ Seemeilen, mäßig, wenn zwischen 2½ und 6¼ Seemeilen, und gut, wenn mehr als 6¼ Seemeilen. Der Ausdruck Nebel wird benutzt, wenn die Sicht weniger als 1100 Yards (1000 m), Dunst, wenn sie zwischen 1100 Yards und 2200 Yards (1000 und 2000 m) beträgt.

Sonderprognosen für alle Gebiete zwischen den Breitengraden 35 N und 65 N und dem Längengrad 40 W und der europäischen Küste können telefonisch, telegrafisch oder durch Radio vom Meteorologischen Amt eingeholt werden, örtliche Vorhersagen von den Wetterstationen in der Nähe der Haupthäfen. Alle Einzelheiten über diese Wetterdienste sind in Reed's Nautischem Almanach nachzulesen.

Rings um die Küsten der Britischen Inseln gibt es eine große Anzahl von Sturmsignal-Stationen. Diese zeigen die folgenden Signale bei atmosphärischen Störungen, die aller Wahrscheinlichkeit nach Winde von 8 und mehr nach der Beaufort-Skala in dem Gebiet, auf das sich die Warnung bezieht, im Gefolge haben werden: Bei Tage ein Kegel, 3 Fuß hoch und 3 Fuß Durchmesser, mit der Spitze nach unten bei südlichem, mit der Spitze nach oben bei nördlichem Sturm; bei Nacht drei rote oder drei weiße Lampen, die in Form eines Dreiecks aufgehängt sind, und zwar Spitze nach unten bei südlichem, Spitze nach oben bei nördlichem Sturm. Im Nautischen Almanach steht die Liste der Sturmsignal-Stationen verzeichnet.

---

*) Deutsche Seewetterdienste werden ausgestrahlt von folgenden Sendern:

Deutschlandfunk	1268 kHz	0105 und 1205	MEZ
Norddeich Radio	2614 kHz	0910 und 2110	MEZ
Kiel Radio	2775 kHz	0940 und 2140	MEZ
Rügen Radio	1719 kHz	0910 und 2110	MEZ

Beaufort Nr.	Geschwindigkeit in Knoten	Beschreibung	Merkmale auf See	Verhalten einer seetüchtigen Yacht von 7-10 Tonnen T.M.
0	weniger als 1	Stille	spiegelglatt	ohne Fahrt, kein Steuer
1	1— 3	leichter Luftzug	kleine Wellenkräuselung, keine Kämme	Gerade Steuerfähigkeit unter Leichtwettersegeln
2	4— 6	flaue Brise	Kurze, ausgesprochenere Wellen; Kämme beginnen zu kippen;	Steuert gut, macht 2—3 Knoten
3	7—10	leichte Brise	Schaum glasig, noch nicht weiß	macht 3—4 Knoten
4	11—16	mäßige Brise	Wellen werden länger, viele weiße Schaumköpfe	macht 4—5 Knoten liegt weit über und arbeitet etwas
5	17—21	frische Brise	ausgeprägtere, lange Wellen; überall weiße Schaumköpfe	Höchstgeschwindigkeit, Leichtwettersegel geborgen
6	22—27	steife Brise	große Wellen; weiße Schaumkronen breiten sich aus	Reff im Großsegel
7	28—33	starker Wind	See baut auf; Schaum weht in Streifen	dicht gerefft; kann gerade noch gegenangehen
8	34—40	stürmischer Wind	Wellen- u. Kammhöhen wachsen; Schaum weht in dichten Streifen	beidrehen vor Seeanker
9	41—47	starker Sturm		
10	48—55	voller Sturm	hohe Wellen mit langen brechenden Kämmen; ausgedehnte Schaumfelder	
11	56—65	schwerer Sturm	außergewöhnlich hohe Wellen; See mit Schaumstreifen bedeckt; Luft von Gischt erfüllt	
12	über 65	Orkan		

15

HILFSMITTEL DER NAVIGATION

Karten — Kartenhandwerkszeug — Kompaß — Mißweisung
Deviation — Lot und Echolot — Patentlog und Speedometer
Radio — Sextant — Ferngläser — Leuchttürme, Bojen und Baken
Nautischer Almanach und Segelhandbücher

Die Navigation ist als die Wissenschaft bezeichnet worden, die uns in Stand setzt, ein Schiff sicher von einem Ort zum anderen zu führen und seine Position durch Beobachtung von Landobjekten oder Himmelskörpern oder auf andere Weise zu bestimmen. Unternimmt ein Yachtsegler keine Reisen, die ihn für längere Zeit außer Sicht des Landes führen, so kann er auf die Beobachtung von Himmelskörpern verzichten; vielleicht findet aber auch er es selbst auf einer kleinen Reise manchmal ganz interessant, gewisse praktische Kenntnisse von der astronomischen Navigation zu besitzen. Die meisten Methoden, die man verwendet, um den Schiffsort durch Beobachtung terrestrischer Objekte oder durch Besteckrechnung festzustellen, sind einfach zu verstehen; sie setzen lediglich bescheidene Kenntnisse in der Geometrie und ein wenig praktischen Verstand voraus. Bevor sich aber der zukünftige Navigator näher mit ihnen beschäftigt, muß er die Karten und Instrumente verstehen, die dazu gebraucht werden.

Karten

Jeder weiß, daß die Erde eine fast vollkommene Kugel darstellt, die sich in der Richtung von West nach Ost um ihre eigene Achse dreht, daß der Äquator ein größter oder Hauptkreis in der Mitte zwischen Nord- und Südpol ist und daß die Pole daher in einem Winkel von 90 Grad zu jedem Punkt des Äquators liegen. Alle parallel zum Äquator um die Erde gezogenen Kreise heißen Breitenparallele; ihre Lage wird durch den Winkel im Erdmittelpunkt, den sie mit dem Äquator bilden, bestimmt. Die Winkelangabe wird mit N oder S bezeichnet, je nachdem, ob die Breitenparallele auf der nördlichen oder südlichen Halbkugel liegen. Ein Ort auf 45 Grad N Breite liegt daher auf einem Nebenkreis, parallel zum Äquator und in der Mitte zwischen Äquator und Nordpol. Jeder Halbkreis, der die Pole miteinander verbindet, muß den Äquator und alle Breitenparallele im Winkel von 90 Grad kreuzen; diese Kreise heißen Meridiane. Wenn wir uns nun einen Meridian aussuchen, der durch irgendeinen bekannten Ort läuft, lassen sich alle anderen Meridiane auf diesen Ort beziehen, und zwar durch den Winkel, den sie mit seinem Meridian bilden. Der durch das Observatorium von Greenwich passierende Meridian ist international als Null-Meridian anerkannt, und die Länge jedes Ortes entspricht dem Winkel zwischen seinem und dem Meridian von Greenwich, gemessen am Äquator über Ost oder West bis 180 Grad. Übrigens ist es interessant, sich daran zu erinnern, daß zwischen 1450 und 1650 der Meridian der Azoren als Null-Meridian gegolten hat und der Greenwicher Meridian erst seit dem 18. Jahrhundert von allen Nationen anerkannt wird.

In der Annahme, daß die Erde eine vollkommen runde Kugel darstellt (eine Annahme, die für Zwecke der Navigation genügt), wird mit ein wenig Überlegung die Tatsache begreiflich werden, daß ein Breitengrad am Äquator ein bestimmtes, unveränderliches und auf der ganzen Erde gültiges Entfernungsmaß darstellen muß. Durch Teilung des Erdumfangs durch 360 Grad ergibt sich, daß ein Grad 60 nautischen Meilen von je 6080 Fuß = 1852 Metern entsprechen muß. Dagegen muß sich die Entfernung zwischen zwei Längengraden je nach der Breite, auf der sie gemessen wird, ändern; sie kann von 60 nautischen Meilen für den Längengrad auf dem Äquator bis zu 0 an den Polen betragen. Jeder Grad (°) teilt sich in 60 Bogenminuten ('), so daß jede Breitenminute einer nautischen Meile entspricht. Die Minuten lassen sich weiter unterteilen in 60 Bogensekunden ("), obgleich es für Navigationszwecke nicht üblich ist, genauer als mit $1/10$ Minute zu rechnen. Eine Kabellänge beträgt $1/10$ einer nautischen Meile (Seemeile), in der Praxis abgerundet auf 200 Yards (183 m).

Es ist ganz klar, daß viele Schwierigkeiten zu überwinden waren, bevor sich eine Landkarte oder die Karte eines Teilgebietes der gerundeten Erdoberfläche auf einem flachen Stück Papier wiedergeben ließ. Den weitaus meisten Karten liegt das System der sog. Merkator-Projektion zugrunde. Die Meridiane einer Merkatorkarte werden, anstatt bei den nächstgelegenen Polen zusammenzulaufen, wie auf der Erde, als gerade Linien projiziert, so daß ein Grad Länge auf der ganzen Karte die gleiche Größe beibehält. Das bedeutet, daß die Karte polwärts in zunehmendem Maße verzerrt wird. Um nun die richtigen Proportionen von Länge zu Breite auf jedem Teil der Karte zu erhalten, werden die Breitenparallele in wachsenden Abständen voneinander eingetragen, und zwar je näher dem Pol, um so größer die Abstände. Die Grade, Minuten und manchmal

Zehntelminuten Breite sind auf dem Kartenrand vermerkt. Aus dem Vorgehenden ist verständlich, daß bei Gebrauch dieser Unterteilungen als Entfernungsmaß auf einer Großgebietskarte nur die Randskala auf derselben Breite wie der zu messenden Distanz genommen werden darf. Wenn auf der nördlichen Halbkugel die Skala nördlich der zu messenden Distanz benutzt wird, würde die Unterteilung zu groß und die Distanz zu klein gemessen; im Fall der Skala südlich der zu messenden Distanz würde die Unterteilung zu klein und die Distanz zu groß gemessen werden. Auf Küstenspezialkarten großen Maßstabs ist der Größenunterschied der Breiteneinteilung auf verschiedenen Teilen der Karte zu klein, um praktisch eine Rolle zu spielen. Die Skalen an den Nord- und Südrändern einer Karte stellen Längengrade und -minuten dar; da sie, außer auf dem Äquator, keinen nautischen Meilen entsprechen, dürfen sie nie als Skala für die Messung von Distanzen herangezogen werden.

Ein auf der Merkatorkarte als gerade Linie eingezeichneter Kurs stellt nicht die kürzeste Entfernung zwischen zwei Punkten dar, außer wenn der Kurs in nordsüdlicher Richtung liegt; der Annäherungsgrad genügt aber bei Distanzen bis 300 und 400 Meilen. Sollen Kurse über größere Entfernungen abgesetzt werden, so müssen Karten gnomonischer Projektion zur Hilfe genommen werden. Auf diesen Karten laufen die Meridiane polwärts zusammen, die Breitenparallele werden als Kurven dargestellt, und die kürzeste Entfernung zwischen zwei Punkten auf solchen Karten ist eine gerade Linie. Die Breite, auf der jede Kurslinie jeden Meridian schneidet, wird auf eine Merkatorkarte übertragen, und eine durch diese Schnittpunkte gezogene Linie verläuft in konvexer Krümmung in Richtung des nächstgelegenen Pols. Das ist dann ein Kurs auf dem größten Kreis. Folgt ein Schiff dieser Linie, so muß es beim Kreuzen jedes Meridians seinen Kurs um das notwendige Maß korrigieren. Von praktischem Interesse ist dies alles aber nur für Segler, die Ozeanreisen planen und kürzeste Distanzen zu segeln wünschen.

Auf den Merkatorkarten verlaufen die Meridiane rechtweisend von Süd nach Nord oder umgekehrt. Um den wahren Kurs von einem Ort zum anderen zu finden, braucht man nur die beiden Orte durch eine gerade Linie zu verbinden, um dann mit einem Gradmesser den Winkel zwischen Kurslinie und dem nächstgelegenen Meridian zu messen; kreuzt die Linie keinen Meridian, so überträgt man sie mit Hilfe des Parallellineals an den nächsten Meridian. Wünscht man umgekehrt einen bekannten Kurs von einem bestimmten Punkt aus abzusetzen, so hat man lediglich den Winkel an einem der Meridiane anzulegen, mit dem Parallellineal an den Punkt zu übertragen und einzuzeichnen. Um aber einen Winkelmesser zu erübrigen, enthalten alle englischen und die meisten fremden Karten an einer oder mehreren Kartenstellen Kompaßrosen mit

Gradeinteilung von 0 bis 360, und zwar so, daß die 0 oben oder im Norden der Karte zu stehen kommt. Man kann dann den Kurs mit dem Parallellineal unmittelbar auf den Mittelpunkt der Rose übertragen und den Winkel ablesen. Auf englischen Hafen-, Küsten- und Spezialkarten findet sich innerhalb des 360-Grad-Kreises ein zweiter, konzentrischer Kreis, der ein wenig gedreht ist, so daß sein Nordpunkt östlich oder westlich des geographischen Nordpunktes zeigt. Eine Gradeinteilung kann entweder wie beim äußeren Kreis auf 360 Grad oder von 0—90 Grad, von Norden und Süden nach Osten und Westen gerechnet, lauten. Auf den neuen Admiralitätskarten entfällt die letztgenannte Einteilung. Innerhalb des zweiten Kreises befindet sich noch ein dritter konzentrischer Kreis, ebenso gerichtet wie der zweite, aber mit einer Einteilung von ganzen bis Viertelstrichen des Kompasses. Das Maß, um das die inneren Kompaßrosen östlich oder westlich der wahren Nordrichtung gedreht sind, entspricht der örtlichen magnetischen Mißweisung (S. 326), so daß mißweisende magnetische Kompaßkurse und Peilungen unmittelbar und ohne Rechnung abgelesen werden können.

Die Wassertiefen werden heute in allen Karten in Metern angegeben, in alten britischen Karten auch in Faden oder Fuß oder in Faden und Fuß. Auf den Karten ist stets, meistens unterhalb des Titels, vermerkt, welche Einheit den Tiefenangaben zugrunde liegt. Auf ausländischen Karten lauten die Angaben von jeher auf Meter. Die Nullebene, auf die die Tiefenangaben bezogen werden, ist gewöhnlich mittleres Springniedrigwasser. Es gibt aber Karten, die sich auf einen noch niedrigeren Stand beziehen — um einen bestimmten Betrag unterhalb des mittleren Springniedrigwassers oder auf die überhaupt denkbare niedrigste Ebbe. Die Bezugsebene ist auf der Karte vermerkt, wenn sie sich vom mittleren Springniedrigwasser unterscheidet. Bei zahlreichen Tiefenangaben stehen zusätzliche Buchstaben: m für mud (Schlick), r für rock (Felsen), st für stones (Steine), wd für weed (Kraut) usw. Die Tiefenangaben über Bänken und Riffen, die trockenfallen, werden unterstrichen; sie geben die Höhe in Fuß an über der Kartenbezugsebene. Höhenangaben an Land oder, in Klammern gesetzt, bei Inseln bedeuten die Höhe in Fuß über dem Meeresspiegel bei Springhochwasser. Die Karten enthalten außerdem eine Menge weiterer Informationen: Lage und Aussehen von Leuchtfeuern, Nebelsignalstellen, Bojen und Baken, Küstencharakter, Landmarken; sie geben außerdem Auskünfte über Gezeiten und Gezeitenströme. Erklärungen aller Zeichen und Abkürzungen auf englischen Seekarten geben Reed's Nautischer Almanach und Seekarte Nr. 5011.

Der Maßstab von Ozeankarten, die große Gebiete umfassen, kann bis zu 1,3 Zoll für 60 Meilen herunter betragen. Diese Karten sind natürlich in Küstennähe und untiefenreichen Gewässern wertlos. Hafenpläne können unter Umständen in sehr großen Maßstäben vorhanden sein, bis etwa 30 Zoll für eine Seemeile; das ist aber selten. Zwischen diesen Grenzen liegen Karten verschiedenster Maßstäbe. Je größer der Maßstab, um so mehr Verlaß ist auf die Genauigkeit der Karte, um so reichhaltiger sind die Informationen.

Die Admiralitätskarten der Britischen Inseln und vieler anderer Teile der Welt sind ausgezeichnet. Sie enthalten eine Fülle genauer Angaben und sind erstklassig gestochen und gedruckt. Das verwendete Papier ist fest und widerstandsfähig gegen Feuchtigkeit. Ihr einziger Nachteil für den Yachtsegler ist ihr hoher Preis und großes Format. Sie messen bis 52 x 28 Zoll (132 x 71 cm), und obgleich die meisten wohl kleiner sind, so bleiben sie doch unbequem zu handhaben, solange nicht ein richtiger Kartentisch vorhanden ist. In vorgeschriebener Weise zum Wegstauen zusammengefaltet, ist keine größer als 28 x 20 Zoll (71 x 51 cm). Sie sind bei J. D. Potter Ltd., den Seekartenagenten in den Minories, London E. C. 3, erhältlich, die Seekarten für alle Teile der Welt auf Lager haben.

Die *Blueback*-Karten (so wegen ihrer blauen Rückseite genannt) werden von Norie & Wilson, Ltd. herausgebracht. In vielen Fällen erfüllen sie die Ansprüche des Fahrtenseglers auf wirtschaftlichere Weise als die Admiralitätskarten, weil die Hauptkarten zahlreiche Hafenpläne enthalten. So befinden sich zum Beispiel auf der Karte, welche die Küste von Start Point bis Tintagel Head umfaßt, Hafenpläne von Fowey, St. Ives, Looe, Salcombe, Manacles, Yealm River, Mevagissey, Penzance und Padstow. Der Maßstab ist natürlich viel kleiner als der der Hafenpläne auf den entsprechenden Admiralitätskarten, aber immer noch groß genug, um den meisten Ansprüchen zu genügen. *Blueback*-Karten umfassen viele Teile der Welt. Der gleiche Verleger hat C-Karten für die Süd- und Ostküste Englands veröffentlicht; sie ähneln den *Blueback-Karten* insofern, als sie ebenfalls eingesetzte Hafenpläne enthalten, aber sie sind farbig gedruckt und zu dem Zweck entworfen, der Navigation den weitesten Spielraum auf einer Karte zu gewähren.

In der Bundesrepublik liefert das Deutsche Hydrographische Institut (DHI) rund 1000 Seekarten aus allen Teilen der Erde. Die Karten sind neuerdings einheitlich im Preis, unterscheiden sich aber in Maßstab und Größe. Die kleinste Karte (D 215, Ijsselmeer) mißt 66 x 50 cm, die größte 122 x 82 cm. Die Küsten- und Hafenkarten werden heute durchweg in farbigem Druck neu aufgelegt. Zu den Spezialkarten gehören u. a. Decca-, Loran- und Consolkarten. Neue Seekarten sind von der Vertriebsstelle bis zum jeweils letzten Heft der „Nachrichten für Seefahrer" berichtigt. In der Bundesrepublik gibt es vier amtliche Vertriebsstellen, in Hamburg, Bremen und auf der Schleuse Kiel-Holtenau. Vom DHI genehmigte Privatdrucke von Seekarten finden sich im Elbeatlas 1 : 50 000, der von

Lauenburg bis zu Elbe 1 Feuerschiff reicht und auch Stromkarten enthält.

In Hamburg hat die amtliche Seekartenvertriebsstelle Eckardt und Meßtorff (Hamburg, Rödingsmarkt) eine „Handmappe für Sportschiffer" herausgebracht, in der alle europäischen Seekarten aufgeführt sind (neben den wichtigsten nautischen Publikationen des In- und Auslands).

Es wird oft geraten, nur Karten jüngsten Datums zu verwenden; das ist aber für den Fahrtensegler, der sich im Laufe der Jahre eine Kartensammlung aufbaut oder sie von einem Freund entleiht, der es getan hat, kaum durchführbar. Die Kosten, alte Karten durch neue bei jeder neuen Ausgabe zu ersetzen, wären beträchtlich. Der Segler muß nach eigenem Ermessen verfahren. In felsigen Gewässern, wie an der Westküste Schottlands oder an der Küste der Bretagne, sind alte Karten fast ebenso verläßlich wie neue, solange sich nur das neueste Leuchtfeuerverzeichnis an Bord befindet. Anders ist es in Gewässern mit unzähligen Sandbänken, wie in der Themsemündung, wo die Wassertiefen ständig wechseln und es leichtsinnig wäre, veraltete Karten zu benutzen. Berichtigungen von Karten und Handbüchern in der Form von „Notices to Mariners" (Nachrichten für Seefahrer) sind bei den British Mercantile Marine Offices erhältlich. Viele darin enthaltenen Angaben sind nur für große Schiffe interessant, aber man sollte sie sammeln und zur Vorbereitung einer Reise durchsehen. Alle wichtigen Veränderungen und Berichtigungen, von denen die sichere Navigation einer Yacht abhängen könnte, müssen auf die Karten übertragen werden. Die Herausgeber der Y-Karten versenden Monatsberichte mit den Berichtigungen für ihre Karten. Alle bei einer anerkannten Agentur besorgten Karten sind bis zum Verkaufstag berichtigt. Das entsprechende Datum befindet sich in der unteren linken Ecke mit Angabe der Hefte der „Notices to Mariners", aus denen die Berichtigungen entnommen wurden. Gewisse Firmen übernehmen auch gegen eine kleine Gebühr die Berichtigung alter Seekarten.

Karten — Handwerkszeug (Tafel 42)

Die unentbehrlichsten Werkzeuge sind ein Parallellineal für die Übertragung der Kurse und Peilungen von der oder an die Kompaßrose, ein Zirkel, um Entfernungen abzustecken, ein Bleistift und ein Radiergummi.

Ein dreiseitiger Bleistift ist besser als ein runder oder sechsseitiger, da er nicht so leicht vom Kartentisch rollt, und ein mit einer Hand verstellbarer Zirkel ist praktischer als die gewöhnliche Ausführung, weil er die andere Hand für den Gebrauch von Lineal und Bleistift freiläßt.

In Deutschland arbeitet man fast ausschließlich mit zwei Dreiecken aus Plexiglas, von denen eins die beiden Gradbogen von 0—180 ° und 180 ° bis 360 ° enthält. Man legt das Dreieck mit der Hypotenuse an die Peilung oder Kurslinie und schiebt am Hilfsdreieck entlang, bis der Mittelpunkt von einem Meridian geschnitten wird, Kurs oder Peilung sind dann am Gradbogen abzulesen.

Auf kleinen Fahrzeugen, wo Karten manchmal auf unebenen Flächen wie auf Sitzbänken ausgebreitet werden müssen, eignet sich ein Kurs-Winkelmesser besser als ein Parallellineal, weil es aus biegsamem Material hergestellt ist. Es wird wie folgt benutzt: Lege das Zentrum des Winkelmessers (es gibt da ein kleines Loch in der Mitte des Drehpunktes) über das eine Ende des Kurses, halte es dort fest und schwinge den Arm zum Zentrum der nächstgelegenen Rose. Halte dann den Arm fest und drehe den Winkelmesser so, daß er mit der Ablesung der Rose am Arm übereinstimmt. Dann halte wieder den Winkelmesser fest, daß er sich nicht dreht, schwinge den Arm auf den Kurs zurück und lies am Winkelmesser den zu steuernden Kurs ab.

Für Arbeiten auf einer Karte ohne Kompaßrosen braucht man nur einen gewöhnlichen Winkelmesser, und da ist ein runder mit einer Gradeinteilung von 0 bis 360 einfacher zu benutzen als die mit der üblichen Einteilung. Der Douglas-Winkelmesser bedeutet gegenüber der gewöhnlichen runden Ausführung eine Verbesserung in mehr als einer Beziehung. Auf seiner matten Oberfläche lassen sich Bleistiftstriche ziehen und wieder ausradieren, was praktisch ist, wenn man eine durch Peilungen erhaltene Position festhalten will. Da er quadratisch ist, kann er auch als eine Art Parallellineal benutzt werden, indem man, wenn man will, auf der Karte Bleistiftlinien auf beiden Seiten ziehen kann.

Der dreiarmige Winkelmesser oder Doppeltransporter besteht aus einem runden, in ganze und halbe Grade eingeteilten Winkelmesser mit drei von seinem Mittelpunkt ausgehenden Armen. Ein Arm ist fest, die anderen beiden schwenkbar. Dieses Instrument ist kein unentbehrlicher Bestandteil der navigatorischen Ausrüstung einer Yacht, denn bei den seltenen Gelegenheiten, wo man dieses Meßinstrument verwenden kann, läßt sich genausogut mit einem Douglas-Winkelmesser arbeiten, der nur einen Bruchteil des anderen kostet.

Alles Handwerkszeug für Karten bewahrt man am besten zusammen in einer Schublade oder einem Kasten auf, wo es — wenn es nicht benutzt wird — nicht beschädigt werden kann. Wenn Karten flach aufbewahrt werden, wie es die Regel sein sollte, braucht man keine Kartengewichte, um die Karten auf dem Tisch festzuhalten. Dafür eignen sich am besten Tischklammern, die zweckmäßiger sind als Schlingerleisten, die bei der Arbeit mit dem Parallellineal immer im Wege sind. Ein Vergrößerungsglas — am besten ein Glas mit elektrischer Beleuchtung, in dem die Birne von einer im Halter verborgenen Trockenbatterie mit Strom gespeist wird — kommt bei Ablesung besonders kleiner Zahlen in der Seekarte sehr gelegen.

Der „Embryo"-Navigator soll sich hüten, seine Yacht mit lauter raffiniertem Zeug vollzustopfen. Das meiste davon ist doch nie von praktischem Wert. Denke er an das, was in Captain Leckys berühmtem Buch: „Wrinkles in Practical Navigation" steht:

... der Navigator wird überschwemmt mit lauter wertlosen Methoden, Tabellen, Schautafeln und messingglänzenden Instrumenten. Manche dieser Instrumente sind Wunderdinge, mit denen sich nach einigen Wochen Studiums Dinge fertigbringen lassen, von denen ein schlichter Mensch (kein Erfinder) einfältig genug ist zu glauben, daß sie sich mit dem üblichen Handwerkszeug und einigen mit Bleistift auf die Kompaßhaube gekritzelten Zahlen genausogut erledigen ließen.

Der Kompaß

Der Magnetkompaß besteht gewöhnlich aus zwei oder mehr an einer runden Karte befestigten magnetisierten Nadeln; die Karte ruht auf einer Pinne innerhalb eines aus Messing gefertigten und mit einer Glaskuppel versehenen Kompaßkessels. Der Kessel ist mit einer Flüssigkeit gefüllt, um die Schwingungen der Karte zu dämpfen und ihren Bewegungen Stetigkeit zu geben. Außerdem wird dadurch das auf der Pinne ruhende Gewicht erleichtert, wodurch sich Reibungsverlust und Abnutzung vermindern. Die Aufhängung des Kessels erfolgt kardanisch, um eine stets waagerechte Lage zu gewährleisten. Im allgemeinen finden zwei verschiedene Arten von Flüssigkeit Verwendung: Eine Mischung aus Alkohol und destilliertem Wasser (der Alkohol soll das Einfrieren verhindern) und Petroleum. Bildet sich in dem Kessel eine Luftblase, erschwert diese das Ablesen des Kompasses und stört das Gleichgewicht der Rose; sie muß daher durch Nachfüllen der entsprechenden Flüssigkeit entfernt werden. Moderne Kompasse sind zum Teil mit der Art von Flüssigkeit markiert, mit der der Kessel zu füllen ist. Der Kompaß muß so aufgestellt werden, daß der Steuerstrich (die Markierung innerhalb des Kessels, die den Bug des Schiffes darstellt und nach der man steuert) genau längsschiffs in der Mittschiffslinie vor dem Mittelpunkt der Rose ausgerichtet liegt. Besteht ein größerer Zwischenraum zwischen dem Rand der Kompaßrose und der Innenwand des Kessels, wie es zur Verminderung des Widerstandes

---

Tafel 44
A. Steht der Kompaß zu ungünstig, um Peilungen damit vorzunehmen, kann man sich eines Peilkompasses bedienen; allerdings muß der Rudergänger dabei einen sehr stetigen Kurs steuern. B. Kompaß mit einer als Vergrößerungsglas wirkenden Glaskuppel, unter der die Markierungen der Rose und der Steuerstrich deutlich sichtbar hervortreten. C. Ein „Grid" (Gitter)-Kompaß, nach dem sich bei weitem am einfachsten steuern läßt. D. Das Walker-Patentlog schleppt einen Propeller achteraus und zeigt die abgelaufene Distanz in Seemeilen an.

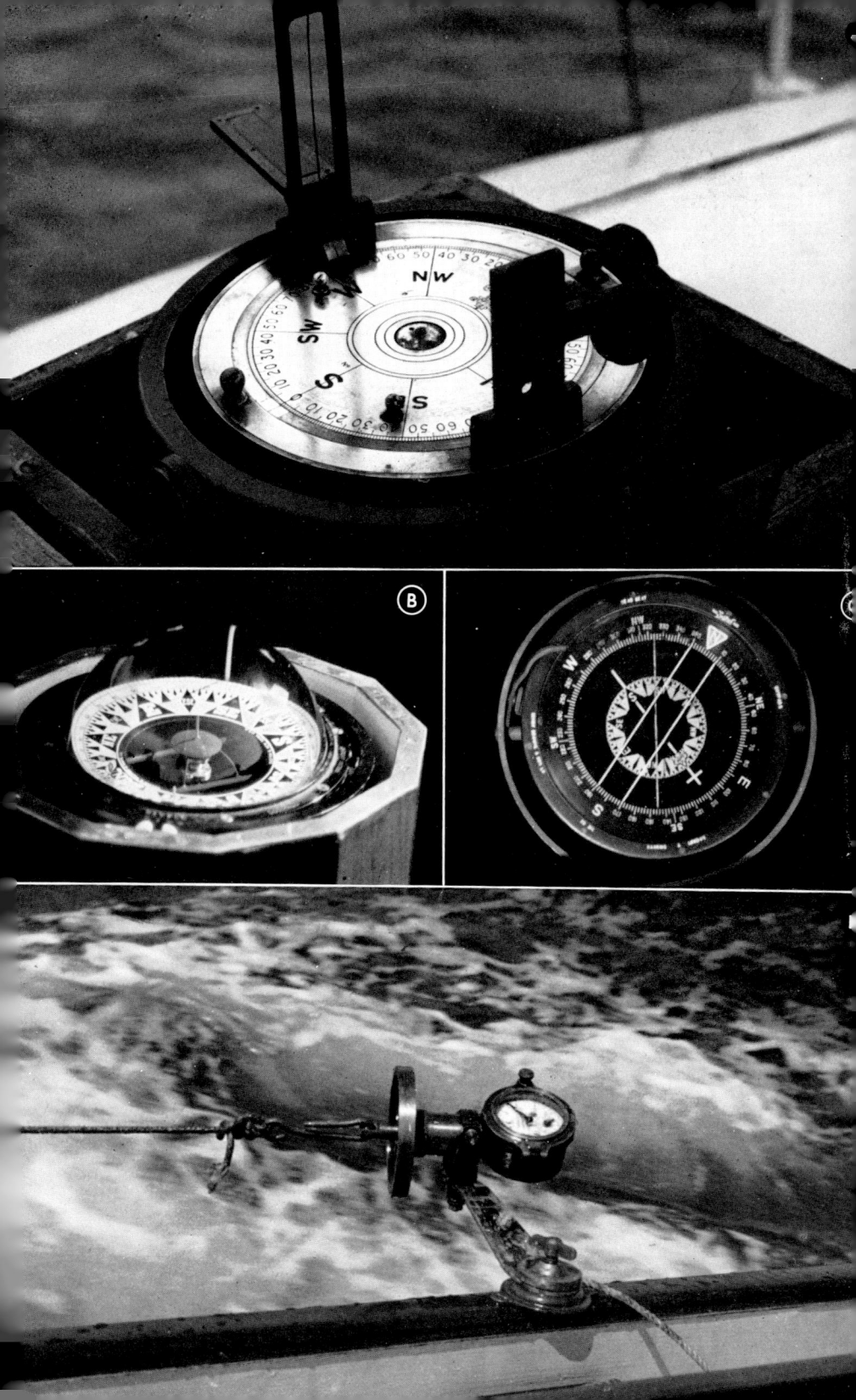

zweckmäßig ist, kann man als Steuerstrich einen dünnen, den Blattrand fast berührenden Draht verwenden, um die Parallaxe für den nicht genau hinter dem Kompaß sitzenden Rudergänger auf ein Mindestmaß zu beschränken.

Die Einteilung der Rose kann auf verschiedene Weise erfolgen: In ganze und Viertelstriche oder in Grade von 0 in Nord rechtsherum bis

Abb. 63 — Kompaß-Striche und Viertelstriche, Nordostquadrant

360 wieder in Nord; viele Kompaßrosen tragen beide Markierungen, Striche und Grade, wobei die Grade am Außenrand liegen. Da es in einem Vollkreis von 360 Grad 32 Kompaßstriche gibt, entspricht ein Strich $11^{1}/_{4}$ Grad und ein Viertelstrich, die kleinste Unterteilung auf solchen Rosen,

---

eben unter 3 Grad. Abb. 63 zeigt den Nordost-Quadranten und die Bezeichnungen der Striche und Viertelstriche.

Obgleich Viertelstriche leichter zu erkennen sind als Grade und des Nachts keine so helle Beleuchtung verlangen (die den Rudergänger blendet und seinen Ausguck erschwert), bevorzugen doch die meisten Segler die Gradeinteilung, weil diese alle vorkommenden Berechnungen, wie die Anbringung der Mißweisung und Seekarten ohne magnetische Kompaßrose oder der Deviation erleichtert und den Navigator der Mühe enthebt, Grade in Striche und umgekehrt zu verwandeln.

Auf einer Yacht mit Radsteuerung, wo der Rudergänger unmittelbar hinter dem Kompaß sitzen kann, vergrößert ein über der Kompaßrose angebrachtes Prisma den Steuerstrich und einen Teil der angrenzenden Rose. Dagegen sitzt der Rudergänger bei Pinnensteuerung auf der einen oder anderen Seite der Mittschiffslinie, und in diesem Fall ist ein Kompaß mit einer vergrößernden Perspexkuppel besser (Tafel 44 B). Zahlreiche Segler, zu denen auch ich gehöre, ziehen jedoch den „Grid" (Gitter)-Kompaß vor (Tafel 44 C). Bei dem Gitterkompaß ist ein Draht auf der Kompaßrose quer über das Blatt parallel zu der nordsuchenden Magnetnadel angebracht; zwei weitere, parallel zueinander verlaufende Drähte oben auf dem Kessel sind mit einem Ring verbunden, in den die Grade 0 bis 360 eingraviert sind; dieser Ring ist drehbar und kann so eingestellt werden, daß sich der zu steuernde Kurs mit dem Steuerstrich deckt. Alles, was der Rudergänger zu tun hat, ist, den Draht auf der Kompaßrose in Parallele mit den beiden Drähten oben auf dem Kompaßkessel zu halten. Da keine Parallaxe berücksichtigt zu werden braucht, läßt sich dieser Kompaß überall in Sicht des Rudergängers aufstellen. Man kann die Drähte mit einer Leuchtfarbe behandeln, so daß man, wenn der Ring einmal eingestellt ist, auf zusätzliche Beleuchtung verzichten kann. Der einzige Nachteil ist, daß der Ring bei jedem Kurswechsel neu eingestellt werden muß. Infolgedessen muß der Kompaß an einem leicht zugänglichen Platz stehen. Ein für Gebrauch in Flugzeugen hergestellter Gitterkompaß eignet sich mangels einer mit Einteilung versehenen Kompaßrose nicht auf See; eine mit Graden und Strichen markierte Rose ist unentbehrlich, um grobe Peilungen ausführen zu können und um zu verhüten, daß man versehentlich einen entgegengesetzten Kurs steuert.

Bei der Aufstellung eines Steuerkompasses ist die wichtigste Überlegung: wo kann der Rudergänger ihn ohne Schwierigkeiten am besten beobachten? Handelt es sich nicht um einen „Grid"-Kompaß, so sollte er, soweit es sich nur einrichten läßt, unmittelbar und in ausreichender Höhe vor dem Ruder stehen (Tafel 43 D). Ein guter Platz auf einer kleinen Yacht, wo er obendrein keinen wertvollen Raum wegnimmt und vor zufälligen Beschädigungen geschützt ist, wäre im Brückendeck unter einem

Deckslicht aus unzerbrechlichem Glas; das Kompaßhaus selbst kann aber zu einem Teil auch in das vordere Ende des Cockpits eingebaut werden (Tafel 43 C). Manchmal wird der Kompaß auch eben innerhalb der Kajüte angebracht, wo man ihn durch ein kleines Fenster im Achterschott beobachten kann. Da er dann aber auf einer Seite des Niedergangs stehen muß, bleibt er auf dem einen oder anderen Bug schlecht zu erkennen. Die Praxis, den Kompaß bei jedem Wenden oder Halsen von der einen Seite des Cockpits auf die andere zu bewegen, bewährt sich nicht, da die Deviation auf jeder Seite verschieden sein kann.

Kompasse, die sich so aufstellen lassen, daß sie ringsherum eine unbehinderte Sicht gewähren, sind ideal als Peilkompasse. Doch außer auf großen Yachten findet sich dafür selten ein geeigneter Platz. Trotzdem kann man den Kompaß zum Peilen benutzen, indem man den Bug der Yacht zum Peilobjekt hinwendet und dann die Peilung am Steuerstrich abliest. Dieses Verfahren ist aber unbequem und manchmal auch gar nicht durchführbar. Weit besser arbeitet man mit einer Peilscheibe (Tafel 44 A), die aus einer Kompaßrose und zwei Visieren besteht, die aufklappbar auf der Rose befestigt sind. Man kann sich eine Peilscheibe selbst herstellen, indem man die Rose aus einer alten Seekarte herausschneidet und auf Holz klebt. Ein an beiden Enden hochgebogener Messingstreifen mit einem Loch durch jedes Ende dient als Sicht. Die Scheibe wird unter Berücksichtigung der Mittschiffslinie so eingestellt, daß sie genau den gesteuerten Kompaßkurs anzeigt. Während die Yacht stetig auf Kurs gehalten wird, nimmt man die Peilung über die Peilscheibe vor und kommt zu dem gleichen Ergebnis, wie wenn man über den Kompaß selbst gepeilt hätte. Allerdings ist es, außer auf großen Yachten, schwierig, für die Peilscheibe einen Anbringungsort zu finden, wo der Peilende seine Augen auf die gleiche Ebene wie die Visiere bringen kann, und auch der Rudergänger kann nur in glattem Wasser stetig genug Kurs halten, um eine genaue Ablesung zu ermöglichen.

Ich bin daher zu der Überzeugung gekommen, daß es zweckmäßiger ist, einen Standardkompaß auf dem Kajütsdach oder dem Deckshaus (Tafel 43 B) oder an irgendeiner anderen Stelle zu montieren, von der man rundherum eine klare Sicht hat. Obgleich man mit etwas Übung auch quer über den Kompaß peilen kann, so kann man eine genaue Peilung doch nur erhalten, wenn man einen Peilapparat auf den Kompaß setzt.

Weil es so schwierig ist, einen geeigneten Platz für den Standardkompaß zu finden (meistens ist das auf dem Kajütsdach gelagerte Beiboot im Weg), wird auf den meisten Yachten ein Handkompaß für Peilzwecke benutzt, wobei sich der Peilende einen Platz mit freier Sicht aussucht. Nur muß er darauf achten, daß er mit dem Instrument nicht in den magnetischen Einflußbereich von Eisen oder Stahl gerät (stehendes Gut); sonst entsteht eine Ablenkung unbekannter Größe. Sogar das Drahtgestell einer Brille kann Störungen verursachen.

Der Steuerkompaß kann durch Anschluß an die Schiffsbatterie elektrisch beleuchtet werden, ohne daß Störungen zu befürchten sind, vorausgesetzt, daß das Doppeldrahtsystem verwendet wird. Das Eindrahtsystem mit Erdung kann zur Entstehung eines kräftigen magnetischen Feldes führen. Ideal ist eine Abblendschaltung; auch ein Anstrich mit roter Nagellackfarbe dämpft die Blendung. Die Innenseite des Kessels muß mit matter, schwarzer Farbe, der Steuerstrich weiß gestrichen sein. Handkompasse werden gewöhnlich mit Hilfe von Trockenbatterien beleuchtet, aber die modernen sind mit einer radioaktiven Leuchtmasse versehen, die 20 Jahre halten soll und zweifellos bald auch für größere Kompasse Verwendung finden wird.

Ortsmißweisung

Der magnetische Pol, auf den die Nordspitze der Kompaßnadel weist, fällt mit dem wahren geographischen Pol nicht zusammen. Der Winkel an jedem Ort zwischen der geographischen und magnetischen Nord-Südlinie wird als Mißweisung bezeichnet. Dieser Winkel unterscheidet sich nicht nur an verschiedenen Orten der Erdoberfläche; er unterliegt auch überall geringen jährlichen Veränderungen, denn der magnetische Pol wandert jedes Jahr einige Meilen. Eine vollständige Kreisbewegung dauert mehrere hundert Jahre. Die Mißweisung erhält den Namen „West" oder „Minus", wenn die Nordspitze der Kompaßnadel westlich der geographischen Nord-Südlinie weist, und „Ost" oder „Plus", wenn sie östlich der geographischen Nord-Südlinie zeigt.

Tafel 46
Oben: Die *Yankee* ist mit ihrem Mittelcockpit, Poopdeck, Großer Kajüte und vielen anderen ungewöhnlichen Merkmalen eine der interessantesten Yachten, die in den letzten Jahren gebaut worden ist. Kapitän Irving Johnson wünschte ein Schiff „fähig, Ozeane zu überqueren und Berge zu besteigen" (durch Kanäle und Schleusen) und veranlaßte Olin Stephens, ihm den endgültigen Entwurf zu zeichnen. Danach wurde in Holland ein Stahlrumpf von 15,4 m Länge über Alles, 12,8 m Länge in der Wasserlinie, einer Breite von 4,7 m (begrenzt durch die Abmessungen der Kanalschleusen) und mit einem Tiefgang von 1,4 m gebaut. Die *Yankee* kann eine Gesamtsegelfläche von 158 qm setzen und besitzt eine G.M. 3-71-Dieselmaschine. *Unten:* eine andere amerikanische Ketsch, die *Adios*, in der Tom Steele die Welt umsegelte. Hier liegt die Yacht an einem Kai in Aden. Der Entwurf stammt von John Hanna. Das Fahrzeug ist 9,75 m lang und 3,04 m breit und hat, wie die *Yankee*, nur ein einziges Vorsegel, das von der Klüverbaumnock aus gefahren wird, und kein inneres Vorstag.

Wie in einem früheren Kapitel erwähnt, sind in allen britischen Küsten-
karten und Hafenplänen Kompaßrosen eingedruckt, die um den zur Zeit
der Kartenherstellung oder ihrer letzten Revision gültigen Betrag der
Mißweisung seitlich gedreht sind. Innerhalb der Rose stehen das Datum,
die Mißweisung zu dieser Zeit und die jährliche Veränderung verzeichnet.
So betrug zum Beispiel die Mißweisung in der Straße von Dover 1964
7 Grad W, mit einer jährlichen Abnahme von 6'; es dauert also zehn

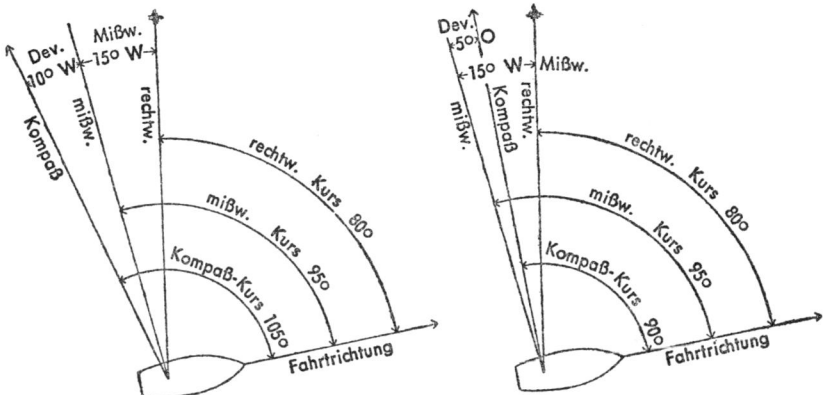

*Abb. 64 — Anbringung von Mißweisung und Deviation. Links sind beide
westlich, rechts ist die Mißweisung westlich, die Deviation östlich.*

Jahre, bis sich die Mißweisung an dieser Stelle um 1 Grad ändert. Hieraus ist ersichtlich, daß man mißweisende Kurse und Peilungen nur dann
mit genügender Genauigkeit direkt der mißweisenden Kompaßrose entnehmen darf, wenn die Karte noch nicht sehr alt ist; bei veralteten Karten muß die aufgelaufene jährliche Veränderung berücksichtigt werden.
Da sich die Mißweisungen in den verschiedenen Teilen der Welt von einander unterscheiden, können natürlich Ozean- oder Übersichtskarten,
die große Gebiete umfassen, nicht mit mißweisenden, allgemein gültigen
Rosen versehen werden. Anstatt dessen werden auf solchen Karten Iso-
gonen, d. h. Linien gleicher Mißweisung, eingezeichnet (gewöhnlich in

---

Tafel 47
Der von Laurent Giles entworfene, gaffelgetakelte Kutter *Dyarchy* ist ein kräftiges Fahrzeug von 22 Tonnen Wasserverdrängung. Trotzdem verursacht sie
selbst in voller Fahrt nur geringe Wellenbildung. Der Eigner läßt sie hier eine
Weile für sich selbst sorgen, während er das Leebackstag nach achtern bringt,
bevor er in den Newton Creek hineinkreuzt.

Abständen von 1 Grad Unterschied). Jede Linie wird mit dem Betrag der Mißweisung und der jährlichen Änderung bezeichnet, so daß der Navigator für denjenigen Teil des Ozeans, in dem er sich befindet, die richtige Mißweisung ablesen kann.

Ist man gezwungen, nach alten Karten zu segeln, auf denen die mißweisende Rose infolge der aufgelaufenen jährlichen Änderungen nicht mehr stimmt, oder nach einer Karte, die überhaupt keine mißweisende Rose enthält, so muß die Mißweisung an den Kartenkurs angebracht werden, um den zu steuernden mißweisenden Kurs zu ermitteln (Abb. 64). Das ist keineswegs schwierig, wenn man sich überlegt, daß die Kompaßrose bei westlicher Mißweisung gegen den Uhrzeiger gedreht wird, so daß die Mißweisung (nach dem Bezeichnungssystem A) bei der Umwandlung von rechtweisend in mißweisend hinzugezählt werden muß. Bei östlicher Mißweisung, die es in einigen Teilen der Welt gibt, würde sie subtrahiert werden müssen. Bei der Umwandlung von mißweisend in rechtweisend muß man natürlich umgekehrt verfahren.

Deviation oder Ablenkung

Befinden sich in der Nähe eines Magnetkompasses Eisenmassen, so wird die Nordspitze der Nadel von ihrer mißweisenden Nordrichtung mehr oder weniger abgelenkt. Der Unterschied zwischen einem mißweisenden Kurs oder einer mißweisenden Peilung und der Richtung, die der Kompaß anzeigt, wird als Deviation bezeichnet. Auf den meisten kleinen Yachten hat jeder Kompaß eine gewisse Deviation, weil sich gewöhnlich ein Hilfsmotor oder ein Wassertank in der Nähe unter dem Cockpitboden befindet; es ist nur selten möglich, für den Kompaß einen Platz außerhalb des magnetischen Einflußgebietes zu finden. Nichteisenmetalle sind ohne Einfluß auf den Kompaß. Magneten, Dynamos, elektrische Spulen, Lautsprecher, Kopfhörer oder fotografische Belichtungsmesser können dagegen ernsthafte Ablenkungen verursachen, die unmöglich auszugleichen sind. Solche Gegenstände müssen in möglichst großer Entfernung vom Kompaß bleiben.

Wie wir gesehen haben, ist die Mißweisung überall und für alle Kompasse gleich; sie ist gleich auch auf allen Kompaßstrichen, ohne Rücksicht auf die Kursrichtung des Schiffes. Die Deviation ist dagegen auf jedem Schiff verschieden und ändert sich zudem mit der jeweiligen Kursrichtung, denn das Eisen, die Ursache der Deviation, ändert mit jedem Kurswechsel seine Lage in bezug auf die Kompaßnadel.

Jede Yacht muß zum Zweck der Kompaßkompensierung rundgeschwojt werden, um die Deviation auf allen Kursen kennenzulernen. Dieses Manöver kann an und für sich von jedem Yachtsegler selbst durchgeführt werden; nur wenn die Deviation auf irgendeinem Kurs 4 oder 5 Grad übersteigt, ist es ratsamer, sich von einem gewerbsmäßigen Kompaßadjustierer helfen zu lassen (außer wenn sich der betreffende Segler bereits eingehend mit den Gesetzen des Magnetismus befaßt und die Materie studiert hat). Der Adjustierer kann die Deviation durch den Einbau von Magneten oder von Stücken weichen Eisens in der Nähe des Kompasses verringern oder sogar beseitigen. Wenn ihm der vollkommene Ausgleich gelingt, darf man das Thema Deviation vergessen und Kurse und Peilungen unmittelbar von der mißweisenden Rose auf der Karte ablesen, ohne sich um weiteres zu kümmern. Meistens bleibt aber trotz aller Bemühungen doch eine gewisse Deviation, jedenfalls auf einigen Kursen, übrig, und diese Werte müssen auf einer Deviationstabelle so zusammengestellt werden, daß sie sich beim Kursabsetzen und Peilen ohne Schwierigkeiten ablesen und berücksichtigen lassen. Wird der Nordpunkt des Kompasses westlich vom magnetischen Nordpol abgelenkt, so hat der Kompaß auf dem Kurs, den das Schiff gerade steuert, eine westliche Deviation. Weist der Kompaß östlich des magnetischen Nordpols, so hat er auf dem gerade gesteuerten Kurs eine östliche Deviation, obgleich er unter Umständen infolge einer westlichen Mißweisung noch westlich des geographischen oder wahren Nordpols zeigen kann (Abb. 64). Die Deviation wird an den mißweisenden Kurs oder die mißweisende Peilung in genau der gleichen Weise angebracht wie Mißweisung an den rechtweisenden Kurs oder die rechtweisende Peilung, d. h. bei Umrechnung eines mißweisenden Kurses in einem Kompaßkurs wird westliche Deviation (nach Bezeichnungssystem A) addiert und östliche Deviation subtrahiert. Bei Umwandlung eines Kompaßkurses in einen mißweisenden Kurs verfährt man umgekehrt. Eine Deviationstabelle wird gewöhnlich mit den Deviationswerten Ost und West für jeden Viertelstrich oder alle 5 Grad aufgestellt, je nachdem wie der Kompaß eingeteilt ist. Wer nicht im Kopf behalten kann, wie er die Verbesserungen anbringen soll, versieht seine Deviationstabelle außerdem mit den sich ergebenden Kompaßkursen. In diesem Zusammenhang gibt es eine Regel, die nicht genug betont werden kann: bei der Umrechnung einer Kompaßpeilung darf niemals die für die Peilrichtung gültige Deviation angebracht werden, sondern nur die Deviation für den Kompaßkurs, den die Yacht im Augenblick der Peilung anliegt.

Der Eigner einer Yacht, deren Kompaß so aufgestellt ist, daß direkte Peilungen mit ihm nicht vorgenommen werden können, wendet am besten die folgende Methode der Deviationsbestimmung an. Er stellt einen zweiten Kompaß irgendwo auf, wo er sich außerhalb des Einflußbereiches von Eisen- oder Stahlmassen und ein gutes Stück von dem anderen Kompaß entfernt befindet (zum Beispiel oben auf dem Baum mittschiffs oder auf einem Tisch an Deck) und richtet ihn genau mit der Mittschiffslinie aus. Dann läßt er den Kopf der Yacht nacheinander auf jeden Kompaßstrich herumschleppen, verhält bei jedem Strich und liest beide Kompasse ab. Der Unterschied zwischen dem richtig anzeigenden Kompaß und dem Yachtkompaß ist die Deviation. Gelegentlich findet man auch auf der Reise Möglichkeiten, den Kompaß auf diesem oder jenem Kurs zu kontrollieren, indem man zum Beispiel mit der Yacht zwei Feuer in Linie anliegt, deren mißweisende Peilung der Karte entnommen werden kann. Sonst kann die Yacht, wenn die genaue mißweisende Peilung eines Objektes an Land von einer ganz bestimmten Ankerboje aus bekannt ist, an der Boje herumgeschwojt werden, während gleichzeitig Peilungen mit dem Yachtkompaß, oder wenn dieser ungünstig plaziert ist, mit Hilfe der Peilscheibe erfolgen. Die Entfernung des angepeilten Objekts muß aber mindestens eine Meile betragen, um die durch den Abstand zwischen Bug und Kompaß bedingte Parallaxe auf ein Mindestmaß zu beschränken. Aus dem gleichen Grunde muß auch alle Kettenlose eingeholt werden. Ist die genaue Peilung des Objektes von der Boje nicht bekannt, muß zuerst die Lage der Boje auf der Karte bestimmt werden, und zwar durch die Messung von horizontalen Sextantwinkeln zwischen drei Objekten an Land, die auf der Karte verzeichnet stehen (s. S. 369).

Sind ein Kompaßdiopter (ein Gerät, das auf den Kompaß aufgesetzt wird und Sonnenpeilungen ermöglicht) und Azimuthtafeln an Bord vorhanden und hat man Kenntnis der Mittleren Greenwichzeit (MGZ), kann der Kompaß kontrolliert werden, indem man die Sonne damit peilt, an die Peilung die Mißweisung anbringt und das Resultat mit der rechtweisenden Peilung der Sonne vergleicht, die man den Tafeln entnimmt. Die Differenz ist die Deviation oder Ablenkung.

Nicht selten ändert sich die Deviation bei Schräglage der Yacht; dann spricht man von einer Krängungsdeviation. Diese ist auf eisenhaltiges Metall unterhalb des Kompasses (gewöhnlich den Motor) zurückzuführen, das seine Lage zum Kompaß ändert. Diesen Fehler zu bestimmen, ist außerordentlich schwierig, ohne ein Spezialinstrument zur Feststellung des Krängungsfehlers zur Hilfe zu nehmen. Wird ein solcher Fehler angenommen, überlasse man seine Beseitigung unter allen Umständen einem qualifizierten Kompaßadjustierer. Übrigens ist die Beobachtung interessant, daß ein Krängungsfehler auf der nördlichen Halbkugel den Nordpunkt des Kompasses zur hohen Seite des Schiffes, also luvwärts zieht, so daß ein Segelfahrzeug auf allen Kursen mit nördlichem Einschlag windwärts einen höheren Kurs anliegen kann, als der Kompaß anzeigt. Auf südlichen Kursen umgekehrt.

Auf einer Yacht mit Hilfsmotor in unmittelbarer Nähe des Kompasses ist es ratsam, mit und ohne laufender Maschine zu schwojen. Es ist nämlich möglich, daß sich durch die elektrische Anlage Magnetfelder bilden, oder ein Kupplungshebel befindet sich in unterschiedlichen Stellungen, je nachdem, ob die Yacht mit Maschine läuft oder segelt. Sobald ein Kompaß einmal adjustiert und eine Deviationstabelle aufgestellt worden ist, dürfen an den Eisen- und Stahlbeschlägen keine Änderungen mehr vorgenommen werden; alle beweglichen eisenhaltigen Gegenstände wie Messer, Benzinkanister usw. sind vom Kompaß fernzuhalten.

Lot und Echolot

Das Lot ist eines der billigsten und einfachsten Hilfsmittel in der Navigation. Jede Yacht sollte ein 3 Kilo schweres Lot und eine Lotleine von 25 bis 35 Meter Länge an Bord führen. Es gibt Umstände, unter denen man ein schweres Lot von 4 bis 5 kg oder mehr an einer längeren Leine wohl gebrauchen könnte, aber eine vornehmlich in flachen Gewässern segelnde Yacht muß auf jeden Fall ein ca. 2,5-kg-Lot verfügbar haben, mit einer kurzen Leine, deren erste vier Meter halbmeterweise markiert sind. Notfalls genügt auch ein langer, beschwerter Bambusstock mit entsprechender Markierung. Das Lot muß im Boden eine Aussparung für die Aufnahme von Talg haben, um Grundproben entnehmen zu können. Da man im seichten Wasser auf Grundproben verzichten kann, wird das 2,5-kg-Lot am besten mit einem runden Boden versehen, damit es schneller fallen kann. Die Lotleine soll nicht dicker sein als für eine bequeme Handhabung notwendig ist; sonst verursacht sie beim Fall durchs Wasser unnötigen Reibungswiderstand. Bei der Verwendung von Terylene nimmt man am besten geflochtenes Tauwerk; eine dreikardeelige Leine aus diesem Material kinkt zu leicht. Allerdings müssen die Markierungen dann angenäht anstatt durchgesteckt werden.

Für die Markierung der Lotleine hat sich ein Schema entwickelt, das auf langjährigen Erfahrungen beruht. (Anstatt der englischen Einteilung geben wir nachstehend die in deutschen Gewässern übliche Markierung wieder. Der Übersetzer). Die Markierungen müssen so beschaffen sein, daß sie sich auch nachts nach dem Tastgefühl der Finger oder Lippen unterscheiden lassen. Neue Lotleinen aus Naturfaser müssen vor dem Marken naß gemacht und gereckt werden.

Die Handlotleine wird mit Streifen farbigen Stoffs (Flaggentuch) in der folgenden Weise gemarkt:

2 m, 12 m, 22 m : schwarz
4 m, 14 m, 24 m : weiß
6 m, 16 m, 26 m : rot
8 m, 18 m, 28 m : gelb

Alle 10 m wird ein Lederstreifen mit der entsprechenden Anzahl Löcher, nämlich bei 10 m 1 Loch, 20 m 2 Löcher usw. eingefügt.

Am besten bewahrt man die Lotleine, fertig aufgeschossen für sofortigen Gebrauch, in einem flachen Kasten auf. Wo auf einer kleinen Yacht kein Platz dafür vorhanden ist, genügt es auch, die Leine um ein flaches Holzbrett aufzuwickeln, an dessen beiden Enden ein tiefes V eingeschnitten ist.

Lotungen werden von der Luvseite vorgenommen. Der Lotwerfer hält die lose aufgeschossene Lotleine in der einen Hand und schwingt das Lot und einige Meter freier Leine mit der anderen Hand ein- oder zweimal voraus und zurück, um Schwung zu gewinnen. Dann wirft er es so weit voraus wie er kann, damit es den Boden berührt hat, bis die Yacht darüber hinwegsegelt. Während diese die Lotstelle passiert, holt er die Lose ein und läßt das Blei tüchtig auf dem Grund aufstoßen, um sich der Genauigkeit der Messung zu vergewissern und sicher zu sein, daß die Talgfüllung eine Grundprobe mit heraufbringt. Da die Yacht in Fahrt ist, läßt sich so natürlich nur in flachen Gewässern verfahren; sonst muß man entweder beidrehen oder in den Wind schießen, während die Lotung vorgenommen wird.

Eine große Anzahl von Yachten ist heute jedoch mit Echoloten ausgerüstet. Diese Instrumente bedeuten mehr als nur eine Bequemlichkeit, denn sie loten Tiefen mit größerer Genauigkeit, einer ganz wesentlich größeren Geschwindigkeit und in dichterer Reihenfolge. Sie liefern auf einer Rundscheibe oder einem Papierstreifen, die beide mit entsprechenden Tiefenskalen markiert sind, eine ununterbrochene Anzeige oder Registrierung der Wassertiefen, unabhängig von der Fahrtgeschwindigkeit des Schiffes. Dies ist von großem Wert bei allen Ortsbestimmungen oder bei Kreuzschlägen in engem Fahrwasser, wo man nur zu leicht zwischen zwei Lotwürfen auf Grund gerät. Diese Instrumente haben, abgesehen von ihren hohen Anschaffungskosten, nur einen Nachteil: Sie können keinen Aufschluß über die Grundbeschaffenheit geben. Wenn man sich aber überlegt, wie selten der Yachtsegler sein Lot für diesen Zweck ausrüstet, spielt dieser Nachteil nur eine untergeordnete Rolle.

Das Prinzip des Echolots fußt auf der Tatsache, daß ein Ton mit fast gleichmäßiger Geschwindigkeit das Wasser durchläuft; die Geschwindigkeit beträgt etwa 1460 m in der Sekunde. Wenn daher von irgendeinem Punkt des Schiffsbodens ein Schallimpuls ausgesendet und die Zeit gemessen wird, die von der Aussendung bis zur Rückkehr verstreicht, läßt sich die Wassertiefe zwischen jenem Punkt und dem Meeresgrund berechnen. Alles dieses tut das Echolot automatisch, sobald es eingeschaltet worden ist. Von dem Hauptgerät, das die Meßapparatur enthält, geht ein Impuls elektrischer Schwingungen an den Schallsender aus (eine kleine

Scheibe aus Bariumtitanat in einem Plastikgehäuse, das aus einem Loch in den Außenplanken hervorragt), wo er in eine Ultraschallwelle umgewandelt wird, deren Frequenz weit über der Aufnahmefähigkeit des menschlichen Ohres liegt. Die Schallwelle eilt zum Meeresgrund, wird von dort reflektiert und von demselben Schallsender aufgenommen, der nunmehr wie ein Mikrophon arbeitet und den Schall in einen elektrischen Impuls verwandelt. Dieser wird verstärkt und bewirkt auf eine von drei Methoden die Registrierung der Entfernung zwischen Schallsender und Meeresgrund.

Auf großen Schiffen geschieht dies durch eine sich schnell bewegende Feder, die synchron mit den Impulsen in schneller Reihenfolge über ein besonders präpariertes Papier läuft und dieses mit einem Funken jedesmal durchlöchert, wenn ein Echo empfangen wird. Das Papier wird durch einen elektrischen Motor langsam weiterbewegt, so daß sich die Löcher auseinanderziehen und eine kontinuierliche Linie bilden, deren Abstand vom Papierrand die Tiefe bestimmt. Mehr kompakte Instrumente zeigen die Wassertiefen mit Hilfe eines kleinen, am Ende eines Armes aufmontierten Neonlichts an; der Arm wird durch einen exakt arbeitenden elektrischen Motor angetrieben und dreht sich mit gleichbleibender Geschwindigkeit. Dieses Licht leuchtet bei jedem Empfang eines elektrischen Impulses auf, gibt also einen Blitz beim Aussenden der Wellenschwingung und einen zweiten bei deren Rückkehr. Der Vorgang wiederholt sich mit solcher Geschwindigkeit, daß man die Blitze als kontinuierliches Licht erblickt, eines gegenüber der Nullmarke auf einer dicht an dem sich drehenden Arm liegenden Skala, während das andere die Tiefe anzeigt. Der Nachteil dieser Apparatur ist, daß sie bei hellem Licht manchmal schwer abzulesen ist; auch ist der Stromverbrauch durch den Motor unter Umständen hoch. Da ein Nebenanzeiger nicht zu installieren ist, muß das ganze Instrument in Sichtweite des Rudergängers montiert werden und steht daher oft an exponierter Stelle. Bei einem dritten Instrumententyp wird die Tiefe mit Hilfe eines Milliamperemeters angezeigt, das einen Zeiger auf einer Scheibe bewegt; hier ist die Ablesung einfach, obgleich man natürlich bei Nacht auf Beleuchtung angewiesen ist. Da bei diesem Instrument ein Nebenanzeiger für Anbringung im Cockpit vorgesehen ist, läßt sich das Hauptinstrument an geschützter Stelle unterbringen. Major Richard Gatehouse hat für diesen Instrumententyp und seine Verwendung auf kleinen Fahrzeugen Pionierarbeit geleistet, und das Hecta-Echolot, das seine Firma, Brookes & Gatehouse Ltd., herstellt, ist ein wirklich ausgezeichneter kleiner Apparat. Seine Kosten liegen höher als die der meisten anderen, aber es ist hier wie mit so manchen anderen Dingen — man bekommt für sein Geld auch etwas. Als ich kürzlich fünf verschiedene Yachten besuchte, die alle mit

Echoloten ausgerüstet waren, stellte ich fest, daß das einzige, voll einsatzfähige Instrument, das alle Entschuldigungen und Erklärungen erübrigte, das Hecta-Lot war.

Die kostspieligeren Echolote haben gewöhnlich eine Vorrichtung, um den Zeiger oder das Neonlicht so einzustellen, daß man die Wassertiefe unter dem Kiel oder von der Wasseroberfläche aus gerechnet, direkt auf der Skala ablesen kann, anstatt nur die Tiefe unterhalb des Schallsenders. Einige Instrumente lassen sich wahlweise auf Fuß oder Faden einstellen, wie zum Beispiel 0 bis 50 Fuß und 0 bis 50 Faden; dann darf man allerdings beim Segeln in flachen Gewässern nicht vergessen, welche Skala gerade in Gebrauch ist. Wenn gewünscht, werden auch Skalen mit Meterangabe geliefert.

Der für den Betrieb eines Echolotes benötigte Strom kann den 6- oder 12-Volt-Schiffsbatterien oder auch Trockenbatterien entnommen werden, die im Instrument eingebaut sind. Bei dem Typ mit Zeigerangabe ist der Verbrauch gering, unter Umständen nur 20 milliampere; es können kleine Hörapparat-Batterien verwendet werden, von denen bei normaler Benutzung ein Satz bis zu einem Jahr reicht, unter der Voraussetzung, daß der Apparat mit eingelegten Batterien vor der Feuchtigkeit geschützt bleibt, mit der an Bord nun einmal zu rechnen ist. Übrigens besitzen alle Brookes-&-Gatehouse-Instrumente einen Feuchtigkeitsschutz. Jedes Gehäuse ist mit Nylon umhüllt und mit einem einschraubbaren Behälter versehen, in dem sich ein Exsikkator mit Silikagel befindet, einer wasseranziehenden Substanz, die durch Erhitzen regeneriert werden kann, weil dadurch die absorbierte Feuchtigkeit wieder vertrieben wird. An Bord benutze ich Silica Gel, um meine fotografische Ausrüstung und das dazugehörige Fotomaterial trocken zu halten.

Auf einer Segelyacht kann man nicht einen einzelnen Richtstrahl anbringen, der breit genug wäre, um den Meeresgrund unmittelbar unter der Yacht stets und immer „auszuleuchten", denn wenn sich der Schallsender auf der Luvseite befindet und die Yacht überkrängt, versperrt der Kiel die

---

Vertikallinie vom Schallsender nach unten und unterbricht die Tonwellen in dieser Richtung. Niemand möchte gern ein Loch durch seinen Kiel, Steven oder Totholz bohren, und so kam Gatehouse 1959 auf den einleuchtenden, aber bisher praktisch noch nicht erprobten Einfall, zwei Richtstrahlen zu benutzen, von je einem Schallsender in jeder Kimmrundung

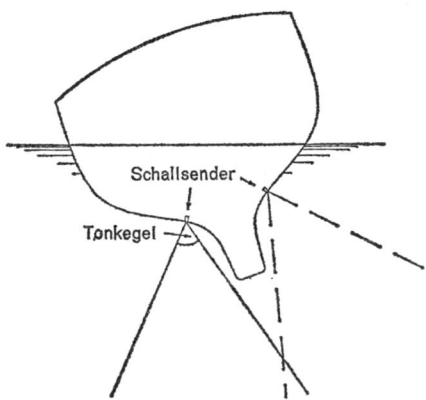

Abb. 65 — Einrichtung eines Doppelschallsender-Systems bei einem Echolot

aus. Jeder Richtstrahl hat dabei eine Weite von 40 Grad und einen Abweichungswinkel von der Vertikalmittellinie von 15 Grad bis 20 Grad (Abb. 65). Der sich jeweils in Lee befindliche Schallsender wird mit einem Schalter gewählt. Die Erfahrung hat gezeigt, daß die Schallsender, um Luftblasen zu vermeiden, am besten auf einhalb bis dreiviertel der Wasserlinie von vorn angebracht werden. Auf einigen kleinen Fahrzeugen hat man einen einzelnen Schallsender mit Erfolg auch an der Ablaufkante des Ruders befestigt.

Patentlog und Speedometer

Die auf See zurückgelegte Entfernung wird in Seemeilen, aber die Fahrtgeschwindigkeit in Knoten ausgedrückt. Ein Knoten bedeutet eine Seemeile, die in einer Stunde zurückgelegt worden ist. Da Knoten also ein

---

Tafel 49
Der verstorbene David Hillyard machte sich bei Tausenden beliebt, indem er ihnen Yachten zu Preisen baute, die sie sich leisten konnten. *Nimanos,* eine seiner 8-Tonner mit Mittelcockpit, segelt Gins Reach auf dem Beaulieu River hinauf. *Unten:* Das 5-Tonnen-Einheits-Folkeboot bleibt mit seinen ansprechenden Linien und seiner Leistungsfähigkeit der beliebte Typ einer Kreuzeryacht. *Rococo* (wie das Original klinkergebaut), verläßt in flotter Fahrt die Walton Backwaters.

Geschwindigkeitsmaß darstellt, ist es genauso unrichtig, von einer Distanz von so und so vielen Knoten zu sprechen wie von einer Geschwindigkeit von so und so viel Knoten pro Stunde. Das Wort Knoten leitet sich von der auf den alten Schiffen üblichen Loggemethode ab, mit der man damals auf See die Fahrt durch das Wasser maß und dabei wie folgt arbeitete: Ein hölzernes Logscheit in Form eines Kreissektors, dessen Peripherie beschwert wurde, um im Wasser stets auf- und niederzustehen, wurde durch eine Hahnepot mit der Logleine verbunden. Zwei Tampen der Hahnepot waren fest am Logscheit angebracht, während der dritte Tampen nur durch einen lose eingesteckten Holzstöpsel gehalten wurde. Das Logscheit wurde achtern über die Reling ins Wasser geworfen, wo es, solange kein Druck auf die Leine kam, aufrecht und fast unbeweglich im Wasser stehenblieb, während das Schiff weitersegelte. Die Leine war alle 50 Fuß (15,24 m) mit einem Knoten gemarkt, und die Anzahl der Knoten, die innerhalb von 30 Sekunden über das Heck ausliefen, entsprach der Geschwindigkeit des Fahrzeuges in Seemeilen pro Stunde. Ein Ruck an der Leine zog den Stöpsel heraus, worauf sich das Logscheit ohne Schwierigkeiten wieder an Bord nehmen ließ.

Diese Methode war für die Berechnung der abgesegelten Distanz so lange zuverlässig genug als das Schiff mit der gleichen Geschwindigkeit weitersegelte. Es ist aber einleuchtend, daß eine Messung der im gesamten abgesegelten Distanz besser wäre, und diesem Zweck dient das Patentlog, von dem es zwei Arten an Bord von Yachten gibt. Der ältere Typ besteht aus einer distanzanzeigenden, an einem Ausleger befestigten Loguhr; der Ausleger wird in eine Halterung auf der Reling in der Nähe des Hecks geschoben und festgeschraubt (Tafel 44 D). Ein achtern an einer geflochtenen Leine hinterhergezogener Logpropeller überträgt seine Drehungen über eine Reihe von Getrieberädern auf Zeiger, die auf dem Zifferblatt des Instruments die abgesegelte Distanz in Seemeilen anzeigen. Die Länge der Leine hängt von der Höhe des Instruments über Wasser und der Höchstgeschwindigkeit des Fahrzeugs ab. Es empfiehlt sich in dieser Hinsicht, die Gebrauchsanweisung des Fabrikanten genau zu befolgen. So benötigt das Walker-Excelsior-IV-Log zum Beispiel etwa 21 m Leine für Geschwindigkeiten bis 8 Knoten unter der Voraussetzung, daß sich das Instrument nicht höher als 1,8 m über dem Wasserspiegel befindet; für Geschwindigkeiten über 7 Knoten ist ein Gewicht vorgesehen, das auf die Leine geschoben und etwa 60 cm vor dem Propeller befestigt wird. Bei zu kurzer Leine sinkt der Logpropeller nicht tief genug und zeigt infolgedessen zu wenig an; eine zu lange Leine verursacht übermäßigen Schleppwiderstand, registriert dafür aber um so genauer. Diese Logart hat die Tendenz, bei langsamen Geschwindigkeiten oder beim Ablaufen vor hoher, folgender See zu wenig zu zählen. Man sollte das Log über eine abgemessene Strecke (auf den Seekarten sind an der Küste Reihen von Baken verzeichnet, die man dafür benutzen kann) ausprobieren (was man leider selten tut), wobei die Strecke in beiden Richtungen durchlaufen werden muß, um Fehler durch Stromversetzung auszuschalten. Jede Abweichung muß dann notiert werden, oder es werden weitere Läufe unternommen, bei denen man mit Logleinen verschiedener Längen Versuche macht. Da die Propeller manchmal von großen Fischen weggeschnappt werden, empfiehlt es sich, einen in Reserve mitzuführen. Man behauptet, daß ein Verlust dieser Art bei schwarzgemalten Propellern seltener vorkommt. Dazu möchte ich bemerken, daß ich selbst einen ungemalten Propeller 60 000 Meilen und mehr achteraus geschleppt habe, bevor er mir von einem Hai abgerissen wurde; ich bezweifle daher, ob an dieser Behauptung etwas dran ist. Beim Einholen des Propellers hake man das an Bord befestigte Ende der Leine ab und fiere es achteraus weg, um die Kinken lozuwerden, die der Propeller beim Einholen der Leine eindreht.

Das Patentlog neueren Typs ist von elektrischer Bauart. Es besteht aus einem winzigen Flügelrad, das ein kurzes Stück aus der Außenhaut des Schiffes herausragt. Wenigstens eines dieser Flügelräder, nämlich das zu dem Brookes-&-Gatehouse-Harrier-Log gehörige, läßt sich zum Reinigen nach innen ziehen, ohne daß Wasser in den Rumpf gelangt. Das Flügelrad ist elektrisch mit dem Hauptinstrument verbunden, das eigene eingebaute Trockenbatterien besitzen kann; hier wird die durch das Wasser zurückgelegte Distanz durch bewegliche Ziffern registriert, ganz ähnlich wie auf dem Tachometer eines Autos. Auf dem gleichen Instrument (oder einer Nebenuhr) zeigt eine Nadel die Geschwindigkeit in Knoten auf einer Skala an. Natürlich ist ein solches, stets gebrauchsfertiges Instrument viel praktischer als die anderen Logtypen, und obgleich ein Geschwindigkeitsmesser für Navigationszwecke nicht benötigt wird, ist sein Vorhandensein doch wertvoll, weil er sofort anzeigt, welche Wirkung Segelwechsel oder Schotenführung auf die Geschwindigkeit ausüben.

Die Genauigkeit dieses Instruments hängt weitgehend davon ab, ob das Flügelrad an einer Stelle eingebaut worden ist, wo es von einem bei allen Segelstellungen ungestörten Fahrtstrom betätigt werden kann. Diese Stelle liegt durchweg vor dem Ballastkiel (schätzungsweise ein Viertel der Wasserlinie vom Vorsteven) und so nahe der Mittellinie wie möglich. In dieser Beziehung ist es gut, dem Rat des Herstellers genau zu folgen. Gewöhnlich ist ein geeichter Regler vorhanden. Sobald dieser auf einigen Meilenfahrten eingestellt worden ist, soll angeblich eine Genauigkeit bis zu 1,5 Meilen auf 100 Meilen erzielt werden können, also ein viel besseres Ergebnis als man von den älteren (und billigeren) Loggeräten erwarten kann.

In der Geschwindigkeit kleiner Fahrzeuge kann man sich außerordentlich täuschen; gewöhnlich überschätzt man sie. Sollte das Patentlog während einer Reise aus irgendwelchen Gründen ausfallen, so muß man die Geschwindigkeit von Zeit zu Zeit mit dem Relingslog kontrollieren. Das Relingslog arbeitet wie folgt: Eine möglichst lange, auf der Reling des Schiffes markierte Strecke wird abgemessen und in Meridiantertien verwandelt (1 m = 1,94 oder rund 2 Meridiantertien). Hierauf wirft man möglichst weit vorn in Lee einen schwimmenden Gegenstand, zum Beispiel ein Stück Holz über Bord und stellt mit einer Sekundenuhr genau die Zeit fest, die der Gegenstand, genau genommen das Schiff, zum Durchlaufen der abgemessenen Strecke gebraucht. Die in Meridiantertien ausgedrückte Strecke wird nun durch die Anzahl der ermittelten Zeitsekunden dividiert. Die Engländer rechnen wie folgt: 3600 (die Anzahl von Sekunden in einer Stunde) wird durch die Anzahl Sekunden dividiert, die der Gegenstand braucht, um die abgesteckte Entfernung zu durchlaufen; das Resultat ist die Geschwindigkeit in Seemeilen pro Stunde (oder Knoten).

Radio

Ein Radioapparat an Bord ist eine wertvolle Einrichtung; er liefert Wetterberichte und Zeitsignale und dient zwischendurch zur Unterhaltung. Handelt es sich um den richtigen Typ, kann er auch als Hilfsmittel für die Navigation eingesetzt werden. Zu Hause oder in europäischen Gewässern erfüllt ein Batterie-Empfangsgerät mit den üblichen Lang- und Mittelwellenbändern alles außer dem letztgenannten Zweck. Jeder Apparat leidet jedoch nach kurzer Zeit unter Feuchtigkeit und Naßwerden, wenn er nicht mit allen seinen Bestandteilen feuchtigkeitsfest gemacht worden ist. Die meisten dieser Apparate haben eingebaute Antennen, Richtstrahlantennen, so daß das Tonvolumen zu- oder abnimmt, je nachdem, welchen Kurswechsel die Yacht vorgenommen hat oder wie sie vor ihrem Anker schwojt. Andere Geräte haben ausziehbare Antennen, für die unter Deck jedoch kein Platz ist, und wieder andere besitzen eine Steckdose, in die man eine draußen gespannte Drahtantenne einstecken kann. Wenn Zeitsignale und Tagesnachrichten außerhalb des 200- und 400-Meilenbereichs der Mittel- und Langwellenstationen empfangen werden sollen, muß das Gerät auch mit Kurzwellen zwischen 2,5 und 15 Megahertz arbeiten können; hiermit lassen sich zahlreiche Sendungen des BBC-Überseedienstes und auch die amerikanischen Stationen W. W. V. oder W. W. V. H. abhören. Die beiden amerikanischen Stationen senden fortlaufend Zeitsignale in alle Teile der Welt.

Anstatt sich aber mit einem Heimradio zu behelfen, ist es viel besser, die Yacht mit einem richtigen Marinegerät auszurüsten, das für seine Aufgabe auf See konstruiert und gebaut worden ist, am besten von dem Typ, der auch als Hilfsmittel in der Navigation eingesetzt werden kann. In manchen Fällen kann das Gerät an die 6- oder 12-Volt-Schiffsbatterie angeschlossen werden; üblicher ist der Betrieb mit eingebauten Trockenbatterien des Quecksilber-Zinktyps. Diese lassen sich mehrere Jahre lang an Bord aufbewahren, ohne daß sie verderben, und in einem voll transistorierten Gerät erreichen sie eine Lebensdauer von über 200 Stunden bei angeschlossenem Lautsprecher oder zweimal so lang mit Kopfhörer.

Ein mehr oder minder senkrecht verlaufender Draht von nicht weniger als 4,5 und nicht mehr als 15 m Länge ergibt eine Antenne, gegen die nichts einzuwenden ist. Irgendein Teil des stehenden Gutes kann dafür herangezogen werden. Um Funkstörungen auszuschließen, die entstehen, wenn ein Drahtseil das andere berührt, eignet sich ein festes Achterstag besser als eines der Wanten. Da dieses sich aber über Kopfbeschlag, Wanten und Rüsteisen in direktem metallischen Kontakt mit dem Seewasser befindet, sollte das Achterstag stets isoliert werden. Dies geschieht mit Hilfe speziell dafür entwickelter isolierender Spannschrauben oder von eiförmigen Isolatoren aus Porzellan. Wo der Zuleitungsdraht sich mit dem Achterstag verbindet, muß für guten Kontakt gesorgt werden. Diesen erreicht man, indem man 7 bis 8 cm des bloßgelegten Zuleitungsdrahtes mit Lötmetall verzinnt und die Zuleitung dann mit verzinntem Kupferdraht am Stag befestigt. Darauf wird die Verbindungsstelle mit Ioslierband umwickelt, mit Marlleine betakelt und schließlich mit Lackanstrich versehen. Die manchmal innerhalb der Hohlmasten verlegten Antennen haben sich nicht zur vollen Zufriedenheit bewährt. Gewöhnlich muß das Radiogerät geerdet werden. Dies läßt sich bewerkstelligen, indem man den Erdungsdraht an einen Kielbolzen oder Plankenbeschlag unterhalb der Wasserlinie führt. Bei dieser Erdung ist die Größe der mit dem Seewasser in Berührung stehenden Oberfläche wichtig, besser ist daher eine Erdung durch auf das Unterwasserschiff aufgebrachtes oder einlaminiertes Kupferblech oder Erdungsklötze aus gesintertem Metall (Dynaplate).

Das Radio bildet ein Hilfsmittel der Navigation in Verbindung mit den folgenden drei Hauptsystemen: Decca, Consol und Funkpeilung (direction finding = D. F.). Von diesen arbeitet Decca am genauesten und ist am einfachsten zu bedienen, leider aber auch am kostspieligsten, und sein großer Stromverbrauch läßt seine Verwendung nur auf großen Schiffen mit kräftigen Maschinen zu. Consol stellt ein Hilfsmittel auf weite Entfernung und von geringem Genauigkeitswert dar. Es ist von Nutzen für ein Schiff in der Nordsee und ihrer westlichen Ansteuerung bis nach Gibraltar hinunter, solange es sich noch außerhalb des Bereichs der Küstenfunkstationen aufhält. Sein Vorteil besteht darin, daß zu seinem Empfang ein gewöhnlicher Empfänger ausreicht, der Signale auf Frequenzen zwischen 255 und 325 Kilohertz, das heißt 941 bis 1128 m auffangen kann, ferner eine Drahtantenne und die dazugehörige Consolkarte zur Auswertung der Signale. Schließlich ist Consol frei von Fehlern, wie sie von geschlossenen Rahmenantennen verursacht werden (siehe unten) und die bei der Funkpeilung so störend wirken. Eine genaue Beschreibung des Consolsystems findet sich in Reed's Nautical Almanac; es besteht, kurz gesagt, darin, daß man sich nacheinander auf jedes der verschiedenen Consolfunkfeuer einstellt, die Anzahl von Punkten und Strichen zählt, die man im Laufe einer Periode hört, und mit dem Resultat in die Spezialkarte eingeht, die mit einem Netz numerierter Linien überzogen ist. Jede Zuammenzählung ergibt eine Standlinie.

Funkpeilung ist das an Bord von Yachten am häufigsten benutzte Hilfsmittel der Navigation. Hierfür braucht man einen empfindlichen Empfangsapparat in Verbindung mit einer besonders konstruierten Richtantenne. Mit Hilfe dieses Geräts kann man eine oder mehrere der großen Anzahl von Küstenfunkstellen anpeilen, die von bestimmten Punkten an der Küste, von Feuerschiffen oder auch von Flugfeuern aus ihre Signale senden. Solche Peilungen lassen sich zur Fixierung des Schiffsortes genauso auf die Seekarte übertragen wie die Kompaßpeilungen sichtbarer Objekte. Diese Methode besitzt den Vorzug, in nebligem Wetter genauso gut zu funktionieren wie bei klarem Himmel.

Hier muß ein Unterschied festgehalten werden zwischen einem Funkfeuer und einer Peilstation. Das Funkfeuer sendet, wie bereits gesagt, ein Signal aus, das der Segler anpeilen kann. Die Peilstation nimmt auf funktelegraphisches Ersuchen und in Zusammenarbeit mit einer zweiten Station Peilungen des Fahrzeuges vor, arbeitet den Schiffsort aus und gibt diesen funkentelegraphisch bekannt. Die Abkürzung auf der Karte, R. D. F. (Radio Direction Finding), bezeichnet diese Art von Stationen, mit der ein Yachtsegler kaum etwas zu tun haben wird; vielmehr soll er nach dem Symbol R^o. B^n. suchen, mit einem violetten Kreis um die Station.

Eine Antenne in Form eines geschlossenen Rahmens oder Kreises ist richtungsgebunden. Wenn sie auf ihrer senkrechten Achse gedreht wird, gibt es zwei, um 180 Grad entgegengesetzte Punkte, an denen das Signal, auf das das Gerät eingestellt ist, an Tonvolumen verliert und ganz verschwindet. Diese Punkte des Lautschwunds werden als Nullpunkte bezeichnet; sie stellen sich ein, wenn sich die Ebene der Rahmenantenne im rechten Winkel zu der Richtung des Senders befindet. Die Größe einer solchen Antenne kann wesentlich vermindert werden, wenn sie um den Umkreis eines Ferritstabes gebildet wird. Die Nullpunkte treten auch hier ein, wenn sich die Ebene der Antenne im rechten Winkel zu dem

Funkstrahl befindet, während der Ferritstab in Richtung des Funkfeuers zeigt (Abb. 66). Die Ferritstabantenne ist der gebräuchlichste Antennentyp bei Bordfunkgeräten auf kleinen Fahrzeugen.

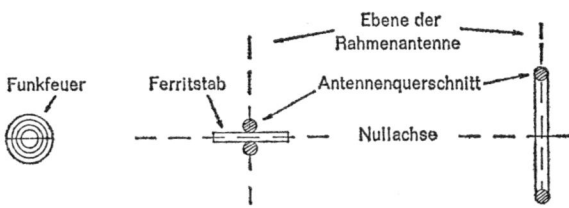

Abb. 66 — Radio-Peilantennen
Das Null tritt ein, wenn sich die Ebene der Antenne im rechten Winkel zum Funkfeuer befindet.

Alle nautischen Funkfeuer und zahlreiche Flugfunkfeuer, soweit sie von Wichtigkeit für die Schiffahrt sind, finden sich für alle Teile der Welt mitsamt ihren Kennungen in *The Admiralty List of Radio Signals,* Band II *), zusammengestellt, begleitet von kleinen Karten, die ihre Lage aufzeigen. Für den praktischen Gebrauch ist dieses Buch aber verwirrend und umständlich zu benutzen. Für alle Fahrten, die sich auf die Gewässer zwischen Italien und der Einfahrt zur Ostsee beschränken, kann man alle erforderlichen Informationen in klarer und leicht anwendbarer Form in Reed's Nautical Almanac finden. Sonst lassen sich die Angaben für verschiedene Gebiete, zusammen mit allen Einzelheiten über den Wettervorhersage- und Radiotelephondienst, auch den in deutlichem Druck veröffentlichten Radio-Informationskarten der Admiralität entnehmen. Zur Zeit werden diese Karten lediglich für den Englischen Kanal und seine Ansteuerungen, die Nordsee, die schottischen Gewässer und die Irische See mit ihren Ansteuerungen herausgegeben.

Die meisten Seefunkfeuer senden Tag und Nacht eine Minute lang in jeden drei oder sechs Minuten; nur einige wenige beschränken ihre Tätigkeit ausschließlich auf nebliges Wetter. Jedes Funkfeuer sendet mit einer ganz bestimmten Frequenz innerhalb des 250- bis 420-kHz-Bereichs und hat sein eigenes Kennsignal, welches es in Morse mehrmals zu Beginn und zum Schluß jeder Übertragung aussendet, wobei die Zwischenzeit mit einem langen Ton oder einer Reihe von Tönen ausgefüllt wird. Start Point zum Beispiel hat eine Frequenz von 291,9 kHz und eine Reich-

---

*) In Deutschland der „Nautische Funkdienst", Teil II, oder für große Teile der Nord- und Ostsee der „Jachtfunkdienst".

weite von 50 Meilen. Es sendet eine Minute lang innerhalb von sechs Minuten, beginnend um 5 Minuten nach voll. Seine Kennung ist wie folgt:

SP (. . . . — — .) 4 Mal	19,6 Sekunden
Langer Strich (_____)	25,0 Sekunden
SP (. . . . — — .) 2 Mal	9,6 Sekunden
Stille	305,8 Sekunden
	360,0 Sekunden (6 Minuten).

Der wirksame Bereich, außerhalb dessen es unklug ist, sich des Nachts auf ein Funkfeuer zu verlassen, kann irgendwo zwischen 5 und 200 Meilen liegen, beträgt aber für die meisten britischen Funkfeuer 50 Meilen. Flugfeuer haben einen größeren Bereich. Der in dem Verzeichnis angegebene Bereich ist ein ziemlich willkürlicher Wert. Es bestehen keine Bedenken, ein Funkfeuer am Tage auch auf weitere Entfernungen als angegeben zu benutzen, solange man sich darüber klar ist, daß sich Fehler progressiv mit der Entfernung vergrößern. Es gibt Geräte, mit denen man deutlich abgegrenzte Nullpunkte auf Entfernungen erhalten kann, die das doppelte des angegebenen Bereichs betragen. In verschiedenen Gebieten hat man zwei bis sechs Seefunkfeuer, die alle auf der gleichen Frequenz senden, in eine Gruppe zusammengefaßt, wobei eines unmittelbar das andere in einer bestimmten Reihenfolge ablöst. Hat man eines von ihnen angepeilt, braucht man das Gerät nicht wieder zu berühren und lediglich die Peilantenne nacheinander auf jede Station der Gruppe drehen, um diese zu peilen und das Null zu erhalten.

Alle Funkpeilgeräte arbeiten nach dem gleichen Prinzip, aber die Art und Weise, wie man eine Peilung erhält, unterscheidet sich. Bei dem einen Gerätetyp ist die drehbare Antenne oben auf dem Apparat montiert und besitzt einen Zeiger, der sich über eine Unterlagplatte, d. h. eine sich frei um ihren Mittelpunkt gegen einen Steuerstrich drehende, mit einer Gradeinteilung von 0 bis 360 versehene Scheibe bewegt. Wenn der Funker sein Null gefunden hat, teilt ihm der Rudergänger den Kurs mit, den er in diesem Augenblick anliegen hat. Die Scheibe wird dann gedreht, bis dieser Kurs auf dem Steuerstrich anliegt, und die Zahl, die der Antennenzeiger dann angibt, ist die mißweisende Peilung des Funkfeuers [*]. Bei dem anderen Gerät ist die Antenne, die in diesem Fall eine Ferritstabantenne sein muß, von dem Apparat getrennt, aber durch ein Kabel mit diesem verbunden und auf einen Handkompaß aufgesetzt. Der Funker dreht den mit der Antenne kombinierten Handkompaß um seine

---

[*] Bei der Ramert'schen Peilsonde liest man die Schiffsseitenpeilung ab und beschickt diese mit dem anliegenden Kompaßkurs.

vertikale Achse, bis er den Nullpunkt erreicht hat; er kann dann direkt die magnetische Peilung ablesen, ohne sich um den Kurs des Schiffes zu kümmern. Beide Typen haben ihre Befürworter: Ich selbst neige zu dem Handkompaß mit aufgesetzter Antenne und benutze den Heron-Apparat der Firma Brookes & Gatehouse, der mit dem Homer-Empfänger der gleichen Herstellerfirma gekoppelt ist (Tafel 43 A). Ich glaube, daß dieses System genauer arbeitet, weil die Handhabung unabhängig ist von dem Kurs des Schiffes, während gleichzeitig die Fehlerquelle, bedingt durch die Schrägneigung der Antennenachse (die sich nicht vermeiden läßt, wenn die Antenne auf dem Gerät aufmontiert ist und das Schiff krängt) ausgeschaltet wird, da der Funker den Handkompaß automatisch senkrecht hält.

Da man bei einem Funkfeuer zwei, um 180 Grad auseinanderliegende Minima erhält, kann es unter gewissen, allerdings sehr seltenen Umständen geschehen (z. B. wenn die Sicht schlecht ist und sich das Funkfeuer auf einem Feuerschiff befindet), daß der Funker nicht mehr weiß, welche von beiden Peilungen nun die richtige ist. Der Heron/Homer und einige andere Apparate besitzen einen Richtungsfinder, der diese Ungewißheit beseitigt. Seine Beschreibung sowie die Gebrauchsanleitungen für jeden Apparat überhaupt entnehme man den Instruktionsbüchern der jeweiligen Fabrikanten.

Der Neuling im Segelsport neigt leicht zu der Annahme, daß alle seine navigatorischen Probleme gelöst sind, sobald er sein Geld in einem Funkpeiler angelegt hat. Leider sieht die Wirklichkeit ganz anders aus. Antenne und Handkompaß unterliegen Fehlern: bestimmte Regeln müssen bei der Auswahl von Funkfeuern beobachtet werden; und es bedarf beträchtlicher, nur in der Praxis erlernbarer Geschicklichkeit, mit dem Instrument umzugehen.

Die Metallteile einer Yacht, ob Eisen oder anderes Material, können Fehler verursachen. Auf einem Schiff aus Metall müßte es möglich sein, einen Platz an Deck zu finden, wo die Antenne fehlerfrei arbeiten kann; auf einem Holzschiff kann die Antenne jedoch so lange unter Deck benutzt werden, als man sie in zwei Meter Entfernung von einem 12-m-Metallmast und 60 cm entfernt von metallenen Spanten, Tanks usw. stehen hat. Häufigste Fehlerquelle ist ein geschlossener Stromkreis, wie er sich manchmal bildet, wenn die Seereling rund um das ganze Deck läuft, oder es liegt an den Wanten, Mastbeschlägen, Rüsteisen und Decksbalken aus Stahl, die die Rüsteisen miteinander verbinden. Ein geschlossener Stromkreis muß dadurch unterbrochen werden, daß man einen Teil davon isoliert, wie bereits in Verbindung mit den Rahmenantennen beschrieben wurde (S. 337). Um festzustellen, ob eine Antenne und/oder Kompaß (Handkompaß) Fehlerquellen unterliegen, ist es notwendig, das Schiff langsam um 360 Grad zu schwojen, während gleichzeitig Peilungen eines

Funkfeuers genommen werden, das sich natürlich nicht in Sicht zu befinden braucht. Wenn alle Peilungen übereinstimmen, ist kein Fehler vorhanden; unterscheiden sie sich, muß man für den Funkpeiler einen anderen Platz suchen. Läßt sich kein Platz ganz frei von Fehlern finden, wird es sich nicht vermeiden lassen, das Schiff rundzuschwojen und eine Deviationstabelle, genau wie für einen Steuerkompaß, aufzustellen. Die sich aus den relativen Peilungen des Funkfeuers zum Bug ergebenden Berichtigungen müssen dann in üblicher Weise berücksichtigt werden, wenn man Peilungen vornimmt.

Wird ein Funkpeiler mit aufgesetzter Peilscheibe benutzt, muß der Rudergänger sich Mühe geben, das Schiff während der Peilung auf stetigem Kurs zu halten, ohne zu gieren. In dieser Schwierigkeit liegt meiner Ansicht nach die Hauptschwäche dieses Typs Funkpeiler begründet.

Bei der Auswahl eines Funkfeuers zum Ortungspeilen muß man versuchen, einen Sender in solcher Lage zu finden, daß die Verbindungslinie zwischen Schiff und Funkfeuer ausschließlich über offenem Wasser verläuft. Führt sie über Land, darf sie zum mindesten die Küste nicht in einem spitzen Winkel kreuzen oder parallel der Küste verlaufen; ebensowenig darf sie Erhebungen näher als eine halbe Meile passieren. Ferner sollten keine Peilungen zwischen Zwielicht und Dämmerung in Entfernungen genommen werden, die den angegebenen Funkbereich überschreiten. Fehler durch Küstenablenkung sind selten größer als 3 Grad. Sie sind „sicher" insofern als sie den Standort des Schiffes landwärts verlegen. Nachteffekt-Fehler können ernsthafterer Natur sein, aber ihr Vorhandensein wird gewöhnlich durch ein schlecht ausgeprägtes Minimum und Lautschwund der Signalstärke angezeigt. Werden diese Regeln nicht befolgt, können Fehler bis zu 15 Grad vorkommen.

Hat man ein geeignetes Funkfeuer ausgewählt, sucht und findet man es nicht auf gut Glück durch Probieren, sondern indem man die Abstimmung des Gerätes auf die im Nautischen Funkdienst oder im Reeds aufgesuchte Frequenz des Funkfeuers durch Abstimmung der Antenne und ein „Enttrübung" genanntes Ausschalten der elektrischen Einflüsse des Riggs ergänzt, wenn das Funkfeuer zu senden anfängt. Die besten Resultate erzielt man durch Gebrauch von Kopfhörern, die den Lärm ausschließen, anstatt durch Lautsprecher. Kopfhörer in Verbindung mit dem Handkompaß müssen nicht magnetisch sein; dann stören sie diesen nicht, solange sie sich ihm auf nicht weniger als etwa 15 cm nähern. Kenntnisse des Morse-Alphabets sind für die Identifikation eines Funkfeuers nicht unbedingt erforderlich, aber bestimmt eine Erleichterung, da einige ihre Kennung in recht schnellem Tempo senden. Reed's Nautical Almanac gibt diese jedoch sowohl in Punkt und Strichen wie in Buchstaben, und mit diesem „Schmuggelzettel" vor Augen ist es nicht zu schwierig, die Kennung auszumachen. Nach Identifikation des Funkfeuers und zufriedenstellender Feineinstellung drehe man die Antenne um ihre senkrechte Achse, um das Minimum zu finden. Umfaßte dieses nur ein oder zwei Grad, wäre die Peilung ein Leichtes, aber oft umfaßt das Minimum 10 Grad und mehr. Dann ist es notwendig, die Antenne hin und her zu drehen, sich die Peilungen auf beiden Seiten des Minimums zu merken, wo der Signalton in gleicher Stärke zu hören ist und dann den Winkel zwischen beiden Seitenbegrenzungen des Minimums zu halbieren, um auf diese Weise die Peilung des Funkfeuers zu erhalten. Es gibt keine andere Möglichkeit, diesen Peilakt zu vervollkommnen, als durch Übung. Ich habe die Beobachtung gemacht, daß junge Menschen sich besser darauf verstehen als ältere, vielleicht, weil sie schneller reagieren, wahrscheinlicher aber, weil sie schärfere Ohren haben. In einigen Apparaten ist ein Nullmeter eingebaut, d. h. eine Skala mit einem Weiser, um das Minimum visuell anzuzeigen. Diese Einrichtung ist aber bei einer in der Hand gehaltenen Antenne von geringem Wert, weil es unmöglich ist, die Augen gleichzeitig auf die Skala und den Kompaß gerichtet zu halten. Ich höre allerdings, daß sich bei Gatehouse ein Gerät in der Entwicklung befindet, das diese Schwierigkeit beseitigen soll.

Die Auswahl der für eine zuverlässige Standortbestimmung am geeignetsten erscheinenden Funkfeuer, und die Methode der Übertragung von Peilungen auf die Karte sind auf S. 365 beschrieben.

Viel Verwirrung wird durch den Umstand angerichtet, daß die auf den Radiogeräten markierten Wellenbandskalen und die in den einschlägigen Büchern angegebenen Unterscheidungsmerkmale abwechselnd in Metern, Kilohertz oder Megahertz angegeben sein können (1 Kilohertz = 1 kHz = 1000 Schwingungen/Sec.; englische Bezeichnung 1 kc. 1 Megahertz = 1 MHz = 1 000 000 Schwingungen/sec.; englische Bezeichnung 1 mc). Die nachstehende Umrechnungsmethode von einer Größe in die andere ist daher vielleicht nützlich:

Zur Umrechnung von Metern in kHz oder kHz in Meter dividiere 300 000 durch die Meter. Beispiel:

$$150 \text{ Meter} = \frac{300\,000}{150} = 2000 \text{ kHz.} \quad 2000 \text{ kHz} = \frac{300\,000}{2\,000} = 150 \text{ Meter.}$$

Megahertz werden in Meter oder Meter in Megahertz verwandelt, indem man 300 durch die Meter teilt.

Zum Schluß noch einmal ein dringender Hinweis:

Das gedanken- und rücksichtslose Anstellen von Radioapparaten in großer Lautstärke an stillen Ankerplätzen beraubt andere Segler eines großen Teils ihres Vergnügens.

Der Sextant

Der Sextant ist ein Präzisionsinstrument, das der Navigator benutzt, um Winkel zu messen. Man gebraucht ihn auf See, um die Höhe eines Himmelskörpers zu messen, d. h. den Winkel zwischen dem Gestirn und dem Horizont. Damit läßt sich eine Standlinie errechnen. In der Küstennavigation kann man das Instrument zur Berechnung des Abstandes vom Lande verwenden, indem man den Vertikalwinkel eines auf dem Lande stehenden Objektes mißt, dessen Höhe bekannt ist. Oder auch, um den Standort durch Messung der Horizontalwinkel zwischen drei Objekten zu bestimmen, deren Lage auf der Karte eingezeichnet steht.

Ein Sextant ist nicht so kompliziert und so schwierig zu verstehen, wie es auf den ersten Blick erscheinen mag. Eine einfache Anordnung von Spiegeln (von denen der eine feststeht und halb belegt, halb durchsichtig ist — Horizontglas —, während der andere ganz belegt und auf einem schwenkbaren Arm, der Alhidade, befestigt ist — Indexglas —), macht es möglich, das widergespiegelte Bild eines Objektes in eine solche Stellung zu bringen, daß es auf gleicher Linie mit einem anderen Objekt oder dem Horizont gesehen wird, und zwar durch den durchsichtigen Teil des Horizontglases. Wenn es soweit ist, kann man den Winkel zwischen den Objekten auf dem Gradbogen des Instruments auf den nächsten Grad genau ablesen. Die Feinablesung auf eine Minute genau erfolgt durch Betätigung des Mikrometers. Ältere Instrumente haben anstatt eines Mikrometers einen Nonius (Gradeinteiler), der aber, zumal bei schlechtem Licht, nicht so leicht abzulesen, dafür aber viel billiger ist.

Eine genauere Beschreibung des Sextanten und seiner Verwendung in der astronomischen Navigation ist in „Segeln über sieben Meere" nachzulesen; an dieser Stelle möchte ich nur auf einen der Fehler eingehen, dem das Instrument unterliegt, da er von Einfluß auf die Verwendung des Sextanten in der Küstennavigation ist.

Wenn das reflektierte und das direkt gesehene Bild eines entfernten Gegenstandes in Deckung gebracht werden, muß die Ablesung des Sextanten 0 Grad betragen. Wenn das nicht der Fall ist, liegt ein Indexfehler vor. Der Gradbogen ist ein kurzes Stück über den Nullpunkt hinaus auch noch in Grade unterteilt. Liegt bei Parallelstellung der Spiegel der Nullpunkt des Nonius rechts vom Nullpunkt des Gradbogens, so muß dieser Indexfehler allen Winkelmessungen hinzugeschlagen werden; liegt er links, muß der Indexfehler von allen Winkelmessungen abgezogen werden, denn im ersten Fall liest man den gemessenen Winkel auf dem Gradbogen zu klein, im zweiten Fall zu groß ab. Wenn man aber den Sextanten benutzt, um einen sehr kleinen Winkel, zum Beispiel zwischen dem Feuer eines Leuchtturms und dem Horizont, abzulesen, empfehlen sich zwei Ablesungen. Für die erste bringt man das reflektierte Licht des

Feuers in üblicher Weise in Deckung mit dem Horizont, den man durch die klare Hälfte des Horizontglases anvisiert, und liest den Winkel ab; für die zweite Ablesung visiert man das Feuer durch die klare Hälfte des Horizontglases an und bringt das reflektierte Bild des Horizonts herauf in Deckung; dann liest man wieder ab. Die erste Ablesung liegt dann links vom Nullpunkt, die zweite rechts davon. Wenn man dann beide Ergebnisse zusammenzählt und durch 2 teilt, erhält man den richtigen Messungswinkel, ohne sich um den Indexfehler kümmern zu müssen.

Ferngläser

Ein gutes Doppelglas bereitet auf jeder Fahrt Freude und erhöht das Interesse an der Umgebung; es ist unentbehrlich, um Bojen und andere Navigationsmarken zu finden und zu identifizieren. Bei der Beschreibung von Doppelgläsern werden gewöhnlich zwei Zahlen, wie 8 x 40 oder 7 x 50 benutzt. Die erste Zahl bezeichnet die Vergrößerung, die zweite den Durchmesser der Optik in Millimetern. Eine Vergrößerung von 7 x bedeutet, daß ein Objekt in einer Entfernung von 700 Metern so groß erscheint, wie wenn es nur 100 Meter entfernt läge. Die Größe der Optik bestimmt weitgehend die eintretende Lichtmenge; je größer also die Optik ist, um so mehr kann man an einem trüben Tag oder des Nachts erkennen. Je stärker ein Fernglas ist, um so schwieriger wird es, das Glas ruhig in der Hand zu halten. Von zwei Ferngläsern unterschiedlicher Stärke, aber gleichgroßer Optiken, läßt das stärkere weniger Licht eintreten. Aus diesen Gründen sollten Doppelgläser für Verwendung auf See eine Vergrößerung von 7 x nicht überschreiten; aber je größer die Optik, um so besser. Eine Zentraleinstellung, bei der beide Augenstücke gleichzeitig bewegt werden, ist schneller und bequemer als die Einstellung jedes Augenstücks für sich. Allerdings ist der letztere Fernglastyp robuster und widerstandsfähiger, wenn er lange Zeit der Feuchtigkeit ausgesetzt wird.

Auf dem Wege des Lichts von der Luft zum Glas oder vom Glas zur Luft, gehen etwa 5 Prozent durch Spiegelung verloren. Nicht nur, daß dieses reflektierte Licht verloren geht, es stört auch die Klarheit des Bildes. Die Linsen werden daher vergütet, d. h. auf die Glasoberfläche wird eine transparente Schicht von einem niedrigeren Strahlenbrechungs-Index als dem des Glases aufgetragen. Die Vergütung verringert den Spiegelungsverlust auf etwa 2 Prozent, mit dem Ergebnis größerer Helligkeit und klarerer Bilder — beides Eigenschaften, die sich nachts als besonders wertvoll erweisen. Die meisten modernen Gläser haben vergütete Linsen, die im reflektierten Licht blauviolett erscheinen. Doppelgläser müssen sorgfältig behandelt werden. Am besten ist es, zwei Gläser an Bord zu haben, eines für den eigenen Gebrauch und ein älteres Glas für die Freunde, die es dann gern herumliegen lassen dürfen.

Leuchttürme, Bojen und Baken

Küsten und Küstengewässer sind mit einem System von Leuchttürmen, Feuerschiffen, Leuchtbojen und unbeleuchteten Tonnen und Baken markiert, die den Navigator unterstützen, vor Gefahren warnen und durch tiefes Fahrwasser in den Hafen geleiten sollen. Sie werden von verschiedenen Ämtern unterhalten; die wichtigsten sind Trinity House, der Northern Lighthouse Board und die Bevollmächtigten für das irländische Leuchtfeuerwesen. Andere Länder verfügen über ähnliche, manchmal ausgezeichnete, manchmal mittelmäßige Navigationshilfen.

Der Nautische Almanach von Reed enthält genaue Beschreibungen aller Leuchttürme, Bojen und Baken in britischen Gewässern. Sie finden sich auch auf Seekarten großen Maßstabes und auf Hafenplänen. Karten mittleren und kleinen Maßstabes bringen nur die wichtigsten Feuer. Außerhalb der heimischen Gewässer braucht man daher die entsprechenden Bände der *Admiralty List of Lights* und die Handbücher. Die *Admiralty List of Lights* enthält alle Einzelheiten der Feuer an der Küste und der Feuerschiffe, aber nicht der Leuchtbojen. Diese müssen in den Handbüchern nachgeschlagen werden, während sie in den deutschen Leuchtfeuerverzeichnissen ebenfalls enthalten sind.

Die Sichtweite eines Feuers hängt von seiner Höhe über dem Wasserspiegel ab; die Sichtweite kleiner Feuer wird jedoch eher durch die Schwäche der Lichtquelle begrenzt als durch ihre Höhe. Ein weißes Licht ist weiter sichtbar als ein rotes oder grünes der gleichen Lichtstärke und Höhe. Die Höhe eines Feuers wird von der Wasseroberfläche bei Springhochwasser bis zum Mittelpunkt der Lichtquelle gerechnet. Die auf der Seekarte oder im Almanach angegebene Sichtweite geht von der Voraussetzung aus, daß sich das Auge des Beobachters 15 Fuß (= 4,5 m) über dem Wasserspiegel befindet. Die meisten Ansteuerungsfeuer haben eine Sichtweite von 16 bis 20 Seemeilen. Die Sichtweite darf nicht mit dem Lichtschein am Himmel verwechselt werden, der in einer dunklen Nacht bei besonders klarer Sicht und bedecktem Himmel manchmal auf 50 Seemeilen und mehr wahrgenommen werden kann. Ist das Feuer nicht ringsherum sichtbar, so sind die Sichtbarkeitssektoren auf Seekarten mittleren und großen Maßstabs gewöhnlich durch gestrichelte Linien bezeichnet, ebenso wie die Sektoren farbigen Lichts. Die gleichen Angaben enthalten die Almanache und Leuchtfeuerverzeichnisse. Dabei ist es wichtig, sich zu merken, daß die dort angegebenen Peilungen vom Schiff und nicht vom Feuer aus gerechnet werden. Wenn es also heißt, daß ein Lichtsektor von 0 bis 90 Grad sichtbar ist, so bedeutet das nicht, daß das Licht durch den

Nordost-Quadranten sichtbar ist, wie wir es bei der Seekarte aufzufassen hätten, sondern daß es nur von einem Schiff im Südwest-Quadranten aus gesehen werden kann. Ist dieser Sektor aus der Karte nicht ersichtlich und wünscht man, ihn dort einzuzeichnen, so sind gestrichelte Linien vom Feuer ausgehend in den Richtungen 180 und 270 Grad anzubringen. Die Sichtweite eines Feuerschiffs beträgt selten mehr als 11 Meilen. Feuerschiffe führen vorn eine weiße Ankerlaterne, um anzuzeigen, in welcher Richtung sie im Strom liegen.

Alle Feuer sind weiß, sofern auf der Karte oder im Almanach nicht andere Farben angegeben sind. Jedes Feuer kann eine der nachfolgenden Kennungen haben, ob es weiß, rot oder grün ist oder verschiedenfarbige Sektoren besitzt:

Festfeuer (F): weißes oder farbiges Licht von gleichbleibender Stärke und Farbe.

Blinkfeuer: Ein einzelner Blink in regelmäßigen Abständen. Die Lichtdauer ist stets kürzer als die Dauer der Verdunkelung.

Fest- und Blinkfeuer: Ein gleichbleibendes Licht mit regelmäßigen Unterbrechungen durch einen Blink erhöhter Lichtstärke.

Schnelles Blitzfeuer: Unterbrochenes Blitzfeuer von mehr als 60 Blitzen in der Minute.

Unterbrochenes schnelles Blitzfeuer: Mehr als 60 Blitze in der Minute mit totaler Unterbrechung in regelmäßigen Abständen.

Blitzfeuer in Gruppen: In regelmäßigen Abständen zwei oder mehr Blitze in einer Gruppe.

Festes und Blitzfeuer in Gruppen: Ein stetiges Licht mit zwei oder mehr hellen Blitzen in einer Gruppe.

Schnelles Blitzfeuer in Gruppen, unterbrochen: Gruppen von schnellen Blitzen, durch verhältnismäßig lange Perioden totaler Unterbrechung getrennt.

Unterbrochenes Leuchtfeuer: Ein stetiges Feuer mit totalen Unterbrechungen in regelmäßigen Abständen; die Dauer der Dunkelheit kürzer als die Dauer des Lichts.

In Gruppen unterbrochenes Leuchtfeuer: In regelmäßigen Abständen zwei oder mehr Unterbrechungen in einer Gruppe.

Isophase: Dauer des Lichts und Dauer der Unterbrechung gleich lang.

Wechselfeuer: Ein Feuer, das seine Farbe ändert, einerlei aus welcher Richtung gesehen; nicht zu verwechseln mit einem Feuer mit farbigen Sektoren.

Einige in Küstennähe gelegene Flugfunkfeuer sind ebenfalls in den Seekarten und Leuchtfeuerverzeichnissen aufgeführt. Flugfunkfeuer zeigen gewöhnlich Gruppen von langen und kurzen Blinken, die einen und mehrere Buchstaben des Morsecodes darstellen.

Leuchtfeuerverzeichnisse und Karten enthalten (je nach ihrem Maßstab) auch Angaben über Nebelsignale, die bei dickem Wetter von Leuchttürmen und Feuerschiffen gesendet werden, Kanonenschläge, Heulsignale, Sirenen, Glocken usw.

Die Seitenbezeichnung durch einheitliche Betonnung (Abb. 67) gibt es in England wie in den meisten anderen Ländern. Die dazu verwendeten festen und schwimmenden Seezeichen umfassen Leuchttürme, Baken, Dalben und Stangenseezeichen (Pricken), Bakentonnen, Leucht-Heul- und Glockentonnen, Spierentonnen, Spitztonnen, Stumpftonnen, Kugeltonnen und Faßtonnen, die durch Toppzeichen ergänzt werden können — Zylinder, T, Stundenglas, Ball, Doppelkreuz, Kegel, Doppelkegel, Spindel, stehende und liegende Kreuze u. a.

Das internationale Betonnungssystem unterscheidet:

1. Das *System der Seitenbezeichnung* (Lateralsystem). Es wird gebraucht zur Bezeichnung von Fahrwassern,

2. Das *System der Richtungsbezeichnung* (Kardinalsystem). Es dient zur Bezeichnung von Untiefen und Wracks im freien Seeraum.

Das *Lateralsystem* bezeichnet als Backbordseite des Fahrwassers die Seite, die ein von See kommendes Fahrzeug, bei der Durchfahrt durch eine Meerenge ein von Norden über Westen bis Süden kommendes Schiff, bez. ein in Richtung des Hauptluftstromes fahrendes Schiff an seiner Backbordseite hat. Bei der Bezeichnung der Backbordseite werden rote Seezeichen mit Toppzeichen mit flacher Oberkante verwendet, für die Steuerbordseite schwarze Seezeichen mit spitzen Toppzeichen, bei der Bezeichnung von Mittelgründen schwarz-rote Seezeichen mit Toppzeichen, die rund sein können oder die Form von Kreuzen haben. Backbordseezeichen tragen arabische Zahlen, Steuerbordseezeichen römische Buchstaben, jeweils von See aus beginnend. Leuchttonnen zeigen als Backbordseezeichen gerade Anzahl von Blitzen, Blinken oder Unterbrechungen, Steuerbordtonnen einen oder drei weiße Blitze, Blinke oder Unterbrechungen.

Untiefen im Fahrwasser, die an beiden Seiten passiert werden können, werden durch Baken oder Bakentonnen markiert, deren obere Hälfte rot und untere Hälfte schwarz angemalt ist, als Toppzeichen haben sie ggfls. einen schwarzen Ball.

Bei der Spaltung eines Fahrwassers in ein Haupt- und ein Nebenfahrwasser zeigen die Baken oder Bakentonnen an, welches das Haupt- und welches das Nebenfahrwasser ist. Der Hauptanstrich zusammen mit dem Toppzeichen bezeichnen die Lage zum Hauptarm.

Beim *Kardinalsystem* zeigen die Farbe des Seezeichens und sein Toppzeichen an, wie es zur Untiefe liegt. Farbe schwarz mit zwei Kegeln mit der Spitze nach oben: nördlich der Untiefe, rot mit zwei Kegeln mit der Spitze nach unten: südlich der Untiefe. Schwarz/weiß mit gegeneinander

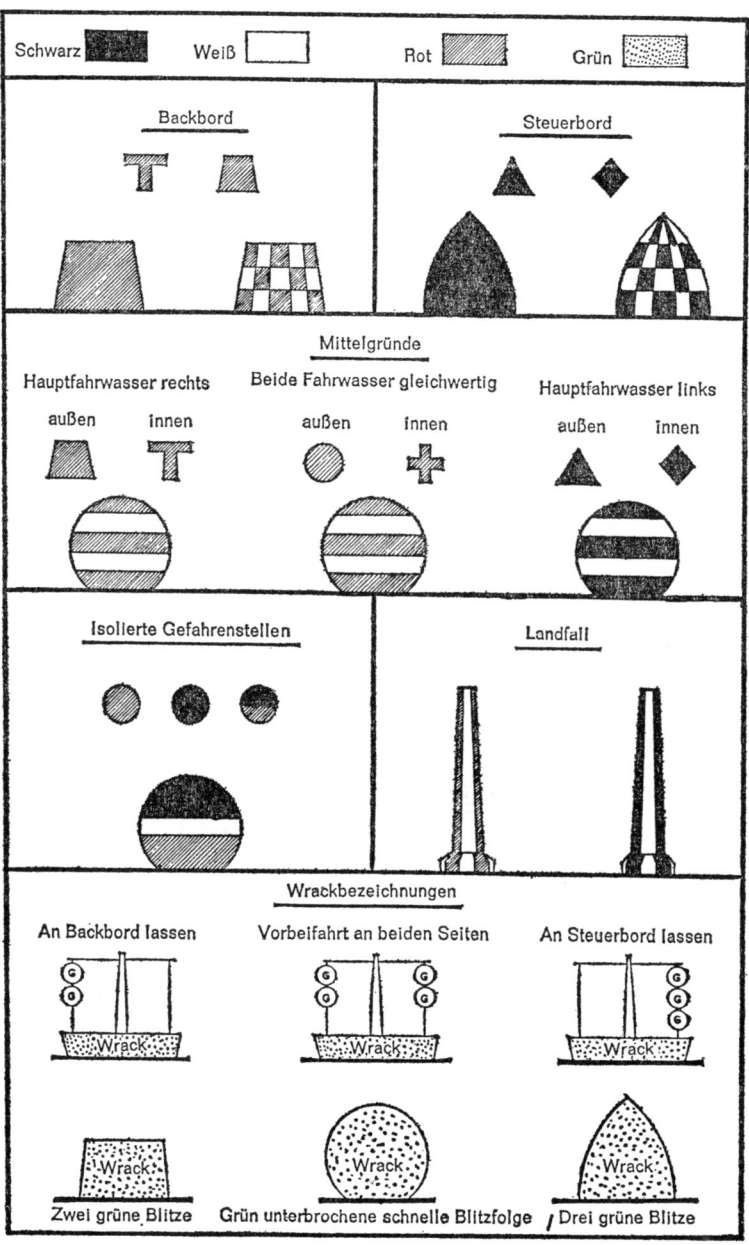

Abb. 67 — Das System der Seitenbezeichnung durch einheitliche Betonnung

gestellten Kegeln: westlich der Untiefe, rot/weiß mit Kegeln, deren Spitzen auseinander zeigen, östlich der Untiefe. Auf der Untiefe selbst liegt ein Seezeichen in den Farben rot/weiß/schwarz mit einem Ball. Statt solcher Bakentonnen werden auch Spierentonnen ohne Toppzeichen verwendet, deren Farbe in analoger Weise den Quadranten bezeichnet.

Wracks werden entweder durch ein Wrackfeuerschiff oder durch beleuchtete oder unbeleuchtete Tonnen bezeichnet. Sie sind stets grün gemalt, ihre Lichter, wenn vorhanden, sind ebenfalls grün und sie tragen die Aufschrift „Wrack". Im übrigen wird es kenntlich gemacht nach dem System der Seitenbezeichnung, d. h. stumpfe Tonnen oder Toppzeichen und gerade Blitzzahl oder Blinkzahl zeigt an, daß es an der Backbordseite des Fahrwassers liegt, spitze Tonnen und Toppzeichen sowie ungerade Zahl von Lichterscheinungen zeigen an, daß es an der Steuerbordseite des Fahrwassers liegt, Kugeltoppzeichen, daß es an beiden Seiten passiert werden kann. Wrackschiffe an der BB-seite des Fahrwassers zeigen einen Zylinder über einem Ball, an St.B.-seite des Fahrwassers einen Kegel über zwei Bällen. Ein Wrackschiff im Fahrwasser selbst führt an jeder Seite zwei Bälle.

Es gibt auch noch Seezeichen für besondere Zwecke, die z. B. Sperrgebiete anzeigen (weiße Tonnen mit blauem Kreuz), Baggerschüttstellen, Meilen- und Deviationstonnen Reedegrenzen und Festmachetonnen.

Wenn man nach Tonnen navigiert, ist stets Vorsicht geboten, denn Bojen an exponierten Stellen können in schwerem Wetter losbrechen oder vertreiben. Obgleich ihre automatische Gasbeleuchtung mit bemerkenswerter Zuverlässigkeit arbeitet, ist es doch möglich, daß sie einmal verlöschen. Schwarze Farbe kann sich mit der Zeit durch Rost in Rot verwandeln, während Vogelkot schwarzen oder roten Bojen aus der Entfernung ein Aussehen geben kann, als seien sie gestreift oder kariert. Form und Toppzeichen sind daher die einzigen Merkmale, auf die man sich verlassen kann und die wirklich von Bedeutung sind. (Aus der Entfernung können ein Vogel, ein Licht oder ein Radarreflektor manchmal für ein Toppzeichen gehalten werden.) Die Lage eines Seezeichens ist auf der Karte mit einem winzigen Kreis um die Wasserlinie der Boje bezeichnet; Lichter auf Bojen, Feuerschiffen oder Leuchttürmen sind mit einem Tupfen Magentarot angedeutet, eine Farbe, die sowohl bei Tages- wie in künstlichem Licht gut erkennbar ist.

Baken oder Tagesmarken, wie sie auch häufig genannt werden, können von jeder Größe, Form oder Farbe sein. Auf Karten großen Maßstabs sind sie abgebildet. Zwei Baken in Linie führen häufig durch Fahrwasser oder an verborgenen Untiefen oder Gefahrenstellen vorbei. Wenn man unsicher ist, welchen Kurs man nehmen soll, um wieder in die Peilung zu gelangen, so stelle man sich eine durch beide Baken seewärts gezogene

Linie vor und ändere danach seinen Kurs, um die Yacht entweder auf die Linie oder weg von der Linie zu führen.

Nautischer Almanach und Segelhandbücher

Nautische Almanache, die jährlich erscheinen, enthalten tabellierte Daten als Grundlage für die astronomische Navigation auf See. Der gemeinsam von England und den Vereinigten Staaten herausgegebene *Nautical Almanac* liefert diese Tabellen in handlichster Form, enthält aber nichts anderes. *Reed's Nautical Almanac* und *Browns Nautical Almanac* liefern die gleichen Daten in einer mehr kondensierten, aber weniger übersichtlichen Form, enthalten aber einen solchen Reichtum an anderen Informationen für Verwendung in britischen und benachbarten Gewässern — Gezeitentafeln und Konstanten, Leuchtfeuer, Betonnung und Funkfeuer, um nur einige zu erwähnen — daß der britische Fahrtensegler ohne den einen oder anderen Almanach kaum auskommen kann. Beide sind ausgezeichnet, aber meine eigene Vorliebe gilt dem Reed's, auf den ich mich schon häufiger bezogen habe. Bei Kreuzfahrten außerhalb der von diesen beiden Almanachen behandelten Gewässer, benötigt der Fahrtensegler jedoch außerdem *The Admiralty List of Lights, The Admiralty Tide Tables* (Gezeitentafeln), die Handbücher und schließlich *The Admiralty List of Radio Signals*, Band II, wenn er mit Funkpeilungen arbeitet.

Der deutsche Fahrtensegler arbeitet bei der astronomischen Navigation ebenfalls vielfach mit dem englischen Almanach, aber auch mit dem deutschen Nautischen Jahrbuch, das englische ist praktischer, weil es die gleichen Abkürzungen verwendet wie die H. O. Tafeln und außerdem Höhenberichtigungstafeln enthält.

Daneben werden benötigt die Leuchtfeuerverzeichnisse, Gezeitentafel, Seehandbücher der betreffenden Gebiete, Nautischer Funkdienst bez. Yachtfunkdienst.

Handbücher *(Pilots)* enthalten gedruckte Segelanweisungen für die Navigation in Küsten- und anderen Gewässern. Sie werden von den zuständigen Behörden der meisten seefahrttreibenden Nationen herausgegeben. Die von dem Hydrographischen Amt der Admiralität für alle Teile der Welt veröffentlichten Segelanweisungen sind als *Pilots* bekannt (The Bay of Biscay Pilot, The Red Sea Pilot usw.). Jeder Band enthält eine genaue Beschreibung der Küsten, der Gefahren, der Häfen und des Wetters; nur in den *Pilots* findet sich, wie bereits erwähnt, die Charakteristik der Betonnung außerhalb der heimischen Gewässer. Obgleich für große Schiffe geschrieben, führt ein Studium der Segelanweisungen im *Pilot* doch zu einer sorgfältigeren Betrachtung der Karten; die dort abgebildeten Küstenansichten erweisen sich gelegentlich als Hilfe, um sich bei einem ungewissen Landfall zu orientieren oder wichtige Landmarken auszumachen. Da sie aber von der Höhe einer Dampferbrücke aus gezeichnet oder fotografiert worden sind, unterscheidet sich ihre Perspektive wesentlich von der eines Yachtseglers mit seiner Augenhöhe so dicht über Wasser. Nebenbei gesagt sind einige dieser Bände, vor allem die älteren, Fundgruben faszinierender alter Seekunde.

Es gibt außerdem eine Anzahl von Büchern mit Segelanweisungen speziell für den Yachtsegler, wie z. B. das ausgezeichnete, von Mitgliedern des Clyde Cruising Clubs geschriebene und veröffentlichte Werk über die gesamte schottische Westküste. Solche Veröffentlichungen, die auf S. 481 zusammengestellt sind, geben wertvolle Hinweise auf kleinere und abgelegenere Ankerplätze, und Informationen, die sonst kaum erhältlich sind. Gut geschriebene Fahrtenberichte, wie sie in *Roving Commissions* (dem Jahrbuch des Royal Cruising Clubs) erscheinen, liefern ein reichhaltiges Material an Erfahrungen und Lokalkenntnissen.

Tafel 50

Vor dem Wind bei schwerem Wetter: „... herrlich, wie sich das Lebensgefühl steigert, so daß man das Erlebnis niemals wieder vergißt. Niemand an Bord möchte auch nur einen einzigen Augenblick so prächtigen Segelns verpassen."

16

VON DEN GEZEITEN

*Berechnung der Hoch- und Niedrigwasserzeiten — Ermittlung der
Wassertiefen — Gezeitenströme*

Unter Gezeiten versteht man das Heben und Sinken des Meeresspiegels
in regelmäßigem Takt, verursacht durch die Anziehungskraft von
Sonne und Mond. Diese Himmelskörper ziehen denjenigen Teil der Erdoberfläche, der ihnen am nächsten liegt, stärker an als das Erdzentrum
oder die gegenüberliegende Erdoberfläche, so daß die Wasser der
Ozeane unter ihnen angesogen werden und eine Art Buckel bilden. Die
Fliehkraft stellt das Gleichgewicht wieder her, indem sie einen ähnlichen
Buckel auf der entgegengesetzten Seite der Erde erzeugt. Hochwasser
tritt daher gleichzeitig an allen Plätzen ein, die 180 Längengrade aus-
einanderliegen, während dazwischen, in einem Winkel von 90 Grad,
Niedrigwasser herrscht. Daraus ist ersichtlich, daß es an jedem Ort innerhalb einer Erdumdrehung zwei Hochwasser und zwei Niedrigwasser geben muß. Da sich der Mond aber im Kreislauf um die Erde bewegt, dauert
es etwas mehr als 24 Stunden oder eine Erdumdrehung, bis sich ein bestimmter Meridian wiederum unter dem Mond befindet. Durchschnittlich setzt jede Tide etwa 54 Minuten später ein als die entsprechende
Tide des Vortages; zwei Tiden liegen also 12 Stunden 27 Minuten auseinander. Dies ist aber nur eine Durchschnittsangabe; in Wirklichkeit
wechselt der Zeitabstand je nach der Mondphase.

Die gezeitenerzeugende Kraft des Mondes ist etwa 2,5mal größer als
die der Sonne, weil der Mond, obgleich kleiner, der Erde viel näher steht.
Wenn Sonne und Mond miteinander und dazu mit der Erde in Linie
stehen, einerlei, ob der Mond sich zwischen Sonne und Erde oder auf der
entgegengesetzten Seite der Erde befindet, erzeugen ihre vereinten Kräfte

---

Tafel 51
Fahrtensegeln ist voller Kontraste. Es bedeutet Besorgnis, Aufregung, Freude,
Genugtuung. Nie weiß der Fahrtensegler, was als nächstes kommt, und wie lange
etwas andauert. *Oben: Wanderer III*, eine etwa 9 m lange Sloop mit vier Knoten
Fahrt unter nackten Masten vor einem Sturm in der Karibischen See. *Unten:* Im
Frieden einer stillen Lagune nahe dem palmenbeschatteten Strand — Tahiti.

höhere Tiden als sonst. Wir sprechen dann von „Springtiden". Dieses Wort hat nichts mit „spring" = Frühling zu tun, sondern kommt vielmehr aus dem Nordischen und bedeutet so viel wie „anschwellen". Springtiden finden bei Neumond und Vollmond statt, treten also in Abständen von etwas weniger als 15 Tagen auf. Eine Springtide steigt nicht nur höher als andere Tiden, sondern fällt auch niedriger. Sie hat also weitere Grenzbereiche, die aber auch wieder, je nach der wechselnden Entfernung der Erde von Sonne und Mond Veränderungen unterliegen. Die höchsten Tiden finden zu den Zeiten der Tag- und Nachtgleichen im März und September statt.

In dem Maße, wie Sonne und Mond diese Stellung in Linie zueinander und zu der Erde wieder verlassen, vermindern sich Tidenstieg und -fall, bis Sonne und Mond, von der Erde aus betrachtet, in einem Winkel von 90 Grad zueinander stehen. Ihre gezeitenerzeugenden Kräfte arbeiten dann gegeneinander, und obgleich die Tide unter dem Einfluß des Mondes auf der einen Seite und der Fliehkraft auf der entgegengesetzten Seite der Erde nach wie vor steigt, steigt sie doch infolge der entgegengesetzten Anziehungskraft der Sonne weder so hoch noch fällt sie so niedrig wie zu anderen Zeiten. Diese Tiden werden als Nipptiden bezeichnet (dieses Wort stammt ebenfalls aus dem Nordischen und bedeutet so viel wie „knapp").

Auf seinem Kreislauf um die Erde zieht der Mond nicht etwa den durch seine Anziehungskraft angesogenen Wasserbuckel hinter sich her, sondern seine Wirkung besteht vielmehr darin, das sich genau lotrecht unter ihm befindliche Wasser anzuheben. Die Gezeitenwelle stellt daher eine Schwingungsbewegung des Wassers dar und nicht eine horizontal fortschreitende körperliche Bewegung des Wassers von einem Platz zum anderen. Die Schwingungsbewegung läßt sich mit dem Flattern einer Flagge vergleichen; die Schwingungswellen laufen am Segeltuch entlang, aber das Tuch bewegt sich nicht mit ihnen. Die Gezeitenwelle selbst kann die Erde nicht frei und ungehindert umkreisen; sobald sie sich dem Lande oder flachen Gewässern nähert, wird sie langsamer, steiler und höher, und die Gezeitenhöhen wachsen. Ein Teil der Hauptflutwelle, die rings um den südlichen Ozean schwingt, trifft auf die afrikanische Ostküste, wächst an Höhe und wird zum Kap abgelenkt. Von dort reist sie nordwärts durch den ganzen Atlantischen Ozean. Zwei Tage nach Verlassen des Kaps erreicht die Flutwelle die Britischen Inseln, wo sie sich mit den wahren Tidenströmen verbindet, so daß bei den Britischen Inseln die höchsten Gezeiten gewöhnlich zwei Tage nach Voll- und Neumond stattfinden. In Meerengen, die durch Landhindernisse gebildet werden, ergießt sich das Wasser, während es ansteigt, auf Grund der Schwerkraft durch die Enge und bildet auf der Flutwelle einen Gezeitenstrom. Hierbei handelt es sich um eine tatsächlich vorwärts gerichtete Wasserbewegung; alles, was in dem Strom schwimmt, wird mit davongetragen. Ist der Kamm der Flutwelle durchgelaufen, so folgt gewöhnlich eine Pause mit Stillwasser, bevor der Ebbstrom anfängt, in entgegengesetzter Richtung zurückzufließen. Läuft eine Flutwelle in einen tiefen Golf hinein, der sich nach innen hin verengt, so wird sie zusammengedrängt und durch Berührung mit dem Land aufgehalten, so daß sie an Steilheit zunimmt; die Schwerkraft überwindet die Reibung, und ein Gezeitenstrom fließt in den Golf hinein und wieder zurück.

Die Küstenstruktur hat spürbaren Einfluß auf Gezeitenhöhe, Hochwasserzeit, Stärke und Zeitpunkt der Umkehr des Gezeitenstroms. Der Springtidenhub in Portland z. B. beträgt 2 Meter, während er sich in Tréguier auf der gegenüberliegenden Küste des Kanals auf 9,75 Meter beläuft; der Strom im Kanal wird so stark gehemmt, daß in Dover Hochwasser herrscht, wenn die Lizards Niedrigwasser haben. In West Bay übersteigt der Strom selten eine Geschwindigkeit von 1 Knoten, aber vor Portland, dem östlichen Ausläufer der gleichen Bucht, erreicht er eine Geschwindigkeit von mehr als 6 Knoten!

Obgleich der Yachtsegler das Wesen der Gezeiten nicht in allen Einzelheiten zu verstehen braucht, so muß er doch wissen, wie sich an jedem Ort die Zeiten des Hochwassers und der Tidenhub ermitteln lassen, um beurteilen zu können, mit welchen Wassertiefen er auf flachen Stellen oder zu passierenden Barren rechnen muß. Auch die Kenntnis der Geschwindigkeit und Richtung von Gezeitenströmen ist für ihn von größter Wichtigkeit. Angenommen, daß die Geschwindigkeit einer Yacht bei leichtem Wind nur 2 Knoten beträgt und daß sie einen 2-Knotenstrom gegen sich hat, so bleibt sie natürlich auf derselben Stelle liegen; versteht sich aber der Navigator auf die Berechnung der Tiden, dann wird er, wo immer möglich, den günstigen Strom ausnutzen, und seine Yacht macht dann vier Knoten über Grund.

Berechnung der Hoch- und Niedrigwasserzeiten

Reed's Nautical Almanac enthält Gezeitenangaben für die Britischen Inseln und kontinentalen Gewässer von Brest bis nach Hamburg. Für Gewässer außerhalb dieses Bereichs muß man die entsprechenden Bände der *Admiralty Tide Tables* heranziehen. Beide Veröffentlichungen enthalten Gezeitentafeln für das laufende Jahr und für eine Anzahl von Haupthäfen mit Angabe der Hochwasserzeiten vormittags und nachmittags, zusammen mit der voraussichtlichen Höhe jeder Tide. Für einige Häfen werden die gleichen Angaben auch für Niedrigwasser gemacht.

Häfen zweiter Ordnung sind Häfen, für die keine täglichen Angaben gemacht werden. Solche in der Nachbarschaft jedes Haupthaufens gelegenen Häfen werden in geographischer Reihenfolge aufgeführt, dazu der Zeitunterschied in Stunden und/oder Minuten zwischen der Zeit des Hochwassers im Hafen zweiter Ordnung und derjenigen im Haupthafen zusammen mit dem Höhenunterschied. Auf diese Weise ist es möglich, das Hochwasser und den Tidenhub auch der Nebenhäfen für jeden Tag des Jahres zu berechnen.

Entsprechend sind die deutschen Gezeitentafeln des Deutschen Hydrographischen Instituts aufgebaut. Sie enthalten die Eintrittszeiten und Höhen der Hoch- und Niedrigwasser für eine Reihe sog. Bezugsorte, denen auch die mittleren Spring- und Nipptidenkurven beigegeben sind, und die sog. Anschlußorte. Für diese sind — zumindest für die europäischen Anschlußorte — die jeweiligen Gezeitenunterschiede zu einem nahegelegenen Bezugsort angegeben.

Angenommen man möchte wissen, wann und wie hoch am 2. Mai 1960 in Brest das Hochwasser eintritt. Aus Band I, Teil I, ist für Brest zu entnehmen: H. W. Z. = 20.08 MGZ, H. W. H. = 5,9 m.

Wie liegen bei Cayeux das mittlere Springniedrigwasser und das mittlere Springhochwasser zum Kartennull?

Gezeitenunterschiede für Cayeux: Bd. I, Teil II, No. 952; Bezugsort: Brest, Bd. I, Teil I. Am Bezugsort Brest liegen das mittlere Springniedrigwasser 1,44 m und das mittlere Springhochwasser 7,46 m über dem Kartennull. Hieran sind die entsprechenden Höhenunterschiede zur Springzeit für den Anschlußort Cayeux anzubringen. Cayeux, M. Sp. N. W. = 1,44—0,4 m = 1,04 m = 1,0 m über K. N. M. Sp. H. W. = 7,46 + 2,6 = 10,06 m = 10,1 m über K. N.

Die Zeit des Hochwassers und die Höhe der Gezeiten kann je nach Windstärke und Barometerstand erheblich von den Angaben in der Gezeitentafel abweichen.

Berechnung der Wassertiefen (Abb. 68)

Die Hochwasserhöhe ist die Höhe der Gezeit beim Hochwasser, und zwar bezogen auf die Nullebene, auf welche sich die Tiefenangabe einer Seekarte bezieht. Das sogenannte „Kartennull" ist an der deutschen Nordseeküste gleich dem mittleren örtlichen Springniedrigwasser (M. Sp. N. W.), in Großbritannien bis zu 0,6 m unter dem M. Sp. N. W., in Frankreich gleich dem örtlich niedrigstmöglichen Niedrigwasser.

Für die Bezugsorte sind Abweichungen vom Kartennull, Springverspätung und Mondphase bereits berücksichtigt, die Hoch- und Niedrigwasserzeiten und -höhen können also ohne weiteres übernommen werden. Die dort gegebenen Zeiten sind jeweils die gesetzlichen Zeiten. Bei den Anschlußorten sind etwaige Unterschiede in den gesetzlichen Zeiten bereits berücksichtigt.

Ein Blick auf die bei den Bezugsorten gegebenen Gezeitenkurven zeigt, daß eine Tide während der Flutdauer nicht um den gleichen stündlichen

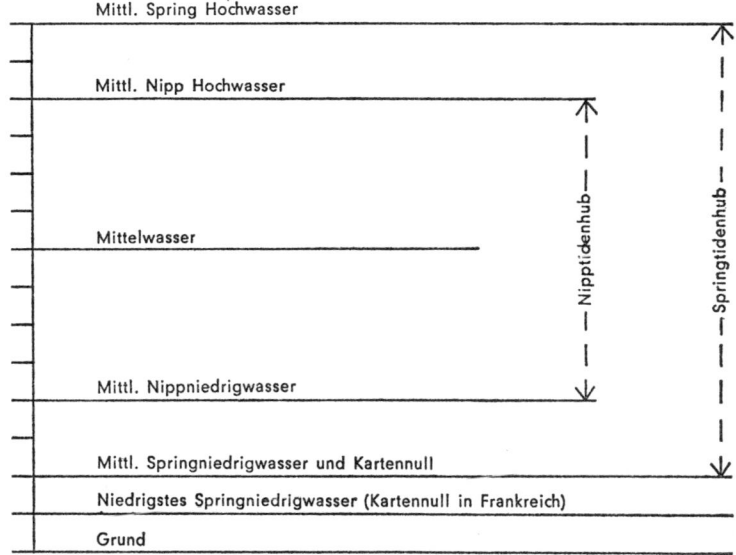

Abb. 68 — Gezeiten-Bezeichnungen

Betrag steigt, ebensowenig wie sie während der Ebbdauer um den gleichen stündlichen Betrag fällt. Eine Tide bewältigt in der ersten und sechsten Stunde je etwa $1/12$, in der zweiten und fünften Stunde je $2/12$, in der dritten und vierten Stunde je $3/12$ des Tidenstiegs oder -falls.

Angenommen, wir möchten wissen, mit welcher Wassertiefe wir auf einer Barre zwei Stunden nach Einsetzen der Flut rechnen dürfen, wo die Tiefe nach Kartenangabe 0,60 m beträgt. Es soll sich um eine Springtide handeln mit einem Tidenstieg von 3,60 m. Wir müssen berechnen:

In der ersten Flutstunde steigt das Wasser um $1/12$, in der zweiten um $2/12$, zusammen also um $3/12$ von 3,60 m. Addiert zu der Kartenangabe von 0,60 m ist ersichtlich, daß wir zu dieser bestimmten Zeit auf der Barre mit einer Wassertiefe von 1,50 m rechnen können.

Genauer ist das Rechnen nach den Tidenkurven der Gezeitentafeln. Es ist jeweils die Kurve für Spring- und Nipptide wiedergegeben. Für die gewünschte Gebrauchszeit — 2 Stunden nach Einsetzen der Flut — finden wir in der Kurve für die Springtide z. B. 0,95 m, in der Kurve für die

357

Nipptide z. B. 0,55 m. Befinden wir uns etwa in der Mitte zwischen Spring- und Nippzeit, so rechnen wir: (0,95 + 0,55) : 2 = 0,75 m. Addiert zu der Kartenangabe von 0,60 m ergibt das 1,35 m über der Barre.

Eine Tide steigt während der Flutdauer nicht um den gleichen stündlichen Betrag, ebensowenig wie sie während der Ebbdauer um den gleichen stündlichen Betrag fällt. Eine Tide bewältigt in der ersten und sechsten Stunde je etwa $1/12$, in der zweiten und fünften Stunde je $2/12$, in der dritten und vierten Stunde je $3/12$ des Tidenstiegs oder -falls.

Angenommen, wir möchten wissen, mit welcher Wassertiefe wir auf einer Barre zwei Stunden nach Einsetzen der Flut rechnen dürfen, wo die Tiefe nach Kartenangabe zwei Fuß beträgt, es soll sich um eine Springtide handeln mit einem Tidenstieg von 12 Fuß, müssen wir berechnen:

In der ersten Flutstunde steigt das Wasser um $1/12$, in der zweiten um $2/12$, zusammen also um $3/12$ von 12 Fuß. Addiert zu der Kartenangabe von 2 Fuß ist es ersichtlich, daß wir zu dieser bestimmten Zeit auf der Barre mit einer Wassertiefe von 5 Fuß rechnen können.

Um eine Lotung auf mittleres Springniedrigwasser umzurechnen und das Resultat mit den Kartenangaben zu vergleichen, müssen die obigen Berichtigungen von der Lotung abgezogen werden.

Die Endzahl, die sich bei der Berechnung von Wassertiefen über einer Barre oder Bank ergibt, darf nur mit großer Vorsicht verwendet werden, da der Wind den Tidenstieg jederzeit beeinflussen kann. Auch darf man nie vergessen, wieviel weniger Wasser sich unter dem Kiel befindet, wenn das Schiff bei Dünung oder Seegang im Wellental liegt.

Gezeitenströme

Die Annahme, daß Gezeitenströme (die Horizontalbewegungen des Meeres) ihre Richtung zur gleichen Zeit wechseln wie Hoch- und Niedrigwasser an der Küste, beruht auf einem weit verbreiteten Irrtum, denn sie tun es in Wirklichkeit nur selten. Einzelheiten über die Ströme finden sich in den Handbüchern, deren Ausführungen aber langatmig und nicht immer leicht zu verstehen sind. Auch die Karten *) enthalten Informationen, manchmal in Form von Pfeilen. Häufiger findet man aber an verschiedenen Stellen rhombusumrahmte Großbuchstaben eingedruckt, die auf anderswo in der Karte aufgeführte Gezeitenstrom-Informationen verweisen. Die Stromrichtungen bei irgendeinem Bezugshafen sind für jede Stunde vor und nach Hochwasser und für die Zeit des Hochwassers selbst in rechtweisenden Graden zusammen mit der Stromgeschwindigkeit in Knoten und Zehntelknoten angegeben. Wird die Karte häufig be-

---

*) Nur die britischen Karten, nicht die deutschen.

nutzt, ist es vielleicht praktischer, bei jeder durch Großbuchstaben bezeichneten Stelle Pfeile einzuzeichnen, die die dort herrschenden Stromrichtungen verdeutlichen, und daneben die Durchschnittsgeschwindigkeiten einzutragen. Für die Britischen Inseln gibt es jedoch Stromatlanten ähnlich demjenigen in Reed's Nautical Almanac. Sie sind einfacher im Gebrauch, da man daraus die gewünschten Informationen auf den ersten Blick erhält. Diese Atlasse enthalten zwölf Karten für jeden Bereich, den der Atlas umfaßt; jede Karte zeigt mit Pfeilen die Stromrichtungen zu verschiedenen Stunden, während die Tide an einem Bezugsort, gewöhnlich Dover, steigt oder fällt. Zahlen an den Pfeilen geben die Geschwindigkeit in Knoten an. Erscheint nur eine Zahl, so bezieht sich diese auf die Stromgeschwindigkeit zur Springzeit; bei zwei Zahlen bedeutet die größere die Geschwindigkeit zur Springzeit, die kleinere diejenige zur Nippzeit. An Kalenderdaten zwischen Spring- und Nippzeit ist man auf Schätzungen angewiesen. *)

Die jeweils herrschenden meteorologischen Verhältnisse beeinflussen beträchtlich Geschwindigkeit und Zeitpunkt der Umkehr von Gezeitenströmen. Infolgedessen dürfen die in Karten, Handbüchern oder im Tidenatlas zur Verfügung stehenden Angaben, vor allem bei unsichtigem Wetter, nur mit großer Vorsicht benutzt werden. Auch muß man stets damit rechnen, daß es in jeder tiefen Bucht bei Flut wie bei Ebbe buchteinwärts ziehende Kräfte gibt. An bestimmten Orten und bei bestimmten Tidenständen entstehen hinter Felsen und Inseln oder in Küstennähe Wirbelbildungen, d. h. Strömungen, die in der entgegengesetzten Richtung fließen wie die Hauptströme. Im Goulet von Brest bietet sich hierfür ein bemerkenswertes Beispiel. Man kann dort Fischer beobachten, die sich beim Einlaufen den Gegenstrom dicht unter der Südküste zunutze machen, um dem in der Mitte herausfließenden Ebbstrom zu entgehen.

Der Tidenstrom ist innerhalb einer Entfernung von 2 bis 3 Meilen von der Küste gewöhnlich stärker als weiter draußen, außer in tief in das Land einschneidenden Buchten, wo unter Umständen sehr wenig Strom fließt. Der stärkste Strom fließt stets durch enge kanalartige Gewässer und vor hervorspringenden Landzungen oder Vorgebirgen, wo sich Stromkabbelungen oder -schnellen bilden können. Solche „Tide-races" trifft man im Pentland Firth und Raz de Sein und vor Portland Bill an; kleineren Fahrzeugen können sie auch bei ruhigem Wetter gefährlich werden; bei schwerem Wetter ist die Wildheit der brechenden, sich aufeinandertürmenden und aus allen Richtungen laufenden Seen so furchtbar, daß ein kleines Schiff kaum hoffen kann, durchzukommen, und daß

---

*) Für die Deutsche Bucht und den Kanal gibt es einen Atlas der Gezeitenströme des DHI.

große Schiffe in ernsthafte Gefahr geraten. Kabbelungen und brechende See können dadurch verursacht werden, daß die Strömung über von tiefem Wasser umgebene Bänke hinwegläuft; Stromkabbelungen und „tideraces" sind gewöhnlich auf den Seekarten gekennzeichnet, und bei schwerem Wetter muß man alles versuchen, ihnen aus dem Wege zu gehen.

Im Gegensatz zu den Gezeitenströmen, wird eine Strömung nicht durch astronomische Einwirkungen hervorgerufen und ändert daher auch ihre Richtung nicht alle paar Stunden; sie ist vielmehr das Resultat verschiedenartiger meteorologischer Bedingungen und stellt eine dauernde Vorwärtsbewegung des Wassers dar. Jedes Handbuch gibt für seinen Bereich eine Beschreibung der dort auftretenden Strömungen, die auf bestimmten Karten auch durch voll gefiederte oder wellige Pfeile bezeichnet sind. Die Richtung, in welche ein Schiff innerhalb einer bestimmten Zeit von Gezeitenströmen oder Strömungen bewegt wird, bezeichnet man als Versetzung, die Distanz dagegen als Drift.

17

PRAKTISCHE NAVIGATION

Kursabsetzen — Abtrift und Stromversetzung — Standlinien
Abstandsbestimmung

Nach Verlassen eines Hafens wird der Kurs einer Yacht zunächst von Bojen oder anderen festen Landmarken bestimmt, und bei klarer Sicht dürften sich kaum Schwierigkeiten bieten. Liegen die Bojen aber in weiten Abständen voneinander, so empfiehlt es sich, den zur nächsten Boje anliegenden Kompaßkurs zu beobachten und mit der Karte zu vergleichen; denn wenn es in der Nachbarschaft andere Fahrwasser gibt, geschieht es bei Unachtsamkeit leicht, daß man eine falsche Boje ansteuert.

Prüfe jede Boje auf Namen oder Nummer, je nachdem wie die Bezeichnung lautet, so daß für den Fall, daß es plötzlich unsichtig wird, kein Zweifel über den Schiffsort der Yacht bestehen kann. Beobachte auch die Strudelbildung an der Boje, um daraus auf die Richtung des Tidenstroms zu schließen. Wenn man bei unsichtigem Wetter ein enges Fahrwasser aufkreuzt, das an beiden Seiten von langsam ansteigenden Bänken begrenzt wird, warnt das Lot rechtzeitig, wenn der Augenblick zum Wenden gekommen ist. Steigt aber das eine Ufer steil auf, während die Wassertiefe auf dem anderen nur langsam abnimmt, so halte dich an diesem und arbeite dich in kurzen Schlägen voran. Ist der Wind günstig, so daß du das Fahrwasser anliegen kannst, das Wetter aber unsichtig, dann ist von dem Versuch, einen mittleren Kurs zu steuern, abzuraten; denn wenn das Lot dann flacher werdendes Wasser anzeigt, ist es kaum möglich zu sagen, welchem Ufer der Fahrrinne man sich nähert. Halte dich entweder unter dauernden Lotungen in mäßiger Wassertiefe auf der einen Seite oder segele im Zickzack bald auf die eine, bald auf die andere Seite, so daß du, sobald das Lot abnehmende Wassertiefen feststellt, genau weißt, auf welcher Seite du dich befindest.

Zwei Marken in Linie treten häufig an Stelle der Bojen, um ein Fahrzeug durch eine Fahrrinne oder an Felsen und Bänken vorbeizuführen. Diese Marken können von Leuchttürmen, Baken, Hügeln, Bäumen oder anderen Objekten gebildet werden. Um dem Navigator das Erkennen dieser Objekte zu erleichtern, findet sich oft auf den Karten oder in den

Handbüchern eine kleine Illustration zusammen mit der rechtweisenden Peilung von See aus.

Kurs absetzen

Sobald die Yacht den Hafen und das zum Hafen führende Fahrwasser hinter sich hat, stelle den Schiffsort durch Kreuzpeilungen oder eine der anderen, später beschriebenen Methoden fest. Trage den Schiffsort als Kreuz oder Punkt mit einem kleinen Kreis herum in die Seekarte ein und lege von hier den Kurs zum Bestimmungsort oder so an, daß der Kurs gut frei von Landzungen oder anderen Hindernissen führt, die gerundet werden müssen, um den Bestimmungsort zu erreichen. Übertrage den eingezeichneten Kurs zum Meridian oder Kompaßrose in der Karte, um den zu steuernden Kurs zu finden, den du — falls notwendig — um Abtrift und Deviation, bei sehr alten Karten gegebenenfalls auch um den Betrag der aufgelaufenen jährlichen Änderung der Mißweisung berichtigst. Lege die Yacht auf Kurs, stelle das Patentlog auf Null und notiere die Uhrzeit. Mußt du kreuzen, so notiere die Kurse, die du anliegst, die auf jedem Kurs gesegelten Distanzen und die Uhrzeit jedes Wendemanövers.

Einige wenige Yachtsegler führen ein richtiges vorgedrucktes Logbuch mit besonderen Spalten für Windstärke, Windrichtung, Logablesungen, Kurs, Deviation usw.; die meisten von uns finden aber ein Notizbuch zur Niederschrift aller dieser Dinge bequemer und weniger verschwenderisch an Platz. Was man verwendet ist gleichgültig, solange alle Kursänderungen, Logablesungen und die dazugehörigen Zeiten aufgeschrieben werden. Ich mache meine Notizen am liebsten unmittelbar in die Karte, so daß ich jederzeit meinen Schiffsort in bezug auf die Umgebung kenne, ohne erst aufgrund meiner Aufzeichnungen koppeln zu müssen. Mein Logbuch, das ich jeden Abend, auf Reisen noch häufiger, à jour bringe, wird in Form eines Tagebuches geführt.

Es gibt in der Navigation bestimmte Faktoren wie Gezeitenströmungen und Abtrift, die nicht genau bekannt sind, so daß das Besteck nicht immer fehlerfrei sein kann (andererseits kommt es häufig genug vor, daß Fehler sich gegenseitig aufheben). Der vorsichtige Navigator benutzt daher jede sich bietende Gelegenheit, um seinen Schiffsort nachzuprüfen. Durch Vergleich solcher durch Peilung bestimmter Schiffsorte mit seinem Schiffsort nach Besteck lernt er die Größe der Fehler kennen und erlangt die Fähigkeit, diese entweder einzuschränken oder sie bei künftigen Gelegenheiten in Rechnung zu stellen. Die so bei gutem Wetter gewonnene Erfahrung verleiht ihm ein größeres Selbstvertrauen, wenn sich die Sicht infolge von Regen oder Nebel einmal verschlechtert. Doch einerlei, wie geschickt er auch sein mag, er darf sich nie ganz auf die Genauigkeit seines Bestecks verlassen. Er setzt daher lieber einen Kurs ab, der ihn ein wenig in Luv seines Zieles führt, oder wenn seine Fahrt vor dem Winde stattfindet, ein wenig nach der einen oder anderen Seite des Bestimmungsortes. Ist das Wetter klar, so macht er seinen Landfall, stellt seinen neuen Schiffsort fest und ändert seinen Kurs nach den Gegebenheiten, wenn er noch weit absteht. Dadurch bleibt der Umweg, den er genommen hat, indem er sich in Luv des direkten Kurses hielt, nur sehr gering. Ist das Wetter aber unsichtig, dann ist er vielleicht nicht in der Lage, seinen Schiffsort durch Landsicht festzustellen. Da er aber weiß, daß er sich auf der Luvseite befindet, braucht er nur abzufallen und an der Küste entlangzulaufen, bis er sein Ziel erreicht. Diese elementare, aber seemännische Regel darf nur durchbrochen werden, wenn sich Gefahrenstellen in unmittelbarer Nähe des luvwärts gerichteten Kurses befinden. Wenn solche Gefahrenstellen draußen verstreut vor dem Landfall liegen und die Sicht schlecht ist, muß die Yacht unter Umständen, sobald die Distanz abgesegelt ist, auf dem vom Lande weggerichteten Bug beigedreht werden, um eine Wetterbesserung abzuwarten.

Abtrift und Stromversetzung

Der Umfang der Abtrift hängt vom Yachttyp, der Segelstellung, dem Wind und der See ab. Eine annähernde Bestimmung läßt sich nur durch Schätzung des Winkels erreichen, den das Kielwasser oder die Logleine mit der Mittschiffsrichtung bilden. Hoch am Wind und an der Kreuz muß die Abtrift berücksichtigt werden, wenn man die gutgemachte Distanz in die Karte einträgt. Segelt man aber mit raumem Wind, so muß die Abtrift von vornherein bei Festlegung des zu steuernden Kurses in Rechnung gestellt werden. Nehmen wir zum Beispiel an, daß wir einen Kurs von 270 Grad mit dem Wind von Steuerbord zu segeln wünschen und daß die Yacht auf diesem Kurs eine Abtrift von 4 Grad hat und würden wir dann 270 Grad steuern, betrüge unser in Wirklichkeit gutgemachter Kurs nur 266 Grad. Infolgedessen steuern wir anstatt 270 Grad 274 Grad und machen den gewünschten Kurs gut.

Seekarte oder Gezeitenatlas geben uns Aufschluß, in welcher Richtung der Gezeitenstrom setzt und wie groß seine Geschwindigkeit annähernd ist. Läuft der Strom genau mit oder gegen die Kursrichtung, so braucht man bei Absetzen des Kurses keine Abtrift in Rechnung zu stellen. Wenn aber der Schiffsort von Zeit zu Zeit in die Karte eingetragen wird, muß die Strecke, um welche die Strömung eine Yacht voran- oder zurückgesetzt hat, zu der laut Log abgesegelten Distanz hinzu- oder von ihr abgezählt werden.

Wenn dagegen der Strom nicht direkt in oder gegen die Kursrichtung setzt, sieht das Verfahren bei Berechnung des Schiffsortes etwas anders aus. Angenommen, man hat seit dem letzten in der Karte eingetragenen Schiffsort, dem Punkt A auf der Abb. 69 links, unter Berücksichtigung

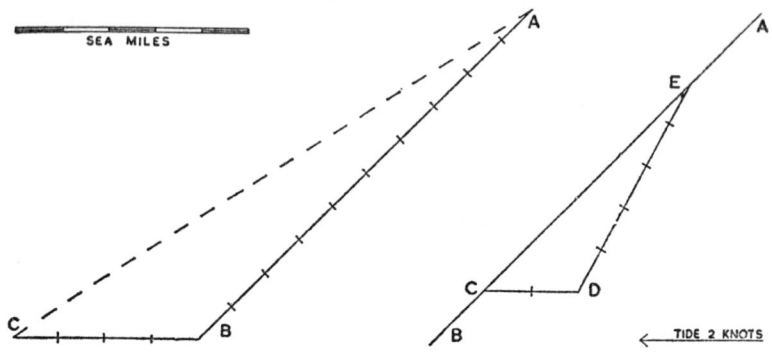

Abb. 69 — Berücksichtigung des Gezeitenstroms
Links Darstellung des gutgemachten Kurses;
rechts Darstellung des zu steuernden Kurses.

der Abtrift einen südwestlichen Kurs gesteuert hat, daß das Log nach zwei Stunden eine Distanz von 10 Seemeilen anzeigt und der Strom während dieser Zeit mit einer Durchschnittsgeschwindigkeit von zwei Knoten nach Westen gesetzt hat, dann trage auf dem Kurs AB die abgesegelte Distanz von 10 Seemeilen ab. Zeichne von B nach Westen eine Linie, welche die Richtung darstellt, in welcher der Strom gesetzt hat und trage auf der Linie die Gesamtentfernung ab, die der Strom in 2 Stunden zurückgelegt hat, BC, oder vier Meilen. Dann ist C der Schiffsort der Yacht, die sich in Wirklichkeit auf der gestrichelten Linie AC bewegt hat.

Wenn die Strömungen in gleicher Stärke und mit gleicher Dauer bei Flut und Ebbe laufen, ist es unter Berücksichtigung der zurückzulegenden Distanz und der Geschwindigkeit einer Yacht durchaus einmal möglich, daß die Stromversetzungen sich gegenseitig aufheben. Dann braucht man diese nicht zu berücksichtigen, indem man erst auf der einen Seite des Kurses, dann auf der anderen vorhält, wodurch sich die Gesamtdistanz nur unnötig vergrößern würde. Vielmehr segelt man dann den vorgeschriebenen, mißweisenden Kurs, als gäbe es keine Tiden. Erwartet man aber, daß die Yacht die Strecke in einer Tide oder in einem Teil der Tide oder in einer ungleichen Anzahl von Tiden zurücklegt, oder führt ihr Kurs zu nahe an Gefahrenstellen vorbei, so muß der Strom bei Festsetzung der zu steuernden Kurse berücksichtigt werden. Trage dann auf der

Karte den direkten Kurs vom Ausgangsort zum Bestimmungsort ein, AB in Abb. 69 rechts. Lege von irgendeinem Punkt dieser Linie, C, eine Linie in entgegengesetzter Richtung des laufenden Stroms. In diesem Beispiel setzt der Strom nach Westen, so daß wir die Stromlinie von C in östlicher Richtung anlegen und darauf in irgendeinem beliebigen Maßstab die Entfernung absetzen, die der Strom in einer Stunde läuft, CD, 2 Meilen. Öffne und stelle den Zirkel unter Benutzung desselben Maßstabes auf die Distanz, welche die Yacht innerhalb einer Stunde zurücklegen würde, sagen wir auf 5 Meilen. Setze die eine Zirkelspitze in D an und schlage mit der anderen einen Bogen, der die ursprüngliche Linie AB in E schneidet. Verbinde DE, übertrage diese Linie mit dem Parallellineal auf die nächste Kompaßrose und lies den zu steuernden Kurs ab, den du, wenn notwendig, noch um Abtrift und Deviation berichtigst. Bei dem sich ergebenden Steuerkurs bewegt sich die Yacht dann so lange auf der Linie AB, als sie die gleiche Geschwindigkeit beibehält und Richtung und Geschwindigkeit des Stroms konstant bleiben. Sobald sich einer dieser Faktoren ändert, muß ein neues Stromdreieck gezeichnet werden, um den neu zu steuernden Kurs zu ermitteln.

Standlinien

Für die Bestimmung des Schiffsortes werden auf Yachten, solange Land in Sicht ist, am häufigsten Kompaßpeilungen zu Hilfe genommen. Wenn irgendein Objekt, dessen Lage auf der Karte eingezeichnet ist, gepeilt worden ist, so wird die Kante des Parallellineals auf der mißweisenden Kompaßrose der Karte in der Peilrichtung angelegt; mit dem Lineal wird dann quer über die Karte gearbeitet, bis seine Kante am Objekt anliegt, von dem dann eine Linie seewärts gezogen wird. Dies ist die erste Standlinie, auf der sich die Yacht irgendwo befinden muß. Befindet sich gleichzeitig ein zweites Objekt in Sicht, dessen Lage ebenfalls in der Karte vermerkt ist, so erhalten wir eine zweite Standlinie; wo die beiden Linien sich kreuzen, müßte der Schiffsort der Yacht liegen.

Eine dritte Standlinie dient, sofern ein drittes Objekt vorhanden ist, als Kontrolle. Es ist aber selten, daß sich die drei Standlinien wirklich in einem Punkt kreuzen; meistens bildet sich ein kleines Dreieck (von den Seeleuten als „cocked hat" bezeichnet), das, solange es klein bleibt, die Annahme rechtfertigt, daß der Schiffsort in der Mitte liegt. Ist es dagegen groß, hat man bei der Peilung selbst oder ihrer Übertragung auf die Karte einen Fehler gemacht und beginnt am besten noch einmal von vorn.

Hat man unter mehreren Peilobjekten zu wählen, gilt es zwei Dinge zu überlegen, bevor man sich entscheidet, welche Objekte man peilt. Je näher ein Objekt zum Beobachter gelegen ist, um so genauer wird die aus der Peilung resultierende Standlinie, und je mehr sich der Kreuzungswinkel zweier Standlinien einem Winkel von 90 Grad nähert, um so genauer wird der sich daraus ergebende Standort des Schiffes bestimmt. In der Abb. 70 verdeutlicht die linke Zeichnung den Einfluß der Entfernung. Hier gibt es vier Objekte: A und B sind jeder fünf Meilen entfernt, C und D je 2,5 Meilen. Jedes Objekt ist gepeilt, und die Peilung als durchlaufende Linie in die Karte eingetragen worden. Vorausgesetzt, daß diese Arbeit auf das genaueste erledigt worden ist, liegt der Schiffsort im Schnittpunkt dieser beiden Linien. Leider ist in der Praxis eine solche Genauigkeit nicht erreichbar. Wir wollen daher einmal annehmen, daß die Peilungen einen Fehler von höchstens 5 Grad nach jeder Seite der wahren Peilung enthalten. Die Linien, die die Fehlergrenzen bezeichnen, sind in der Zeichnung gestrichelt. Man sieht, daß das von den Nahpeilungen gebildete, in Abb. 70 in Schwarz erscheinende Viereck sehr viel kleiner ist als das schattierte Viereck, das sich aus den Peilungen der weiter entfernt liegenden Objekte ergibt.

Die Auswirkung des Winkels, unter dem Kreuzpeilungen sich schneiden, ist in Abb. 70 rechts dargestellt. Wieder wollen wir von der Annahme ausgehen, daß ein Fehler von 5 Grad nach jeder Seite der wahren

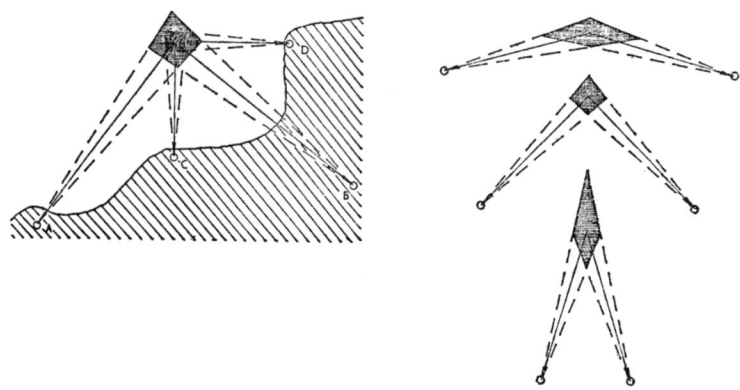

Abb. 70 — Kreuzpeilungen
Die linke Zeichnung veranschaulicht den Einfluß der Entfernung auf die Genauigkeit von Peilungen, die rechte Zeichnung den Winkeleffekt.

Peilung vorhanden ist. Um die Einwirkung der Entfernung in diesem Zusammenhang auszuschließen, liegt der Schiffsort bei allen drei Objektpaaren gleich weit entfernt. In der Mitte kreuzen sich die Peilungen in 90 Grad, und das sich aus den Fehlern von 5 Grad nach jeder Seite ergebende Viereck ist klein und kompakt. Oben und unten jedoch, wo sich die Peilungen im stumpfen und spitzen Winkel schneiden, sind die entsprechenden Vierecke größer und beträchtlich in die Länge gezogen. Die Fehlermargen haben sich also wesentlich vergrößert.

Um die besten Ergebnisse zu erzielen, kommen also nur die nächstgelegenen Objekte in Frage, und von diesen nur die, deren Peilungen sich so nahe wie möglich bei 90 Grad schneiden. Stehen drei Objekte zur Verfügung, erhellt aus oben Gesagtem, daß die wahrscheinlichste Position innerhalb des „cocked hat" vom Mittelpunkt des Dreiecks aus zur Peilung des näher gelegenen Objektes, und bei drei gleich weit entfernten Objekten zur kürzesten Seite des Dreiecks tendiert.

Die Methode, Peilungen mit Hilfe des Funkpeilgeräts zu erhalten, die dabei auftretenden Fehlerquellen und die Wahl der am besten geeigneten Funkfeuer, sind auf S. 341 ff. beschrieben worden. Peilungen dieser Art werden in genau der gleichen Weise verwertet wie die Peilungen sichtbarer Objekte, und dieselben Regeln gelten, um die wahrscheinlichste Position innerhalb des „cocked hat" zu finden.

Oft genug gibt es keine zwei Objekte oder Funkfeuer, die gleichzeitig in Sicht oder im Funkbereich sind und sich daher nicht gleichzeitig peilen lassen. Man soll aber keine Gelegenheit versäumen, jedenfalls eine Standlinie zu erhalten, auch wenn es unmöglich ist, den genauen Schiffsort auf der Standlinie zu schätzen. Nimm die Peilung, trage die Standlinie in die Karte ein, übertrage den Schiffsort nach Besteck auf den nächstgelegenen Punkt der Standlinie und setze von dort die Besteckrechnung fort. Später, nach Verschwinden des ersten Objektes außer Sichtweite oder Radiobereich, taucht vielleicht ein zweites Objekt auf, das sich peilen läßt. Trage die erste Standlinie mit Hilfe des Parallellineals vor und ziehe eine Parallele durch den Schiffsort nach Besteck im Zeitpunkt der zweiten Peilung. Zeichne die neue Standlinie (also die Peilung des zweiten Objekts) in die Karte ein. Wo diese Linie die vorgetragene Linie kreuzt, befindet sich das Schiff.

Beispiel (Abb. 71). Als wir einmal im Herbst mit einem 5-Tonner von Cornwall zu den Needles segelten, ohne einen Funkpeiler an Bord zu haben, überquerten wir bei schwachen Winden und schlechter Sicht die West-Bay und waren, als wir uns Portland näherten, im Zweifel über unseren Schiffsort. Um 23.15 Uhr konnten wir, als der Dunst vorübergehend aufklarte, das Feuer auf Portland Bill ausmachen und es in mw. 332 Grad peilen; dagegen waren wir nicht in der Lage, seine Entfernung zu schätzen. Wir lasen das Log ab, trugen die Peilung auf der Karte ein und verschoben dann den gegißten Schiffsort zu dem nächstgelegenen Punkt auf dieser Linie, D R 1. Von diesem Punkt aus bestimmten wir einen neuen Kurs nach den Needles, 68 Grad. Bald verschwand das Feuer hinter dichten Regenwänden, während der Wind auffrischte. So bekamen wir weder die Shambles noch irgend etwas anderes in Sicht, bis wir um 02.00 Uhr den Blitz von Anvil Point in mw. 40 Grad wahrnahmen. Wieder wurde das Log abgelesen und der gegißte Schiffsort, unter Berücksichtigung von Kurs und Distanz (16 Meilen), die wir seit D R 1 zurückge-

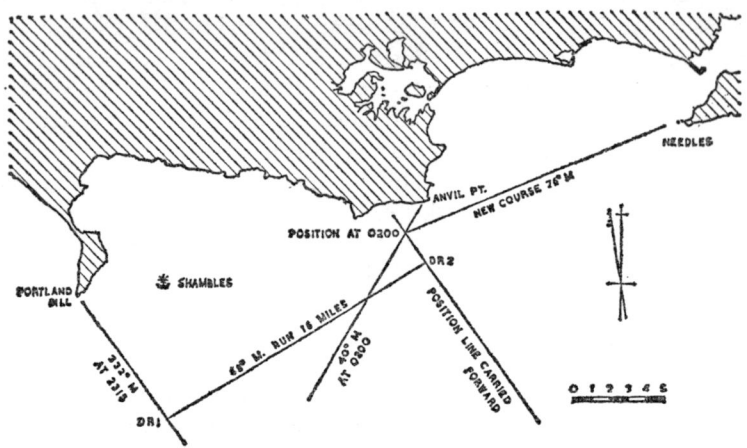

Abb. 71 — Eine vorgetragene Standlinie

Eine Methode, den Standort aus der Peilung zweier Objekte zu gewinnen, die sich nicht gleichzeitig in Sicht oder innerhalb der Reichweite des Funkpeilers befinden.

legt hatten, berichtigt und auf der Karte als D R 2 markiert. Dann wurde die erste, vor Portland erhaltene Standlinie mit dem Parallellineal vorgetragen und durch D R 2 gelegt. Wo diese Linie die zweite Standlinie, die Peilung von Anvil Feuer, schnitt, mußte demnach unser Schiffsort um 02.00 Uhr liegen. Da wir uns also näher unter der Küste befanden, als wir angenommen hatten, änderten wir den Kurs nach den Needles entsprechend. Hätten wir die Einzelpeilung von Portland Feuer,

---

Tafel 52

A. Die Henderson-Bilgepumpe wird durch einen horizontal bewegten Hebel betätigt. *B.* Dieselbe Pumpe ohne Deckel. *C.* Die Munster-Simms doppelt wirkende Gusher-Pumpe. Die Deckel sind abgenommen, um an die Membrane und die Ventile heranzukommen. *D.* Die Simpson-Lawrence-Vortex-Flügelradpumpe muß im tiefsten Teil der Bilge angebracht werden, und ein Seeventil (auf diesem Bild links, obgleich sein richtiger Platz am Außenhautbeschlag ist) muß geschlossen bleiben, um ein Vollaufen zu verhindern.

Diese Pumpe hat eine größere Kapazität als irgendeine andere handbetätigte Pumpe, aber wenn der Hub mehr als vier Fuß (1,22 m) beträgt, wird das Pumpen harte Arbeit. *E.* Die Simpson-Lawrence-Kolbenpumpe hat keine Ventile und kann irgendwo über oder unter der Wasserlinie eingebaut werden, ein Seeventil ist nicht erforderlich.

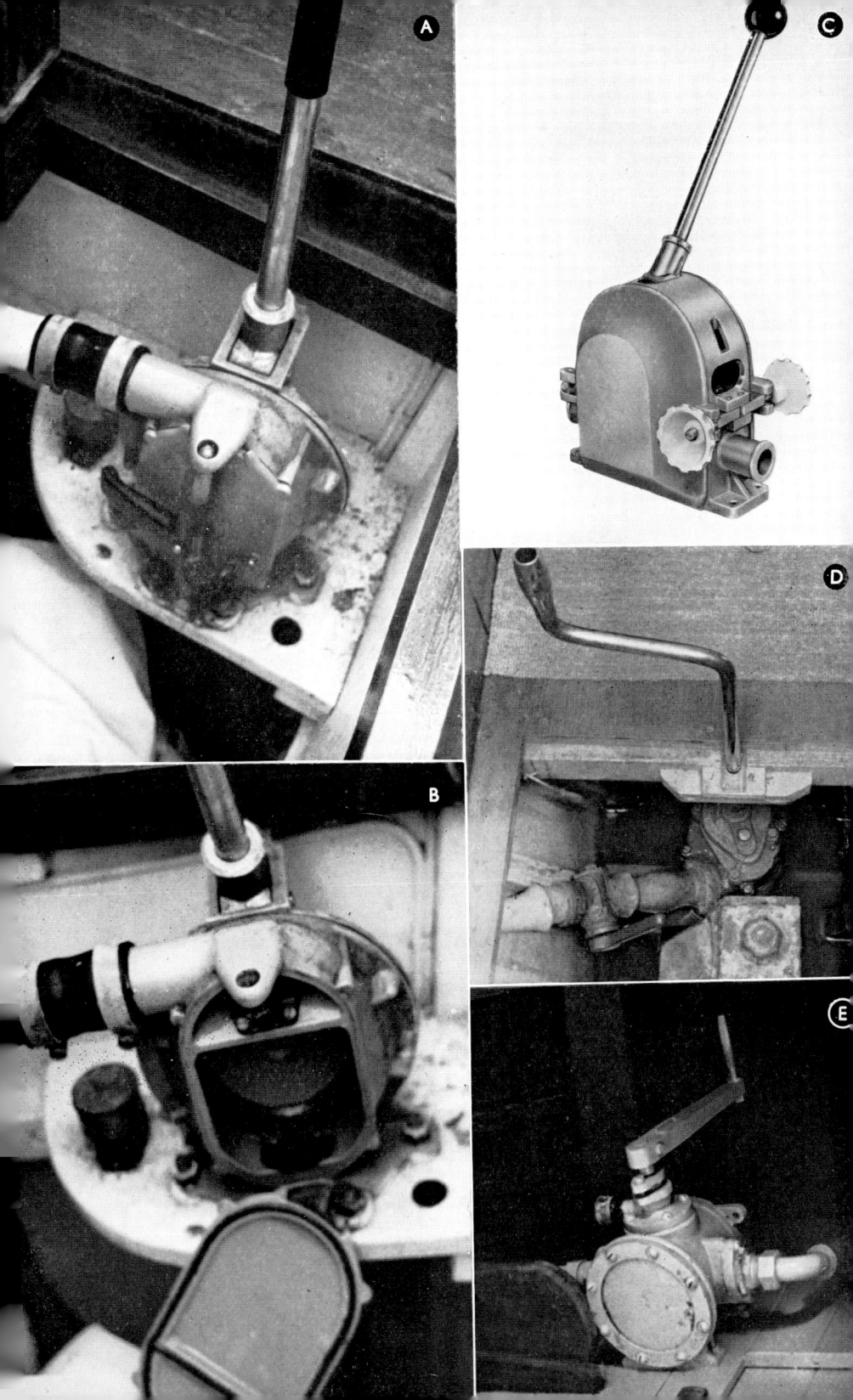

als sich die Gelegenheit dazu bot, unterlassen, wären wir über unseren Abstand von Anvil Point im Ungewissen geblieben, und damit die Ansteuerung der Needles eine kitzlige Sache geworden, zumal die Wetterverhältnisse sich inzwischen beträchtlich verschlechtert hatten.

Für die Messung von Winkeln ist der Sextant ein genauer arbeitendes Instrument als der Kompaß. Wenn daher zwei in der Karte verzeichnete Objekte in Sicht, aber so gelegen sind, daß Standlinien aufgrund von Kompaßpeilungen einen zu spitzen oder zu stumpfen Winkel ergeben würden, um verläßlich zu sein, dann miß den Winkel zwischen den beiden Objekten mit dem Sextanten und peile eines von ihnen mit dem Kompaß. Übertrage die Peilung auf die Karte; lege auf derselben Seite der so gewonnenen Standlinie, auf der sich das andere Objekt befindet, und zwar an irgendeiner beliebigen Stelle derselben, den gemessenen Winkel mit Hilfe eines Winkelmessers an. Verschiebe diese Linie mit dem Parallellineal zum zweiten Objekt; wo sie die Peilungslinie des ersten Objektes schneidet, ist der Schiffsort. Wenn man will, kann man auch die Kartenrose anstatt eines Winkelmessers benutzen. Es ist allerdings bei bewegter See recht schwierig, bei Tage einen horizontalen Winkel zwischen zwei Objekten zu messen, denn die direkt und die reflektiert gesehenen Objekte lassen sich nur schwer und meist nicht lange genug in Sicht behalten, um ausgemacht und in Deckung gebracht zu werden. Dagegen ist es gar nicht so schwer, bei Nacht den horizontalen Winkel zwischen zwei Feuern zu messen, und ich habe diese Methode der Ortsbestimmung bei mehr als einer Gelegenheit als recht nützlich erprobt.

Beispiel (Abb. 72). Auf dem Wege nach Tréguier an der Küste der Bretagne machten wir, von Nordnordwest ansteuernd, nachts unseren Landfall. In einem Abstand von nur einer halben Stunde kamen hintereinander die Feuer von Triagoz und Sept Iles in Sicht. Der Winkel zwischen den beiden war zu spitz, als daß eine Kreuzpeilung einen zuverlässigen Schiffsort hätte ergeben können. Daher wurde zunächst Triagoz in mw. 195 Grad gepeilt und die Standlinie in der Karte eingezeichnet. Mit dem Sextanten wurde darauf der Winkel zwischen den beiden Feuern mit 24 Grad ermittelt. Dieser Winkel wurde an irgendeinem beliebigen Punkt der Peilungslinie mit einem Winkelmesser angelegt (Punkt A in

Abb. 72) und die sich ergebende Linie (A-B in der Abb.) mit dem Parallel-lineal vorgetragen, bis sie durch das Feuer von Sept Iles verlief. Wo sie die Peilung schnitt (P in der Abb.) war unser Schiffsort. Daraufhin waren wir in der Lage, unseren Kurs so zu berichtigen, daß wir die Tréguier Richtfeuer auf direktem Wege ansteuern konnten.

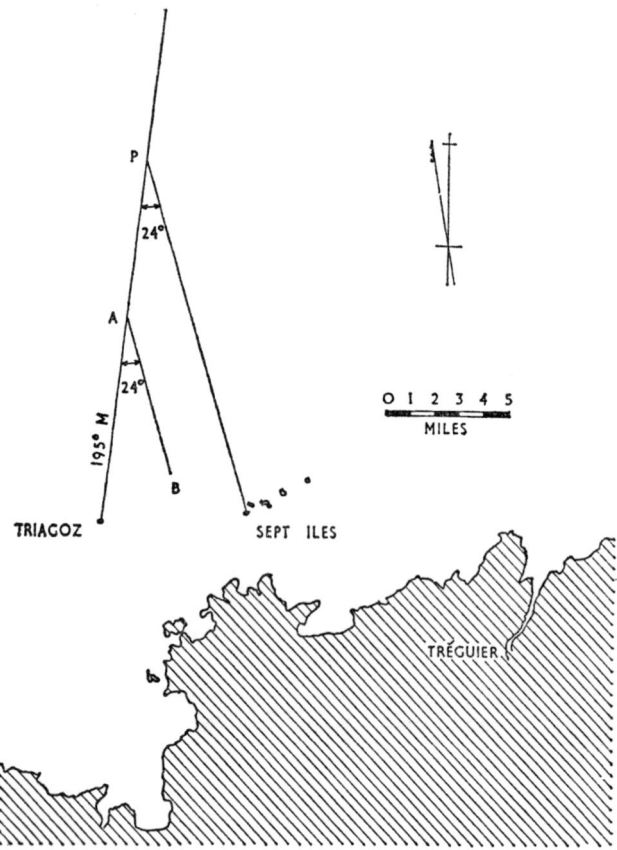

Abb. 72 — Besteckbestimmung durch eine Peilung in Verbindung mit einem Horizontalwinkel.

Sind drei Objekte in Sicht und alle drei auf der Karte verzeichnet, kann der Schiffsort mit großer Genauigkeit bestimmt werden, indem man mit dem Sextanten den Winkel zwischen dem ersten und zweiten und zwischen dem zweiten und dritten Objekt mißt. Die Schenkel eines Doppel-transporteurs werden dann um diese Winkel geöffnet und festgeklemmt. Man probiert dann mit dem Instrument auf der Karte solange, bis die

370

Kante jedes Schenkels an einem Objekt anliegt. Der Drehpunkt der Schenkel bildet dann den Schiffsort, der durch ein kleines Loch im Zentrum des Drehbolzens auf der Karte markiert wird. Es gibt nur eine Stelle auf der Karte, auf die der Doppeltransporteur so gelegt werden kann, daß seine drei Schenkel mit den drei Objekten zusammenfallen, ausgenommen den Fall, daß sich die drei Objekte und das Schiff allesamt auf oder fast auf einem Kreis des gleichen Radius befinden, wie in Abb. 73 dargestellt; hier ist die Methode wertlos, weil der Drehpunkt des Doppel-

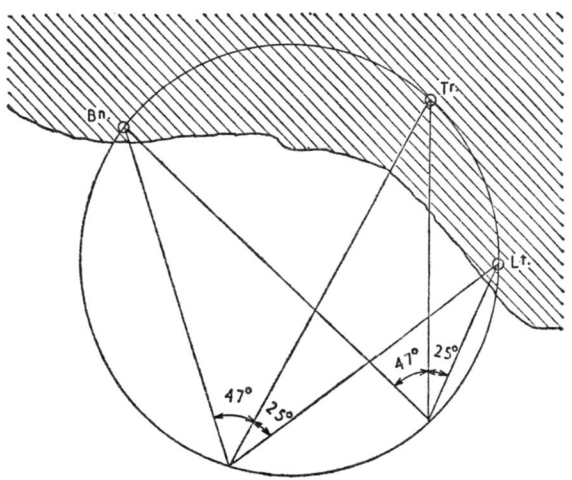

Abb. 73 — Ein Standort läßt sich durch Messung von Horizontalwinkeln nicht bestimmen, wenn sich die drei Objekte und das Schiff, wie hier gezeigt, allesamt auf oder fast auf einem Kreisbogen des gleichen Radiusses befinden.

transporteurs auf einem großen Teil des Kreisbogens bewegt werden kann, ohne daß die Schenkel die Berührung mit den Objekten verlieren.

Die Horizontalwinkelmethode zur Bestimmung des Schiffsortes wird auf Yachten selten benutzt, da es vom schwankenden Deck aus zu schwierig ist, Winkelmessungen (außer zwischen Feuern) vorzunehmen. In glattem Wasser ist diese Methode aber die genaueste von allen, und daher die beste, wenn es sich darum handelt, für Zwecke der Deviationsbestimmung den Standort mit Bezug auf Küstenobjekte festzustellen. Hierfür ist kein Doppeltransporteur nötig, da sich die Arbeit mit einem Douglas-Transporteur genausogut ausführen läßt. Man benutze die matte Seite des Transporteurs und ziehe mit einem Bleistift von seinem Zentrum aus die mit dem Sextanten ermittelten Winkel, aber in der entgegengesetzten

Richtung als sie gemessen wurden und verwende dazu die Zahlen in Kursivschrift, die rings um den Rand gegen den Sinn des Uhrzeigers eingraviert sind. Dann drehe man den Transporteur um, so daß die Linien auf der Karte aufliegen. Auf diese Weise vermeidet man die Parallaxe, die durch die Dicke des Transporteurs verursacht wird.

Es gibt zwei Methoden, um einzelne Standlinien unabhängig von Kompaß und Radio zu erhalten. Vielleicht ist es angebracht, sie jedenfalls zu erwähnen. Es gibt Gelegenheiten, wo man sich eine Reihenlotung zunutze machen kann, die in regelmäßigen und bekannten Abständen voneinander vorgenommen worden ist. Rechne die Lotungen auf Kartenangaben um und bringe sie nach dem gleichen Maßstab, welcher der Karte zugrunde liegt, auf ein Stück Papier, und zwar auf dem gleichen Kurs, auf dem die Yacht gesegelt ist, und zeichne einen Meridian ein. Lege das Papier auf die Karte und bewege es, den Meridian auf dem Papier stets in Parallele zu dem Meridian auf der Karte, herum, bis die Lotungen auf dem Papier mit den Tiefenangaben auf der Karte übereinstimmen. Dies ist ohne Echolot eine mühselige Arbeit, und bevor man sich auf eine so gewonnene Standlinie verläßt, muß die Karte sorgsam geprüft werden, ob es noch eine andere Stelle gibt, auf welche die Reihenlotung ebenfalls passen würde. Reihenlotungen dieser Art machen das Echolot als wertvolle Navigationshilfe jedoch keineswegs überflüssig, denn es gibt in Gewässern ohne isolierte Gefahrenstellen Gelegenheiten genug, Erhebungen anzuloten und sich an ihren Konturen entlangzutasten, bis man die gesuchte Durchfahrtsrinne gefunden hat.

Postdampfer halten sich dicht an bestimmte Dampfertracks. Kommt ein solcher Dampfer in Sicht und kennt man die von ihm befahrene Strecke, läßt sich sein Track als Standlinie auswerten. Tut man es aber, denke man gleichzeitig an den Mann, der hinter einer Themsebarge hersegelte in der Meinung, daß ihr Kapitän sein heimisches Gewässer wohl am besten kenne, um dann zu entdecken, daß sie auf Grund gesetzt wurde, um Sand zu laden.

Darf ich meine Leser, die sich für die Berechnung von Standlinien aus der Beobachtung von Himmelskörpern interessieren, auf mein Buch *Voyaging under Sail* (Segeln durch Sieben Meere) hinweisen, in dem die praktische astronomische Navigation ausführlich behandelt wird?

Abstandsbestimmung

Wenn nur ein einziges Objekt in Sicht ist, ergibt die Kompaßpeilung eine Standlinie; können wir aber die Entfernung des Objektes von der Yacht bestimmen und diese auf der Standlinie absetzen, so gewinnen wir einen Standort.

In den Entfernungen auf See täuscht man sich leicht; Schätzungen mit dem Auge werden durch die Höhe des Landes und bis zu einem gewissen Grade auch von der Klarheit der Luft beeinflußt. Wenn man das Land mit bloßem Auge oder durch das Fernglas betrachtet und feststellt, daß Land und See sich in einer klaren, ungebrochenen Linie treffen, so befindet sich die Küste unter dem Horizont; erblickt man aber eine unregelmäßige Linie mit kleinen, sich am Strand brechenden Wellen, dann ist die Küste näher als der Horizont. Durch Vergrößerung und Verkleinerung der Augenhöhe (bis die Wellen an der Küste eben sichtbar werden) und durch anschließende Messung der Augenhöhe über dem Wasserspiegel läßt sich die Entfernung aus der folgenden Tabelle entnehmen:

Augenhöhe	Abstand der Kimm
3 Fuß	2 Seemeilen
5 Fuß	2,5 Seemeilen
7 Fuß	3 Seemeilen
9 Fuß	3,5 Seemeilen
12 Fuß	4 Seemeilen
15 Fuß	4,5 Seemeilen
19 Fuß	5 Seemeilen
23 Fuß	5,5 Seemeilen
28 Fuß	6 Seemeilen

Taucht die Lichtquelle eines Feuers (der Schein ist unter Umständen erheblich weiter sichtbar!) in der Kimm auf, oder verschwindet auf Gegenkurs ein bis dahin sichtbares Feuer in der Kimm, so läßt sich der Abstand des Feuers nach einer Tabelle im Nautischen Almanach bestimmen. Man geht mit der Höhe des Feuers in Fuß (aus der Karte oder dem Almanach ersichtlich) und der Augenhöhe des Beobachters in die Tafel ein. Herrscht im Augenblick der Beobachtung nicht gerade Springhochwasser, so muß zu der Höhe des Feuers der Tidenstieg bis Springhochwasser hinzugezählt werden, denn die Höhenangaben in den Karten beziehen sich stets auf Springhochwasser. Bei ruhiger See zeichnet sich das Auftauchen oder Verschwinden eines Feuers in der Kimm in aller Schärfe ab und ist daher leicht festzustellen; steht der Beobachter, wenn das Feuer zuerst in Sicht kommt, so verschwindet es, sobald er sich hinsetzt.

Manchmal gibt auch eine Lotung ziemlich genauen Aufschluß über die Entfernung vom Lande, zumal wenn die Aushöhlung unten mit Talg gefüllt ist und eine Grundprobe heraufbringt. Ein Blick auf die Karte zeigt, ob die Lotung einen Anhaltspunkt liefern kann oder nicht.

Die beste aller Abstandsbestimmungen bei Tageslicht, wenn nur ein Peilobjekt zur Verfügung steht und seine Höhe bekannt ist, liefert die Messung des Höhenwinkels mit dem Sextanten. Miß den Winkel auf die nächste Minute genau von der Wasserlinie bis zur Spitze oder bis zum Zentrum der Lichtquelle, wenn es sich um einen Leuchtturm handelt. Addiere zur Höhe des Objektes die noch fehlende Differenz des Tidenstiegs bis zur Springhochwasserhöhe hinzu. Gehe mit dieser Summe und dem gemessenen Winkel in die entsprechende Tabelle des Almanachs ein, dem du den Abstand in Seemeilen und Zehntel-Seemeilen entnimmst. Eine Kompaßpeilung vervollständigt die Ortsbestimmung. Durch Anwendung dieser Methode läßt sich eine ziemlich große Genauigkeit erreichen, selbst bei Messung eines Berges, dessen Fuß unter dem Horizont liegt, vorausgesetzt, daß der Abstand zwischen Schiff und Bergspitze nicht mehr als doppelt so groß ist wie der Abstand zwischen Schiff und Horizont.

Eine der schwierigsten Navigationsaufgaben, vor deren Lösung sich der Fahrtensegler eines Tages gestellt sehen mag, ist die folgende: Er muß des Nachts ein Feuer in einem bestimmten Abstand passieren, ohne daß außer dem Feuer irgend etwas in Sicht ist, und zwar so, daß er zwischen dem Feuer und einer unbeleuchteten Gefahrenstelle sicher hindurchläuft. Als wir mit der *Wanderer III* innerhalb des Großen Barriere-Riffs an der Ostküste Australiens nordwärts segelten, mußten wir hin und wieder zwischen zwei Riffen oder niedrigen, mangrovenbewachsenen Inseln, die kaum zwei Meilen auseinanderlagen, hindurchpassieren. In jedem einzelnen Fall war nur eines der Riffe oder Inseln befeuert, so daß es von größter Wichtigkeit war, das Feuer im richtigen Abstand zu passieren. Hielten wir uns zu nahe an das Feuer, liefen wir Gefahr, auf das die Fahrrinne säumende Riff aufzulaufen, das gewöhnlich unterhalb des Feuers herausragte; hielten wir zu weit ab, riskierten wir, auf das unbeleuchtete Riff auf der anderen Seite der Durchfahrt zu stoßen. In solchen Fällen läßt es sich nicht vermeiden, daß ein Element des Zufalls oder Glücks die Navigation mitbestimmt und in dieser Hinsicht der jederzeitigen Kontrolle entzieht, ein Zustand, der sich nach meinem Gefühl bei der verantwortlichen Führung eines Schiffes von einem Ort zum anderen, eigentlich nie einstellen dürfte. Ich kenne jedoch keine einfache, narrensichere und zuverlässige Lösung für dieses besondere Problem. Wenn es einen für Gebrauch auf kleinen Yachten geeigneten Entfernungsmesser gäbe, erfüllte dieser wohl den Zweck, aber uns blieb nichts anderes übrig als mit jener alten Anweisung aus den Lehrbüchern klar zu kommen, nämlich den am Bug gepeilten Winkel zu verdoppeln.

Dieses Verfahren besteht darin, einen stetigen Kurs auf die Mitte der Durchfahrt zu halten (oder was wir jedenfalls annahmen und hofften, daß es die Mitte sein würde) und gleichzeitig mit dem Log die Distanz zu messen, die man zurückgelegt hat, bis sich der Winkel zwischen Kurs und Peilung des Feuers verdoppelt hat. Ohne Strom, Gezeiten, Abtrift oder ungenaues Steuern, entspricht die am Log bis zur Verdoppelung des Winkels registrierte Distanz der Entfernung vom Feuer im Augenblick, wo sich der Winkel verdoppelt. Sind Berichtigungen für Strom und Abtrift anzubringen, ist es natürlich die Distanz über Grund, die der Entfernung vom Feuer entspricht.

Eines Nachts näherten wir uns der Durchfahrtsrinne zwischen den Cairncross und Bushy Islets, zwei der zahlreichen, niedrigen Inselchen, die innerhalb des Großen Barriere-Riffs gelegen sind. Wir steuerten mw. 355 Grad und hatten den starken Südost-Passat achterlich einstehend; die Nacht war sehr dunkel. Keine von den beiden Inseln war auszumachen; als einziges war das Blitzfeuer auf Cairncross zu sehen. Um einen Kurs absetzen zu können, der in der Mitte zwischen beiden Inseln hindurchführte, wollten wir unseren genauen Schiffsort feststellen. Als das Feuer in etwa zwei Strich Steuerbord voraus lag (A in Abb. 74),

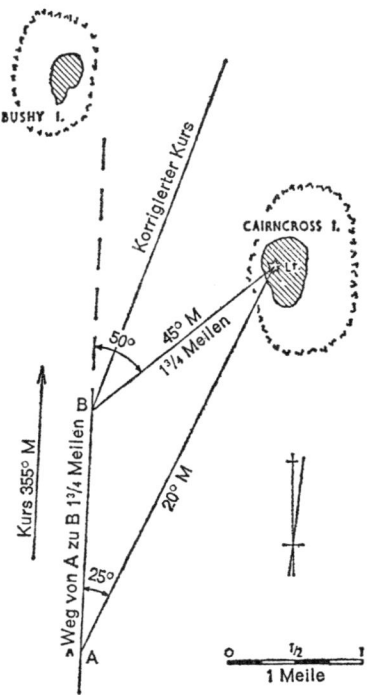

Abb. 74 — Verdoppelung des Winkels zwischen Kurs und Peilung
Eine nicht sehr zuverlässige Methode der Abstandsbestimmung, **aber oft die** einzige, die nachts übrigbleibt.

nahmen wir eine Peilung und lasen gleichzeitig das Log ab. Die Peilung lautete mw. 20 Grad, und da wir 355 Grad mw. anlagen, betrug der Winkel am Bug 25 Grad. Das Log zeigte 41 Meilen. Wir beobachteten ständig die Peilung des Feuers, und sobald sich der Winkel am Bug verdoppelt hatte, das heißt, als das Feuer in mw. 45 Grad peilte (von B aus in Abb. 74), lasen wir wiederum das Log ab: 42¾ Meilen. In diesem Augenblick betrug unser Abstand vom Feuer so viel wie die vom Punkt A nach B abgelaufene Distanz, nämlich 1¾ Meilen. Indem wir jetzt die Peilung des Feuers auf die Karte übertrugen und darauf eine Entfernung von 1¾ Meilen markierten, hatten wir unseren Schiffsort fixiert und konnten einen neuen Kurs auf die Mitte der Durchfahrt absetzen.

Diese Methode der Ortsbestimmung hat zwei schwache Seiten. Da erstens der Winkelzuwachs nur klein ist (in unserem Beispiel nicht mehr als 25 Grad) unterliegt die Bestimmung des Schiffsortes den üblichen Fehlern, die sich aus der Messung spitzer und stumpfer Winkel ergeben. Zweitens kann die wahre, während der Winkelverdoppelung abgelaufene Distanz infolge unbekannter Strömungen usw. von der Logablesung abweichen, so daß bei der Schiffsortbestimmung alles zusammen recht fehlerhaft sein kann.

Die Vierstrichpeilung ist ähnlich und besteht darin, das Log einmal abzulesen, wenn das Objekt vier Strich (45 Grad) voraus peilt, und das zweite Mal, wenn es querab (90 Grad) peilt; die zwischen den beiden Peilungen zurückgelegte Distanz ist dann gleich der Entfernung des Objektes, wenn querab. Da sich der Schiffsort aber erst ergibt, wenn das Objekt querab peilt, hat diese Methode keinen großen Wert.

Wenn bei einem Landfall ein Feuer oder irgendeine andere Landmarke unter Ausschluß jeder Möglichkeit einer Verwechslung in Sicht kommt, nimm eine Peilung, trage sie in die Karte ein und versuche, den Abstand zu bestimmen. Übertrage deinen Schiffsort nach Besteckrechnung auf diese Position oder mangels einer Abstandsbestimmung auf den nächstgelegenen Punkt auf dieser Standlinie. Befindet sich aber der Schiffsort nach Besteckrechnung ziemlich weit entfernt von der neuen Standlinie, so nimm die Karte wieder vor und prüfe, ob bei dem Peilobjekt nicht doch eine Verwechslung vorliegen kann, und lege die Peilung an andere in Frage kommende Objekte an; bestimme dann von jedem sich als möglich ergebenden Schiffsort die zu steuernden Kurse, um festzustellen, ob diese frei von Gefahrenstellen laufen. Liegt die Küste, der du dich näherst, niedrig oder weist nur wenige auffallende Landmarken auf, ist sie aber im übrigen gut befeuert, so ergibt sich als beste Zeit für einen Landfall die Zeit kurz vor Hellwerden. Dann muß es im allgemeinen möglich sein, den Schiffsort durch Kreuzpeilung zweier Feuer zu bestimmen, und man hat anschließend die Annehmlichkeit, den Hafen bei Helligkeit ansteuern zu können.

18

VERHALTEN BEI SCHWEREM WETTER

Wellen — Ruderführung bei schwerem Wetter — Beidrehen
Maßnahmen bei Sturm — Sturmbesegelung — Lenzpumpen

Wer einmal die „Klassiker" unter den Kleinbootseglern wie Joshua Slocum, R. T. McMullen, E. F. Knight und Claud Worth gelesen hat, oder die Berichte moderner Verfasser wie William Robinson, Peter Pye, Erroll Bruce und Peter Howard kennt, um nur einige wenige zu erwähnen, muß die Überzeugung gewonnen haben, daß eine gedeckte, gut konstruierte, stark gebaute und vernünftig getakelte Yacht, einerlei welcher Größe, auch einem starken Sturm gewachsen ist, vorausgesetzt, daß sie sich in tiefem Wasser befindet, genügend Seeraum hat und von erfahrener Hand geführt wird. Wenn so viele Segler sich auf einer Reise von der dauernden Sorge beunruhigen lassen, in schlechtes Wetter zu geraten, ist hierfür häufiger ein Mangel an Vertrauen in die eigenen Fähigkeiten als in ihre Yachten verantwortlich. Diese nie aufhörende Sorge, unter der auch ich viel gelitten habe, beeinträchtigt weitgehend die Freude an einer Kreuzfahrt. Ein Mann, der schon frühzeitig in seinem Seglerleben einen schweren Sturm erlebt und erfolgreich abgewettert hat, kann sich wahrhaft glücklich schätzen. Dabei wird niemand, der in dieser Lage gewesen ist, ernsthaft behaupten wollen, er hätte den Sturm genossen, oder von sich aus versuchen, diese Erfahrung zu wiederholen; aber es gibt keinen besseren Weg als diesen, völliges Vertrauen in die eigenen seemännischen Fähigkeiten zu gewinnen und vor sich die Wahrheit zu beweisen, die aus den folgenden Worten von R. L. Stevenson spricht:

Es ist ein Gemeinplatz, zu sagen, daß niemand für sich bürgen könne, bis er nicht auf die Probe gestellt worden sei. Es gibt aber eine andere Überlegung, die viel seltener ist, aber bestimmt ermutigender klingt, nämlich daß wir uns gewöhnlich viel tüchtiger und besser zeigen, als wir selbst gedacht haben. Ich glaube, daß jeder diese Erfahrung schon gemacht hat ... Ich wünschte, es hätte jemanden in meinem Leben gegeben, als ich noch jünger war, der mir Mut zum Leben eingeflößt hätte, denn mir wären viele Schwierigkeiten erspart geblieben; jemanden, der mir gesagt hätte, daß Gefahren nur aus der Ferne als unheilvoll drohend erscheinen, daß das Gute in der Seele eines Menschen sich nicht überwältigen läßt und ihn selten oder niemals in der Stunde der Not verläßt.

In der Presse erscheinen von Zeit zu Zeit Berichte über Unglücksfälle, von denen Yachten betroffen wurden. Man soll versuchen, sich die richtige Perspektive zu bewahren und daran denken, daß jedem Unglücksfall Hunderte von erfolgreichen Fahrten gegenüberstehen, über die nichts geschrieben wird, die aber ohne Zwischenfälle durchgeführt wurden. Eine Untersuchung der Katastrophenfälle zeigt, daß ihre Mehrzahl nicht auf das Versagen von Yachten oder ihrer Mannschaften zurückzuführen ist, sondern auf den Bruch irgendwelchen Geschirrs, zu dessen Reparatur keine Zeit verblieb oder die notwendigen Werkzeuge fehlten.

Wir dürfen uns aber durch solche Beispiele nicht entmutigen lassen, sondern sollten vielmehr aus ihnen lernen, daß die See nicht mit sich spielen läßt, daß man stets auf das Schlimmste gefaßt und entsprechend vorbereitet sein muß und keine Yacht als seetüchtig bezeichnet werden darf, wenn nicht jede Einzelheit ihrer Takelage und ihres Geschirrs gesund und stark ist und Ersatzteile für jede unvorhergesehene Havarie vorhanden sind. Hierbei handelt es sich keineswegs um kostspielige Maßnahmen, sondern vielmehr um gewissenhafteste Pflege des Materials und Vorsorge in allen Fragen des Details, die ich, wie ich hoffe, in Teil I dieses Buches klargemacht habe.

Wellen

Wenn der Wind an der Oberfläche des Meeres entlang streicht, versetzt er das Wasser in Schwingungen. Diese als Wellen, unter Seeleuten meistens als Seen bezeichneten Schwingungen, bewegen sich vorwärts in der Richtung, in welcher der Wind weht. Die in einer Welle enthaltene Wassermenge bewegt sich aber ebensowenig in horizontaler Richtung weiter, wie das Tuch einer im Winde flatternden Flagge. Abgesehen von einer kreisenden Bewegung der Wasserteilchen (voraus am Wellenkamm, zurück im Wellental), steigt und fällt der Wasserspiegel lediglich, und ein Schiff, das klein genug ist, sich den Wellen anzupassen und entweder still liegt oder sich nur langsam bewegt, steigt und fällt mit ihm. Die Vorderseite der sich entlang bewegenden Welle ist steiler als ihre Rückseite. Bei mäßigen Winden bildet sich oben auf der Welle eine kleine, vertikale Wasserwand, die man als Wellenkamm bezeichnet. Als Teil der Welle schwingt dieser mit ihr. Unter dem Druck des Windes kann der Kamm aber sein Gleichgewicht verlieren und nach vorne überstürzen. Dann bewegt sich die Wassermenge, aus der er besteht, tatsächlich vorwärts und kann sich über das Deck eines kleinen, im Wege liegenden Fahrzeugs ergießen. Überfallende Wellenkämme sind im allgemeinen harmlos; wachsen sie aber unter dem Einfluß starken Windes, so können sie schon einen gewissen Schaden anrichten.

Die Marschgeschwindigkeit der Wellen hängt weitgehend von der Stärke des Windes ab, der ihre Bildung verursacht. Nach von Seeleuten angestellten Beobachtungen scheint eine Geschwindigkeit von 25 Knoten das Maximum darzustellen. Daraus ist ersichtlich, daß ein Segelfahrzeug im Sturm und unter dem Druck der Segel den Wellen niemals voraneilen kann, obgleich eine Yacht unter bestimmten Voraussetzungen gelegentlich kurze Zeit ins Gleiten geraten und auf dem Wellenkamm mit der gleichen Geschwindigkeit wie die Welle reiten kann. Bei Nachlassen des Windes beruhigt sich die See natürlich nicht sofort; zwar verlieren die Wellen an Höhe, aber ihre Länge von Wellenkamm zu Wellenkamm bleibt unverändert, und sie setzen ihre Reise vielleicht Hunderte von Meilen als lange, langsam nachlassende Dünung fort, jedenfalls so lange, bis sie auf einen Wind aus anderer Richtung treffen. Auf hoher See läuft immer etwas Dünung, die aber so sanft sein kann, daß sie sich auf einem kleinen Fahrzeug kaum bemerkbar macht.

Die Wellenhöhe hängt ab von der Stärke des Windes, der Zeitdauer unveränderter Windrichtung und der offenen Seestrecke, die der Wind bereits zurückgelegt hat. Auf Grund des uns zur Verfügung stehenden, beschränkten Beobachtungsmaterials darf man annehmen, daß die Wellen im offenen Seeraum nur selten eine vom Wellental zum Wellenkamm gemessene senkrechte Höhe von 12 Metern übersteigen, und auch das nur bei sehr schweren Stürmen. Auf lotbaren Gründen, das heißt wo die Wassertiefe weniger als 100 Faden (1800 Meter) beträgt, ist die Wellenhöhe geringer. In der Nähe der Westküste von Irland und den Hebriden sind Wellen von 10,50 Meter Höhe und einer Länge von Kamm zu Kamm von über 90 Metern gemessen worden, während im Englischen Kanal und in der Nordsee Höhen von 4,50 bis 6 Metern etwa das Maximum darstellen, aber nur selten vorkommen. Für ein kleines Fahrzeug ist nun die Höhe der Wellen an sich nicht von unmittelbarer Wichtigkeit, höchstens daß die Segel im Wellental abgedeckt werden. Von Bedeutung sind dagegen die Steilheit der Wellen und die Größe ihrer Kämme.

Wenn eine Welle zu steil wird, wie es in schweren Stürmen oder bei ihrer Begegnung mit Untiefen oder Gezeitenströmen passiert, oder wenn sie das Kielwasser eines schnellaufenden Dampfers kreuzt, wird eine Welle, anstatt lediglich eine Störung zu bleiben, die sich durch das Wasser fortpflanzt, zu einer Masse sich wirklich vorwärts bewegenden Wassers, das mit größerer Geschwindigkeit vorwärts drängt als die eigentliche Welle. Sie wird zu einem Brecher, was etwas ganz anderes ist als ein überbrechender Kamm, womit der Landbewohner ihn oft verwechselt. Ein Brecher, der aus Tausenden von Tonnen sich vorwärts und abwärts bewegender Wassermassen bestehen kann, ist imstande, ein in seiner Marschrichtung befindliches Schiff zum Kentern zu bringen oder zu zertrümmern. Der vorsichtige Seemann nimmt sich daher in acht und sucht alle Gewässer zu vermeiden, wo Wellen brechen können und steuert sein Schiff so, daß sein Kielwasser die überholenden Wellen nicht stört.

Gerät eine Yacht auf einer Fahrt entlang der Küste in schlechtes Wetter, so muß ihr Kapitän sich entscheiden, entweder Schutz zu suchen oder auf See zu bleiben und das Wetter dort abzureiten. Bei fallendem Luftdruck und von Stunde zu Stunde höher laufender See ist die Versuchung groß, einen Hafen anzulaufen. Ist dieser Hafen aber an der Leeküste gelegen, noch dazu vielleicht mit einer Barre vor der Einfahrt, oder würde die Tide bei Eintreffen der Yacht bereits auslaufen, so wäre der Versuch, den Hafen noch zu gewinnen, ein gefährliches Unterfangen. Auf diese Weise sind mehr bretonische Fischerboote verloren gegangen als auf andere Art. Nur wenn die Hafenzufahrt an der Leeküste tiefes Wasser hat oder durch davorgelagerte Bänke, die man umsegeln kann, oder eine vorspringende Landzunge gut geschützt ist, natürlich auch dann, wenn der Hafen luvwärts gelegen ist, rechtfertigt sich der Entschluß, unter Schutz zu gehen. Gleichzeitig soll man aber nicht vergessen, daß Regen und Gischt die Sicht beschränken und das Anlaufen erschweren können. Entscheidet sich der Schiffsführer, auf See zu bleiben, dann muß er, so lange wie er es noch kann, versuchen, von der Küste freizukommen und genügend Seeraum zu gewinnen, um beidrehen oder sich vor Topp und Takel treiben lassen zu können, wenn das Wetter so schlecht wird, daß ihm keine andere Wahl bleibt. Aber in neun von zehn Fällen erreicht der Wind vor den britischen Küsten im Sommer keine solchen Stärken. Schon wenige Stunden später ist der Schiffsführer meistens froh, keine Zeit mit dem Aufsuchen eines Nothafens vergeudet zu haben.

Auf hoher See verbleibt einer Yacht außer einer Kursänderung, um dem Zentrum eines Tiefs auszuweichen, keine Handlungsfreiheit; das ist für den verantwortlichen Schiffsführer aber kein Grund, sich unnötig aufzuregen, denn die offene See verlangt von keinem Mann und von keinem gut ausgerüsteten Schiff das Unmögliche, außer unter Sturmverhältnissen, die selten sind. Es sind nur die Nähe des Landes und die flachen Gewässer, die Gefahren in sich bergen. Eine Yacht soll also ruhig so lange weitersegeln, wie sie es gefahrlos tun kann.

Vielleicht wäre es nicht unangebracht, an dieser Stelle auf die seelische Verfassung einer Yachtbesatzung einzugehen, die sich zum erstenmal einem ernsthaften Sturm auf See gegenübersieht. Befindet die Crew sich in guter körperlicher Form, kann es vorkommen, daß sie sich zunächst durch das Einsetzen eines Sturms in einen übermütigen Zustand versetzen läßt und einige Stunden lang tatsächlich Freude an dem Kampf mit Wind und Wellen empfindet. Aber wenn die Sturmbö nicht rasch vorübergeht, kommt mit Gewißheit der Zeitpunkt, wo die Mannschaft anfängt, des unaufhörlichen Tumultes unbeschreiblich müde zu werden. Die ununterbrochene Heftigkeit der Bewegungen, die prasselnden Schauer von Gischt, die dauernd von Luv über Deck fegen, das merkwürdig zischende Geräusch der sich längsseits am Schiff brechenden Wellenkämme, das Ächzen und Stöhnen des hölzernen Gefüges und das zitternde Erbeben der Yacht unter dem Anprall einer schweren See — alles dies kann auf die Dauer nicht ohne Wirkung bleiben. Vor allem trägt das Heulen des Windes in der Takelage, das in den Böen zu den höchsten Tonlagen anschwillt, vielleicht am stärksten dazu bei, Teilnahmslosigkeit, Gleichgültigkeit und das Bewußtsein äußerster Erschöpfung hervorzurufen. Gerade in solchen Augenblicken, noch dazu, wenn einige Mitglieder der Besatzung an Seekrankheit leiden, fangen die Gedanken an, sich sehnsüchtig mit dem nächsten, in Lee gelegenen Hafen zu beschäftigen, vorausgesetzt, daß sich ein solcher nicht zu weit entfernt befindet. Es liegt mir bestimmt fern, angehende Fahrtensegler ängstlich zu machen; ich glaube aber, daß es ihnen später hilft, sich vorher klargemacht zu haben, wie es auf einem kleinen Fahrzeug aussieht, das viele, viele Stunden lang der Gewalt der Elemente ausgesetzt ist. Sie werden besser gegen panikartige Gefühle gewappnet sein, die als Folge von körperlichen oder seelischen Erschöpfungszuständen auftreten können und sie gegen bessere Einsicht verleiten, eine Entscheidung wie das Anlaufen eines schwierigen Hafens zu befürworten, während sie in Wirklichkeit wissen, daß draußen zu bleiben und das Unwetter auf See abzureiten, richtiger wäre. Erfahrenere Segler sind sich der Fähigkeiten und der Grenzen ihrer selbst und ihres Schiffes besser bewußt. Nach dem ersten echten Zusammenstoß mit den Elementen beginnt der Anfänger, Vertrauen zu sich und dem Schiff zu fassen. Ich bin überzeugt, daß er es als große Hilfe empfindet, sich schon vorher auf das teuflische Geheul des Windes in der Takelage eingestellt zu haben, das Stunde auf Stunde an seinen Nerven zerrt und versucht, ihm den Mut zu rauben.

Steuern bei schwerem Wetter

Segelt eine Yacht bei auffrischenden Winden hoch am Wind, so kommt es selten vor, daß ihr Schiffsführer länger durchhält, als es zu verantworten wäre. Je stärker der Wind wird, um so härter wird die Yacht gepreßt, die Bewegungen nehmen an Heftigkeit zu, und ihr Deck wird von Gischt überschüttet, so daß die Segel rechtzeitig gerefft werden, um das Leben zu erleichtern. Der unerfahrene Segler refft eher zuviel, so daß sein Schiff an Manövrierfähigkeit einbüßt und er das Wetter infolgedessen für vielleicht schlimmer hält als es in Wirklichkeit ist. Häufig wird die Ansicht vertreten, daß der Rudergänger, wenn er eine besonders hohe oder steile See herankommen sieht, anluven und sie fast mit dem Bug gegenan und in verminderter Fahrt nehmen sollte. Da sich dieser Rat aber nachts, wenn man die Gestaltung der einzelnen Wellen nicht ausmachen kann, kaum befolgen läßt, sehe ich keinen Grund, warum man es am Tage tun sollte. Geht man bei sehr starkem Wind gegenan, wie es vorkommt, wenn man eine Luvküste ankreuzt, halte ich es für klüger, zu halsen als von einem Schlag zum anderen durch den Wind zu gehen, weil die Segel bei dem heftigen Schlagen im Wind beschädigt werden können. Natürlich ist dieses Manöver mit großer Vorsicht durchzuführen. Bei dem Versuch, sich von einer Leeküste freizukreuzen, muß man allerdings das Risiko, sich die Segel durch Schlagen zu beschädigen, in Kauf nehmen, da beim Halsen zu viel hart erkämpfte Höhe verloren geht.

Bei auffrischendem Wind und höher laufender See kann man bei halbem oder raumem Wind nicht lange so weitersegeln wie hoch am Wind, denn die Wellenkämme brechen jetzt gegen die Luvbordwand, fegen über Deck und prasseln in die Segel. Allein durch die Gewalt des Anpralls kann eine kleine Yacht auf die Seite gelegt werden. Auch hier wird der Schiffsführer wahrscheinlich seinen Kurs nicht weiter fortsetzen, nachdem es so gefährlich geworden ist, obgleich er bei Tage durch Anluven oder Abfallen vor den schlimmsten Seen oder durch abwechselndes Segeln bald hoch am Wind, bald raumschots noch eine Weile länger auf seinem Kurs verharren kann, wenn er dafür besondere Gründe hat.

Erst beim Segeln vor einem an Stärke zunehmenden Sturm und vor nachfolgender schwerer See bedarf es aller Urteilsfähigkeit, um zu entscheiden, wie lange man noch mit gleicher Geschwindigkeit weitermachen darf. Es ist nur natürlich, daß man bei günstiger Windrichtung den Wunsch hat, so weit wie möglich voranzukommen, denn eine der größten Freuden des Fahrtenseglers besteht darin, das Beste aus seinem Fahrzeug herauszuholen und schnelle Reisen zurückzulegen. Dieses Gefühl, hoch- und vorausgetragen zu werden, wenn die anrollende See die Yacht auf ihre Schultern nimmt, dieser atemlose Rausch des Reitens auf dem Wellenkamm inmitten eines Schwalls von weißem Gischt und die ruhigeren Augenblicke, wenn die Yacht den Wellenrücken hinab in das Wellental gleitet, nur um von der nächsten See wieder emporgehoben und mitgerissen zu werden — das alles ist so begeisternd schön, daß, wer es einmal erlebt hat, es nie wieder vergessen kann. Verständlich, daß niemand an

Bord Lust hat, durch Herabsetzung der Fahrt auch nur einen Augenblick der Herrlichkeit solcher Segelei zu verpassen, bevor es nicht zwingend notwendig wird. Wenn Wind und Seegang zulegen, und die Wellen größere Kämme bilden, wird man feststellen, daß die Yacht längere Zeit oben auf jeder Welle reiten bleibt und schwerer auf Ruder zu halten ist, und wenn ihr Heck hochgerissen wird, eine starke Neigung zu zeigen beginnt, quer zum Seegang aufzurunden, das heißt aus dem Ruder zu laufen und querzuschlagen. Die Ursache hierfür liegt zum Teil in der nicht ausbalancierten Segelführung (die man durch das Setzen eines kleinen Spinnakers verbessern oder ausgleichen kann), hauptsächlich aber in dem Umstand, daß das Heck, auf oder fast auf dem Wellenkamm reitend, von der Vorwärtsbewegung des Wassers vorausgeschoben wird, während der Bug, tief unten im Wellental vergraben, von dem Wasser festgehalten wird, das sich wie oben erwähnt, in der entgegengesetzten Richtung bewegt. Alles das ist als Warnungszeichen zu betrachten, daß es Zeit geworden ist, die Segel zu verkleinern; sobald dies geschehen ist, wird man sehen, daß es wieder leichter wird, die Yacht auf Kurs zu halten, und daß jeder Kamm rasch und harmlos unter ihr hinwegläuft. Legt der Wind aber weiter zu und wird es von neuem schwierig zu steuern, müssen die Segel noch einmal verkürzt werden. Schließlich tritt der Moment ein, in dem es unmöglich wird, weiter zu reffen oder wo weiteres Reffen nicht mehr die gewünschte Wirkung erzielt; wo die Seen unmittelbar achteraus ein steiles und drohendes Aussehen annehmen und höhere Kämme tragen als anderswo. Fährt man unter solchen Bedingungen fort, ein Schiff voranzupressen, kann es geschehen, daß das Kielwasser die nachfolgende See zum Brechen bringt oder die Yacht, allen Anstrengungen des Rudergängers zum Trotz, querschlägt. In beiden Fällen sind die Folgen katastrophal; Luken und Oberlichter geraten in Gefahr, eingeschlagen zu werden, oder die Yacht wird über die Seite gerollt. In seinem Buch *Once is enough* (Einmal ist genug) schildert Miles Smeeton, wie furchtbar ein solches Erlebnis ist.

Eine große Yacht mit guter Rumpfform mag noch lange Zeit gefahrlos weiterlaufen, wenn ihre kleinere Schwester die Fahrt schon hat herabsetzen müssen. Allerdings kann eine kleine, gut balancierte Yacht moderner Bauweise und mäßigen Deplacements unter Verhältnissen in Fahrt gehalten werden, die man noch vor zwanzig Jahren für vernichtend gehalten hätte. Unsere Hochseerennyachten haben das immer wieder bewiesen. Erroll Bruce, Skipper der 12-Tonnen-Yacht *Belmore* im Transatlantikrennen 1960, schrieb dazu:

„Die Sensation zu erleben, wie unser Schiff mit einer Geschwindigkeit, die alle bisherigen Erfahrungen übertraf, von den Seen getragen voranschoß, war überwältigend ... Es war, als galoppierte man auf einem Pferd, das zu lange im Stall gestanden und dessen Steigbügel man verloren hat, einen steilen Abhang herab, dessen weiterer Verlauf eine noch steilere Senkung den Blicken entzog. Ritt man mit der *Belmore* auf dem heranrauschenden Wellenkamm, blieb Ruderlegen genauso unwirksam wie das Zerren am Zügel eines durchgehenden Pferdes ... Manchmal stürmte *Belmore* los, brauste an die dreißig Sekunden unkontrollierbar durch wirbelnden Gischt, bis sie von der See überrollt wurde und wieder anfing, dem Ruder zu gehorchen."

Bei aller Bewunderung für solchen Mut, werden wenige Fahrtensegler den Wunsch haben, mit dieser Art Leistung zu wetteifern, denn viele Fahrtenyachten lassen sich wegen ihrer ungeeigneten Rumpfform nicht ohne Gefahr so hart segeln und nur wenige verfügen über genügend große und ausgebildete Mannschaften, die fähig wären, ihr Schiff auf diese erregende und aufreibende Weise voranzupressen.

Maßnahmen bei Sturm

Ein Versuch, Regeln für die Handhabung von Yachten unter Sturmverhältnissen aufzustellen, wäre ein törichtes Unterfangen, denn zu viel hängt ab von der Größe und dem Typ des betreffenden Fahrzeuges, der Situation, in der es sich gerade befindet, der Stärke und Erfahrung seiner Mannschaft und den zur Zeit vorherrschenden Bedingungen von Wind und See. Die nachfolgenden Aufzeichnungen, weitgehend fußend auf meinen eigenen Erfahrungen mit Yachten von 8 Tonnen und kleiner, dürfen daher lediglich als Anregungen betrachtet werden, auf Grund derer jeder nach eigenem Ermessen handeln muß.

Stürmen kann man auf vielerlei Weise begegnen: Beidrehen unter Segel; Treibenlassen vor Topp und Takel, also ohne daß ein Segel gesetzt wird; Ablaufen unter gerefften Segeln oder bloßen Masten, evtl. mit Trossen achteraus im Schlepp; Liegen vor Treibanker.

Um beizudrehen, werden die Segel, soweit notwendig, gerefft, das Vorsegel wird gewöhnlich backgeholt, um den Vorwärtspreß des Großsegels (oder Besans) auszugleichen, und das Ruder wird in Lee festgelascht. Dieses Verfahren verringert die Geschwindigkeit durchs Wasser, so daß die Yacht nur wenig oder gar keine Fahrt macht. So nimmt sie leicht die anrollenden Seen, die gefahrlos unter ihr hinwegrollen. In der Praxis wird der Begriff „Beidrehen" ziemlich ungenau gebraucht und auf unterschiedliche Stadien dieses Manövers angewendet. Liegt das Ziel einer Yacht zum Beispiel in Luv, und schlimmer noch, befindet sich eine Yacht auf Legerwall, wird der Skipper keine Neigung haben, mehr Höhe zu verlieren als unbedingt nötig ist. Er wird sich daher bei Ausbruch eines Sturms zunächst darauf beschränken, das Vorsegel gerade so weit backzuholen, daß das Schothorn in Luv des Mastes steht, im übrigen aber sein Schiff mit vielleicht 1,5 bis 2 Knoten vorausgehen lassen, bei einer Abtrift von etwa 4 Knoten. Wenn allerdings Wind und See zulegen, ergibt sich die Notwendigkeit, die Fahrt durch weiteres Backholen des Vorsegels noch mehr abzustoppen, ein neues Reff im Großsegel einzubinden und das Ruder noch weiter in Lee festzulaschen.

Man wird feststellen, daß jede Yacht, beigedreht genau wie in Fahrt, ihre besonderen Eigenarten hat; nur durch praktische Versuche läßt sich herausfinden, welche Kombination von Segeln, welche Segelstellung und wieviel Ruderlage ihr am besten bekommen. Manche Yachten, wie zum Beispiel der 5-Tonnen-Kutter *Cardinal Vertue,* in welchem David Lewis den Nordatlantik hin und zurück überquerte, und mein eigener 8-Tonnen-Kutter *Wanderer III* ähnlichen Typs, liegen am besten ohne Vorsegel, nur unter dichtgerefftem Groß- oder Trysegel. Yachten mit einem verhältnismäßig langen Kiel liegen im allgemeinen ruhig; sie sorgen für sich selbst und geben der Mannschaft eine Chance, sich zu erholen. Andere, meist kleinere Yachten mit schlanken Rumpfformen liegen bei starken Winden schlecht beigedreht und fangen immer wieder an, zu viel Fahrt voraus zu machen. Wenn man eine Yacht nicht dazu bringen kann, ruhig beigedreht liegenzubleiben, sondern die Yacht hin und her schert, so daß sie bald quer zum Wind liegt, bald mit flatternden Segeln in den Wind schießt, ist sie entweder für das Beidrehen ungeeignet oder Wind und See sind zuviel für sie.

Erreicht der Sturm Windstärke 9, ist wahrscheinlich die Zeit gekommen, sich bar aller Segel vor Topp und Takel treiben zu lassen. Auch hierbei benehmen sich verschiedenartige Fahrzeuge auf unterschiedliche Weise. Ich bin aber davon überzeugt, daß die Mehrzahl bei in Lee festgelaschtem Ruder quer zur See oder schräge vor der See treiben, sehr wenig Fahrt voraus machen und eine starke Abtrift entwickeln. Diese Abtrift erzeugt in Luv eine glatte Wasserschicht — ganz ähnlich wie Öl sie hervorruft —, die bemerkenswerte Schutzeigenschaften hat, insofern als sich die Wellenkämme der anstürmenden Seen bei Erreichen der Fläche totlaufen. Es ist anzunehmen, daß eine Yacht geringen Tiefgangs, die also schneller nach Lee treibt, auch eine wirksamere Schutzfläche hinterläßt als ein Fahrzeug mit tiefem Kiel. Macht die Yacht jedoch zu viel Fahrt voraus, wie es bei Hochseerennyachten und auch bei Kreuzeryachten mit mehr Windfang achtern als vorn leicht vorkommen kann, bleibt die glatte Wasserschicht in Luv achteraus zurück und gewährt infolgedessen nicht mehr den richtigen Schutz. — Man sagt, daß breitseits vor Topp und Takel treibende Yachten zu heftig rollen. Das widerspricht jedoch meiner eigenen Erfahrung, es sei denn, daß man sich noch weiter treiben läßt, nachdem der schlimmste Sturm sich schon ausgeweht hat. Vielmehr habe ich beobachtet, daß der Wind solange er noch hart genug weht, durch seinen Druck auf Mast und Takelage die Rollbewegungen genauso hemmt wie durch seinen Druck auf die Segel, und daß das Fahrzeug, obschon rollend, doch nie über die Vertikale hinaus nach Luv überholt.

Es ist möglich, daß eine Yacht auch bei Windstärke 10 noch breitseits treibt, aber das ist schon ein starker Sturm, und wenn er längere Zeit anhält, wird die Situation recht ernst. Dann gibt es meiner Ansicht nach nur noch eine Sicherheit versprechende Maßnahme, nämlich unter blanken Masten vor dem Wind zu lenzen. In dieser Lage, mit dem Heck zum Wind, bietet der Rumpf den Elementen das geringste Angriffsziel, und da das Schiff Fahrt voraus macht, wird das Ruder keiner unnatürlichen Beanspruchung ausgesetzt. Vor dem Winde ablaufen würde man natürlich sowieso, wenn der Kurs der Yacht bei Ausbruch des Sturms ein Vorwindkurs war, was den Vorzug hat, daß alle gutgemachte Distanz in die gewünschte Richtung führt. Das ist für die Moral an Bord ein wichtiger Punkt, denn wenige Dinge entmutigen auf See mehr, als infolge harten Wetters Zeit zu verlieren, es sei denn, man brauchte dringend eine Ruhepause, um wieder Kräfte zu sammeln. Das Lenzen erfordert aber einen kräftigen und wachsamen Rudergänger, denn unter Verhältnissen, wie sie hier zur Diskussion stehen, ist es zwingendes Gebot, die Yacht genau mit dem Heck zu jeder überholenden See zu halten; sonst droht erhöhte Gefahr, breitzuschlagen. Für den Rudergänger gibt es kein besseres Leitgefühl als den Wind im Nacken und an den Ohren zu spüren, aber er muß auf der Hut bleiben vor jedem plötzlichen Windumschlag, vor allem des Nachts, und sollte häufig seinen Kurs am Kompaß überprüfen.

Wenn man den Eindruck gewinnt, daß die Yacht, selbst unter nackten Masten, noch mehr Fahrt macht, als mit der Sicherheit vereinbar ist, wenn sie also längere Zeit, ohne auf das Ruder zu reagieren, oben auf den Wellenkämmen reitet, und die Seen achteraus gleichzeitig anfangen, gefährlich steil zu werden, läßt sich ihre Geschwindigkeit durch die Verwendung von nachgeschleppten Trossen herabsetzen. Die längste und schwerste an Bord befindliche Trosse wird über das Heck ausgebracht, und ihre Tampen auf beiden Seiten des Achterschiffs belegt, so daß die Trosse in einer Bucht nachschleppt. Man kann dafür auch einzelnes Tauwerk mit zusammengebündelten Fendern oder Rettungsringen, kurz, alles benutzen, was Widerstand bietet und als Bremse wirkt. William Robinson zeichnet in seinem Buch *To the Great Southern Sea* ein ausgezeichnetes Beispiel dieses Verfahrens auf, als seine zwanzig Meter lange Brigantine *Varua* in den hohen Breitengraden des Südpazifik vor einem

Sturm ablief, den er so treffend als den „ultimate gale" (den letztendlichen Sturm) bezeichnet. Daß nachgeschleppte Trossen eine glättende Wirkung auf die überholenden Seen ausüben, wird glaubwürdig versichert, aber ich selbst kann auf keine eigenen Erfahrungen zurückblicken.

Eine geringe Menge richtig ausgebrachten Öls scheint eine bemerkenswert beruhigende Wirkung auf die Wellen im freien Seeraum, aber eine nur unerhebliche Wirkung auf Brandungswellen auszuüben, wenn nämlich die Auflösung der Wellenform schon eingesetzt hat. Es eignet sich fast jede Art von Öl, mit Ausnahme von Petroleum; je schwerer es ist, und je wärmer das Wasser, um so größer ist seine Wirkung. Es wird empfohlen, zur Verteilung des Öls Leinensäcke mit einem Inhalt von ca. 2 Litern zu benutzen, und diese an Enden auszubringen, die lang genug sind, daß die Säcke einige Meter vom Schiff entfernt schwimmen. Vorher müssen sie mit einer Segelnadel an mehreren Stellen angestochen werden, damit das Öl nur langsam entweicht. Da das Öl emulgiert, ist es vielleicht von Zeit zu Zeit erforderlich, neue Löcher in den Sack zu stechen. Als die *Varua* sich in ihrem „ultimate" Sturm befand, wurde Öl aus zwei Säcken auf jeder Seite ausgelassen und gleichzeitig stetig durch ein WC nach draußen gepumpt. Robinson berichtet zwar, er wisse nicht genau, welchen Nutzen das Öl in Wirklichkeit gebracht hätte, aber er stand doch unter dem Eindruck, daß die Seen sich weniger häufig am Schiff, sondern meistens schon kurz davor brachen. Ich könnte mir denken, daß jeder, der wie ich, schon einmal bei Sturm in einen von einem alle guten Sitten verachtenden Tanker ausgepumpten Ölschlamm geraten ist, gern darauf verzichtet, Öl, außer in Seenotfällen, zu verwenden, denn die oberste vom Wind davongetragene Wasserschicht bespritzt das ganze Schiff und versetzt es in einen unbeschreiblichen Zustand, abgesehen davon, daß die Ölschicht das Deck schlüpfrig und damit höchst gefährlich macht.

Es gibt eine ganze Literatur, die sich mit Seeankern beschäftigt, diesen kegel- oder pyramidenförmigen Segeltuchsäcken, deren Öffnung durch einen Metallreifen oder durch Querstangen auseinandergehalten wird und die, an einer Trosse ausgebracht, ähnlich wie eine Bremse die Fahrt des Schiffes durchs Wasser hemmen.

Ich habe Seeanker bei verschiedenen Gelegenheiten benutzt, teile aber die Meinung anderer Fachleute, daß ihre Verwendung außer unter besonderen, weiter unten erwähnten Verhältnissen wenig zufriedenstellend ist. Der weitverbreitete Glaube, daß ein vom Vordersteven aus zu Wasser gebrachter Seeanker den Kopf einer Yacht im Wind hält, ist schon so häufig widerlegt worden, daß man sich nur wundern kann, wie langlebig solche Ansichten sind. Einerlei, wie groß man den Seeanker macht, eine Yacht legt sich immer quer oder fast quer zur See, so lange achtern nicht ein vernünftiges Stützsegel gesetzt worden ist. Unter den in solchen Situationen vorherrschenden Windverhältnissen erleidet ein solches Segel selbst oder sein Gut bald Schaden, abgesehen davon, daß das Segel während seiner kurzen Funktionsdauer seinen eigentlichen Zweck nur ungenügend erfüllt. Da die Yacht vor Seeanker reitend Fahrt achteraus macht, kommen auf das Ruder sehr große Kräfte zur Wirkung. Ich bin davon überzeugt, daß der Seeanker auf jeder Yacht normalen Typs mit abgerundetem Stevenanlauf und tiefer Kielhacke (ausgenommen sind die doppelendigen Rettungsboote oder kanuförmige Fahrzeuge wie die *„Tilikum"* von Voss) übers Heck ausgebracht werden muß, wenn er seinen eigentlichen Zweck, die Yacht im Wind zu halten, erfüllen soll. Man braucht dann nicht mehr der natürlichen Neigung der Yacht, vom Winde abzufallen, entgegenzuwirken, und da sie jetzt mit dem Steven voran treibt anstatt mit dem Heck, ist das Ruder nicht mehr durch übermäßige Beanspruchung gefährdet.

Ein selbstlenzendes Cockpit bleibt jedoch eine wünschenswerte Einrichtung. Der Niedergang muß so wasserdicht verschalt werden können wie nur möglich und vor allem stärker konstruiert sein als es nur zu oft der Fall ist.

Ich habe auf obige Weise ganz sicher vor Treibanker gelegen, während andere nicht so gute Erfahrungen damit gemacht haben. Es ist nämlich durchaus eine offene Frage, ob es überhaupt ratsam ist, eine Yacht so starr gegen die anlaufende See festzuhalten. Ich bin nicht der Meinung und glaube, daß es viel sicherer ist, weiter zu lenzen und Trossen nachzuschleppen, um die Fahrt innerhalb vertretbarer Grenzen zu halten. Es gibt auf der anderen Seite Umstände, die eine Verringerung der Abtrift leewärts zu einer zwingenden Notwendigkeit machen, wenn man überleben will — wenn zum Beispiel Gefahren wie Land, Untiefen oder Stromschnellen in dieser Richtung drohen. Ich benutzte einmal aus dieser Veranlassung einen Seeanker, als wir uns den Tonga-Inseln näherten; er hemmte unsere Fahrt so weit (bis auf 1,5 Knoten herunter), daß es gefahrlos erschien, etwas quer zum Wind zu steuern. Auf diese Weise liefen wir von einer kleinen Insel und einem Riff klar, die beide in Lee lagen. Das hätten wir niemals ohne großes Risiko bewerkstelligen können, wären wir unter bloßen Masten mit 5,5 Knoten Fahrt gelenzt; selbst mit

---

Tafel 54

A. Ein mit hoher Fahrt nachgeschlepptes Dingi kann allerlei Dummheiten anstellen und verursacht außerdem erheblichen Wasserwiderstand. Bei schlechtem Wetter läuft es Gefahr, verlorenzugehen oder beschädigt zu werden. **B.** Beiboote sollten an Deck gefahren werden, am besten mittschiffs, kieloben oder — **C.** kielunten. **D.** Auf vielen modernen Yachten ist man wegen des Deckshauses gezwungen, das Dingi auf dem Vorschiff unterzubringen, wo es aber unter Umständen den Zugang zur Vorluke versperrt und bei der Arbeit auf dem Vordeck stört.

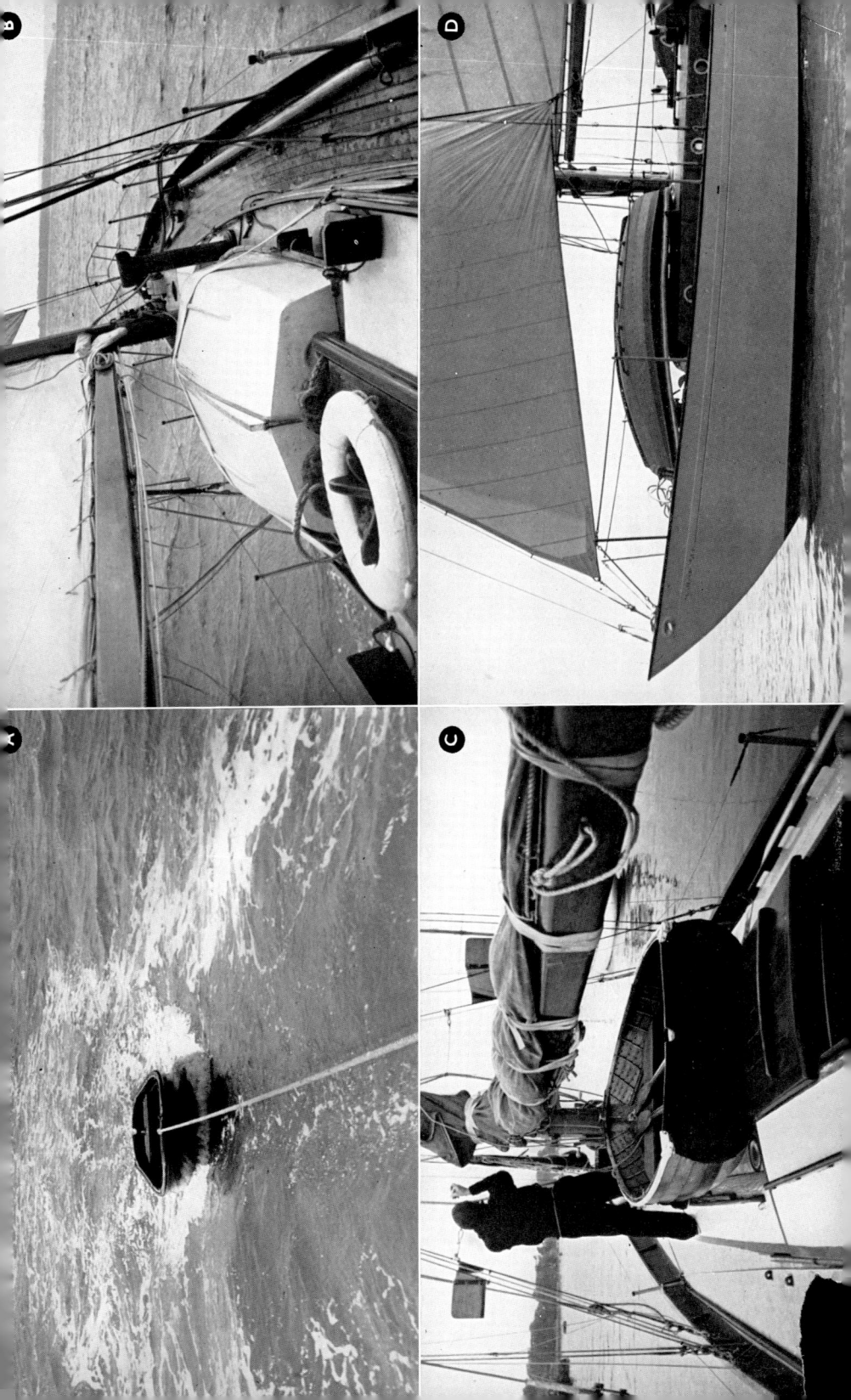

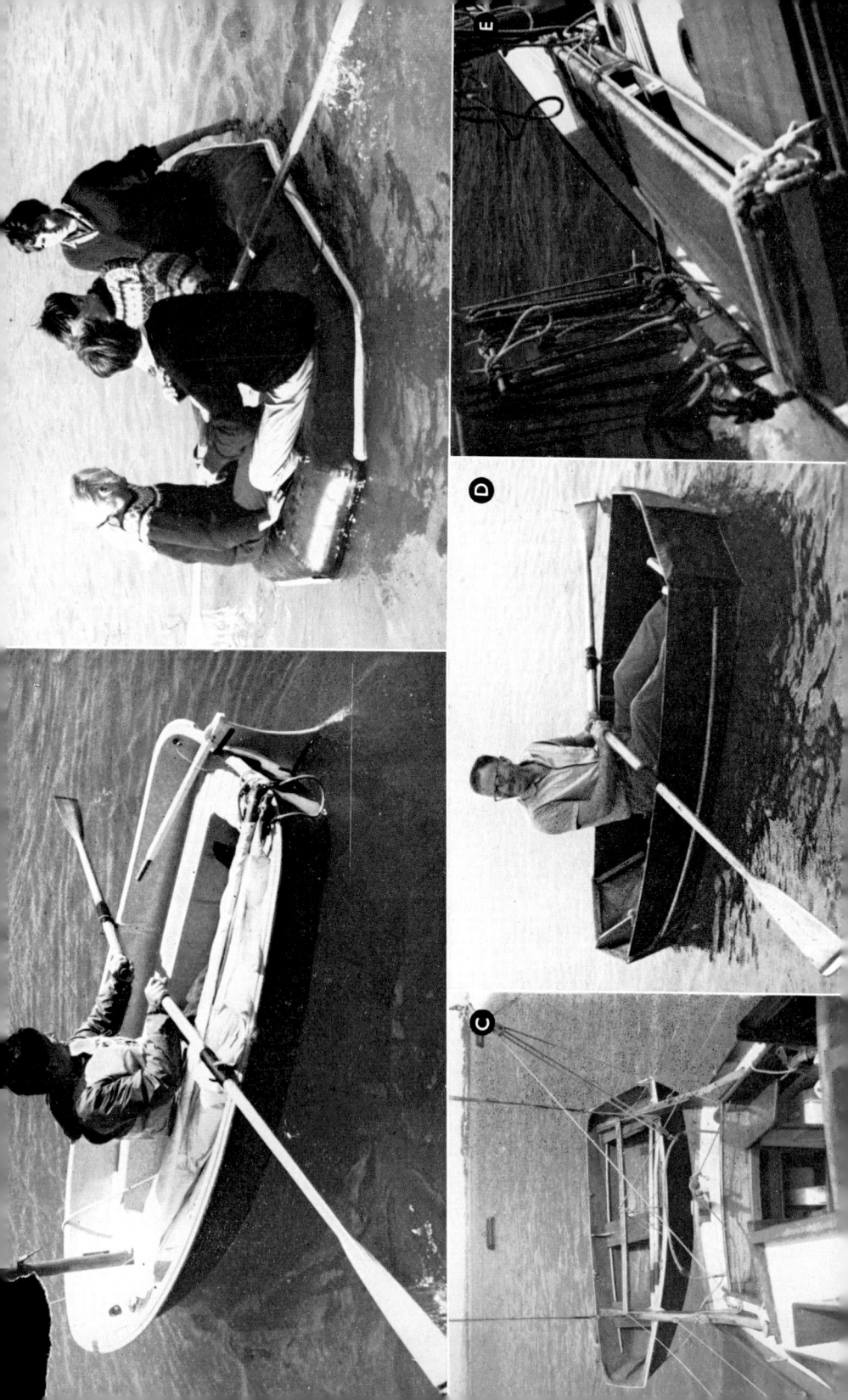

allem an Bord verfügbaren Tauwerk und Schlepp hätten wir unsere Fahrt nicht um ebensoviel verringern können. Auch bei einer anderen Gelegenheit war ich froh, einen Seeanker zu haben, als nämlich Wind und Seegang zu wild waren, um sich einfach vor Topp und Takel treiben zu lassen; außerdem hatte ich mich verletzt und mußte es meiner Frau überlassen, mit der Situation fertig zu werden. Der Seeanker hielt uns damals mit dem Heck voran gegen die See, ohne daß jemand am Ruder zu stehen brauchte. Heutzutage würde ich nur noch in solchen und ähnlichen Situationen daran denken, einen Seeanker zu verwenden. Bei dieser Gelegenheit möchte ich noch hinzufügen, daß ein Seeanker mit seinem dazugehörigen Geschirr, wenn er überhaupt von Nutzen sein soll, so kräftig konstruiert sein muß, wie es nur denkbar ist. Die Beanspruchung ist sehr, sehr groß, und die Gefahr des Schamfilens droht während der ganzen Zeit seines Einsatzes.

Unter lange andauernden stürmischen Bedingungen auf hoher See glaube ich, daß Überleben oder Katastrophe letzten Endes von der Größe einer Yacht abhängen; eine gute, große Yacht hat bessere Chancen als eine ebenso gute, aber kleine Yacht. Damit will ich sagen, daß es, zumal in den höheren Breiten der südlichen Hemisphäre, zweifellos Seen gibt, die so hoch und steil sind und mit so heftiger Gewalt brechen, daß eine kleinere Yacht, sagen wir unter 30 Tonnen, einfach unter ihnen begraben wird, einerlei, welche Maßnahmen die Crew zu ihrer Sicherheit ergriffen hat. Diesen Bereich der Weltmeere mit einem kleinen Fahrzeug zu durchsegeln, setzt Glück voraus und erfordert recht viel Mut.

Sturmbesegelung

Bevor man auf breiter Front dazu überging, Terylene für die Herstellung von Segeln zu verwenden, konnte man Großsegel, die auch bei leichtem Wetter wirksam ziehen sollten, nicht aus so starkem Tuch anfertigen, daß sie auch stürmischen Winden gewachsen waren. Infolgedessen setzte man an ihrer Stelle Trysegel, starke, aber kleine Segel. Ein Trysegel bestand gewöhnlich aus schwerem, ringsherum mit Lieken versehenem

---

Tafel 55
A. Dingi aus glasfaserverstärktem Polyesterharz mit eingebauten Auftriebskästen. *B.* Einer der vielen Typen aufblasbarer Schlauchboote, die sehr wenig wiegen, starke Belastung ertragen und, entleert, wenig Platz an Deck beanspruchen. *C.* Ein flaches Prahmdingi in Knickspantbau wird am Heck der *Lone Gull II* in festen Davits gefahren (Maurice Griffiths stellte mir dieses Foto liebenswürdigerweise zur Verfügung). *D.* Das zusammenlegbare Dingi von Prout mit Bordwänden aus Holz, Spiegel und Boden aus Segeltuch. *E.* In zusammengelegtem Zustand läßt es sich vollkommen flach, kaum 10—15 cm hoch, auf dem Kajütsdach verstauen.

Flachstuch, das geloht wurde, um es gegen den Befall von Stockflecken zu schützen, da es doch die längste Zeit weggestaut liegenblieb. Eine Kreuzeryacht unserer Tage ist mit ihrem Großsegel aus Terylene nicht mehr auf ein Trysegel angewiesen, da ein entsprechend gerefftes Terylenesegel imstande ist, jeder Windstärke, in der eine Yacht überhaupt noch Segel führen kann, ohne Beschädigung standzuhalten. Trotzdem ist es richtig, ein Trysegel als notwendige Reserve mitzuführen für den Fall, daß das Großsegel zerreißt oder nicht so weit verkleinert werden kann, wie die Verhältnisse es fordern. Letzteres kann zum Beispiel bei Verwendung eines Patenttreffs vorkommen, bei dem der Baum nach einer Anzahl von Umdrehungen anfängt, achtern so weit herunterzuhängen, daß er mit dem Deckshaus oder anderen Hindernissen unklar kommt. Da ein Trysegel ohne Baum gesetzt wird, wird die Yacht ferner vor dem Wind oder raumschots von den Beanspruchungen entlastet, die entstehen, wenn der Baum durch das Wasser pflügt.

Hat man sich für ein Trysegel entschlossen, besteht keine Veranlassung mehr, dieses Sturmsegel aus schwerem Flachstuch herstellen zu lassen, wenn das bedeutend leichtere und stärkere Terylene den Zweck viel besser erfüllt (Vorschläge für die jeweiligen Tuchstärken auf S. 60). Natürlich muß man bei Terylene die üblichen Vorsichtsmaßnahmen beachten, um ein Durchschamfilen der Nähte zu verhüten. Ferner halte ich es für ein kluges Verfahren, durch den Liekensaum ein kräftiges Ende zu scheren, so daß man die Lieken, wenn notwendig, zusammenziehen kann, um ihr Flattern zu unterbinden, das im Sturm das ganze Schiff vibrieren läßt. Das geht nicht nur der Mannschaft auf die Nerven, sondern schadet auch dem Segel und seinem Gut.

Bevor das Trysegel gesetzt wird, muß erst der Baum mit dem darauf festgemachten Großsegel zuverlässig auf dem Baumgalgen festgelascht werden. In Abwesenheit eines Galgens muß die Baumnock auf das Achterschiff gesenkt und dort gesichert werden. Bevor man dieses unternimmt, müssen aber die Schlitten oder Mastringe am Unterteil des Vorlieks abgenommen oder freigeschnitten werden, da sich das Segel sonst durch den Zug vertrimmt.

Da es sich bei dem Trysegel um ein Segel handelt, das vielleicht nur ein- oder zweimal im Jahr benutzt wird, lohnt sich meiner Ansicht nach kein eigenes, stehenbleibendes Spezialgeschirr wie ein besonderes Fall oder ein Jackstag. Und doch ist bei Verwendung des Segels unterwegs auf hoher See, das Großsegel zu bergen und festzumachen und anstatt dessen das Trysegel zu setzen, bei der Heftigkeit der Bewegungen ein so schwieriges und auch gefährliches Geschäft, daß alles Geschirr denkbar einfach und wirksam sein muß. Bei einer gaffelgetakelten Yacht dürften hier keine Schwierigkeiten entstehen, denn der Kopf des Trysegels (das natürlich hochgetakelt ist, da heutzutage niemand mehr Lust hat, sich mit einem gaffelgetakelten Trysegel herumzuschlagen) wird am Klaufall geheißt und sein Vorliek kann am Mast angereiht werden, da es nicht über die Saling hinauf reicht. Oder man befestigt es am Mast auf die Irving-Johnson-Methode. Hierbei werden kurze Enden in jedes zweite Gattchen eingespleißt, jedes Ende einmal um den Mast geholt und durch das nächste Gattchen geschoren, wo es durch einen Achterknoten gesichert wird. Klotjes sind nicht erforderlich, da der diagonale Verlauf der Enden dafür sorgt, daß sie sich nicht am Mast festziehen. Auf hochgetakelten Yachten befürworte ich, unabhängig von ihrer Größe, den Gebrauch des Großfalls für das Trysegel, um das Gut nicht zu komplizieren und zusätzliche Schamfilung zu vermeiden. Dabei muß das Umschäkeln des Falls von einem zum anderen Segel achtsam und energisch vorgenommen werden; sonst reißt sich das Fall los, fliegt aus der Hand und vertörnt sich im Zweifelsfall mit anderem Gut: eine hoffnungslose Situation ist die Folge. Das Trysegel-Vorliek muß oberhalb des unteren Salingpaars Rutscher haben, die auf die Großsegelschiene (oder eine eigene Trysegelschiene) passen. Allerdings ist es, wenn es hart weht, keine einfache Sache, die Schlitten einzuführen; es empfiehlt sich daher, für den unteren Teil des Vorlieks eine Reihleine zu verwenden, oder nach der oben beschriebenen Johnson-Methode zu verfahren. Um zu erreichen, daß die Schot im richtigen Winkel am Segel angreift, ist es wichtig, darauf zu achten, daß das Trysegel beim Setzen jedesmal bis zur vorgeschriebenen Höhe geheißt wird. Der Halsstrecker muß daher die richtige Länge haben; die Höhe, in der der Hals zu stehen kommen soll, wird am Mast am besten mit einem farbigen Band markiert.

Ich habe versucht, die Schoten als Taljen zu riggen, aber dabei können die oberen Blöcke beim Setzen des Segels oder beim Wenden oder Halsen gefährlich werden. Ich ziehe daher einpartige Schoten vor, die durch Blöcke auf beiden Seiten des Achterdecks und von dort nach vorn an die Vorsegelwinschen laufen. Sollten die Schoten an dem aufgetuchten Großsegel schamfilen, so müssen entsprechende Schutzmaßnahmen ergriffen werden. Überhaupt können Schamfilgefahren während eines Sturms nicht sorgfältig genug beobachtet und kontrolliert werden, denn verschiedenes laufendes Gut verändert sich unter Trysegel in seiner Führung, und schnell kann ernsthafter Schaden entstehen, bevor man es weiß.

Sturmklüver und Sturmfock sind natürlich kleinere Vorsegel als üblich und aus etwas schwererem Tuch gefertigt. Es ist ratsam, die Sturmvorsegel so zu schneiden oder sie mit einem Halsstander solcher Länge zu versehen, daß sich die Segel ohne weiteres mit den Schoten der gewöhnlichen Amwindsegel holen lassen.

Bei starkem Wind sorgt der kluge Segler dafür, daß keines seiner Segel länger als notwendig im Winde schlägt. Schaden entsteht nämlich nur durch das lose Flattern und nicht etwa durch die Stärke des Winddrucks.

Lenzpumpen

Eine gute Lenzpumpe, an einer Stelle angebracht, wo sie auch bei schlechtem Wetter leicht zu bedienen ist, gehört zu den unentbehrlichen Ausrüstungsgegenständen jeder Yacht. Wenn ein Fahrzeug viel Wasser macht oder leckgeschlagen ist, hängt die Sicherheit des Schiffes und seiner Mannschaft nur von dem Vorhandensein einer wirksamen Lenzpumpe ab. Bevor man aber anfängt, sich über die Lage des Rohrabflusses Gedanken zu machen, muß man sich erst darüber klarwerden, daß die Arbeit um so schwerer wird, je größer der Hub ist.

Die einfachste Pumpenart besteht aus einem vertikalen Zylinder, in dem ein Kolben auf und ab gleitet. Es ist eine unbequeme Arbeit, diesen Kolben hochzuziehen und herunterzudrücken. Der Kolben und das untere Zylinderende sind mit einseitig arbeitenden Ventilen versehen, die — und das ist wichtig — zu Reinigungszwecken leicht erreichbar sein müssen. Die Pumpe darf nicht im Seitendeck eingebaut werden, wo ihre Bedienung bei Krängung des Fahrzeuges schwer oder sogar unmöglich wäre, sondern nur im Cockpit. Ein wie bei den alten Dorfpumpen auf einer senkrechten Stütze angebrachter Handhebel (der sich außer Gebrauch abnehmen läßt) erleichtert die Pumpenarbeit wesentlich.

Der einzige Vorzug einer Handflügelpumpe besteht darin, daß sie sich ohne jede Schwierigkeit an jeder geeigneten Stelle anbringen läßt. Sie verschleißt aber schnell und wird leicht durch Fremdkörper außer Funktion gesetzt. Wird sie querschiffs eingebaut, bleibt das Leeventil leicht offen stehen, wenn die Yacht überkrängt, und dann arbeitet die Pumpe nur noch mit halber Kraft. Ein am Ansaugrohr unmittelbar unter der Pumpe angebrachtes Ventil, das man nach Gebrauch schließt, macht ein Angießen der Pumpe überflüssig. Oder das Saugrohr wird oberhalb der Pumpe herumgebogen, um einen Wassersack zu bilden, in dem stets etwas Wasser zurückbleibt.

Ich ziehe mit Abstand die Membranpumpe vor. Die biegsame Membrane hat eine lange Lebensdauer, und ihre großen, einfachen Ventile sind nicht so leicht außer Funktion zu setzen. Genau wie die Handflügelpumpe läßt sich die Membranpumpe an jeder geeigneten Stelle einbauen, braucht jedoch nicht angegossen zu werden. Die Bedienung erfolgt durch einen in vertikaler oder horizontaler Ebene arbeitenden Hebel. Zwei gut bekannte Fabrikate dieses Typs sind die Whale-Gusher- und die Henderson-Pumpen (Tafel 52, A, B und C).

Die von Simpson Lawrence entwickelte Kreiselpumpe hat eine größere

Kapazität als alle anderen für Yachtgebrauch konstruierten Typen, muß aber an der tiefsten Stelle der Bilge eingebaut werden (Tafel 52 D), da sie nur arbeitet, wenn ihre Grundfläche von Wasser bespült wird. Zur Betätigung der Kreiselpumpe wird eine Kurbel senkrecht durch ein kleines Loch im Kajütsfußboden an die Pumpe gesteckt. Durch Drehung der Kurbel in horizontaler Ebene wird die Kreiselpumpe über ein Zahntriebwerk zur schnellen Rotation gebracht. Sie schafft 30 Gallonen (136 Liter) pro Minute und hebt das Wasser 4 Fuß hoch (1,22 m). Sie schafft, bei allerdings verminderter Pumpenleistung, auch bis zu 6 Fuß (1,80 m). Bei noch größerer Höhe wird die Pumpenarbeit außerordentlich schwer und läßt sich von niemandem längere Zeit leisten. Der Pumpenausfluß muß daher durch ein Loch in der Bordwand eben über der Wasserlinie erfolgen und durch ein Seeventil verschließbar sein, wenn die Pumpe nicht benutzt wird. Die Pumpe selbst besitzt keine Ventile um den Rückfluß des Wassers zu verhindern.

Die nachstehende Übersicht gibt für jede der oben genannten Pumpen die annähernde Förderleistung in Gallonen pro Minute (1 Gallone = 4,5 Liter).

Typ und Fabrikat	Durchmesser des Ansaug- u./oder Abflußrohres	Gallonen pro Minute
Kolbenpumpe „Whale"	1 Zoll	6
Kolbenpumpe „Whale"	1¼ Zoll	10
Handflügelpumpe	1 Zoll	9
Handflügelpumpe	1¼ Zoll	11
Membranpumpe „Henderson"	1¼ Zoll	8
Membranpumpe „Whale Gusher"	1½ Zoll	15
Kreiselpumpe „Vortex"	1¼ Zoll	30

Mit Ausnahme der Kreiselpumpe, in die ein eigenes Sieb eingebaut ist, muß das Saugrohr jeder Bilgepumpe an seinem unteren Ende mit irgendeiner Art Saugkorb versehen werden, um zu verhindern, daß Fremdkörper angesaugt werden und die Pumpe außer Betrieb setzen. Ein Stück um das Rohrende befestigte Drahtgaze genügt nicht, da diese kleine Fläche sich schnell verstopft. Das Rohr muß vielmehr in einem Saugkorb reichlicher Größe enden, von dem wenigstens die eine Seite mit Löchern durchbohrt ist. Das Rohr muß biegsam sein und so weit freiliegen, daß sein Ende zusammen mit dem Saugkorb zur Reinigung aus der Bilge herausgehoben werden kann. Es genügt keineswegs, den Saugkorb lediglich in Reichweite zu haben, denn wenn einmal gefährliche Wassermengen in die Bilge gelangen oder ein ernsthaftes Leck entstanden ist, schwimmt die Bilge rasch voller Unrat und Fremdkörper wie von aufgeweichten Dosenetiketten usw., und dann wird eine schnelle und häufige Reinigung zur zwingenden Notwendigkeit. Eine flachbodige Yacht wird am besten mit zwei Saugrohrleitungen ausgerüstet, jede mit einem Seeventil und zu entgegengesetzten Seiten der Bilge führend, so daß die Pumpe bei gekrängter Yacht auch von der Leeseite saugen kann. Auf solchen Yachten genügt schon eine kleine Menge Bilgewasser, um in die unteren Schubladen zu laufen.

19

FAHRTENSEGELN

Küstenfahrt — Hochseereise — Einhandsegeln
Wohlbefinden der Crew — Hafenansteuerung und Festmachen

Vielen Menschen bereitet es Freude, auf Flüssen, in Mündungsgebieten oder Buchten spazierenzusegeln, jede Nacht an einem anderen Ankerplatz, der vielleicht nur wenige Meilen vom letzten entfernt liegt, zu verbringen und Nebenarme und Seitengewässer zu erforschen. Früher oder später regt sich aber wohl bei jedem der Wunsch, an entfernteren Küsten zu kreuzen und diese mit dem geringsten Zeitverlust zu erreichen, so daß man sich zu einer Reise entlang der Küste oder über das offene Wasser entschließen muß. Die Fahrtensegelei hat eine ihr eigene Anziehungskraft. Es ist wohl einer der schönsten Sports, ein seetüchtiges Fahrzeug Tag und Nacht so schnell voranzubringen, wie es sich ohne Risiko verantworten läßt; das Wetter zu nehmen, wie es kommt; sich nur auf die eigene Navigationskunst zu verlassen und völlige Unabhängigkeit vom Lande zu genießen. Und wenn man dann nach wenigen Tagen oder auch nach einer längeren Zeit auf See neue, unbekannte Gewässer erreicht hat, ist die Abenteuerlust gestillt und das Herz von Stolz auf die Leistung und von Freude über das erreichte Ziel erfüllt.

Küstenfahrt

Es ist immer ein guter Beginn, sich die Karten schon einige Zeit vor der Ausreise zu besorgen und sie in Ruhe zu studieren. Auf diese Weise macht man sich mit ihnen vertraut und kann später ohne Zeitverlust alles finden, was man braucht. An Bord muß sich eine ausreichende Sammlung von allgemeinen und Spezialkarten befinden, und zwar nicht nur von den Gewässern, in denen man beabsichtigt zu segeln, sondern auch von solchen Küsten und Häfen, die man unter Umständen anzulaufen gezwungen ist. Außerdem muß eine Übersichtskarte vorhanden sein, die vom Abgangspunkt bis zum Ziel reicht, oder auch mehrere Karten, von denen jede zwei hervortretende, auffällige Landzungen, Landmarken oder Wendepunkte enthält; denn obgleich man den Schiffsort von einer

Spezialkarte auf die andere übertragen oder den zu steuernden Kurs der Koppeltafel entnehmen kann, geben diese Methoden weder eine Vorstellung von dem augenblicklichen Schiffsort im Verhältnis zur Umgebung noch die Möglichkeit, die ganze Situation optisch abzuwägen. Der Schiffsführer muß vor Antritt der Reise die zu steuernden Kurse einzeichnen und sich darüber schlüssig werden, was er im Falle schweren Wetters oder Nebels unternehmen will. So ist er auf jedes mögliche Ereignis vorbereitet und kann ruhig seine Entscheidungen treffen.

Hat man einmal einen bestimmten Tag für die Abreise festgelegt, so sollte man, wenn das Wetter nicht ganz unhandlich ist, seinen Start nicht verschieben, denn jeder Aufschub ist der Stimmung an Bord abträglich.

Sind Hafen oder Ankerplatz, von wo eine Yacht auslaufen soll, so gelegen, daß eine Rückkehr jederzeit möglich ist, dann lohnt es sich, zu starten und festzustellen, wie das Wetter draußen aussieht; häufig wird man es nicht so schlecht antreffen, wie man annehmen zu müssen geglaubt hatte. Dagegen ist es ohne Rücksicht auf die Größe des Fahrzeugs unseemännisch, bei dickem, unsichtigem Wetter oder mit einer kleinen Yacht bei heftigem Gegenwind auszulaufen, während ein mäßiger Gegenwind kein stichhaltiger Grund für einen Aufschub wäre, denn schon etwas weiter draußen weht vielleicht ein günstigerer Wind.

Meistens bestimmt in Gewässern mit Gezeiten die Tide den Zeitpunkt des Ablegens. Unter Umständen braucht man auslaufenden Strom, um aus dem Hafen herauszugelangen. Kann man aber den Hafen dank eines starken, günstig stehenden Windes oder eines nur schwachen Tidenstroms jederzeit verlassen, oder hat man sich entschlossen, den Motor anzustellen, so ist es in vielen Fällen besser, bei Gegenstrom zu starten in der Erwartung, den mitlaufenden Strom später an einer wichtigeren Stelle, zum Beispiel vor einer markanten Huk oder in einem engen Fahrwasser besser nutzen zu können. Keine Gelegenheit darf versäumt werden, sich den Tidenstrom nutzbar zu machen. Da die Strömung am stärksten unter der Küste und um vorspringende Landzungen herum setzt, dagegen verhältnismäßig schwach in den Buchten, ist es oft zweckmäßig, von der Küste abzustehen, um dem Gegenstrom vor einer Landzunge zu entgehen und dann das Stillwasser der nächsten Bucht anzusteuern, eine Taktik, die sich beim Kreuzen außerordentlich bezahlt machen kann. Aus einer

---

Tafel 56
Willst du mit deinem Dingi längsseits gehen, nähere dich der Yacht in einem Winkel von 45 Grad. *B.* Hast du noch gerade genug Fahrt, um die Yacht zu erreichen, höre auf zu pullen, lege den Innenriemen mit dem Riemenblatt nach vorn in das Dingi und streiche den anderen Riemen, worauf *(C.)* das Dingi herumschwoit und sich ohne Fahrt längsseits legt. Nimm sofort die Innendolle heraus, um nicht die Bordwand zu beschädigen.

396

mitlaufendes Tide läßt sich der größte Nutzen ziehen, wenn man sich dicht unter den Küstenvorsprüngen hält; allerdings ist Vorsicht überall da angeraten, wo es Stromkabbelungen und kurze Brecher über Untiefen gibt. Beim Kreuzen entlang einer Küste unter Ausnutzung eines mitlaufenden Stroms läßt sich oft ein beträchtlicher Vorteil daraus gewinnen, daß man eine Yacht so lange wie möglich auf dem Schlag segelt, der die Tide auf den Leebug bringt. Der Druck des Stroms gegen die Leeseite neutralisiert die Abtrift und versetzt die Yacht, wenn der Strom hart läuft, buchstäblich nach Luv.

Liegt das Ziel, oder der nächste Punkt, den es zu runden gilt, genau im Wind, so lohnt es sich nicht, weit von dem direkten Kurs abzuweichen, es sei denn, daß man eine Änderung der Windrichtung erwartet oder andere Umstände wie eine günstige Tide oder glatteres Wasser zu berücksichtigen sind. Wähle den günstigen Schlag und halte dich auf ihm, bis er um etwa 5 Grad der weniger günstigere wird. Dann ist es Zeit zu wenden und auf dem anderen Bug weiterzusegeln, bis auch dieser um etwa 5 Grad wieder der weniger günstigere wird. Auf diese Weise hält sich die Yacht innerhalb eines Gebietes von 5 Grad auf jeder Seite des direkten Kurses. Der Grund hierfür ist einfach: Dadurch, daß die Yacht sich von dem direkten Kurs nur wenig entfernt, wird jeder Wechsel in der Windrichtung einen von den beiden Schlägen günstiger gestalten als den anderen, und wenn die Yacht sich nicht bereits auf diesem Bug befindet, kann man sie sofort darauf legen, um Vorteil daraus zu ziehen.

In Abb. 75 will eine Yacht in A gegen den Wind nach Z segeln; der Wind weht genau gegenan in der Richtung ZA. Nehmen wir an, daß eine Yacht unter Berücksichtigung der Abtrift einen Kurs von 50 Grad zum wahren Wind anliegen kann und über Steuerbordbug startet. Sie segelt bis B, von wo das Ziel Z 55 Grad über den Luvbug peilt. Sie wendet und segelt auf Backbordbug, bis das Ziel bei Z wiederum in 55 Grad über den Luvbug peilt und so fort. Besteht gar keine Aussicht auf eine Änderung der Windrichtung, so könnte die Yacht, wenn ihr Führer es möchte, Z auch in zwei langen Schlägen erreichen und nur einmal in X wenden. Es ist aber nicht klug, auf die Stetigkeit des Windes zu speku-

---

lieren, um so weniger dann, wenn nichts damit zu gewinnen ist. Angenommen zum Beispiel, daß der Wind, wenn die Yacht X erreicht hat, tatsächlich umspringt und 45 Grad zurückdreht: Dann befände sich Z wiederum genau im Wind und die Yacht wäre nun weit im Nachteil gegenüber einer anderen Yacht, die sich nahe am Kurs gehalten hat und Z nunmehr mit einem Schlag anliegen kann. Wenn der Wind, anstatt zurück-

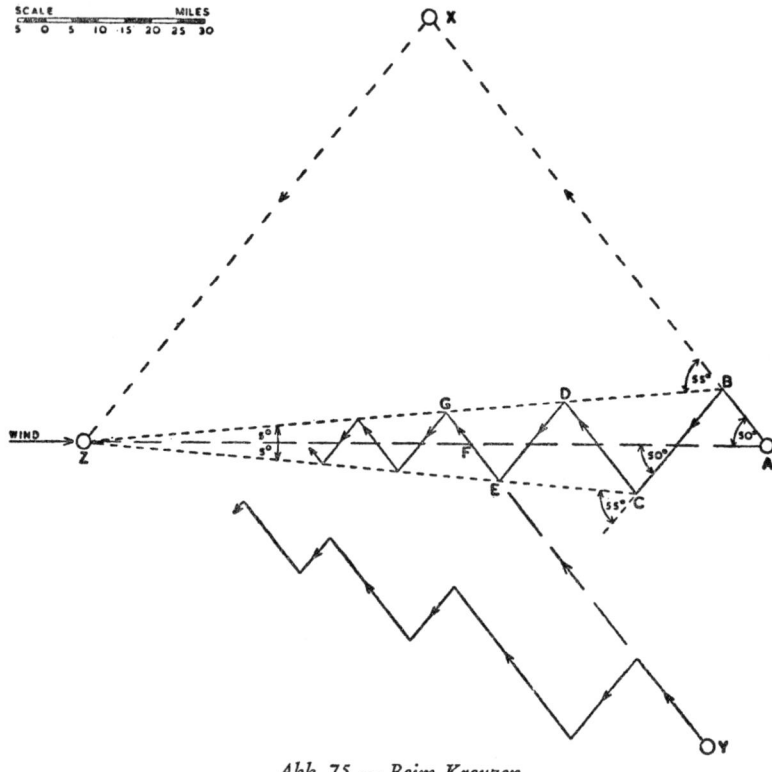

Abb. 75 — Beim Kreuzen

Wenn man einen Richtungswechsel des Windes nicht mit Gewißheit erwartet, darf eine Yacht auf ihren Kreuzschlägen den direkten Kurs zum Ziel auf keiner Seite weit überschreiten. Auch eine in Y befindliche Yacht sollte sich in Lee des Zieles begeben und es von dort in kurzen Schlägen ankreuzen. Sie wird dann von jedem Richtungswechsel des Windes begünstigt.

zudrehen, um 45 Grad ausschießen würde, so könnte die Yacht von X aus natürlich Z raumschots anliegen, während die andere Yacht für Z hart an den Wind gehen müßte; dafür aber hätte die Yacht bei X, wie aus der Zeichnung hervorgeht, eine viel größere Entfernung abzusegeln.

Eine Yacht in Y mit dem gleichen Bestimmungsort Z und im gleichen Abstand davon befindet sich gegenüber der Yacht in A im Vorteil. Sie kann zwei Kurse wählen: sie kann entweder in langen und kurzen Schlägen kreuzen, ohne sich weit von dem direkten Kurs zu entfernen, oder sie kann auf Steuerbordbug verbleiben, bis sie G erreicht und Z über den Luvbug in 55 Grad peilt, um dann in gleichgroßen Schlägen denselben Kurs zu verfolgen wie die Yacht von A. In beiden Fällen versegelt sie die gleiche Anzahl von Seemeilen, befindet sich aber gegenüber der Yacht von A in einem Vorteil, der auf die Differenz zwischen den Distanzen ABCDEF und YF hinausläuft, und sie wird diesen Vorsprung gegenüber der Yacht von A beibehalten, unabhängig davon, ob sich der Wind später ändert. Hält sie sich dagegen in der Nähe ihres ursprünglichen direkten Kurses nach Z, so wird sie immer noch, wie vorher, den gleichen Vorteil gegenüber der Yacht von A genießen, solange die Windrichtung konstant bleibt, sich aber im Vergleich mit der Yacht von A in einer schlechteren Position befinden, wenn der Wind ausschießt.

Läßt man einmal Umstände wie Tidenströmungen, geschütztes Wasser usw. außer acht, dann sollte eine nach einem luvwärts gelegenen Ziel bestimmte Yacht, einerlei wo ihr Abgangsort liegt, so lange auf dem günstigsten Schlag segeln, bis dieser um etwa 5 Grad der ungünstigere wird, und sich dann weiter an ihr Ziel in Schlägen heranarbeiten, die sich jeweils um 5 Grad über den direkten Kurs hinaus ausdehnen. (Es liegt auf der Hand, daß die Schläge zunehmend kürzer werden, je näher das Ziel kommt, und daß die 5-Grad-Regel entfällt, sobald die Schläge zu kurz werden.) Ist aber ein Windwechsel mit einiger Sicherheit zu erwarten, so sollte die Yacht mehr zu der Seite des Kurses hinüberstehen, von welcher der Wind voraussichtlich kommt. Macht der Wind Anstalten, auszuschießen, dann muß die Yacht zur rechten Seite des Kurses hinüberstehen, jedoch nicht so weit, daß ein evtl. eintretender Windwechsel ihr erlauben würde, das Ziel mit mehr als leicht geschrickten Schoten anzuliegen.

Viele Leute geben sich bei ihrer Küstensegelei erhebliche Mühe, den Bestimmungsort noch bei Tageslicht zu erreichen. Das erfordert, wenn es sich nicht um eine ganz kurze Fahrt handelt, einen sehr frühen Start, vielleicht sogar schon vor dem Frühstück. Aber selbst dann kann es vorkommen, daß man das Ziel — weil der Wind inzwischen weggeblieben ist — erst nach Dunkelheit erreicht und dann um so größere Schwierigkeiten hat, den Hafen anzulaufen und einen Platz zu finden. Abgesehen von einer kurzen Reise, die sich unter Umständen tagsüber erledigen läßt, bin ich daher der Ansicht, daß es besser ist, am Abend loszusegeln und lieber eine Nachtfahrt in Kauf zu nehmen, um mit Sicherheit am Tage anzukommen. Vorausgesetzt, daß sich Dampfertrecks vermeiden lassen und sich keine unbeleuchteten Bojen oder Gefahrenstellen auf oder in der Nähe des Kurses befinden, ist eine Nachtfahrt weder schwieriger noch riskanter als eine Fahrt am Tage. Außerdem darf man bei gutem Wetter nahe unter der Küste auf günstigen, ablandigen Wind rechnen.

Bei einer noch unerfahrenen Besatzung ist es ratsam, bei Einbruch der Dunkelheit alle großen Leichtwettersegel zu bergen und die Stunden der Dunkelheit unter handigen Segeln zu verbringen. Der erfahrene Segler dagegen, der sich selbst, seiner Mannschaft und seinem Schiff vertrauen kann, wird keinen Augenblick zögern, bei Tag und bei Nacht so viele Segel zu setzen, wie sein Schiff vertragen kann; er ist der Mann, der schnelle und zufriedenstellende Reisen zurücklegt und seinem Sport die größten Freuden abgewinnt.

In der Absicht, so schnell wie möglich zu dem gewählten Kreuzrevier zu gelangen, müssen alle Häfen vermieden werden, außer wenn besondere Gründe vorliegen, sie anzulaufen. Erweist sich eine Unterbrechung als notwendig, um auf eine günstige Tide oder das Abflauen eines starken Gegenwindes zu warten, dann tut man besser, auf offener Reede unter dem Schutz eines Vorlandes zu bleiben, von wo man bei Besserung der Bedingungen unverzüglich wieder ankerauf gehen und den alten Kurs fortsetzen kann. Als Beispiele solcher offenen Reeden oder Ankerplätze unterwegs nenne ich an der Südküste von England die Downs, Dungeness Ost- und Westreede, Start Bay und Perran Vose Cove in der Nähe von Lizard. Wenn man sich über Nacht auf offener Reede vor Anker gelegt hat, sind alle Vorbereitungen zu treffen, um sofort wieder unter Segel gehen zu können, falls der Wind auflandig werden sollte. Auf der Karte ist ein Kurs festzulegen, der klar von allen Gefahren hinaus auf See führt. Deck, Fallen, Schoten und Segel sind klarzumachen, während es wohl nicht nötig ist, außer bei sehr unsicherer Wetterlage, das Großsegel zu reffen. Vor Hauptanker an langer Kette und bei hell brennender Ankerlaterne liegend, kann man sich getrost in die Koje packen, denn Lärm und Bewegungen werden für rechtzeitiges Aufwachen sorgen, wenn der Wind wirklich auflandig auffrischen sollte, und dann bleibt noch genug Zeit, die Segel zu setzen und wegzukommen, bevor zunehmender Seegang das

---

Tafel 58

A. Verstellpropeller. Mit Hilfe einer eingebauten Mechanik lassen sich die auf der Propellernabe drehbar aufgesetzten Schraubenflügel auf Vorausfahrt, Rückwärtsfahrt und Segelstellung bringen. B. Dreiflügeliger, etwas seitlich versetzter Propeller oberhalb des Ruders. C. Ein Faltpropeller erzeugt von allen Schrauben den geringsten Wasserwiderstand. D. Nach Wegräumung der Verkleidung und Niedergangstreppe kann man an diese, unter dem Brückendeck eingebaute Dieselmaschine bequem herankommen. E. Unter dem selbstlenzenden Cockpit eingebauter 8-PS-Benzinmotor mit Lichtmaschine, die durch einen Riemen angetrieben wird. Dort bleibt die Maschine jedenfalls trocken, aber der Zugang zu ihrem achteren Teil ist mühsam. F. Einer der besten Plätze für den Einbau eines Hilfsmotors befindet sich unterhalb des Fußbodens im Deckshaus.

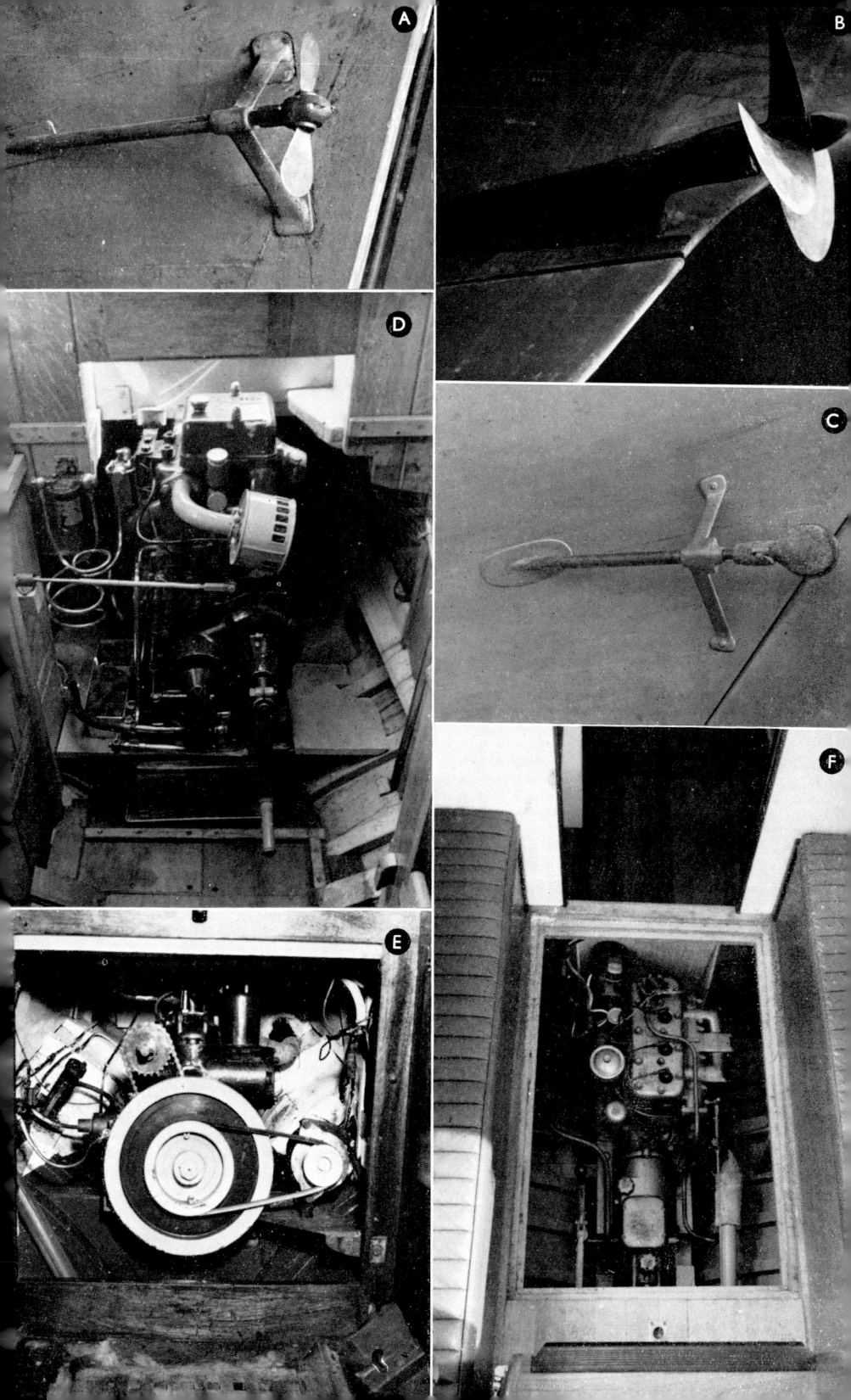

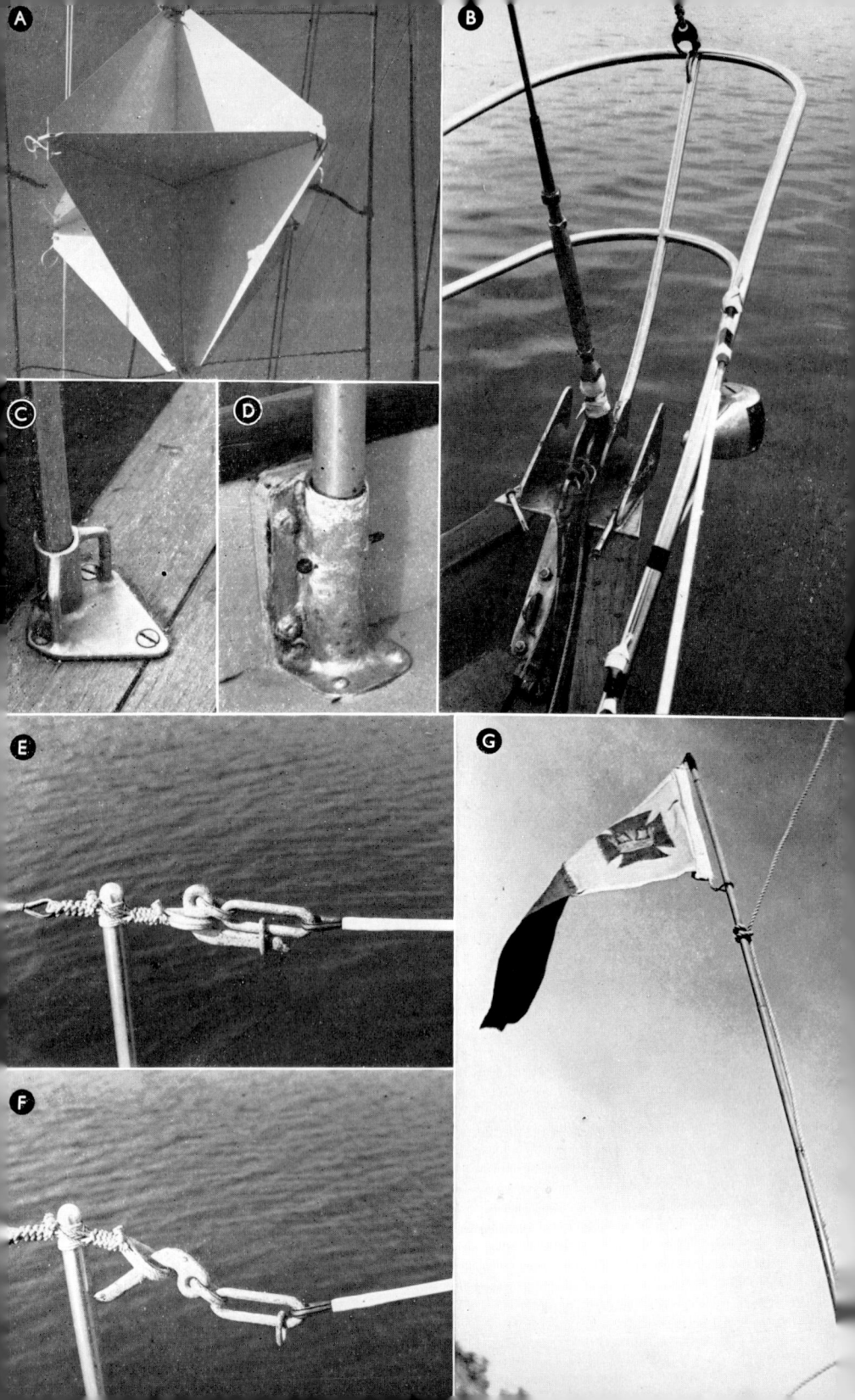

Manöver erschwert. Wartet man lediglich auf das Kentern der Tide, dann tut ein Wecker gute Dienste, um die Besatzung zur richtigen Zeit zu wecken.

Seereise

Bei einer seetüchtigen, gut ausgerüsteten und ausreichend verproviantierten Yacht hängt der Erfolg einer Hochseereise mehr von der richtigen Zusammensetzung der Besatzung als von irgendwelchen anderen Umständen ab. Viele ehrgeizig geplante Reisen auf tüchtigen Yachten haben infolge Unstimmigkeiten unter der Besatzung ein vorzeitiges Ende gefunden. Der Mann, der an Land oder auf einer kurzen Tagestour einen amüsanten Kameraden abgibt, braucht noch lange nicht der geeignete Kamerad zu sein, mit dem sich tagelang die engen Räume und die unvermeidlichen Unbequemlichkeiten des Lebens auf einem kleinen Fahrzeug außer Sicht des Landes teilen lassen. Die Fähigkeit, zu leben und leben zu lassen und seine Freude an den einfachen Dingen des Lebens zu haben, ist von weitaus größerem Wert, als vieles zu wissen oder unterhalten zu können. Wenn der Schiffsführer aber seine Wahl mit Klugheit trifft, sein Geschäft versteht und ablehnt, sich an kleinlichem Gezänk zu beteiligen, vielmehr seine Begleiter anregt, an der Navigation und allen anderen Problemen der Reise teilzunehmen, dann muß es eine glückliche Besatzung ergeben.

Auf hoher See macht es sich selten bezahlt, längere Strecken gegenan zu segeln. Mit ein oder zwei Strich raumerem Kurs muß die Yacht in Fahrt gehalten werden. Nur wenn der Wind genau von vorne kommt, und man sich nicht gerade in einem stabilen oder halbstabilen Windsystem befindet, kann es unter Umständen zweckmäßig sein, in anderer Richtung weiterzusegeln, um günstigere Verhältnisse anzutreffen. Dabei muß man sich von den Windkarten des Ozeans und von der Art des Wetters leiten lassen, das gerade vorherrscht. Die meisten Ozeanreisen werden mit

---

Tafel 59
A. Radar-Reflektor. B. Die Bugkanzel bietet ausgezeichnete Ansatzpunkte für die Seereling und den besten Platz für die Anbringung der Positionslaternen. C. Die Decksfüße für die Aufnahme der Relingstützen bedürfen einer besseren Verankerung als lediglich durch drei Holzschrauben wie hier. D. Eine Verbolzung der Stützenhalterung mit dem Schanzkleid sorgt für größere Festigkeit. E. Die Seereling wird an der Stelle des Ausstiegs am besten mit einem Senhouse-Schlipper verschlossen, der gleichzeitig den Vorteil hat, als Hebel eine Spannung auszuüben. F. Der Schlipper läßt sich in Sekundenschnelle lösen, indem man das kleine Kettenglied zurückschlägt. G. Ein an einen Verklicker aus festem Draht genähter Stander kann sich frei um den Standerstock drehen. Das Standerfall ist am Stock mit zwei Webeleinensteks befestigt.

günstigen Winden durchgeführt, selbst wenn die Gesamtdistanz vergrößert werden muß, um diese Winde aufzufinden. Da das Großsegel als Schratsegel auf langen Törns bei achterlichen Winden weit ausgefiert dauernder Schamfilgefahr unterliegt, und um sich von der steten Sorge um ein unbeabsichtigtes Halsen zu befreien, führen manche Tiefwasseryachten besondere Doppelsegel als Vorwind- oder Passatsegel, die vor dem Großmast mit eigenen Spieren ausgebaumt werden. Solche Segel, deren nähere Beschreibung sich in *Voyaging under Sail* (Segeln über Sieben Meere) findet, dienen auch dazu, bei achterlichen Winden eine Selbststeuerung der Yacht zu erreichen.

Einhandsegeln

Allein zu segeln, ist nicht jedermanns Sache, denn es ist häufig eine recht anstrengende Angelegenheit. Es gibt aber nichts Besseres, um Vertrauen zu sich selbst und vollkommene Unabhängigkeit zu gewinnen, und eine einmal geplante Fahrt oder Reise braucht aus Mangel an einem geeigneten Mitsegler nicht aufgegeben zu werden.

Die Größe einer Yacht, die sich von einem Einhandsegler noch handhaben läßt, wird mehr von der Fläche des größten Segels und dem Gewicht des Ankergeschirrs bestimmt als von irgendwelchen anderen Umständen. Ein körperlich einigermaßen tauglicher und erfahrener Mann dürfte keine ernsthaften Schwierigkeiten haben, mit einer 10-Tonnen-Yacht fertig zu werden. Vor vielen Jahren habe ich ausgiebig einhand gesegelt und bin dabei zu der Überzeugung gekommen, daß sich ein 7 oder 8 Tonnen großer Kutter für den Alleinsegler wahrscheinlich am besten eignet. Eine Yacht dieser Größe ist nicht so lebendig auf dem Ruder wie ein sehr kleines Fahrzeug; sie hat weichere Bewegungen und ist daher weniger ermüdend zu segeln. Handelt es sich um eine gut ausgewogene Konstruktion, sollte man eine solche Yacht bei Winden vorlicher als dwars durch entsprechendes Trimmen der Schoten dazu bringen können, sich selbst zu steuern, so daß das Ruder unbesetzt bleiben kann. Das mag zwar etwas Geschwindigkeit kosten, aber das kleine Opfer bringt man gern, denn eine unter Segeln ausbalancierte Yacht kann auch bei jeweils auffrischenden oder abflauenden Winden sich selbst überlassen bleiben. Man braucht aber daneben irgendeine rasch arbeitende Methode, um die Pinne im richtigen Winkel festzustellen, wenn man sie nur für einen kurzen Augenblick aus der Hand geben will. Das in Tafel 27 D dargestellte Prinzip arbeitet vorzüglich und erlaubt die feinste Einstellung, ohne daß man damit viel Zeit verliert.

Man hat wohl von vereinzelten Yachten gehört, die sich unter Normalbesegelung sogar vor dem Wind von selbst gesteuert haben. Dabei handelt es sich aber um Ausnahmen. Wenn die Durchschnittsyacht das gleiche tun soll, braucht sie entweder doppelte Vorwindsegel vor dem Mast — die sich für küstennahes Segeln nicht eignen, da sie geborgen werden müssen, bevor man es verantworten kann, Land anzusteuern oder den Kurs anderer Schiffe zu kreuzen — oder irgendeine Art automatischer Selbststeuerung. Eine automatische Anlage, die das Ruder durch einen vom Kompaß her kontrollierten elektrischen Motor bewegt, arbeitet ganz ausgezeichnet, eignet sich aber mehr für eine Motoryacht mit kompletter Maschinenanlage als für eine Segelyacht mit beschränkten Auflademöglichkeiten ihrer Batterien. Der Segler ist daher interessierter an einer mit Windkraft arbeitenden Selbststeuerung, die weitgehend bei allen Segelstellungen funktioniert.

Die Idee ist nicht neu. Marin Marie verwertete sie 1936 bei seiner Einhandüberquerung des Atlantiks auf seiner Motoryacht „Arielle". Seitdem hat man viele Verbesserungen vorgenommen, von denen die meisten während der Vorbereitungen zur 1960er Einhandregatta über den Atlantik ans Tageslicht kamen. Das Prinzip, nach dem die Windsteuerung arbeitet, läßt sich wie folgt beschreiben: Die Schoten werden auf eine bestimmte Segelstellung hin getrimmt, und eine (gewöhnlich aus Sperrholz hergestellte) Windfahne wird so eingestellt, daß sie die Yacht auf Kurs hält, indem sie auf das eigentliche Ruder oder ein Hilfsruder oder auf eine an der Achterkante des Hauptruders angesetzte Ruderflosse wirkt.

Die erstgenannte Methode ist technisch am einfachsten, insofern, als die Windfahne an ein Joch angeschlossen wird, das seinerseits mit der Pinne durch Leinen verbunden wird, die durch Blöcke geschoren werden. Die Einstellung für die jeweiligen Kurse bei verschiedenen Windrichtungen erfolgt durch Verlängerung oder Verkürzung dieser Steuerleinen. Sir Francis Chichester, C. B. E., hat diese Art der Selbststeuerung auf seiner *Gipsy Moth III* verwendet. Sie hat den Vorzug, daß an Rumpf und Ruder weder Veränderungen vorgenommen zu werden brauchen noch zusätzliche Umbauten erfolgen müssen. Allerdings muß die Windfahne eine große Fläche besitzen, vielleicht sogar das Vierfache oder mehr der Ruderfläche; auch muß für irgendeine Möglichkeit gesorgt werden, eine so großflächige Windfahne bei schwerem Wetter zu reffen.

Auf einem Segelfahrzeug mit überhängendem Yachtheck kann ein kleines Hilfsbalanceruder, zum Beispiel an einem Holzknie, angehängt werden; dieses Hilfsruder wird direkt von der Windfahne bewegt, während das Hauptruder unbehelligt bleibt. Dieses System erfordert nur eine kleine Windfahne. Obgleich das Hilfsruder an einer Stelle liegt, von wo es das stärkste Steuermoment ausübt, kann es sich in seiner Wirksamkeit doch, wenn man vor frischen achterlichen Winden segelt, als zu klein erweisen, um richtig zu funktionieren.

Auf einer Yacht mit Plattgatt oder Norwegerheck, wo das Ruder außenbords hängt, bietet sich das Ansatzruder an. Hierbei handelt es sich um eine kleine, in Scharnieren bewegliche und auf der Achterkante des eigentlichen Ruders aufgesetzte Ruderflosse. Wird diese bei einer in Fahrt befindlichen Yacht nach der einen Seite bewegt, bewirkt sie, daß sich das Hauptruder in die entgegengesetzte Richtung legt, und zwar mit einer Kraft, die beträchtlich größer ist als die Kraft, die zur Bewegung des Ansatzruders aufgewandt werden muß. Daher genügt eine viel kleinere Windfahne als benötigt würde, um das Ruder durch Direktübertragung zu bewegen, und diese Windfahne braucht nicht größer zu sein als das Hauptruder. Allerdings hat das Ansatzruder die Neigung, die Yacht zu übersteuern, so daß sie weit nach beiden Seiten ausschert. Ich glaube aber, daß Colonel H. G. Hasler mit dieser Schwierigkeit fertig geworden ist, indem er die Windfahne mit dem Ansatzruder durch ein Ausgleichsgetriebe verbunden hat. Zur Zeit der Niederschrift dieser Zeilen ist er jedoch noch mit Versuchen beschäftigt, seine Apparatur zu vervollkommnen und gleichzeitig die Fläche der Windfahne zu verkleinern. Er hofft, daß diese eines Tages nicht größer zu sein braucht als ein Eßteller.

Erfolg und Sicherheit von Einhandfahrten sind weitgehend das Ergebnis sorgsamer Vorbereitung. Kurse, Feuer, Tiden und alle Einzelheiten, die den Navigator interessieren, müssen vorher herausgesucht und notiert werden. Ein Vorrat an fertig zubereiteten Mahlzeiten und Getränken muß vor dem Start in Reichweite des Rudergängers untergebracht werden, der bei schlechtem Wetter vielleicht nicht in der Lage ist, die Pinne für länger als einige Augenblicke zu verlassen. Jedes Stück der Takelage muß sich in tadellosem Zustand befinden, denn man darf nicht Gefahr laufen, daß irgend etwas bricht oder unklar kommt. Obgleich ich es mir zur Gewohnheit gemacht habe, mich stets auf das Schlimmste vorzubereiten, habe ich es doch erreicht, das Ruder während der meisten meiner Einhandfahrten auf jeweils längere Zeit verlassen zu können, um zu navigieren, zu kochen, zu essen und zu schlafen. Nur in sehr seltenen Fällen bin ich durch schlechtes Wetter gezwungen worden, bis zu 30 Stunden ohne Unterbrechung am Ruder zu stehen.

Ausreichenden Schlaf zu finden, erscheint in der Vorstellung als das größte Problem des Einhandseglers; in Wirklichkeit löst es sich aber ganz gut von selbst. Bei günstigem Wind lassen sich die meisten Reisen, die ein Einhandsegler an den britischen und benachbarten Küsten des Kontinents unternehmen möchte, innerhalb von 24 Stunden erledigen; so lange kann jeder ohne Schlaf auskommen. Flaut der Wind ab, dann kann man auf dem von der Küste abstehenden Schlag beidrehen und in die Koje gehen, falls die Yacht nicht unbeaufsichtigt auf Kurs bleibt. Unklug wäre es natürlich, nachts in verkehrsreichen Gewässern zu schlafen.

Wohlbefinden der Crew

Auf einer Fahrt, die länger als nur wenige Stunden dauert, ist das körperliche Wohlbefinden jedes einzelnen Besatzungsmitglieds von ausschlaggebender Bedeutung. Wenn die Besatzung keine ausreichende Verpflegung erhält und nicht genügend Schlaf findet, verfällt sie bald einem Zustand seelischer und körperlicher Erschöpfung. Ihre anfänglich begeisterte Freude verwandelt sich in Unbehagen, sie verliert die Fähigkeit, klare und vernünftige Entschlüsse zu fassen, mit Sorgfalt zu navigieren und Segel, Fallen und Schoten so zu handhaben, wie es sich gehört.

Bei schlechtem Wetter machen heftige Bewegungen einer kleinen Yacht die Vorbereitung und das Kochen sorgsam geplanter Gerichte unmöglich. Ist die Kombüse aber nicht so eingerichtet und ausgerüstet, daß vorgekochtes Essen auch bei schlechtestem Wetter aufgewärmt werden kann, dann verdient die Yacht nicht, als seetüchtig bezeichnet zu werden. Es muß möglich sein, in einem Kessel Wasser zu kochen, mit Kaffee, Kakao oder Tee ein heißes Getränk zu bereiten, eine Suppenkonserve oder einen rechtzeitig vorbereiteten Eintopf aufzuwärmen und einfache Speisen wie Rühreier anzurichten, wofür man die Yacht notfalls beidrehen kann. In Kapitel 3 haben wir bereits Lage und Ausrüstung einer Kombüse behandelt; in den meisten Fällen liegt es aber weniger an mangelnden Kochmöglichkeiten als an der Seekrankheit, welche die Vorbereitung und den Verzehr ausreichender Mengen kräftiger Nahrung verhindert.

Bis zu einem gewissen Grade leiden die meisten Menschen an Seekrankheit; sie beraubt einige wenige Unglückliche jeder Handlungsfähigkeit überhaupt, während die meisten ihre Seebeine nach ein oder zwei Tagen auf See wiederfinden, auch wenn sie bei jeder Fahrt auf See den gleichen Prozeß erneut durchmachen müssen. Seekrankheit selbst schwächt den Befallenen bereits genügend, aber schon der Zustand der Übelkeit ohne tatsächliches Erbrechen macht gleichgültig und arbeitsunlustig, vor allem in der Kombüse. Ich glaube nicht, daß es irgendein Heilmittel gibt, außer in See zu gehen und durchzuhalten; Präventivpillen haben eine bemerkenswerte Wirkung insofern, als sie die Seekrankheit eine Zeitlang abwehren helfen. Jeder verträgt sie aber nicht, und sie haben die Nebenwirkung, schläfrig zu machen.

Einige Hinweise für alle, die leicht seekrank werden, sind vielleicht am Platz. Eine der Hauptursachen ist Magensäure, deren Bildung vornehmlich durch den Genuß von Fett, Alkohol und rohem Fleisch gefördert wird. Es ist daher ratsam, solche Dinge zu vermeiden, und zwar nicht erst, wenn man auf See ist, sondern schon eine Woche vorher, damit der Magen eine Möglichkeit hat, sich selber zu entsäuern. Traubenzucker ist ein gutes Gegenmittel; aber auch hier ist es zwecklos, mit dem Einnehmen zu warten, bis man sich schlecht fühlt. Salate und Gemüse sind ausgezeichnet; dagegen soll man gewisse Früchte, wie Birnen und Äpfel, vermeiden. Der Wechsel der Lebensweise auf einer Segeltour in Verbindung mit einer ziemlich stärkehaltigen Diät hat bei den meisten Menschen Verstopfungen im Gefolge; auch sie ist eine Ursache für Seekrankheit, so daß es sich empfiehlt, regelmäßig milde Abführmittel zu nehmen. Iß und trink reichlich, wenn du auf See bist, halte dich nach Möglichkeit warm und trocken und mit irgendeiner Aufgabe voll beschäftigt. So mancher Segler ist im letzten Augenblick dadurch vor Seekrankheit bewahrt worden, daß man ihm das Ruder überließ. Hast du dich erst einmal erbrochen, fühlst du dich hinterher fast immer besser; vermeide es aber, bei anderen Übelkeit zu erregen. Mache die Übelkeit so sauber und mit so wenig Umständen wie möglich in Lee ab und bitte irgend jemanden, dich dabei an den Fersen festzuhalten, denn ein Mann über Bord ist viel schlimmer als Kranksein. Hat sich jemand mit Seekrankheit in die Koje gelegt, so versorge ihn reichlich mit kräftigen Tüten aus Packpapier. Sie sind zweckmäßiger als Schalen und bringen den, der sie über Bord werfen muß, nicht so leicht aus dem Gleichgewicht.

Für die Erhaltung und Wiederherstellung der Leistungsfähigkeit rangiert Schlaf nach der Ernährung an erster Stelle, ist aber auf einer mit nur zwei Mann besetzten Yacht häufig genauso schwer zu bekommen. Sind die Umstände nämlich so, daß die Yacht sich nicht von selbst steuert, dann sind 3 Stunden hintereinander am Ruder mehr als genug; dagegen sind 3 Stunden unter Deck für einen richtigen Schlaf zu kurz, wenn man bedenkt, daß der wachfreie Mann auch die Mahlzeiten bereiten und, falls erforderlich, bei Segelmanövern an Deck kommen muß. Steuert die Yacht sich von selbst, dann lassen sich 4- oder 5-Stunden-Wachen einrichten; es ist vor allem die für die Einhaltung eines Kompaßkurses erforderliche Aufmerksamkeit, die ermüdend wirkt, und nicht so sehr die Anstrengung, wachbleiben zu müssen. Der Mann auf der Wache ist dann nicht an das Deck gefesselt, sondern kann unten sitzen und lesen, wenn er will, und braucht nur von Zeit zu Zeit hinauszusehen, ob auch alles in Ordnung ist. Außer wenn Mann und Frau zusammen segeln, wobei der Ehemann meistens (aber nicht immer) die längere Wache steht, halte ich es für einen Fehler, die Nachtwachen nicht einzuteilen und lediglich abzumachen, daß der Mann auf Deck seine Ablösung erst dann ruft, wenn er sich nicht länger wachhalten kann. Die Freiwache schläft fester, wenn sie sich darauf verlassen kann, zu einem bestimmten Zeitpunkt gerufen zu werden, und keiner findet Gelegenheit, sich beschämt zu fühlen, weil man ihn hat länger schlafen lassen als den anderen Kameraden.

Bei einer Besatzung von drei Mann, macht die Wacheinteilung keine Schwierigkeiten. Nach einem dreistündigen Törn an Deck genießt jeder

sechs Stunden Ruhe, und was ihm dann noch an seinem sieben- oder acht-
stündigen Schlaf fehlt, kann er im Laufe des Tages, am besten nachmittags, nachholen. Wenn sie wollen, können die Wachgänger ihre Wache
jede Nacht um eine Wache voranschieben, so daß jeder abwechselnd die
leichten und die schweren Wachen geht, aber viele Leute ziehen es vor,
bei ihrer Wache zu bleiben, an die sie sich gewöhnt haben. Befindet sich
die Yacht in Küstennähe oder in gefährlichen Gewässern, obliegt dem
Kapitän die Entscheidung, ob er selbst Wache geht oder lieber freibleibt,
um sich der Navigation zu widmen und seinen Schlaf, so gut er kann,
zwischendurch zu finden.

Bei Anbruch der ersten Nacht auf See ist der Mann, der als erster,
wahrscheinlich von 22.00 bis 01.00 Uhr, unter Deck zu gehen hat, gewöhnlich noch nicht müde und sträubt sich, zur Koje zu gehen. Er sollte
trotzdem dazu angehalten werden, da sonst die Wacheinteilung durcheinander gerät. Es ist im Interesse jedes einzelnen, die Wachstunden nachts
einzuhalten; doch es hat wenig Sinn, die Wachen auch tagsüber festzusetzen, es sei denn, daß sich ein Besatzungsmitglied gern vom Rudergehen
drückt und sonst seinen Rudertörn nicht gehen würde. Man möchte sich
nicht die Freude an einer Fahrt oder Reise durch die Aufstellung und
Durchsetzung zahlreicher Vorschriften verderben; die glücklichsten Schiffe
sind die, auf denen jeder gern bereit ist, etwas mehr zu leisten, als er
muß.

Man sollte keine Bemühungen unterlassen, sich so warm und trocken zu
halten wie nur möglich. Wenn das Wetter kühl ist, sollte man nicht zögern, den Ofen im Salon anzumachen. Selbst im Sommer ist es in einer
feuchten Nacht für die Ablösung eine große Annehmlichkeit, unten von
der freundlichen Glut und der auftrocknenden Wärme eines Kohlenfeuers
begrüßt zu werden. Die Ankerlaterne auf den Cockpitboden gestellt und
zusammen mit den Beinen des Rudergängers von einem Segelsack bedeckt, trägt viel dazu bei, ihn während einer kalten Nachtwache warm
und bei guter Laune zu halten. Ein warmer, knielanger Mantel, über den
anderen Kleidern getragen, muß zur Hand sein, denn Nachtwachen sind
auch im Sommer, vor allem in den Stunden vor Sonnenaufgang, kühl.
Die sogenannten Windjacken mit Reißverschluß vorn sind sicherlich
praktisch für Arbeiten an Deck, aber zu kurz, so daß der untere Teil des
Rückens kalt wird. Selbst bei kurzer Ablösung unter Deck lohnt es sich,
die Kleider auszuziehen, bevor man sich in die Koje legt.

Wasserdichte Kleidung für Yachtsegler wird in großer Auswahl angeboten. Ich selbst habe gute Erfahrungen mit P. V. C.-beschichtetem Ölzeug gemacht und halte es für ebenso gut wie und manchmal sogar besser als die meisten anderen Fabrikate. Eine kurze Jacke mit Hose (die
von Hosenträgern gehalten wird und weit über die Taille heraufreicht)

gewährt besseren Schutz und Bewegungsfreiheit als langer Mantel allein. Ein schmales Handtuch um den Hals hält das Wasser ab. Ölzeug muß reichliche Weite haben, um über dicken Kleidern getragen zu werden, die Hose weit genug sein, um sie auch mit Seestiefeln überstreifen zu können. Seestiefel machen den Träger bei der Arbeit an Deck unbeholfen und sind im Fall des Überbordgehens, wenn sie nicht sehr groß sind, schwer abzustreifen. Schwimmen kann man nicht in ihnen. Trotz alledem werden sie von den meisten Fahrtenseglern bei Kälte und nassem Wetter getragen. Bootsschuhe müssen rutschfeste Sohlen haben (wie die von Dunlop Magisters), dürfen dann aber nicht an Land getragen werden, da sie Sand annehmen und mit an Bord bringen. Bei warmem Wetter ziehe ich es vor, barfuß an Bord herumzugehen.

Hafenansteuerung und Festmachen

Bei sorgfältig durchgeführter Besteckrechnung und klarem Wetter dürfte es nicht schwerfallen, die Hafeneinfahrt zu finden. Entweder ist eine Unterbrechung der Küstenlinie klar erkennbar, oder die Einfahrt liegt in Beziehung zu einer deutlich auszumachenden Landmarke oder einem charakteristischen Merkmal der Küste. Einen unbekannten Hafen anzulaufen und dort an einem guten Liegeplatz festzumachen, ist aber eine der schwierigsten Aufgaben, die dem Fahrtensegler gestellt werden. Selbst der erfahrenste Yachtsegler wird dann manchmal von einer Art „Hafenpanik" erfaßt; denn obgleich mit Hafenplan bewaffnet, wie es sich gehört, kann er doch niemals mit Sicherheit voraussehen, was er bei der Einfahrt vorfindet. Vielleicht ergeben sich Schwierigkeiten bei der Identifizierung von Richtmarken, oder ein unerwarteter Tiden- oder Gegenstrom setzt ihn auf eine gefährliche Stelle, oder der Hafen ist klein und so voll mit anderen Fahrzeugen, daß ein Manövrieren schwierig ist.

Bevor der Versuch unternommen wird, einen fremden Hafen zum ersten Mal anzulaufen, müssen die Angaben im Segelhandbuch durchgelesen und in Verbindung damit der Hafenplan genau studiert werden, so daß man sich eine Vorstellung davon bilden kann, wie der Hafen in Wirklichkeit aussieht. Da die Karte den Hafen nur in zwei Dimensionen wiedergibt, muß man die Höhe der Umgebung und alle auffälligen und verwertbaren Objekte zur Kenntnis nehmen, die einem helfen können, die Position der Yacht zu bestimmen und sie frei von jeder Gefahrenstelle zu halten. Solche Merkmale sind keineswegs immer leicht zu identifizieren. Eine kleine Insel zum Beispiel, die in der Karte ganz augenfällig erscheint, ist in Wirklichkeit vielleicht so niedrig, daß sie der Aufmerksamkeit entgeht, oder sie liegt so nahe unter der Küste, daß sie sich von ihrem Hintergrund nicht abhebt. Vergiß nicht, den Stand der Tide und die Richtung, in die der Strom setzt, vorher zu bestimmen. Sehr wichtig ist es, sich den Kartenmaßstab bewußtzumachen. Manche Karten haben einen sehr großen Maßstab, den man sich vorm Einlaufen klarmachen muß, um unerwartete Überraschungen als Folge von Platzmangel zum Manövrieren zu vermeiden.

Ist der Hafen geräumig, dann kann man getrost unter vollen Segeln einlaufen und sich in Ruhe einen guten Liegeplatz aussuchen. Bevor man einläuft, lotet man, es sei denn, daß nach der Karte überall genug Wasser ist. Ist der Hafen aber offensichtlich klein, so soll man versuchen, sich vorher darüber schlüssig zu werden, was man unternehmen will, sobald man drinnen ist. Ein Anker muß auf jeden Fall klar zum Fallen sein. Handelt es sich um einen künstlichen Hafen, in dem es notwendig ist, längsseits eines Kais oder anderer Fahrzeuge zu gehen oder sich zwischen Bojen oder Pfähle zu legen, so müssen Wurfleine, Festmacher und Fender griffbereit an Deck liegen und alle Fallen klargelegt werden, um die Segel rasch bergen zu können, wenn die Umstände es verlangen. Heutzutage sind aber so viele kleinere Häfen derart mit Yachten überfüllt, daß der Revierfremde besser daran tut, vorsichtig und unter Maschine einzulaufen, vorausgesetzt, daß diese eine Rückwärtssteuerung hat, um notfalls die Fahrt aus dem Schiff nehmen zu können.

Von Zeit zu Zeit gerät man wohl in Versuchung, draußen beizudrehen und einen Lotsen anzufordern. Wer aber Hilfe von außen annimmt, bringt sich nicht nur um eine Erfahrung mehr, sondern beraubt sich auch des prickelnden Reizes eines Einlaufmanövers und hinterher der Genugtuung darüber, die beide nur dem zuteil werden, der sich auf die eigene Tüchtigkeit und Urteilskraft verläßt. Es gibt jedoch ein paar Plätze wie der Deben-Fluß, die ohne Lotsenhilfe anzulaufen ein Fremder lieber nicht versuchen sollte, da die Sandbänke in der Einfahrt häufig ihre Lage wechseln. An einigen Orten auf dem Kontinent besteht sogar Lotsenzwang.

Auf jeden Fall muß sich der Skipper einer Yacht darüber klarsein, daß sich nur wenige Lotsen auf den Umgang mit kleinen Fahrzeugen verstehen, und daß er selbst nach wie vor die Verantwortung trägt. Der Lotse handelt nur in beratender Eigenschaft.

Das Vorgehen beim Ankern oder Festmachen an einer Muring ist in Kapitel 11 beschrieben worden, kann sich aber in einem Hafen ändern, wo Yachten zwischen Pfählen oder am Kai festmachen müssen. Dabei hat das Manöver, soweit es möglich ist, mit dem Kopf gegen den Tidenstrom zu erfolgen. Suche beim Einlaufen nach dem Hafenmeister, um dir einen Liegeplatz anweisen zu lassen. Erfolgen keine Anweisungen, so laufe in die Nähe irgendeiner anderen im Hafen liegenden Yacht, denn leere Plätze sind entweder flach oder für Handels- oder Fischerfahrzeuge reserviert. Ist niemand da, um eine Leine herüberzugeben oder eine Wurfleine anzunehmen, und kann ein Pfahl oder der Kai unter Segel nicht mehr erreicht werden, so lasse den Anker fallen, birg die Segel, lasse das Dingi zu Wasser und bringe selbst eine Leine aus. Dann hole den Anker wieder hoch und verhole die Yacht an ihren Platz. Eine Leine muß am Pfahl entweder mit einem weitgesteckten Palstek festgemacht oder auf Slipp mit beiden Enden an Bord belegt werden; sonst wird es unter Umständen unmöglich, bei Hochwasser loszuwerfen.

Bei einem kurzen Aufenthalt längsseits eines Kais oder einer Pier und bei ruhigem Wetter genügt es, nur je eine Leine vom Bug und Heck an Land zu nehmen, wobei jede ein gutes Stück vom Schiff entfernt am Kai befestigt werden muß, um weniger von Tidenhub und -fall berührt zu werden. Befestige niemals die Leine an einem Poller, sondern wirf einen Palstek darüber. Befindet sich eine andere Leine bereits am Poller, dann stecke das Auge deiner Leine von unten durch das Auge der anderen Leine nach oben, bevor du deinen Palstek über den Poller legst; dann können beide Leinen unabhängig voneinander und ohne eine abnehmen zu müssen, losgeworfen werden. Falls im Hafen Schwell läuft oder der Tidenhub und -fall beträchtlich sind, oder wenn die Yacht mehr als nur eine oder zwei Stunden am Kai liegenbleibt, müssen außer den Bug- und Achterleinen Springs ausgebracht werden. Die eine Spring wird am Bug befestigt und nach achtern zu einem Poller am Kai gebracht, die andere wird am Heck befestigt und nach vorn an einen Poller am Kai gebracht, so daß die Springs sich kreuzen. Die Springs verhindern, daß die Yacht vorwärts und rückwärts schliert oder abwechselnd mit Bug oder Heck an den Kai treibt, wenn die Leinen bei Hochwasser lose kommen. Es kann auch notwendig werden, Dwarsleinen auszubringen, das heißt eine vom Bug und eine vom Heck, die beide an den nächstgelegenen Stellen auf dem Pier festgemacht werden. Hat man sich längsseits eines anderen Fahrzeuges gelegt, so ist es, außer wenn es sich um ein sehr großes Schiff handelt, wenig rücksichtsvoll und sogar gefährlich, sich auf dessen Festmacher zu verlassen. Der Neuankömmling bringt vielmehr seine eigenen Festmacher aus, sobald er kann, und teilt mit seinem Nachbarn die Belastung.

Wenn eine Yacht auf ihrem Platz am Kai bei Niedrigwasser den Grund berührt, müssen, wenn es sich bei ihr nicht gerade um einen Bilgekiel-Typ handelt, Maßnahmen getroffen werden, die eine Krängung kaiwärts sicherstellen. Die Ankerkette kann zum Beispiel auf die Kaiseite des Decks gebracht werden, oder — was noch besser ist — ein Fall wird an Land gebracht und dichtgesetzt, bevor die Yacht den Grund berührt. Muß man sein Fahrzeug unbeaufsichtigt liegenlassen, dann führt man ein Fall durch einen Block, der an einem Poller auf dem Kai mit einem kräftigen

Ende solcher Länge angeschlagen wird, daß der Block bis etwa einen Fuß über die Kaikante hinausreicht; wenn das Fall nun durchgesetzt wird, übt der Block einen konstanten Zug darauf aus und gleitet, entsprechend dem Steigen und Fallen der Tide auf und ab, ohne daß das Fall einer weiteren Aufsicht bedarf.

Zwischen Yacht und Kai oder ihrem Nachbarn müssen Fender gehängt werden, um die Bordwand und die Farbe zu schützen. Am weitesten verbreitet ist die Fenderart, die aus einer aufgerollten und mit Segeltuch umnähten Schaumgummiplatte besteht. Das Fendertau verläuft der Länge nach durch einen in der Mitte freigehaltenen Raum. Fendertau und Bezug werden am besten aus Kunststoffmaterial hergestellt, da sie sonst bald verrotten oder durchschamfilen. Eine mehr kürzliche Entwicklung stellen die mit Luft gefüllten Fender aus Plastik dar, die eine längere Lebensdauer haben und leichter sauberzuhalten sind. Abgesehen von den Unterbringungsschwierigkeiten können Fender gar nicht groß genug sein, und ich halte einen Durchmesser von 15 cm, einerlei, wie klein die Yacht ist, für die Mindestgröße.

Fender müssen senkrecht herunterhängen, wenn man irgendwo längsseits geht, aber sobald das Schiff keine Fahrt mehr voraus macht, ordnet man sie am besten in horizontaler Lage an. Wenn die Springs nämlich richtig ausgebracht worden sind, darf es nur noch eine Bewegung auf und ab geben, auf die man sich einzustellen hat. Die Front vieler Kais ist mit senkrecht stehenden Balken verkleidet oder besteht aus Spundwänden, gegen die sich kein Fender am Platz halten läßt. Dann muß eine Spiere waagerecht über die Seite gehängt werden, um die Reibung aufzunehmen, während die Fender zwischen Spiere und Bordwand zu hängen kommen.

DRITTER TEIL

VERSCHIEDENES

20

DAS DINGI

Dingitypen und ihre Bauart — Handhabung — Segeldingi — Vertäuung

Das Beiboot bedeutet für jede Kreuzeryacht einen wesentlichen Bestandteil ihrer Ausrüstung. Seine Hauptfunktion ist, den Verkehr zwischen Yacht und Land zu ermöglichen und nicht etwa, als Rettungsboot zu dienen, wozu es niemals groß und seetüchtig genug sein kann. Jedes Dingi stellt zwangsläufig einen Kompromiß dar, denn es soll groß genug sein, um die ganze Yachtbesatzung in einigermaßen geschütztem Wasser aufzunehmen, und kräftig genug, um sich in dem Tumult von Fahrzeugen zu behaupten, die den Landungssteg jedes Yachtzentrums belagern. Gleichzeitig soll es leicht genug sein, um an Strand gezogen und klein genug, um an Deck verstaut zu werden, denn ein Dingi im Schlepp hemmt die Fahrt, vor allem beim Kreuzen, und läuft außerdem Gefahr, bei schlechtem Wetter Schaden zu erleiden oder sogar verlorenzugehen.

Der beste Stauplatz für ein Beiboot ist kieloben mittschiffs (Tafel 54 B); es nimmt dort keinen wertvollen Raum weg und beeinträchtigt nicht die Trimmlage der Yacht. Allerdings verdeckt es dort meistens das Oberlicht und verdunkelt die Messe, falls keine Bullaugen vorgesehen sind, abgesehen davon, daß es die Sicht des Rudergängers beschränkt. Aufrechtstehend erspart es einige Arbeit und bietet nützlichen Stauraum für Fender, Fallreep usw., sammelt aber Regen und Spritzwasser und läuft bei schwerem Wetter, wenn es nicht mittschiffs steht (Tafel 54 C), sogar Gefahr, sich ganz zu füllen. Wo ein Deckshaus die Unterbringung des Dingis mittschiffs verbietet, wird es oft auf dem Vorschiff gefahren (Tafel 54 D), wo es leider sehr im Wege steht, wenn Vorsegel gewechselt werden oder mit dem Anker gearbeitet wird, und wo es meist auch das Vorluk versperrt. Auf einigen wenigen Yachten läßt man das Dingi in festen Davits über dem Heck hängen (Tafel 46 und 55 C). Auf großen Fahrzeugen hat diese Anordnung viel für sich, aber auf kleinen Yachten kann der zusätzliche Windfang über dem Heck das Steuern bei starken achterlichen Winden unter Umständen erschweren.

Ein leichtgebautes Dingi kann man mit dem Steven voran über die Reling an Deck ziehen, wobei die Reling durch einen Messingbeschlag oder einen abnehmbaren Relingsdeckel aus Holz von etwa einem Meter Länge vor Beschädigung geschützt wird. Bei Vorhandensein einer Seereling muß diese natürlich erst an der betreffenden Stelle geöffnet werden, wobei sich der Senhouse-Schlipper (Tafel 59 E und F) sehr bewährt hat. Er wird geöffnet, indem man einen kleinen Bügel zurückschlägt oder -schiebt, und da der Schlipper einen kurzen Hebel bildet, setzt er hinterher die Seereling wieder ganz steif. Ich selbst nehme am liebsten ein Toppfall zu Hilfe, um das Dingi hoch und über die Reling zu heben (Tafel 57 B), nachdem die Fangleine vorn und achtern belegt und das Fall an ihrem Gleichgewichtspunkt angeschlagen worden ist. Man braucht einen zweiten Mann zur Unterstützung, um das Dingi frei von der Bordwand zu stemmen, und es kieloben auf Deck niederzusetzen. Bei einem schweren Dingi ist es meiner Ansicht nach am besten, eine kurze Spiere vom Mast oder der Reling aus als Ladebaum zu riggen, mit einem Fall als Toppnant und einer ausreichend starken Talje an der Nock (Tafel 57 A). Während das Dingi über der Reling schwebt, dient seine Fangleine als Vorholer, um die Spiere in der richtigen Stellung zu halten.

Soll das Dingi geschleppt werden, befestigt man die Schleppleine an einem Augbolzen tief unten am Steven. Der Schleppwiderstand verringert sich etwas, wenn man die Länge der Schleppleine so bemißt, daß das Dingi auf der Vorderseite einer der Heckwellen reitet. Bei einer schweren nachfolgenden See müssen aber mindestens 25 Meter Schleppleine gesteckt werden; sonst überläuft das Dingi die See und stößt gegen das Heck der Yacht. Diese Gefahr vermindert sich, wenn das Dingi Tauwerk nachschleppt. 25 Meter ausgediente Fallen erfüllen diesen Zweck, erhöhen allerdings auch den Widerstand.

Außer im glatten Wasser ist ein 7-Fuß-Dingi das kleinste Fahrzeug, in dem sich zwei Personen unterbringen lassen. 8- oder 9-Fuß-Dingis sind bei weitem vorzuziehen, vorausgesetzt, daß man sie an Deck unterbringen kann. In einem kleinen Dingi empfiehlt es sich, die vordere Ducht durch eine Ruderbank in Längsrichtung zu ersetzen, auf der der Ruderer durch Verlagerung seines Eigengewichtes die Trimmlage je nach dem Gewicht der mitgeführten Last ausgleichen kann. Allerdings schwächt eine Längsducht bis zu einem gewissen Grade die Stabilität der Konstruktion.

Dingi-Typen und ihre Bauart

Es gibt drei Haupttypen von Dingis: Boote mit spitzem oder gerundetem Steven und Heckspiegel; prahmförmige Dingis, die vorn und achtern

in einem Spiegel enden, und schließlich Flachboote, deren Enden so oder
so geformt sein können, die aber durch ihren Flachboden und scharfen
Knickspant charakterisiert werden. Unter diesen Typen ist das Dingi mit
abgerundetem Steven (Tafel 57 C und D) das beste Seeboot und am
angenehmsten zu pullen, aber es ist bei gleicher Größe gewöhnlich schwerer und teurer. Der Prahm (Tafel 57 A und B) verträgt im Verhältnis
zu seiner Länge viel Belastung, wiegt weniger und ist billiger zu bauen.
Bei bewegtem Wasser ist er aber infolge des vom Vorspiegel hochgewor-
fenen Sprühwassers leicht naß. Jedes Dingi muß einen flachen Boden haben, das heißt, die Bodenplanken dürfen am Kiel nicht in einem Winkel
ansetzen, sondern müssen bis zum Ansatz der Kimmrundung horizontal
verlaufen (Abb. 76). Ein Querschnitt dieser Form macht das Boot steif,

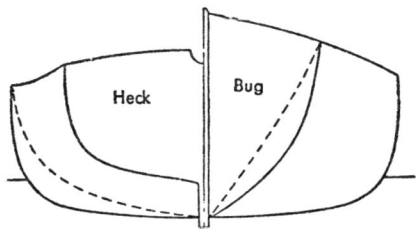

Abb. 76 — Querschnitte eines Dingis
Die gestrichelten Linien zeigen schwache Querschnitte, die ein Dingi rank machen

während Rundspanten Rankheit bedingen. In dieser Beziehung führt das
Flachboot (Tafel 55 C) mit seiner großen Stabilität. Auch ist es für den
Amateur leichter zu bauen und darf ruhig aus Sperrholz bestehen. Allerdings treibt es im Wasser und ist ohne Totholz schwer geradeaus zu pullen. Dingis mit gerundeter Aufkimmung können klinker-, karveel- oder
aus geformtem Sperrholz gebaut werden. Klinkerboote sind schwer von
Gewicht, aber einfacher zu bauen und daher etwas billiger; die überein-
andergreifenden Kanten der Planken gewähren etwas zusätzlichen Auftrieb. Dagegen sind die Planken eines karveelgebauten Dingis bei Beschädigung einfacher auszuwechseln, ebenso wie auch das Boot innen,
ähnlich wie beim Sperrholzbau leichter sauberzuhalten ist. Zum Schutz
der Planken sind Kimmkiele erforderlich, wenn das Dingi auf grobem
Strand hochgezogen oder zu Wasser gesetzt wird. Die Kimmkiele bestehen gewöhnlich aus schmalen Holzleisten, die aber genausogut als
Handleisten (Tafel 54 D und 57 A) ausgebildet werden können. Handleisten bedeuten eine große Annehmlichkeit, wenn man auf See unterwegs
ist und das Dingi kieloben auf Deck liegt.
    Ein voll Wasser gelaufenes Dingi, das über Reserveauftrieb in Form
von luftgefüllten Schläuchen verfügt, läßt sich leichter ausschöpfen, da

es dadurch etwas höher aufschwimmt. Am besten befestigt man die Schläuche an den Duchtwegern, einen Schlauch oder mehrere an jeder Seite. Bei Metall- und Plastikdingis (siehe weiter unten) sind eingebaute Lufttanks von besonderer Wichtigkeit, da das Dingi sonst nach dem Volllaufen absinken würde.

Der Sonne und dem Wind auf Deck oder an Land ausgesetzt, muß ein aus Planken gebautes Dingi früher oder später austrocknen, einerlei wie gut man versucht hat, das Holz mit Farbe und Lack zu schützen. Sobald es zu Wasser gesetzt wird, fängt es an zu lecken. Diesem Nachteil läßt sich durch die vielleicht altmodische, aber recht wirksame Behandlung mit Leinöl begegnen. Man entferne zunächst innen und außen alle Spuren von Lack und gieße dann 4 bis 5 Liter rohes Leinöl in das Dingi. Das Dingi muß jeden Tag bewegt werden, damit das Öl überall einziehen kann. Nach ungefähr 14 Tagen hat die Beplankung alles Öl aufgesogen und absorbiert und kann niemals wieder eintrocknen. Man entferne das überflüssige Öl mit einem Lappen und lasse das Dingi ungefähr zwei Monate stehen, damit das Öl oxydieren kann. Erst dann darf man mit den Lackarbeiten beginnen. Lack ist als Anstrich besser als Farbe, weil Lack das Gewicht kaum erhöht.

Außer Holz gibt es jedoch noch andere Materialien für den Bau von Dingis. Aluminium gilt als einer der besten Baustoffe, und wenn alle anderen Beschläge, wie zum Beispiel die Dollenbuchsen aus verzinktem Stahl bestehen (Nirosta und Gelbmetall dürfen nie verwendet werden), ist Korrosion kaum zu befürchten. Ich hatte zwölf Jahre lang eines dieser Alu-Beiboote (Tafel 57 B) in Gebrauch und war sehr zufrieden damit. Leider werden heutzutage nur noch wenige Dingis dieser Art gebaut. Populärer geworden sind Boote aus glasfaserverstärktem Polyesterharz. Die Mannigfaltigkeit der aus diesem Material gebauten Dingis ist groß. Manche sind doppelschalig und schließen sich nur am Dollbord zusammen. Die Innenschale ist so geformt, daß sie gleichzeitig die Duchten enthält (Tafel 55 A), und der Luftraum zwischen den beiden Schalen bildet eine eingebaute Auftriebsreserve. Bei manchen dieser Dingis ist die Außenhaut jedoch zu dünn und wird auf grobem Strand leicht beschädigt. Das Alu-Dingi muß zur Konservierung und um sein elegantes Aussehen zu

Tafel 60
Viele Gebrauchsfahrzeuge sind mit Erfolg zu Kreuzeryachten umgebaut worden. *Oben:* 1932 fanden Peter und Anne Pye das Cornwall-Fischerboot *Lilly* in Polperro zum Verkauf gestellt. Sie erwarben es, planten und führten die notwendigen Umbauarbeiten durch, änderten den Namen in *Moonraker* und haben seitdem viele tausend Seemeilen mit dieser Yacht zurückgelegt. *Unten:* Der 9,5-Tonner *Kathie* begann sein Leben als Fischerboot an der Ostküste Englands, bevor es auf Langfahrten ging.

416

bewahren, gemalt werden, was Dingis aus Kunststoff nicht nötig haben. Beide Typen sind leichter im Gewicht als Holzdingis vergleichbarer Größe.

Wenn kein Platz für die Unterbringung eines konventionellen Beibootes an Deck zur Verfügung steht, leistet ein Schlauchboot gute Dienste (Tafel 55 B). Diese sind in der Tat so tragfähig und robust, daß manche Segler sie bevorzugen, selbst wenn auf Deck Platz genug für ein Dingi üblicher Art ist. Allerdings sind die Schlauchboote bei Wind nur sehr schlecht zu pullen, und auch ihre Lebensdauer ist wohl nicht sehr lang. Entleert beanspruchen sie nur sehr wenig Platz; sie werden entweder mit der Hand, einem mit dem Fuß betätigten Blasebalg oder mit Hilfe von Kohlensäure aufgeblasen. Seit einigen Jahren werden Schlauchboote aus neoprenbeschichteten Stoffen hergestellt, die weitgehend wetterfest sind, daher setzen sich Schlauchboote als Beiboote immer mehr durch. Hierzu trägt bei, daß sie sich leicht mit einem Außenbordmotor antreiben lassen.

Das Dollbord muß mit einer Wieling versehen werden, um die Bordwand der Yacht und das Dingi selbst vor Beschädigungen zu schützen, wenn man es am Kai oder zwischen anderen Booten liegen läßt. Es gibt verschiedene Arten von Gummiwielings zu kaufen; weicher und elastischer sind aber die Wielings, die man aus mit Kapok gestopften Kunststoffschläuchen herstellt. Stevenkopf und Spiegelecken benötigen einen besonderen Schutz. Am besten bedeckt man sie mit Gummikappen, die für diesen speziellen Zweck gefertigt zu kaufen sind. Steht kein besseres Material zur Verfügung, tut es auch ein dreizölliges Ende aus Tauwerk, das in Abständen von je 60 cm an das Dollbord angenäht wird und auf einer schmalen Holzleiste aufliegt.

Die Riemendollen müssen mit kurzen Enden versehen sein, die um den Hals (nicht durch Löcher am unteren Ende) festgespleißt und am Duchtweger angesteckt werden. Auf diese Weise läßt sich ein Paar Dollen für beide Ruderplätze verwenden, ohne daß die Enden gelöst zu werden brauchen. Herunterklappbare, sich selbst haltende Dollen haben den Vorteil, weder verlorengehen noch gestohlen werden zu können, erfordern aber je ein Paar für jeden Rudersitz. Ein Stück Gummistropp ist ein sehr praktisches Mittel, um diese Dollen in heruntergeklappter Stellung zu

Tafel 61

Blick auf *Moonrakers* Deck. Neben seinen anderen erfolgreichen Fahrten segelte dieser 10-Tonnen-Kutter über die Inseln im Pazifik nach Alaska und kehrte kürzlich von einer Reise nach Brasilien zurück. Vielleicht belächelt der moderne Yachtsegler die Unmenge laufenden Gutes, die taubestroppten Blöcke und das lose Unterliek. Tatsache ist aber, daß dieses traditionelle Rigg zuverlässig ist und kein Vermögen kostet.

417

sichern, bevor das Dingi gestürzt wird. Ein Rundsel im Spiegel oder eine Buchse zum Einstecken einer Dolle an gleicher Stelle ist wichtig, um das Dingi wriggen oder eine Warpankertrosse darüber ablaufen lassen zu können.

Handhabung

Beherrschung und geschickte Handhabung eines Dingis können Freude machen und Genugtuung bereiten, werden aber nur durch Übung gewonnen und erlernt. Einige Hinweise für den Anfänger sind daher vielleicht nicht fehl am Platz. Vergewissere dich vor Beginn deiner Reise, daß sich ein Ösfaß an Bord befindet, und schöpfe das Boot, wenn notwendig, vorher aus; kein Boot rudert sich gut mit viel Wasser darin. Das Ausösen läßt sich gewöhnlich am bequemsten vom Bug aus vornehmen. Ein Ledertuch eignet sich am besten, um die Duchten trocken zu wischen. Achte darauf, daß die Fangleine vorn festgemacht und vorschriftsmäßig mit dem Ende obenauf und in Reichweite von dir aufgeschossen ist.

Versuche nicht, beim Rudern lange Ruderschläge zu machen, denn bei rauhem Wasser fängt man leicht „Krabben", oder auch man verpaßt das Wasser mit dem Riemenblatt und fällt hintenüber. Mache kurze, aber keine ruckartigen Schläge. Das Plattwerfen (das Drehen der Riemen zwischen den Schlägen, so daß ihre Blätter parallel zum Wasser liegen) entspricht einer natürlichen Bewegung der Handgelenke, wenn die Riemengriffe weggestoßen werden; da es den Winddruck auf den Riemenblättern verringert, erleichtert es das Rudern. Werden die Blätter aber bei starkem Gegenwind nicht ganz flach gedreht, so kann ein leichtes Paar Riemen unter Umständen aus den Dollen springen. Stemme deine Füße fest gegen eine Ducht oder Fußleiste, da du dich sonst nicht richtig in die Riemen legen kannst. Wenn du niemand anderen an Bord hast, der dir durch Zuruf oder Kopfnicken die Richtung angibt, so schau über deine Schulter; beobachte achteraus eine Landmarke oder verfolge die Riemenwirbel im Kielwasser und lerne auf diese Weise, einen geraden Kurs zu rudern. Halte dich beim Rudern gegen die Tide dicht unter der Küste, wo gewöhnlich weniger Strom oder vielleicht sogar ein dir günstiger Neerstrom läuft. Vermeide aber flaches Wasser, in dem sich das Boot nur festsaugt.

Wenn du bei einer Yacht, die frei mit dem Kopf gegen Strom und Wind schwojt, längsseits gehen willst, achte darauf, daß dein Dingi, sobald es die Fahrt verloren hat, ebenfalls Kopf gegen Strom und Wind liegt. Steuere es, als wolltest du die Yacht etwas achterlicher als mittschiffs und in einem Winkel von 45 Grad rammen. Hast du dich so weit genähert, daß der Schuß des Dingis genügt, um die Yacht zu erreichen, dann höre auf zu rudern, und nimm den auf der Seite der Yacht befindlichen Riemen aus der Dolle. Mit einem Gast achtern im Dingi legst du den Riemen mit dem Blatt nach vorn ins Boot, um deinen Begleiter nicht naßzumachen. Das läßt sich bewerkstelligen, indem du den Riemengriff scharf nach unten drückst, worauf der Riemen aus der Dolle springt; eine Drehung des Handgelenks genügt dann, um den Riemen mit dem Blatt nach vorn ins Boot zu legen. Nimm dir genügend Platz dazu, um nicht mit dem Riemen gegen die Bordwand der Yacht zu stoßen. Eben bevor das Dingi die Yacht erreicht, streiche mit dem anderen Riemen, das heißt, tauche sein Blatt ins Wasser und halte es darin fest oder stoße sogar den Riemen von dir. Der Riemen wirkt so als Bremse, das Dingi schwenkt herum und legt sich ohne Fahrt vorschriftsmäßig längsseits (Tafel 56). Nimm darauf auch den anderen Riemen aus der Dolle, ziehe die Dolle heraus und halte das Boot an der Yacht fest, bis dein Gast ausgestiegen ist. Nach ihm steigst du selbst an Bord, läßt das Dingi nach achtern sacken und belegst die Fangleine. Sollte die Yacht vorn und achtern vertäut liegen, so gehe gegen den Strom längsseits. Ist ein Fallreep ausgebracht, dann findest du es gewöhnlich auf der Steuerbordseite.

Stehen Wind und Strom gegeneinander, wird das achtern belegte Dingi — zu leicht, um Halt in der Strömung zu finden — oft gegen den Strom geweht und stößt gegen die Yacht; eine dauernde Störung, die vor allem nachts viel Ärger bereiten kann. Das beste Gegenmittel ist, das Boot an Bord zu nehmen. Andernfalls kann man auch den Spinnakerbaum herunterfieren, die Dingi-Fangleine an die Baumnock ausholen und die Dingi-Heckleine achtern auf der Yacht belegen. Bei etwas bewegtem Wasser reißt und ruckt das Dingi freilich an seinen Leinen. Auch ein an einem kurzen Ende vom Dingi ausgebrachter Eimer, der vom Strom erfaßt wird, hilft, das Dingi abzuhalten.

Wriggen bedeutet in der Seemannssprache, ein Boot mit einem einzigen, über dem Heck ausgebrachten Riemen voranzutreiben, was auf kurze Strecken an einem überfüllten Ankerplatz oft dienlich ist und vor allem sehr zustatten kommt, wenn eine Dolle verlorengegangen oder ein Riemen gebrochen ist. Bringe den Riemen im Winkel von 45 Grad ins Wasser, lege den Riemenschaft in die Wriggrundsel im Bootspiegel und fange sofort an zu wriggen, da der Riemen sonst aufschwimmt. Es ist leichter, mit dem Wriggen zu beginnen, wenn das Dingi noch keine Fahrt voraus macht. Bewege den Riemengriff hin und her; dabei drehen deine Handgelenke, die sich gut unter dem Riemengriff befinden müssen, das Blatt automatisch um einen kleinen Winkel. Bei jedem Schlag versucht das Blatt, in diesem Anstellwinkel tiefer ins Wasser abzugleiten. Das wird aber durch die Zugkraft deiner Arme und den Widerstand der Wriggrundsel verhindert; statt dessen setzt sich die aufgewandte Kraft in Vorwärtsbewegung um, obwohl ein Teil der Kraft dadurch verlorengeht, daß du das Heck herunterdrückst. Wrigge in rascher Folge, damit das Riemenblatt zwischen den Schlägen nicht aufschwimmt. Es ist übrigens leichter, in einem größeren Boot mit langgestrecktem Kiel das Wriggen zu erlernen als in einem Dingi.

Bei starkem Seegang erfordert das Landen große Geschicklichkeit, und das Manöver ist nicht ohne Gefahr für Boot und Besatzung. Das durchschnittliche Yachtdingi ist bei seiner Kürze und Breite und mit seinem niedrigen Freibord ein recht ungeeignetes Fahrzeug dafür. Außer in dringenden Notfällen sollte man damit Anlegemanöver an exponierten Ufern lieber vermeiden. Ein Dingi mit Spiegelheck muß gewendet werden, bevor es die Brandung — die von See aus nie so gefährlich aussieht wie sie in Wirklichkeit ist — erreicht und mit dem Heck voraus weitergerudert werden. Der Bug muß gegen die überholenden Seen gehalten werden; damit diese so schnell wie möglich unter dem Boot wegrollen, muß der Mann an den Riemen bei jeder passierenden Welle von der Küste abrudern und anschließend die Riemen wieder streichen, bis die nächste Brandungswelle heranrollt. Ein brechender Wellenkamm, der das Boot erreicht, versucht es an die Küste zu werfen; da sich aber das andere Ende des Bootes meist in noch bewegungslosem Wasser befindet, droht es, über Kopf zu gehen. Wenn man es dagegen in einen Winkel zum Wellenkamm legt, ist es so gut wie sicher, daß es über die Seite kentert. Im Augenblick der Grundberührung muß die Besatzung ins Wasser springen und das Fahrzeug gegen die Rückbrandung festhalten, um es auf dem Rücken der nächstfolgenden Welle auf Land zu ziehen.

Mit einem langen, seetüchtigen Boot und einer erfahrenen Besatzung sollte man auch bei schwerer Brandung sicher landen oder das Boot sogar unter gleichen Verhältnissen zu Wasser bringen können. Die alten Ruderrettungsboote der Royal National Lifeboat Institution haben dies zahllose Male vorgemacht, bedienten sich dann allerdings häufig einer Verholleine, die an einem Anker außerhalb der Brandung festgesteckt war.

Das Segeldingi

Ein mit Segel ausgerüstetes Yachtdingi kann zu den Freuden einer Segeltour ganz wesentlich beitragen. Nicht nur, daß der Verkehr zwi-

---

Tafel 62
Dieser nach einem Entwurf von Camper & Nicholson Ltd. als Kreuzer/Rennyacht ganz aus glasfaserverstärktem Kunststoff bei Halmatic Ltd. erbaute Nicholson 32 fährt die moderne Topptakelage mit einer einzigen Saling. *Rechts:* Quaver, ein Miniatur-Kielschwertkreuzer der Audacity-Klasse von 6,55 m Länge, stammt direkt von der *Trekka* ab, in der John Guzwell um die Welt segelte. Trotz ihrer geringen Größe können vier Personen auf ihr unterkommen

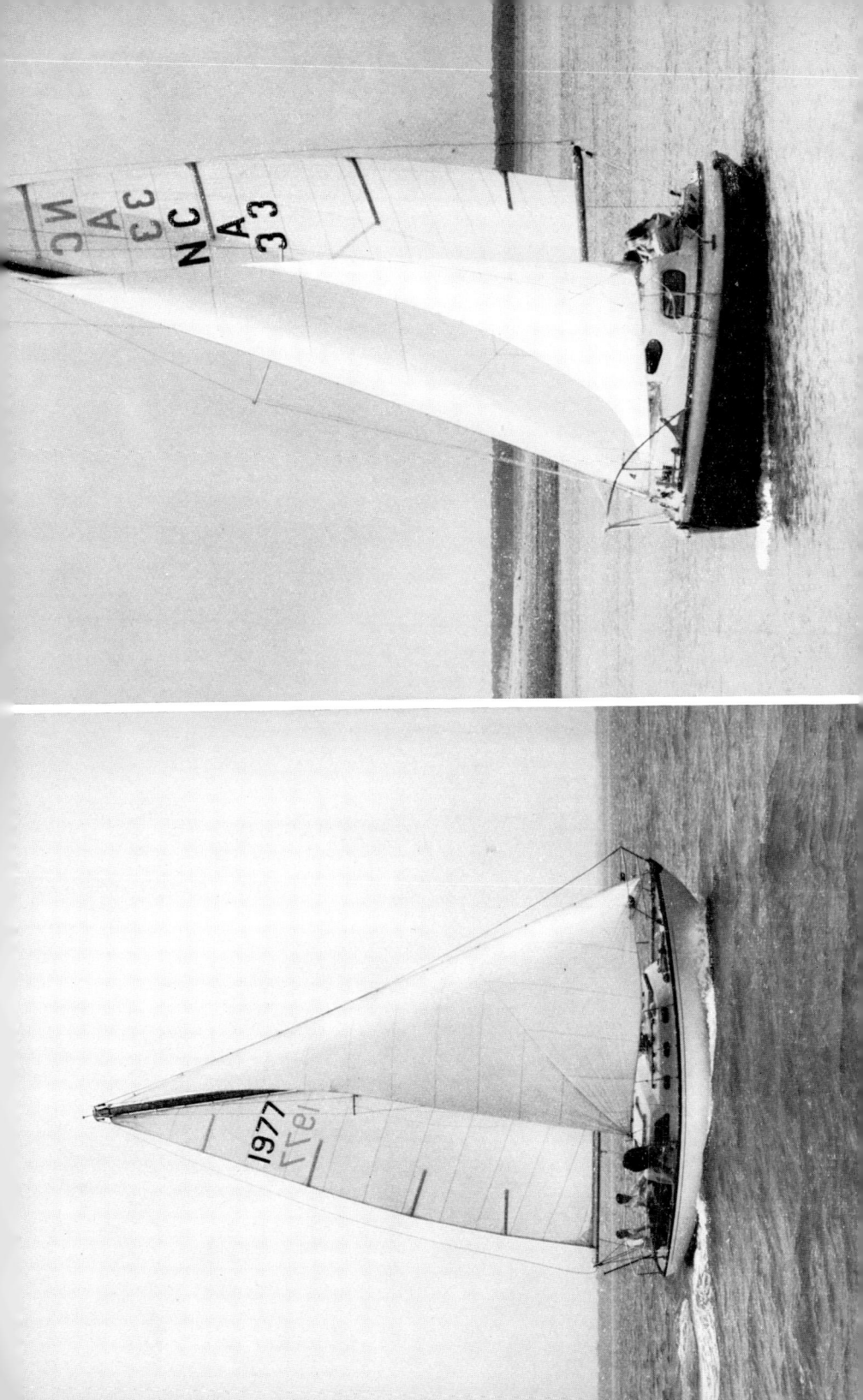

schen Yacht und Land mit einem Segeldingi unterhaltsamer ist — es schenkt der Besatzung auch die Möglichkeit, Nebenflüsse, Buchten und stille Gewässer zu erforschen, deren Schönheit es oftmals lohnt.

Die meisten heute angebotenen Dingis sind zum Segeln konstruiert; fast jedes Dingi von 2,5 Meter Länge oder mehr läßt sich irgendwie dazu einrichten. Voraussetzung ist lediglich, daß es seiner Konstruktion nach nicht rank ist und daß es genügend Freibord besitzt. Natürlich muß es ein Schwert haben, um den notwendigen Lateralwiderstand zu erzeugen. Aus Gründen der Leichtigkeit und Einfachheit wählt man am besten ein hölzernes Steckschwert, das heißt ein Schwert ohne Drehzapfen, das einfach senkrecht von oben in den Schwertkasten gesteckt wird. Wenn außer Gebrauch, muß der leere Schwertkasten mit einem Deckel verschlossen werden, damit das Wasser nicht herausspritzt. Das Ruder trägt ebenfalls zur Verminderung der Abtrift bei und soll infolgedessen recht tief ins Wasser tauchen. Man achte darauf, daß der untere Fingerling etwas länger ist als der obere. Das Ruder läßt sich nämlich viel leichter einsetzen, wenn man die Fingerlinge nacheinander in die Ösenbeschläge am Heck einführen kann.

Einfachheit und die Notwendigkeit, die dazugehörigen Spieren im Dingi selbst verstauen zu können, beeinflussen die hauptsächlichen Erwägungen bei Planung der Besegelung. Ist der Mast so leicht oder hoch, daß Stag und Wanten zur Abstützung erforderlich sind, so lohnt sich das Auftakeln für kurze Strecken meistens nicht; wenn Baum und Gaffel sich nicht im Dingi verstauen lassen, bleiben sie Beschädigungen ausgesetzt oder werden zu einer Plage, sobald man das Dingi zwischen anderen Booten liegenläßt. Wenn die Ducht, durch die der Mast gesteckt wird, und die Mastspur nur kräftig genug sind, braucht ein kurzer Mast keinen anderen Halt. Trotzdem kann man natürlich das Fall durch einen Block am Steven führen, um als Vorstag zu dienen. Wegen seines kurzen Mastes ist das Guntersegel (Tafel 57 C und D) besonders geeignet, zumal es am Wind um ein weniges wirksamer ist als das Luggersegel. Das stehende Gut darf billig und einfach sein: eine einfache Holzklau am Mast ersetzt den Mastbeschlag. Ein kurzer Stropp von der Baumklau zu einer Klampe am Mast herunter sorgt dafür, daß die Baumklau auch beim Halsen fest am Mast gehalten wird. Ein Ende, das auf jeder Heckseite durch ein Loch im Balkenknie geschoren und mit einem Achtknoten gesichert wird, liefert einen billigen und zweckmäßigen Leitwagen zur Befestigung des stehenden Endes der Großschot über der Pinne.

Tafel 63
Links: Der 11-Tonnen-Kutter *St. Anton*, Entwurf und Bau Port Hamble Ltd.
Rechts: Maid of York, ein bei A. H. Mody & Sons gebautes Fahrzeug der Brittany-Klasse.

Vertäuung

Muß man das Dingi längere Zeit irgendwo liegenlassen, nimmt man es am besten, wenn es nicht zu schwer ist, an Land und stellt es kieloben ab. Das hat den Vorzug, daß es nicht verrotten kann. Dagegen läßt man ein schweres Boot oder ein Boot, dessen Planken sich wahrscheinlich in der Sonne und im Wind öffnen, lieber im Wasser. Großen Ärger verursachen solche Eigner, die ihre Dingis an den Landestellen an so kurzer Fangleine vertäuen, daß andere Benutzer die Treppe nicht erreichen können, ohne über andere Boote hinwegzusteigen. Eine Fangleine darf nicht kürzer sein als 6 bis 8 Meter und besteht am besten aus Kunstfaser, aber nicht von der Sorte Kunstfaser, die schwimmt. Mit Rücksicht auf mögliche Beschädigungen ist es jedoch besser, Dingis nicht für längere Zeit an solchen Stellen zu belassen. Im eigenen Heimathafen ist es bestimmt vorteilhafter, sich eine Ausholeinrichtung zu konstruieren. Diese kann zum Beispiel aus einem Pfahl bestehen, den man etwas außerhalb der Niedrigwasserlinie in den Grund rammt. Durch einen an der Pfahlspitze befestigten Block wird ein Ende geschoren, dessen Tampen zusammengeknotet und an Land belegt werden. Bei Benutzung des Ausholers wird die Fangleine in der Nähe des Knotens mit einem Stopperstek an das Ende angeschlagen und das Dingi über die Niedrigwassermarke hinaus ausgeholt (Abb. 77). Diese Art Ausholvorrichtung hat den Vorteil, daß der Block nicht verunkrautet, und jeder Benutzer kann auf den ersten Blick erkennen, an welcher Part des Endes seine Fangleine anzuschlagen ist.

Will man die Ausholevorrichtung jedoch an einer verkehrsreichen Stelle anordnen, ist es besser, anstatt des Pfahls einen Anker zu nehmen, um keine unnötigen Hindernisse zu schaffen. Der Block muß dann mit einem Kettenende an den Anker angeschlagen werden, und die Kette muß so lang sein, daß sich der Block, ohne den Anker anzuheben, gelegentlich hochholen läßt, um ihn von Unkraut zu reinigen. Wenn die Fangleine unmittelbar an das Tauende angeschlagen wird, verschmutzt sie bald; besser ist es daher, anstatt dessen ein kurzes Ende mit einer Boje anzuschlagen (Abb. 77) und das Dingi an der Boje zu vertäuen. Die beiden Tampen des Ausholers werden nicht zusammengespleißt, weil sie doch von Zeit zu Zeit auseinandergenommen werden müssen, um Kinken, die sich gebildet haben, zu entfernen. Durch Verwendung des Dingi-Ankers läßt sich eine provisorische Ausholevorrichtung überall in wenigen Minuten einrichten. Für den zweckmäßigsten Typ eines Beibootankers halte ich einen zusammenklappbaren Draggen. Wenn man die Stellung der auf dem Schaft gleitenden Arme verändert, kann man aus einem Draggen einen Stockanker vom Fischermannstyp machen, oder er kann zur bequemeren Verstauung flach zusammengelegt werden.

Läßt man das Dingi am Kai liegen, ist es manchmal praktisch, die

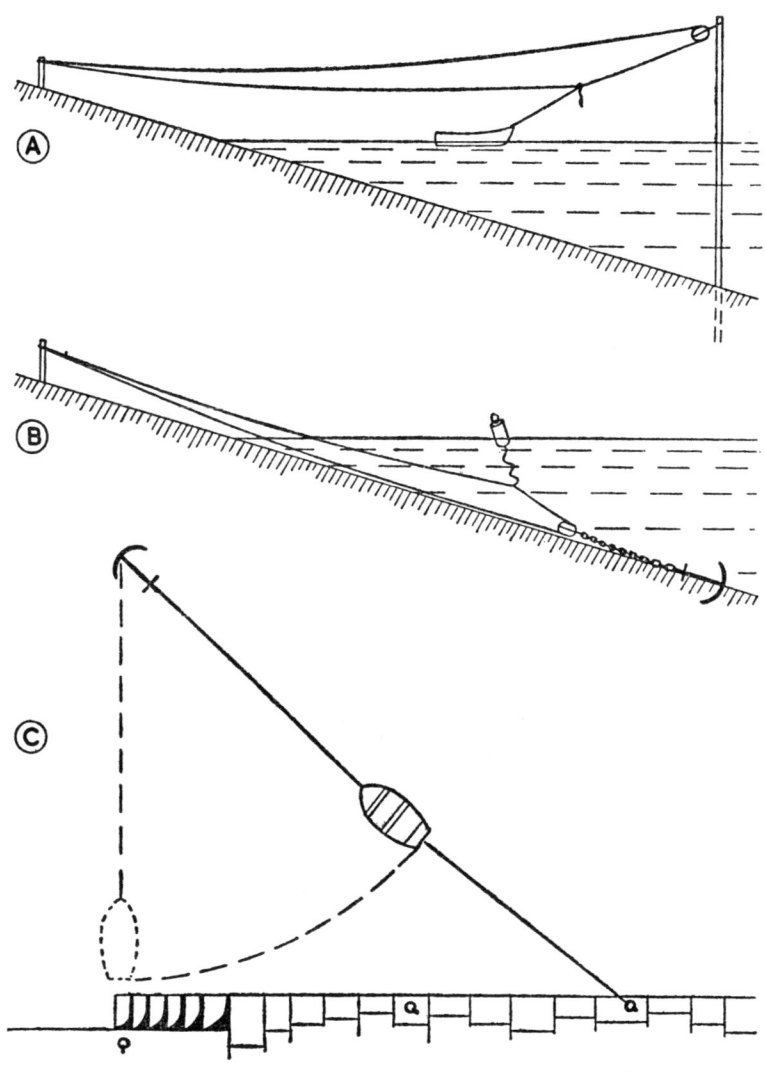

Abb. 77 — Verschiedene Vertäuungen eines Dingis
A: Ausholer mit Pfahl; B: Ausholer mit Anker und Boje;
C: Hypotenusen-Vertäuung.

Hypotenusenvertäuung anzuwenden (Abb. 77). Man belegt eine lange Heckleine am Landeplatz, pullt mit dem Dingi querab und läßt den Draggen fallen. Dann holt man sich mit der Heckleine zurück an die Landestelle und belegt das Ankertau, gut durchgeholt, am Steven. Nun steigt man aus, macht die Heckleine an der Landestelle los und belegt sie wieder in einiger Entfernung rechts oder links auf dem Kai. Das Dingi liegt dann mit Heck und Steven frei vom Kai und ist niemandem im Weg, der seinerseits die Landestelle benutzen möchte.

21

DER HILFSMOTOR

Motortypen — Einbau und Pflege
Stellung und Arten von Schiffsschrauben — Manöver unter Maschine
Elektrizität — Außenbordmotoren und Ruderriemen

Mit einem zuverlässigen Hilfsmotor vermag eine Yacht auch bei leichten Winden oder in der Flaute gute Durchschnittsgeschwindigkeiten einzuhalten und Häfen fast unter allen Wind- und Tidenverhältnissen anzulaufen oder zu verlassen. Er ist eine Hilfe, wenn es sich darum handelt, sich von einer Leeküste freizusegeln, Gezeiten-Stromschnellen oder andere gefährliche Situationen zu überwinden; der Fahrtenradius läßt sich in der Gewißheit erweitern, stets zu der gewünschten Zeit in den Heimathafen zurückkehren zu können. Wenn wir also der Ansicht sind, daß der Hauptzweck des Fahrtensegelns darin besteht, innerhalb der kürzestmöglichen Zeit die größte Anzahl von Plätzen zu besuchen und die meisten Meilen zurückzulegen, und das alles mit der geringsten körperlichen und geistigen Anstrengung, dann muß in der Tat die Hilfsmaschine als ein wesentlicher Bestandteil jeder Kreuzeryacht betrachtet werden.

Auf der anderen Seite hoffe ich, in den vorangegangenen Kapiteln klargemacht zu haben, daß ein großer Teil der Freude am Fahrtensegeln darin besteht, unter Segeln allein aus einer Yacht die beste Leistung bei jedem Wetter herauszuholen und alle Schwierigkeiten, denen man begegnet, mit seemännischem Geschick zu meistern. Es besteht kein Zweifel, daß die Kreuzerreisen, über die zu lesen es sich wirklich lohnt, diejenigen sind, die von Yachten ohne Hilfsmaschine durchgeführt wurden oder auf denen von der Maschine nur bei Flauten Gebrauch gemacht wurde, wenn die Zeit drängte. Die Redensart: „... und so mußten wir den Motor anwerfen", ist zu einem Gemeinplatz in den Fahrtenberichten geworden, die man heutzutage liest; in den meisten Fällen war die Crew aber gar nicht gezwungen, den Motor zu Hilfe zu nehmen. Sie tat es, weil sie sich in eine prekäre oder gefährliche Situation hatte treiben lassen, die man bei guter Seemannschaft hätte vermeiden können, oder weil der Wind nachließ oder gegenan drehte, oder weil die Tide kenterte und es offenbar wurde, daß man das Ziel unter Segel allein so bald nicht oder gar erst nach Dunkelheit würde erreichen können. Man muß zugeben, daß es nur wenige Menschen gibt, die im Anblick eines friedlichen Hafens lieber in der Flaute liegenbleiben und herumdümpeln, als den Motor für kurze Zeit laufenzulassen; beim Fahrtensegeln ebenso wie beim Bergsteigen (mit dem es viel Ähnlichkeit besitzt) ist der bequeme Weg aber nicht immer der beste, und ich bin überzeugt, daß den Seglern, die so schnell mit ihren Motoren bei der Hand sind, weil sie sich Mühe ersparen und jeder kleinen Schwierigkeit aus dem Wege gehen wollen, die wahre Freude und Befriedigung in ihrem Sport verlorengehen.

Hieraus darf nicht geschlossen werden, daß ich grundsätzlich auf den Gebrauch von Hilfsmotoren geringschätzig herabsehe. Ich habe diese Frage angesprochen, weil ich weiß, daß so viele Fahrtensegler eines der wichtigsten Merkmale ihres Sports außer acht lassen — das Gefühl einer vollbrachten Leistung, das sich nur dann einstellt, wenn der Segler seine Yacht ausschließlich als Segelfahrzeug betrachtet und den Motor nur als eine Rückversicherung ansieht, trotz ausbleibender Winde rechtzeitig seinen Verpflichtungen zu Hause nachkommen zu können, und ihm durch Kanäle und in kleinen künstlichen Häfen zu helfen, wo eine Yacht unter Segel allein nicht manövrieren kann, ohne sich und andere zu gefährden. Da solche Häfen auch schon in früheren Zeiten von Segelyachten angelaufen worden sind, wird oft die Ansicht vertreten, daß man es auch heute schaffen müßte, um so mehr, als die modernen Yachten handlicher geworden seien. Dagegen ist aber zu sagen, daß gerade die schwierigsten Häfen zu der Zeit, als Segel noch die einzige Antriebskraft bildeten, auch mit ihren Einrichtungen auf Segelschiffe eingestellt waren, was heute nicht mehr der Fall ist. Es gab Verholtonnen da, wo man sie brauchte, und es gab Lotsen und Hafenpersonal, die Leinen annahmen, ausbrachten oder Schlepphilfe leisteten. Auch waren die Häfen damals nicht so überfüllt.

Motortypen

Unter den Hilfsmotoren sind drei verschiedene Typen zu unterscheiden: der Zwei- oder Viertakt-Benzinmotor und die Dieselmaschine.

Der Benzinmotor ist verhältnismäßig leicht von Gewicht und in seiner Form kompakt — zwei wichtige Eigenschaften für kleine Fahrzeuge, wo Stabilität, Trimmlage und Wohnraum berücksichtigt werden müssen. Der Zweitakter, bei dem der Kolben seinen Kraftimpuls jedesmal erhält, wenn er das obere Ende seines Hubs erreicht, besitzt keine Ventile; der Kolben schließt und öffnet jeweils durch seine Auf- und Abbewegung im Zylinder den Einlaß und Auslaß. Technisch ist eine solche Maschine denkbar einfach und gleichzeitig sparsam in Gewicht und Platz, denn eine Einzylinder-Zweitaktmaschine entwickelt fast die gleiche Kraft wie eine Zweizylinder-Viertaktmaschine von gleicher Bohrung, gleichem Hub und gleicher Drehzahl.

Der Unterschied in der Leistung zwischen diesen beiden Motortypen beruht auf der unvollständigen Verbrennung der Benzindämpfe im Zylinder der Zweitaktmaschine. Die Benzin/Luftmischung im Vergaser der Zweitaktmaschine wird zunächst in die Kurbelwanne gesogen. Dort wird das Gemisch von dem niederfahrenden Kolben komprimiert, bis die Einlaßöffnung frei wird, worauf die Mischung in den Zylinder strömt und gezündet wird, sobald der Kolben den höchsten Punkt seines Hubs erreicht hat. Wenn sich aber in der Kurbelwanne ein Luftleck entwickelt, wird die Mischung falsch, der Motor fängt an, schwer zu starten und schlecht zu laufen. Da keine Tauch- oder Zwangsölung angewendet werden kann, wird das Schmieröl beim Zweitakter gewöhnlich dem Benzin beigemischt. Das Mischungsverhältnis von Öl und Benzin ist für volle Motorenbelastung festgesetzt. Wenn der Motor daher leer oder auf langsamen Touren läuft, ist zuviel Öl da, was in Verbindung mit den dann herrschenden niedrigeren Temperaturen leicht zur Verölung der Zündkerzen führt. Zur Erreichung größerer Zuverlässigkeit beim Starten und bei langsamer Fahrt ist der Viertaktmotor vorzuziehen, wenn sich das Mehrgewicht und die größeren Abmessungen unterbringen lassen. Hier werden Ein- und Auslaß durch mechanisch arbeitende Ventile geöffnet und geschlossen, so daß die Mischung unmittelbar aus dem Vergaser gesogen wird; er ist außerdem sparsamer im Ölverbrauch.

Bei der Benzin/Petroleum-Maschine handelt es sich ebenfalls um einen Viertaktmotor. Er startet und läuft zunächst mit Benzin, bis der Vergaser heiß genug geworden ist, um auch Petroleum zu vergasen. Er wird dann auf diesen Brennstoff umgeschaltet. Vor dem Abstellen der Maschine muß man sie ganz kurz wieder auf Benzin laufen lassen, da sie sonst das nächste Mal nicht startet. Aber Petroleum ist in Deutschland zu teuer und zwingt dazu, das Schmieröl häufig zu wechseln, da es sich leicht mit Petroleum verdünnt, besonders wenn man die Maschine langsam laufen und kalt werden läßt. Benzin/Petroleum-Motoren entwickeln weniger Leistung als gleichgroße Benzinmotoren und werden heutzutage nur noch selten auf Yachten eingebaut.

Beide oben genannten Motorentypen hängen von einem elektrischen Funken ab, der entweder durch einen Magneten oder durch eine Batterie erzeugt wird und die Brennstoff/Luft-Mischung entzündet. Dieser elektrische Mechanismus ist an Bord einer Yacht eine Quelle von Störungen, da er besonders empfindlich gegen Feuchtigkeit ist.

Der hervorragende Vorzug der Dieselmaschine (Zündung durch Kompression) ist ihre Unabhängigkeit von elektrischen Einrichtungen. Die

Kompression im Zylinderkopf, die entsteht, wenn der Kolben das Ende seines Hubs erreicht, bringt die Luft darin auf eine so hohe Temperatur, daß ein feiner, mit Hilfe einer Brennstoffpumpe und Einspritzdüse eingespritzter Strahl Dieselöl automatisch entzündet. Unter der Voraussetzung, daß der Brennstoff vor Erreichen der Pumpe gut gefiltert wird und der Brennstoffhahn, während die Yacht in Dienst ist, nicht abgestellt wird, so daß sich auch keine Lufttasche bilden kann, ist der Dieselmotor leicht zu starten und frei von Störungen. Nur wenn sich die Zylinderwände abgenutzt haben oder die Kolbenringe gebrochen sind oder in ihren Nuten steckenbleiben, kann die Kompression so stark nachlassen, daß sich der Motor im kalten Zustand nicht mehr starten läßt.

Dieselöl ist lange nicht so gefährlich wie Benzin, da es bei Normaltemperaturen nicht so weit verdampft, daß es ein explosives Gas bilden kann. Trotzdem darf man keine Vorsichtsmaßnahme unbeachtet lassen, um Leckagen zu verhindern; denn mit der Zeit durchtränkt das Öl jedes Holz, mit dem es in Berührung kommt, macht es entzündlich, und sein Geruch durchdringt die ganze Yacht. Zur Zeit werden nur Ein- bis Vierzylinder-Dieselmotoren in so kleinen Abmessungen hergestellt, daß sie sich als Hilfsmotoren für Yachten eignen. Ihre Nachteile gegenüber Benzinmotoren der gleichen Leistung bestehen in einer stärkeren Vibration, größerem Gewicht und höheren Anschaffungskosten; dagegen sind sie wirtschaftlicher im Brennstoffverbrauch, und der Brennstoff selbst ist billiger als Benzin.

Die meisten Schiffsmotoren haben senkrechtstehende Zylinder. Es gibt aber Ausnahmen, wo sich die Zylinder aus Gründen der Platzersparnis und Vibrationsverminderung horizontal gegenüberliegen. Durchweg werden die Maschinen durch offenen oder geschlossenen Umlauf wassergekühlt. Für den offenen Umlauf wird Seewasser benutzt, für den geschlossenen Frischwasser (mit Rückkühlung). Daneben gibt es verschiedene Typen luftgekühlter Dieselmaschinen, die gewisse Vorteile bieten, vor allem beschränkte Korrosionsgefahr. Sie sind jedoch lauter, und die Luftzuführung, die nebenbei viel Platz kostet, muß sehr sorgsam angelegt werden, um eine stetige Zufuhr kühler Luft zur Maschine und eine rasche Ableitung der heißen Luft zu gewährleisten.

Die gewünschte Motorenleistung hängt weitgehend davon ab, was der Eigner von seiner Maschine erwartet. Will er imstande sein, seine Yacht gegen starken Wind und steilen Seegang vorwärtszubringen, braucht er 3 PS oder etwas mehr pro Tonne Wasserverdrängung. Bei einfacher

---

Tafel 64
„Und dann sagte *sie* zu mir ..." *Wanderer III* und *Havfruen* liegen für einen Klönschnack zusammen.

Verwendung nur als Hilfsmotor, um zum Beispiel an überfüllten Liege-plätzen manövrieren zu können, oder um eine Flaute auf See zu über-winden, genügt schon 1 PS pro Tonne.

Einbau und Pflege

Einerlei, für welchen Motortyp man sich entscheidet — wichtig ist der richtige Einbau an einer möglichst zugänglichen Stelle. Häufig ist der Einbau nur unter dem Cockpit möglich (Tafel 58 E), das dann natürlich selbstlenzend sein muß. Allerdings bleibt dabei das Achterende der Ma-schine schwer zugänglich. Ein Brückendeck mit seiner größeren Höhe (Tafel 58 D) erleichtert bereits den Zugang, aber die beste Einbaustelle in einer Yacht mit achtern gelegenem Cockpit ist unterhalb des Deckshauses. Je tiefer der Motor gelagert werden kann, um so weniger beeinträchtigt sein Gewicht die Stabilität der Yacht, und um so wirksamer arbeitet die Schraube. Das Fundament muß kräftig und lang genug sein, um das Gewicht der Maschine und den Schub der Schraube über eine Anzahl von Spanten zu verteilen. Von noch größerer Bedeutung als ihre Länge ist aber die quergerichtete Versteifung der Fundamente, wenn man eine übermäßige Vibration vermeiden möchte. Diese Versteifung kann nur erreicht werden, indem man die Fundamente fest mit den Bodenwrangen verbindet, die ihrerseits mit langen Armen an den Spanten befestigt werden.

Die Technik, Motoren auf federnder Unterlage zu montieren, wird von vielen Fabrikanten mit Skepsis betrachtet. Wenn es aber getan wird, ist es wichtig, daß jede Verbindung zwischen Bootskörper und Maschine — Schraubenwelle, Auspuffrohr, Wassereinlaß usw. — ebenfalls flexibel angelegt wird. Wird eine Maschine eingebaut, während die Yacht auf Land liegt, so müssen Maschine und Schraubenwelle neu ausgerichtet werden, sobald die Yacht zu Wasser gebracht worden ist, denn es ist durchaus möglich, daß sie ihre Form in der Schwimmlage etwas verän-dert.

Brennstoffilter, Ventilstößel und Zündkerzen oder Einspritzdüsen müssen zugänglich sein, da sie sonst vernachlässigt werden. Ölmeßstab und Öleinfüllstutzen müssen leicht zu erreichen und eine Ölpumpe vor-

---

Tafel 65
A. Yachten, die für die Winterzeit oberhalb der Hochwassergrenze an Land ab-gestellt worden sind. B. Yachten im Schlickbett. Laufplanken zur Brücke gestatten den Eignern, jederzeit an Bord zu gelangen. C. Nach vier Seiten vermurt und mit Persennigen abgedeckt, verbringt diese Yacht den Winter in einem geschütz-ten Flußarm. D. Kranbock an Deck zum Ausheben des Mastes. E. Ein Mast wird mit Hilfe eines Krans herausgenommen.

handen sein, um das Öl im Kurbelgehäuse in den vorgeschriebenen Abständen auspumpen und wechseln zu können; denn es ist so gut wie unmöglich, die am tiefsten Teil des Motors sitzende Entleerungsschraube zu erreichen. Die Brennstoffrohre dürfen nicht in der Nähe des Auspuffrohrs oder des Verteilerkastens vorbeiführen und keine scharfen Biegungen aufweisen, da sich sonst Lufttaschen bilden können. Der Wassereinlaß muß mit einem Seeventil, kombiniert mit einem Sieb, versehen sein und tief unter der Wasserlinie liegen. Die Nachstellmuttern der Stevenrohrbüchse müssen einigermaßen vernünftig erreichbar sein, und das Schmiergefäß für das Wellenlager, wenn erforderlich, durch ein Rohr so weit verlängert werden, daß es ohne weiteres zu bedienen ist. Solche und ähnliche Details sind, vor allem auf kleinen Yachten, nicht immer leicht zu verwirklichen; sie sind aber wichtig, wenn man von seinem Motor gute Leistungen erwartet, und verdienen bei der Wahl und dem Einbau des Motors sorgfältige Berücksichtigung.

Um zu verhindern, daß Wasser durch den Auspuff in den Motor gelangt, muß das Auspuffrohr zunächst fast bis zur Deckshöhe, möglichst nahe der Mittschiffslinie, hochgeführt werden, bevor es sich wieder zum Auspuff hinuntersenkt. Obgleich man sagt, daß bei solcher Rohrführung ein Abstellhahn nicht notwendig sei, ist mir persönlich wohler zumute, wenn ich entweder einen Hahn habe oder einen Spund im Rohr weiß, denn Auspuffrohre unterliegen einem raschen Verfall. Wenn das Auspuffsystem nicht durch einen Wassermantel gekühlt wird, müssen alle Teile dick mit Asbest verkleidet oder sonst umwickelt werden. Hierdurch wird nicht nur verhindert, daß Holz und Farbe in der Umgebung verkohlen, sondern die Isolierung dämpft auch den Lärm. (Vorsichtsmaßnahmen gegen Feuer werden auf Seite 444 behandelt.)

Ein Motor, der in dem Augenblick, wo man ihn braucht, nicht anspringt, verursacht nicht nur Ärger, sondern bedeutet auch eine Gefahr. Er muß daher nicht weniger gut instandgehalten werden als die ganze Takelage. Ich brauche an dieser Stelle keine Einzelheiten über Pflege und Unterhaltung eines Motors aufzuführen; sie sind alle den Betriebsanweisungen zu entnehmen, die jede Herstellerfirma von Schiffsmotoren mitliefert; sie unterscheiden sich nur in Details je nach der gelieferten Type. Es gibt aber einen Punkt, der in diesen Anweisungen gewöhnlich keine Erwähnung findet, nämlich die Empfehlung, die Maschine mindestens einmal die Woche einige Minuten lang laufenzulassen. Hierdurch wird sichergestellt, daß die Maschine bereitwillig startet, das Zündsystem austrocknet und das Schmieröl in Umlauf gesetzt wird. In diesem Zusammenhang ist es interessant, festzustellen, daß die Motoren in den Rettungsbooten der RNLI täglich gestartet werden und kurze Zeit laufen; eine Vorsichtsmaßnahme, die gewährleisten soll, daß die Motoren im Ernstfall nicht versagen. Wenn ich in Berichten die wohlvertraute Redewendung lese: „... der Motor wollte nicht anspringen", weiß ich schon Bescheid, daß er schon seit Wochen vernachlässigt worden war.

Stellung und Arten von Schiffsschrauben

Eine kleine Schraube verursacht bei einer Yacht unter Segel geringeren Wasserwiderstand als eine große; infolgedessen ist es bei Hilfsmotoren grundsätzlich besser, mit einer kleinen Schraube von hoher Drehgeschwindigkeit zu arbeiten als mit einer großen, sich langsam drehenden Schraube, trotz der Tatsache, daß ein Untersetzungsgetriebe in Verbindung mit einer großen Schraube die bessere Antriebskraft liefert. Die Schraube kann auf verschiedene Weise angebracht werden: freidrehend, als Verstell- oder als Faltschraube. Eingebaut wird sie entweder in der Mittschiffslinie, wo sie sich in einer Öffnung dreht, die im Achtersteven oder im Ruder ausgespart wird, oder in oder nahe der Mittschiffslinie über dem Ruder oder schließlich an einer der beiden Heckseiten.

Die einzige, wirklich nicht zu empfehlende Plazierung der Schraube ist, sie ganz oder fast ganz in einen Ausschnitt im Ruder zu verlegen. Diese Art Anbringung erfordert eine stärkere Rudergebung, um eine bestimmte Wirkung zu erzielen, verursacht größeren Sog und hat eine Herabsetzung der Manövrierfähigkeit zur Folge. Es gibt Yachten, die kaum noch zu steuern sind, nachdem die Öffnung für den Propeller in das Ruder geschnitten worden ist. Die Öffnung muß vielmehr so gut wie ganz aus dem Achtersteven genommen werden, darf nicht größer als notwendig sein, und die Kanten müssen stromlinienförmig bearbeitet werden. Das Ruder darf nur so weit eingeschnitten werden, daß sich die Schraubenwelle gerade noch herausziehen läßt, ohne das Ruder abnehmen zu müssen. Versuche, die in dem Stevens Institute of Technology in den USA angestellt wurden, haben gezeigt, daß die Mittschiffsanbringung einer zweiflügeligen Schraube in einer so geformten Öffnung bei einer Yacht unter Segel weniger Wasserwiderstand hervorruft als eine seitlich gelegene Schraube. Bei einer Mittschiffsanbringung ist die Manövrierfähigkeit unter Motor in Voraus- und Rückwärtsfahrt gut; allerdings kann eine zweiflügelige Schraube in einer Schraubenöffnung bei laufender Maschine eine beträchtliche Vibration erzeugen, da beide Flügel gleichzeitig das sich hinter dem Achtersteven bildende Sogwasser passieren. Bei einem schwachen Hilfsmotor fällt dieser Umstand aber nicht stark ins Gewicht.

Die Frage ob man den Propeller beim Segeln feststellen oder mitlaufen lassen soll, damit er möglichst wenig Widerstand macht, kann so einfach nicht entschieden werden. Es hängt davon ab, wie leicht der Propeller mitläuft und wie schnell. Hat man den Eindruck, daß er sich mit weniger als

250 U/min dreht, dann setzt man ihn besser still, weil er dann weniger Widerstand macht. Dabei ist es übrigens gleichgültig, in welcher Stellung man ihn stillsetzt. Dreht sich der Propeller leicht und geschwinder, lasse man ihn mitlaufen, denn dann ist sein Widerstand wesentlich geringer als bei Stillsetzung. Es bringt keine Vorteile, einen zweiflügeligen Propeller hinter dem Totholz versteckt festzustellen, denn ein so stumpfes Totholz, hinter dem das möglich wäre, ist für sich selbst schon so schlecht, daß mit der Maßnahme nichts mehr zu gewinnen ist.

Die Manövrierfähigkeit in Maschinenfahrt hat nicht viel damit zu tun, ob der Propeller mitschiffs oder seitlich liegt, wohl aber, ob der Propellerstrom das Ruder beaufschlagen kann oder nicht. Bei den älteren Yachten mit ihrem am Kiel angelenkten Ruder und dem ausgesägten Loch für den Propeller waren die Manövriereigenschaften deshalb nicht gut, weil die Ruderfläche hinter dem Propeller meist wegen des Lochs zu gering war. Bei den modernen und viel wirkungsvolleren Leitflächenrudern, die von der Kielflosse getrennt sind, gibt es aber keinen Grund, den Propeller an einer anderen Stelle anzuordnen als vor dem Ruder, und das ist in der Mittschiffslinie.

Es ist eine jedem Propellerschiffer bekannte Tatsache, daß ein Propeller mit dem Heck wie ein Wagenrad nach der Seite wegläuft, nach der er sich dreht, und dieser Seitenlauf ist bei Rückwärtsfahrt weit stärker und ausgeprägter als bei Vorausfahrt. Dreht der Propeller nach rechts von achtern betrachtet, dann versetzt er das Heck nach Steuerbord.

Man hat das jahrzehntelang immer damit erklärt, daß die Propellerflügel, wenn sie unten durchgehen, durch dichteres Wasser paddeln als die Flügel, die gerade durch den oberen Teil des Propellerkreises laufen. Mit einiger Beschämung muß ich gestehen, diese physikalisch völlig unsinnige Theorie noch in der letzten Auflage dieses Buchs kritiklos übernommen zu haben. Leider stimmt an dieser Theorie nicht, daß das Wasser in der Tiefe dichter ist als an seiner Oberfläche, denn es ist praktisch inkompressibel, so daß der hohe Druck in der Tiefe es nicht dichter zusammendrücken kann. Für die dynamischen Widerstände, Reaktionskräfte aus Beschleunigungen und Drallimpulse ist nur die Dichte (Masse pro Volumeneinheit) maßgeblich. Der statische Druck hat darauf keinen Einfluß.

Der Seitenlauf der Propeller und der auffällige Unterschied seiner Energie bei Voraus- und Rückwärtsfahrt ist allein daraus zu erklären, daß der Propeller dem Wasser nicht nur eine Beschleunigung in seiner Axialrichtung erteilt, sondern auch eine Drallbewegung. Diese Kreisbewegung des Propellerstroms im Drehsinne des Propellers trifft mit ihrem oberen Teil in Vorausfahrt allenfalls ein kurzes Stück des Achterschiffs und läuft sich dann im freien Wasser tot. Anders bei Fahrt über den Achtersteven, wo diese Drallkomponente sich als eine Oberflächenströmung gegen ein relativ langes Stück Rumpf drückend auswirkt. Auf der anderen Seite des Kiels muß sich infolge des Dralls auch noch ein Unterdruck bilden, und beides zusammen muß natürlich das Heck kräftig in die Radlaufrichtung des Propellers versetzen.

Wird der Propeller außermittig angebracht — etwa einer Trimmklappe an der Kielflosse einer neuzeitlichen Yacht zuliebe — dann wirkt sein Schub selbstverständlich auch außermittig und erteilt der Yacht so ein Giermoment zur propellerlosen Seite hin. Dieser Effekt ist aber bei weitem nicht so kräftig, wie allgemein angenommen wird. Das weiß man von kraftvollen Reaktionen der Zweischraubenschiffe bei Manövern mit einer Maschine voraus und der anderen rückwärts, die nur wegen der Außermittigkeit der Wellen so kräftig nicht sein können. Auch hier spielen Dralleinflüsse am Bootsboden und Druckunterschiede zwischen Steuerbord und Backbord am Kiel die dominierende Rolle.

Der geringe Einfluß des außermittigen Schubs kann durch eine entsprechende Gängigkeit des Propellers in Vorausfahrt leicht ausgeglichen werden. So wird man einen linksdrehenden Motor mit linksgängiger Schraube (sie dreht sich bei Vorausfahrt entgegen dem Uhrzeiger) mit der Propellerwelle an Steuerbord herausführen, denn der außermittige Schub drückt den Bug der Yacht nach Backbord, und der Linkslauf des Propellers schiebt das Heck nach Backbord. Das hebt sich gegenseitig auf oder versucht allenfalls, die Yacht auf ganzer Länge etwas dwars nach Backbord zu versetzen.

Glücklich wird der Skipper mit einem seitlich installierten Propeller über seine Manöver in engen und überfüllten Häfen nie werden, denn das Ruder wird bei solcher Anlage immer erst dann Wirkung zeigen, wenn das Schiff bereits ein heikel erscheinendes Maß an Fahrt aufgenommen hat. Exakt zu beurteilen ist nach einiger Erfahrung nur, was das Schiff tun wird, wenn man mit dem Propeller rückwärts geht — und das ist immer nach derselben Seite.

Um den Sog zu beschränken, empfehlen sich als Seitenpropeller nur die Verstell- oder Faltschrauben. Die Verstell- und Umkehrschraube (Tafel 58 A), bei der die Flügel auf der Nabe drehbar sind und durch eine Innenmechanik auf Vorwärts- oder Rückwärtsgang eingestellt oder in einer Segelstellung festgehalten werden können, ist weniger wirksam als eine Schraube mit festen Flügeln. In der Praxis ist es oft schwer zu verhindern, daß die Flügel langsam voraus oder rückwärts mitarbeiten. Dagegen verursacht diese Schraube weniger Sog, und die Antriebsmaschine braucht kein Getriebe.

Bei der Faltschraube sind die Flügel so in die Nabe eingehängt, daß sie sich während der Fahrt unter Segel flach zusammenklappen (Tafel 58 C). Sie werden durch Zentrifugalkraft in die Arbeitsstellung geschleudert, sobald der Motor seine Umdrehungszahlen erhöht. Durch ein Gestänge in der Welle können die Flügel auf neutral festgesetzt werden, so daß sich der Rückwärtsgang betätigen läßt. Dieser Typ verursacht von allen Schrauben den geringsten Sog, solange die Flügel vorschriftsmäßig zusammengefaltet bleiben. Leider neigen die unteren oder leewärtigen Flügel dazu, in Arbeitsstellung zu fallen und darin zu verharren.

Manöver unter Maschine

Das Verhalten einer Segelyacht unter Hilfsmotor wird durch verschiedene Faktoren bestimmt: die Lage der Schraube, ihre Drehrichtung und Größe, den Windfang der Yacht und die Form ihres Unterwasserschiffes. Bevor der Eigner versucht, seine Yacht auf eng begrenztem Raum unter Motorkraft zu manövrieren, sollte er erst auf offenem Gewässer mit viel Platz und unter verschiedenen Wind- und Stromverhältnissen üben, wie er seine Yacht am besten an eine Boje bringt. Er muß durch die Praxis feststellen, wie groß seine Drehkreise über Back- und Steuerbord sind, denn diese sind keineswegs gleich, und er muß durch Versuche herausfinden, wie sich seine Yacht auf Rückwärtsgang unter verschiedenen Voraussetzungen verhält: bei Fahrt voraus, achteraus und ohne Fahrt. Darüber hinaus gibt es aber einige fundamentale Tatsachen, mit denen er sich zuerst bekannt machen muß.

Wenn der Propellerstrom das Ruder beaufschlagt, dann kann man mit Hartruderlage und kurzem, kräftigen Anfahren des Propellers in Vorausrichtung die Yacht in eine Drehung versetzen, ohne daß sie dabei viel Vorausfahrt aufnimmt. Die Energie des Propellerstroms reicht zwar, das gelegte Ruder zur Seite zu drücken, aber nicht, die ganze große Masse der Yacht anzuschieben.

Hat man das Ruder in Beziehung zur Gängigkeit des Propellers richtig gelegt, dann kann man die Yacht durch wechselndes Anfahren von Voraus- und Rückwärtsgang in kaum mehr als ihrer eigenen Länge um sich selber drehen. Die richtige Ruderlage ist bei einem linksgängigen Propeller (dreht bei Vorausfahrt linksherum) zu solchem Manöver hart Backbord. Beim beschriebenen kurzen Angehen voraus wird das Ruder mit dem Heck durch den Propellerstrom nach Steuerbord gedrückt (Yacht dreht nach Backbord an). Ohne am Ruder zu drehen geht man nun kurz und kräftig in den Rückwärtsgang, was die vielleicht vorher ungewollt aufgenommene Vorausfahrt des Bootes stoppt, vor allem aber durch den Seitenlauf des nun rechtsdrehenden Propellers das Heck noch mehr nach Steuerbord herumholt. Das Ruder ist in diesem Stadium praktisch wirkungslos, was durchaus vorteilhaft für das Manöver ist. Bei kurzem, kräftigen und neuerlichem Vorausgehen mit dem Propeller trifft der Propellerstrom nämlich das noch immer hart Backbord liegende Ruder und hilft der Backborddrehung der Yacht weiter nach. So auch das dann folgende Rückwärtsgehen wie kurz zuvor.

In der Rückwärtsfahrt erweist sich der Propeller immer als eine dem Ruder weit überlegene Steuerkraft — nun, dann baue man sein Manöver halt nach des Propellers Mütze. Will die Yacht nicht mit dem Bug durch den Wind — es sei denn nur mit einer Braßfahrt, die man nicht verantworten kann —, dann gelingt es eben meist, sie mit dem Propeller in seiner Laufrichtung rückwärts herumzubekommen.

Moderne Yachten mit ihren kurzen Kielen und den weit achtern liegenden, relativ kleinen Leitwerkrudern lassen sich unter Maschine über den Achtersteven kaum mehr geradeaus fahren. Aber dieses jedem Schiffer einer Hafenbarkasse vertraute Benehmen ist kein Problem. Man läßt die Yacht halt einen sanften Bogen dorthin laufen, wohin der Propeller „rollt". Geht es so nicht mehr weiter, legt man entsprechend hart Ruder und geht mit dem Propeller kurz und kräftig voraus an, was die Rückwärtsfahrt des Bootes stoppt und das Boot gleichzeitig so dreht, daß es mit dem Heck wieder in die gewünschte Fahrtrichtung oder, besser, etwas darüber hinaus zeigt.

Längsanlegemanöver gelingen am besten an der Seite, zu der hin der Propeller im Rückwärtsgang dreht — bei einem linksgängigen Propeller ist es also die Steuerbordseite: Man fährt schräg an die Anlegestelle heran und stoppt dann die Fahrt mit rückwärtsgehendem Propeller, der daraufhin mit dem Heck des Schiffs zur Anlegestelle hin „rollt", womit das Schiff also parallel zur Pier oder zum Steg gedreht wird.

Dies sind die Hauptpunkte, die beim Manövrieren unter Motor zu beachten sind; es bleibt aber noch die Wirkung des Windes auf die Yacht zu berücksichtigen. Der Bug einer Yacht modernen Typs hat die Neigung, nach Lee abzutreiben. Ohne genügend Fahrt voraus bleibt die Ruderwirkung zu gering, um den Kopf, wenn es wirklich weht, im Wind zu halten. Ist der Kopf erst einmal herumgetrieben, so läßt er sich nicht wieder zurück in den Wind bringen, ohne unter Motor genug Fahrt gesammelt zu haben; mit einem schwachen Motor gelingt es vielleicht überhaupt nicht. Natürlich läßt sich der Bug durch Fahrt über den Achtersteven wieder in den Wind bringen. Aber er wird von neuem abtreiben, bevor die Yacht wieder Fahrt voraus aufgenommen hat. Unter solchen Verhältnissen lohnt sich der Versuch, die Muring oder den Kai mit dem Heck voraus gegen den Wind anzusteuern (Mittschiffsschraube vorausgesetzt), denn die Yacht liegt dann ruhig mit ihrem Heck im Wind und bleibt ganz in der Hand. Noch eine Bemerkung: Besitzt die Yacht kein Rückwärtsgetriebe, so läßt sich ihre Fahrt voraus durch Ausbringung eines Seeankers oder Eimers abstoppen, oder das Ruder wird erst nach der einen, dann nach der anderen Seite hart übergelegt; allerdings verringert sich die Bremswirkung im gleichen Verhältnis, wie die Fahrt voraus abnimmt.

Elektrizität

Heutzutage verfügen fast alle größeren Yachten über Hilfsmotore und damit auch über eine Batterie. Ein Wiederaufladen der Batterie erfolgt in der Regel über eine angebaute Lichtmaschine, manchmal auch durch ein eigenes Ladeaggregat oder mit Hilfe eines Ladegeräts von Land aus, wobei allerdings erhebliche Gefahren und Korrosionsschäden auftreten können, wenn nicht mit besonders für Schiffe konstruierten Geräten geladen wird. Lader mit Trafos, die keine getrennten Wicklungen haben, sind z. B. ungeeignet. Die übliche Batteriespannung auf kleineren Yachten ist 12 V, auf größeren 24 V, bei der höheren Spannung treten geringere Stromverluste durch Leitungswiderstand auf. Gleichstromdynamos, deren Bürsten störanfällig sind und die starke Funkstörungen verursachen, sind Drehstrommaschinen bei weitem vorzuziehen, vor allem auch, weil diese schon bei niedriger Drehzahl eine hohe Ladestromstärke abgeben, wartungsfrei sind und unschwer entstört werden können.
Bleiakkumulatoren müssen so aufgestellt werden, daß die beim Laden entstehenden explosiven Gase entlüftet werden, aber auch so, daß sie sich beim Arbeiten des Schiffes nicht losreißen können und daß ausfließende Säure nicht in die Bilge gelangt.
Bei der Auswahl einer Batterie muß neben der Stromaufnahme des Starters auch die Wattbilanz aller Stromverbraucher an Bord berücksichtigt werden. Bei zu kleinen Batterien biegen sich bei hoher Stromabgabe die Platten durch, die Lebensdauer wird verkürzt, oder aber die Batterie ist schon nach einer Nacht auf See, wenn neben den Positionslichtern auch noch Kompaßbeleuchtung, Lampe über dem Kartentisch und Beleuchtung unter Deck brennen, entleert. Batterien müssen gepflegt werden. Regelmäßig muß destilliertes Wasser aufgefüllt werden und im Winter müssen die Batterien an Land regelmäßig nachgeladen werden.
Feuchtigkeit, die Korrosions und Stromverlust verursacht, ist der große Feind der Elektrizität. Wenn keine erstklassigen Armaturen und Leitungen verwendet werden, kann man mit der elektrischen Ausrüstung einer Yacht viel Ärger erleben. Nie darf das einpolige System mit Rückleitung durch den Schiffskörper Verwendung finden, und selbst bei der zweipoligen Ringleitung ist es ratsam, einen Schalter an der negativen Polung der Batterie anzuschließen und ihn die ganze Zeit ausgeschaltet zu lassen, solange die Batterie nicht aufgeladen oder benutzt wird. Die Leitungen müssen adäquat dimensioniert sein, um den Spannungsverlust so niedrigzuhalten wie möglich; sie müssen einem von Lloyd's (oder GL) zugelas-

senen Standard entsprechen. Im Hinblick auf Stromverluste durch Übergangswiderstände ist es am besten, alle Stromverbraucher direkt an das Schaltbrett anzuschließen; sogenannte Wasserdichte Stecker sind fast durchweg unbrauchbar. Alle Schalter sollten ebenso wie die Bürsten des Dynamo, der Regler und der Unterbrecher von Zeit zu Zeit mit einem Kontaktpflegemittel eingesprüht werden.

Außenbordmotor und Ruderriemen

Auf sehr kleinen Yachten hat der Außenbordmotor gewisse Vorteile gegenüber einer fest eingebauten Maschine. So bedingt er zum Beispiel keine Einbaukosten, und es entsteht bei der Fahrt unter Segel kein hemmender Sog durch die Schraubenöffnung im Ruderblatt oder durch die Schraube selbst, abgesehen von einer bedeutenden Gewichtsersparnis. Auf der anderen Seite hat der Außenbordmotor einen langen Schaft und nimmt, wenn man ihn unter Deck verstaut, genausoviel oder vielleicht sogar noch mehr Platz weg als die Einbaumaschine. Gelegentlich sieht man Außenborder mittschiffs an der Reling angebracht, wo sie auf einer im Seegang stampfenden Yacht bestimmt besser arbeiten, als wenn sie über dem Heck hingen. Aber die an der Bordwand zur Befestigung des Motors erforderliche Spezialhalterung ist recht lästig und bildet eine Gefahr für längsseit liegende Yachten. Eine andere Möglichkeit wäre die Unterbringung in einem Schacht, wo aber wieder eine Soghemmung entsteht, die sich nicht verantworten läßt. Durchweg erfolgt daher der Antrieb durch einen über das Heck ausgefahrenen Außenbordmotor.

Eine kleine Yacht bei ruhigem und glattem Wasser mit Hilfe eines Ruderriemens mit einer Geschwindigkeit von 1 bis 1,5 Knoten voranzubewegen, bedarf keiner großen Anstrengung. Er kann über die Bordseite ausgebracht werden, wobei der Ruderer mit dem Gesicht nach vorn steht und sein Gewicht auf den Riemengriff lehnt, während die Yacht mit dem Ruder gesteuert wird. Der Riemen muß gut ausbalanciert in der Dolle ruhen, so daß man nur wenig Kraft anzuwenden braucht, um das Blatt aus dem Wasser zu heben. Ist das Cockpit aber zu klein, um den Riemen bequem bedienen zu können, so muß über das Heck gewriggt werden, nachdem eine Dolle für diesen Zweck in die Heckreling gesteckt worden ist.

Eine Yacht mit einem kleinen, leichten Beiboot zu schleppen, ist ebenso ermüdend wie unwirksam, da das Dingi an der Schlepptrosse nur stoßweise zerrt, sie aber zwischen den Ruderschlägen nicht straffhalten kann.

---

*) Siehe das Buch Mohr „Elektrizität auf Yachten", Kleine Yachtbücherei Bd. 16, Verlag Delius, Klasing & Co., in dem alle einschlägigen Fragen behandelt werden.

22

SICHERHEIT AUF SEE

Seereling und Sorgleinen — Rettungsbojen und Rettungsringe —
Rettungsflöße — Mann über Bord — Erste Hilfe

Die meisten Sportarten, um die es sich lohnt, sind von gewissen Risiken begleitet, und Fahrtensegeln ist keine Ausnahme. Das Gefahrenmoment ist aber bei Einhaltung gewisser Vorsichtsmaßnahmen recht gering; Hunderte von Segelyachten unternehmen jahrein, jahraus Küstenfahrten und Seereisen, ohne daß jemand dabei ums Leben kommt oder ernsthafte Verletzungen erleidet. Heutzutage wird eine Vielfalt von Ausrüstungsgegenständen angeboten, die die Sicherheit auf See erhöhen und Rettungsmaßnahmen erleichtern, angefangen von Instrumenten, die explosives Gas in der Bilge anzeigen, bis zu schwimmenden Radioapparaten, die Notsignale aussenden. Jeder Eigner muß selbst entscheiden, was er für unbedingt notwendig hält, was sich an Bord unterbringen läßt, und wieviel dafür aufzuwenden er bereit ist.

Seereling und Sorgleinen

Die größte Gefahr, der ein Segler ausgesetzt ist, besteht darin, über Bord zu fallen oder von einer See außenbords gewaschen zu werden. Bei schwerem Wetter handeln die meisten Menschen schon aus Selbsterhaltungstrieb nach der alten Regel: „Eine Hand für dich selbst und eine Hand für das Schiff." Die Gefahr, über Bord zu gehen, ist daher größer bei leichtem Wetter, wenn man in einem Augenblick der Sorglosigkeit oder als Folge eines plötzlichen und unerwarteten Überholens kopfüber ins Wasser stürzen kann. Diese Gefahr wird weitgehend durch eine an beiden Bordwänden verlaufende Seereling eingeschränkt, aber natürlich muß eine solche Reling, wie alles an Bord, fest und widerstandsfähig sein. Es versteht sich von selbst, daß die Höhe der Seereling auf allen Yachten, unabhängig von ihrer Größe, gleich sein muß. Trotzdem sieht man häufig auf Kleinfahrzeugen Relings von nur 45 cm Höhe, gerade richtig, um einen Mann über Bord stolpern zu lassen. Seerelings dürfen niemals niedriger sein als 75 Zentimeter über Deck. Die Relingstützen bestehen im allgemeinen aus 1¹/₈- oder 1¹/₄zölligem Nirostastahl oder Aluminiumrohr; der Draht, vorzugsweise Nirosta-Draht, läuft durch Löcher oben an den Stützen. Sind Draht und Stützen aus ungleichem Material, müssen die Löcher mit dünnen Plastikschläuchen ausgefüttert werden, um galvanische Wirkungen zu vermeiden. Oft wird noch ein zweiter Draht auf halber Höhe zusätzlich vorgesehen, was ich aber für unnötig halte, außer wenn Kinder an Bord sind. Außerdem vermehrt ein zweiter Draht die Schamfilgefahren. Wenn ein Mann gegen die Reling taumelt, übt die Stütze eine große Hebelwirkung auf die Deckshalterung aus, in der sie steckt. Diese Rohreinsätze (Tafel 59 C und D) müssen daher sehr zuverlässig, am besten mit Bolzen durch das Schandeck, verankert werden, bei Yachten mit Schanzkleid so, daß sie zusätzlich auch daran befestigt werden. Deckshalterungen, Stützen, Befestigungen und Splinte müssen möglichst aus dem gleichen Metall bestehen.

Auf den meisten Yachten ohne Klüverbaum wird gewöhnlich eine als Bugkanzel bezeichnete Bugreling in derselben Höhe wie die Seereling um den Steven herumgeführt (Tafel 59 B); an diese wird die Seereling angeschlossen. Eine Bugkanzel ist eine ausgezeichnete Einrichtung, dank welcher man ganz vorn in Sicherheit arbeiten kann. Eine Yacht mit V-förmigem, doppeltem Klüverbaum kann die Kanzel sogar ganz nach draußen verlegen, wo die beiden Bäume sich treffen (Tafel 33 G). Achtern senkt sich die Seereling häufig an Deck, um zu vermeiden, daß die ausgefierte Großschot an ihr schamfilt. Lieber als auf den Relingsschutz in Höhe des Cockpits, wo man ihn am meisten benötigt, zu verzichten, würde ich aber die Schamfilgefahr in Kauf nehmen, um so eher, als man auf manchen Schiffen dieser Gefahr durch Errichtung eines höheren Leitwagens, an den die Seereling angeschlossen wird, begegnen kann (Tafel 27 D und E). Um die Seereling besser anfassen zu können und die Schamfilgefahr auf ein Mindestmaß zu beschränken (das Spinnakergeschirr und die Vorsegelschoten kommen sowieso zwangsweise von Zeit zu Zeit mit ihr in Berührung), empfiehlt es sich, zwischen den Stützen Plastikrohre oder Plastikschläuche über den Draht zu ziehen. Die Relingsöffnung zum Ausbringen der Gangway oder zum Anbordnehmen des Dingis wird am besten mit einem Senhouse-Schlipper geschlossen und gesichert (Tafel 59 E und F).

Wenn ein Besatzungsmitglied unterwegs auf See auf dem Vorschiff zu tun hat, nimmt es am besten — und das versteht sich besonders auf Yachten ohne Seereling — um seine Taille ein Ende, in dessen einen Tampen ein Karabinerhaken eingespleißt ist. Diesen Haken kann es überall in der Takelage, wo es gerade paßt, einschnappen lassen, so daß es selbst beide Hände zur Arbeit freibekommt. Besser noch, wenn es einen der Spezialsicherheitsgurte trägt, wie sie zuerst von Peter Howard entwickelt und angefertigt wurden. Diese Gurte halten es bequem fest und schleppen es, wenn es über Bord gegangen sein sollte, mit der richtigen Seite nach oben durchs Wasser. Bei schlechtem Wetter spannt man zweckmäßigerweise ein Strecktau vom Cockpit zum Mast und vom Mast zum Vorstag; hier kann der Mann, der nach vorn klettert, seinen Karabinerhaken anschlagen und um so sicherer arbeiten. Auch für den Rudergänger auf Nachtwache ist es eine Selbstverständlichkeit, ein Ende um seinen Leib zu nehmen; das sichert ihn davor, nach Lee oder sogar über Bord geschleudert zu werden, wenn er einmal einnicken sollte. Der Einhandsegler darf zu keiner Zeit in seiner Vorsicht nachlassen; wenn er über Bord geht, gibt es keine Möglichkeit mehr, sich zu retten.

Rettungsringe, Rettungsbojen und Rettungswesten

Ein Rettungsring muß stets griffbereit in Reichweite des Rudergängers liegen, und zwar so, daß der Ring einem über Bord gegangenen Mann nachgeworfen werden kann, ohne daß auch nur eine Sekunde Zeit verlorengeht. Früher verwendete man dazu Rettungsringe, die indessen schwere Nachteile haben; es ist schwierig bei Seegang in sie hineinzukommen, man braucht viel Energie, um sich in ihnen zu halten und sie sind unbrauchbar, wenn der Mann in ihnen im Laufe der Zeit der Erschöpfung anheimfällt. Man sollte sie grundsätzlich durch U-förmige Rettungskörper ersetzen, die um den Hals gelegt werden und durch Bänder gesichert werden, sie halten einen im Wasser treibenden Menschen auch dann in einer Lage, die ihm das Atmen ermöglicht, wenn er ohnmächtig geworden ist. Die beste Farbe eines solchen Rettungskörpers ist leuchtendes Orange, da sie unter allen Lichtverhältnissen gut sichtbar ist und sich vom weißen Gischt abhebt. Der Rettungskörper hängt am besten in einer Halterung an der Heckreling, darf aber niemals festgebändselt werden; der durch das Losmachen entstehende Zeitverlust könnte sich verhängnisvoll auswirken. Wenn auf einer sehr kleinen Yacht kein Platz für einen solchen Ring vorhanden ist, muß ein kapokgefülltes oder aufblasbares Rettungskissen mit Greifleinen an die Stelle treten.

Fällt ein Mann nachts über Bord, so sind die Aussichten, ihn wiederaufzufischen, außerordentlich gering, wenn der Rettungsring nicht mit einem Licht versehen ist. Für die Erzeugung von Licht auf chemischem Wege dient eine Metallbüchse mit je einem kleinen Ring oben und am Boden. Je ein kurzes Ende verbindet den oberen Ring mit dem Rettungsgürtel, den unteren mit dem Schiff. Die Idee ist, daß beim Überbordwerfen der untere Ring abreißt und damit ein Loch im Büchsenboden freilegt, durch das Seewasser einströmt, das mit einer Karbid-Phosphormischung Gas erzeugt und zur hellen Flamme entzündet. Es kann aber vorkommen, daß der Ring nicht abreißt, weil die Boje nicht schwer genug ist. Dann ist es besser, den Ring selbst abzureißen, bevor man die Boje über Bord wirft. Eine andere Möglichkeit ist, ein elektrisches Bojenlicht zu verwenden. Das untere Ende dieses Geräts ist mit einer kurzen Leine am Rettungsring befestigt. Solange sich das Gerät an Bord befindet, hängt es mit der Oberseite nach unten, ist aber gewichtsmäßig so ausgelastet, daß es sich im Wasser aufrichtet, worauf eine einfache Gewichtsschaltung das von einer Trockenbatterie gespeiste Licht entzündet. Es gibt dann noch ein weiteres Bojengerät, das seinen Strom aus einer von Seewasser aktivierten Zelle bezieht und aufleuchtet, wenn es ins Wasser taucht. Das chemisch erzeugte Licht ist viel kräftiger und auch bei Tage von Nutzen, da es durch Rauchentwicklung die Lage der Boje anzeigt. Das elektrische Licht brennt dagegen länger, und das ist wichtig, wenn mehrere Anläufe gemacht werden müssen, bevor es gelingt, die Yacht in Reichweite der Boje zu bringen. Auch läßt sich die Beschaffenheit einer Boje mit Trockenbatterien jederzeit nachprüfen, indem man sie einen Augenblick lang auf den Kopf in die richtige Lage dreht.

Für jedes Besatzungsmitglied muß sich eine Schwimmweste an Bord befinden für den immerhin möglichen Fall, daß die Yacht selbst von einer Katastrophe ereilt wird. Die früher üblichen Ausführungen aus Kork oder Kapok sind viel zu sperrig bzw. lassen im Auftrieb nach. Viel besser sind die aufblasbaren Schwimmwesten, die aus mehreren Kammern bestehen und bei richtiger Konstruktion ohnmachtssicher sind. Es gibt neuerdings Westen, die sich bei Berührung mit Wasser selbsttätig aufblasen, andere können durch Öffnen eines Ventils oder durch Blasen mit dem Mund gefüllt werden. Rettungsjacken sind meist nicht ohnmachtssicher und daher nur als Schwimmhilfsmittel zu bezeichnen.

Rettungsflöße

Eine Rettungsinsel ist die einzige Form, in der eine Yacht eine Art von Rettungsboot mit sich führen kann, denn ein Dingi ist, einerlei von welcher Größe, ganz ungeeignet für diesen Zweck, außer vielleicht bei glatter See oder in unmittelbarer Nähe des Landes oder eines anderen Schiffes.

Rettungsinseln gibt es in verschiedenen Ausführungen und Größen. Alle blasen sich (einschließlich des Schutzdaches) automatisch auf, sobald sie, an einer Sorgleine befestigt, über Bord geworfen worden sind. Es ist so gut wie unmöglich, eine Rettungsinsel zum Kentern zu bringen; sie sind robust und werden ausgerüstet mit Paddeln, Ösfaß, Seeanker, Reparaturmaterial usw. geliefert. Diese Ausrüstung kann durch Notrationen, enthaltend Wasser, Proviant, Signalpatronen, Angelzeug usw.

vervollständigt werden. Eine Vier-Mann-Insel (die kleinste Größe, die hergestellt wird) wiegt in ihrem Plastikbehälter von 94 bis 114 cm Länge und 50 bis 56 cm Durchmesser etwas über 45 kg. Die einzigen Nachteile sind, daß Rettungsinseln nicht die normalen Funktionen eines Dingis übernehmen können, d. h., sie sind nicht dafür geeignet, auf längere Entfernungen gepaddelt zu werden; ihre Kosten sind verhältnismäßig hoch. Trotzdem bieten sie, wenn eine Yacht bei schwerem Wetter draußen auf See untergeht, die einzige Überlebenschance.

Mann über Bord

Hier ist eine Situation, die sofortiges und richtiges Handeln erfordert, denn ein Menschenleben hängt an dem Können, der Erfahrenheit und dem Urteilsvermögen des Rudergängers.

Wirf dem Kameraden im Wasser, ohne eine Sekunde zu verlieren, den Rettungsring nach, aber sieh dich vor, daß du ihn nicht dabei triffst. Rufe alle Mann an Deck und beauftrage einen von ihnen, den verlorengegangenen Mann zu beobachten und mit ausgestrecktem Arm in seine Richtung zu weisen, ohne ihn auch nur für einen Augenblick aus den Augen zu verlieren, einerlei, was inzwischen an Bord passiert.

Die meisten von uns haben gelernt, daß eine Yacht, wenn ein Mann über Bord gegangen ist, gehalst werden muß, um ihn an Bord zu holen, gleichgültig, wie die Segelstellung gerade ist. Das ist in den meisten Fällen auch richtig, aber es gibt Ausnahmen. Kommt der Wind von querab oder von vorlicher als dwars, muß gehalst werden, und zwar sofort. Anluven brächte die Yacht in Luv des Mannes und bedeutete Zeitverlust, denn das Halsen wird auch dann noch nötig sein, um an den Mann heranzukommen. Mit raumem Wind hat man die Wahl, zu halsen und den Mann in einem Bogen wie oben anzusteuern, oder abzufallen, dann durch den Wind zu gehen und noch einmal etwas abzufallen, bevor man in den Wind schießt; man beschreibt also mit dem Kielwasser eine Acht. Durch Halsen erreicht man zwar den Mann in der kürzestmöglichen Zeit; doch gilt es zu entscheiden, ob es unter den herrschenden Wetterverhältnissen gefahrlos ist, dieses Manöver mit stehenden Segeln durchzuführen, da keine Zeit bleibt, die Schot dichtzuholen und die Leebackstagen festzusetzen. Bruch in der Takelage in einem solchen Augenblick würde sich verhängnisvoll auswirken. Läuft dagegen eine Yacht in dem Augenblick, in dem der Mann über Bord fällt, platt vor dem Wind, so ist mit Halsen nichts gewonnen, und es hat daher keinen Sinn, die Takelage zu gefährden. Der Mann läßt sich genauso schnell durch Anluven und Wenden erreichen. Das Ziel ist natürlich, die Yacht mit dem Kopf im Wind und **ohne Fahrt neben dem Mann aufzubringen**, genauso wie wenn man an eine Muring oder Tonne im tidefreien Hafen gehen würde. Bei Seegang darf man nicht außer acht lassen, daß eine Yacht keinen so langen Auslauf hat wie im glatten Wasser; halte daher eine Wurfleine in Bereitschaft, wenn es dir mißlingt, in Bootshaken-Reichweite des Verunglückten zu gelangen.

Sobald du ihn mit dem Bootshaken oder der Wurfleine zu fassen bekommen hast, hole ihn längsseit, nimm unterhalb seiner Arme ein Ende herum und bringe ihn an die Stelle, wo der Freibord am niedrigsten ist. Vielleicht ist es notwendig, die Vorsegel backzusetzen oder zu bergen, um während der Bemühungen, ihn an Bord zu holen, jede Fahrt aus dem Schiff zu nehmen. Es erfordert seine Zeit, einen Mann, insbesondere in erschöpftem Zustand und mit voll Wasser gelaufener Kleidung, an Bord zu ziehen. Wenn er noch imstande ist, sich selbst zu helfen, so hänge einen Pahlstek über die Seite, in den er hineintreten kann; ein zweiter etwas höher gehängter Pahlstek erleichtert das Anbordgelangen ebenfalls. Wenn er aber erschöpft ist, muß eine Talje an die Leine unter seinen Armen angesetzt oder ein Schrottau verwendet werden. Um ein Schrottau anzubringen, befestige ein Tauende an oder nahe der Reling, führe sein Ende unter dem Körper hindurch weg von der Bordwand und zurück an Deck und hole es durch. Wenn zwei genommen werden, eines um die Brust und das andere um die Hüften, sollte es möglich sein, den Mann hoch- und an Deck zu rollen. Vorsicht ist aber geboten, um ihn nicht zu verletzen, besonders wenn es sich um einen schweren Körper handelt. Wegen künstlicher Atmung verweise ich auf S. 445. Sollte die Yacht im Augenblick des Unglücksfalls unter Motor laufen, so schwinge das Heck zur Seite, um Verletzungen durch die Schraube vorzubeugen. Unternimm keine Rettungsaktion in einem kleinen Dingi!

Eine gewisse Gefahr bedeutet das Baden von Bord einer Yacht, die vor Anker im Tidestrom liegt. Wenn nicht gerade Stillwasser ist oder das Dingi achteraus schwimmt, bringe ein langes Ende (mit irgendeiner Art von Boje am Tampen) aus und belege es an Deck; es kann nämlich passieren, daß du nicht mehr gegen den Strom zurückschwimmen kannst. Da es unmöglich ist, eine glatte hohe Bordwand heraufzuklettern, wird bei Plattgattern oft ein flacher Tritt oben auf dem Ruderblatt stehengelassen, der den Badenden als Fußhalt dient. In das Dingi klettert man über das Heck hinein.

Feuer

Bevor sich Benzin und Flaschengas für Gebrauch an Bord einbürgerten, war die Feuer- und Explosionsgefahr auf Yachten verhältnismäßig gering. Ein aufflammender Petroleumkocher war ungefähr das Schlimmste, was passieren konnte. Die Vorsichtsmaßnahmen bei Verwendung von Fla-- schengas wurden bereits auf S. 76 behandelt, doch nur wenige wissen, daß ein halber Liter in die Bilge gelaufenes Benzin die gleiche potentielle Explosionskraft besitzt wie 5 Pfund Dynamit; das sich bei Verdunstung von Benzin bildende Gas ist schwerer als Luft. Es liegt auf der Hand, daß man jede nur mögliche Vorsicht walten lassen muß, um Leckagen von Benzin aus Vergasern, Hähnen, schadhaften Verschraubungen oder beim Füllen der Tanks zu verhindern. Eine hochkantige, mit Drahtgaze bedeckte Tropfschale muß unterhalb des Vergasers angebracht werden, und ein zweites, größeres Becken mit einer Vertiefung an seinem unteren Ende, aus dem sich Öl oder Brennstoff mit Twist oder einer kleinen Spritze entfernen läßt, unterhalb des Motors. Das Benzineinfülloch des Tanks muß auf Deck liegen und das Verbindungsrohr vom Tank ohne Knick zu dem Einfüllstutzen hinaufführen. Auch das Entlüftungsrohr des Tanks muß über Deck enden *). Bilge und Batteriestand sind gut durchlüftet zu halten. Dieselöl bedeutet kaum eine Gefahr, da es nicht verdunstet. Die von einem Petroleumdruckkocher drohende Gefahr wird häufig übertrieben, denn ein Hochflammen kommt eigentlich nur beim Anmachen vor, wenn sowieso jemand am Kochherd steht. Sobald das Luftventil geöffnet wird, erlischt die Flamme rasch.

Trotz Beachtung aller Vorsichtsmaßnahmen ist es aber doch ratsam, an allen Gefahrenstellen Feuerlöscher anzubringen, vornehmlich also in der Nähe des Motors und in der Kombüse, und zwar an Stellen, wo sie auch im Falle eines Feuers erreichbar bleiben; ein außer Kontrolle geratenes Feuer auf See kann rasch eine verzweifelte Situation herbeiführen. Feuerlöscher arbeiten nach dem Erstickungsprinzip, indem sie die Zufuhr von Sauerstoff abschneiden, ohne den kein Feuer brennen kann. Feuer auf einer Yacht rührt in erster Linie von entzündbaren Stoffen her wie Benzin und Öl. Die besten Erstickungsmittel in der Reihenfolge ihrer Bedeutung sind die folgenden:

1. Kohlensäure (CO_2) ist besonders wirksam in geschlossenen Räumen und eignet sich hervorragend für Fernbedienung durch Rohrleitungen zu Düsen an jeder Gefahrenstelle; sie ist ungiftig, aber läßt kein Leben zu, und der Behälter muß schwer sein, um den beträchtlichen Gasdruck auszuhalten.

2. Pulver (meist doppelkohlensaures Natron), das aus einem plombierten Behälter unter Druck von CO_2 entladen wird. Es ist un-

---

*) Vor allem beim Gebrauch von Benzin an Bord sollte man alle Gefahrenquellen kennen, z. B. durch schlechte oder fehlende Erdung der Einfüllstutzen, statische Aufladung, Hantieren mit Benzin im Cockpit. Siehe dazu Kl. Yachtbücherei Bd. 22 Mohr „Sicherheit auf See", Verlag Delius, Klasing & Co.

giftig, fügt keinem Material Schaden zu, und alle Pulverspuren lassen sich nach Verlöschen des Feuers mit etwas Wasser abwaschen.

3. Chlorbrommethan, eine Flüssigkeit mit der gleichen Wirksamkeit wie Pulver, wird durch CO_2 aus einem plombierten Behälter entladen. Es ist giftig, aber nicht so gefährlich wie die beiden folgenden Chemikalien.

4. Tetrachlorkohlenstoff (C. T. C.), die bekannte, beißend riechende, schnell verdunstende und sonst für chemische Reinigungen benutzte Flüssigkeit hat gute Löscheigenschaften, ist aber in hohem Grade giftig und zersetzt sich dazu noch zu Phosgen, einem tödlichen Giftgas. Sie sind verboten.

5. Methylbromid ist von allen das wirksamste Feuerlöschmittel, wird allgemein aber als zu gefährlich für Anwendung unter Deck gehalten, da es giftiger ist als der Rest und keinen Geruch zur Warnung hinterläßt.

6. Bromchlordifluormethan (BCF). Eine ungefährliche und sehr wirksame Substanz (in Deutschland offiziell noch nicht zugelassen).

Feuerlöscher müssen mindestens alle zwei Jahre überprüft werden.

Die Hauptregeln für Feuerbekämpfung lauten: nicht abwarten, nahe an den Brandherd herangehen und tief zielen.

Erste Hilfe

Im Falle einer ernsthaften Verletzung oder Krankheit muß sobald wie möglich ein Arzt zur Hilfe geholt werden. Aber selbst im Hafen kann einige Zeit vergehen, bis der Arzt kommt, während auf See das Leben des Verletzten oder Kranken von den Kenntnissen und der Geschicklichkeit derjenigen abhängt, denen es zufällt, die erste Hilfe zu leisten. Wir möchten daher an dieser Stelle einige Hinweise geben, die aber wohlverstanden keinen Anspruch darauf erheben, den Beistand eines qualifizierten Arztes zu ersetzen, der unter allen Umständen aufzusuchen ist.

Künstliche Atmung

Infolge Einatmens von Gas, durch elektrischen Schock oder Ertrinken kann die Atmung aussetzen, bevor das Herz aufhört zu schlagen. Die Herzschläge werden manchmal so schwach, daß sie nicht mehr wahrzunehmen sind. Man verschwende daher keine Zeit mit der Suche danach, sondern warte nur so lange, bis man durch Anheben des Nackens und Entfernung offensichtlich hinderlicher Fremdkörper aus dem Munde freie Atmungswege gesichert hat. Die Lungen müssen sofort mit Luft gefüllt werden. Es gibt keine bessere Methode, als die in der Bibel (zweite

Könige IV, 32—7) geschilderte Atemspende. Diese Methode kann sogar auf einem kleinen Floß angewandt werden. Die Technik ist wie folgt: Atme tief ein, klemme die Nase des Patienten zwischen linken Daumen und Zeigefinger zusammen, lege deinen Mund auf den Mund des Patienten und atme aus. Beobachte dabei aus den Augenwinkeln, ob Brust und Bauchgegend sich dabei heben und damit anzeigen, daß sich das Zwerchfell senkt und die Luft in die Lunge strömt. Dann hebe deinen Kopf und atme ein zweites Mal tief ein. Die Elastizität der Lungen sorgt für Ausatmung. Lege deinen Mund noch einmal an und wiederhole den Vorgang. Das Tempo der künstlichen Beatmung hängt davon ab, wie schnell sich die Brust des Patienten wieder leert. Der Durchschnitt liegt bei 10 Beatmungen in der Minute bei einem Erwachsenen und 20 bei einem Kind. Die Beatmung muß mindestens eine Stunde lang fortgesetzt werden, bevor man die Hoffnung aufgeben darf. Sobald der Patient aber wirklich wieder anfängt zu atmen, muß er unverzüglich auf die Seite gerollt werden, damit er bei Erbrechen nicht erstickt. Dieser Brechreiz stellt sich mit großer Wahrscheinlichkeit ein. Bis das Bewußtsein zurückkehrt, muß das Kinn abgestützt und jeder Atemzug beobachtet werden. Dann streife man die nassen Kleider ab und hülle den Verunglückten in warme, trockene Kleidung und in Decken. Sobald er schlucken kann, verabreiche man ihm eine warme stimulierende Flüssigkeit wie Kaffee oder Alkohol. Da während der folgenden 24 Stunden und länger Lebensgefahr besteht, muß der Verunglückte auf dem schnellsten Wege in ein Krankenhaus überführt werden.

Allen Unglücksfällen folgen Schocks verschiedener Intensität; sie können so ernster Natur sein, daß sie zum Tode führen. Auf Schockwirkung lassen die folgenden Symptome, einzeln oder mehrere zusammen, schließen: graue Gesichtsfarbe, blasse Lippen, blaue Nägel, schneller oder schwacher Pulsschlag, kalter Schweiß vor allem auf der Stirn und den Handflächen, Erschöpfung, heftiges Zucken und Zittern, Übelkeit und Erbrechen.

Lege den Verunglückten mit seinem Kopf niedrig und breite eine Decke über ihn aus. Bei Bewußtsein und wenn er nicht über Bauchschmerzen klagt, gib ihm heißen Kaffee oder Tee zu trinken. Heiße Wärmflaschen, die eine Erweiterung der Blutgefäße in der Haut hervorrufen und Blut wegziehen, wo es benötigt wird, entsprechen nicht mehr den heutigen Behandlungsmethoden gegen Schock. Bei einer ernsthaften Verletzung erfolgt die gleiche Behandlung zur Schockverhütung, auch wenn sich keine Symptome zeigen. Niemals Alkohol geben, bevor die Erholung nicht endgültig ist. Hat sich der Patient aber erholt, trinke ein Glas mit ihm auf seine Gesundheit.

Wunden

Bei allen Wunden besteht Infektionsgefahr, besonders bei kleinen Einstichen, die nicht so leicht bluten. Bade die Wunde mit antiseptischer Lösung und wasche vorsichtig allen Schmutz heraus. Bedecke die Wunde anschließend mit einem sterilisierten Verband, ohne diesen aber so fest anzulegen, daß er die Zirkulation unterbrechen kann. Berühre niemals die Wundseite des Verbandes mit deinen Fingern. Kleine Wunden sollten vor dem Verbinden zum Bluten gebracht werden, indem man die Haut ringsherum in Richtung der Wunde frottiert, denn das Bluten übt eine reinigende Wirkung aus. Ein wasserdichtes, elastisches Heftpflaster ist außerordentlich brauchbar, sollte aber täglich gewechselt werden, da Bakterien auf der durchweichten Haut gedeihen.

Arterienblut kommt in Strahlen und ist von hellroter Farbe. Venenblut quillt in langsamem, andauerndem dunkelrotem Strom heraus und läßt sich immer mit einem Wattebausch und einer festen Bandage um die Wundstelle abstoppen. Eine Arterienblutung muß vor Anlegen eines Verbandes durch Druck des Fingers auf die Arterie gestoppt werden; wenn das nicht hilft, muß eine Aderpresse zur Hilfe genommen werden. Schlage in der Mitte eines dreieckigen Verbandstuches einen Überhandknoten, lege ihn auf den Druckpunkt der Arterie zwischen der Wunde und dem Herzen und knüpfe die Bandage lose mit einem Reffknoten zusammen. Führe einen Marlspieker unter den Reffknoten, wobei du ein Stück Pappe zum Schutz der Haut unterschiebst, und straffe den Verband durch Drehung des Marlspiekers, bis die Blutung aufhört. Mache den Verband nicht strammer als unbedingt notwendig und löse die Aderpresse alle 15 Minuten, auch wenn die Wunde wieder anfängt zu bluten, da sonst ernsthafte Folgen entstehen können.

Die Ränder einer großen Wunde, die genäht werden muß, lassen sich durch eine oder mehrere Brücken aus Leukoplast von 1 bis 1,5 cm Breite zusammenhalten. Nimm ein 5 cm langes Stück und schneide es an zwei Stellen, 1,25 cm auseinander, auf etwa 1/3 der Breite ein. Tue dasselbe auf der anderen Seite und falte die kleinen Zipfel so zusammen, daß kein Klebstoff die Wunde berühren kann. Behandle die Unterseite der Brücke vor ihrem Auflegen mit antiseptischer Lösung.

Verbrennungen

Bei schlimmen Brandwunden muß zuerst auf Schock behandelt werden. Entferne vorsichtig alle Kleidung, die nicht auf der Brandstelle aufliegt (wo sie aufliegt, lasse sie, wo sie ist), und lege einen Brandverband an. Nimm dich in acht, die Seite des Verbandes anzufassen, die mit der

Wunde in Berührung kommt. Eine große Brandwunde oder eine Stelle, auf die sich ein Brandverband nicht ohne weiteres auflegen läßt, muß mit doppelkohlensaurem Natron eingepudert oder mit Gerbsäure — Gelee — eingeschmiert werden (außer wenn die Stelle sich über einer Gelenkbeugung befindet. Lasse das Gelee trocknen und bandagiere dann lose. Stich keine Blasen an und gebrauche niemals ölige Mittel. Verbrannten oder wunden Lippen tut Zinksalbe gut; aufgesprungene Lippen behandele mit Lipsyl.

Brüche

Die Symptome sind Schmerzen an oder nahe der Bruchstelle, Anschwellung und Verfärbung; willkürliche Bewegungen sind eingeschränkt oder unmöglich; Deformation des Körpergliedes tritt ein. Möglicherweise fühlte oder hörte der Verletzte den Knochen auch brechen. Er darf nicht bewegt werden, bevor das Glied nicht geschient worden ist. Die Schienen sind dazu bestimmt, das Glied unbeweglich zu machen, und müssen daher über die Gelenke auf beiden Seiten des gebrochenen Knochens herausragen. Füttere die Schienen mit geeigneten Polstern. Versuche nicht, den Knochen einzurenken.

Ein komplizierter Bruch ist ähnlich, nur daß der Knochen die Haut durchstoßen hat. Schneide die Kleidung weg, säubere und verbinde die Wunde und schiene, wenn möglich, das Glied. Gebrochene Rippen werden am besten nur mit Ruhe behandelt. Außer wenn der Schmerz sehr heftig ist, nimm davon Abstand, Bandagen oder Heftpflaster anzulegen. Stramme Bandagen erhöhen die Gefahr von Brustkomplikationen.

Verrenkungen

Mache eine halbe Stunde kalte Umschläge, trockne und verbinde das verstauchte Glied fest mit Leukoplast, aber nicht so fest, daß die Blutzirkulation gefährdet wird. Eine Reihe getrennter Törns, von denen jeder den nächsten wie die Planken eines klinkergebauten Boots überlappt, ist besser als ein durchgehender Verband aus einem Stück. Halte das verstauchte Glied so ruhig wie möglich.

Sonnenstich und Hitzschlag werden oft miteinander verwechselt. Da sich ihre Behandlungsweise unterscheidet, müssen zunächst die folgenden Symptome geprüft werden.

Sonnenstich:	*Hitzschlag:*
Kopfschmerzen	Gesicht blaß
Gesicht gerötet	Haut feucht und kühl

448

Haut weiß und trocken	starker Schweiß
kein Schweiß	Puls schwach
Puls stark und schnell	Temperatur niedrig
Temperatur sehr hoch	oft ohnmächtig, aber selten länger
Meist Bewußtlosigkeit	als jeweils einige Minuten

Behandlungsweise:

Hinlegen mit hochgelagertem Kopf	Hinlegen mit tiefgelagertem Kopf
Kopf und Körper mit kaltem	Anwendung von Außenwärme
Wasser kühlen	Verabreichung von Stimulanz-
Keine Stimulanzmittel	mitteln

In den Tropen müssen Salztabletten genommen werden, um bei starkem Schwitzen Erschöpfungszustände als Folge der Hitze zu vermeiden.

Speisevergiftung

Magenverstimmungen mit Durchfall und Erbrechen, hervorgerufen durch den Genuß von Speisen und Getränken, an die man nicht gewöhnt ist oder die mit Bakterien verseucht sind, stellen sich bei Langfahrtseglern häufig ein. Ein Eßlöffel Aktivkohle, in Wasser aufgelöst und mehrmals am Tage eingenommen, bringt den Magen in der Regel in spätestens 2 Tagen wieder in Ordnung. Bleibt es weiter bei häufigem und flüssigem Stuhlgang, nimmt man eine große Dosis Bittersalz und unterzieht sich im Anschluß einer Behandlung mit einem schlecht absorbierten Sulfonamid, wie zum Beispiel Thalazole, acht Tabletten und dann je vier Tabletten alle acht Stunden auf die Dauer von zwei oder drei Tagen. Bei heftigem Erbrechen verabreiche man ein Brechmittel, zum Beispiel in Form von 2 Eßlöffeln Salz in einem Glas warmen Wassers, und zwar sofort. Setzen sich die Symptome aus Schmerzen im Unterleib, Empfindlichkeit, Erbrechen und Fieber zusammen, ohne Durchfall, so diagnostiziere man nicht auf Vergiftung; es kann sich auch um eine akute Blinddarmentzündung handeln. Der Patient muß ruhiggehalten werden und darf nur schluckweise Flüssigkeit erhalten. Alle Abführmittel sind zu vermeiden.

Furunkel treten bei Seglern auf weiten Seereisen häufig auf, zumal in den Tropen. Unter Umständen können sie Blutvergiftung zur Folge haben. Furunkel müssen täglich verbunden und dürfen niemals gedrückt werden. Ein Zusatz von Cetavlon zum eigenen Waschwasser (einerlei ob es sich um Frisch- oder Salzwasser handelt) hilft, Furunkel und ihre Verbreitung zu verhindern.

Versuche, wenn möglich, das Gift auszusaugen. Binde den verletzten Teil mit einer Aderpresse vom Herzen ab, schneide die Wunde tief mit einer Lanzette ein, und bestreue sie mit antibiotischem Pulver. Man sagt, daß der Wundschmerz, der durch solche Fische hervorgerufen wird, wie zum Beispiel die Seedrachen (die größer und kleiner in britischen Gewässern gar nicht so selten sind), so heftig ist, daß man den Einschnitt kaum spürt. Eine Schmerzlinderung tritt sofort ein.

Zahnschmerz als Folge einer hohlen Stelle kann durch Reinigung und Ausfüllung derselben mit nelkenölgetränkter Watte gelindert werden. Aspirin hilft.

Bei der Anschaffung einer Erste-Hilfe-Ausrüstung oder bei der Inhaltskontrolle einer Bordapotheke ist die folgende Zusammenstellung vielleicht von Nutzen.

> Verschiedene sterile Verbandpäckchen
> Verschiedene elastische Binden
> Verschiedene Brandbinden
> Verschiedene elastische Schnellpflasterverbände
> Dreieckstuch
> Heftpflaster, 1 und 0,5 Zoll breit (2,57 und 1,27 cm)
> Scharpie (Borsäure enthaltende Gazeplatten)
> Watte
> Fingerlinge
> Scheren
> Sicherheitsnadeln
> Lanzetten
> Splitter-Pinzette
> Thermometer
> Antiseptische Mittel
> Borsäurepulver oder Borsäurewasser für Augenbäder
> Augenschale zum Augenbad
> Doppelkohlensaures Natron
> Ammoniak gegen Insektenstiche
> Gipsbinden
> Tubus für Mundatmung
> Antibiotikum, z. B. Binotal
> Bepanthensalbe gegen Verbrennungen und Verletzungen
> Aristamidgel (Verletzungen)
> Mexaform S gegen Durchfall
> Nelkenöl

Sonnenbrandsalbe
Aspirin-Tabletten und Beruhigungsmittel
Schmerzstillende Mittel
Seekrankheitsmittel
Milde Abführmittel
Starke Abführmittel

Auch Alkohol (Whisky oder Kognak) muß sich in dem Verbands-
kasten für Erste Hilfe befinden, denn er wirkt als schmerzstillendes
Mittel und tut ausgezeichnete Dienste zur Belebung des Blutkreislaufs.
Bei Unterkühlung ist er dagegen keinesfalls anzuwenden, da Alkohol die
Blutgefäße unter der Haut erweitert und dadurch dem Körper noch
mehr Wärme entzieht. Ausführliche Ratschläge finden sich in dem Buch
Bandtlow, Medizin an Bord, Verlag Klasing & Co.

23

FLAGGENFÜHRUNG UND SIGNALWESEN

Nationalflaggen — Klubstander und Hausflaggen
Flaggenführung — Flaggengala — Signalwesen

Es gibt nur sehr wenige amtliche Vorschriften über die Flaggenführung
auf Yachten; sie betreffen hauptsächlich die Führung von besonderen
Arten der Nationalflagge. Es gibt aber gewisse, von der Marine herstam-
mende Gebräuche, die von den meisten Yachtseglern befolgt werden; und
da etwas Einheitlichkeit in der Flaggenführung nur wünschenswert erscheint, sollen jene in den nachfolgenden Abschnitten beschrieben und
solche Vorschriften erwähnt werden, die sich auch auf Yachten beziehen.

Nationalflaggen

Auf Grund des Merchant Shipping Act von 1894 gelten alle Yachten
in englischem Besitz als Kauffahrteischiffe und haben daher die Erlaubnis, die rote Nationale, die Flagge der Handelsmarine, zu führen. Streng
genommen müßten sie im britischen Schiffahrtsregister verzeichnet stehen;
doch dafür besteht bei Yachten unter 15 Tonnen keine Vorschrift.

Die britische Kriegsflagge (White ensign) wird nur von den Schiffen
Ihrer Majestät geführt und von Yachten, die sich im Besitz von Mitgliedern des Royal Yacht Squadron befinden. Das Recht, die blaue Nationale (Blue ensign) zu führen, die eigentlich die Flagge der R. N. R. darstellt, ist von der Admiralität nur bestimmten Yachtklubs gestattet worden; sie wird manchmal mit den besonderen Emblemen eines Klubs versehen, und es gibt auch Klubs, von denen die rote Landesflagge in ähnlich
veränderter Form geführt wird.

Mitglieder dieser privilegierten Klubs können persönlich das Recht
zur Führung der Sondernationale (Special ensign) auf ihrer Yacht
unter der Bedingung erwerben, daß sie die folgenden Vorschriften streng
beachten.

Der Eigner muß britischer Staatsangehörigkeit und seine Yacht als
britisches Fahrzeug registriert sein. Der Berechtigungsschein für jede
Yacht ist beim Sekretär des betreffenden privilegierten Klubs erhältlich

und muß sich stets an Bord befinden. Sollte die Yacht ihren Besitzer wechseln oder der Eigner als Mitglied aus dem Klub ausscheiden, ist der Berechtigungsschein unverzüglich zurückzugeben. Gehört der Eigner zwei oder mehr privilegierten Klubs an und wünscht er, daß seine Yacht das Recht hat, die Sondernationale jedes dieser Vereine zu führen, ist er gehalten, bei jedem Verein einen gesonderten Antrag zu stellen. Die Sondernationale darf nur geführt werden, wenn sich der Eigner an Bord befindet oder wenn er sich, obwohl an Land, in der Nähe aufhält und die Verantwortung für seine Yacht trägt. An Eigner, die ihre Yacht nicht zum Segeln benutzen oder sie für kommerzielle Zwecke einschließlich Charterfahrten verwenden, werden keine Berechtigungsscheine ausgegeben. Die Unions-Flagge darf nie auf dem Wasser gesetzt werden, außer auf königlichen Yachten und Schiffen der Kriegsmarine, wo sie als Bugflagge an einem Flaggenstock auf dem Vorsteven dient. Der Eigner unterliegt einer Geldstrafe bis zu 500 £, wenn er gegen eine dieser Regeln verstößt. Üblicherweise setzt eine Yacht die Sondernationale nur gemeinsam mit dem Stander des Klubs, durch den der Eigner den Berechtigungsschein erhalten hat. Die Admiralität bestätigt diese Vorschriften, macht sie aber nicht zur Regel.

Einstmals galt die Erlaubnis zur Führung einer Sondernationale als eine Auszeichnung; inzwischen haben aber so viele Klubs die Berechtigung erhalten, daß man Sondernationalflaggen häufiger sieht als die gewöhnliche Landesflagge, und außerdem ist es zweifelhaft geworden, ob sie noch als ein besonderes Privilegium gelten oder einen Vorteil mit sich bringen, außer wenn sich die Yacht in fremden Gewässern aufhält, und auch da nicht immer. Allerdings ist es in einem nur selten von Yachten besuchten Lande möglich, daß eine nur die gewöhnliche Handelsflagge führende Yacht lästigen Verordnungen unterworfen ist, die eigentlich nur für Handelsschiffe gelten. In der Zeit, als es nur wenige so privilegierte Klubs gab, wurden ihre Mitglieder von den Zollbeamten als ehrbare Männer eingeschätzt, deren Wort bei der Rückkehr aus dem Ausland galt, daß sich keine zollpflichtigen Waren an Bord befänden. Leider ist mit diesem Entgegenkommen Mißbrauch getrieben worden, mit dem Erfolg, daß jetzt jede Yacht damit rechnen muß, durchsucht zu werden.

Klubstander und Hausflaggen

In Großbritannien gibt es mehr als 700 Yacht- oder Segelclubs, und fast jeder Segler ist Mitglied eines oder mehrerer Klubs. Die Vorteile einer Mitgliedschaft für Fahrtensegler sind bei den Klubs verschieden. Einige, wie der *Royal Cruising Club*, der *Little Ship Club* und die *Cruising Association* tun viel zur Unterstützung und Förderung der Fahrtensegelei. Die einzelnen Mitglieder helfen sich untereinander und fördern Klub und Sport durch den Austausch von Informationen, Gedanken und navigatorischen Unterlagen, wobei jedes Mitglied bestrebt ist, seinem Klub etwas mehr zu geben als es empfängt. Manche Klubs organisieren Vorträge und erteilen Unterricht in Seemannschaft, während die allgemeinen Interessen des Sports von der *Royal Yachting Association* vertreten werden. Die Mehrzahl der Klubs beschäftigt sich aber hauptsächlich mit Klassen- und Handicap-Regatten und hat dem Fahrtensegler wenig zu bieten.

Jeder Klub besitzt einen eigenen Stander, eine kleine dreieckige Flagge mit einem besonderen Emblem. Jedes Klubmitglied darf diesen Stander führen. Der dienstälteste Flaggoffizier (gewöhnlich als Commodore bezeichnet) führt anstatt des dreieckigen Standers eine Schwalbenschwanzflagge mit demselben Emblem; die Flagge des Vice-Commodores sieht ähnlich aus, zeigt aber einen Ball in der oberen Ecke der Flaggenbreite, die Flagge des Rear-Commodores 2 Bälle. Außer dem Klubstander kann der Eigner seine Hausflagge führen. Hierbei handelt es sich fast immer um eine viereckige Flagge nach des Eigners eigenem Entwurf, die aber nicht gegen den Merchant Shipping Act verstoßen und nicht identisch mit irgendeiner anderen Hausflagge sein darf. Die Stander aller britischen Yachtklubs und mancher ausländischen sind zusammen mit den Hausflaggen in einem Anhang zum *Lloyd's Register of Yachts* farbig wiedergegeben.

Flaggenführung

Eine Yacht vor Anker führt die Nationale gewöhnlich an einem Stock am Heck, aber bei einer Ketsch oder Yawl sieht man die Nationale ebenso häufig im Besantopp gesetzt. Beide Arten der Flaggenführung werden als korrekt angesehen.

Bevor sich die Hochtakelung einbürgerte, war die traditionelle Stelle für die Handelsflagge unterwegs auf See außen an der Piek, d. h. der Piek des Großsegels bei Kutter, Slup oder Schoner, und der Piek des Besans bei Ketsch oder Yawl. Kein Zweifel, daß bei gaffelgetakelten Yachten dies der Platz war, wohin die Flagge gehörte. Mit der Verbreitung der Hochtakelage fingen die Schwierigkeiten an. In dem Bemühen, der Nationalflagge ihren traditionellen Platz zu belassen, wurde sie zunächst zu einem Legel vorgeheißt, der auf etwa $2/3$ Höhe des Achterlieks saß; andere Yachten führten sie an entsprechender Stelle am festen Achterstag. In beiden Fällen erweckte die Flagge aber den Eindruck, auf halbmast zu stehen. Das sah wenig erfreulich aus und konnte leicht mißverstanden werden; daher sieht die heute allgemein befürwortete Führung auf hochgetakelten Kuttern und Slups vor, die Flagge sowohl im Hafen wie auf See achtern am Stock zu setzen. Dagegen führt eine hochgetakelte Ketsch oder Yawl die Flagge auf See im Besantopp, wenn der Besanbaum keinen Flaggenstock am Heck gestattet. Andere gaffelgetakelte Yachten wiederum führen die Flagge unterwegs an einem Stock, vorausgesetzt, daß der Baum kurz genug ist, um von der Flagge klar zu fahren. Das ist zwar nicht gerade unkorrekt; aber es bleibt bedauerlich, wenn eine Yacht, die es sich leisten könnte, die Flagge nicht an der traditionellen Stelle setzt. Die Flagge muß, außer im Trauerfall, stets bis zum Flaggenknopf oder zur Gaffelnock hinauf durchgesetzt werden.

Der Klubstander weht im Masttopp, die Hausflagge im Vortopp eines Schoners oder bei einer Ketsch oder Yawl im Besantopp; bei Kutter oder Slup wird die Hausflagge in der Saling gesetzt. Manchmal sieht man eine Yacht die Stander zweier Klubs gleichzeitig führen. Da aber der Vormast, Besanmast und die Saling gegenüber dem Großmast als Plätze untergeordneten Ranges angesehen werden, liegt es auf der Hand, daß einer der beiden Stander einen zweitrangigen Platz einnehmen muß. Der Eigner steht dann vor der schwierigen Aufgabe, zu entscheiden, welchem von seinen beiden Klubs der Vorrang gebührt. Besser vermeidet er diese Situation von vornherein, indem er sich entscheidet, seine Zugehörigkeit zu jeweils nur einem Klub, vorzugsweise dem örtlichen, zu dokumentieren.

Die *Royal Yachting Association* und der *Royal Cruising Club* sind dieser Schwierigkeit durch Ausgabe von Mitgliederflaggen teilweise aus dem Wege gegangen. Die Flaggen sind viereckig und können nicht, obgleich sie die Embleme des *Clubs* oder der *Association* tragen, mit Klubstandern verwechselt werden. Die in die Saling geheißten Mitgliederflaggen besagen lediglich, daß der Eigner ein Mitglied dieses *Clubs* oder dieser *Association* ist, aber zu diesem Zeitpunkt Gründe hat, den Stander irgendeines anderen Klubs zu führen. Ein Flaggoffizier führt stets seinen Commodore-Stander, unabhängig davon, ob er ein Mitglied des ortsansässigen Klubs ist oder nicht.

Die morgendliche Flaggenparade erfolgt vom 25. März bis zum 20. September einschließlich morgens um 8.00 Uhr und während des übrigen Jahres um 9.00 Uhr. Bei Sonnenuntergang müssen die Flaggen niedergeholt werden. Das ist Marinebrauch; obgleich der Yachtsegler nicht gezwungen ist, sich diese Sitte zu eigen zu machen, wird doch jeder Eigner, der alles, was sein Schiff betrifft, „shipshape and Bristol fashion" haben möchte, seinen Ehrgeiz darin setzen, sich danach zu richten. Tatsächlich ist es ein erfreulicher Anblick, eine große Ansammlung von Yachten alle ihre Flaggen zur gleichen Zeit setzen und niederholen zu sehen. Das Signal dazu wird — falls ein solches anwesend ist — **von** einem Kriegsschiff, sonst von dem ältesten Flaggoffizier oder dem örtlichen Yachtklub gegeben.

Auf See bleibt der Stander natürlich Tag und Nacht als Windanzeiger stehen. Die Yachtsegler sind aber unterschiedlicher Ansicht darüber, ob der Stander im Hafen bei Sonnenuntergang eingeholt werden muß oder nicht. Meine eigene Meinung ist, daß er die ganze Zeit über stehenbleiben sollte als Zeichen, daß die Yacht in Dienst ist. Ein Grund für die Einholung des Standers mag sein, daß die Flagge geschont werden soll, aber das hat heute nicht mehr viel zu sagen, wo Flaggen aus dauerhaftem Gewebe, einer Mischung aus Wolle und Nylon, hergestellt werden. Es gibt auch Flaggen ganz aus Nylon, aber Landesflaggen aus diesem Material irritieren durch ihr lärmendes Knattern.

Die Nationale (nicht der Klubstander) wird als Zeichen der Höflichkeit bei der Begegnung mit einem Kriegsschiff oder mit der Yacht eines Flaggoffiziers des eigenen Klubs gedippt. Das Dippen erfolgt in der Weise, daß die Flagge von ihrer jeweiligen Stellung langsam etwa ²/₃ des Weges heruntergeholt und dort festgehalten wird, bis der Gruß entsprechend beantwortet wird, um dann wieder zu ihrer alten Stelle vorgeheißt zu werden. In einem Kriegshafen oder bei der Begegnung mit einem Geschwader auf See wird nur das Führungsschiff begrüßt und nicht jedes einzelne.

Die Flaggenfabrikanten versehen ihre Flaggen gewöhnlich mit einer kurzen Leine, mit einem hölzernen Knebel am oberen und mit einem Auge am unteren Ende. Das ist beim Setzen der Nationale eine ganz praktische Einrichtung, wenn das Fall an einem Ende ebenfalls ein Auge besitzt, in das man den Knebel hineinsteckt; das andere Ende des Falls kann seinerseits mit einem Knebel versehen werden, der in das Auge am unteren Ende der Flaggenleine paßt, aber gewöhnlich beschränkt man sich darauf, die beiden Enden zusammenzustecken. Dagegen darf der für den Masttopp bestimmte Stander nie auf diese Weise an der Leine befestigt werden, da er dann unterhalb des Mastknopfes zu stehen käme und sich um den Masttopp wickeln würde. Der Stander muß unter allen Umständen an einem eigenen Stock oberhalb des Mastknopfs auswehen können; ein Bambusstock eignet sich hierfür vorzüglich. Entferne Knebel und Flaggenleiner vom Stander und nähe seine breite Kante an ein Stück festen Drahtes; biege die Drahtenden oben und unten in einem Winkel von 90 Grad um, und bilde mit jedem Drahtende ein Auge; das untere groß genug, um lose um den Stock zu passen, das obere, um auf dem Standerstock aufzuliegen; dieses Auge wird gesichert und dreht sich um eine Schraube, die nicht in voller Länge oben in den Flaggenstock hineingeschraubt wird. Auf diese Weise kann sich das Drahtgestell mit dem Stander daran frei um den Stock drehen, und der Stander weht immer klar. Knote die Enden der Standerleine zusammen, und befestige die Leine am Standerstock mit Hilfe von zwei Webeleinenstecks (Tafel 59 G).

Es gibt kaum etwas, was schlampiger aussieht als ein Stander an einem Stock, der nicht geradesteht, weil die Standerleine nicht durchgesetzt ist. Das kann man dadurch erreichen, daß man ein Fall aus Terylene oder Nylon nimmt, das naß oder trocken immer steifsteht. Ein Metallmast oder auch ein Holzmast, der mit einem Toppbeschlag in Form einer Kappe abschließt, besitzt nicht mehr den traditionellen Flaggenknopf, dessen Funktion es war, Regen vom Eindringen in das Hirnholz abzuhalten. Wird ein Flaggenknopf noch angebracht, wähle man anstatt eines flachen Knopfes lieber eine Spitze, um die Seemöven davon abzuhalten, darauf zu hocken.

Flaggengala

Yachten im Besitz eines Satzes internationaler Signalflaggen legen bei besonderen Gelegenheiten, wie am Geburtstag des Königs oder der Königin, anläßlich von Regatten usw., Flaggengala an. Die Flaggen werden ohne Beachtung einer besonderen Reihenfolge zusammengeknotet, aber so angeordnet, daß sich viereckige Flaggen und Wimpel in regelmäßigen Abständen abwechseln und so, daß ihre Farben gut kontrastieren. Die Flaggen spannen sich vom Vordersteven oder der Nock des Klüverbaums zum Masttopp (oder den Toppen, wenn die Yacht mehr als einen Mast besitzt) und wieder herunter zur Heckreling oder zum achteren Ausleger. Die Lotsenflagge, ein Union Jack im weißen Feld, hängt unter dem Klüverbaum. Klubstander, Hausflaggen oder Landesflaggen dürfen nicht zwischen den Signalflaggen erscheinen, sondern gehören auf ihren üblichen Platz. Bei festlichen Anlässen mehr nationalen als lokalen Charakters dürfen Landesflaggen im Topp zusätzlich zu der Nationale am Flaggenstock gesetzt werden; dann darf aber im Großmast der Klubstander nicht über der Landesflagge wehen. Bei Flaggengala im Ausland muß die Nationale des Gastlandes im Großtopp gesetzt werden. In Fahrt befindliche Segelyachten führen keine Flaggengala im „Regenbogenstil"; statt dessen führen sie eine Landesflagge in jedem Topp. Flaggengala wird zur gleichen Zeit angelegt, wie die Flaggenparade erfolgt.

Bei Handelsschiffen und Yachten ist es heute Sitte geworden, im Ausland unter der Steuerbordsaling die Landesfarbe des Gastlandes in Form einer kleinen Nationale zu setzen. Auf den ersten Blick mag es als unhöflich erscheinen, eine fremde Flagge an so untergeordneter Stelle zu setzen. Trotzdem wird diese Sitte in den meisten Ländern als Höflichkeit verstanden und gewertet, in einigen Ländern wie z. B. Ekuador sogar vorgeschrieben. Die jeweilige Gastflagge wird nur allein und nur im Hafen gezeigt. Nur bei der Rückkehr in den Heimathafen dürfen die Flaggen aller besuchten Länder in der Saling gesetzt werden.

Es gibt drei Möglichkeiten, sich auf See durch Sichtsignale zu verständigen: durch die Flaggen des internationalen Signalbuchs, durch Morse und durch Semaphore.

Ein Satz internationaler Signalflaggen setzt sich zusammen aus je einer Flagge für jeden Buchstaben des Alphabets, zehn Zahlenwimpeln (0—9), drei Hilfsstandern, um einen Buchstaben oder eine Zahl zu wiederholen, die mehr als einmal in der gleichen Signalflaggengruppe erscheinen, und dem Antwortwimpel. Zusammen sind es 40 Flaggen. Offensichtlich würde es lange Zeit in Anspruch nehmen, jede Nachricht Buchstaben für Buchstaben, Wort für Wort durch Flaggen zu buchstabieren, abgesehen von den Schwierigkeiten im Verkehr mit einem ausländischen Schiff. Infolgedessen werden im internationalen Signalbuch einzelne Flaggen oder Gruppen von zwei, drei und vier Flaggen zusammengefaßt, die ein Wort, mehrere Worte oder einen vollständigen Satz darstellen. Einzelflaggensignale sind solche, die täglich gebraucht werden, wie z. B. C = „Ja"; Zweiflaggensignale bedeuten eine dringende oder sehr wichtige Mitteilung, wie NC = „Bin in Not, benötige sofortige Hilfe"; Signale mit drei Flaggen sind für Mitteilungen allgemeiner Natur bestimmt, wie z. B. IGM = „Wie war Ihre Mittagsbreite?"; Signale aus vier Flaggen sind für Hafen-, Städte- und Schiffsnamen bestimmt, wie z. B. AFOV = Falmouth, MCVY = *Golden Vanity* (die Unterscheidungssignale aller britischen Yachten sind in *Lloyd's Register of Yachts* aufgeführt). Das Signalbuch enthält fast alles, was für den Verkehr von einem Schiff zum anderen oder zu einer Signalstation an Land nur jemals in Frage kommt, und erscheint in allen Sprachen.

Viele Yachten besitzen zwar einen Satz internationaler Signalflaggen, die aber zu klein sind und sich höchstens für eine Flaggengala eignen. Eine Flaggenbreite von 45 cm entspricht der Mindestforderung. Bei häufiger Verwendung der Signalflaggen lohnt es sich, die Knebel zu entfernen und sie durch Inglefields-Wirbel zu ersetzen, die verhindern, daß die Flaggen einer Signalgruppe sich vertörnen. Eine Leinwandrolle mit Taschen, die nach Buchstaben und Zahlen markiert sind, bietet die beste Unterbringungsmöglichkeit auf einer Yacht, auf der nicht genug Platz für ein Flaggenspind mit Löchern vorhanden ist.

Abb. 78 gibt eine Übersicht der im Morse-Code verwendeten Zeichen. Man sieht, daß jeder Buchstabe und jede Zahl durch Punkte und/oder Striche ausgedrückt wird. Die Länge eines Strichs entspricht drei Punkten; der Zeitabstand zwischen je zwei Bestandteilen eines Zeichens beträgt eine Punktlänge, zwischen zwei Zeichen drei Punktlängen, zwischen zwei Worten oder Gruppen fünf Punktlängen. Das Übermitteln von Nachrichten in Morse-Code erlernt sich leicht; es erfordert aber viel

Übung, Mitteilungen aufzunehmen, wenn sie nicht in sehr langsamem Tempo gesendet werden. Morsesignale werden durch Ton (Nebelhorn, Sirene, Radio usw.), durch eine Winkflagge (Schwenken im weiten Bogen

ALPHABET		
A · —	J · — — —	S · · ·
B — · · ·	K — · —	T —
C — · — ·	L · — · ·	U · · —
D — · ·	M — —	V · · · —
E ·	N — ·	W · — —
F · · — ·	O — — —	X — · · —
G — — ·	P · — — ·	Y — · — —
H · · · ·	Q — — · —	Z — — · ·
I · ·	R · — ·	STOP · · — · · — · ·

ZIFFERN	
1 · — — — —	6 — · · · ·
2 · · — — —	7 — — · · ·
3 · · · — —	8 — — — · ·
4 · · · · —	9 — — — — ·
5 · · · · ·	0 — — — — —

Abb. 78 — Morse-Code

bedeutet einen Strich, im kurzen Bogen einen Punkt) oder durch eine Lampe übermittelt. Für den Gebrauch auf Yachten kommen in erster Linie Lampen in Frage, und hier wiederum ist die Aldis-Lampe das beste Gerät für den Gebrauch bei Tag oder Nacht. Ihr kräftiger Strahl ist aber schmal, und es ist, obgleich die Lampe mit einem ausziehbaren Visier versehen ist, schwierig, dieselbe bei bewegter See gleichmäßig gerichtet zu halten. Es ist daher zweckmäßiger, die Yacht anstatt dessen oder zusätzlich, mit einer ringsherum sichtbaren Masttopplampe auszurüsten (ausschließlich für Signalisierungszwecke und angeschlossen an eine Morsetaste im Cockpit). Alle Versuche, mit einer solchen Lampe im Schnelltempo zu senden, sind sinnlos, weil das Aufflammen und Auslöschen der Birne eine gewisse Zeit dauert. Das schadet aber nichts, da die meisten Amateure versuchen, zu schnell zu senden. Die Sichtweite einer

Masttopplampe hängt von der Wattleistung der Birne ab und beträgt kaum mehr als drei oder vier Meilen.

Eine Schiffs- oder Küstenstation wird angerufen, indem man AA AA blinkt, bis die Antwort mit einer Serie von T erfolgt. Dann wird mit dem Senden der Nachricht begonnen. Den Empfang jedes Wortes bestätigt der Empfänger durch ein einfaches T. Sendet er das T nicht, hat er das Wort nicht erhalten, und es muß wiederholt werden. Sendet er W anstatt T, bedeutet das soviel wie: „Ich kann Ihre Nachricht nicht lesen, weil Ihr Licht nicht ordnungsmäßig gerichtet ist oder Ihr Licht schlecht leuchtet." AR ohne Unterbrechung gesendet (.—.—.) besagt, daß die Sendung beendet ist. Einige wenige dringende und wichtige Signale können in Morse als Einzelbuchstaben des internationalen Codes gesendet werden, wie F (. .—.): „Ich bin manövrierunfähig. Treten Sie in Verbindung mit mir." Alle allgemeinen Nachrichten werden jedoch in offener Sprache gesendet und jedes Wort für sich ausbuchstabiert.

Semaphorsignale, die heutzutage nur noch selten zur Nachrichtenübertragung herangezogen werden, werden entweder mit Hilfe eines mechanischen Semaphors oder durch einen Signalgast gegeben, der in jeder Hand eine Winkflagge an einem kurzen Stock hält und die Buchstaben durch die Stellung seiner Arme zueinander bildet (Abb. 79). Semaphormeldungen werden stets in offener Sprache gesendet, und am Schluß jedes Wortes werden die Winkflaggen zur Unterbrechungsstellung gesenkt, und der Empfang jedes Wortes wird vom Empfänger bestätigt; unterläßt er die Bestätigung, so ist anzunehmen, daß er nicht verstanden hat, und das Wort muß wiederholt werden. Bei Doppelbuchstaben in einem Wort werden die Flaggen, nachdem der erste Buchstabe gezeigt worden ist, zur Unterbrechungsstellung gesenkt und ohne Pause zum zweiten Buchstaben wieder gehoben. Der Signalgast muß dem Empfänger seiner Signale quer gegenüberstehen und sich bemühen, für einen einfachen Hintergrund zu sorgen, von dem er sich gut abhebt.

Notsignale. Befindet sich ein Schiff in Not und bedarf es sofortiger Hilfe, so sind die folgenden Signale zu geben und entweder einzeln oder zusammen zu zeigen:

1. Kanonenschüsse oder andere Knallsignale, die in Zwischenräumen von einer Minute abgegeben werden.
2. Raketen oder Leuchtkugeln mit roten Sternen oder Dampfpfeife. Das Wort „Mayday" im Funksprechverkehr.
3. Flammensignale, z. B. brennende in Petroleum getauchte Kleidungsstücke.
4. Das Signal NC des internationalen Signalbuchs.
5. Ein Fernsignal, bestehend aus einer viereckigen Flagge, über oder unter der ein ballähnlicher Körper gehißt ist.

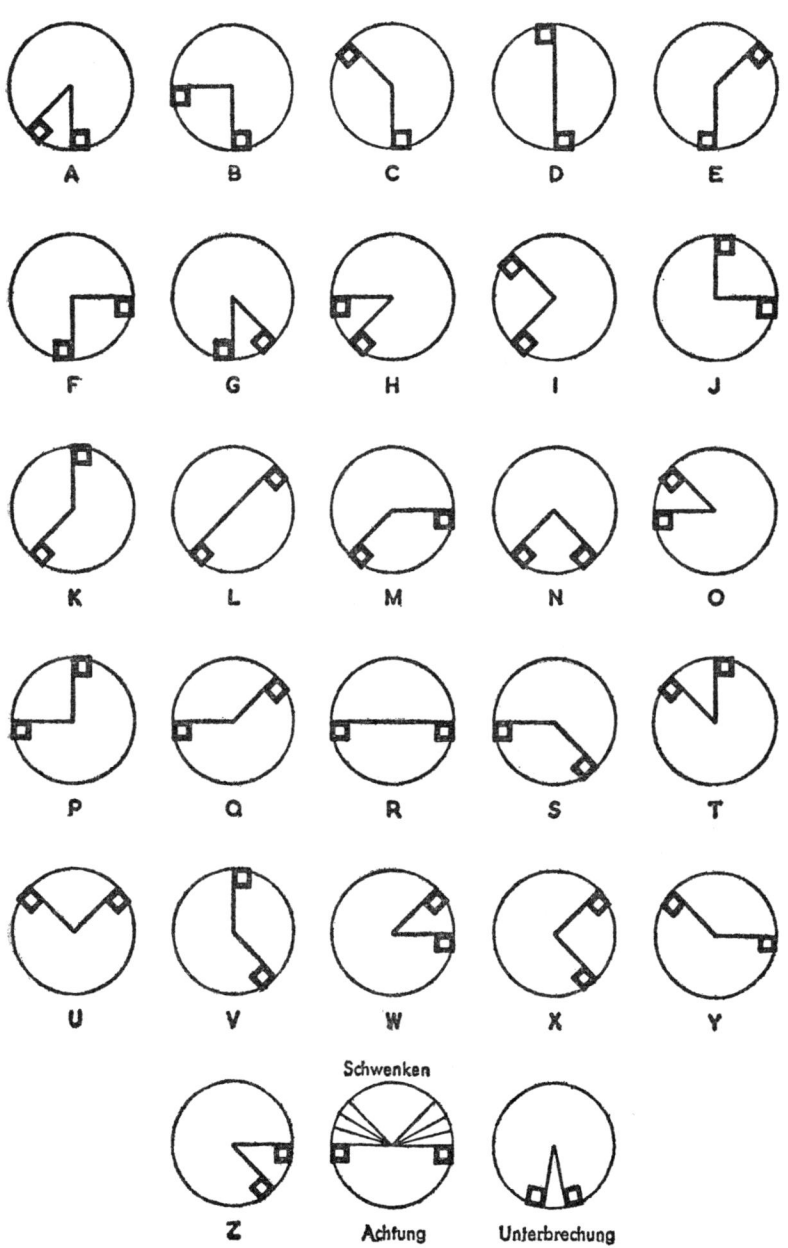

Abb. 79 — Signaltafel für Winkersignale

461

6. Anhaltendes Ertönen eines Nebelsignalapparates.
7. Das Morsesignal SOS (... — — — ...) mit Licht, Nebelhorn, Sirene oder Dampfpfeife abgegeben.
8. Als nicht offizielles Notsignal gilt auch die an sichtbarer Stelle verkehrt herum gesetzte Nationale.

Wenn eine Yacht keinen Radiosender besitzt und in Seenot geraten ist, sind tagsüber sowohl wie nachts Feuerwerkskörper das beste Mittel, um sich bemerkbar zu machen. Auf diesem Gebiet hat man während der letzten Jahre beträchtliche Fortschritte gemacht, so daß heute selbst die kleinsten Fahrzeuge Signalmittel dieser Art an Bord führen, die unter extremen Verhältnissen für ihre Mannschaften vielleicht die Rettung aus Lebensgefahr bedeuten können. Das aus größter Entfernung sichtbare Notsignal ist das Fallschirmlicht. So stellt z. B. die bekannte Firma Schermuly Ltd. eine Rakete her, die 350 m hochgeschossen werden kann und dort ein Fallschirmlicht von 40 000 Kerzenstärken auswirft, das mindestens 40 Sekunden lang leuchtet. Dabei beträgt das Gewicht der Rakete nur 340 g, und die Rakete ist nicht länger als 26 cm und $4^{1}/_{2}$ cm im Durchmesser. Wenn die Wolkendecke jedoch niedrighängt, bleibt ein solches Signal unsichtbar, und man muß dann eine Signalpatrone abschießen, die rote Leuchtkugeln in einer Höhe von 60—90 m entwickelt. Wenn es erst einmal, auf diese oder jene Weise, gelungen ist, Aufmerksamkeit zu erregen, kann man die Position der Yacht anschließend durch ein in der Hand gehaltenes Flackerfeuer kenntlich machen. Diese Handfackeln entwickeln bis zu 20 000 Kerzenstärken, und zwar in Rot und in Weiß. Rot, das soll man nicht vergessen, ist die Farbe für Seenot; Weiß und Grün erfüllen lediglich den Zweck, sich bemerkbar zu machen, wenn Kollisionsgefahr droht. Mit Blaulicht bittet man um Lotsenhilfe. Orangefarbiger Rauch ist wohl ein anerkanntes Notsignal bei Tage, das aber kaum die Anschaffung lohnt. Es hat sich nämlich auf Grund von Versuchen herausgestellt, daß ein in der Hand gehaltenes Rotlicht viel weiter sichtbar ist.

Lotsensignale. Bei Tage setzt ein Fahrzeug, das einen Lotsen benötigt, die Lotsenflagge im Vormast oder an anderer gut sichtbarer Stelle oder auch die Flaggen G oder PT des internationalen Signalbuchs. Bei Nacht muß alle 15 Minuten ein Blaulicht oder etwa eine Minute lang in kurzen Abständen ein weißes Licht direkt über der Reling gezeigt werden. Mit der Lampe kann auch das Morsesignal PT geblinkt werden.

Nebelsignale sind auf S. 297 besprochen worden; Sturmsignale auf S. 311.

---

*) Siehe auch Braasch „Kleines Signalbuch", Kleine Yachtbücherei Nr. 28, Verlag Delius, Klasing & Co.

24

AUSSERDIENSTSTELLUNG
UND ÜBERHOLUNGSARBEITEN

Auflegen — Winter- und Instandsetzungsarbeiten
Malen — Lackieren

E s gibt eifrige Fahrtensegler, die ihre Yachten das ganze Jahr im Wasser und im Dienst lassen; doch die Mehrzahl der Yachtbesitzer legt ihre Fahrzeuge während der Wintermonate auf, um Gelegenheit zu haben, die Schiffe zu überholen.

Die von bezahlten Kräften ausgeführten Überholungsarbeiten machen drei Viertel und mehr der Gesamtkosten für die Unterhaltung einer Yacht aus, und etwa 60 % der Werftrechnung sind Arbeitslöhne. Es gibt daher nur einen Weg, um die Kosten des Yachtsegelns einschneidend zu senken: nämlich alle Arbeiten mit der Unterstützung von Segelfreunden selbst auszuführen. Fast jeder Eigner vermag die Zeit aufzubringen, sich wenigstens einige Wochenenden im Winter um seine Yacht zu kümmern, und wenn er die zeitliche Folge der Arbeiten vernünftig einrichtet, dürfte es ihm nicht schwerfallen, auch ohne fremde Hilfe mit einer Yacht von 10 Tonnen fertigzuwerden.

Auflegen. Eine Yacht kann den Winter über an ihrer Muring liegenbleiben, im Schlick liegen, abgestützt am Strand stehen oder bis oberhalb der Hochwassergrenze an Land geholt werden (Tafel 65). Der letztgenannte Weg ist der kostspieligste, da man dafür eine Yachtwerft mit Slipp und Aufschleppvorrichtung in Anspruch nehmen muß. Der Vorteil ist jedoch, daß alle Teile der Yacht leicht erreichbar sind und bequem bearbeitet werden können, was die Indienststellungsarbeiten erheblich erleichtert. Auf der anderen Seite kann ein Überwintern auf Land, je nach dem Holz, aus dem eine Yacht gebaut ist, zur Folge haben, daß sich die Plankennähte öffnen, zumal wenn die Lagerung in einem Schuppen erfolgt. Hat der Eigner die Absicht, selbst an seinem Schiff zu arbeiten, während es auf Land steht, muß er sich erst vergewissern, daß die Werft auch damit einverstanden ist.

Bleibt eine Yacht den ganzen Winter über den Tiden ausgesetzt an der Muring liegen, besteht in harten Wintern die Gefahr, daß der Plankengang in der Wasserlinie durch das dünne, scharfkantige Eis, das mit dem Strom vorbeitreibt, beschädigt oder sogar durchschnitten wird. Im Notfall muß daher die Wasserlinie durch ein an der Muringskette befestigtes Balkenstück geschützt werden, das das Eis aufbricht, bevor es die Yacht erreicht. Den gleichen Zweck erfüllen auch zwei miteinander verbundene Planken, die vor dem Bug in V-Form ausgelegt werden.

Ein Schlickhafenbett ist keiner Eisgefahr ausgesetzt, kostet wenig oder nichts und ist häufig dicht genug am Vorland, um eine Laufplanke anzulegen, so daß man jederzeit ohne Beiboot an Bord gelangen kann. Yachten müssen nach allen vier Richtungen vermurt werden, d. h. mit Ketten oder Drahtseilen von beiden Bug- und Heckseiten aus zu Ankern oder in den Grund gerammten Pfählen. Bei weichem Schlickboden graben sich die Yachten bald ihr eigenes Bett, so daß sie aufrecht stehenbleiben.

Wo Schlickhafenbetten nicht zu finden sind, überwintern die Yachten oft auf dem harten, geschützten Strand; Stützen werden angebracht, um sie aufrecht auf dem Kiel zu halten. Auch hier muß die Yacht nach allen vier Seiten vermurt werden. Die Stützen müssen sorgfältig angesetzt und nach vorn oder achtern gesichert werden, so daß sie unter keinen Umständen verrutschen können mit der Folge, daß die Yacht umfällt. Bei manchen Yachten wird auf beiden Seiten ein Loch durch die obere Bordwand gebohrt, so daß die Stützen unter Verwendung eines besonderen Verstärkungspolsters festgebolzt werden können. Im Sommer werden die Löcher mit Holzpropfen wieder abgedichtet. Das ist die einzige, wirklich befriedigende Methode, wenn die Yacht den Winter abgestützt verbringen soll; vorübergehend können auch irgendwelche andere Spieren als provisorische Stützen dienen, solange sie einige Fuß länger sind als der Abstand vom Boden zur Reling in Höhe der Wanten beträgt. An jeder Spiere wird oben eine Talje angeschlagen, deren unterer Block in eines der Rüsteisen eingehakt wird; die Taljen werden gleichmäßig durchgeholt, bis die Yacht geradesteht.

Der Bodenanstrich einer nicht mit Kupfer beschlagenen hölzernen Yacht, die wintersüber im Wasser bleibt, in einem Schlickbett liegt oder auf Strand steht, muß sich in guter Verfassung befinden, da sonst Gefahr durch Wurmbefall droht.

Ein Alu-Mast mit Nirostatakelung ist im Winter kaum gefährdet. Dagegen nimmt man einen Holzmast mit stehendem Gut aus galvanisiertem Stahl am besten heraus und lagert ihn unter Dachschutz. Der Eigner eines kleinen Fahrzeuges ist wahrscheinlich mit Hilfe eines Freundes in der Lage, den Mast selbst herauszuheben, indem er eine Jütt an Deck aufstellt. Eine Jütt besteht aus zwei Spieren, beide von etwa ³/₄ Länge des Mastes und oben zusammengelascht, so daß sie mit dem Deck als Basis ein Dreieck bilden und mit den Füßen auf dem Schandeck vor den Rüsteisen stehen (Tafel 65 D). Die Spieren werden mit Hilfe von Vor- und Achtergeien in aufrechter Stellung festgehalten. Oben, wo die Spieren zusammengelascht sind, wird eine Talje ausreichender Stärke angebracht, deren unterer Block eben oberhalb des Gleichgewichtspunktes am Mast angeschlagen wird. Hat man es aber mit einem sehr hohen und schweren Mast zu tun, dann ist es besser, die Werft mit der Aufgabe zu betrauen. Die meisten Werften verfügen für diesen Zweck über einen Kran oder Ladebaum (Tafel 65 E). Um späteres Durcheinander zu vermeiden, muß jeder Bestandteil der Takelage beim Abtakeln beschildert werden.

Alle Beschläge und solche Teile des Geschirrs, die unter Feuchtigkeit leiden oder eine gründliche Ventilation behindern oder bei der Wiederindienststellung im Wege sein könnten, müssen in einem Schuppen oder besser noch zu Hause aufbewahrt werden. Die Trockenbatterien sind aus Radiogeräten, Echoloten usw. zu entfernen. Auch die Maschine muß ausgebaut werden, wenn sie einer gründlichen Überholung bedarf. Nur wenn sie einigermaßen zugänglich ist, können die normalen Wartungsarbeiten an Bord selbst vorgenommen werden. Bevor man den Motor für den Winter sich selbst überläßt, lasse man ihn unter Zusatz eines Rostschutzöls zum Brennstoff etwa 10 Minuten lang laufen. Kurz bevor man ihn abstellt, spritze man noch etwas von diesem Öl in den Lufteinlaß. Wechsele das Öl im Ölsumpf und Getriebe und entleere bei Benzinmotoren den Vergaser, die Filter, Rohre und den Tank selbst, denn im Laufe mehrerer Monate verdunsten die flüchtigeren Benzinfraktionen mit Bestimmtheit. Auch besteht die Gefahr, daß sich gummiartige Niederschläge absetzen, die im Frühjahr zu mancherlei Schwierigkeiten führen können. Schließe das Seeventil, entwässere Zylindermantel, Pumpen und Rohre, säubere die Maschine und reibe sie zum Schluß mit einem Rostschutzmittel ein. Die Batterie muß zum gelegentlichen Aufladen an Land gebracht werden, und wenn die Yacht im Wasser oder Schlickbett überwintert, ist es ratsam, auch den Magneten und Verteiler zu entfernen und trocken zu lagern. Die Frischwassertanks, ihre Zu- und Ableitungsrohre und das WC müssen mit Rücksicht auf Frostgefahr ebenfalls entwässert werden. Die Innenräume der Yacht einschließlich aller Schränke, Schubladen und der Bilge müssen gescheuert werden. Danach sind die Türen offen zu lassen und ein Teil der Bodenbretter ist hochzunehmen, damit die Luft überall Zugang findet. Man erspart sich viel Arbeit im Frühjahr, wenn alle beweglichen Beschläge, Winschen, Scharniere, Türschnapper usw. im Herbst geölt und polierte Metallteile mit Vaseline eingerieben werden.

Außer wenn die Yacht im Schuppen steht, muß das Deck mit einer wasserdichten Plane abgedeckt werden. Die Plane wird über einen Mittelreiter ausgebreitet und an einem Kunststofftau befestigt, das unterhalb der Wasserlinie die Yacht umspannt und seinerseits durch andere, unter dem Kiel hindurchgezogene Enden fest heruntergehalten wird. Zur Vermeidung von Schamfilungen sind alle oberhalb der Reling hervortretenden Teile wie z. B. die Rüsteisen mit altem Segeltuch oder Teppichresten abzudecken. Wichtig ist, an beiden Enden der Persenning Öffnungen zur Durchlüftung freizuhalten. In Schottland ebenso wie auf dem Kontinent wird anstatt der Plane häufig ein Holzdach zum Schutz errichtet.

Winter- und Instandsetzungsarbeiten

Ein beträchtlicher Teil der Instandsetzungsarbeiten kann bereits im Winter an Bord, im Schuppen oder zu Hause erledigt werden. Man erspart sich damit viel Zeit, die im Frühjahr knapp ist, wenn man jedes Wochenende mit gutem Wetter dringend braucht, um außenbords zu malen und zu lackieren. Eine erfolgreiche Wiederinstandsetzung und die Zeit, die man dazu braucht, hängen weitgehend von einer gut überlegten Arbeitseinteilung ab, damit spätere Arbeiten nicht wieder das verderben, was man schon früher fertiggestellt hat. Es bedarf keiner Erwähnung, daß Umbauten und Reparaturen zuerst erledigt werden müssen; anschließend folgen alle Arbeiten unter Deck, die viel Schmutz mit sich bringen wie z. B. die Überholung des Motors. Wenn innen neu gemalt werden muß, ist es zweckmäßig, alle Vorarbeiten, wie das Abkratzen und Abbrennen der Farbe und das Schleifen vor jedem Malen und Lackieren vorzunehmen; sonst kommt man aus dem Abstauben der Flächen und dem Reinigen der Pinsel nicht mehr heraus. Wenn Segel geändert oder ausgebessert werden müssen und diese Arbeiten die Handfertigkeit des Eigners übersteigen, sind die Segel rechtzeitig, bevor der Frühlingsansturm von allen Seiten einsetzt, zum Segelmacher zu bringen. Dagegen nimmt man die reparatur- oder ersatzbedürftigen Teile der Takelage am besten mit nach Hause. Nirosta-Drahttauwerk muß in seiner ganzen Länge untersucht und geprüft werden; findet man irgendwo Bruchstellen, ist es zu ersetzen. Wenn verzinktes Stahldrahtgut Anzeichen von Rostbildung zeigt, biege man es scharf hin und her; kommen dann Drahtsplitter zum Vorschein, werfe man es weg. Am ehesten beginnt Drahtgut unter der Bekleedung in der Nähe des sich verjüngenden Endes des unteren Augspleißes zu rosten. Man entferne daher an dieser Stelle einige Törns der Bekleedung, um den Draht zu prüfen. Die Lebensdauer von verzinktem Draht läßt sich wesentlich verlängern, wenn man ihn wenigstens einmal im Jahr mit gekochtem Leinöl behandelt und zwar tue man das schon bald, nachdem die Yacht außer Dienst gestellt worden ist, damit das Leinöl bis zum Frühjahr Zeit hat, gründlich zu oxydieren. Hat man nicht die Absicht, aus abgelegtem Tauwerk Tausendfuß anzufertigen, horte man es nicht, in der vagen Hoffnung, irgendwann noch einmal Gebrauch davon machen zu können. Dieser Tag kommt nie, weil es für keinen Zweck mehr zuverlässig genug ist. Nach Säuberung der Wantenspanner würde ich empfehlen, die Gewinde mit wasserfreiem Lanolin einzufetten. Die Bolzen der Blöcke mit Metallscheiben müssen gesäubert und geschmiert werden, ebenso wie die Patentblockscheiben, aber bevor man die Bolzen der Holzblöcke herausschlägt, schneide man die Lackschicht an den Bolzenköpfen ein, da sonst Holzsplitter mit abgerissen werden könnten. Blöcke mit Tufnolscheiben und -gehäuse erfordern keine Wartung, aber es verbessert ihr Aussehen, wenn man sie gelegentlich mit einem ölgetränkten Lappen abwischt. Auch Mast, Spieren und Beiboot lassen sich gut während der Wintermonate überholen.

Im Frühjahr wird die Winterplane abgenommen, von Vogelschmutz gesäubert und, soweit notwendig, ausgebessert, bevor man sie für die Sommermonate wegpackt. Dann beginnen die Arbeiten an Deck, die abgeschlossen sein müssen, bevor man die Bordwände in Angriff nimmt; sonst läuft der Schmutz bei Regen durch die Speigatten und bildet häßliche Streifen. Wenn Farb- und Lackanstrich noch gut sind, ist es am besten, alle Abschleifarbeiten zu erledigen, bevor man mit Malen und Lackieren beginnt. Gibt es aber irgendwelche Stellen, die bis auf das rohe Holz abgezogen werden müssen, ist es ratsam, keine größeren Flächen freizulegen als noch am gleichen Tage wieder gestrichen werden können, da sonst Feuchtigkeit einzieht und Schmutz sich ansammelt.

Malen

Es gibt eine Reihe alteingeführter und bekannter Firmen, die sich in der Herstellung von Marinefarben und -lacken spezialisiert haben. Ihre Erzeugnisse sind zwar teurer als Haushaltsfarben, aber es wäre falsche Sparsamkeit, irgendwelche anderen als die besten Farben auf einer Yacht zu verwenden. Einige dieser Firmen, wie z. B. International Paints Ltd., senden auf Anforderung ausgezeichnete Gebrauchsanweisungen mit einer genauen Beschreibung ihrer Produkte und der richtigen Methoden ihrer Anwendung. Ich kann nur jedem, der sich zum erstenmal daran macht, sein Boot selbst zu malen, den dringenden Rat geben, sich eines dieser Hefte zu besorgen und sorgfältig nach den darin enthaltenen Weisungen zu arbeiten.

Die nachfolgenden Ausführungen, die sich aus meinen langjährigen Erfahrungen bei der Instandsetzung meiner eigenen Yacht ableiten, sind nur als eine Anleitung ganz allgemeiner Natur zu betrachten, und sie behandeln nicht die Verwendung von Spezialfarben für Kunststoff. Hierbei muß man sich nach den Vorschriften der einzelnen Fabrikanten richten. Nur so viel läßt sich zum Zeitpunkt der Niederschrift dieser Zeilen sagen, daß die verhältnismäßig neuen Produkte anscheinend eine größere Haltbarkeit besitzen und eine geringere Wasserdurchlässigkeit aufweisen als die gewöhnlichen Farben. Auf der anderen Seite haften sie nicht immer gut auf anderen Anstrichen und sind besonders empfindlich gegen Feuchtigkeit während der Zeit des Anstrichs. Sie kosten etwa den doppelten Preis.

Bevor man mit der Arbeit beginnt, ist darauf zu achten, daß sich genug wasserfestes Glaspapier (mittel und fein) an Bord befindet; ferner einige Schleifklötze aus Bimsstein und ein Vorrat alter, weicher Lumpen, um die Flächen abzustauben und heruntergetropfte Farbe abzuwischen. Ferner muß mindestens ein Pinsel für jede zum Gebrauch kommende Farbe vorhanden sein, zusammen mit Terpentin oder Farbentfernungsmitteln, um sie zu reinigen, und endlich natürlich Farben in ausreichender Menge. Von den meisten Farben und Lacken reichen bei richtiger Auftragung und sorgfältiger Vorbereitung des Untergrundes 4 Liter für etwa 40 qm Fläche; einige Decksfarben und anwuchsverhindernde Farben decken dagegen mit der gleichen Menge nur etwa 25 qm. Die annähernde Fläche (in Quadratfuß) des Unterwasserschiffs einer kräftigen Yacht mit langem, geradem Kiel und tiefem Vorfuß läßt sich nach der Formel: Länge in der Wasserlinie $\times$ Breite $+$ Tiefgang errechnen. Für eine moderne Yacht mit abgerundetem Vorsteven und abgeschrägtem Rudersteven rechne man etwa ¾ der so errechneten Fläche. Die Gesamtfläche der Bordwände beträgt: Länge über Alles $+$ Breite $\times$ dem doppelten Durchschnitt der Freibordhöhe. Die Decksfläche: Länge über Alles $\times$ ¾ Breite minus die Fläche des Kajütsaufbaus, des Cockpits und der Luken. Die Oberfläche einer Spiere: Länge $\times$ durchschnittlichen Umfang. Der Besitzer einer kleinen Yacht verfährt wirtschaftlicher bei Farbenkauf in kleinen als in großen Gebinden, auch wenn er dafür einen kleinen Aufschlag zahlt, denn Farbe, die man versucht in einem halbleeren Behälter bis zum nächsten Sommer aufzubewahren, verdirbt.

Ein noch guter Farbanstrich mit ungebrochener Fläche, ohne Risse, abgestoßene Stellen oder Blasen, der aber seinen Glanz verloren oder sich verfärbt hat, braucht nur gründlich abgeschliffen zu werden, bevor die Fläche neu grundiert wird und anschließend einen frischen Lackfarbenanstrich erhält. Große Flächen wie die Bordwände lassen sich am besten naß mit Schleifklötzen abschleifen. Man ziehe sich aber dazu Handschuhe an oder schütze die Hände mit einem Stückchen Segeltuch, damit man sich nicht die Fingerspitzen wund scheuert. War die ursprüngliche Farbe von guter Qualität und vorschriftsmäßig verstrichen, ohne nachträglich beschädigt worden zu sein, so besteht keine Notwendigkeit, sie bis auf das blanke Holz zu entfernen, vorausgesetzt, daß beim jährlichen Abschleifen genügend Farbe herunterkommt, um die Schicht nicht immer dicker werden zu lassen. Wenn dagegen die Oberfläche nicht mehr tadellos ist und große Unregelmäßigkeiten aufweist wie z. B. tiefe Dellen von Ankerflunken, Dübellöcher oder Nähte, die sich geöffnet haben, müssen die Fugen und Unebenheiten mit Spachtelmasse gefüllt werden, einer dicken Paste, die Weißblei und Leinöl enthält und die mit dem breiten Blatt des Spachtels aufgebracht wird. Der Spachtel wird dabei in einem Winkel von 45 Grad zur bearbeiteten Stelle gehalten. Um die besten Resultate zu erzielen, darf die Masse jeweils nicht dicker als 3 mm aufgetragen werden; diese Schicht muß erst trocknen, bevor weitere aufgetragen werden, bis die Fläche glatt ist.

Wenn sich der Farbanstrich aber in schlechter Verfassung befindet, zahlreiche Blasen aufweist oder sehr dick ist und anfängt, flächenweise abzublättern, oder aber wenn die Plankenstöße sich etwas gekrümmt haben und abgehobelt werden müssen, dann bleibt, wenn man saubere Arbeit leisten will, nichts anderes übrig, als den Farbanstrich bis auf das nackte Holz abzuziehen.

Für eine große Außenfläche gibt es da nur eine wirksame Methode, nämlich mit einer Benzinlötlampe zu arbeiten. Es gibt auch Gaslampen, deren Flamme aber leicht ausbläst oder bei der Arbeit zur Seite weht. Man suche sich möglichst einen windschwachen Tag aus, nehme die Lampe in die linke und den Schraper in die rechte Hand und fange dann bei der zu bearbeitenden Fläche oben rechts an. Unter der Erhitzung durch die Lötlampe bricht die Farbe in Blasen auf und erweicht sich, so daß sie sich mit dem Schraper leicht abnehmen läßt. Der Schraper muß dabei der Flamme unmittelbar folgen, da die Farbe sich sonst abkühlt und wieder hart wird. Man achte darauf, daß die heiße Farbe einem nicht auf die Füße tropft. Während der Schraper arbeitet, spielt die Flamme schon wieder auf einer neuen Fläche weiter links, ständig in Bewegung, um das Holz nicht zu verbrennen. Brenne nicht mehr ab, als du noch am gleichen Tage wieder mit Farbe bedecken kannst; das nackte Holz darf der Witterung nie für längere Zeit ausgesetzt bleiben.

Sobald die Farbe herunter ist, schleife die Oberfläche gründlich ab und bearbeite die Fläche nachhaltig mit einem sehr dünnen Überzug metallischer Grundierfarbe. Mennige ist für Holz nicht gut, da sie lange Zeit zum Hartwerden braucht und die nachfolgenden Anstriche sich nicht gut darauf halten; unter der Wasserlinie ist sie ganz ungeeignet, da sie im Seewasser weich wird und die Farbe von ihr abblättert. Sobald der Grundieranstrich trocken ist, verspachtele alle Unebenheiten, lasse die

Arbeit einen Tag lang austrocknen und hart werden, bevor du die Fläche schleifst, und grundiere dann zum zweiten Mal, wiederum mit dünnem Anstrich. Ist auch dieser geschliffen, dann streiche so viele Male mit Vorstreichfarbe wie notwendig ist, um eine vollkommen glatte Fläche zu erhalten, ohne daß noch Verfärbungen sichtbar sind; gewöhnlich genügen zwei Anstriche. Jeder Anstrich muß gründlich geschliffen werden, um alle Pinselspuren zu entfernen.

Auf den letzten Voranstrich folgt innerhalb von drei Tagen oder auch weniger der Lackanstrich. Obgleich das Endergebnis weitgehend von der Sorgfalt bei den Vorarbeiten abhängt, so kann doch der von uns allen erstrebte schimmernde Glanz nur durch die richtige Anwendung des Lackfarbenanstrichs erzielt werden. Lackfarbe muß reichlich aufgetragen werden, aber wiederum nicht so freigiebig, daß sie ausläuft und Tropfen oder Vorhänge bildet; es ist eine Arbeit, auf die sich nur wenige wirklich verstehen. Besondere Sorgfalt ist an den Übergängen geboten, um keine doppelt dickbemalten Stellen entstehen zu lassen. Die ganze Fläche muß in einem Arbeitsgang fertiggestellt werden. Fliegen, die sich auf der Lackfarbe festgesetzt haben, läßt man sitzen, bis die Farbe ganz trocken ist. Danach kann man die Fliegen abbürsten, ohne daß sie eine Spur hinterlassen.

Marinefarben werden in zahlreichen Farbtönungen geliefert. Ein schwarzer Anstrich macht eine Yacht kleiner und vielleicht sogar eleganter und formschöner, als sie in Wirklichkeit ist, und er läßt auch optisch ein überhöhtes Freibord niedriger erscheinen. Schwarz nimmt aber Hitze auf und hält sie fest. Bei heißem Wetter beschleunigt der dunkle Anstrich manchmal das Öffnen der Nähte; außerdem neigt er zur Blasenbildung. Um den gefälligen Eindruck eines schwarzen Farbanstrichs zu erhalten, müssen die Bordwände häufig mit Süßwasser abgewaschen werden. Dagegen strahlt weiße Farbe die Hitze zurück, hält die Bordwände kühl und bildet keine Blasen. Schmutzflecken lassen sich leicht mit Salzwasser unter Zusatz von Reinigungsmitteln entfernen. Um dickes Öl abzuwaschen, kann man Petroleum zu Hilfe nehmen.

Für den Decksanstrich verwendet man aus Sicherheitsgründen eine rutschfeste Farbe, die es fertig zu kaufen gibt. Das gleiche Ergebnis läßt sich erzielen, indem man Sand auf gewöhnliche Farbe streut, so lange diese noch klebrig ist, und einen zweiten Anstrich macht, sobald der erste getrocknet ist. Wegen anderer Decksbelage vgl. S. 57 ff.

Das Verfahren beim Malen des Unterwasserschiffs ist das gleiche wie bei den Bordwänden, nur wird an Stelle des Emaille-Vorstrichs Patentvorstreichfarbe benutzt; der Schlußanstrich besteht aus Patentfarbe selbst. Die mangelnde Eignung von Mennige als Grundfarbe ist bereits erwähnt worden; Teer oder schwarzer Teerfirnis sind aber ebensowenig wünschenswert, obgleich sie wegen ihrer Wasserdichtigkeit häufig verwendet werden; Patent -oder anwuchsverhindernde Farben stehen schlecht auf solchem Untergrund. Wenn trotzdem Teer genommen worden ist, läßt er sich mit einer Spezialgrundierungsfarbe, die in 15—20 Minuten trocknet, isolieren und kann schon innerhalb einer halben Stunde den nächsten Anstrich aufnehmen. Patentfarben müssen reichlich aufgetragen werden. Doch gleichgültig, wie dick die Farbe ist — unter keinen Umständen darf sie mit Terpentin oder anderen Flüssigkeiten verdünnt werden, da dadurch ihre besonderen Eigenschaften leiden.

Bei manchen Fabrikaten muß der Anstrich mit anwuchsverhindernder Farbe dem Grundanstrich innerhalb von 12 Stunden folgen und die Yacht innerhalb weiterer 24 Stunden zu Wasser gelassen werden, ohne daß sie auch hinterher austrocknen darf. In dieser Beziehung folgt man am besten den Anweisungen der Hersteller.

Nichts ist dem Aussehen einer Yacht abträglicher als eine ungeschickte und lieblose Behandlung des Wasserpasses. Vergewissere dich vor dem Abbrennen und Neumalen, daß die Wasserpaßlinie deutlich markiert ist; sie geht sonst leicht verloren. Ist dies geschehen oder verläuft die Linie nicht gefällig und muß neu eingeritzt werden, so nimm eine sehr dünne, biegsame Latte, befestige sie mit leicht eingeschlagenen Stiften und prüfe den Verlauf der Latte aus der Entfernung. Der Wasserpaß wirkt gefälliger mit ein wenig, aber nicht ganz so starkem Sprung wie die Reling. Beim Malen der Bordwände muß die Farbe die Wasserpaßlinie um einige Zentimeter überdecken. Sobald die Bordfarbe ganz hart geworden ist, läßt sich die Wasserpaßlinie mit der Unterwasserfarbe absetzen. Dies erfolgt mit einer gut gefüllten Pinselecke, mit der man sich vorsichtig an die Linie heranarbeitet, wobei man das Handgelenk auf die Planken stützt, um mit ruhiger Hand zu arbeiten. Es ist ganz unmöglich, den Wasserpaß von oben kommend mit der Bordwandfarbe abzusetzen.

Eine andere Möglichkeit ist die Verwendung von Klebebändern, um die Bordwand scharf über der Linie abzudecken, während die Bodenfarbe angebracht wird.

Um zu vermeiden, daß der untere Teil der Bordwände durch Öl oder schmutziges Wasser unansehnlich wird, empfiehlt es sich, den Wasserpaß ein gutes Stück oberhalb der Wasserlinie anzulegen; da aber einige Patentfarben unter dem Einfluß der Sonnenstrahlen und der Witterung die Neigung haben abzublättern, sind viele Yachten zu einem breiten, mit Spezial-Wasserpaßfarbe gemalten Wasserpaßstreifen übergegangen, der sich von der Wasserpaßlinie bis etwas unter die Wasserlinie erstreckt, also zwischen Wind und Wasser. Diese Spezialfarben haben keine anwuchsverhindernden Eigenschaften, ergeben aber eine harte, glänzende und glatte Oberfläche, die See, Luft und Öl verträgt und leicht geschrubbt werden kann. Allerdings müssen dann an Stelle nur einer zwei Wasserpaßlinien eingeschnitten werden.

In der Theorie braucht eine Yacht aus Kunststoff lediglich abgewaschen, allenfalls mit einer Metallpolitur abgerieben zu werden, aber in der Praxis benötigt sie doch einen Anstrich, um wirklich gut auszusehen. Ein Voranstrich dürfte sich erübrigen; meist genügt ein einziger Anstrich mit Polyurethane, unter der Voraussetzung, daß man vorher die Flächen durch sorgfältiges Schleifen vorbereitet hat. Jede tiefere Schramme muß vor dem Malen mit einer Mischung aus Glas und Harz, die gebrauchsfertig zu kaufen ist, ausgespachtelt werden.

Einen Stahlrumpf gut zu malen, ist schwieriger als einen Rumpf aus Holz. Alte Farbe kann nicht einfach mit einer Lötlampe entfernt werden, weil die Eisenplatten die Hitze so schnell leiten, daß die Farbe auf der Innenseite Blasen zieht. Hinzu kommt auch, daß aller Rost mit Drahtbürsten und durch Rostklopfen beseitigt werden muß. Sobald der Rumpf sauber ist, folge man am besten den Anweisungen der Farbenhersteller, die vermutlich wie folgt lauten werden: zwei Anstriche mit Grundfarbe mit nachfolgendem Spachteln. Darauf die erforderliche Anzahl von Voranstrichen und zuletzt der Lackfarbenanstrich.

Ich habe im Rahmen dieser Ausführungen nicht die Möglichkeiten eines Anstrichs im Sprüh- oder Rollverfahren erwähnt, weil ich nicht der Ansicht bin, daß man dadurch Zeit spart, außer vielleicht beim Bodenanstrich einer großen Yacht mit Patentfarbe. Vor allem bei dem Sprühverfahren geht zuviel Zeit mit dem Abdecken und der erforderlichen gründlichen Reinigung aller Werkzeuge hinterher verloren.

Lackieren

Lackierte Flächen, die verkratzt und abgenutzt sind, und ihren Glanz verloren haben, sonst aber noch gut instand sind, brauchen nur mit wasserbeständigem Glaspapier abgeschliffen zu werden, bevor man ihnen einen neuen Lackanstrich gibt. Der Zweck des Schleifens ist, einen aufnahmefähigen Untergrund für den neuen Lackanstrich zu schaffen und die Dicke des alten Anstrichs herunterzuschleifen, damit der Gesamtanstrich nicht von Jahr zu Jahr dicker wird. Wasserfestes Glaspapier ist dem gewöhnlichen Schleifpapier in jeder Hinsicht überlegen: es entwickelt keinen Staub, hält länger und setzt sich nicht voll, wenn man es häufig in einem Eimer Wasser ausspült. Es hat keinen Zweck, die Arbeit durch die Verwendung von zu grobem Papier beschleunigen zu wollen, denn die dadurch verursachten Kratzer bleiben auch nach mehrmaligem Anstrich sichtbar. Die Flächen müssen mit Frischwasser und einem Schwamm gesäubert werden und vollkommen trocken und staubfrei sein, bevor man mit dem Lackieren beginnt.

War der alte Anstrich verdorben und ist Wasser unter ihn eingedrungen (möglicherweise durch das Hirnholz), kann es vorkommen, daß er sich stellenweise vom Holz abhebt und gelbliche Flecken darunter zum Vorschein bringt. Unter solchen Umständen muß der alte Anstrich bis auf das rohe Holz entfernt werden. Dabei sind Lackentferner, eine dünne, meist sehr feuergefährliche Flüssigkeit, von großer Hilfe. Mit einem alten Pinsel freigiebig aufgetragen, weicht diese Flüssigkeit den alten Lack innerhalb weniger Minuten so weit auf, daß er sich leicht abziehen läßt. War die alte Lackschicht sehr dick, so ist unter Umständen eine mehrmalige Behandlung erforderlich. Das rohe Holz ist gründlich zu schleifen (hierfür benutze man wasserfestes Glaspapier, aber in trockenem Zustand) und anschließend mit Terpentin abzuwischen, um jede Spur des Lackentferners zu beseitigen. Man richte sich hierbei nach der Gebrauchsanweisung des Fabrikanten. Ist das Holz bereits vom Wetter angegriffen und schwarz geworden, so muß das verfärbte Holz vorzugsweise mit einer Skarsten-Ziehklinge abgezogen werden, wobei man mit dem Faserverlauf arbeitet. Jede Ziehklinge wird mit Hilfe einer feinen Feile scharfgehalten; von Zeit zu Zeit werden ihre Kanten abgerichtet, indem man mit der Feile auf jeder Seite entlangstreicht. Bei der Arbeit wird die Ziehklingenkante in einem Winkel von etwa 90 Grad auf der Fläche angesetzt. Teakholz kommt nach dem Abziehen immer wieder sauber und frisch hervor. Bei anderen Hölzern, vor allem bei Mahagoni, muß man sich vorsehen, keine Splitter herauszureißen.

Es empfiehlt sich, den Lack, bei dem ersten Anstrich auf rohem Holz mit Terpentin im Verhältnis 4:1 zu verdünnen. Leinöl bildet, entgegen einer weitverbreiteten Annahme, keinen guten Lackuntergrund. Es ist nie gut, eine harte, schnelltrocknende, wasserdichte Schicht auf eine weiche, langsam trocknende und absorbierende Schicht aufzutragen. Wenn der erste Lackanstrich trocken ist, fühlt er sich noch rauh an, weil der Lack die winzigen, abstehenden, haarfeinen Holzfasern versteift hat. Eine glatte Oberfläche wird aber leicht erzielt, wenn man den ersten Anstrich abschleift, bevor man den zweiten, nunmehr unverdünnt, anbringt. Ist auch der zweite Anstrich richtig ausgehärtet, soll man möglichst einige Tage verstreichen lassen, bevor man die Fläche noch einmal, dieses Mal mit feinstem Glaspapier, abschleift und zum dritten Mal lackiert. Wenn dies der letzte Anstrich sein soll, ist er reichlich aufzutragen, aber wiederum nicht so freigiebig, daß sich Tropfen oder Vorhänge bilden können. Moderner Lack setzt sich staubsicher innerhalb von wenigen Stunden ab.

Gute, vielgebrauchte Pinsel verdienen sorgsame Pflege. Zwischen den Anstrichen bewahre man einen Lackpinsel aufgehängt in einer Mischung aus Leinöl und Terpentin, einen Farbpinsel (wenn mit Kupfer gebunden) in Wasser auf. Nach Beendigung aller Instandsetzungsarbeiten müssen alle Pinsel gründlich in Benzin oder Terpentin oder, wenn sie hartgeworden sind, mit Lackentfernungsmitteln gereinigt, anschließend mit Wasser und Seife gewaschen, getrocknet und schließlich in Papier gewickelt weggelegt werden.

25

SCHIFFSFORMALITÄTEN *)

*Registrierung — Hafengebühren und Leuchtfeuerabgaben
Auslandsreisen — Versicherung — Bergung*

D ie Yachtpapiere setzen sich zusammen aus allen oder einigen der
folgenden Dokumente: Standerschein, Schiffszertifikat, Versicherungs-
police, Chartervertrag, Musterrolle, Lampenatteste.

Registrierung

Jede seegehende deutsche Yacht von 50 m³ oder mehr (ca. 17 BRT,
d. h. bei Segelyachten Länge x Breite x Rumpftiefe x 0,177, bei Motor-
yachten ist dieser Faktor (∅, 236) ist gesetzlich zur Eintragung in das
Schiffsregister verpflichtet. Register werden bei den Amtsgerichten der
Seehäfen, aber auch einigen Binnenhäfen wie z. B. Düsseldorf geführt.
Als Heimathafen gilt dann der Hafen, in dessen Amtsgericht die Yacht
eingetragen ist.

Bei der Registrierung ist anzugeben: Name des Schiffes, Gattung (Segelyacht, Motorsegler, Motoryacht) und Baustoff, Bauort und Baujahr, Ver-
messungsergebnisse, Name und Wohnsitz des Eigners, Nachweis über
die Eigentumsverhältnisse, gegebenenfalls bei im Ausland erworbenen
Schiffen die zuletzt geführte Flagge und das letzte Schiffsregister. Das
Schiffszertifikat enthält die obigen Angaben, zusätzlich ein Unterschei-
dungssignal und gegebenenfalls Vermerke über Hypotheken.

Erst mit der Eintragung in das Schiffsregister wird eine Yacht ein deutsches Schiff, womit die Berechtigung und Verpflichtung zum Führen der
deutschen Bundesflagge verbunden sind, außerdem genießt das Schiff damit
im Ausland diplomatischen Schutz und wird dem Seerecht unterworfen.
Dies heißt unter anderem, daß ein eingetragenes Schiff bei der Aufgabe
im Seenotfall nicht herrenlos wird.

Bei Verkauf ins Ausland oder Verlust durch Schiffbruch muß der Eigner das Schiff im Schiffsregister löschen lassen.

---

*) Dieses Kapitel wurde ganz auf deutsche Verhältnisse hin neu abgefaßt!

Der Standerschein des Deutschen Segler-Verbandes oder des Deutschen Motor-Yacht-Verbandes hat keinen amtlichen Charakter, er ist nur eine nichtamtliche Bestätigung, daß es sich bei dem angegebenen Schiff um ein deutsches Schiff handelt.

Eine registrierte Yacht muß den Schiffsnamen und den Heimathafen zeigen, den Namen an beiden Seiten des Buges oder am Kajütsaufbau, und zwar deutlich lesbar in großen Buchstaben — Nichtbeachtung wird mit Geld- und Haftstrafen bedroht, ebenso wie das Nichtführen der Bundesflagge beim Ein- und Auslaufen in Häfen.

Hafengebühren und Leuchtfeuerabgaben

In den meisten Häfen werden heutzutage von besuchenden Yachten Gebühren verlangt — Hafengelder — deren Höhe meist von der Tonnage oder der Länge der Yacht abhängt. In manchen Häfen sind Yachten für einen oder drei Tage von solchen Zahlungen befreit, in manchen Häfen sind die Abgaben geringfügig, in anderen, vor allem in den privaten Marinas, können sie sehr erheblich sein.

Größere Yachten (meist über 50 m³) werden zusätzlich zur Zahlung von Leuchtfeuerabgaben herangezogen.

Auslandsreisen

In der Bundesrepublik hat jede seegehende Yacht das Recht, bei einem Aufenthalt außerhalb der deutschen Hoheitsgewässer von mehr als 36 Stunden zollfreien Proviant und Genußmittel zu erwerben. Dieses Privileg ist in Großbritannien nur Yachten über 40 BRT vorbehalten, in Frankreich können seegehende Yachten zollfreie Waren und Brennstoff erhalten, in Spanien nur Brennstoff und auch diesen nur in einigen wenigen Häfen, in Italien ist zollfreier Proviant nur in Genua und Neapel erhältlich, zollfreies Dieselöl dagegen in den meisten größeren Häfen, in Griechenland gibt es Transitwaren nur in Piräus, zollfreies Dieselöl dagegen in allen „Yachtstationen". In Dänemark und Schweden sind nur sehr kleine Mengen zollfreier Genußmittel erlaubt. In Norwegen sind solche Waren (Spirituosen) praktisch nicht zu bekommen.

Bei jedem Auslaufen mit zollfreien Waren muß spätestens eine Stunde vor dem Auslaufen Meldung gemacht werden oder die Zollpapiere müssen in dafür bestimmte Zollbriefkästen eingeworfen werden. Bis zum Erreichen der Seezollgrenze ist das Zollzeichen (internationaler Hilfstander 3) zu führen, bei den Zollansageposten ist Meldung zu machen.

Vor Erreichen der seewärtigen Zollgrenze dürfen die Plomben an Transitwaren nicht gelöst werden.

Bei der Rückkehr in deutsche Hoheitsgewässer kann man entweder das Zollzeichen setzen und beim Zollansageposten angeben, in welchem Binnenzollamt man die noch an Bord befindlichen zollpflichtigen Waren gestellen will oder aber ebendort einklarieren. Man kann also z. B. von See kommend nach Ansage in Cuxhaven mit Zollzeichen bis Hamburg fahren und dort einklarieren oder von der Ostsee kommend mit Zollzeichen durch den Nordostseekanal fahren und in Hamburg einklarieren oder aber dies bereits in Laboe vornehmen. Elbe und Nordostseekanal gelten als internationale Wasserstraßen.

Jedes Besatzungsmitglied einer ins Ausland gehenden Yacht muß im Besitz eines gültigen Passes sein, sonst läuft man Gefahr, Landgangsverbot zu erhalten oder nicht abreisen zu können, wenn man unterwegs aussteigen möchte.

Bei Besuch eines fremden Landes ist es immer ratsam und meist sogar ausdrücklich vorgeschrieben, einen größeren Hafen anzulaufen. Bei der Ankunft muß außer der eigenen Nationale und der Gastflagge, d. h. der Landesfarben des besuchten Landes, an gut sichtbarer Stelle die internationale Flagge „Q" gesetzt werden („An Bord ist alles wohl, ich bitte um freie Verkehrserlaubnis"). Meist erscheint auf dieses Signal hin ein Vertreter des Zolls oder der Hafenbehörde, sonst muß nach einiger Zeit der Eigner an Land gehen, um in der Hafenbehörde die Ankunft zu melden.

In vielen Ländern gibt es inzwischen ein Zolldokument, das im ersten Eingangshafen ausgestellt wird und dazu berechtigt, sich ein Jahr lang in dem betreffenden Land aufzuhalten. In jedem in der Folge besuchten Hafen braucht dann nur noch das „Transitlog" oder wie das Dokument auch immer bezeichnet wird, vorgezeigt zu werden. Meist werden empfangene Transitwaren, Schiffsbedarf und Brennstoff in dieses Dokument jeweils eingetragen. Unabhängig davon hat der Zoll jederzeit das Recht, an Bord einer Yacht zu kommen und Kontrollen vorzunehmen. Im allgemeinen aber geschieht dies sehr selten, vor allem dann, wenn andere Yachten durch unkorrektes Verhalten einen Anlaß zu solchen Kontrollen gegeben haben. Im allgemeinen sind Zöllner freundlich und durchaus hilfsbereit, und es wäre sehr kurzsichtig und töricht, das Yachten überwiegend entgegengebrachte Vertrauen zu mißbrauchen.

Versicherung

Mit wenigen Ausnahmen werden alle Yachteigner den Wunsch haben, ihre Yacht zu versichern. Wer es nicht für notwendig hält, eine Kaskoversicherung abzuschließen, die ihm Ersatz von Schäden am eigenen Boot gewährt, sollte aber zumindest eine Haftpflichtversicherung abschließen, denn jeder Yachteigner, der sein Boot selbst führt, haftet mit seinem gesamten Vermögen für Schäden, die er verschuldet.

Die Prämie hängt von folgenden Gesichtspunkten ab: Größe und Wert der Yacht, Alter, Dauer der Segelsaison, Winterlager im Wasser oder auf Land, Fahrtgebiet, Erfahrung des Eigners und Grad der Selbstbeteiligung.

Eine Versicherungsgesellschaft kann ihre Schadendeckung davon abhängig machen, daß die Yacht ordnungsgemäß ausgerüstet und bemannt ist. Dazu gehört z. B., daß Feuerlöschgeräte an Bord sind, daß keine Propanflaschen unter Deck gelagert wurden, daß Anker und Ankergeschirr ausreichend dimensioniert ist.

Bergung

Hafenarbeiter und Fischer haben schon oft phantastisch klingende Ansprüche auf Bergelohn für das Einschleppen von Yachten in einen Hafen oder auf einen Ankerplatz erhoben, wenn eine Yacht in der Flaute liegengeblieben oder der Hilfsmotor ausgefallen war. Bevor man Schlepphilfe annimmt, ist es daher klüger, sich vorher über eine Summe zu einigen und unter keinen Umständen jemanden von dem anderen Schiff an Bord zu lassen. Auch soll man keine fremde Schlepptrosse annehmen, sondern vielmehr die eigene Trosse benutzen. Bergungsfragen sind eine komplizierte Materie. Die Höhe des Bergelohns bestimmt sich nach der aufgewandten Mühe, dem eingegangenen Risiko, der Gefährlichkeit der Situation, der Notlage, aus der eine Yacht befreit wird, der Geschicklichkeit der Berger und der beanspruchten Zeit.

Es ist vorgekommen, daß Bergungslohn schon für die einfache Weitergabe von Lokalkenntnissen und für die Erteilung von Ratschlägen zuerkannt worden ist. Befindet sich eine Yacht in Seenot und ist sie gezwungen, Bergungsdienste anzunehmen, muß der Eigner versuchen, mit den Bergern eine feste Summe zu vereinbaren, für die jede notwendige Hilfe geleistet oder die Yacht in einen zu bestimmenden sicheren Hafen geschleppt wird. Diese Vereinbarung muß auf der Basis abgeschlossen werden: „No cure, no pay" (ohne Erfolg keine Zahlung). Im allgemeinen ist es wenig wahrscheinlich, daß die Umstände die Abfassung einer schriftlichen, von beiden Parteien gegengezeichneten Vereinbarung erlauben, aber auf jeden Fall sollte man die Namen der Zeugen bei der mündlichen Übereinkunft schriftlich festhalten.

Pflicht der Seenot-Rettungsmannschaften ist es, Leben zu retten. Hierfür wird keine Bezahlung verlangt (außer was die Rettungsgesellschaft ihren Männern zuerkennt) oder auch nur erwartet. Wenn es sich aber bei Erreichen des in Seenot befindlichen Fahrzeuges herausstellt, daß die

Dienste des Rettungsbootes nur für Bergungszwecke benötigt werden, darf die Rettungsmannschaft die Bergung durchführen und entsprechend ihre Ansprüche stellen. Sie handelt dann genauso, als hätte sie sich das Rettungsboot geliehen und sei verantwortlich für jeden Schaden, den es im Zuge der Hilfeleistung erleiden kann.

ANHANG

I

AUSRÜSTUNGSVERZEICHNIS

Die nachfolgende Liste erweist sich vielleicht bei Überprüfung der Ausrüstung vor dem Start zu einer Kreuzfahrt als wertvoll. Natürlich unterliegt sie in ihrem Umfang Beschränkungen je nach der Größe, dem Typ der Yacht und der Ausdehnung der geplanten Reise. Einige Gegenstände werden wahlweise angeführt. Spezialwerkzeuge für Motoren sind nicht darin enthalten.

Navigation, Signalausrüstung und Flaggen
Standard- und / oder Steuerkompaß
Handpeilkompaß und Ersatzbatterie
Peilscheibe
Barometer oder Barograph einschl. Tinte und Ersatzblättern
Sextant
Chronometer
Stoppuhr
Anemometer
Ferngläser
Lot- und Lotleine
Echolot und Ersatzbatterie
Patentlog
Reserveleine und Reservepropeller für Patentlog. Evtl. Batterie
Radiopeilgerät und Batterie
Antenne und Kopfhörer
Parallellineal
Winkelmesser
Zirkel
Bleistift, Bleistiftanspitzer und Radiergummi
Karten
Vergrößerungsglas
Logbuch
Handbücher
Nautischer Almanach
Gezeitenatlas
Nautische Tafeln

Stander und Standerstock
Nationale und Flaggenstock
Fremde Landesflaggen als Höflichkeitsflaggen
Mitgliedsflagge
Unterscheidungsflagge
Ein Satz internationaler Signalflaggen
Flagge Q in Abwesenheit eines Satzes internat. Signalflaggen
Internationales Signalbuch, I. Band
Braasch „Kleines Signalbuch", Kleine Yacht-Bücherei Nr. 28,
    Verlag Delius, Klasing & Co.
Nautischer Funkdienst Band II oder Yachtfunkdienst
Leuchtfeuerverzeichnis
Gezeitentafeln
Signallampe mit Ersatzbirne oder Morsetaste für Masttopplampe
Rote, weiße und blaue Flackerfeuer und Fallschirmleuchtkugeln
Nebelhorn
Glocke

Decksausrüstung

Anker, Ketten, Verholleinen, Ankerbojen und Bojensteert
Verbindungsschäkel für Ankerketten
Ankerkettengleitstück und Gewichte
Wurfleine
Festmacher
Fender
Rettungsring mit dazugehörigem Nachtlicht
Schwimmweste
Sicherheitsgürtel
Positionslaternen
Ankerlaterne
Ersatzzylinder und Ersatzbirnen für Lampen
Bootshaken
Dweil, Schrubber und Pütz
Ledertuch
Baumstütze
Fallreep
Decksmatte
Seeanker
Winschkurbeln
Wasserbehälter, Trichter und Decksverschlußöffner
Elektr. Stablampe mit Reservebatterie und -birne
Ölzeug, Südwester, Seestiefel und Bordschuhe
Beiboot mit Riemen, Dollen, Fangleine und Ösfaß

Bootsmannswerkzeuge und Reservematerial

Messer
Marlspieker, große und kleine
Segelnadeln
Segelmacherhandschuh
Kleedkeule
Taulehre
Bootsmannsstuhl
Nähgarn
Gewachstes Takelgarn
Marlleine
Hanfbändselgut
Tauwerk in jeder Stärke
Bändseldraht
Isolierband
Vaseline
Wasserfreies Lanolin
Segeltuch der richtigen Schwere zum Segelflicken
Segeltuchlappen und Plastikschläuche zum Schutz gegen Schamfilen
Schraubschäkel
Schnappschäkel
Stagreiter
Mastrutscher
Blöcke
Farbe, Lack und Spachtel
Farb- und Lackpinsel
Terpentin, Leinöl (gekocht und roh) und Lackentfernungsmittel
Glaspapier und Schleifklötze
Schraper
Bolzenschneider zum Kappen des stehenden Gutes

Werkzeuge und Geräte für Zimmermann und Maschinist

Verschiedene Sägen
Metallsäge mit Blättern
Schraubenzieher, groß, mittel und klein
Nagel- und Handbohrer
Bohrknarre und Spitzbohrer
Handbohrmaschine mit einem Satz von Spiralbohrern
Versenkbohrer
Hammer, an einem Ende abgerundet
Hartmeißel
Holzmeißel

Ziehklinge
Schlichthobel
Halbrundfeile
Schraubstock
Klemmschrauben
Zeichendreieck
Zollstock
Ölstein und Karborundum-Abziehstein
Blechschere
Feilen, assortiert
Verstellbare Schraubenschlüssel
Ein Satz Schraubenschlüssel
Nagelsetzeisen
Kalfateisen
Kalfatbaumwolle
Lötlampe
Drei lecksichere Ölkannen
Leim und Leckstopper
Schleifpaste
Dichtungsmasse
Unterlegscheiben und Packungen für Wasser- und Bilgepumpen, WC usw.
Destilliertes Wasser
Sicherungen für Schaltkasten
Messingschrauben mit flachem und rundem Kopf
Nägel aus Kupfer und galv. Eisen
Kupferstifte
Messingnägel
Splinte
Schrauben und Muttern
Unterlegscheiben
Kupferblech
Tassenhaken
Augbolzen
Einige Stücke Hartholz

} alles in assortierten Stärken und Längen

Kombüse und Anrichte

Primus-Kocher
Düsennadeln, Zündflämmchen, Nippel
Nippelschlüssel, Pumpe und Stopfbuchsenreiniger für Primuskocher
Petroleum und Fülltrichter
Spiritusmeßkanne
Propangaszylinder und Schlüssel

Streichhölzer (Reserveschachteln in verschlossener, wasserdichter Blech-
dose)
Toaster
Backofen
Mehrere Dosenöffner
Flaschenöffner und Korkenzieher
Abwaschbürste und Topfreiniger
Abwaschschüssel
Tellertücher
Schwammtücher
Pütz
Teller
Tassen und Untertassen oder Trinkbecher
Wassergläser
Teekanne
Kaffeekanne
Butterdose
Kaffeefilter bzw. Sieb
Topflappen
Gemüseteller
Plattmenage
Toastständer
Messer, Gabel, Löffel
Streichmesser, Fischkelle und Holzlöffel
Brotkasten, Brotbrett und Brotmesser
Kasserolle
Bratpfanne
Wasserkessel
Druckkocher
Durchschlag
Reibeisen
Sieb
Puddingformen
Milchkanne und -krug
Back- und Tortenplatten
Thermosflaschen
Tellerständer
Kochbuch
Abwaschpulver
Gummihandschuhe

Lampen
Reservezylinder, Glühstrümpfe oder Birnen
Matratzen und Kissen
Bettzeug (Decken, Laken, Kopfkissen und -bezüge)
Kojenbretter
Medizinkasten für Erste Hilfe (S. 445)
Ofen mit Brennstoff, Anmacher, Schürhaken, Schaufel, Handschuhe
Müllschaufel und Handfeger
Staubtücher
Metall- und Holzpolitur mit Putzlappen
Wasserschüssel, Handtücher, Seife, Zahnputzglas
Bücher
Schiffspapiere
Schreibmaterial, Tinte, Kugelschreiber, Papier und Umschläge, Brief-
marken
Uhr
Spiegel
Schlingerleisten für den Tisch
Tischtuch oder -matte
Aschbecher
Fußbodenbelag

II

PROVIANT

Von Susan Hiscock

Bei Fahrten in Küstengewässern kann man sich weitgehend darauf verlassen, überall an Land frische Lebensmittel kaufen zu können. Auf der anderen Seite gibt es in vielen kleineren Orten, die gelegentlich von Yachten angelaufen werden, nur beschränkte Einkaufsmöglichkeiten. So kann es z. B. vorkommen, daß Fleisch nur ein- oder zweimal in der Woche zu erhalten ist, und selbst Brot und andere Lebensmittel sind manchmal gar nicht leicht aufzutreiben. Obgleich durchaus kein Freund von Konservennahrung, solange Frischproviant zur Verfügung steht, halte ich es doch für außerordentlich wichtig, daß sich auf jeder Fahrtenyacht genug Trockenproviant und Konserven befinden, um mindestens eine Woche lang unabhängig vom Lande zu sein. Sonst kann man unter Umständen mehrere Tage durch Warten auf Proviant verlieren oder muß von der eigentlichen Route abweichen, um größere Ortschaften anzulaufen, wo es Lebensmittel zu kaufen gibt. Frische Gemüse und Früchte sind natürlich immer vorzuziehen, aber es gibt auch ausgezeichnete Qualitäten in der Dose, die den täglichen Speisezettel vor Eintönigkeit bewahren, und ich muß gestehen, daß ich lieber einen Teil der täglichen Verpflegung mit Konserven bestreite, als zu lange Zeit mit der Suche nach Frischproviant zu verbringen.

Eine Abhandlung über die Kochkunst auf Yachten zu schreiben, dürfte sich erübrigen, denn die Kocherei auf dem Wasser ist nicht viel anders als an Land. Ein gutes Kochbuch bleibt der beste Lehrmeister. Das erstrebenswerte Ziel ist Einfachheit und Schnelligkeit, und so gehört es zu einer guten Planung, sich einige schnell herzurichtende Mahlzeiten vorher auszudenken. Kein Koch hat nämlich Lust, mehr Zeit als notwendig in der Kombüse zu verbringen, weder auf See noch bevor man abends vor Anker geht. Und die Mannschaft läßt nicht lange auf sich warten, kaum daß man im Hafen ist und an Deck alles aufgeklart ist, um sich hungrig unter Deck zu versammeln. Für eine Nachtfahrt füllt man, während das Abendessen vorbereitet wird, heiße Suppe oder Kaffee in einen Thermosbehälter und spart sich so Zeit und vermeidet Unruhe während der Nachtstunden. Vielleicht enthalten die nachfolgenden Notizen einige nützliche Anregungen für den Schiffskoch:

Brot, an trockener und der Luft zugänglicher Stelle aufbewahrt (also nicht im Blechkasten) hält sich im allgemeinen 8—10 Tage. Setzt die Außenseite Schimmel an, kann man die Rinde abschneiden; das Innere ist immer noch gut genug für Toastzwecke. Ein Pfund Brot (etwa ½ Brotlaib) pro Kopf und Tag entspricht einer guten Tagesration. Gebacken wird Brot wohl kaum an Bord, außer vielleicht auf langen Reisen. Dann verfahre man wie folgt: Nimm 3 Pfund weißes oder Vollmehl, füge 4 gehäufte Teelöffel Backpulver und 1 Teelöffel Salz hinzu und vermenge alles gründlich. Gieße etwas weniger als 1 Liter Milch oder Wasser hinzu und rühre die Masse rasch zu einem steifen Teig. Forme daraus Laibe der passenden Größe und backe sie 45 Minuten lang in einem heißen Ofen (165 Grad C). Schiebe den Teig so schnell wie möglich nach dem Feuchtwerden in den Ofen, da das Brot sonst schwer wird.

Schiffszwieback pflegte früher die traditionelle Reserve zu bilden, wenn das Frischbrot ausgegangen oder zu schimmelig für menschlichen Verzehr geworden war. Heute ziehen dagegen die meisten Leute Knäckebrot oder anderes knuspriges Brot vor.

Speck, in Streifen geschnitten, hält sich bei heißem Wetter nicht länger als 2—3 Tage. Man kaufe ihn daher ungeschnitten und koche ihn entweder sofort, um später kalt gegessen zu werden, oder man reibe ihn gründlich mit trockenem Salz ein, nachdem man allen braunen Ansatz von der Oberfläche abgekratzt hat, lege ihn in Salz und drücke ihn fest hinein, um der Luft den Zutritt zu verwehren. Vor dem Braten oder Kochen ist der Speck mit Seewasser abzuspülen, um das Salz von der Oberfläche zu entfernen, aber er braucht nicht in Wasser geweicht zu werden.

Milch: Frische Milch hält sich nur kurz. Hat man nichts gegen Milchpulver einzuwenden, ist es ganz praktisch für Tee und Kaffee; aber kondensierte Milch ist rahmiger und eignet sich daher besser in Verbindung mit Früchten. Gesüßte Dosenmilch hält sich noch lange nach Öffnung der Dose, ungesüßte Kondensmilch dagegen nur 4—5 Tage. Man stößt mit dem Marlspieker zwei einander gegenüberliegende Löcher in den Dosendeckel. Mit Wasser verdünnt bleibt Kondensmilch nicht länger gut als Frischmilch.

Butter: Neuseelandbutter hält sich mehrere Wochen, wenn man sie in ½-Pfund-Paketen kauft und kühl lagert. Für längere Zeiträume läßt sich Butter wie folgt konservieren: Sterilisiere ein Glasgefäß durch Auskochen; packe die Butter bis 2—3 cm unter dem Deckel hinein und drücke sie fest zusammen, so daß keine Lufttaschen übrigbleiben. Bedecke die

Butter mit einer Lage in heißes Wasser getauchten Buttermusselins und bedecke den Musselin mit einer Schicht trockenen Salzes. Feste, gutgesalzene Butter eignet sich hierfür am besten. Dosenbutter entwickelt nach längerer Lagerung leicht einen ranzigen Geruch. Man achte daher beim Einkauf auf den Datumsstempel.

Eier: Waren die Eier zur Zeit des Einkaufs frisch gelegt, bleiben sie viele Wochen lang gut, wenn man sie dünn mit Vaseline einreibt, um sie luftdicht abzuschließen.

Konserven: Corned beef gilt im allgemeinen als die beliebteste aller Fleischsorten. Auf kleinen Yachten müssen die Dosen meist tief in der Bilge verstaut werden, wo sie leicht naß werden und die Etiketten sich ablösen. Um Verwechslungen vorzubeugen, notiere man entweder die von den Fabrikanten eingestanzten Zahlen oder versehe jede Dose mit einem Tupfen verschiedener Farbe oder mit unterschiedlichen Zeichen für jede Sorte. Verwende zuerst die rostigen Dosen und achte auf hochgegangene Dosen, deren Inhalt wahrscheinlich gegoren ist. Die Dosenöffner mit langem Griff, die den Rand erfassen und den Deckel herausschneiden, sind sehr praktisch, zumal, wenn man den Inhalt der Dose erhitzt hat (beim Einstoßen mit einem Tuch abdecken, um sich gegen den Dampf zu schützen). Leider paßt dieser Öffner nicht auf alle Dosen, so daß man den gewöhnlichen Öffner ebenfalls an Bord haben muß.

Trockenproviant: Tee, Kaffee, Zucker usw. sind in Behältern mit festschließenden Deckeln wegzustauen. Glasflaschen mit Schraubverschluß sind dafür sehr geeignet. Gebrauchsfertiges Salz wird in der Seeluft rasch feucht. Etwas hilft es, wenn man das Streuloch mit einem Streichholz mit einem Klümpchen Siegelwachs am Ende verschließt. Senf hält besser, wenn mit Milch anstatt mit Wasser vermischt.

Frucht und Gemüse: Kartoffeln, Zwiebel und Karotten müssen dunkel in einem trockenen, gut ventilierten Schrank aufbewahrt werden. Verlese sie von Zeit zu Zeit und wirf fort, was schlecht geworden ist, ebenso wie die Kartoffelkeime. Neue Kartoffeln halten sich nicht so gut wie die alten. 4—5 Pfund pro Kopf und Woche sind ausreichend. Salate halten sich bis zu einer Woche gut in Behältern mit fest schließenden Deckeln, sofern sie trocken hineingelegt worden sind. Salat darf nur mit frischem und nicht mit Salzwasser gewaschen werden. Harter, weißer Kohl hält sich mehrere Wochen lang. Er kann gekocht oder roh geschnitzelt als Grundbestandteil eines Salates genossen werden. Früchte konservieren sich am besten, wenn man jede Frucht für sich in Papier wickelt.

SACHWÖRTERVERZEICHNIS

(Erhebt auf Vollständigkeit keinen Anspruch!)

abfallen = mit einem Fahrzeug vom Winde abdrehen, z. B.: Bei Wind von B. B. einkommend, nach St. B. drehen. Das Gegenteil ist „anluven".

abhalten = auf raumeren Kurs gehen.

ablandig = der Wind, der vom Lande ab nach See weht. Das Gegenteil ist „auflandig".

Ablenkung = auch Deviation (δ) genannt: Winkel, den die N-S-Richtung des Magnetkompasses mit der mißweisenden Richtung bildet. Ursache: Magnetische Eisenteile im Schiff.

abreiten = einen Sturm, d. h. ein Schiff vor Anker oder Treibanker legen, bis der Sturm nachgelassen hat.

abscheren = a) die Richtung eines Bootes so ändern, daß es mit einem anderen Boot oder einer Pier nicht mehr parallelliegt; b) das Brechen einer Niete, Schraube, eines Bolzens usw. durch Überlastung in der Querrichtung im Gegensatz zu Bruch infolge Biegung.

abschlagen = ein an einem Rundholz befestigtes, „angeschlagenes" Segel losmachen. Gegenteil „unterschlagen" oder „anschlagen".

abschlingern = z. B. einen Mast durch heftige Bewegungen des Schiffes.

absegeln = a) in See gehen; b) einen Mast, eine Stenge, durch zu viel Zeug (Segel) bei starkem Winde —; c) einen bestimmten, festgelegten Kurs —.

absetzen = a) ein Fahrzeug von einer Brücke, einer Pier, einem anderen Fahrzeug usw. mit der Hand (Bootshaken) abschieben; b) den Kurs auf der Karte eintragen oder bestimmen.

abtakeln = die Takelage eines Fahrzeuges, stehendes und laufendes Gut, Masten usw. abnehmen, z. B. für eine Reparatur, Winterlager usw. — Wird häufig fälschlich für „Segel bergen und festmachen" gesagt.

Abtrift = die seitliche Bewegung eines Fahrzeuges durch das Wasser, hervorgerufen durch Seitenwind; nicht zu verwechseln mit Stromversetzung.

achteraus = die Richtung nach hinten von einem Fahrzeug aus; z. B. achteraus in Sicht.

Achterholen = allgemein: jedes Endes, das zum Achterausholen dient. a) Ende, mit welchem der Spinnakerbaum gefahren wird; b) Ende, mit dem ein Backstag steifgesetzt wird, wenn auch ein Vorholer vorhanden ist.

achterlich = von hinten, z. B. achterlicher Wind.

Achterliek = Liek an der achteren Kante eines Segels.

achtern = „hinten" bei einem Fahrzeug im Sinne der Fahrtrichtung.

Achterschiff = achterer Teil des Schiffes im Gegensatz zur Schiffsmitte und zum Vorschiff.

Achtersteven = siehe Steven.

Achtknoten = Knoten in einer 8.

Ammeral = eine Schlag-Pütz, die ganz aus Segeltuch und Tauwerk gefertigt ist (fälschlich Admiral genannt, das Wort kommt von „Ammer"-Eimer).

am Wind = segeln mit Wind schräg von vorn; heißt auch „beim Wind". „Hart" und „hoch" „am Wind" heißt, den Wind so spitz von vorn nehmen, wie es eben geht.

andirken = Die Dirk(en) so weit durchsetzen, daß das Segel lose kommt und der Baum nicht mehr durch das Segel getragen wird, sondern in der Dirk(en) hängt.

anholen = Gegensatz von „fieren".

Anker = Bug-, Heckanker; der Bauart nach Admiralitäts- (Stock-), Patentanker usw. Man „ankert" oder „geht zu Anker", man „liegt vor Anker" oder man „hat geankert", man „lichtet" oder „hievt" den Anker; man „geht ankerauf". In Fahrt wird der Patentanker bis vor die Küste gehievt, alle anderen Anker dagegen an Deck genommen oder gezurrt; kann durch das Manöver „Anker katten und fischen" geschehen.

Ankerboje = wird mit der Bojenleine (Bojereep) an den Anker gesteckt, um ihn wiederzufinden, wenn die Kette „bricht" oder der Anker „geschlippt" werden muß.

Ankerdavit = Kran zum An-Deck-Nehmen des Ankers.

Ankergeschirr = alle zum Anker und zum Ankern gehörigen Sachen, wie Kette, Kettenstopper, Spill usw.

Ankerkette = besteht aus mehreren „Längen", jede Länge aus einer Anzahl von „Gliedern" oder „Schaken".

Ankerklüse = Eisenrohr oder -ring in der Reling oder Bordwand, durch das die Ankerkette nach außen fährt.

Ankerspill = Winde (Winsch) zum Hieven schwerer Anker; bei großen und mittleren Fahrzeugen mit maschinellem Antrieb, sonst für Handantrieb. Es gibt „Gangspills", „Pumpspills" und das „Kurbelspill".

anlaufen = a) einen Hafen, d. h. auf ihn zuhalten, um ihn einzulaufen; b) zum Schleppen: sich dem zu schleppenden Fahrzeug nähern.

anliegen = a) ein Kurs „liegt an", d. h. der zu steuernde Kurs liegt mit der Kompaßrose am Steuerstrich an. „Was liegt an?" usw.; b) ein Ziel anliegen: man kann das Ziel ansteuern, ohne kreuzen zu müssen bzw. ohne ein Hindernis im Wege zu haben.

anluven = ein Fahrzeug so drehen, daß der Wind mehr von vorn kommt, also höher an den Wind gehen. Das Gegenteil heißt: „abfallen".

anmarlen = ein Segel mit der Marlleine an einer Spiere befestigen, und zwar mit Marlschlägen, bei denen sich die Marlleine nach jedem Rundtörn selbst bekneift.

anpieken = durch Holen des Piekfalls die Gaffel steiler trimmen.

anreihen = ein Segel mit der Reihleine in gleichmäßig laufenden Rundtörns an einer Spiere befestigen.

anschlagen = ein Segel an Gaffel oder Baum befestigen.

anstecken = einen Gegenstand mit einem Ende — oder zwei Enden miteinander verbinden.

astronomische Navigation = Ortsbestimmungen nach der Stellung der Gestirne.

aufdirken = so viel wie andirken; s. dort.

auffieren = so viel wie fieren; s. dort.

aufklaren = a) das Wetter „klart auf", es wird besser; b) an Deck, im Spinde usw. Ordnung machen.

aufkommen = a) mit dem Ruder, d. h. das nach einer Seite gelegte Ruder allmählich mittschiffs legen; die Drehbewegung des Schiffs allmählich verringern; b) ein vor dem eigenen laufendes Schiff einholen; c) in Beziehung auf Wetter: schlechtes Wetter, Gewitter, Sturm oder dergleichen kommt auf, d. h. ist im Herannahen.

auflandig = der Wind, der von See nach Land weht; das Gegenteil davon ist ablandig.

aufpicken = das Anbordnehmen eines im Wasser befindlichen, treibenden Gegenstandes, z. B. eines Über-Bord-Gefallenen, einer Rettungsboje usw.

aufschießen = a) ein Ende (Tau) in regelmäßigen Buchten (Kreisen) an Deck oder in der Hand aufrollen; b) ein Fahrzeug so drehen, daß der Wind genau von vorn kommt, und es dann auslaufen lassen, bis es steht. Die Strecke, die es dabei durch sein Moment noch gegen den Wind zurücklegt, ist der „Aufschießer".

auftuchen = eine Flagge, ein Segel, ein Segel-Kleid zusammenlegen, aufrollen.

auf und nieder = der seemännische Ausdruck für senkrecht.

Augbolzen = ein Schraubbolzen, an dessen freiem Ende ein Ring, ein Auge, zur Aufnahme eines Schäkels, einer Spannschraube oder dergl. angebracht ist.

Auge = Ring, z. B. im Tauwerk (Augspleiß).

aus dem Ruder laufen = wenn das Ruder keine Wirkung mehr hat und das Fahrzeug ungewollt ausschert.

ausfahren = eine Leine, einen Anker durch ein Beiboot ausfahren, um das Schiff daran verholen zu können.

ausflaggen = Flaggengala anlegen.

auslaufen = a) beim Aufschießen das Nachlassen der Fahrt bis zum Stillstand des Bootes; b) mit dem Schiff einen Hafen verlassen.

ausreffen = ein Reff herausnehmen, das Segel wieder vergrößern.

ausreißen = aufgetuchte und gebändselte Vorsegel oder Flaggen durch kräftiges, ruckweises Reißen lösen.

ausscheren = ein durch ein oder mehrere Blöcke, Klotjes usw. laufendes („geschorenes", „fahrendes") Ende wieder herausziehen.

ausschießen = plötzliches Rechtsdrehen des Windes, meist bei einem Gewitter.

aussingen = an Bord eine Beobachtung, Messung usw. mit lauter Stimme ausrufen.

außenbords = die Außenseite eines Fahrzeugs.

Außenklüver = bei Fahrzeugen mit drei Vorsegeln das vorderste.

ausweichen = das Manöver, das gemacht werden muß, um zwei Fahrzeuge klar voneinander zu halten, die sich sonst rammen oder berühren würden.

Ausweichregeln = die Vorschriften, nach denen das Ausweichen erfolgen muß, sobald es nötig ist. Siehe „Seestraßenordnung"; abweichend von dieser enthält die „Seeschiffahrtsstraßenordnung" (s. d.) für bestimmte Gebiete noch weitere Vorschriften.

Back (die B.) = a) vorderer erhöhter Teil des Decks eines Fahrzeuges. „Unter der Back" z. B. ist die Bezeichnung für den vordersten, unter dem Vordeck liegenden Wohnraum auf großen und mittleren Fahrzeugen; b) man bezeichnet mit Back auch seemännisch den Tisch; ferner runde oder muldenförmige, flache Gefäße: Eßback, Fleischback usw.

„abbacken" = das Geschirr abräumen und reinigen.

back = ein Segel „steht back" oder wird „back geholt", wenn man die falsche (Luv-) Schot dicht holt, bzw. bei Segeln mit nur einer Schot das Segel nach Luv holt oder drückt. Man holt ein Segel back, um ein Fahrzeug zu drehen (seinen Kurs zu ändern), wenn es keine oder nur wenig Fahrt macht und das Ruder daher gar nicht oder nicht stark genug wirkt. — Bei Schiffen mit Rahtakelage kann man außerdem durch Backbrassen die Fahrt des Schiffes abstoppen oder sogar über den Achtersteven (rückwärts) segeln.

Backbord = links auf einem Fahrzeug, wenn man von achtern nach vorne sieht. Man „segelt über B. B.-Bug" oder „liegt auf B. B.-Bug", wenn der Wind von St. B. einkommt (siehe auch „Steuerbord").

Backbordhalsen = ein Schiff segelt mit Backbordhalsen, wenn seine Segel so stehen, daß deren Hals an der Backbordseite festgesetzt ist; tritt nur bei Rahschiffen ein. Der Wind kommt hierbei von Backbord; eine Yacht segelt bei diesem Wind über Steuerbordbug.

Backen und Banken = An Bord das Kommando zum Klarmachen des Essens (der Tische und Bänke). „Backskiste" = Schrankraum unter den Bänken.

Backschafter = abgeteilte Leute zum Essenholen und = wegbringen, zum Geschirr-Reinigen und Messe-Aufklaren.

Backstag = (Preventer) Enden zum Abstützen (Versteifen) der Masten nach achtern. Die Backstagen kann man „setzen" und lockern, sie gehören jedoch zum „stehenden Gut" (siehe „Gut").

Backstagachterholer = s. Achterholer.

Backstagbrise = Wind, der ungefähr vier Strich von achtern über die Backstagen einkommt.

Bake = Gerüst aus Holz oder Eisen, das als Landmarke oder Seezeichen dient.

Balje = a) Wasserbehälter, „Wasch-Balje"; b) auch ein Wasserlauf zwischen den Watten, der bei Ebbe nicht trockenfällt.

Balkweger = Längsbalken, auf denen die Decksbalken ruhen.

Ballast = Sand, Eisen, Wassergewicht, um die „Trimmlage" des Schiffes zu verändern.

Ballon = Leichtwetter-Vorsegel.

Bark = Segelschiff mit zwei vollgetakelten und achtern einem gaffelgetakelten Mast. Bei mehr als dreimastigen Fahrzeugen, die alle bis auf den achteren Mast vollgetakelt sind, setzt man die Gesamtzahl der Masten vor den Namen, spricht also von einer Vier-, Fünfmastbark.

Bauch = ein Segel hat eine Wölbung, einen Bauch oder ist bauchig, im Gegensatz zu flach (brettartig) geschnittenen Segeln.

Baum = Rundholz, an das Gaffel- und Hochsegel mit ihrer untersten Kante, dem „Unterliek" befestigt, „angereiht" werden.

Beiboot = die kleinen Boote, die seegehende Fahrzeuge mit sich führen.

beidrehen = ein Segelschiff hart an den Wind und durch Backholen eines Teils der Segel nahezu zum Stehen bringen.

beiliegen = unter Sturmsegeln das Schiff so hart an den Wind legen, daß es nur noch ganz geringe Fahrt vorausmacht; Dauerzustand des Beidrehens.

Beisegel = im Gegensatz zu den „Untersegeln" die leichten Segel, Hilfssegel für schwachen und mittleren Wind.

Bekleeden = Tauwerk oder einen Spleiß durch festes Umwickeln mit Bändselgut (Schiemannsgarn, Hüsing) gegen Witterungseinflüsse, Regen- oder Seewasser schützen.

bekneifen = ein Ende „bekneift sich", wenn es so festgemacht, belegt wird, daß die „holende Part" durch ihren Zug sich so auf den anderen Teil des Endes legt, daß sie diesen festklemmt.

belegen = ein Ende (Tau), auf welchem Zug steht, an einem Teil des Fahrzeuges oder an Land festmachen. Zum Belegen sind an Bord und an Land, an Brücken, Kais usw. dafür besondere Einrichtungen eingebaut, nämlich: Klampen, Belegnägel, Poller und Ringe.

Belegnagel = ein kurzes, rundes Holz oder Eisenbolzen, der durch ein entsprechend großes Loch einer starken Leiste, „Nagelbank", gesteckt wird. Ein Wulst in der Mitte des Nagels bewirkt, daß der Nagel nicht durch das Loch gleitet, und daß je etwa die gleiche Länge oberhalb und unterhalb der Nagelbank hervorsteht, damit man das Ende um beide Teile belegen kann.

Beplankung = die Außenhaut eines hölzernen Schiffes.

bergen = a) die stehenden Segel werden „geborgen", d. h. herunter „gefiert" (fortgenommen, so daß sie nicht mehr als Antriebsmittel wirken); b) einen Gegenstand „bergen" heißt, ihn in Sicherheit bringen; c) ein in Not befindliches Fahrzeug wird „geborgen", d. h. in Sicherheit gebracht. Ebenso z. B. von einem gestrandeten Fahrzeug die Ladung, Besatzung usw. bergen = herunterholen.

Besan = auf einem zweimastigen Fahrzeug, dessen vorderer Mast größer ist als der achtere, das Segel an dem achteren Mast; der Mast heißt „Besanmast".

„Besanschot an" = auf Rahschiffen nach dem Wenden oder Halsen das letzte Kommando zum Dichtholen des Besans. Unter besonders schwierigen Verhält-

nissen wurde nach Beendigung des Manövers an die Mannschaft Rum verausgabt; daher noch heute die Redewendung „Besanschot an" als Kommando zum Schnapsempfang.

Beschlag = Sammelbezeichnung für alles, was Bauteile eines Bootes verbindet oder zur Benutzung des stehenden und laufenden Gutes auf irgendeine Art befestigt ist, wie Augbolzen, Schienen, Klampen usw.

Besteck = der Standort des Schiffes auf der Seekarte nach Länge und Breite. Bestimmt man seinen Standort durch Beobachtungen, so „macht man sein Besteck auf".

Betonnung = Kennzeichnung eines Fahrwassers oder Meeresteils durch Seezeichen.

Bilge (spr. „bilsch") = der unterste, höchstens als „Last", Wasser- oder Ölfang gebrauchte Raum eines Fahrzeuges über dem Kiel und den Bodenplatten, unter den Flurplatten des untersten eigentlichen „Raumes".

Bindereff = im Gegensatz zum Patentreff die Art des Reffens, bei der mit Hilfe von Reffbändseln oder Reffleinen das zusammengerollte bzw. in glatten Bahnen auf den Baum gelegte Segel verkleinert wird.

Blauer Peter = Flagge P des Internationalen Signalbuches „Alle Mann an Bord, Schiff beabsichtigt, in See zu gehen".

Block = Gehäuse mit runder Scheibe (Rolle) zum möglichst reibungslosen Durchscheren eines Endes, dessen Richtung geändert werden soll (s. a. „Talje").

Bö = plötzlicher Windstoß.

Boje = a) am Grund verankerter Schwimmkörper aus Eisen oder aus Holz zum Festmachen von Fahrzeugen und zur Markierung einer bestimmten Stelle im Wasser; b) Rettungsboje = Rettungsring.

Bojereep = Ende, mit dem eine Boje auf einen Anker gesteckt wird, um ihn bei Verlust wiederfinden zu können.

Boot = kleines Fahrzeug, meist offen, jedoch auch halb oder ganz gedeckt; die Grenze zwischen Boot und Yacht ist verwischt.

Bootsmannsstuhl = Sitzbrett zum Aufheißen eines Mannes in die Takelage.

Bord = man ist „an Bord" (auf dem Schiff), geht „an" oder „von Bord"; nicht zu verwechseln mit „an Deck".

Braß = das Ende an der Nock einer Rah, mit dem diese „gebraßt" werden kann.

brechen = a) ein Ende (Tau) „reißt" nicht, sondern „bricht"; dagegen ein Segel r e i ß t; b) eine „See" (nicht Welle) „bricht", d. h. sie kämmt, überschlägt sich.

Breite = Bogenstück des Ortsmeridians vom Äquator bis zum Breitenparallel des Ortes.

Breitfock = Rahsegel auf Yachten und Küstenfahrzeugen, das bei raumem und achterlichem Wind benutzt und lose gefahren wird.

Brigg = Segelschiff mit zwei vollgetakelten Masten.

Brise = „es brist auf" — es kommt mehr Wind auf.

Brook = „Zurrbrooken" zum Festhalten der vorgeheißten oder eingesetzten Beiboote: starke Gurte.

Bucht = a) Küsteneinschnitt; b) die Bucht einer Leine: der halbkreis- oder haarnadelförmige Teil einer Leine, den man zum Überhängen über einen Pfahl oder dergl. benutzt (s. auch slippen); in Buchten aufschließen: eine Leine oder Trosse kreisförmig oder in Achtform Bucht für Bucht, nebeneinander oder übereinander hinlegen.

Bug = a) der vorderste Teil des Fahrzeugs; b) je nach der Seite, von der der Wind kommt, segelt man über St. B.- oder B. B.-Bug und meint damit die Seite, an der die Segel „in Lee" stehen.

Bugspriet = (das B.) Aufklotzung auf dem Vorsteven als Unterlage für den Klüverbaum.

Bullenstander, Bullentalje = ein Ende, das von der Nock eines Baumes nach vorn geschoren wird, um beim Segeln vor dem Winde das Überkommen des Baumes zu verhindern.

Bulleye = Seitenfenster („Ochsenauge").

Bunsch = in Buchten aufgeschlossenes Ende; auch die Gesamtzahl der Parten einer Talje.

Cat = eine Taklungsart, bei der kein Vorsegel, sondern nur ein Schratsegel (s. dieses) als Großsegel gefahren wird.

Crew = Besatzung eines Schiffes.

CWL = Abkürzung für Konstruktionswasserlinie, d. h. für die Linie, bis zu der nach Berechnung des Konstrukteurs das Schiff bei richtiger Belastung eintaucht.

Dalben = auch „Dukdalben" (Diekdallen) genannt, sind Pfähle oder Pfahlgruppen zum Festmachen größerer Fahrzeuge.

Davit = Kran für Beiboote, Anker usw.

Deck = Bezeichnung für das Oberdeck bei ein-, die Decks bei mehrdeckigen Fahrzeugen. Die unteren Decks bezeichnet man z. B. mit Zwischen-, Promenaden- usw. Decks. Man ist „an Deck" (nicht zu verwechseln mit „an Bord") oder „unter Deck".

Deviation (δ) = Ablenkung des Magnetkompasses, hervorgerufen durch den festen und flüchtigen Magnetismus in den Eisenteilen eines Fahrzeugs.

Diagonalstag = Verbindung zwischen Großmasttopp und Besanmast.

dicht = ein Fahrzeug ist dicht, wenn es kein „Wasser macht", im Gegensatz zu „undicht".

dicht holen = Ausdruck für das harte Anholen der Schoten.

dichtmachen = seemänn. Ausdruck für schließen.

dichten = eine Undichtigkeit, ein Leck wird „gedichtet", d. h. zugestopft.

Dingi = kleinste Art der Beiboote.

dippen = die Flagge — den Flaggengruß erweisen durch langsames Niederholen bis auf halbe Höhe und Wiedervorheißen der Flagge.

Dirk = ein laufendes Ende, in dem der Baum in Ruhelage, d. h. wenn er nicht von dem geheißten Segel getragen wird, hängt.

Dodshoft = eine besondere Art „Block" ohne Scheibe mit Bohrungen in der Mitte zum Festsetzen der Stagen mittels eines Taljereeps (s. auch „Jungfer").

Dollbord = oberer Rand eines Bootes.

Dolle = gabelförmiges Eisen, das in das Dollbord gesteckt wird, um den Riemen beim Pullen hineinzulegen; kann auch aus einem oder zwei Holzpflöcken bestehen.

Draggen = kleiner, meist vierarmiger Anker ohne Hände zum Auffischen über Bord gefallener Gegenstände.

Ducht = Sitzbank in offenen Booten oder in der Plicht gedeckter Boote.

Dümpeln = unregelmäßige Schiffsbewegung infolge der Dünung bei Windstille.

Dünung = die nach Stürmen oft noch tagelang andauernde Wellenbewegung der See trotz Windstille oder veränderter Windrichtung. Tritt auch als Vorbote kommenden schweren Wetters auf.

durchsetzen = (mit der Betonung auf der ersten Silbe), ein Ende „steif" (stark) anholen und belegen; auch „strecken" genannt.

dwars = quer, rechtwinklig zum Fahrzeug.

Dweidel = ein Wischer aus altem Garn an einem Holzstiel; dweilen — aufdweilen = aufwischen. Ohne Stiel bezeichnet man ihn als „Schwabber".

einfallen = a) mit ganzer Körperkraft ein Ende steifsetzen; b) Einfallen einer Bö: der Augenblick, in dem die Bö das Schiff erreicht.

einfieren = ein auf Kraft stehendes Ende in eine End- oder Ruhestellung fieren.

einholen = eine Leine oder dergl. binnenbords holen.

einmausen = das Aufsetzen eines Bändsels auf einen Haken, damit das Aushaken verhindert wird; s. auch „musen".

Ende = Tau, mit Ausnahme sehr dicker Taue, die Trossen genannt werden. Das Ende, das letzte Stück auf beiden Seiten eines „Endes", heißt „Tampen".

entern = in die Takelage klettern; hinauf heißt „aufentern", hinunter heißt „niederentern".

Eselshaupt = bei geteilten, aus Mast und Stenge bestehenden Masten das Verbindungsstück, das die Stenge am Topp des Untermastes hält.

Etmal = die von einem Schiff von Mittag zu Mittag zurückgelegte Strecke; zusammengesetzt aus der eine „Wiederkehr" bezeichnenden Vorsilbe „et" und dem gotischen Worte „mel", althochdeutsch „mal" = Punkt, Zeitpunkt, Zeit überhaupt, besonders auch Zeitpunkt des Essens.

Faden = ungefähr der tausendste Teil einer Seemeile; die Maße eines Fadens sind in den einzelnen Ländern verschieden, sie bewegen sich um 1,85 m herum. In englischen Seekarten erfolgt die Angabe der Wassertiefe in Faden (fathoms).

fahren = sehr verschieden in der Bedeutung: Man fährt etwas an Bord, d. h. man hat es an Bord; man fährt eine Flagge, d. h. man hat sie gesetzt; man fährt einen Anker oder eine Leine aus zu einer Boje, an Land, d. h. man bringt sie an einen entfernten Platz. Ein Ende fährt einen bestimmten Weg, z. B. durch einen Block. Nur in bezug auf das Segelschiff darf man den Ausdruck nicht im allgemeinen deutschen Sinne gebrauchen; aber man fährt zwar zur See, man kann auch mit einem Dampfer fahren, aber man fährt nicht mit einem Segelschiff, sondern man „segelt", man „geht" nach einem Orte, man „läuft" in einen Hafen ein, man „geht" (nicht „sticht") in See, man läuft ein oder aus, usw.

Fahrt = a) die Weiterbewegung eines Schiffes; b) die Anzahl der in einer Stunde zurückgelegten Seemeilen; c) ein Schiff ist in Fahrt (s. Gesetzeskunde, Seestraßenordnung Art. 1c); d) Fahrt durchs Wasser: die Bewegung des Schiffes, relativ zum Wasser; e) Fahrt über Grund: die Bewegung des Schiffes, relativ zum Grund.

Fahrtwind = die scheinbare Luftbewegung, die auf einem bei völliger Flaute Fahrt durchs Wasser machenden Fahrzeug als Wind von recht voraus (von vorn) wahrgenommen wird.

Fahrwasser = an engen Stellen oder zwischen Untiefen, Sandbänken usw. die Fahrrinne mit tiefem Wasser.

Fall = a) das Ende zum H e i ß e n und Fieren der Segel (Mehrzahl: die Fallen); b) die Neigung eines Mastes, eines Schornsteines.

Fallreep = Leiter oder Treppe zum An-Bord-Steigen auf großen und mittleren Fahrzeugen. Seefallreep — „Jakobsleiter".

Fangleine = Vorleine oder Festmacher, der einem kleinen Boot, besonders einem Beiboot, zum Festmachen zugeworfen wird.

Fender = sackähnliches, weiches Polster aus Tauwerk, Leder, Segeltuch usw. mit Kork oder Haaren gefüllt, um Fahrzeuge beim Liegen an Brücken, Pieren usw. vor Beschädigungen der Bordwand und Beschmutzung der Farbe zu bewahren. Sie sind genäht oder geflochten.

fest = Kommando mit der Bedeutung „halt", aufhören mit „Holen" (Ziehen) an einer Leine; z. B. Kommando: „Fest heißen"; wird auch angezeigt durch Hochheben der geballten Faust.

festmachen = ein Fahrzeug an einem Kai, Boje usw. festlegen.

Festmacher = besonders starke Leinen, Trossen zum Festmachen.

Feudel = Wischtuch, Putzlappen.

Feuer = die Lichter von Seezeichen, Leuchttürmen usw.

fieren = einem Ende, das auf Kraft steht, in der Zugrichtung nachgeben, indem man es mit der Hand oder um eine Klampe oder Poller nach und nach lose läßt und somit unter Kontrolle behält. Läßt man es los, so „rauscht es aus".

Fingerling = fingerförmiger Zapfen, in den Ruderblatt oder Ruderschaft eingehängt werden.

Fisch = die aus besonders starkem Holz angefertigte Mittelplanke des Decks.

Fit = stumpfer Holzkegel zum Aufweiten von Tauwerk.

Flagge = jede viereckige „Fahne" auf Schiffen; im Gegensatz dazu „Stander", „Doppelstander" und „Wimpel", die lang und spitz zulaufen.

flaggen = die Flagge setzen, über die Toppen flaggen.

Flaggleine = dünne Leine zum Heißen der Flaggen. Die Leine ist nicht „geschlagen", sondern geflochten, damit sie nicht „vertörnt".

Flaggenparade = das morgendliche „Heißen" und abendliche „Niederholen" der Flagge.

Flaggengala = der Schmuck des Schiffes bei festlichen Gelegenheiten dadurch, daß man die Signalflaggen in der Längsrichtung des Schiffes „über die Toppen" heißt. Man sagt auch „über die Toppen flaggen".

flauen = auch abflauen: allmähliches Nachlassen des Windes.

fliegen lassen = eine Schot ruckartig und gänzlich loslassen, um ein Segel schnell und völlig vom Winddruck zu entlasten.

Flieger = das vorderste und oberste Vorsegel.

Flut = das Steigen des Wassers von einem Niedrigwasser bis zum folgenden Hochwasser.

Fock = auch Stagfock genannt, das achterste Vorsegel. Auf Schiffen mit Rahtakelage ist die Fock das unterste Rahsegel am vordersten, dem Fockmast, die Stagfock das achterste Vorsegel.

Freibord = die Höhe der Bordwand über der Wasserlinie.

Gaffel = Rundholz, das mit seinem vorderen Teil am Mast ansteht, und an dem jedes Gaffelsegel mit seinem Oberliek befestigt, „angereiht" ist. An ihm wird das Gaffelsegel geheißt.

Gaffelsegel = ein an einer Gaffel geheißtes Segel.

Gaffelschoner = zwei- und mehrmastige Fahrzeuge mit Gaffelsegeln als Hauptsegeln. Bei mehr als zwei Masten bezeichnet man die Anzahl; man spricht dann z. B. von einem Viermastgaffelschoner.

Gaffelschuh = Beschlag zum Führen der Gaffel am Mast.

Galeasse = Fahrzeugtyp in der Berufsschiffahrt mit Groß- und Besanmast und mehreren Vorsegeln.

Gallion = Vorbau am Bug älterer Schiffe; Gallionsfigur — Bugverzierung.

Garn = a) besondere Art dünnes Tauwerk, z. B. „Schiemannsgarn", „Segelgarn", b) die Teile des „geschlagenen" Tauwerks, aus denen die „Kardeele" zusammengedreht werden.

Gast = (Mehrzahl: Gasten) mit einem näher beschriebenen Vorwort davor, der Bezeichnung für die Manöverstation, Tätigkeit usw. der Besatzung, z. B. die „Großtoppsgasten": diejenigen Leute, die bei Segelmanövern den Großtopp, d. h. die Segel am Großmast bedienen. „Signalgast" usw.

Gatt, Gattchen = ein Loch; kleine Löcher gesäumt oder mit Metall- oder Lederrand versehen in Segeln, Bezügen usw.; auch in Verbindung mit „Hellegatt", „Speigatt" usw.

gedeckt = mit Deck versehen.

Geer = Enden zum seitlichen Festsetzen von Davits, Gaffeln, Ladebäumen usw.

Gegenruder = Ruderlage, die der Drehbewegung des Schiffes entgegenwirkt.

Geitau = zum „Aufgeien", Hochholen und Zusammenholen von Segeln.

Genickstag = ein waagerecht zwischen zwei Masten zu deren weiterer Abstützung angebrachtes Stag.

Genua-Fock = großer, den Mast weit überlappender Kreuzballon, der eine unvermessene Vergrößerung der Segelfläche gestattet, da nicht das Vorsegel, sondern nur das Vorsegeldreieck vermessen wird.

gieren = das seitliche Ausscheren eines Fahrzeuges aus einem Kurse durch starken Seegang oder auch vor Anker.

gissen = vermuten, schätzen; „gegißtes Besteck".

Glas, glasen = ausläuten der halben und vollen Stunden mit der Schiffsglocke während einer Wache von vier Stunden, die halben Stunden mit Einzel-, die vollen mit Doppelschlägen.

Gösch = die Flagge an einem Stocke am B u g eines Schiffes.

Gräting = Gitterwerk aus Holz, Messing oder Eisen zum Schutze von Luken, Oberlichtern (Skylights) usw. Einfach an Deck gelegt, sollen sie den darauf Stehenden vor Nässe schützen.

Grummet = aus Tauwerk hergestellter ringförmiger Stropp.

Gut = das gesamte Tauwerk eines Fahrzeugs, eingeteilt in „stehendes"; das sind die „Enden", die fest stehen und im allgemeinen nicht bedient zu werden brauchen (Wanten, Stagen), und „laufendes Gut"; das sind die gesamten Enden zur Bedienung der Segel (Fallen, Schoten usw.).

häsig = kaltes, feuchtes, diesiges Wetter (Schmuddelwetter).

Hahnepot = ein Spreiz aus Enden, die von einem bestimmten Punkte ausgehen, um die auf den Enden stehende Kraft zu verteilen, z. B. am Logscheit, Bootsmannsstuhl usw.

halber Wind = Wind, der von querab einkommt.

halbstocks = Flagge auf „Halbmast" zum Zeichen der Trauer.

Hals = bei Schratsegeln die vordere untere Ecke des Segels.

halsen = Segelmanöver, bei dem man in einem Segelschiff vor dem Wind auf den anderen Bug geht. Mit „Steuerbord-Halsen" segeln = über Backbordbug segeln; mit „Backbord-Halsen" segeln = über Steuerbordbug segeln.

hart = in den Beziehungen, in denen es angewandt wird, die Grenze des Möglichen; z. B. das Ruder „hart legen" heißt, es nach einer Seite so weit wie möglich legen. „Hart am Wind" heißt „so hoch am Wind wie möglich" (s. „am Wind"); eine Schot wird hart angeholt usw.

Heck = der achterste (hintere) Teil eines Fahrzeuges.

heißen = hochziehen eines Gegenstandes durch Holen an einem Ende.

Hellegat = ein Raum im Schiffsinneren zum Aufbewahren von Material und Ausrüstungsgegenständen.

Helling = stark fundierte, zum Wasser hin geneigte Ebene in einem Werftgelände, auf der Schiffe auf Stapel gelegt und gebaut werden.

hieven = mit Kraftübertragung holen.

Holebug, auch Streckbug = beim Kreuzen der Bug, auf dem man in einem langen „Schlag" Luvraum gewinnt und dem Ziel unmittelbar näherkommt.

holen = das „Ziehen" an einem Ende (anholen, durchholen, einholen, ausholen, aufholen). Das Gegenteil heißt „fieren".

holende Part = die Part (s. dort) einer Talje, an der geholt wird.

Holepunkt = der Punkt an Deck, an dem eine für die Schot bestimmte Leitöse oder ein Block befestigt sein muß, damit das Segel gleichmäßig gestreckt wird.

Huk = Landvorsprung an der Küste.

Hüsing = ein starkes, aus 3 geteerten oder ungeteerten Garnen bestehendes Bändsel.

Isobare = Linie, die Orte mit gleichem Luftdruck verbindet.

Isogone = Linie, die Orte mit gleicher Mißweisung verbindet.

Isotherme = Linie, die Orte mit gleicher Temperatur verbindet.

Jager = a) Vorsegel vor dem Außenklüver; b) schnelles kleines Fischerfahrzeug.

Jakobsleiter = Strickleiter mit Holzsprossen.

Jolle = a) Beiboot, etwas größer als ein Dingi; b) kenterbares Schwertboot.

Jolltau = einfachste Art der Talje, bei der die Wirkung der angreifenden Kraft weder vergrößert noch verkleinert, sondern nur in der Richtung geändert wird. Es tritt also keine Kraftersparnis ein.

Jumpstag = an der Vorderkante des Mastes angebrachte Abstützung; führt vom Masttopp über die Jumpstagspreize bis dicht über Deck.

Jungfer = kugelartiger Block ohne Scheibe, mit drei Löchern zum Festsetzen der Wanten und Partuns mittels eines Taljereeps.

kabbelige See = unregelmäßige, durcheinanderlaufende See.

Kabbelung = auch „Stromkabbelung", die Stelle, an der zwei verschieden gerichtete Meeresströmungen aufeinandertreffen.

Kabellänge = 100 Faden (fathoms) zu je 1,85 m: der zehnte Teil einer Seemeile; gebräuchliches Längenmaß bei der Angabe von Entfernungen in Seehandbüchern und Leuchtfeuerverzeichnissen.

Kabeltrosse = aus starkem Tauwerk hergestellte schwere Trosse.

Kalb = am Mast, Baum usw. befestigter herzförmiger Holzknaggen zum Tragen des stehenden Gutes.

kalfatern = die Nähte zwischen den Planken mit Werg ausstopfen.

kappen = etwas durchschneiden, durchhauen (ein Ende, Masten usw.).

Kardeel = Bestandteil des Tauwerks, aus einzelnen Garnen gedreht; aus 3 oder 4 Kardeelen wird das Tauwerk geschlagen.

Karweel, auch Kraweel = Bauweise bei Holzschiffen, bei der die einzelnen Planken stumpf aufeinandergesetzt werden, so daß eine glatte Außenhaut entsteht.

Kausch = Ring aus Eisen oder Messing, um dessen Umfang das Ende gelegt oder gespleißt wird, um ein Durchscheuern des Tauwerks zu verhindern.

Keep = eine Rille, Kerbe; auch der Zwischenraum zwischen den zu einem Ende zusammengedrehten Kardeelen.

kentern = a) das Umkippen (Umfallen) eines Fahrzeuges; b) „der Strom kentert" heißt, daß eine Meeresströmung, z. B. die Tide (Ebb- und Flutstrom) ihre Richtung von Ebbe auf Flut und umgekehrt wechselt. Der Stillstand zwischen beiden heißt „Stauwasser".

Ketsch = Typ der Yachttakelage. Bei ihr steht der hintere, niedrigere „Besan"-mast v o r dem Ruder.

Kiel = der unterste Längsverband eines Fahrzeuges.

killen = flattern eines Segels, wenn der Wind in seiner Längsrichtung weht.

Kimm = der Horizont.

Kink = eine Windung, eine ungewollte Drehung in einem Ende, das dadurch „unklar" wird. „Aus den Kinken bergen": sich vorsehen.

Klampe = (Mehrzahl: Klampen) a) Stützen für Beiboote, die an Deck gesetzt und darauf festgezurrt werden; sie sind der Bootsform angepaßt; b) an Deck befestigte, bestimmt geformte Messing-, Eisen- oder Holzstücke zum Belegen (Festmachen) von Enden.

Klappläufer = einfache Talje, bei der die Wirkung der angewandten Kraft verdoppelt wird.

klar = a) im Sinne von „fertig", z. B. „das Großsegel ist klar zum Bergen"; b) im Sinne von „frei kommen", z. B. „der Kurs geht klar von einem anderen Fahrzeug". Im übertragenen Sinne würde heißen: „das geht nicht klar": das geht nicht gut! Das Gegenteil von klar ist „unklar".

klarieren = etwas Unklares klar machen, z. B. ein vertörntes Ende, eine unklar gekommene Flagge usw. — Ein Schiff beim Zoll ein- bzw. ausklarieren: zollamtliche Formalitäten erledigen.

Klau = gabelförmiger Beschlag am vorderen Ende der Bäume und Gaffeln, mit dem sie um den Mast herumgreifen.

Klaufall = Fall zum Heißen und Fieren der Klau.

Kleeden = ein Ende zum Schutze gegen Witterungseinflüsse mit dünnem geteertem Tauwerk (Schiemannsgarn) eng umwickeln (bekleiden).

Kleeding = heißt die fertige Umwicklung, die oben unter „Kleeden" beschrieben ist.

Kleedkeule = Holzwerkzeug, mit dem das Kleeden ausgeführt wird.

Klinker = Beplankungsart, bei der die Planken dachziegelförmig übereinanderliegen, so daß die Außenhaut nicht glatt ist.

Klotje = (Mehrzahl: Klotjes) Ring aus Hartholz zur Führung eines Endes in einer gewünschten Richtung.

502

Klüse = dem Umfang der Ankerkette entsprechende Öffnung im Deck, im Schanzkleid oder im Bug zum Durchführen der Ankerkette.

Klüver = Vorsegel, das vor der Fock gefahren wird.

Klüverbaum = Rundholz zur Verlängerung des Fahrzeugs nach vorne. An der Nock des Klüverbaums greift der Klüver mit seinem Hals an.

kneifen = beim Segeln „am Wind" für kurze Zeit etwa höher als „hart am Wind" liegen, meist um ein bestimmtes Ziel noch zu erreichen, ohne gezwungen zu sein, noch einen „Schlag" zu machen.

Knoten = a) im gewöhnlichen Sinne ein Knoten im Tauwerk; b) als Bezeichnung für die Geschwindigkeit eines Fahrzeugs durchs Wassers (n i c h t die zurückgelegte Strecke über den Grund). „1 Knoten" (abgekürzt 1 Kn.) bedeutet eine Seemeile (s. d.) pro Stunde. Es wäre also falsch zu sagen: „7 Kn. pro Stunde", weil der Ausdruck „Knoten" den Begriff „pro Stunde" bereits enthält. Der Ausdruck stammt von der Markierung der Logleine des Handlogs durch kleine Knoten.

Kockpit = auch „Plicht" genannt, eine kastenförmige, nicht gedeckte Vertiefung im Deck unmittelbar vor dem Ruder, umgeben von den „Duchten", den Sitzbänken. Ist es in sich wasserdicht gebaut und liegt es über der Wasserlinie, mit einem selbsttätigen Abfluß nach außenbords, so spricht man von einem „selbstlenzenden" Kockpit.

Koffeynagel, auch Koveinagel = herausnehmbarer Belegnagel an der Nagelbank.

Koje = Bett.

Koker = zylindrisches Rohr zum Durchführen des Ruderschaftes.

Kombüse = Schiffsküche.

Kompaß = Magnetkompaß und Kreiselkompaß, letzterer nur auf großen Schiffen. Instrument, welches die Himmelsrichtung angibt.

Konstruktionswasserlinie = s. unter C. W. L.

koppeln = die gesegelten, gefahrenen Kurse nacheinander in die Karte eintragen.

Koppelmaat = Hilfskraft bei der Navigation.

Kragen = zur Abdichtung um den Mast gelegtes, konserviertes Segeltuch, durch welches das Eindringen von Wasser durch die Decksöffnung beim Mast verhindert wird.

Kranbalken = kurzer, kräftiger Kran zum Katten des Ankers.

krängen = das Überlegen eines Fahrzeugs nach einer Seite.

Kreuzballon = flach geschnittener, zum Segeln am Wind geeigneter Ballon.

kreuzen = mit mehreren Schlägen gegen die Windrichtung segeln.

krimpen = Rückdrehen (linksherum Drehen) des Windes; im allgemeinen Anzeichen für Wetterverschlechterung.

Kurs = die Richtung, in der ein Schiff fährt.

kurzstag = beim Ankerlichten wird die Kette so weit eingehievt, daß der Anker das Fahrzeug gerade noch hält; diese Stellung heißt „kurzstag".

Kutter = a) Yachttyp mit einem Mast und zwei Vorsegeln; b) großes Beiboot für große Schiffe, hat 10—14 Riemen, ist aber auch segelfähig.

labsalen (labsalben) = Tauwerk mit Fett zur Konservierung einreiben.

Labskaus = eine Speise aus eingemachtem Rindfleisch und Kartoffelmus.

Länge = Bogenstück des Äquators vom Meridian von Greenwich bis zum Meridian des Ortes.

längsseit = an der Schiffsseite; längsseit gehen, längsseit kommen, liegen usw.

laschen = einen Gegenstand mit einem Ende an einem anderen festbinden, indem man Windung neben Windung legt und jede stark anholt. Gebrochene Spieren werden z. B. mit der Bruchstelle aneinandergelegt, ein oder zwei Latten oder Schienen längs über die Bruchstelle gelegt und dann mit einem starken Ende „gelascht". Eine solche Verbindung heißt „Lasching".

Lateraldruckpunkt = der vor dem Flächenmittelpunkt liegende Druckpunkt, in dem die Wasserkraft angreift (ist gleich dem Drehpunkt des Bootes).

Lateralplan = Projektion der Unterwasserteile eines Fahrzeuges auf die Mittschiffsebene.

Läufer = a) das Ende eines Takels, einer Talje usw.; b) ein Bote (Posten) an Bord.

laufendes Gut = alles Tauwerk, das beweglich ist und über Blöcke, Scheiben, Klotjes oder dergl. läuft (Fallen, Schoten, Dirken, Flaggleinen usw., aber nicht Backstagen). Dient zum Setzen und Bergen der Segel.

laufen lassen = ein Fall, ein Ende oder dergl. schnell loswerfen, um die daran hängende Last in möglichst kurzer Zeit nach unten gelangen zu lassen.

Lee = die Richtung oder Seite, nach der der Wind hinweht.

leegierig = ein Fahrzeug ist leegierig, wenn es das Bestreben hat, mit dem Bug vom Winde abzufallen. Das Gegenteil ist „luvgierig".

Leeküste = die Küste, a u f d i e der Wind zusteht (weht). Ein Fahrzeug, das in der Nähe einer solchen Küste fährt, ist auf „Legerwall", bei Sturm eine gefährliche Lage.

Legel = soviel wie Mastringe = hölzerne Ringe zum Befestigen der Segel am Mast.

Legerwall = die Küste, auf die Wind und Seegang zu stehen.

lehnig = biegsam, weich, leicht laufend.

Leine = sehr festes Tauwerk in verschiedenen Stärken.

Leitöse = eine Öse zur Führung und Richtungsänderung eines Endes.

Leitwagen = eiserner, querschiffs auf Deck befestigter Bügel, auf dem die Schot eines Segels mit einem Block gleitet; man braucht dadurch für das betreffende Segel nur eine Schot, die beim Seitenwechsel nicht bedient zu werden braucht.

lenz = a) leer; lenzen = leeren, trocken machen; b) v o r dem Sturm „lenzen", mit ganz kleinen Segeln oder ohne Segel „vor Topp und Takel" lenzen, d. h. vor Wind und See mit möglichst geringer Fahrt laufen.

504

Leuwagen = Schrubber, eine Bürste mit langem Stiel zum Deckwaschen.

Licht(er) = die Laternen, welche seegehende Fahrzeuge während der Dunkelheit zu führen haben, heißen die „Lichter" (im Gegensatz zu navigatorischen „Feuern").

lichten = Anker lichten, s. Anker.

Liek = Mehrzahl: Lieken = die Kanten der Segel, nämlich Unter-, Ober-, Vor- und Achterliek (bei dreieckigen Segeln fällt das Oberliek fort). Mit Ausnahme der Achterlieken sind alle Lieken mit besonderem Liektauwerk eingefaßt.

Lippe = eine oben offene, innen abgerundete Öse zur Aufnahme einer Leine oder Kette, zumeist auf der Reeling.

Log = Instrument zur Feststellung der Geschwindigkeit eines Fahrzeugs. Man hat das Handlog, das Patentlog, das Reelingslog und Speedometer.

loggen = Feststellen der Geschwindigkeit vermittels des Logs.

Logbuch = Schiffstagebuch.

Lose = wenn ein Ende nicht „steif" (stramm) steht, „hat es Lose". „Lose geben" heißt, mit einem steifen Ende aufkommen, nachgeben.

Lot = Bleigewicht an einer gemarkten Leine zur Feststellung der Wassertiefe. Als „Lotstock" (Peilstock) kann man auch einen Bootshaken entsprechend markieren.

loten = Feststellung der Wassertiefe.

Lugger = offenes Boot mit Luggersegel und senkrechtem oder schrägem Steven.

Luggersegel = viereckiges Schratsegel, dessen Oberliek nicht an einer Gaffel, sondern an einer Rah angeschlagen ist, die schräg gefahren wird und nach vorn etwas über den Mast hinausreicht.

Luk = Öffnung im Deck zu den Räumen unter Deck.

Luv = die Richtung, aus der der Wind kommt. Steht ein Fahrzeug „in Luv" von einem Gegenstand, einem anderen Fahrzeug, einer Küste usw., so sagt man auch, man ist zu „luvard".

luvgierig = ist ein Fahrzeug, wenn es das Bestreben hat, mit seinem Bug in den Wind zu drehen.

malen = anstreichen; ein Fahrzeug wird nicht gestrichen, sondern gemalt.

Mall (Mehrz. Mallen) = Modell, hölzerne Schablone von Spanten. Um die Mallen herum wird die Beplankung gesetzt, wenn diese nicht unmittelbar auf die Spanten aufgeplankt wird.

mall = verdreht sein; Mallen = Umspringen des Windes.

marlen = ein Segel mit Marlschlägen anschlagen; auch beim Kleeden werden zum Festlegen der Leinwandumwicklung Marlschläge verwendet.

Marlleine = auch „Reihleine", dünnes Tauwerk zum Anreihen der Segel an die Rundhölzer.

Marlspieker = rundes, an einer Seite spitz zulaufendes Gerät aus Eisen zum

Arbeiten mit Drahttauwerk usw. Aus Holz (Hartholz) benutzt man ihn zum Arbeiten am Hanftauwerk.

Mast = auf keinen Fall „Mastbaum" genannt: Träger des Takelwerks, in der Mittschiffslinie stehend. Besteht er aus einem Stück, heißt er „Pfahlmast"; besteht er aus 2 Stücken, so heißen diese „Untermast" und „Stenge". Auf Fahrzeugen mit 2 oder mehr Masten hat jeder seine besondere Bezeichnung, bei einem Schoner z. B. „Großmast" (der achtere) und „Schonermast" (der vordere).

Mausing = ein auf einen Haken aufgesetztes Bändsel, durch welches das Aushaken verhindert werden soll (s. musen).

Meile = Längenmaß; eine Seemeile = eine Breitenminute am Äquator = 1852 m.

Messe = auf größeren Fahrzeugen Bezeichnung für den gemeinsamen Wohnraum.

Mißweisung = der Winkel zwischen dem geographischen (rechtweisenden) und dem magnetischen (mißweisenden) Meridian. Sie ändert sich örtlich und zeitlich.

musen = auch mausen: ist ein Ende mit einem offenen Haken in ein entsprechendes Auge eingehakt, so sichert man den Haken gegen unbeabsichtigtes Aushaken, indem man seine Öffnung mit einem Bändsel zubindet. Das nennt man „musen". Teufelsklauen werden gewöhnlich auch „gemust".

Nagelbank = s. Belegnagel.

Nautik = Seefahrtskunde.

Navigation = die Kunst, mit Hilfe der terrestrischen, der astronomischen oder der Funknavigation ein Schiff über See zu führen und es von einem Hafen zum anderen zu bringen.

Nock = Bezeichnung der freien Enden aller Rundhölzer an Bord mit Ausnahme der Masten und Stengen. Auch Bezeichnung für das Ende einer Brücke oder Pier.

Nockbändsel = Bändsel, mit dem ein Segel zur Nock des Baums oder der Rah ausgeholt und festgelegt wird.

ösen = ausösen — ein Boot ausschöpfen; Ösfaß = Wasserschaufel.

Oktant = Winkelinstrument, dessen Kreisbogen einem Achtelkreis entspricht und Messungen horizontaler wie vertikaler Winkel bis zu 90° ermöglicht.

Pall = eiserne Sperrklinke, die eine Rückwärtsbewegung verhindern soll.

Palstek = ein Knoten.

Pardun = zum Abstürzen der Stengen nach hinten (Mehrzahl: Parduns).

Part = a) läuft ein Ende durch Blöcke, so nennt man seine einzelnen Teile vor, hinter oder zwischen den Blöcken die „Parten": holende, feste oder stehende, laufende Parten; b) Schiffspart: Anteil an einem Schiff.

Patentreff = Vorrichtung zum Reffen, vermittels welcher der Baum gedreht wird, wobei das Segel sich um den Baum aufrollt.

Pegel = Wasserstands-, Wasserhöhe-Messer, dessen Nullpunkt genau festgelegt ist.

peilen = die Richtung eines Objektes feststellen; Stand des Wassers im Schiff peilen, Brennstoff peilen = messen.

Peildiopter = drehbares „Visier" auf dem Kompaß zum „Peilen".

Peilkompaß = auf Fahrzeugen mit mehreren Kompassen derjenige, der am wenigsten durch den Schiffsmagnetismus beeinflußt wird, und von dem man eine gute Rundsicht hat.

Persenning = Bezug aus Segeltuch für die Segel, Decksaufbauten, Beiboote usw.

Pforte = größere Öffnung in der Reling, beispielsweise zum Durchlassen von an Deck gekommenem Wasser (Sturzpforten; „Pforten" können stets mit einem Deckel geschlossen werden. Dagegen gibt es in der Reling bei den meisten Fahrzeugen noch kleinere, stets offene Öffnungen zum Durchlassen kleinerer Mengen von Wasser (Regenwasser; beim Deckspülen usw.), diese heißen „Speigatten".

Piek = a) das achtere Ende (die achtere Nock) der Gaffel; b) vorderster und achterster Raum im Schiff: Vor- und Achterpiek.

Piekfall = das Fall zum Heißen der Piek.

Pinne = auch Ruderpinne, ein waagerecht am Kopf des Ruderschaftes befestigter Hebelarm zum Bewegen des Ruders.

Plicht = s. Kockpit.

Poller = eine besonders große Art von Klampe zum Belegen von Enden und Trossen, auf die Kraft kommt. Es gibt Rundpoller und Kreuzpoller.

Position = Schiffsort, d. h. der augenblickliche Stand des Schiffes.

Positionslaternen = die durch die „Seestraßen"- und „Seeschiffahrtsstraßenordnung" vorgeschriebenen Lichter mit vorgeschriebener Tragweite, die ein Fahrzeug bei Dunkelheit zur Kenntlichmachung seiner Lage führen muß.

Prahm = Arbeitsboot, z. B. „Scheuerprahm" zum Farbewaschen und Malen außenbords.

pressen = mehr Segel fahren, als das Schiff der Windstärke entsprechend tragen kann.

Preventer = Backstag.

Pricken = Seezeichen im Wattenfahrwasser.

Pricker = Werkzeug zum Vorstechen, einer Ahle ähnlich.

Pütting = auch Wantschiene oder Rüsteisen: Beschlag, welcher der Verbindung zwischen Schiffskörper und Wanten dient.

Pütz, Pütze = Eimer, „Schlagpütze" mit einem Stropp zum „Aufschlagen" von Wasser („Ammeral").

pützen = mit einer Pütz lenzen.

Quadrant = a) Viertelkreis (z. B. bei der Kompaßrose), b) ältere Art des Sextanten.

querab = „dwars", die waagerechte Richtung senkrecht zur Längsschiffsrichtung.

querein = dasselbe wie „querab", aber in der Richtung a u f das Schiff gerechnet. „Wind und See kommen z. B. querein".

Rah (auch Rahe) = Rundholz, das mit seiner Mitte waagerecht an der Vorkante der Masten befestigt ist und an dem ein „Rahsegel" mit seinem Oberliek angeschlagen wird.

Rahtakelage = Takelage mit Rahsegeln als Hauptsegeln.

Rack = Vorrichtungen verschiedener Art, um eine Rah oder eine Gaffel am Mast zu halten.

rank = ein Fahrzeug ist „rank", wenn es einen hohen Schwerpunkt hat und sich leicht, d. h. bei schon verhältnismäßig wenig Wind, auf die Seite legt (überlegt). Das Gegenteil ist „steif".

Raumballon = ein bauchig geschnittenes Vorsegel für Raumwindkurse.

raumen = drehen des Windes in bezug auf die Kursrichtung eines Fahrzeuges, und zwar so, daß er mehr von achtern einkommt. Das Gegenteil ist „schralen". Es ist zu beachten, daß sich das mit „Raumen" und mit dem Gegenteil „Schralen" bezeichnete Drehen des Windes stets auf dasjenige Fahrzeug bezieht, für das der Ausdruck jeweils angewendet wird. Es bedeutet nämlich „raumen", daß der Wind günstig dreht, d. h. nach links, wenn das betr. Fahrzeug den Wind von B. B. (links) ein hat, umgekehrt nach rechts, wenn es den Wind von St. B. hat. Wenn also der Wind nach rechts dreht (im Sinne des Uhrzeigers), so raumt er für ein Fahrzeug, das über B. B.-Bug segelt, gleichzeitig „schralt" er für ein Fahrzeug, das über St. B.-Bug segelt.

raumer Wind = ein Fahrzeug segelt mit raumem Wind, wenn der Wind achterlicher als „beim Wind" einkommt, bis zur Richtung recht von achtern, die „vor dem Wind" heißt.

raumschots segeln = mit raumem Winde segeln.

rauschen = das schnelle Durchlaufen eines losgeworfenen Endes durch einen Block, eine Klüse usw.; rauscht das Ende ganz durch den Block, ist es „ausgerauscht".

recht = soviel wie „genau"; „recht voraus" ist genau voraus, d. h. genau in der Längsschiffsrichtung; „recht so" ein Kommando für den Rudergänger mit der Bedeutung, daß genau derjenige Kurs weiter gesteuert werden soll, den das Fahrzeug im Augenblick des Kommandos anliegt.

Reede = (Rhede) offener Ankerplatz, im Gegensatz zum Hafen.

Reep = Tampen, Leine für bestimmte Zwecke, z. B. „Ruderreep".

reffen auch reefen = ein Segel verkleinern (das Reff — das Reef).

Reibholz = ein Holzfender.

Reihleine = ein besonderes, dünnes Ende zum Anreihen.

Reling = Erhöhung der Bordwand über das Oberdeck, gewissermaßen als Geländer.

reppen = das Verholen eines Endes nach einer anderen Stelle.

Riemen = der seemännische Ausdruck für „Ruder". Man „pullt", rudert mit den Riemen.

Rigg = die gesamte Takelage eines Segelfahrzeugs.

Rutscher (Schlitten) = Gleitschuhe am Vorliek eines Hochsegels, die in Schienen laufen. Ersatz für Mastringe und für Reihleine.

rollen = die aus „Schlingern" und „Stampfen" zusammengesetzte Bewegung eines Schiffes.

Roof = Deckshaus, kastenartiger Aufbau, altnordisch: hrof, Edda: raefr = Dach.

Roring = der Ring am Ende eines Ankerschaftes, in den das Kettenende eingeschäkelt wird.

Ruder = der seemännische Ausdruck für „Steuer". Man steuert mit dem Ruder.

Rudergänger = der Mann, der das Ruder bedient (das Schiff steuert).

rund achtern = Kommando beim Halsen zum Schiften des Segels.

Rundholz = alle „Stangen" an Bord eines Fahrzeuges, die zum Halten der gesetzten Segel gebraucht werden, also Masten, Stengen, Rahen, Gaffeln, Bäume, Klüverbaum und Bugspriet, auch die „Backspier", die auf dem zu Anker liegenden Schiff dwars ausgeschwungen wird, um an ihr die Beiboote — in genügender Entfernung von der Bordwand, an der sie sonst schamfilen würden — festzumachen. Mit Ausnahme der Masten und Stengen werden alle diese Rundhölzer auch mit dem Sammelbegriff „Spieren" bezeichnet.

Rundtörn = Drehung einer Leine einmal rund um einen Gegenstand, z. B. um einen Pfahl, einen Poller, um eine Klampe, durch einen Ring.

Runzel (auch Rundsel) = runder Einschnitt am Dollbord von Ruderbooten (soweit sie nicht mit Dollen ausgerüstet sind) zum Einlegen der Riemen.

Saling = querschiffs am Mast angebrachte Hölzer oder Eisen, welche den Wanten mehr Spreiz und dadurch dem Mast mehr Halt geben sollen.

Schäkel = seemännisches Gerät zur Verbindung zweier Teile; eiserner oder Messingbügel, der durch einen Schraub- oder Steckbolzen geschlossen wird.

schamfilen = scheuern, reiben.

Schandeckel = eine waagerechte Planke, rings um das Schiff laufend, die zwischen der senkrechten Beplankung der Bordwand und der darüber ansetzenden Reling liegt.

scheinbarer Wind = scheinbare Luftbewegung, die als Komponente zwischen wahrem Wind und Fahrtwind wahrgenommen wird.

scheren = ein Ende, das in einer bestimmten Richtung fährt, „schert" z. B. durch einen Block usw. Man schert eine Schot, indem man sie durch die betreffenden Blöcke usw., durch die sie fahren soll, durchzieht. Daher auch: ein Ende „einscheren" oder „ausscheren". „Scheren" in Verbindung mit „ein" oder „aus" wird außerdem in bezug auf den Kurs eines Fahrzeuges angewendet.

Scheuerleiste = Hartholz- oder Gummileiste, die an der Oberkante der Außenhaut eines Bootes auf beiden Seiten von vorn bis achtern verläuft und ein Schamfilen verhindern soll.

schiften = ein Segel von einer Schiffsseite auf die andere bringen. Bei kleineren Booten mit einem sogenannten „Luggersegel", das unter einer längsschiff stehenden Rah untergeschlagen ist, schiftet man diese, wenn man sie nach einem Wende- oder Halsemanöver auf den Leebug haben will.

Schiemannsgarn = Bändselwerk aus geteertem Hanf.

Schlag = beim Kreuzen (s. d.) ist die zurückgelegte Strecke zwischen zwei aufeinanderfolgenden Wendemanövern ein „Schlag".

Schlagpütz = Holz-, Metall-, Gummi- oder Segeltuchpütz, an der ein Tampen angesteckt, um mit dessen Hilfe Wasser heraufzuholen (aufzuschlagen).

schlieren = a) das unbeabsichtigte „lose kommen" eines Endes, auf dem Kraft steht, z. B. weil es durch Nässe schlüpfrig ist; b) mit einem Fahrzeug hart an einer Brücke, einem Dalben, einem anderen Fahrzeug usw. entlang rutschen, „entlang schlieren".

schlingern = die seitliche Bewegung eines Fahrzeugs um seine Längsachse.

schlippen (slipen) = ein Ende, eine Kette schlippen (meist aus dem Schlippschäkel, dem Schlipphaken) loswerfen, während Kraft daraufsteht.

Schlippschäkel = eine besondere Art Schäkel, die es ermöglicht, ihn, auch wenn Kraft daraufsteht, sofort zu öffnen. Meist eine Art Haken, dessen äußerer Arm beweglich und mit einem Überfall gesichert ist.

schmarten = ein Ende, dessen Keepen vorher mit einem Garn oder Marlleine ausgefüllt wurden (diesen Vorgang nennt man „trensen"), mit einem Segellappen umwickeln. S. Kleeden.

Schoner = gaffelgetakeltes oder hochgetakeltes Fahrzeug mit zwei Masten, dessen achterer höher als der vordere ist. Es gibt auch Schoner mit mehr als zwei Masten, die dann nach der Zahl der Masten Drei-, Vier- usw. Mastschoner genannt werden.

Schot = das Ende (Tau), mit dem man das gesetzte Segel so stellt, wie es die Richtung des Windes erfordert.

Schothorn = bei Gaffel- und Schratsegeln die untere achtere Ecke des Segels, also die Ecke, an der die Schot angreift.

Schotklemme = ein zum schnellen und bequemen Bedienen der Schoten hauptsächlich auf Regattabooten benutzter Beschlag, durch den die Verwendung von Klampen überflüssig wird.

Schotring = offener Ring mit zwei oder vier an den oben offenen Ringenden angebrachten Rollen, die auf dem oberen Teil des Baumes liegen; im unteren Teil des Ringes wird die Großschot eingeschäkelt.

Schott = wasserdichte Querwand im Schiffe.

schralen = das Gegenteil von „raumen" (s. d.).

Schratsegel = drei- oder viereckige Segel, deren Vorliek in der Mittschiffsebene liegt, zum Unterschied von Rahsegeln, die querschiffs stehen.

schricken = ein Ende, auf dem Kraft steht, etwas fieren.

Schwell (auch *Swell*) = leichte Art der Dünung.

Schwert = bei flachgebauten Fahrzeugen eine Platte, meist aus Eisen, bei größeren Fahrzeugen auch zuweilen aus Holz, die durch einen Einschnitt im Kiel (oder außen an der Bordwand „Seitenschwerter") ins Wasser gefiert wird, um den Lateralplan zu vergrößern, die Abtrift (s. d.) zu verringern und ein Kreuzen überhaupt zu ermöglichen. Um das Einströmen von Wasser durch den Einschnitt im Kiel zu verhindern, ist dieser nach oben bis über die Wasserlinie durch einen, gegen das Innere des Fahrzeuges wasserdicht gebauten „Schwertkasten" abgedichtet.

schwojen = das Drehen eines Fahrzeuges um seine Boje, seinen Anker, hervorgerufen durch Wind und Strom.

See = a) in bezug auf das Meer: in See gehen, aus See kommen, in See sein, zur See fahren; b) seemännischer Ausdruck für Welle.

Seegang = Wellenbewegung, der Stärke nach bezeichnet von Stärke 0—9.

seegehend = sagt man von Fahrzeugen, die seetüchtig genug sind, um über die See zu fahren, im Gegensatz zu Küsten- und Binnenfahrzeugen.

Seekarte = Wiedergabe der einzelnen Meere, See- und Küstengebiete zum überwiegenden Teil in der Projektion nach M e r c a t o r (1569 von einem Deutschen, Gerhard K r e m e r, genannt Merkator, erdacht). Daneben Großkreis- und Funkortungskarten nach der gnomonischen Projektion.

Seele = dünne, häufig gefettete Schnur oder Faden in der Mitte von schwerem Tauwerk, vor allem in Drahttauwerk.

Seemeile = die Größe einer Breitenminute am Äquator, gleich 1852 m.

Seereling = eine Art Geländer (Stützen mit dazwischengespannten Enden oder Ketten) zur Erhöhung einer Reling, die nicht hoch genug ist, um genügend Schutz gegen Überbordfallen zu geben.

Seestraßenordnung (SStrO.) = die Zusammenstellung der gesetzlichen Vorschriften über das Verhalten von Schiffen auf See: z. B. Ausweichregeln, Lichterführung, Nebelsignale usw. Sie hat internationalen Charakter.

Seeschiffahrtstraßenordnung (SSchStrO.) = gilt auf den mit der See in Zusammenhängen stehenden, von Seeschiffen befahrenen Seeschiffahrtstraßen innerhalb der in den Sondervorschriften für die einzelnen deutschen Seeschiffahrtstraßen angegebenen Gebiete, z. B. Elbe, Weser, Trave usw. Die Seestraßenordnung wird durch die SSchStrO. nicht berührt, sie stellt gewissermaßen e i n e E r w e i t e - r u n g z u r S S t r O. d a r. J e d e s F a h r z e u g m u ß e i n e n A b d r u c k d e r S S c h S t r O. a n B o r d h a b e n !

Seetörn = eine Anzahl von Seetagen, die man nacheinander zurückgelegt hat oder zurücklegen will.

Seezeichen = Sammelname für sämtliche, für die Schiffahrt und Navigation errichteten oder ausgelegten Vorrichtungen zur Kenntlichmachung von Fahrwassern, Hafeneinfahrten, Untiefen usw., also Tonnen, Pricken, Baken, Leuchtfeuer, Leuchttürme usw. Soweit diese Vorrichtungen an Land stehen, faßt man sie auch unter dem Sammelnamen „Landmarken" zusammen; alle anderen sind schwimmende oder feste Seezeichen. Das Festmachen an Seezeichen ist verboten!

Segeldruckpunkt = der (mit dem Flächenmittelpunkt nicht übereinstimmende)

Punkt in einem Segel, in dem man sich die an einem Segel angreifenden Kräfte vereinigt denken kann. Jedes Segel hat seinen eigenen Druckpunkt; die Druckpunkte aller Segel eines Bootes kann man sich im Gesamtsegeldruckpunkt vereinigt denken.

Segelhandschuh = der „Fingerhut" des Segelmachers zum Segelnähen.

Setzbord = dünne, auf den Schandeckel aufgesetzte Planke, die das Überkommen von Wasser vermindern soll.

Sextant = Winkelinstrument, dessen Kreisbogen einem Sechstelkreis entspricht und Messungen horizontaler wie vertikaler Winkel bis zu 120° ermöglicht.

Sichtweite = Abstand, aus dem man ein in bestimmter Höhe über dem Meeresspiegel befindliches Feuer eben noch über die Kimm hinweg erblicken kann; also abhängig von der Feuerhöhe und der Augenhöhe des Beobachters.

slipen = s. „schlippen".

Slup = am meisten verbreiteter, einmastiger Yachttyp.

Sog = verstanden wird darunter die A n z i e h u n g s k r a f t (saugende Kraft) des Grundes bei flachem Wasser oder bei zu großer Annäherung von zwei Schiffen oder bei zu großer Annäherung an eine Böschung; ferner die Anziehungskraft, die hinter einem Schiff, das Fahrt durchs Wasser macht, durch Zusammenströmen des Wassers entsteht, das durch den Rumpf nach beiden Seiten verdrängt war.

Sorgleine = eine Leine, durch die etwas gegen Verlust gesichert werden soll, z. B. am Ruder, am Anker usw.

Spant — Spanten = die Querrippen eines Schiffes.

Spake = Speiche aus Holz oder Eisen, die als Hebebaum oder Hebelarm benutzt wird, z. B. Spillspake.

Speigatten = s. „Pforte".

Spiegel = plattes Heck eines Schiffes oder Bootes.

Spiere = jedes Rundholz eines Fahrzeuges mit Ausnahme des Mastes.

Spill = „Winsch" zum Holen oder Hieven von Enden und Ketten.

Spinnaker = leichtes großes Dreikantsegel, das zur Vergrößerung der Vorsegelfläche platt vor dem Winde bei leichter und mittlerer Brise auf Yachten gefahren wird.

splissen = auch „spleißen", seemännische Flechtarbeit bei Tauwerk.

Sponung = eine am Kiel wie am Steven beiderseits längslaufende Riefe, in welche die Planken einlaufen, und in der sie mit Kiel bzw. Steven verbunden werden.

Sprenkel = Grundbeschaffenheit des Meeresbodens, bestehend aus einzelnen hellen und dunklen Sandkörnern.

Spring = a) Festmacher, die beim Längsseitliegen eines Schiffes an der Pier oder an anderen Fahrzeugen vom Achterschiff nach vorn (Achterspring) und vom Vorschiff nach achtern (Vorspring) geschoren werden; b) Ausbringen einer Spring: Leinenmanöver, um dem zu Anker oder an einer Boje liegenden Schiff eine beliebige Lage zum Wind geben zu können.

Sprung = der kurvenmäßige Verlauf des Decks, bezogen auf die Horizontale.

Spur = Loch, in welchem der Mast auf dem Kiel ruht.

Stag (Stagen) = Tau oder Drahtenden zum Abstützen und Versteifen der Masten und Stengen nach vorne und achtern. Über Stag gehen, dasselbe wie „wenden" (s. d.).

Stagfock = Schratsegel am Fockstag.

Stagreiter = an den Vorlieken von Vorsegeln zur Führung auf den Stagen befestigte ring- oder krallenförmige Metallaugen oder Doppelhaken.

Stagsegel = an einem Stag gesetztes Schratsegel.

stampfen = die Bewegung eines Fahrzeuges im Seegang in der Längsrichtung um seine Querachse. S. a. „schlingern" und „rollen".

Stander = a) für bestimmte Zwecke fertig gespleißtes Drahtende, z. B. der „Bojenstander"; b) kurze dreieckige Flagge, z. B. der Vereinsstander, im Gegensatz zum Wimpel, der auch dreieckig, aber lang und schmal ist.

Standerschein = Ausweis einer Yacht mit Angaben über Eigentums- und Größenverhältnisse, Vereinszugehörigkeit usw.

stauen = ordentlich packen, z. B. Segel verstauen, Proviant stauen usw.

stecken = z. B. Kette stecken, d. h. mehr Ankerkette oder Leine geben, auslassen.

stehendes Gut = alles Tauwerk, das die Masten abstützt (Wanten, Stagen), mit Ausnahme der Backstagen, die beweglich gefahren werden.

steif = a) ein Fahrzeug ist „steif", wenn es sich nicht leicht überlegt (krängt); das Gegenteil ist „rank"; b) in bezug auf ein Ende (Tau) soviel wie angespannt; c) in bezug auf den Wind: kräftig.

Stek = seemännischer Knoten.

Stell = mehrere einzelne gleichartige Gegenstände, die zusammen ein Ganzes bilden, z. B. ein Stell Segel.

Stenge (auch Stänge) = Rundholz zur Verlängerung des Untermastes.

Steuerbord = alles, was in Fahrtrichtung gesehen rechts von der Mittschiffslinie liegt. Gegensatz „Backbord". Bei den Booten der Wikinger bestand das Ruder aus einem an der r e c h t e n „Steuer"-Bordwand angebrachten senkrechten Riemen. Da der Steuermann bei der Bedienung dieses Seitenruders der l i n k e n Bordseite dann den Rücken zukehrte, erhielt diese die Bezeichnung „Back"-Bord. Nach uraltem Brauche ist die St. B.-Seite die „vornehme" Seite an Bord; an St. B. sind die Räume des Kommandanten (Kapitäns).

Steuerbordhalsen = Gegenteil von Backbordhalsen, s. dort.

Steert = kurzer Stropp, kurzes Tauende; Steertblock: Block mit einem Stropp zum Befestigen.

Steven = vordere und achtere Begrenzung eines Schiffes, über die Wasserlinie hinausragende Verlängerung des Kiels nach oben. Achtersteven und Vorsteven.

Stopper = eine Einrichtung zum Festhalten („Abstoppen") von Enden und Ketten auf denen Kraft steht.

Stoß = die Stelle, an der zwei Planken mit ihren Querschnitten aufeinandertreffen.

Streckbug = beim Kreuzen derjenige Bug, über dem man die längeren Schläge machen kann, weil der Wind nicht genau vom Ziel her weht.

Strecktaue = werden bei schlechtem Wetter an Deck ausgebracht, um sich an ihnen beim Rollen des Schiffes festhalten zu können.

streichen = im Ruderboot rückwärts pullen. Bei unterteilten Masten nennt man das Herunternehmen der Stenge „die Stenge streichen".

Strich = der 32. Teil einer Kompaßrose ($11^1/_4°$).

Strom = fließende Bewegung des Wassers nach einer Richtung; Gezeitenstrom = Strom, der durch Ebbe und Flut verursacht wird.

Stropp = aus Tauwerk hergestellter geschlossener Ring.

Süll = Hartholzschwelle zum Einfassen von Niedergängen, um das Eindringen von Wasser in das Schiffsinnere zu verhindern.

Takel = besonders schwere Talje. „Vor Topp und Takel" nennt man das Laufen oder Treiben eines Fahrzeugs ohne jedes Segel vor dem Winde bzw. quer zum Wind.

Takelage = Sammelbegriff für alle Masten, Stengen, Rundhölzer, Segel und das stehende und laufende Gut eines Fahrzeugs.

takeln = a) takeln oder „auftakeln", ein Fahrzeug mit Takelage versehen (nicht zu verwechseln mit „Segel setzen"); b) einen Tampen takeln heißt, ihn in bestimmter Art mit dünnem Tauwerk (Takelgarn) umwickeln, um ein Auftörnen (Aufdrehen) zu verhindern.

Takelgarn = dünnes Tauwerk (Garn) zum Takeln.

Takling = das Umwickeln eines Tampens mit Segelgarn, um das Auftörnen der einzelnen Kardeele zu verhindern.

Talje = Verbindung von Tauwerk und Blöcken zur Kraftersparnis; die Fallen größerer Segel sind als Talje geschoren (Flaschenzug).

Taljereep = die Verbindung von Tauwerk und zwei Jungfern (Dodshoft) zum Steifsetzen von stehendem Gut.

Tamp = die beiden Enden eines „Taues" („Endes").

terrestrische Navigation = Ortsbestimmung nach Landobjekten.

Teufelsklau = zwei ineinander verbundene Haken.

Tonne = a) Festmacherboje oder schwimmendes Seezeichen; b) Maß für die Bezeichnung der Größe eines Fahrzeugs.

Topp = a) das obere Ende der Masten und Stengen; b) übertragene Bezeichnung für einen Mast, z. B. „Großtopp".

Toppnant = ein den Funktionen der Dirk ähnliches Ende, das vom Mast zur Nock eines Baumes (Spinnakerbaumes) läuft und dazu dient, den Baum in eine bestimmte Stellung zu bringen bzw. ihn darin zu halten.

Törn = siehe „Seetörn"; gebraucht aber auch im Sinne von „Kinken", sich

„vertörnen". Außerdem einmalige Umwicklung eines Gegenstandes mit einem Ende = Rundtörn.

Tragweite = Entfernung, in der ein Feuer eben noch einen deutlichen Lichteindruck hervorruft; abhängig von der Lichtstärke des Feuers und dem Sichtigkeitsgrad der Luft.

Treiber = das Segel am achtersten Mast einer Yawl. Der Mast heißt Treibermast.

trensen = die Keepen (Rillen zwischen Kardeelen) durch Einlegen von Bändseln ausfüllen.

trimmen = a) die Schwimmlage eines Fahrzeuges durch Gewichtsverschiebung in der Längsrichtung verändern. In dieser Beziehung spricht man auch von der „Trimmlage" eines Fahrzeuges; b) die Segel (besonders neue) so setzen und einsegeln, daß sie gut stehen; c) in übertragenem Sinne ist oder wird eine Besatzung „getrimmt" oder „eingetrimmt", d. h. gut eingeübt.

Troß — Trosse = besonders starkes (dickes) Ende zum Festmachen, Schleppen usw.

Trysegel = dreieckiges Sturmsegel aus besonders schwerem Tuch.

Überhänge = Unterschied zwischen „Länge in der Wasserlinie" und „Länge über Alles" (größte Länge). Mit anderen Worten: die Länge von Bug und Heck oberhalb der Wasserlinie.

überholen = a) vorbeilaufen; b) plötzliches Überlegen des Schiffes infolge Seegangs. (Ton auf der ersten Silbe.) Das Schiff holt über; c) eine Talje überholen: lose geben und die Läufer (Parten) durch die Blöcke schieben, daß diese auseinander gehen; d) die Takelage oder Gerät überholen: gründlich nachsehen und in Ordnung bringen.

überliegen = wenn ein Fahrzeug durch den Druck des Windes schräg auf einer Seite liegt.

übertakelt = die Takelage ist im Verhältnis zum Bootskörper und zur Stabilität zu groß.

unterschneiden = Untertauchen von Gegenständen infolge von Fahrt oder Strömung oder falscher Handhabung. „Ein Riemen schneidet unter."

unterschlagen = ein Segel an einem Baum oder einer Rah anreihen (Ton auf der ersten Silbe).

verfahren = das Ausfahren von Leinen oder Trossen von Dalben zu Dalben beim Einlaufen in einen Hafen.

verfangen = einen Posten verfangen = ablösen. „Zeit zum Verfangen" = Zeit zum Ablösen.

verholen = ein Fahrzeug mit Leinen von einem Platz zum anderen bringen.

Verklarung = eidliche Aussagen der Besatzung vor einer Behörde über einen Seeunfall, Havarie. Grundlage dafür bietet das Logbuch, Schiffstagebuch.

Verklicker = Drehvorrichtung für einen Stander, Wimpel oder Windbüdel auf dem Großtopp, um die Windrichtung klar erkennbar werden zu lassen.

515

verschalken = verstärken und wasserdicht machen von Verschlüssen an Deck, z. B. Luken, Deckslichtern usw.

Versegelung = die in einer bestimmten Zeit aufgelaufene Strecke.

Vertonung = Küstenansichten in Seekarten und Seehandbüchern.

verwarpen = ein Schiff mit Hilfe eines oder mehrerer Warpanker verholen.

voll und bei segeln = so hoch am Wind segeln, daß die Segel gerade voll stehen, aber nicht killen.

Vollschiff = Schiffstyp; Segelschiff mit mindestens 3 voll getakelten Masten.

voraus = vorne in bezug auf die Richtung eines Gegenstandes zum eigenen Schiff, also z. B. ist oder kommt Land „voraus" in Sicht. Auf keinen Fall „vorn". Dagegen sagt man „vorne im Schiff", n i c h t aber „voraus im Schiff". Genau voraus, also direkt in der Verlängerung der Mittschiffs-Längsrichtung, heißt „recht voraus".

vor dem Wind = Wind direkt von achtern in der Längsschiffsrichtung.

Vorholer = jedes Ende, mit dem etwas vorausgeholt wird.

vorlich = Richtungsangabe in bezug auf das eigene Schiff bedeutet eine Richtung weiter nach vorn als „dwars", querab.

Vorschiff = der vordere Teil jedes Schiffes.

Vorsegel = die „vorderen Segel", also alle Segel, die vorlich vom vordersten Mast gesetzt werden.

Wache = auf Schiffen ist die Besatzung in zwei (oder mehr) „Wachen" eingeteilt, die „Backbord-Wache" und die „Steuerbord-Wache", je nachdem auf welcher Seite des Schiffes die Betreffenden ihre Manöverstationen bei „Allemann-Manöver" haben. — Man „hat Wache" d. h. Dienst, im Gegensatz zu „Freiwache" d. h. Ruhe.

wahrer Wind = die tatsächliche, wahre Luftbewegung, wie sie auf einem Fahrzeug wahrgenommen wird, wenn dieses ohne Fahrt ist.

Want — Wanten = die Masten seitlich abstützendes „stehendes" Gut.

Wantenspanner = Spannschraube zum Steifsetzen der Wanten.

Wahrschau! = Gib Obdacht! Vorsicht! „wahrschauen" = jemand benachrichtigen.

Warpanker = kleinerer Hilfsanker zum Verwarpen.

Waschbord = rings um das Kockpit aufgesetztes Süll.

Wasserlinie = die Linie außenbords, bis zu der ein Fahrzeug im Wasser liegt.

Wasser machen = ein Schiff leckt, ist undicht.

Webeleine = auf größeren Fahrzeugen werden die Wanten „ausgewebt", d. h. durch dünne, waagerechte Enden mittels des „Webeleinsteks" miteinander verbunden; diese Enden heißen „Webeleinen" und bilden eine bequeme Strickleiter (verpönter Ausdruck) zum Aufentern in die Takelage.

wegfieren = bis auf das letzte Ende wegfieren.

wenden = beim Wind segelnd die Windseite wechseln, mit dem Bug durch den Wind drehen.

Wieling = ein kleiner Fender für Boote; auch rund um das Boot laufendes starkes Ende oder mit weichem Material gefüllter Schlauch.

Wimpel = dreieckige, schmale, lange Flagge, im Gegensatz zum kurzen „Stander".

Windsee = durch Wind erzeugter, in der Windrichtung laufender Seegang.

Winsch = eine Winde zum Hieven (Heben) von Lasten oder Holen von Enden.

Wirbelschäkel = Schäkel, in dessen Steg ein drehbares Auge eingenietet ist.

wriggen, auch wricken = ein Ruderboot mit e i n e m achteren Riemen durch schraubenartige Bewegung vorwärts bringen.

Wurfleine = an einem Ende beschwerte dünne Leine (meistens mit einem Sandsack), die geworfen wird, um schon auf einige Entfernung Verbindung mit einer Brücke, einem anderen Fahrzeug usw. herzustellen und die Festmacher hinüberzugeben.

Yard = engl. Längenmaß (0,9144 m).

Yawl = Yachttyp. Bei ihr steht der hintere (kleinere) „Treiber"mast h i n t e r dem Ruder (dem Ende der C. W. L.).

zeisen = zusammen- oder anbinden, z. B. aufgetuchte Segel; „Beschlag-Zeiser" = Bänder zum Zeisen der Segel.

Zepter = Fingerling, auf den ein um seine Längsachse nicht drehbarer Riemen aufgesetzt wird.

Zertifikat = Schiffsurkunde über Namen, Größe, Baujahr und -ort, Heimathafen usw.

zuhalten = auf etwas zusteuern.

zurren = einen Gegenstand festbinden, zusammenbinden; die Befestigung heißt dann „Zurring".

zu Blocks = soviel wie „bis zum Block geholt", d. h. soweit wie möglich.

STICHWÖRTERVERZEICHNIS

MASSE UND GEWICHTE

METRISCHE UND ANGELSÄCHSISCHE MASSEINHEITEN

LÄNGENMASSE

1 Zoll	25,4	mm
1 Fuß	304,8	mm
1 Yard	914,4	mm
1 Fathom	1,829	m
1 Statute Mile	1609,3	m
1 Seemeile	1852,0	m

FLÄCHENMASSE

1 Quadrat-Zoll	6,452 cm²
1 Quadrat-Fuß	0,093 m²
1 Quadrat-Yard	0,836 m²

GESCHWINDIGKEITEN

1 Fuß pro Sek.	1,097 km/h
1 Statute Mile/h	1,609 km/h
1 Knoten = 1 Seemeile/h	1,852 km/h

LEISTUNG

1 PS = 736 Watt = 75,0 mkg/sek
1 HP engl./USA = 746 Watt = 76,04 mkg/sek
1 HP engl./USA = 1,4 % größer als 1 PS

RAUM-MASSE

1 Kubik-Zoll	16,387 cm³
1 Kubik-Fuß	28,316 dm³
1 Imperial-Gallon	4,546 dm³
1 Gallon USA	3,785 dm³
1 Pint = ⅛ Gall. USA	0,473 dm³
1 Register-Tonne	2,832 m³

GEWICHTE

1 Unze (Ounce)	28,35 g
1 Pound	453,60 g
1 Short Ton	907,20 kg
1 Long Ton	1016,00 kg

ZUSAMMENGESETZTE

1 Unze/Yard	33,907 g/m²
1 Unze/Fuß²	305 g/m²
1 Pound/Zoll²	0,0703 kg/cm²

TEMPERATUR

0° Celsius	32° Fahrenheit
10° Celsius	50° Fahrenheit
20° Celsius	68° Fahrenheit
50° Celsius	122° Fahrenheit
100° Celsius	212° Fahrenheit

PHYSIKALISCHE WERTE DES WASSERS UND DER LUFT

Dichte ϱ des Wassers, normal	102	kg · sek²/m⁴
Dichte ϱ der Luft, normal	0,126	kg · sek²/m⁴
Kinematische Viskosität ν des Wassers, normal	0,0000013	m²/sek
Kinematische Viskosität ν der Luft, normal	0,000015	m²/sek
Spezifisches Gewicht von Meereswasser	1010—1040	kg/m³
Spezifisches Gewicht dto. im Mittel	1025	kg/m³
35 Kubik-Fuß Meereswasser wiegen = 1 Long Ton = 2240 pounds = 1016 kg		
36 Kubik-Fuß Süßwasser wiegen = 1 Long Ton = 2240 pounds = 1016 kg		

VERSCHIEDENE ZAHLENWERTE

1 Seemeile ist gleich einer Bogenminute, gemessen am Äquator, = 1852 m.
Die Drehbewegung der Erde durchschreitet einen Längengrad alle 4 Zeitminuten oder auch eine Bogenminute alle 4 Sekunden.
Die Erdachse ist 43,7 km kürzer als der Erddurchmesser am Äquator.
Die Abstände der Knoten auf der Logleine werden wie folgt gewählt:
Sanduhr für 30 Sekunden 14,62 m   Sanduhr für 14 Sekunden 7,20 m

Zwei weitere Bücher des beliebten Autors Eric C. Hiscock

Zu fernen Küsten

Schon zum dritten Mal mußte dieses begehrte Buch über die zweite Weltumsegelung des Autors und seiner Frau aufgelegt werden. Seine Beliebtheit hat es wahrscheinlich deswegen, weil Hiscock so überaus bescheiden
auch von großen Leistungen erzählt, seine Freude am Segeln und an der
Ungebundenheit auf See so großartig zum Ausdruck kommt, weil er sich
nicht scheut, auch von Mißerfolgen — z. B. einer Strandung — zu berichten und schließlich wegen der interessanten Schilderungen der Land-
aufenthalte und der guten Fotos. Eine Reihe von Gründen, die sein Buch
wirklich lesenswert machen.

264 Seiten mit 46 Farbfotos, 9 Karten und den Rissen des Bootes.
Ganzleinen DM 22,80

Segeln über sieben Meere

Neben dem vorliegenden ist dieses Buch ebenfalls ein Standardwerk der
Segelliteratur. Hiscock gibt hier seine reichen Erfahrungen auf jedem
Gebiet des Seesegelns aus zwei Weltumsegelungen freimütig wieder. Das
Buch ist außerordentlich gehaltvoll und beantwortet alle Fragen, die im
Zusammenhang mit dem Langfahrtsegeln auf See bis zu einer möglichen
Weltumsegelung auftauchen können. Es ist darüber hinaus auch für jeden
anderen Segler interessant, der solch große Dinge nicht vorhat, aber
wissen möchte, worauf es dabei ankommt.

4. Auflage, 480 Seiten mit 264 Fotos und Zeichnungen.
Ganzleinen DM 34,—

VERLAG DELIUS, KLASING & CO.
BIELEFELD UND BERLIN

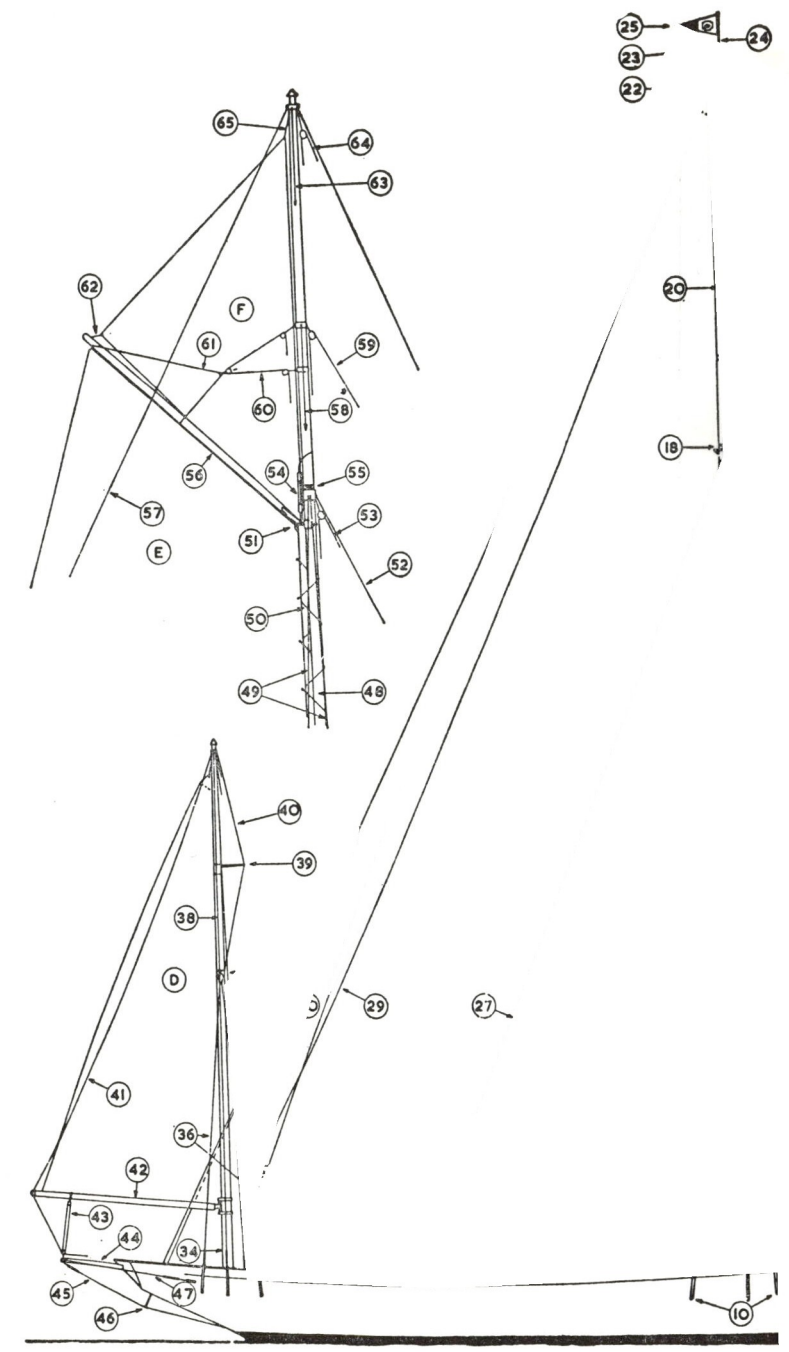

Abb. 80 — Stehendes und laufendes Gut ei

16

(

13

ner

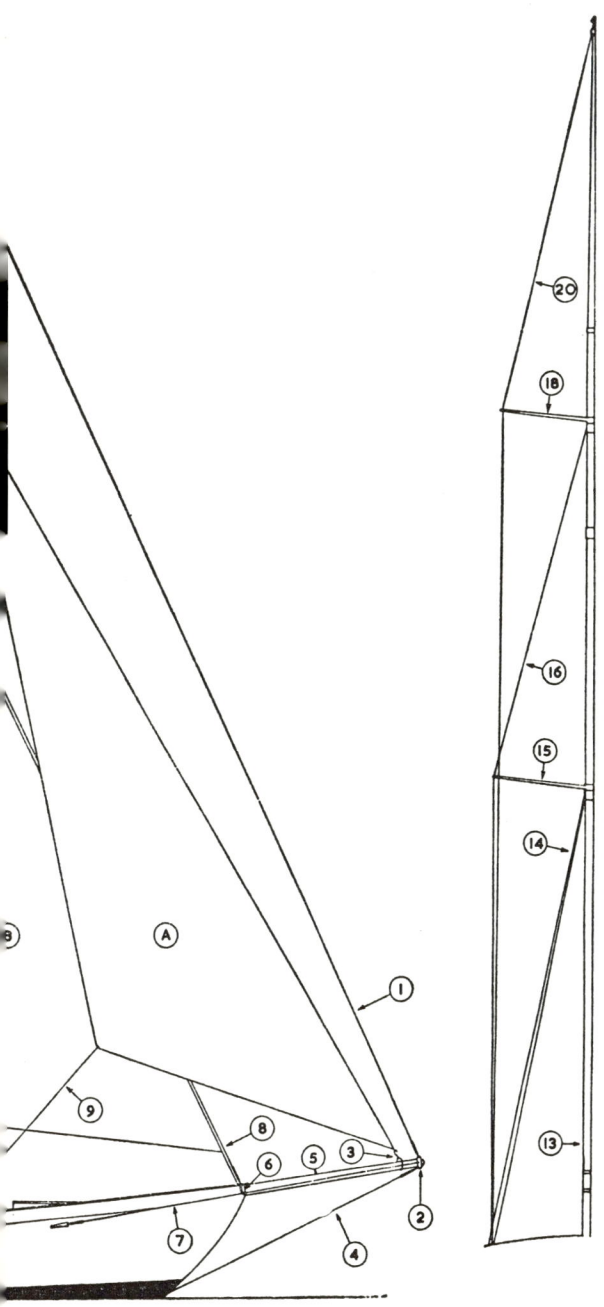

Yawl

ZEICHENERKLÄRUNG

SEGEL

A Klüver	D Hochgetakelter Besan
B Fock	E Gaffelgetakeltes
C Hochgetakeltes	Großsegel
Großsegel	F Toppsegel

(Die Einzelteile eines Gaffel- und Hochsegels sind auf den Seiten 162 und 163 aufgeführt)

STEHENDES UND LAUFENDES GUT
HOCHTAKELUNG

1 Toppstag	25 Stander
2 Bugsprietnockring	26 Großbaum
3 Bugsprietlaufring	27 Backstag
4 Wasserstag	28 Backstagklappläufer
5 Bugspriet	29 Dirk
6 Bugsprietzurring	30 Feststehendes Backstag
7 Bugwanten	31 Drahtstander des
8 Vorstag	feststehenden Backstags
9 Klüverschot	32 Großschotbeschlag
10 Rüsteisen	33 Großschot
11 Mast(Baum-)beschlag	34 Besanmast
12 Fockschot	35 Besanstag
13 Großmast	36 Besanunterwanten
14 Unterwanten	37 Besansaling
15 Untersaling	38 Besantoppwant
16 Mittelwant	39 Besan-Springstagspreize
17 Fockfall	40 Besanspringstag
18 Obersaling	(Jumpstag)
19 Klüverfall	41 Besandirk
20 Toppwant	42 Besanbaum
21 Klüvertoppsegel-,	43 Besanschot
Genua- oder	44 Ausleger
Spinnakerfall	45 Auslegerstag
22 Großfall	46 Auslegerstag-
23 Mastknopf	Stampfstock
24 Standerstock	47 Auslegerwant

GAFFELTAKELAGE

48 Mast	58 Untermastwanten
49 Unterwanten	59 Klüverfall
50 Vorliek	60 Piekfall
51 Gaffelklau	61 Gaffelstander
52 Vorstag	62 Toppsegelschot
53 Fockfall	63 Toppwant
54 Klaufall	64 Klüvertoppsegel-,
55 Saling	Genua- oder
56 Gaffel	Spinnakerfall
57 Preventer	65 Toppsegelfall

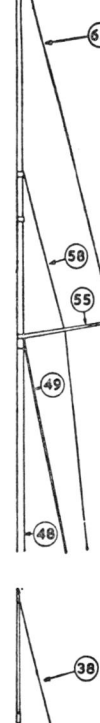

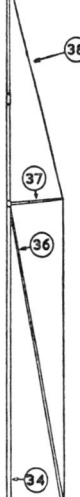

ZEICHENERKLÄRUNG

SEGEL

A Klüver   D Hochgetakelter Besan
B Fock   E Gaffelgetakeltes
C Hochgetakeltes   Großsegel
    Großsegel   F Toppsegel

*(Die Einzelteile eines Gaffel- und Hochsegels sind auf
den Seiten 162 und 163 aufgeführt)*

STEHENDES UND LAUFENDES GUT
HOCHTAKELUNG

1 Toppstag
2 Bugsprietnockring
3 Bugsprietlaufring
4 Wasserstag
5 Bugspriet
6 Bugsprietzurring
7 Bugwanten
8 Vorstag
9 Klüverschot
10 Rüsteisen
11 Mast(Baum-)beschlag
12 Fockschot
13 Großmast
14 Unterwanten
15 Untersaling
16 Mittelwant
17 Fockfall
18 Obersaling
19 Klüverfall
20 Toppwant
21 Klüvertoppsegel-,
    Genua- oder
    Spinnakerfall
22 Großfall
23 Mastknopf
24 Standerstock

25 Stander
26 Großbaum
27 Backstag
28 Backstagklappläufer
29 Dirk
30 Feststehendes Backstag
31 Drahtstander des
    feststehenden Backstags
32 Großschotbeschlag
33 Großschot
34 Besanmast
35 Besanstag
36 Besanunterwanten
37 Besansaling
38 Besantoppwant
39 Besan-Springstagspreize
40 Besanspringstag
    (Jumpstag)
41 Besandirk
42 Besanbaum
43 Besanschot
44 Ausleger
45 Auslegerstag
46 Auslegerstag-
    Stampfstock
47 Auslegerwant

GAFFELTAKELAGE

48 Mast
49 Unterwanten
50 Vorliek
51 Gaffelklau
52 Vorstag
53 Fockfall
54 Klaufall
55 Saling
56 Gaffel
57 Preventer

58 Untermastwanten
59 Klüverfall
60 Piekfall
61 Gaffelstander
62 Toppsegelschot
63 Toppwant
64 Klüvertoppsegel-,
    Genua- oder
    Spinnakerfall
65 Toppsegelfall

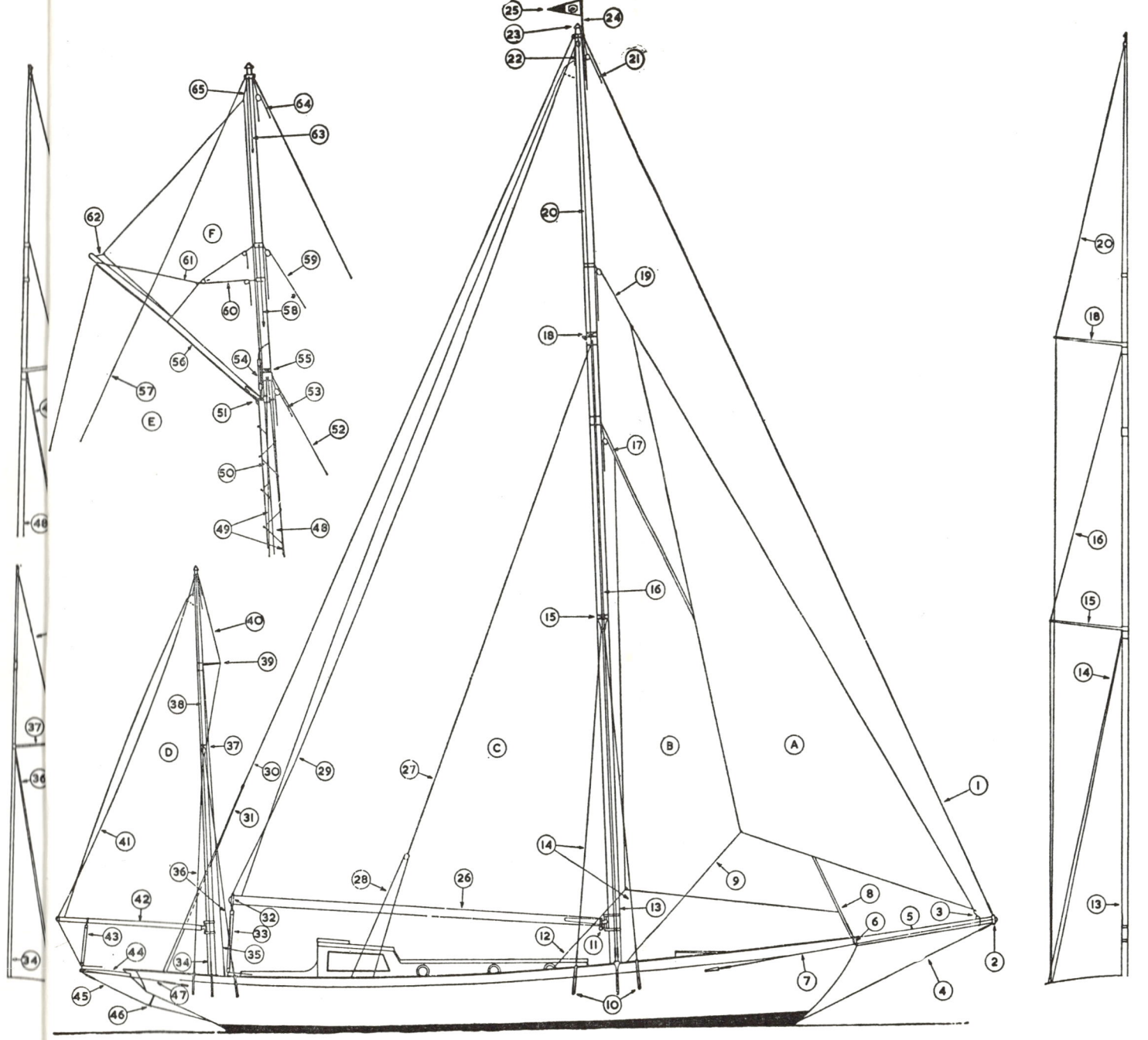

Abb. 80 — Stehendes und laufendes Gut einer Yawl